国家出版基金项目
NATIONAL PUBLICATION FOUNDATION

中華博物通考

總主編 張述錚

紡織卷

本卷主編
李峻嶺 劉景耀

上海交通大學出版社

圖書在版編目（CIP）數據

中華博物通考.紡織卷 / 張述錚總主編；李峻嶺，
劉景耀本卷主編.—上海：上海交通大學出版社，2024.1
ISBN 978-7-313-24689-9

Ⅰ.①中… Ⅱ.①張…②李…③劉… Ⅲ.①百科全
書—中國—現代②紡織工藝—中國 Ⅳ.①Z227②TS1

中國國家版本館CIP數據核字(2023)第237835號

特約編審：完顏紹元
責任編輯：王仁霞　　李　敏
裝幀設計：姜　明

中華博物通考·紡織卷

總　主　編：張述錚
本卷主編：李峻嶺　　劉景耀
出版發行：上海交通大學出版社　　　　　地　　　址：上海市番禺路951號
郵政編碼：200030　　　　　　　　　　電　　　話：021-64071208
印　　　製：蘇州市越洋印刷有限公司　　經　　　銷：全國新華書店
開　　　本：890mm×1240mm　1 / 16　印　　　張：33.75
字　　　數：694千字
版　　　次：2024年1月第1版　　　　　印　　　次：2024年1月第1次印刷
書　　　號：ISBN 978-7-313-24689-9
定　　　價：398.00元

《中華博物通考》編纂委員會

《中華博物通考》總主編

張述錚

《中華博物通考》副總主編

韓品玉　　陳益民　俞　陽　賴賢宗

《中華博物通考》編務主任

康戰燕　盛岱仁

《中華博物通考》學術顧問

（按姓氏筆畫排序）

王　方	王　釗	王子舟	王文章	王志强	仇正偉	孔慶典	石雲里
田藝瓊	白庚勝	朱孟庭	任德山	衣保中	祁德樹	杜澤遜	李　平
李行健	李克讓	李德龍	李樹喜	李曉光	吳海清	佟春燕	余曉艷
邸永君	宋大川	苟天林	郝振省	施克燦	姜　鵬	姜曉敏	祝逸雯
祝壽臣	馬玉梅	馬建勛	桂曉風	夏興有	晁岱雙	晏可佳	徐傳武
高　峰	高莉芬	陳　煜	陳茂仁	孫　機	孫　曉	孫明泉	陶曉華
黃金東	黃群雅	黃壽成	黃燕生	曹宏舉	曹彥生	常光明	常壽德
張志民	張希清	張維慎	張慶捷	張樹相	張聯榮	程方平	鈕衛星
馮　峰	馮維康	楊　凱	楊存昌	楊志明	楊華山	賈秀娟	趙志軍
趙連賞	趙榮光	趙興波	蔡先金	鄭欣淼	寧　强	熊遠明	劉　静
劉文豐	劉建美	劉建國	劉洪海	劉華傑	劉國威	潛　偉	霍宏偉
魏明孔	聶震寧	蘇子敬	嚴　耕	羅　青	羅雨林	釋界空	釋圓持
鐵付德							

導　論

——縱論中華博物學的沉淪與重建

引　言

　　在中國當代，西方博物學影響至巨，自鴉片戰爭以來，屈指已歷百載。何謂“西方博物學”？“西方博物學”是以研究動植物、礦物等自然物爲主體的學科，但不包含社會領域的社會生活，至 19 世紀後期已完成學術使命，成爲一種保護大自然的公益活動，但國人却一直承襲至今。中華久有自家的博物學，已久被忘却，無人問津，這一狀況實是令人不安。前日偶見《故宮裏的博物學》問世，精裝三册，喜出望外，以爲我中華博物學終得重生，展卷之後始知，該書是依據清乾隆時期皇室的藏書《清宮獸譜》《清宮鳥譜》《清宮海錯圖》（“海錯”多指海中錯雜的魚鱉蝦蟹之類）繪製而成，其中一些并非實有，乃是神話傳說之物。其內容提要稱“是專爲孩子打造的中華文化通識讀本”，而對博物院內琳琅滿目的海量藏品則隻字未提。這就是説，博物院雖有海量藏品，却與故宮裏的博物學毫不相干，或曰并不屬於博物學的研究範圍。此書的編纂者是我國的著名專家，未料我國這些著名專家所認定的博物學仍是西方的博物學。此書得以《故宮裏的博物學》的名義出版，又證我國的出版界對於此一命題的認同，竟然不知我中華久有自家的博物學。此書如若改稱《故宮裏的皇室動物圖譜》，則名正言順，十分精彩，不失爲一部別具情趣的兒童讀物，但原書名却無意間形成一種誤導，孩子們可能會據此認定：唯有鳥獸蟲魚之類才是中華文化中的大學問，故而稱之爲"博物學"，最終會在其幼小心靈裏留下西方博物學的深深印記。

何以出現這般狀況？因爲許多國人對於傳統的中華博物及中華博物學，實在是太過陌生！那麼，何謂"博物"？本文指稱的"博物"，是指隸屬或關涉我中華文化的一切可見或可感知之物體物品。何謂"中華博物學"？"中華博物學"的研究主體是除却自然界諸物之外，更關涉了中國社會的各個方面各個領域，進而關涉了我中華民族的生息繁衍，關涉了作爲文明古國的盛衰起落，足可爲當代或後世提供必要的藉鑒，是我國獨有、無可替代的學術體系。故而重建中華博物學，具有歷史的、現實的多方面實用價值。我中華博物學起源久遠，至遲已有兩千年歷史，祇是初始没有"博物學"之名而已。時至明代，始見"博物之學"一詞。如明楊士奇《東里續集》卷一八評述宋陸佃《埤雅》曰："此書於博物之學蓋有助焉。"此一"博物之學"，可視爲"中華博物學"的最早稱謂。又，《四庫全書總目提要》卷一三六評清陳元龍《格致鏡原》曰："〔此書〕分三十類：曰乾象，曰坤輿，曰身體，曰冠服，曰宮室，曰飲食，曰布帛，曰舟車，曰朝制，曰珍寶，曰文具，曰武備，曰禮器，曰樂器，曰耕織器物，曰日用器物，曰居處器物，曰香奩器物，曰燕賞器物，曰玩戲器物，曰穀，曰蔬，曰木，曰草，曰花，曰果，曰鳥，曰獸，曰水族，曰昆蟲，皆博物之學。"此即古籍述及的"中華博物學"最爲明確、最爲全面的定義。重建的博物學於"身體"之外，另增《函籍》《珍奇》《科技》等，可以更全面地融匯古今。在擴展了傳統博物學天地之外，又致力於探索浩浩博物的淵源、流變，以及同物異名與同名異物的研究，致力於物、名之間的生衍關係的考辨。"博物學"本無須冠以"中華"或"中國"字樣，在當代爲區别於西方的"博物學"，遂定名爲"中華博物學"，或曰"中華古典博物學"。"中華博物學"，國人本當最爲熟悉，事實却是大出所料，近世此學已成了過眼雲烟，少有問津者，西方博物學反而風靡於中國。何以形成如此狀況？何以如此本末倒置？這就不能不從噩夢般的中國近代史談起。

一、喪權辱國尋自保，走投無路求西化

清王朝自鴉片戰争喪權辱國之後，面對列强的進逼，毫無氣節，連連退讓，其後又遭甲午戰爭之慘敗，走投無路，於是由所謂"師夷之長技"，轉而向日本求取西化的捷徑，以便苟延殘喘。日本自 19 世紀始，城鄉不斷發生市民、農民暴動，國內一片混亂。1854年 3 月，又在美國鐵艦火炮脅迫之下，簽訂《神奈川條約》。四年後再度被迫與美國簽訂通商條約。繼此以往，荷、俄、英、法，相繼入侵，條約不斷，同百年前的中國一樣，徹底淪爲半封建半殖民地社會，當權的幕府聲威喪盡。1868 年 1 月，天皇睦仁（即明治天皇）下達《王政復古大號令》，廢除幕府制度，但值得注意的是仍然堅守"大和精神"，并未全部廢除自家原有傳統。同年 10 月，改元明治，此後的一系列變革措施，即稱之爲"明治維新"。維新之後，否定了"近習華夏"，衝決了"東亞文化圈"，上自天皇，下至黎民，勠力同心，在"富國强兵、置産興業"的前提之下，遠法泰西，大力引入嶄新的科學技術，從而迅速崛起，廢除了與列强的一切不平等條約，成爲令人矚目的世界强國之一。可見"明治維新"之前，日本内憂外患的遭遇，與當時的中國非常相似。在此民族存亡的關鍵時刻，中國維新派代表人物不失時機，遠渡東洋，以日本爲鏡鑒，在引進其先進科技的同時，也引進了日本人按照英文natural history 的語意翻譯成的漢語"博物學"，雖并不準確，但因出於頂禮膜拜，已無暇顧及。況且，自甲午戰爭至民國前期，日源語詞已成爲漢語外來語詞庫中的魁首，遠超英法俄諸語，且無任何外來語痕迹，最難識別。如"民主""科學""法律""政府""美感""浪漫""藝術界""思想界""無神論""現代化"等，不勝枚舉。國人曾試圖自創新詞，但敗多勝少，祇能望洋興嘆。究其原因，并非民智的高下，也并非語種的優劣，實則是國力强弱的較量，國强則國威，國威則必擁有强勢文化，而强勢文化勢必涌入弱國，面對强勢文化，弱國豈有話語權？西方的"博物學"進入中國，遒勁而又自然。

那麼，西方博物學源於何時何地？又經歷了怎樣的發展變化？答曰：西方博物學發端於古希臘亞里士多德（公元前 384—前 322）《動物志》之類著述，又經古羅馬老普林尼（公元 23—79）的《自然史》，輾轉傳至歐洲各國。其所謂博物除却動植物外，更有天文、地理、人體諸類。這是西方的文化背景與知識譜系，西人習以爲常，喜聞樂見。在歐洲文藝復興和美洲地理大發現之後，見到別樣的動物、植物以及礦物，博物學得到長足發展。至 19 世紀前半期，博物學形成了動物學、植物學和礦物學三大體系，達於鼎盛。至 19世紀後期，動物學、植物學獨立出來，成爲生物學，礦物學則擴展爲地質學，博物學已被架空。至 20 世紀，博物學已不再屬於什麼科學研究，而完全變成一種生態與環境探索，以供民衆休閑安居的社會活動。其時，除却發端於亞里士多德的"博物學"之外，也有後起的"文化博物學"（Cultural Museology），這是一門非主流的綜合性學科，旨在研究人類一切文化遺産，試圖展示并解釋歷史的傳承與發展，但在題材視野、表達主旨等方面與中華傳統博物學仍甚有差异。面對此類非主流論説，當年的譯者或視而不見，或有意摒弃，其志在振興我中華。

　　在尋求救國的路途中，仁人志士們目睹了西方先進文化，身感心受，嚮往久之。"試航東西洋一游，見彼之物質文明，莊嚴燦爛，而回首宗邦，黯然無色，已足明興衰存亡之由，長此以往，何堪設想？"（吴冰心《博物學雜誌》發刊詞，1914 年 1 月，第 1 ~ 4 頁），此時仁人志士們滿腔熱血，一心救國。但如何救國，却茫茫然，如墮五里霧中。這一救國之路從表象上觀察似乎一切皆以日本爲鏡鑒，實則迥别於"明治維新"之路，未能把握"富國强兵、置産興業"之首要方嚮，而當年的執政者却祇顧個人權勢的得失，亦無此遠大志嚮。仁人志士們雖振臂疾呼，含泪呐喊，祇飄摇於上層精英之間，因一度失去民族自信、文化自信，而不知所措，矛頭直指孔子及千載儒學，進而直指傳統文化。五四運動前夜，北京大學著名教授錢玄同即正告國人"欲驅除一般人之幼稚的野蠻的頑固的思想"，就必須要"廢孔學"，必須要"廢漢文"（錢玄同《中國今後的文字問題》，載 1918 年 4 月 15 日《新青年》第 4 卷第 4 號）。翌年，五四運動爆發，仁人志士們高舉"德謨克拉西"（民主）、"賽因斯"（科學）兩面大旗，掀起反帝反封建的狂濤巨瀾，成爲中國近現代史上的偉大里程碑，中國人民自此視野大開。這兩面大旗指明了國家强弱成敗的方嚮。但與此同時，仁人志士們又毫不猶豫，全力以赴，要堅决"打倒孔家店"。於是，孔子及其儒家學説成了國弱民窮的替罪羊！接踵而至的就是對於漢字及其代表的漢文化的徹底否定。偉大革命思想家魯迅也一直抨擊傳統觀念、傳統體制，1936 年 10 月，在他逝世前夕《病中答救亡情報訪員》一文中，竟然斷言："漢字不滅，中國必亡！"而新文化運動的主要人物之一胡適更是語出驚人："我們必須承認我們自己百事不如人，不但物質機械上不如人，不但政治制度不如人，并且道德不如人，知識不如人，文學不如人，音樂不如人，藝術不如人，身體不如人。"中華民族是"又愚又懶的民族"，是"一分像人，九分像鬼的不長進民族"（胡適《介紹我自己的思想》，1930 年 12 月亞東圖書館初版《胡適文選》自序）。這是五四運動前後一代精英們的實見實感，本意在於革故鼎新，但這些通盤否定傳統文化的主張，不啻是在緊要歷史關頭的一次群情失控，是中國文化史中的一次失智！在這樣的歷史背景、這樣的歷史氣勢之下，接受西方"博物學"就成了必然，有誰會顧及古老的傳統博物學？

在引進西方博物學之後，國人紛予效法，試圖建立所謂中華自家的博物學，於是圍繞植物學、動物學兩大方面遍搜古今，窮盡群書，着眼於有關動植物之類典籍的縱橫搜求，但這并非我中華的博物全貌，也并非我中華博物學，況且在中華古典博物學中，也罕見西方礦物學之類著作，可見，試圖以西方的博物學體系，另建中華古典博物學，實在是削足適履、邯鄲學步。自 1902 年始，晚清推行學制改革，先後頒布了"壬寅學制""癸卯學制"。1905 年，根據《奏定學堂章程》，已將西方博物學納入中學的課程設置。其課程分爲植物、動物、礦物、人體生理學四種，分四年講授。1912 年中華民國成立後，江浙等地出現過博物學會和期刊，稍後武昌高等師範學校設立了博物學系，出版過《博物學雜誌》，主要研究動物學、植物學及人體生理學，隨後又將博物學系改稱生物學系，《博物學雜誌》也相應改稱《生物學雜誌》，重走了西方的老路。北京高等師範學校也有類似經歷，甚爲盲目而混亂。至 30 年代，發現西方博物學自 20 世紀始，已轉型爲生態與環境探索，國人因再無興趣，對西方博物學的大規模推廣、學習在中國遂告停止，但因影响至深，其餘風猶存。

二、中華典籍浩如海，博物古學何處覓？

應當指出，中國古代典籍所載之草木、鳥獸、蟲魚之類，亦有別於西方，除却其自身屬性特徵外，又常常被人格化，或表親近，或加贊賞，體現了另一種精神情懷。如動物龜、鶴，寓意長壽（其後，龜又派生了貶義）；豺、狼、烏鴉、猫頭鷹，或表殘忍，或表不祥；其他如十二生肖，亦各有象徵，各有寓意。而那些無血肉、無情感的植物，同樣也被賦予人文色彩。如漢班固《白虎通·崩薨》載："《春秋含文嘉》曰：天子墳高三仞，樹以松；諸侯半之，樹以柏；大夫八尺，樹以欒；士四尺，樹以槐；庶人無墳，樹以楊、柳。"足見在我國古老的典制禮俗中，松、柏、欒、槐、楊、柳，已被賦予了不同的屬性，被分爲五等，楊、柳最爲低賤；就連如何埋葬也分爲五等，嚴於區別，從墳高三仞到無墳，成爲天子到庶人的埋葬標志。實則墳墓分爲等級，早在公元前 3300 年至公元前 2300 年的良渚古城遺址已經發現。這些浩浩博物，廣泛涉及了古老民族和古老國度的典制與禮俗，我國學人也難盡知，西方的博物學又當如何表述？

可見西方博物學絕難取代中華古典博物學，中華古典博物學的研究範圍，遠超西方博物學，或可說中華古典博物學大可包容西方博物學。如今，這一命題漸引起國内一些有識之士、專家學者的關注。那麽，中華古典博物學究竟發端於何時何地？有無相對成型的體系？如何重建？答曰：若就人類辨物創器而言，上古即已有之，環宇盡同。若僅就我中華文獻記載而言，有的學者認爲當發端於《周易》，因爲"易道廣大，無所不包"（《四庫全書總目提要》卷九），或認爲發端於《書·禹貢》，因爲此書廣載九州山河、人民與物產。《周易》《禹貢》當然可以視爲中華博物學的源頭。而作爲中華博物學體系的領銜專著，則普遍認爲始於晋代張華《博物志》。而論者則認爲，中華博物學成爲一門相對獨立的學科體系，當始於秦漢間唐蒙的《博物記》，此書南北朝以來屢見引用，張華《博物志》不過是續作而已。對此，前人久有論述。如《四庫全書總目提要》卷一四二曰："劉昭《續漢志》注《律曆志》引《博物記》一條，《輿服志》引《博物記》一条，《五行志》引《博物記》二條，《郡國志》引《博物記》二十九條……今觀裴松之《三國志》注（《魏志·太祖紀》《文帝紀》《吳志·孫賁傳》等）引《博物志》四條，又於《魏志·涼茂傳》中引《博物記》一條，灼然二書，更無疑義。"再如宋周密《齊東野語·野婆》曰："《後漢·郡國志》引《博物記》曰：'日南出野女，群行不見夫，其狀皛且白，裸袒無衣襦。'得非此乎？《博物記》當是秦漢間古書，張茂先（張華，字茂先）蓋取其名而爲《志》也。"再如明楊慎《丹鉛總錄》卷一一："漢有《博物記》，非張華《博物志》也，周公謹云不知誰著。考《後漢書》注，始知《博物記》爲唐蒙作。"如前所述，此書南北朝典籍中多有引用，如僅在南朝梁劉昭《續漢志》注中，《博物記》之名即先後出現了三十三次之多。據有關古籍記載，其内包括了律曆、五行、郡國、山川、人物、輿服、禮俗等，盡皆實有所指，無一虛幻。故在明代有關前代典籍分類中，已將唐蒙《博物記》與三國魏張揖《古今字詁》、晋吕静《韻集》、南朝梁阮孝緒《古今文詁》、唐顏元孫《干禄字書》、宋洪适《隸釋》等字書、韵書并列（見明顧起元《説略》卷一五），足見其學術地位之高，而張華《博物志》則未被錄入。

至西晋已還，佛道二教廣泛流傳，神仙方士之説大興，於是張華又衍《博物記》爲《博物志》，其書内容劇增，自卷一至卷六，記載山川地理、歷史人物、草木蟲魚，這些當是紀要考訂之屬，合乎本文指稱的名副其實的博物學系統。此外，又力仿《山海經》的體例，旨在記載异物、妙境、奇人、靈怪，以及殊俗、瑣聞等，諸多素材語式，亦幾與《山海經》盡同，若"羽民國，民有翼，飛不遠……去九嶷四萬三千里"云云，并非"浩博實物"，已近於"志怪"小說。張華自序稱其書旨在"博物之士覽而鑒焉"，張序指稱的"博物之士"，義同前引《左傳》之"博物君子"，其"博物"是指"博通諸種事物"，虚虚實實，紛紛紜紜，無所不包。此類記述，正合世風，因而《博物志》大行其道，《博物記》則漸被冷落，南北朝之後已失傳，其殘章斷簡偶見於他書，可輯佚者甚微。後世輾轉相引，又常與《博物志》混同。《博物志》至宋代亦失傳，今本十卷爲采摭佚文、剿掇他書而成，真僞雜糅，亦非原作。其後又有唐人林登《續博物志》十卷，緊接《博物志》之後，更拓其虛幻内容，以記神异故事爲主，多是叙述性文字，其條目篇幅較長，宋代之後也已亡佚。再後宋人李石又有同名《續博物志》十卷，其自序稱："次第仿華書，一事續一事。"實則并不盡然，華書首設"地理"，李書改增爲"天象"，其他内容，間有與華書重複者，所續多是後世雜籍，宋世逸聞。此書雖有舛亂附會之弊，仍不失爲一部難得的繼補之作。李書之後，又有明人游潛《博物志補》三卷，仍係補張華之《志》，旨趣體例略如李石之《續志》，但頗散漫，時補時闕，猥雜冗濫。李、游一續一補，盡皆因仍張《志》，繼其子遺。以上諸書之所謂"博物"，一脉相承，注重珍稀之物而外，多以臚列奇事异聞爲主旨，同"浩博實物"的考釋頗有差异。游潛稍後，明董斯張之《廣博物志》五十卷問世，始一改舊例，設有二十二類，下列子目一百六十七種，所載博物始於上古，達於隋末，不再因仍張《志》而爲之續補，已是擴而廣之，另闢山林，重在追溯事物起源，其中包括職官、人倫、高逸、方技、典制，等等。其後，清人陳逢衡著有《續博物志疏證》十卷、《續博物志補遺》一卷，對李石《續志》逐條研究探索，并又加入新增條目，成爲最系統、最深入的《續》説。其後，徐壽基又著有《續廣博物志》十六卷，繼董《志》餘緒，於隋代之後，逐一相繼，直至明清，頗似李石之續張華。但《廣志》《續廣志》之類，仍非以專考釋"浩博實物"爲主旨。我國第一部以"博物"命名而研究實物的專著，當爲明末谷應泰之《博物要覽》。該書十六卷，惜所涉亦不過碑版、書畫、銅器、窑器、瑪瑙、珊瑚、珠玉、奇石等玩賞之器物，皆係作者隨所見聞，摭録成帙；所列未廣，其中碑版書畫，尤爲簡陋，難稱浩博，其影響遠不及前述諸《志》，但所創之寫實體例，則非同尋常。而最具權威者，當是明末黄道周所著《博物典彙》，該書共二十卷，所涉博物，始自遠古，達於當朝，上自天文地理，下至草木蟲魚，盡予囊括，并以其所在時代最新的觀點、視野，對歷代博物著述進行了彙總研究。如卷一關於"天文"之考釋，下設"渾天""七曜"，"七曜"下又設"日""月""五星"，再後又有"經星圖""緯星圖""二十八宿"。又如卷七關於"后妃"，下設"宮闈內外之分""宮闈預政之誡"，緊隨其後的即教育"儲貳"之法，等等，甚爲周嚴。

以上諸書就是以"博物"命名的博物學專著。在晚清之前，代代相繼，發展有序，并時有新的建樹。

與這些博物學專著相并行，相匹配，另有以"事"或"事物"命名，旨在探索事物起源的博物學專著。初始之作爲北魏劉懋《物祖》十五卷，稍後有隋謝昊《物始》十卷，是對《物祖》的一次重大補正。《物始》之後，有唐劉孝孫等《事始》三卷，又有五代馮鑑《續事始》十卷，是對《事始》的全面擴展與開拓。《續事始》之後，另有宋高承《事物紀原》十卷，此書分五十五個類目，上自"天地生植"，中經"樂舞聲歌""輿駕羽衛""冠冕首飾""酒醴飲食"，直至"草木花果""蟲魚禽獸"，較《物祖》《物始》尤爲完備，遂成博物學的百代經典。接踵而來者有明王三聘《古今事物考》八卷，效法《紀原》之體，自古至今，上至天文地理，下至昆蟲草木，中有朝制禮儀、民生器用、宮室舟車，力求完備，較之他書尤得要領，類居目列，條理分明，重在古今考釋，一事一物，莫不求源溯始，考核精審。此書載錄服飾資料尤爲豐富，如卷一有上古禮制之種種服式，非常全面，卷六所載後世之巾冠、衣、佩、帶、襪、履舄、僧衣、頭飾、妝飾、軍服等百餘種，考證多引原書原文，確然有據，甚爲難得。就全書而言，略顯單薄。明徐炬又有《古今事物原始》三十卷，此書仿高承《紀原》之體，又參《事物考》之章法，以考釋制度器物爲主，古今上下，盡考其淵源，更有所得，凡日月星辰、山川草木，亦必確究其淵源流變，但此與天地共生之浩浩博物，四百餘年前的一介書生，豈可臆測而妄斷？爲此而輾轉援引，頗顯紛亂。且鳥獸花草之起首，或加偶語一聯，或加律詩二句，而後逐一闡釋，實乃蛇足。其書雖有此瑕疵，却不掩大成。與王、徐同代的還有羅頎《物原》二卷（《四庫》本作一卷），羅氏以《紀原》不能黜妄崇真，故更訂爲十八門，列二百九十三條，條條錘實。如，刻漏、雨傘、鋦子（用於連合破裂器物的兩脚釘）、酒、豆腐之類的由來，多有創見。惜違《紀原》明記出典之體，又背《事物考》之道，凡有考釋，則涵集衆說爲一。如，烏孫公主作琵琶，張華作苔紙，皆茫然不知所本。不過章法雖有差失，未臻完美，但其功業甚巨，《物原》成爲一部研究記述我國先民發明創造的專著。時至清代，陳元龍又撰

《格致鏡原》一百卷。何謂"格致鏡原"？意即格物致知，以求其本原。此書的子目多達一千七百餘種，明代以前天地間萬事萬物盡予羅致，一事一物，必究其原委，詳其名號，廣博而精審，終成中華古典博物學的巔峰之作。

以上兩大系列專著，自秦漢以來，連續兩千載，一脉相承，這并非十三經、二十六史之類的敕編敕修，無人號令，無人支持，完全出自一種無形的力量，出自文化大國、中華文脉自惜自愛的傳承精神，從而構成浩大的博物學體系。在我國學術研究史中，在我國圖書編纂史中，乃至於世界文化史中，當屬大纛獨立，舉世無雙！本當如江河之奔，生生不息，終因清廷喪權辱國、全盤西化而戛然中斷。

三、博物古學歷磨難，科技起落何可悲！

回顧我國漫長的文化史可知，中華博物學是在傳統的"重道輕器"等陳腐觀念桎梏下，以强大的民族自覺精神、民族意志爲推動力，砥礪前行，千載相繼，方成獨立體系，因而愈加難得，愈加可貴。

"重道輕器"觀念是如何出現的？何謂"道器"？兩者究竟是何關係？《周易·繫辭上》曰："形而上者謂之道，形而下者謂之器。"何謂"道"？所謂道乃"先天地生"，無形無象、無聲無色、無始無終、無可名狀，爲"萬物之所然也，萬理之所稽也"（見《韓非子·解老》），是指形成宇宙萬物之本原，是形成一切事理的依據與根由。何謂"器"？器即宇宙間實有的萬物，包括一切科技發明，至巨至大，至細至微，充斥天地間，而盡皆不虛，或有實物可見，或有形體可指。器即博物，博物即器。"道器關係"本是一種有形無形、可見與不可見的生衍關係，并無高下之分，但在傳統文化中却另有解釋。如《周禮·考工記序》曰："坐而論道，謂之王公；作而行之，謂之士大夫；審曲面埶，以飭五材，以辨民器，謂之百工。"又曰："智者創物，巧者述之，守之世，謂之百工。百工之事，皆聖人之作也。"此文突顯了"道"對於"器"的指導與規範地位。"坐而論道"，可以無所不論，民生、朝政、國運、天下事，當然亦在所論之中。"道"實則是指整體人世間的一種法則、一種定律，或説是我古老的中華民族所創造的另一種學説。所謂"論道者"，古代通常理解爲"王公"或"聖人"，實則是代指一代哲人。《考工記序》却將論道與製器兩者截然分開，明確地予以區別，貶低萬衆的創造力，旨在維護專制統治，從而確定人們的身份地位。坐而論道者貴爲王公，親身製器者屬末流之百工（“審曲面埶，以飭五材、以辨民器”，謂觀察金、木、皮、玉、土之曲直、性狀，據以製造民人所需之器物）。《考工記序》所記雖名爲“考工”，實則是周代禮制、官制之反映，對芸芸衆生而言，這種等級關係之誘惑力超乎尋常，絕難抵禦，先民樂於遵從，樂於接受，故而崇敬王公，崇敬聖人，百代不休。因而在中國古代，科學技術大受其創。

“重道輕器”的陳腐觀念，在中國古代影響廣遠，“器”必須在“道”的限定之下進行，不得隨意製作，不得超常發揮，“道”漸演化爲統治者實施專政的得力手段。“坐而論道”，似乎奧妙無盡。魏晉時期，藉儒入道，張揚“玄之又玄”，乃至於魏晉人不解魏晉文章，本朝人爲本朝人作注，史稱“玄學”。兩宋由論道轉而談理，一代理學宗師應運而生，闡理思辨，超乎想象，就連虛幻縹緲的天宮，亦可談得妙理聯翩，後世道家竟繪出著名的《天宮圖》來。事越千載，五四運動時期，那些新文化運動主將們聯手痛搗“孔家店”，却不攻玄理，“論道”“崇道”“樂道”“惜道”，滾滾而來，遂成千古“道”統，已經背離《易》《老》的本義。出於這樣的觀念，如何會看重“形而下”的博物與博物學？

那麽，古代先民又是如何看待與博物學密切相關的科學技術？《書・泰誓下》載，殷紂王曾作“奇技淫巧，以悦婦人”，爲百代不齒，萬世唾罵。何謂“奇技淫巧”？唐人孔穎達釋之曰：“奇技謂奇異技能，淫巧謂過度工巧……技據人身，巧指器物。”所謂“奇技淫巧”，今大底可釋爲超常的創造發明，或可直釋爲科學技術。論者認爲，“百代不齒，萬世唾罵”者并不在於“奇技淫巧”這一超常的創造發明，而在於紂王奢靡無度，用以取悦婦人的種種罪孽。至於紂王是否奢靡無度，“以悦婦人”，今學界另有考證。紂王當時之所以能稱雄天下，正是由於其科技的先進，軍事的强大，其失敗在於大拓疆土，窮兵黷武，導致內外哀怨，決戰之際又遭際叛亂。所謂“以悦婦人”之妲己，衹是戰敗國的一種“貢品”而已，對於年過半百的老人并無多大“媚力”。關於殷商及妲己的史料，最早見於戰國時期成書的《國語・晋語一》，前後僅有二十七字，并無“酒池肉林”“炮烙之刑”之類記載，後世史書所謂紂王對妲己的種種寵愛，實是一種演繹，意在宣揚“紅顏禍水”之説（此説最早亦源於前書。“紅顏禍水”，實當稱之爲“紅顏薄命”）。在中國古代推崇“紅顏禍水”論，進而排斥“奇技淫巧”，從而否定了科技的力量，否定了科技强弱與國家强弱的關係。時至周代，對於這種“奇技淫巧”，已有明確的法律限定：“作淫聲、異服、奇技、奇器以疑衆，殺！”（見《禮記・王制》）這也就是説，要杜絕一切新奇的創造發明，連同歌聲、服飾也不得超乎常規，否則即犯殺罪！此文自漢代始，多有注疏，今擇其一二，以見其要。"淫聲"者，如春秋戰國時鄭、衛常有男女私會，謳歌相引，被斥爲淫靡之聲；"奇技"者，如年輕的公輸班曾"請以機窆"，即以起重機落葬棺木，因違反當時人力牽挽的埋葬禮節，被視爲不恭。一言以蔽之，凡有違禮制的新奇科技、新奇藝術，皆被視爲疑惑民衆，必判以重罪。這就是所謂"維護禮制"，其要害就是維護統治者的統治地位，故而衣食住行所需器物的質材及數量，無不在尊卑貴賤的等級制約之中。如規定平民不得衣錦綉，不得鼎食，商人、藝人不得乘車馬，就連權貴們娛樂時選定舞蹈的行列亦不可違制，違制即意味着不軌，意味着僭越。杜絕"奇技淫巧"，始自商周，直至明清而未衰。我國著名的四大發明，千載流傳，未料却如同國寶大熊猫一樣，竟由後世西方科學家代爲發現，實在可悲！四大發明、大熊猫之類，或因史籍隱冷，疏於查閱，或因地處山野，難以發現，姑可不論，但其他很多非常具體的發明創造，雖有群書連續記載，也常被無視，或竟予扼殺。如漢代即有超常的"女布"，因出自未嫁少女之手而得名（見《後漢書·王符傳》），南北朝時已久負盛名，稱"女子布"（見南朝宋盛弘之《荆州記》）。宋代又稱"女兒布"，被贊爲"布帛之品……其尤細者也"（見宋羅濬《寶慶四明志·郡志四》）。其後歷代製作，不斷創新，及至明清終於出現空前的妙品"女兒葛"。"女兒葛"爲細葛布的一種，其物纖細如蟬翼紗，又如傳說中的"蛟女絹"，僅重三四兩，捲其一端，整匹女兒葛便可出入筆管之中，精美絕倫，明代弘治之後曾發現於四川鄰水縣，但却被斷然禁止。明皇甫録《下陬記談》卷上："女兒葛，出鄰水縣，極纖細，必五越月而後成，不減所謂蟬紗、魚子纈之類，蓋十縑之力也。予以爲淫巧，下令禁止，無敢作者。"對此美妙的"女兒葛"，時任順慶府知府的皇甫録，并沒給予必要的支持、鼓勵，反而謹遵古訓，以杜絕"奇技淫巧"爲己任，堅決下達禁令，并引以爲榮。皇甫録乃弘治九年（1496）進士，爲官清正，面對"奇技淫巧"也如此"果斷"！此後清代康熙年間，"女兒葛"再現於廣東增城縣一帶，其具體情狀，清屈大均《廣東新語·貨語·葛布》中有翔實描述，但其遭遇同樣可悲，今"女兒葛"終於銷聲匿迹。在中國古代，類似的遭遇，又何止"女兒葛"？杜絕"奇技淫巧"之風，一脉相承，何可悲也。

　　但縱觀我華夏全部歷史可知，一些所謂的"奇技淫巧"之類，雖屢遭統治者的禁弃，實則是禁而難止，況統治者自身對禁令也時或難以遵從，歷代帝王皇室之衣食住行，幾乎無一不恣意追求舒適美好，爲了貪圖享樂，就不得不重視科技，就不得不啓用科技。如

"被中香爐"（爐內置有炭火、香料，可隨意旋轉以取暖，香氣縷縷不絕。發明於漢代）、"長信宮燈"（燈內裝有虹管，可防空氣污染。亦發明於漢代）的誕生，即明證。歷代王朝所禁絕的多是認定可能危及社稷之類的"奇技淫巧"，并未禁止那些有利於民生的重大發明，也没有壓抑摧殘黎民百姓的靈智（歷史中偶有以愚民爲國策者，祇是偶或所見的特例而已）。帝王們爲維護其統治地位，以求長治久安，在"重道輕器"的同時，也極重天文、曆算、農桑、醫藥等領域的研究，凡善於治國的當權者，爲謀求其國勢得以強盛，則必定大力倡導科技，《後漢書·和熹鄧皇后紀》所載即爲顯例。和熹皇后鄧綏（公元 81—121），深諳治國之道，兼通天文、算數。永元十四年（102），漢和帝死後，東漢面臨種種滅頂之災，鄧綏先後擁立漢殤帝和漢安帝，以"女君"之名親政長達十六年，克服了有史以來最嚴重的十年天災，剿滅海盜，平定西羌，收服嶺南三十六個民族，將九真郡外的蠻夷夜郎等納入版圖，恢復東漢對西域的羈縻，征服南匈奴、鮮卑、烏桓等，平息了內憂外患，使危機四伏的東漢王朝轉危爲安。正是在這期間，鄧綏大力發展科技，勉勵蔡倫改進造紙術，任用張衡研製渾天儀、地動儀等儀器，并製造了中尚方弩機，這一可以連續發射的弩機，其射程與命中率令時人驚嘆，成爲當時世界上最具殺傷力的先進武器（此外，鄧綏又破除男女授受不親的陳腐觀念，創辦了史上最早的男女同校學堂，并通過支持文字校正與字詞研究，推動了世界第一部字典《說文解字》問世）。這就爲傳統的博物研究提供了巨大的空間，因而先後出現了今人所謂的"四大發明"之類。實際上何止是"四大發明"？天文、曆算等領域的發明創造，可略而不論。鄧綏之前，魯班曾"請以機窆"的起重機，出現於春秋時期，早於西方七百餘年。徐州東洞山西漢墓出土的青銅透光鏡，歐洲和日本人稱其爲"魔鏡"，當一束光綫照射鏡面而投影在牆壁上時，牆上的光亮圈內就出現了銅鏡背面的美麗圖案和吉祥銘文。這一"透光鏡"比日本"魔鏡"早出現一千六百餘年，而歐洲的學者直到 19 世紀纔開始發現，大爲驚奇，經全力研究，得出自由曲面光學效應理論，將其廣泛運用於宇宙探索中。今日，國人已能夠恢復這一失傳兩千餘載的原始工藝，千古瑰寶終得重放异彩！鄧綏之後，又創造了"噴水魚洗"，亦甚奇妙，令人大開眼界。東漢已有"雙魚洗"之名（見明梅鼎祚《東漢文紀》卷三二引《雙魚洗銘》），未知當時是否可以噴水。"噴水魚洗"形似現今的臉盆。盆內多刻雙魚或四魚，盆的上沿兩側有一對提耳，提耳的設置，不祇是爲了便於提動，同時又具有另外一個功用，即當手掌撫摩時，盆內還能噴射出兩尺高的水柱，水面形成一片浪花，同時會發出樂曲般的聲響，十分神奇。今可確知，"噴水魚洗"興起於唐宋之間（見宋王明清《揮麈前録》卷三、宋何薳《春渚紀聞》卷九），當是皇家或貴族所用盥洗用具。魚洗能夠噴水，其道理何在？美國、日本的物理學家曾用各種現代科學儀器反復檢測查看，試圖找出其導熱、傳感及噴射發音的構造原理，雖經全力研究，但仍難得以完整的解釋，也難以再現其效果。面對中國古代科技創造的這一奇迹，現代科學遭遇了空前挑戰，衹能"望盆興嘆"。

中華民族，中華博物學，就是在這樣複雜多變的背景之下跌宕起伏，生存發展，在晚清之前，兩千餘年來，從未停止前進的步伐，這又成爲中華民族的民族性與中華博物學的一大特點。

四、西化流弊何時休，誰解古老博物學？

自晚清以還，中華博物學沉淪百年之久，本當早已復蘇，時至今日，幸逢盛世，正益修典，又何以總是步履維艱？豈料經由西學東漸之後，在我國國内一些學人認定科學決定一切，無與倫比，日積月纍，漸漸形成了一種偏激觀念——"唯科學主義"，即以所謂是否合於科學，來判定萬事萬物的是非曲直，科學擁有了絕對的話語權。"唯科學主義"通常表現爲三種態度：一、否認物質之外的非物質。凡難以認知的物質，則稱之爲"暗物質"。這一"暗"字用得非常巧妙，"暗"，難見也！於是"暗物質"取代了"非物質"；二、否認科學之外的其他發現。凡是遇到無從解釋的難題，面對別家探索的結論，一律斥爲"僞科學"。三、否認科學範圍以外的其他一切生產力，唯有科學可以帶動社會發展，萬事萬物必須以科學爲推手。

何謂"科學"？中國古代本有一種認識論的命題，稱之爲"格致"，意謂"格物致知"，指深究事物原理以求得知識，從而認識各種客觀現象，掌握其變化規律。這種哲學我國先秦諸子久已有之，雖已歷千載百代，但却未得應有的重視，終被西方科學所取代。自16世紀始，歐洲由於文藝復興，挣脱了天主教會的長期禁錮，轉向於對大自然的實用性的探索，其代表作即哥白尼的"日心説"與伽利略天文望遠鏡的發明，同時出現牛頓的力學，這是西方的第一次科技革命。這一時期已有"科學"其實，尚無後世"科學"之名，起始定名爲英語 science 一詞，源於拉丁文，本意謂人世間的各種學問，隸屬於古希臘的哲學思想，是一種對於宇宙間萬事萬物的生衍關係的一種想象、一種臆解，原本無甚稀奇，此時已反響於歐洲，得以廣泛流傳。至 18 世紀，新興的資産階級取得政權，爲推行資本主義，又大力發展科學，西方科學已處於世界領先地位。時至 19 世紀 60 年代後期及 20 世紀初，歐洲發生了以電力、化學及鋼鐵爲新興産業的第二次科技革命，英語 science 一詞迅速擴展於北美和亞洲。日本明治維新時期，赴歐留學的日本學者將 science 譯成"科學"，學界認爲是藉用了中國科舉制度中"分科之學"的"科學"一詞，如同將英文 natural history 的語意翻譯成漢語"博物學"一樣，也并不準確，中國的變法派訪日時，對之頂禮膜拜，欣然接受，自家固有的"格致"一詞，如同國學中的其他語詞一樣被弃而不用，"科學"一詞因得以廣泛流傳。"科學"當如何定義？今日之"科學"包括了自然科學、社會科學、思維科學以及交叉科學。除却嚴謹的形式邏輯系統之外，本是一種具體的以實踐爲手段的實證之學。實踐與實證的結果，日積月纍，就形成了人類關於自然、社會和思維的認知體系，成爲人類評斷事物是非真僞的依據。但科學不可能將浩渺無盡的宇宙及宇宙間的萬事萬物盡皆予以實踐、實證，能够實踐、實證者甚微，因而科學總是在不斷地探索，不斷地補正，不斷地自我完善之中，其所能研究的領域與功能實在有限。當代科學可以在指甲似的晶片上，一次性地裝載五百億電晶體，可以將重達六噸以上的太空船射向太空，并按照既定指令進行各種探索，但却不能造出一粒原始的細胞來，因爲這原始細胞結構的複雜神秘，所蘊含的奇妙智慧，人類雖竭盡全力，却至今無法破解。細胞來自何處？是如何形成的？科學完全失去了話語權！造不出一粒原始的細胞，造一片樹葉尤無可能，造一棵大樹更是幻想，遑論萬千物種，足證"科學"并非萬能的唯一學問。況且，"暗物質"之外，至少在中國哲學體系中尚有"非物質"。何謂"非物質"？"非物質"是與"物質"相對而言，區別於"暗物質"的另一種存在，正如前文所述，它"無形無象、無聲無色、無始無終、無可名狀"，在中國古代稱之爲"道"。"道"可以不遵循因果關係，可以無中生有，爲"萬物之所然也，萬理之所稽也"，可以解釋萬物的由來，可以解釋宇宙的形成。今以天體學的的視野略加分析，亦可見"唯科學主義"的是非。人類賴以生存的地球，其直徑約爲 12 742 公里，是太陽系中的第三顆小行星。太陽系的直徑約爲 2 光年，太陽是銀河系中數千億恒星之一，銀河系的直徑約爲 10 萬光年，包括 1 千億至 4 千億顆恒星，而宇宙中有一千至兩千億銀河系，宇宙有 930 億光年。一光年約等於 9.46 萬億公里。地球在宇宙中祇是一粒微塵，如此渺小的地球人能創造出破解一切的偉大科學，那是癡人説夢！中華先賢面對諸多奧妙，面對諸多不可思議的現象，提出這一"無可名狀"之"道"，當然并非憑空想象，自有其觀測與推理的依據，這顯然不同於源自西方的科學，或曰是西方科學所包容不了的。先賢提出的"無可名狀"的"道"，已超越物質的範圍，或曰"道"絕非"暗物質"所能替代的。這一"無可名狀"的"道"，在當今的別樣的時空維度中已得到初步驗證（在這非物質的維度中滿富玄機）。論者提出這一古老學説，旨在證明"唯科學主義"排斥其他一切學説，過分張揚，不足稱道，絶無否定或輕忽科學之意。百年前西學東漸，尤其是西方科學的傳入，乃是我中華民族思維與實踐領域的空前創獲，是實踐與思維領域的一座嶄新的燈塔，如今已是家喻户曉，人人稱贊，任誰也不會否認科學的偉大，但却不能與偏激的"唯科學主義"混同。後世"科學"一詞，又常常與"技術"連稱爲"科學技術"，簡稱"科技"。何謂"技術"？"技術"一詞來源於希臘文"techs"，通常指個人的技能或技藝，是人類利用現有實物形成新事物，或改變原有事物屬性、功能的方法，或可簡言之曰發明創造。科學技術不同於科學，也不同於技術，也不是科學與技術的簡單相加。科學技術是科學與技術的有機結合體系，既是人類認識世界和改造世界的成果或産物，又是人類認識世界和改造世界最有力的工具或手段，兩者實難分割。某些技術本身可能祇是一種技法，而高深技術的背後則必定是科學。

出於上述"唯科學主義"偏激觀念，重建中華博物學就遭致了質疑或否定，如有學者認爲，中國古代祇有技術而没有科學，哪有什麽中華博物學？中華博物學被看作"前科學時代的粗糙的知識和技能的雜燴"，是一種"非科學性思考"，没有什麽科學價值，當然也就没有重建的必要，因爲西方博物學久已存在，無可替代。中國古代當真"祇有技術而没有科學"麽？前文已論及"科學"與"技術"很難分割，在中國古代不祇有"技術"，同樣也有"科學"。回眸世界之歷史長河，僅就中西方的興替發展脉絡略作比較，就可以看到以下史實：當我中華處於夏禹已劃定九州、建有天下之際，西方社會多處於尚未開化的蠻荒歲月；當我中華已處於春秋戰國鋼鐵文化興起之際，整個西方尚處於引進古羅馬文明的青銅器時代；當我宋代以百萬册的印數印刷書籍之際，中世紀的西方仍然憑藉修士們成年纍月在羊皮卷上抄寫複製；著名的火藥、指南針等其他重大發明姑且不論，單就中國歷朝歷代任何一件發明創造而言，之於西方社會也毫不遜色，直至清代中葉，中國的科技一直處於世界領先地位。英國科學家李約瑟主編的七卷巨著《中國科學技術史》，即認爲西方古代科學技術 85% 以上皆源於中國。這是西方人自發的没有任何背景、没有任何色彩的論斷，甚爲客觀，迄今未見异議。此外又有學者指出，中華傳統博物學不祇擁有科技，又超越了科技的範疇，它是"關於物象（外部事物）以及人與物的關係的整體認知、研究範式與心智體驗的集合"，"這種傳統根本無法用科學去理解和統攝"，中華古典博物學"給我們提供的'非科學性思考'，恰恰是它的價值所在"（余欣《中國博物學傳統的重建》，載《中國圖書評論》，2013年第10期，第45～53頁）。這無疑是對"唯科學主義"最有力的批駁！是的，本書極重"科技"研究，又不拘泥於"科技"，同樣重視"非科學性思考"。

　　中華古典博物學的研究主體是"博物"，是"博物史"，通過對"博物""博物史"的探索，而展現的是人，是人的生存、生活的具體狀況，是人的直觀發展史。中華傳統博物學構成了物我同類、天人合一的博大的獨立知識體系，是理解和詮釋世界的另一視野，這種視野中的諸多"非科學性思考"的博物，科學無法全面解讀，但却是真真切切的客觀存在。所謂傳統博物學是"前科學時代的粗糙的知識和技能的雜燴"，是"非科學性思考"的評價，甚是武斷，祇不過是一種不自覺的"唯科學主義"觀念而已。另將"科學"與"技術"分割開來，強調什麼"科學"與否，這一提法本身就不太"科學"。對此，本書前文已論及，無須複述。我國作爲一個古老國度，在其漫長的生衍過程中，理所當然地包容了"粗糙的知識和技能"。這一狀況世界所有古國盡有經歷，并非中國獨有。"粗糙的知識"的表述似乎也并不恰當，"知識"可有高下深淺之分，未聞有粗糙細緻之別。這所謂"粗糙"，大約是指"成熟"與否，實際上中華傳統博物學所涉之"知識和技能"，并非那麼"粗糙"，常常是合於"科學"的，有些則是非常的"科學"。英國科學家李約瑟等認定古代中國涌現了諸多"黑科技"。何謂"黑科技"？這是當前國際間盛行的術語，即意想不到的超越科技之科技，可見學界也是將"科學"與"技術"連體而稱，而并非稱"黑科學"。認定中國古代"祇有技術而没有科學"，傳統博物學是"前科學時代的粗糙的知識和技能的雜燴"之説，頗有些"粗糙"，準確地説頗有些膚淺！這位學者將傳統博物學統稱爲"前科學時代"的産物，亦是一種妄斷，也頗有些隨心所欲！何謂"前科學時代"？"前科學時代"是指形成科學之前人們僅憑五官而形成的一種感知，這種感知在原始社會時有所見，但也并非全部如此，如鑽木取火、天氣預測、曆法的訂立、灸砭的運用等，皆超越了一般的感知，已經形成了各自相對獨立的科學。看來這位學者并不怎麼瞭解中國古代科技史，并不太瞭解自家的傳統文化，實屬自誤而誤人。

　　中華博物學的形成及發展歷程，與西方顯然不同。西方博物學萌生於上古哲人的學説，其後則以自然科學爲研究主體，遍及整個歐洲，全面進入國民的生活領域。在這樣的文化背景之下，西方日益强大，直接影響和推動了社會的發展，因而步入世界前列。我中華悠悠數千載，所涉博物，形形色色，浩浩蕩蕩，逐漸形成了中華獨有的博物學體系，但面臨的背景却非常複雜，與西方比較是另一番天地，那就是貫穿數千載的"重道輕器"觀念與排斥"奇技淫巧"之國風，這一觀念、這一國風，其表現形式就是重文輕理，且愈演愈烈。如中國久遠的科舉制度，應試士子們本可"上談禮樂祖姬孔，下議制度輕儺玄"（見明高啓《送貢士會試京師》詩），縱論古今國事，是非得失，而朝廷則可藉此擇取英才，因而國家得以强盛。時至明代後期，舉國推行的科舉制度竟然定型爲千篇一律的八股文，泯滅了朝廷取才之道，一代宗師顧炎武稱八股之禍勝似"焚書坑儒"（見《日知録·擬題》）。清代後期爲維護其獨裁統治，手段尤爲專橫强硬，又向以"天朝"自居，哪裏會重視什麽西方的"科學技術"？"科學技術"的落伍最終導致文明古國一敗塗地，這也就是"李約瑟難題"的答案！"科學"之所以成爲"科學"，是因爲其出自實踐、實證，實踐、實證是科學的生命。實踐、實證又必須以物質爲基礎，這正與我中華博物學以浩浩博物爲研究主體相合！但中華博物學，或曰博物研究，始終被置於正統的國學之外，這一觀念與國風，極大地制約了中華博物學的發展。制約的結果如何？可以毫不誇張地説，直接阻礙了中國古代社會的歷史進程。

五、中華博物知多少，皓首難解千古謎

中華博物如繁星麗天，難以勝計，其中有諸多別樣博物，可稱之爲"黑科技"者，令人百思不得其解。如八十餘年前四川廣漢西北發現的三星堆古蜀文化遺址，距今約四千八百年至三千年左右，所在範圍非常遼闊，遠超典籍記載的成都平原一帶，此後不斷探索，不斷有新的發現，成爲 20 世紀人類最偉大的考古發現之一。該遺址内三種不同面貌而又連續發展的三期考古學文化，以規模壯闊的商代古城和高度發達的青銅文明爲代表的二期文化最具特點。二期文化中青銅器具占據主導地位，極爲神奇。衆多的青銅人頭象、青銅面具，千姿百態。還有舉世罕見的青銅神樹，該樹有八棵，最高者近 4 米，共分三層，樹枝上栖息有九隻神鳥，應是我國古籍所載"九日居下枝"的體現；斷裂的頂部，當有"一日居上枝"的另一神鳥，寓意九隻之外，另一隻正在高空當班。青銅樹三層

九鳥，與《山海經・海外東經》中所載"扶桑""若木""九日居下枝，一日居上枝"正同。上古時代，先民認爲天上的太陽是由飛鳥所背負，可知九隻神鳥即代表了九個太陽。其《南經》又曰："有木，其狀如牛，引之有皮，若纓、黃蛇。其葉如羅，其實如欒，其木若蘆，其名曰建木。"何謂"建木"？先民認爲"建木"具有通天本能，傳說中伏羲、黃帝等盡皆憑藉"建木"來往神界與人間。由《山海經》的記載可知，這神奇物又來源於傳統文化，大量青銅文化明顯地受到夏商文明、長江中游文明及陝南文明的影響。那些金器、玉器等禮器更鮮明地展現出華夏中土固有的民族色彩。如此浩大盛壯，如此神奇，這一古蜀國究竟是怎樣形成的？又是怎樣突然消失的？詩人李白在《蜀道難》中曾有絕代一問："蠶叢及魚鳧，開國何茫然？"意謂蠶叢與魚鳧兩位先帝，是在什麼時代開創了古蜀國？何以如此茫茫然令人難解？今論者續其問曰："開國何茫然，失國又何年？開失兩難知，千古一謎團。"三星堆的發掘并非全貌，僅占遺址總面積的千分之一左右，只是古蜀文化的小小一角而已，更有浩瀚的未知數，國人面臨的將是另一個陌生的驚人世界。中華民族襟懷如海，廣納百川，中外文化相容并包，故而博大精深。這些百思不得其解的神奇之物，向無答案，確屬於所謂"非科學性思考"，當代專家學者亦爲之拍案。"唯科學主義"面臨這些"黑科技"的挑戰，當然也絕難詮釋。以下再就已見出土，或久已傳世之實物爲例。上世紀80年代，臨潼始皇陵西側出土了兩乘銅車馬，其物距今已有兩千二百餘年，造型之豪華精美，被譽爲世界"青銅之冠"，姑且不論。兩輛車的車傘，厚度僅0.1～0.4厘米，一號車古稱"立車"或"戎車"，傘面爲1.12平方米，二號車傘面爲2.23平方米，而且皆用渾鑄法一次性鑄出，整體呈穹隆形，均勻而輕薄，這一鑄法迄今亦是絕技，無法超越。而更絕的是一號立車的大傘，看似遮風擋雨所用，實則充滿玄機，此傘的傘座和手柄皆爲自鎖式封閉結構，既可以鎖死，又可以打開，同時可以靈活旋轉180度，隨太陽的方位變化而變化，亦可取下插入野外，遮烈日，擋風雨，賞心隨意。令人尤爲稱奇的是，打開傘柄處的雙環插銷，傘柄與傘蓋可各獨立，傘柄就成了一把尖銳的矛，傘蓋就成了盾，可攻可守。這一0.1～0.4厘米厚的盾，其抗擊力又遠勝今人的製造技術，令今人望塵莫及，故國際友人贊之爲罕見的"黑科技"。此外分存於西安與鎮江東西兩方的北宋石刻《禹迹圖》，尤爲奇異。此圖參閱了唐賈耽《海內華夷圖》，并非單純地反映宋代行政區劃及華夷之間的關係，而是上溯至《禹貢》中的山川、河流、州郡分布，下至北宋當世，已將經典與現實融爲一體。此圖長方約1平方米，宋朝行政區劃即達三百八十個之多，五個大湖，七十座山峰，更有蜿蜒數千里的長江、黃河等江川八十餘條；不祇是中原的地域，尚有與之接壤的大理、吐蕃、西夏、遼等區域，這些區域的山野江河亦有精準的繪製。作爲北宋時代的製圖人，即使能够遍踏域内、域外，也絕難僅憑一己的目力俯瞰全景。此圖由五千一百一十個小方格組成，每一小方格皆爲一百平方公里，所有城市、山野江河的大小距離，盡包容在這些格子裏，全部可以明確無誤地測算出來，其比例尺與今世幾無差異。如此細密精準，必須具有衛星定位之類的高科技纔能繪製出來，九百年前的宋人是憑藉什麼儀器完成的？此一《禹迹圖》較之秦陵銅車馬，更超乎想象，詭異神奇，故而英國學者李約瑟評之爲“世界上最神秘、最杰出的地圖”，美國國家圖書館將一幅19世紀據西安圖打製的拓本作爲館藏珍品。中國古代“黑科技”，又何止臨潼銅車馬與《禹迹圖》？

　　除却上述文獻記載與出土及傳世之物外，另一些則是實見於中華大地的奇特自然景觀，這些百思不得其解的神奇之物，散處天南海北，自古迄今，向無答案，亦屬於所謂“非科學性思考”，當代專家學者亦爲之拍案。“唯科學主義”面臨這些“黑科技”的挑戰，當然也絕難詮釋。我中華大地這些神奇之物，在當世尤應引起重視，國人必須迎接“超科技時代”的到來。如“應潮井”，地處南京市東紫金山南麓定林寺前。此井雖遠在深山之間，却與五公里外的長江江潮相應，江水漲則井水升，江水退則井水降，同處其他諸井皆無此現象。唐宋以來，已有典籍記載，如《江南通志·輿地志·江寧府》引唐段成式《酉陽雜俎》：“蔣山有應潮井，在半山之間，俗傳云與江潮相應，嘗有破船朽板自井中出。”《景定建康志·山川志三·井泉》：“應潮井在蔣山頭陁寺山頂第一峰佛殿後。《蔣山塔記》云：‘梁大同元年，後閣舍人石興造山峰佛殿，殿後有一井，其泉與江潮盈縮增减相應。’”何以如此，自發現以來，已歷千載，迄今無解。以上的奇特之物，多有記載，名揚天下，而另一些奇物，却久遭冷落，默默無聞。如“靈通石”，亦稱“神石”“報警石”，俗稱“猪叫石”。該石位於太行大峽谷林縣境内高家臺輝伏巖村。石體方正，紫紅色，裸露於地面約4立方米，高寬各3米，厚2米，象是一頭體積龐大的臥猪，且能發聲如猪叫。傳聞每逢大事（包括自然灾害、重大變革等）來臨之前，常常“鳴叫”不止，大事大叫數十天，小事則小叫數日，聲音忽高忽低，一次可叫百餘聲，百米之内清晰可聞。但其叫聲祇能現場聆聽，不可録音。何以如此怪異？同樣不得而知！中華博物浩浩洋洋，漫漫無涯，可謂無奇不有，作爲博物之學，亦必全力探究，这也正是中華博物學承担的使命。

六、中華博物學的研究範圍與狀況，新建學科的指嚮與體式如何？

中國當代尚未建立博物學會，也没有相應的報刊，人們熟知的則是博物院館，而博物院館的職責在於收藏、研究并展出傳世的博物，面對日月星辰、萬物繁衍以及先民生息起居等數千年的古籍記載（包括失傳之物），豈能勝任？中華博物全方位研究的歷史使命衹能由新興的博物學承擔。古老中華，悠悠五千載，博物浩茫，疑難連篇，實難解讀，而新興的博物學却不容迴避，必須做出回答。

本書指稱的博物，包括那些自然物，但并不限於對其形體、屬性的研究，體現了博物古學固有的格致觀念，且常常懷有濃厚的人文情結，可謂奥妙無窮，這又迴别於西方博物學。

如"天宇"，當做何解釋？在中國傳統文化中是與"宇宙"并存的稱謂，重在强調可見的天體和所有星際空間。前已述及，天體直徑可達930億光年以上，實際上可能遠超想象。這就出現了絶世難題：究竟何謂天體？天體何來？戰國詩人屈原在其《天問》篇中，曾連連問天："上下未形，何由考之？""馮翼惟象，何以識之？""明明闇闇，惟時何爲？"千古之問，何人何時可以作答？天宇研究在古代即甚冷僻，被稱爲"絶學"。中國是天宇觀測探索最爲細密的文明古國之一，天象觀測歷史也最爲悠遠，殷墟甲骨、《書》《易》諸經，盡有記載，而歷代正史又設有天文、曆律之類專志，皇家設有司天監之類專職機構，憑此"觀天象、測天意"，以决國策。於是，天文之學遂成諸學之首。天宇研究的主體是天空中的各種現象，這些現象又以各種星體的位置、明暗、形狀等的變化爲主，稱之爲星象。星象極其繁複，難以辨識。於是，在天空位置相對穩定的恒星就成爲必要的定位標志。在人們目力所及的範圍内，恒星數以千計，簡單命名仍不便查找和定位，我華夏先民又將天空劃分爲若干層級的區域，將漫天看似雜亂無章的恒星位置相近者予以組合并命名，這些組合的星群稱之爲星宿。古人視天上諸星如人間職官，有大小、尊卑之分，故又稱星官，因而就有了三垣二十八宿，成爲古天宇學最重要理論依據，這一理論西方天文學絶難取代。

再如古代類書中指稱的"蟲豸"，當代辭書亦少有確解。何謂"蟲豸"？舉凡當今動物學中的昆蟲綱、蛛形綱、多足綱，以及爬行動物中的綫形動物、扁形動物、環節動物、軟體動物中形體微小者，皆爲蟲豸之屬。蟲豸形雖微小，然其生存之久、種類之繁、分布之廣、形態之多、數量之巨，從生物、生態、應用、文化等角度，其意義和價值都大异於其他各類動物，或說是其他各類動物所不能比擬的。蟲豸之屬，既能飛於空，亦能游於水，既能潛於土，亦能藏於山，形態萬千，且各具靈性，情趣互异，故古代典籍遍見記叙，不僅常載於詩文，且多見筆記、小説中。先民又常憑藉其築穴或搬遷之類活動，以預測氣象變化或靈异别端，同樣展現了一幅具體生動的蟲文化畫卷，既有學術價值，又充滿趣味性。自《詩》始，就出現了咏蟲詩，其後歷代從蝶舞蟬鳴、蟻行蛇爬中得到靈感者代不乏人，或以蟲言志，或以蟲抒懷，或以蟲爲比，或以蟲爲興，甚至直以蟲名入於詞牌、曲牌，如僅蝴蝶就有"蝴蝶兒""玉蝴蝶""粉蝶兒""蝶戀花""撲蝴蝶""撲粉蝶"等名類。唐歐陽詢《藝文類聚》收集有關蟬、蠅、蚊、蝶、螢、叩頭蟲、蛾、蜂、蟋蟀、尺蠖、螳、蝗等蟲類的詩、賦、贊等數量浩繁，後世仿其體例者甚多，如《事物紀原》《五雜俎》《淵鑑類函》《古今圖書集成·禽蟲典》等，洋洋大觀。不僅詩詞歌賦，在成語、俗語中，言及蟲豸者，亦不可勝數，如莊周夢蝶、蟬首蛾眉、金蟬脱殼、螳螂捕蟬、螳臂當車、蚍蜉撼樹、作繭自縛、飛蛾撲火（詞牌名爲"撲燈蛾"）等；不僅見諸歷代詩文，今世辭章以蟲爲喻者，仍沿襲不衰，如以蝸喻居、以蝶喻舞、以蟬翼喻輕薄、以蛇蠍喻狠毒等，比比皆是，不勝枚舉。

　　本博物學所指稱博物又包括了人類社會生活的各方面、領域，自史前達於清末民初，有的則可直達近現代，至巨至微，錯綜複雜。而對於某一具體實物，必須從其初始形態、初始用途的探討入手，而後追逐其發展演變過程，這樣纔能有縱橫全面的認定，從而作出相應的結論，這正是新興博物學的使命之一。今僅就我中華民族時有關涉者予以考釋。今日，國人對於古代社會生活實在太過陌生，現當代權威工具書所收録的諸多重要的常見詞目，常常不知其由來，遭致誤導。如"祭壇"一詞，《漢語大詞典·示部》釋文曰：

　　　祭壇：供祭禮或宗教祈禱用的臺。劉大傑《中國文學發展史》第一章三："無論藝術哲學都得屈服於宗教意識之下，在祭壇下面得着其發展生命了。"艾青《吹號者》詩："今日的原野呵，已用展向無限去的暗緑的苗草，給我們布置成莊嚴的祭壇了。"亦指上壇祭祀。侯寶林《改行》："趕上皇上齋戒忌辰，或是皇上出來祭壇，你都得歇工（下略）。"

　　以上引用的三個書證全部是現代漢語，檢索此條的讀者可能會認定"祭壇"乃無淵源的新興詞，與古漢語無關。豈不知《晋書·禮志下》《舊唐書·禮儀志三》《明史·崔亮傳》

諸書皆有"祭壇"一詞，又皆爲正史，并不冷僻。《漢語大詞典》爲證實"祭壇"一詞的存在，廣予網羅，頗費思索，連同侯寶林的相聲也用作重要書證。侯氏雖被贊爲現代語言大師，但此處的"祭壇"，并非"供祭禮或宗教祈禱用的臺"，"祭"與"壇"爲動賓語結構，并非名詞，不足爲據。還應指出，"祭壇"作爲人們祭祀或祈禱所用實體的臺，早在史前即已出現，初始之時不過是壘土爲臺罷了。

此外，直接關涉華夏文化傳播形式的諸多博物更是大異於西方。如"文具"初稱"書具"，其稱漢代大儒鄭玄在《禮記·曲禮上》注中已見行用。千載之後，宋人陶穀《清異錄·文用》中始用"文具"一詞。文具泛指用於書寫繪畫的案頭用具及與之相應的輔助用具。國人憑藉這些文具，創造了最具特色的筆墨文化、筆墨藝術，憑藉這些文具得以描述華夏五千載的燦爛歷史。中華傳統文具究有多少？國人最爲熟悉的莫過於"文房四寶"，實際又何止"文房四寶"？另有十八種文房用具，定名爲"十八學士"，宋代林洪曾仿唐韓愈《毛穎傳》作《文房職方圖贊》（簡稱《文房圖贊》，即逐一作圖爲之贊）。實際上遠超十八種，如筆筒、筆插、筆捵、筆洗、墨水匣、墨床、水注、水承、水牌、硯滴、硯屏、印盒、帖架、鎮紙、裁刀、鉛槧、算袋、照袋、書床、筆擱、高閣，等等，已達三十種之多。

"文房四寶""十八學士"之類中華獨具的傳統文化，今國人熟知者已不甚多，西方博物又何從涉及？何可包容？

七、新興博物學的表述特點，其古今考辨的啓迪價值

當代新興博物學所展現的是中華博物本身的生衍變化以及其同物异名、同名异物等，其主旨之一在於探尋我古老的中華民族的真實歷史面貌，温故知新，從而更加熱爱我們偉大的中華文明。

偉大的中華民族，在歷史上產生过許多杰出的思想觀念，比如，我中華民族風行百代的正統觀念是"君爲輕，民爲本，社稷次之"（見《孟子·盡心下》)，這就是強调人民高於君王，高於社稷（猶"國家"），人民高於一切！古老的中華正統對人民如此愛護，如此尊崇，在當今世界也堪稱難得。縱觀朝代更迭的全部歷史可知，每朝每代總有其興起及消亡的過程，有盛必有衰。在這部《通考》中，常有實例可證，如有關商代都城"商邑"的

記載，就頗具代表性。試看，《詩·商頌·殷武》："商邑翼翼，四方之極。"鄭玄箋："極，中也。商邑之禮俗翼翼然……乃四方之中正也。"孔穎達疏："言商王之都邑翼翼然，皆能禮讓恭敬，誠可法則，乃爲四方之中正也。"《詩》文謂商都富饒繁華，禮俗興盛，足可爲全國各地的學習楷模。"禮俗"在上古的地位如何？《周禮·天官·大宰》曰："以八則治都鄙：一曰祭祀，以馭其神……六曰禮俗，以馭其民。"這是説周代統治者以禮俗馭其民，如同以祭祀馭鬼神一樣，未敢輕忽怠慢，禮俗之地位絕不可等閑視之。古訓曰："倉廩實而知禮節，衣食足而知榮辱。"（見《史記·管晏列傳》）此處的"禮節"是禮俗的核心内容，可見禮俗源於"倉廩實"。"倉廩實"展現的是國富民强，而國富民强，必重禮俗，禮俗展現了國家的面貌。早在三千年前的商代，已如此重視禮俗。"商邑翼翼"所反映的是上古時期商都全盛時期的繁華昌明，其後歷代亦多有可以稱道的興盛時期，如"漢武盛世""文景盛世"、唐"貞觀盛世""開元盛世"、宋"嘉祐盛世"、明"永宣盛世"、清"康乾盛世"等，其中更有"夜不閉户，路不拾遺"的佳話。盛世總是多於亂世，或曰温飽時代總是多於飢寒歲月。唐代興盛時期，君臣上下已萌生了甚爲隨和的禮儀狀態，不喜三拜九叩之制，宋元還出現了"衣食父母"之類敬詞（見宋祝穆《古今事物類聚別集》卷二〇、元關漢卿《竇娥冤》第二折），這正體現了"王者以民爲天，民以食爲天"（見《漢書·酈食其傳》）的傳統觀念。中國歷史上的黎民百姓并非一直生活在水深火熱之中，在漫長的歲月中也常有温飽寧静的生活，因而涌現了諸多忠心報國的詩詞。如"但使龍城飛將在，不教胡馬度陰山"（唐王昌齡《出塞二首》之一）；"忘身辭鳳闕，報國取龍庭"（王維《送趙都督赴代州得青字》）；"僵卧孤村不自哀，尚思爲國戍輪臺"（宋陸游《十一月四日風雨大作》）；"奇謀報國，可憐無用，塵昏白羽"（宋朱敦儒《水龍吟·放船千里凌波去》）。

　　久已沉淪的傳統博物學今得重建，可藉以知曉我中華兒女擁有的是何樣偉大而可愛的祖國！偉大而可愛的祖國，江山壯麗，蘭心大智，光前裕後，莘莘學子尤當珍惜，尤當自豪！回眸古典博物學的沉淪又可確知，鴉片戰爭給中華民族帶來的是空前的傷害，不祇是漢唐氣度蕩然無存，國勢極度衰微，最爲可怕的是傷害了民族自信，爲害甚烈。傷害了民族自信，則必會輕視或否定傳統文化，百代信守的忠義觀念、仁義之道，必消失殆盡，代之而來的則是少廉寡恥，爾虞我詐，以崇洋媚外爲榮，這一狀況久有持續，對青少年的影響尤甚，怎不令人痛心！時至當代，正全力弘揚中華優秀傳統文化，全力推行科技創新，踔厲奮發，重振國風，這又怎不令人慶幸！

　　新興博物學在展現中華博物本身的生衍變化進而展現古代真切的社會生活之外，又展現了一種獨具中華風采的文化體系。如常見語詞"揚州瘦馬"，其來歷如何？衹因元馬致遠《天净沙·秋思》中有"西風古道瘦馬"之句。自 2008 年山西吕梁市興縣康寧鎮紅峪村發現元代壁畫墓以來，其中的一首《西江月》小令："瘦藤高樹昏鴉，小橋流水人家，古道西風瘦馬，夕陽西下，已獨不在天涯。"在學界引發了關於《天净沙·秋思》的爭論熱議。由《西江月》小令聯想元代的另一版本："瘦藤老樹昏鴉，遠山流水人家，古道西風瘦馬，夕陽西下，斷腸人去天涯。"於是有學人又認爲此一"瘦馬"當指"揚州藝妓"，意謂形單影隻的青樓女子思念遠赴天涯的情郎——"斷腸人"，但這小令中的"瘦馬"之前，何以要冠以"古道西風"四字？則不得而知。通行本狀寫天涯游子的冷落凄凉情景，堪稱千古絶唱，無可置疑。那麽何以稱藝妓爲"瘦馬"？"瘦馬"一詞，初見於唐白居易《有感》詩三首之二："莫養瘦馬駒，莫教小妓女。後事在目前，不信君看取。馬肥快行走，妓長能歌舞。三年五年間，已聞换一主。"金董解元《西厢記諸宫調》中的《仙吕·賞花時》又載："落日平林噪晚鴉，風袖翩翩吹瘦馬。"此處的"瘦馬"無疑確指藝妓。稱妓女爲人人可騎的馬，後世又稱之爲"馬子"，是一種侮辱性的比擬。何以稱"瘦"？在中國古代常以"瘦"爲美，"瘦"本指腰肢纖細，故漢民歌曰："楚王好細腰，宫中多餓死。""細腰"强調的是苗條美麗。"好細腰"之舉，在南方尤甚，揚州的西湖所以稱之爲"瘦西湖"，不衹是因其狹長緊連京杭大運河，實則是因湖邊楊柳依依，芳草萋萋，又有荷花池、釣魚臺、五亭、二十四橋，美不勝收，較之杭州西湖有一種别樣的美麗。國人何以推崇揚州？《禹貢》劃定九州之中就有揚州，今之揚州已有兩千五百餘年的歷史。其主城區位於長江下游北岸，可追溯至公元前 486 年。春秋時期，吴王夫差在此開鑿了世界最早的運河——邗溝，建立邗城，孕育了唯一與邗溝同齡的運河城；因水網密布，氣候温潤，公元前 319 年，楚懷王熊槐在此建立廣陵城（今揚州仍沿稱"廣陵"），遂成爲中華歷史名城之一。此後歷經魏晉等朝代多次重修，至隋文帝開皇九年（589），廣陵改稱揚州。揚州除却政治地位顯赫之外，又是美女輩出之地，歷史上曾有漢趙飛燕、唐上官婉兒及南唐風流帝王李煜先後兩任皇后周薔、周薇，號稱"四大美女"。隋煬帝楊廣又在此開鑿大運河，貫通至京都洛陽旁連涿郡，藉此運河三下揚州，尋歡作樂。時至唐代，揚州更是江河交匯，四海通達，成爲全國性的交通要衝，故有"故人西辭黄鶴樓，煙花三月下揚州。孤帆遠影碧空盡，唯見長江天際流”的著名詩篇（唐李白《黃鶴樓送孟浩然之廣陵》，今之揚州已遠離長江）。揚州在唐代是除却長安之外的最爲繁華的大都會，商旅雲聚，青樓大興，成爲文壇才士、豪門公子醉生夢死之地。唐王建《夜看揚州市》詩贊曰：“夜市千燈照碧雲，高樓紅袖客紛紛。”詩人杜牧《遣懷》更有名作：“落魄江湖載酒行，楚腰纖細掌中輕。十年一覺揚州夢，贏得青樓薄幸名。”此“楚腰纖細掌中輕”之用典，即直涉楚靈王好細腰與趙飛燕的所謂“掌中舞”兩事。杜牧憑藉豪放而婉約的詩作，贏得百世贊頌，此詩實是一種自嘲、以書懷才不遇之作，却曾遭致史家“放浪薄情”的詬病。大唐之揚州，確是令人嚮往，令人心醉，故而詩人張祜有“人生只合揚州死”（見其所作《縱游淮南》）之感嘆。元代再度大修的京杭大運河弃洛陽直達北京，揚州之地位愈加顯赫。總之，世界這一最古最長的大運河歷代修建，始終離不開揚州。時至明清，揚州經濟依然十分繁盛，仍是達官貴人喜於擇居之地，兩淮鹽商亦集聚於此，富甲一方，由此振興了園林業、餐飲業，娛樂中的色情業也應運而生，養“瘦馬”就是其中的一種，一些投機者低價買進窮苦人家的美麗苗條幼女，令其學習言行禮儀、歌舞繪畫及其他媚人技能技巧，而後以高價賣至青樓或權貴豪門，大發其財。除却“揚州瘦馬”之外，又催生了著名的“揚州八怪”，文化藝術色彩愈加分明。

“揚州瘦馬”本是一種當被摒弃的陋習，不足爲訓，但這一陋習所反映出的却是關聯揚州的一種別樣的文化，反映了揚州古今社會的經濟發展與變化，這當然也是西方博物學替代不了的。

結　語

綜上所述可知，中華博物學是學術研究中的另一方天地，無可替代，必須重建，且勢在必行。如何重建？如何展現我中華博物獨有的神貌？答曰：中華博物絕非僅指博物館的收藏物，必須是全方位的，無論是宮廷裏，無論是山野間，無論是人工物，無論是天然品，無論是社會中，無論是自然界裏，皆應廣予收録考釋。考釋的主旨，乃探索我中華浩浩博物的淵源、流變。此一博物學甚重“物”的形體、屬性及其淵源流變，同時又關注其得名由來，重視兩者間的生衍關係。通常而言（非通常情況當作別論），在人類社會中有其物必當有其名，有其名亦必有其物。此外，更有同物異名，或同名異物之別。探究"物"本體的淵源流變并釐清名物關係，這就是中國古典博物學的使命，這也正是最爲嚴密的格物致知，也正是最爲嚴肅的科學體系。但中國古典博物學，又必須體現《博物記》以還的國學傳統，必須體現博大的天人視野及民胞物與情懷，有助於我中華的再度振起，乃至於世界的安寧和諧。而那些神怪虛無之物，則不得納入新的博物學中，祇能作爲附錄以備考。如何具體裁定，如何通盤布局，并非易事，遠超想象。因我中華民族是喜愛并嚮往神話的古老民族，又常常憑藉豐富的想象對某種博物作出判斷與解讀，判斷與解讀的結果，除却導致無稽的荒誕之外，又時或引發別樣的思考，常出乎人們的所料，具有別樣的價值。如水族中的"比目魚"，亦稱"王餘魚""兩鮃""拖沙魚""鞋底魚""板魚""箬葉"，俗稱"偏口魚"，爲鰈形目魚類之古稱。成魚身體扁平而闊，兩眼移於頭的另一端，習慣於側卧，朝上的一面有顏色鮮明的眼睛，朝下一面似無眼睛，先民誤以爲祇有一眼，必須相互比并而行。此一判斷與解讀，始自漢代《爾雅·釋地》："東方有比目魚焉，不比不行。"郭璞注："狀似牛脾……一眼，兩片相合乃得行。今水中所在有之，江東又稱爲王餘魚。"事過千載，直至明代李時珍《本草綱目》問世，盡皆認定比目魚僅有一隻眼，出行必須各藉他魚另一眼（見《本草綱目·鱗四·比目魚》）。傳統詩文中用比目魚以比喻形影不離的情侶或好友，先民争相傳頌，百代不休，直至 1917 年徐珂的《清稗類鈔》問世，始知比目魚兩眼皆可用，不必兩兩并游（《清稗類鈔·動物篇》）。古人憑藉想象，又認爲尚有與比目魚相對應的"比翼鳥"，見於《爾雅·釋地》："南方有比翼鳥焉，不比不飛。"這一"比翼鳥"，僅一目一翼，須雌雄并翼飛行，如同比目魚一樣，亦用以比喻形影不離的情侶或好友。"比目魚""比翼鳥"之類虛幻者外，後世又派生了所謂"連理枝"，著名詩作有唐白居易《長恨歌》曰："在天願爲比翼鳥，在地願爲連理枝。"何謂"連理枝"？"連理枝"是指自然界中罕見的偶然形成的枝和幹連爲一體的樹木。"連理枝"之外，又出現了"并蒂蓮"之類。"并蒂蓮"亦稱"并頭蓮""合歡蓮"等，是指一莖生兩花，花各有蒂，蒂在花莖上連在一起的蓮花。這種"連理枝""并蒂蓮"，難以納入下述的世界通行的階元系統，也難依照林奈創立的雙名命名法命名，但却又是一種不可忽視的實物，是大自然所形成的另一種奇妙的實物。此一"并蒂蓮"如同"比目魚""連理枝"一樣，亦用以喻情侶或好友，同樣廣見於傳統詩文。歲月悠悠，始於遠古，達於近世，先民對於我中華博物的無限想象以及與之并行的細密觀察探索，令人嘆爲觀止，凡天地生靈、衮衮萬物，無所不及，超乎想象，從而構成了一幅文明古國的壯闊燦爛畫卷。

　　這當是歷經百年沉淪、今得復蘇的我國傳統的博物學，這當是重建的嶄新的全方位的中華博物學。

　　中華博物學除却遵循發揚傳統的名物學、訓詁學、考據學及近世的考古學之外，也廣泛汲取了當代天文、地理、生物、礦物、農學、醫學、藥學諸學的既有成就，其中動植物的本名依照世界通行的階元系統，分爲界、門、綱、目、科、屬、種七類。又依照瑞典卡爾・馮・林奈（瑞文Carl von Linné）創立的雙名命名法命名。"連理枝""并蒂蓮""比目魚""比翼鳥"之屬旁及龍、鳳、麒麟、貔貅等傳説之物，則作爲附録，劃歸相應的動物或植物卷中。這樣的研究章法，這樣的分類與標注，避免了傳統分類及形狀描述的訛誤或不確定性，即可與國際接軌。綜合古今中外，論者認爲《中華博物通考》的研究主體，可劃歸三十六大類，依次排列如下：

　　《天宇》《氣象》《地輿》《木果》《穀蔬》《花卉》《獸畜》《禽鳥》《水族》《蟲豸》《國法》《朝制》《武備》《教育》《禮俗》《宗教》《農耕》《漁獵》《紡織》《醫藥》《科技》《冠服》《香奩》《飲食》《居處》《城關》《交通》《日用》《資産》《珍奇》《貨幣》《巧藝》《雕繪》《樂舞》《文具》《函籍》。

　　存史啓智，以文育人，乃我中華千載國風。新時代習近平總書記甚重民族自信、文化自信，極力倡導"舊邦新命"，明確指出要"盛世修文"，怎不令人振奮，令人鼓舞！今日，我輩老少三代前後聯手、辛苦三十餘載、三千餘萬言的皇皇巨著——《中華博物通考》欣幸面世，并得到國家出版基金資助。這就昭示了沉淪百載的中華傳統博物學終得復蘇，這就是重建的全新中華博物學。"舊邦新命""盛世修文"，重建博物學，旨在賡續中華文脈，發揚優秀傳統文化，汲取生生不息的精神力量，再現偉大民族的深邃智慧，展我生平志，圓我强國夢！

　　　　　　　　　　　　　　　　　　　　　　　張述錚

　　　　　　　　　　　　　　　　乙丑夾仲首書於山東師範大學映月亭
　　　　　　　　　　　　　　　　甲辰南吕增補於歷下龍泉山莊東籬齋

總　説

——漫議重建中華博物學的歷史意義與現實價值

緣　起

　　《中華博物通考》（下稱《通考》）是一部通代史論性的華夏物態文化專著，係"九五""十五""十四五"國家重點出版物專項規劃項目，并得到 2020 年度國家出版基金資助。全書共三十六卷，另有附録一卷，其中有許多卷又分上下或上中下，計有五十餘册，逾三千萬字。《通考》的編纂，擬稿於 1990 年夏，展開於 1992 年春，迄今已歷三十餘載，初始定名爲《中華博物源流大典》，原分三十二門類（即三十二卷）。此後，歷經斟酌修補，終成今日規模。三十餘載矣，清苦繁難，步履維艱，而大江南北，海峽兩岸，衆多學人，三代相繼，千里聯手，任勞任怨，無一退縮，何也？因本書關涉了古老國度學術發展的重大命題，足可爲當今社會所藉鑒，作者們深知自家承擔的是何樣的重任，未敢輕忽，未敢怠慢。

　　何謂中華物態文化？中華物態文化的研究主體就是中華浩博實物。其歷史若何？就文字記載而言，中華物態文化史應上溯於傳說中的三皇五帝時期，隸屬於原始社會。"三皇五帝"究竟爲何人，我國史家多有不同見解，大抵有三說：一曰"人間君主說"，"三皇"分別指天皇、地皇、人皇，"五帝"分別指炎帝烈山氏、黄帝有熊氏、顓頊高陽氏、帝堯陶唐氏和帝舜有虞氏；二曰"開創天下説"，三皇分別指有巢氏、燧人氏、伏羲氏，"五帝"分別指炎帝烈山氏、黃帝有熊氏、顓頊高陽氏、帝堯陶唐氏和帝舜有虞氏；三曰"道治德化説"，認爲"三皇以道治，五帝以德治"，"三皇"是遠古三位有道的君主，分別指太昊伏羲氏、炎帝神農氏及黃帝軒轅氏，五帝則是少昊金天氏、顓頊高陽氏、帝嚳高辛氏、帝堯陶唐氏和帝舜有虞氏。有關三皇五帝的組合方式，典籍記載亦不盡相同，大抵有四種，在此不予臚列。"三皇五帝"所處時間如何劃定，學界通常認爲有巢、燧人、伏羲屬於舊石器時代，有巢、燧人爲早期，伏羲爲晚期，其餘皆屬新石器時代，炎帝、黃帝、少昊、顓頊等大致同時，屬仰韶文化後期和龍山文化早期。"三皇五帝"後期，已萌生并逐步邁進文明史時代。

　　中華文明史，國際上通常認定爲三千七百年（主要以文字的誕生與城邑的出現等爲標志），國人則認定爲逾五千年，今又有九千年乃至萬年之説。後者可以上溯至新石器時代，如隸屬裴李崗文化的河南省舞陽縣賈湖村出土了上千粒碳化稻米，約有九千年歷史，是世界最早的栽培粳稻種子。經鑒定其中百分之八十以上不同於野生稻，近似現代栽培稻種，可證其時已孕育了農耕文化。其中發現的含有稻米、山楂、葡萄、蜂蜜的古啤酒也有九千年以上的歷史，可證其時已掌握了釀造術。賈湖又先後出土了幾十支骨笛，也有七千八百年至九千年的歷史，其中保存最爲完整者，可奏出六聲音階的樂曲，反映了九千年前，中華民族已具有相當高度的生產力與創造力、具有相當高度的文化藝術水準與審美情趣。有美酒品嘗，有音樂欣賞，彼時已知今人所稱道的"享受生活"，當非原始人所能爲。賈湖遺址的發現并非偶然，近來上山文化晚期浙江義烏橋頭遺址，除却出土了古啤酒之外，又發現諸多彩陶，彩陶上還繪有伏羲氏族所創立的八卦圖紋飾，故而國人認爲這一時期中華文明已開始形成，至少連續了九千載。中華文明的久遠，當爲世界四大文明古國之首，徹底否定了中華文明西來之説。九千載之説雖非定論，却已引起舉世關注。此外，江西省上饒市萬年縣大源鄉仙人洞遺址發現的古陶器則產生於一萬九千至兩萬年前，又遠超前述的出土物的製作時間。雖有部分學界人士認爲仙人洞遺址隸屬於舊石器遺址，并未進入文明時代，但其也足可證中華博物史的久遠。

一、何謂"博物"與《中華博物通考》？《通考》的要義與章法何在？

何謂"博物"？"博物"一詞，首見於《左傳·昭公元年》："晋侯聞子産之言，曰：'博物君子也。'"其他典籍也時有記載，如《漢書·楚元王傳贊》："自孔子後，綴文之士衆也，唯孟軻、孫况、董仲舒、司馬遷、劉向、揚雄此數公者，皆博物洽聞，通達古今。"《周書·蘇綽傳》："太祖與公卿往昆明池觀魚，行至城西漢故倉地，顧問左右莫有知者。或曰：'蘇綽博物多通，請問之。'"以上"博物"指博通諸種事物，一般釋爲"知識淵博"。此外，《三國志·魏書·國淵傳》："《二京賦》博物之書也，世人忽略，少有其師可求。"唐釋玄奘《大唐西域記·摩臘婆國》："昔此邑中有婆邏門，生知博物，學冠時彦，内外典籍，究極幽微，曆數玄文，若視諸掌。"明王禕《司馬相如解客難》："借曰多識博物，賦頌所託，勸百而風一。"這些典籍所載之"博物"，即可釋爲今義之"浩博實物"。這一浩博實物，任一博物館盡皆無法全部收藏。本《通考》指稱的"博物"既可以是天然的，也可以是人工的；既可以是静態的，也可以是動態的；既可以是斷代的，也可以是歷時的，是古今并存，巨細俱備，時空縱横，浩浩蕩蕩，但必須是我中華獨有，或是中土化的。研究這浩蕩博物的淵源流變以及同物異名或同名异物之著述即《博物通考》，而爲與西方博物學相區别，故稱之爲《中華博物通考》。

在中國古代久有《皇覽》《北堂書鈔》等類書、《儒學警語》《四庫全書》等叢書以及《爾雅》《説文》等辭書，所涉甚廣，却皆非傳統博物典籍。本書草創之際，唯有《中國學術百科全書》《中華百科全書》《中國大百科全書》之類風行於世，這類百科全書亦皆非博物學專著。專題博物學著作甚爲罕見，僅有今人印嘉祥《物源百科辭書》，俞松年、毛大倫《生活名物史話》，抒鳴、鋭鏵《世界萬物之由來》等幾種，多者收詞約三千條，少者僅一百八十餘款，或洋洋灑灑，或鳳毛麟角，各有千秋，難能可貴。《物源百科辭書》譽稱"我國第一部物源工具書"（見該書序），此書中外兼蓄，虚實并存，堪稱廣博，惜略顯雜蕪。本《通考》則另闢蹊徑，别有建樹，可稱之爲當代第一部"中華古典博物學"。

《通考》甚重對先賢靈智的追踪與考釋。中華民族是滿富慧心的偉大民族，極善觀察探索，即使一些不足挂齒的微末之物也未忽視，且載於典籍，十分翔實生動。如對常見的鳥類飛行方式即有以下描述：鳥學飛曰翎，頻頻試飛曰習，振翅高飛曰翥，向上直飛曰翀，張翼扶摇上飛曰羿，鳥舒緩而飛、不高不疾曰翔、曰翂，快速飛行曰翼，水上飛行曰猓，高飛曰翰，輕飛曰翲，振羽飛行曰翻，等等，不一而足。如此細密的觀察探隱，堪稱世界之最，令人嘆服！而關於禽鳥分類學，在中國古代也有獨到見解。明代李時珍所著《本草綱目》已建立了階梯生態分類系統，將禽鳥劃分爲水禽、原禽、林禽、山禽等生態類別，具有劃時代意義。這一生態分類法較瑞典生物學家林奈的《自然系統》（第十版）中的分類要早一百六十餘年，充分展示了我國古代鳥類分類學的輝煌成就，駁正了中國傳統生物學一貫陳腐落後的舊有觀念。此外，那些目力難及、浩瀚的天體，也盡在先民的觀察探索之中，如關於南天極附近的星象，遠在漢代即有記載。漢武帝元鼎六年（公元前 111），滅南越國，置日南九郡事，《漢書》及顏注、酈道元《水經注》有關"日南"的定名中皆有詳述，而西方於 15 世紀始有發現，晚中國一千四百餘年。再如，關於太陽黑子，在我國漢代亦有記載，《漢書·五行志》載："日黑居仄，大如彈丸。"其後《晋書·天文志中》亦載："日中有黑子、黑氣、黑雲。"而西方於 17 世紀始有發現，晚於中國一千六百餘年。惜自清朝入關之後，對於中原民族，對於漢民族長期排斥壓抑，致使靈智難展，尤其是中後期以來的專制國策，遭致國弱民窮，導致久有的科技一蹶不振，於是在列强的視野下，中華民族變成了一個愚昧的"劣等"民族。受此影響，一些居留國外或留學國外的學人，亦曾自卑自弃，本書《導論》曾引胡適的評語：中華民族是"又愚又懶的民族"，是"一分像人，九分像鬼的不長進民族"（見胡適《介紹我自己的思想》，1930年 12 月亞東圖書館初版《胡適文選》自序）。本《通考》有關民族靈智的追踪考索，巨細無遺，成爲另一大特點。

　　《通考》遵從以下學術體系：宗法樸學，不尚空論，既重典籍記載，亦重實物（包括傳世與出土文物）考察，除却既有博物類專著自身外，今將博物研究所涉文獻歸納爲十大系統：一曰史志系統，即史書中與紀傳體并列，所設相對獨立的諸志。如《禮樂志》《刑法志》《藝文志》《輿服志》等，頗便檢用。二曰政書類書系統。重在掌握典制的沿革，廣求佚書异文。三曰考證系統。如《古今注》《中華古今注》《敬齋古今黈》等，其書數量無多，見重實物，頗重考辨。四曰博古系統。如《刀劍録》《過眼雲煙録》《水雲録》《墨林快事》等，這些可視爲博物研究散在的子書，各有側重，雖常具玩賞性，却足資藉鑒。五曰本草系統。其書草木蟲魚、水土金石，羅致廣博，雖爲藥用，已似百科全書。六曰注疏系統。爲古代典籍的詮釋與發揮。如《易》王弼注、《詩》毛亨傳、《史記》裴駰集解、《老子》魏源本義、《楚辭》王夫之通釋、《三國志》裴松之注、《水經》酈道元注、《世說新語》

劉孝標注等。七曰雅學系統、許學系統，或直稱之爲訓詁系統，其主體就是名物研究，後世稱爲“名物學”。八曰异名辨析系統。已成爲名物學的獨立體系。如《事物异名》《事物异名録》等，旨在同物异名辨析。九曰説部系統。包括了古代筆記、小説、話本、雜劇之類被正統學者輕視的讀物，這是正統文化之外，隱逸文化、民間文化的淵藪，一些世俗的衣、食、住、行之類日常器物，多藉此得見生動描述。十曰文物考古系統，這是博物研究中至爲重要的最具震撼力的另一方天地，因爲這是以歷代實物遺存爲依據的，足可印證文獻的真僞、糾正其失誤，多有創獲。

二、《通考》内容究如何，今世當作何解讀？

《通考》内容極爲豐富，所涉範圍極廣，古今上下，時空縱横，實難詳盡論説，今略予概括，主要可分兩大方面，一爲自然諸物，二爲社科諸物，兹逐一分述如下：

（一）自然諸物：包括了天地生殖及人力之外的一切實體、實物，浩博無涯，可謂應有盡有。

如“太陽”“月亮”，在我中華凡是太空中的發光體（包括反射光體）皆被稱爲“星”，因此漢語在吸納現代天文學時，承襲了這一習慣，將“太陽”這類自身發光的等離子物體命名爲恒星。《天宇卷》研究的主體就是天空中的各種星象。星象就是指各種星體的位置、明暗、形狀等的變化。星象極其繁複，難以辨識。於是，在天空中位置相對穩定的恒星就成爲必要的定位標志。在人們目力所及的範圍内，恒星數以千計，先民將漫天看似雜亂無章的恒星位置相近者予以組合并命名，這些組合的星群稱之爲星宿，因而就有了三垣二十八宿之説。在远古難以對宇宙進行深入探索的時代，先民未能建立起完整的天體概念，也不知彼此的運動關係，僅憑藉直感認知，將所見的最强發光體——“太陽”本能地給予更多的關注，作出不同於西方的別樣解釋。視太陽爲天神，太陽的出没也被演繹成天神駕車巡游，而夸父追日、后羿射日等典故，則承載了諸多遠古信息。先民依據太陽的陰陽屬性、形體形象、光熱情況、時序變化、神話傳説及俗稱俗語等特點，賦予了諸多別名和异稱，其數量達一百九十餘種，如“陽精”“丙火”“赤輪”“扶桑”“東君”“摩泥珠”等，可見先民對太陽是何等的尊崇。對人們習見的“月亮”，《天宇卷》同樣考釋了其异名別稱及其得名由來。今知月亮异名別稱竟達二百二十餘種，較之“太陽”所收尤爲宏富。如

"太陰""玉鏡""嬋娟""姮娥""顧兔""桂影""玉蟾蜍""清涼宮"，等等。而關於"月亮"的所見所想，所涉傳聞佳話，連綿不絕，超乎所料。掩卷沉思，無盡感慨！中華民族是一個明潔溫婉、追求自由、嚮往和平、極具夢想的偉大民族。愛月、咏月、賞月、拜月，深情綿綿，與月亮別有一番不解之緣！饒有趣味者，爲東君太陽神驅使六龍馭車的義和，如同爲太陰元君駕車的望舒一樣，竟也是一位女子，可見先民對於女性的信賴與尊崇。何以如此？是母系社會的遺風流韵麽？不得而知！足證《通考》探討"博物"的意義并不祇在"博物"自身，而是關乎"博物"所承載的傳統文化。

　　再如古代出現的"雪""雹"之類，國人多認定與今世無多大差異，實則不然。《氣象卷》收有"天山雪""陰山雪""燕山雪""嵩山雪""塞北雪""南秦雪""秦淮雪""廬山雪""嶺南雪""犬吠雪"（偏遠的南方之雪。因犬見而驚吠，故稱），等等，這些雪域不祇在長城内外，又達於大江南北，可謂遍及全國各地，令人眼界大開。這些雪域的出現，又并非遠古間事，所見文字記載盡在南北朝之後，而"嶺南雪"竟見於明清時期，致使今人難以置信。若就人們對雪的愛惡而言，有"瑞雪""喜雪""灾雪""惡雪"；若就雪的屬性而言，有"乾雪""濕雪""霧雪""雷雪"；若就降雪時間長短而言，有"連旬雪""連二旬雪""連三旬雪""連四旬雪"；若就雪的危害而言，有"致人凍死雪""致人相食雪"等，不一而足。此外，雪另有色彩之别，本卷收有"紅雪""綠雪""褐雪""黑雪"諸文，何以出現紅、綠、褐、黑等顏色？這是由於大地上各類各色耐寒的藻類植物被捲入高空，與雪片相遇，從而形成不同色彩。對此，先民已有細微觀察，生動描述，但未究其成因。1892年冬，意大利曾有漫天黑雪飄落，經國際氣象學家研究測定，此一現象乃是高空中億萬針尖樣小蟲，在飛翔時與雪片粘連所致。這與藻類植物被捲入高空，導致顏色的變幻同理。或問，今世何以不見彩色之雪？因往昔大地之藻類及針尖樣小蟲，由於生態環境的破壞而消失殆盡。就氣象學而言，古代出現彩雪，是正常中的不正常，現代祇有白雪，則是不正常中的正常。本卷中有關雹的考釋，同樣頗具情趣，十分精彩。依雹的顏色有"白色雹""赤色雹""黑色雹""赤黑色雹"，依形狀有"杵狀雹""馬頭狀雹""車輪狀雹""有柄多角雹"，依長度有"長徑尺雹""長尺八雹"，依重量有"重四五斤雹""重十餘斤雹"，依危害則有"傷禾折木雹""擊殺鳥雀雹""擊殺獐鹿雹""擊死牛馬雹""壞屋殺人雹"等，這些記載并非出自戲曲小説，而是全部源於史書或方志，時間地點十分明確，毋庸置疑。古今氣象何以如此不同？何以如此反常？祇嘆中國古代的科研體系多注重對現象的觀察，而不求其成因，祇是將以上現象置於史志之中，予以記載而已。本《通考》對中華"博物"的考辨，不祇是展現了大自然的原貌、大自然的古今變幻，而且也提供了社會的更迭興替和民生的禍福起落等諸多耐人尋味的思考。

另如，《水族卷》中收有棘皮動物"海參"，其物在當代國人心目中，是難得的美味佳餚和滋補珍品。《水族卷》還原其本真面貌，明確指出海參爲海洋動物中的棘皮動物門，海參綱之統稱，而後依據古代典籍，考證其物及得名由來：三國吳沈瑩《臨海水土異物志》："土肉，正黑，如小兒臂大，中有腹，無口目……炙食。"其時貶稱"土肉"，祇是"炙食"而已。既貶稱爲"土"，又止用於燒烤而食，此即其初始的"身份""地位"，實是無足稱道。直至明代謝肇淛《五雜俎·物部一》中，始見較高評價，并稱其爲"海參"："海參，遼東海濱有之，一名海男子。其狀如男子勢然，淡菜之對也。其性溫補，足敵人參，故名海參。""男子勢"，舊注曰"男根"，因海參形如男性生殖器，俗名"海男子"，正與形如女性生殖器的淡菜（又稱"海牝""東海夫人"，即厚殼貽貝）相對應。此一形似"男根"之物，何以又被重視起來？國人對食療養生素有"以形補形"的觀念，如"芹菜象筋骼，吃了骨頭硬；核桃象大腦，吃了思維靈"之類，而因海參似男根，故認定其有補腎壯陽的功能，這就是"足敵人參"的主要根據之一。謝氏在贊其"足敵人參"的同時，又特別標示了其不雅的綽號"海男子"，則又從另一側面反映了明代對於海參仍非那麼珍視，故而在其當代權威的醫典《本草綱目》中未予記載。"海參"在清朝的國宴"滿漢全席"中始露頭角，漸得青睞。本卷作者在還其本真面貌的過程中，又十分自然地釐清了海參自三國之後的异名別稱。如，"土肉""海男子"之後，又有"蚮""沙噀""戚車""龜魚""刺參""光參""海鼠""海瓜""海瓜皮""白參""牛臀""水參""春皮""伏皮"諸稱，"蚮"字之外，其他十三個异名別稱，古今辭書無一收錄，唯一收錄的"蚮"字，又含混不清。而"海參"喻稱"海瓜"，則爲英文 sea cucumber 的中文義譯，較中文之喻稱"海男子"似有异曲同工之妙，又可證西人對海參也并不那麼重視。

全書三十六卷，卷卷不同。本書設有《珍奇卷》，別具研究價值。如"孕子石"，發現於江蘇省溧陽市蘇溧地區。此石呈灰黃色，質地堅硬，其外表平凡無奇，但當人們把石頭敲開時，裏面會滾出許多圓形石彈子，直徑 21 厘米左右，和母石相較，顏色稍淺，但成分一致。因石中另包小石，好似母石生下的子石，故稱"孕子石"。這種"石頭孕子"史志無載，首次發現，地質學家們同樣百思而不得其解，祇能"望石興嘆"。再如"預報天旱井"，位於廣西全州縣內，每年大旱來臨前二十天，水井會流出渾水，長達兩天之久，附近村民見狀，便知大旱將臨，便提前做好抗旱準備。此外，該井每二十四小時漲潮六次，每次約漲五十分鐘，水量約增加兩倍。此井如同"孕子石"一樣，史志無載，首次發現，對此井的奇特現象有關專家同樣百思不得其解，也衹能"望井興嘆"。

（二）社科諸物：自然物外，中華博物中的社科諸物漫布於社會生活之中，其形成發展、古今變化，尤爲多彩，展現了一種別樣的國情特徵和民族靈智。

如《國法卷》，何謂"國法"？國法係指國家之法紀、法規。國法其詞作爲漢語語詞起源甚爲久遠，先秦典籍《周禮・秋官・朝士》中即已出現，"國法"之"法"字作"灋"，其文曰："凡民同貨財者，令以國灋行之，犯令者刑罰之。"同書《地官・泉府》中又有另詞"國服"，其文曰："凡民之貸者，與其有司辨而授之，以國服爲之息。"此"國服"言民間貿易必須服從國法，故稱"國服"。作爲語詞，"國法""國服"互爲匹配。國法爲人而設，國服隨法而施，有其法必有其服，有法無服，則法罔立，有服無法，舉世罔聞。今"國法"一詞存而未改，"國服"則罕見使用。就世界範圍而言，中國的國法自成體系，具有國體特色與民族精神，故西方學者稱之爲"中華法系"或"東方法系"。本《國法卷》即以"中華法系"爲中心論題，全面考釋，以現其固有特色與精神。中華法系如同世界諸文明古國法系一樣，源於宗教，興於禮俗，而最終成爲法律，遂具有指令性、強制性。中華法系一經形成，即迥異於西方，因其從不以"永恒不變的人人平等的行爲準則"自詡，也沒有立法依據的總體理論闡釋，而是明確標示法律應維護帝王及權貴的利益。在中國古代，從沒出現過如古希臘或古羅馬的所謂絕對公正的"自然法"，毋須在"自然法"指導下制定"實在法"。中國古代的全部法律皆爲正在施行的"實在法"，但却有不可撼動的權威理論——"君權天授"說支撐。"天"，在先民心目中是無可比擬的最神秘、最巨大的力量。"天"，莊重而仁慈，嚴厲而公正，無所不察，無所不能。上自聖賢哲人，下至黎民百姓，少有不"敬天意"、不"畏天命"者，帝王既稱"天子"，且設有皇皇國法，條文森然，何人敢於反叛？天下黔首，非處垂死之地，絕不揭竿而起，妄與"天"鬥！故而在中國古代，帝王擁有最高立法權與司法權，享有無盡的威嚴與尊貴。今知西周時又強化了宗族關係，即血緣關係。血緣關係又分爲近親、遠親、異姓之親等。血緣關係成爲一切社會關係的核心，由血緣關係擴而廣之，又有師生、朋友及當體恤的其他人等關係。由血緣關係又進而強化了尊卑關係，即君臣關係、臣民關係，這些關係較之血緣關係更爲細密，爲此而設有"八辟"之法，規定帝王之親朋、故舊、近臣等八種人，可以享有減免刑罰之特權。漢代改稱"八議"，三國魏正式載入法典。其後，歷代常有沿襲。這一血緣關係在我國可謂根深蒂固，直至今世而未衰。爲維護這尊卑關係，西周之法典又設有《九刑》，以"不忠"爲首罪。另有《八刑》以"不孝"爲首罪。"忠"，指忠君，"孝"指孝敬父母，兩者難以分割。《九刑》《八刑》雖爲時過境遷之古法，但其倡導的"忠孝"，已成爲中華民族的一種處世觀念，一種道德規範。作爲個人若輕忽"忠孝"，則必極端自私，害及民衆；作爲執政者若輕忽"忠孝"，則必妄行無忌，危及國家。今世早已摒弃愚忠愚孝之舉，但仍然繼承并發揚了"忠孝"的傳統。"忠"不再是"忠君"，而是忠於祖國，忠於人民，或是忠於信守的理想；"孝"謂善事父母，直承百代，迄今不衰。"忠孝"是人們發自心底的感恩之情，唯知感恩，始有報恩，人間纔有真情往還，纔有心靈交融。佛家箴言警語曰"上報四重恩，下濟三途苦"（見《大乘本生心地觀經》），"四重恩"指父母恩、師長恩、國土恩、衆生恩（衆生包括動植物等一切生靈）。我國傳統忠孝文化中又融入了佛家的這一經典旨意，可謂相得益彰。"忠孝"乃我文明古國屹立不敗的根基，絕不可視之爲"封建觀念"。縱觀我中華信史可知，舉凡國家昌盛時代，必是忠孝振興歲月，古今如一，堪稱鐵律。國家可敬又可愛，所激起的正是人們的家國情懷！"忠孝"這一處世觀念，這一道德規範，直涉人際關係，直涉國家命運，成爲我中華獨有、舉世無雙的文化傳統。

中國之國法，并非僅靠威懾之力，更有"禮治"之宣導，而關乎禮治的宣導今人常常忽略。前已述及中華法系如同世界諸文明古國法系一樣，源於宗教，興於禮俗，由禮俗演進爲禮治，禮治早於刑法之前已經萌生。自商周始，《湯刑》《吕刑》（按，《湯刑》《吕刑》之"刑"當釋爲"法"）相繼問世，尤重"禮治"，何謂"禮治"？"禮治"指遵守禮儀道德與社會規範，破除"禮不下庶人"的舊制，將仁義禮智信作爲基本的行爲規範，《孟子·公孫丑上》曰："辭讓之心，禮之端也。""辭讓"指謙和之道，尊重他人，由"禮讓"而漸發展爲"禮制"。至西周時，"禮治"已成定制。這一立法思想備受推崇。夏商以來，三千餘載，王朝更替，如同百戲，雖脚色各异，却多高揚禮制之大旗，以期社會和諧，民生安樂。不瞭解中國之禮治，也就難以瞭解中華法制史，就難以瞭解中國文化史。此後"禮治"配以"刑治"，相輔相成，久行不衰。"禮刑相輔"何以行使？答曰：升平之世，統治者無不强調禮制之作用，藉此以示仁政；若逢亂世，則用重典，施酷刑（下將述及），軟硬兩手交替使用。這就組成了一張巨大的不可錯亂、不可逾越的法律之網，這就是中華民族百代信守的國家法制的核心，這就是中華民族有史以來建國治國之道。這一"禮刑相輔"的治國之道，迥別與西方，爲我中華所獨有，在漫長而多樣的世界法制史中居於前沿地位。

在我古老國度中，國家既已形成，於是又具有了不同尋常的歷史意義與價值觀。自先秦以來，"國家"一詞意味着莊嚴與信賴。在國人心目中，"國"與"家"難以分割，直與身家性命連爲一體，故"報效國家"爲中華民族的最高志節，而"國破家亡"則爲全民族的最大不幸。三十年前本人曾是《漢語大詞典》主要執筆者之一，撰寫"國家"條文時，已注意了先民曾把皇帝直稱爲"國家"。如《東觀漢紀·祭遵傳》："國家知將軍不易，亦不遺力。"《晋書·陶侃傳》："國家年小，不出胸懷。"稱皇帝爲"國家"，以皇帝爲國家的代表或國家的象徵，較之稱皇帝爲天子，更具親切感，更具號召力。中國歷史上的一些明君仁主也多以維護國家法制爲最高宗旨，秦皇、漢武皆曾憑藉堅定地立法與執法而國勢强盛，得以稱雄天下，這對始於西周的"八辟"之法，無疑是一大突破。本書《國法卷》第一章概論論及隋唐五代立法思想時，有以下論述：據《隋書·王誼傳》及文帝相關諸子傳載，文帝楊堅少時同王誼爲摯友，長而將第五女嫁王誼之子，相處極歡，後王誼被控"大逆不道，罪當死"，文帝遂下詔"禁暴除惡"，"賜死於家"。《隋書·文四子傳》又載，文帝三子秦王楊俊，少而英武，曾總管四十四州軍事，頗有令名，文帝甚爲愛惜，獎勵有加。後楊俊漸奢侈，違制度，出錢求息，窮治宮室，文帝免其官。左武衛將軍劉升、重臣楊素，先後力諫曰："秦王非有他過，但費官物、營廨舍而已。"文帝答曰："法不可違！"劉、楊又先後諫曰："秦王之過，不應至此，願陛下詳之。"文帝答曰："我是五兒之父，若如公意，何不別制天子兒律？"文帝四子、五子皆因違法，被廢爲庶民，文帝處置毫不猶豫，毫不留情。隋文帝身爲人君，以萬乘之尊，率先力行，實踐了"王子犯法，與民同罪"的古訓。在位期間，創建"開皇之治"，人丁大增，百業昌盛，國人視文帝爲真龍天子，少數民族則尊稱其爲聖人可汗。《國法卷》主編對歷史上身爲人君的這種舉措，有"忍割親朋私情，立法爲公"的簡要評論。這一評論對於中國這種以宗族故交爲關係網的大國而論，正是切中要害。此後，唐太宗李世民、玄宗李隆基、憲宗李純等君王皆有類似之舉，終成輝煌盛世。時至明代，面對一片混亂腐敗的吏治，明太祖朱元璋更設有"炮烙""剝皮"之類酷刑嚴法，懲治的貪官污吏達十五萬之衆，即便自家的親朋故舊，也毫不留情。如進士出身的駙馬，朱元璋的愛婿歐陽倫只因販茶違法，就直接判以死刑，儘管安慶公主及儲君朱允炆苦苦哀求，也絕不饒恕。據《明史·循吏傳序》載：“〔官吏〕一時受令畏法，潔己愛民，以當上指……民人安樂、吏治澄清者百餘年。”其時，士子們甘願謀求他職，而不敢輕率爲官，而諸多官員却學會了種田或捕魚，呈現了古今難得一見的別樣的政治生態。明太祖的這類嚴酷法令雖是過當，却勝於放縱，故而明朝一度成爲世界經濟大國、經濟强國。中國歷史上的諸多建國之名君仁主，執法雖未若隋文帝之果決，未若明太祖之嚴酷，但無一不重視國家安危。這些建國名君仁主“上以社稷爲重，下以蒼生在念”（見《舊唐書·桓彦範傳》），故而贏得臣民的擁戴。今之世人多以爲帝王之所以成爲帝王，盡皆爲皇室一己之私利，祇貪圖自家的享榮華富貴而已，實則并非盡皆如此。歷代君王既已建國，亦必全力保國，并垂範後世，以求長治久安。品讀本書《國法卷》，可藉以瞭解我國固有的國情狀況，瞭解我國歷史中的明君仁主如何治理國家，其方策何在，今世仍有藉鑒價值。縱觀我國漫長的歷史進程，有的連續數代，稱爲盛世；有的衰而復起，稱爲中興；有的則二世而亡，如曇花一現。一切取決於先主與後主是否一脉相繼，一切取決於執法是否穩定。要而言之：嚴守國法，則國家興盛，嚴守國法，則社會祥和，此乃舉世不二之又一鐵律。

《國法卷》雖以國法爲研究主體，却力求超越法律研究自身，力求探索法律背後的正反驅動力量，其旨義更加廣遠。因而本卷又區別於常見的法律專著。

另如《巧藝卷》，在《通考》全書中未占多大分量，但在日常社會生活中却有無可替代的獨特地位，藉此大可飽覽先民的生活境遇和精神世界。何謂“巧藝”？古代文獻中無此定義。所謂“巧藝”，專指巧智與技藝性的娛樂及各種健身活動，同時展現了與之相應的家國關係。中華民族的“巧藝”別具特色，所涉内容十分廣泛，除却一般游戲活動外，又包涵了棋類、牌類、養生、武術、四季休閑、宴飲娛樂、動物馴化等等。細閱本卷所載，常爲古人之智巧所折服。如西漢東方朔“射覆”之奇妙，今已成千古佳話。據《漢書·東方朔傳》載，漢武帝嘗覆守宫（即壁虎）於杯盂之下，令衆方士百般揣度，各顯其能，并無一言中的者，而東方朔却可輕易解密，有如神算，令滿座驚呼。何謂“射覆”？“射覆”爲古代猜測覆物的游戲。射，揣度；覆，覆蓋。“射覆”之戲，至明清始衰，其間頗多高手。這些高手似乎出於特異功能，是古人勝於今人麼？當作何解釋？學界認爲這些高手多善《易》學，故而超乎常人，但今世精於《易》學者并非罕見，却未見有如東方朔者，何也？難以作答，且可不論，但古代對動物的馴化，又何以特別精彩，令今人嘆服？

著名的唐代象舞、馬舞，久負盛名，這些大動物似通人性，故可不論，而那些似乎笨拙的小動物，如"烏龜疊塔""蛤蟆説法"之類的馴養，也常常勝過今人，足可展現先民的巧智，"'疊塔''説法'，固教習之功，但其質性蠢蠢，非他禽鳥可比，誠難矣哉！"（見明陶宗儀《輟耕録・禽戲》）古人終將蠢蠢之蟲馴化得如此聰明可愛，藉此可見古人之扎實沉着，心智之專一，少有後世浮躁之風。目前，國人甚喜馴養，寵物遍地，却未見馴出如同上述的"疊塔"之烏龜與"説法"之蛤蟆，今之馬戲或雜技團體，爲現代專業機構，也未見絶技面世。

《巧藝卷》的條目詮釋，大有建樹，絶不因襲他人成説，明確關聯了具體事物形成的歷史淵源與社會背景。如"踏青"，《漢語大詞典》引用了唐代的書證，并稱其爲"清明節前後，郊野游覽的習俗"。本卷則明確指出，"踏青"是由遠古的"春戲"演變而來。西周時曾爲禮制。漢代已有"人日郊外踏青"之俗，同時指出"踏青"還有"游春"的別稱。《漢語大詞典》與本卷的釋文内容差异如此之大，實出常人之所料。何謂"春戲"？所有辭書皆未收録。本卷有翔實考證，兹録如下：

> 春戲：古代民間春季娛樂活動。以繁衍後代和期盼農作物豐收爲目的的男女歡會活動。始於原始社會末期，西周時仍很流行。《周禮・地官・司徒》："中春之月，令會男女。於是時也，奔者不禁。若無故而不用令者，罰之。司男女之無夫家者而會之。"《墨子・明鬼篇》："燕之有祖，當齊之社稷。宋之有桑林，楚之雲夢也，此男女之所屬而觀也。"《詩・鄭風・溱洧》："溱與洧，瀏其清矣。士與女，殷其盈矣。女曰：'觀乎？'士曰：'既且。''且往觀乎！洧之外，洵訏且樂。'維士與女，伊其將謔，贈之以芍藥。"《楚辭・九歌・少司命》："秋蘭兮糜蕪，羅生兮堂下。綠葉兮素枝，芳菲菲兮襲予。夫人兮自有美子，蓀何以兮愁苦？"戰國以後逐漸演變爲單純的春游活動"踏青"。

《巧藝卷》精心地援引了以上經典，可證在中國上古時期男女歡會非常自然，而且是具有相當規模的群體性活動。此舉在中國遠古時代已有所見，青海大通縣上孫家寨出土的舞蹈紋彩陶盆，已展現了男女携手共舞的親密生動場景，那是馬家窰文化的代表，距今已有五千年歷史，但必須明確，這并非蒙昧時期的亂性之舉。這是一種男女交往的公開宣示。前述《周禮・地官・司徒》曰："中春之月，令會男女……司男女無夫之家者而會之。"其要點是"男女無夫之家者"。這是明確的法律規定，故而作者的篇首語曰："以繁衍後代和期盼農作物豐收爲目的。”這就撥正了後世對於中國古代奴隸社會或封建社會有關男女關係的一些偏頗見解，可證本卷之“巧藝”非同一般的娛樂，所展現的是中華先民多方位的生活狀態。

三、博物研究遭質疑，古老科技又誰知？

《通考》所涉博物盡有所據，無一虛指，如繁星麗天，構成了浩大的博物學體系，千載一脉，本當生生不息，如瀑布之直下，但却似大河之九曲，時有峽谷，時有險灘，終因清廷喪權辱國、全盤西化而戛然中斷，故而迥异於西方。由於西方科技的巨大影響，致使一些學人缺少文化自信，多認爲中國古老的博物學，無甚價值。豈知我中華民族從不乏才俊、精英，從不乏偉大的發明，很多祇是不知其名而已。如《淮南子·泰族訓》：“欲知遠近而不能，教之以金目則快射。”漢代高誘注曰：“金目，深目。所以望遠近射準也。”何謂“金目”？據高注可知，就是深目。“深目”之“深”，謂深遠也（又説稱“金目”爲黄金之目，用以喻其貴重，恐非是）。“金目”當是現代望遠鏡或眼鏡之類的始祖。“金目”其物，在古代萬千典籍中僅見於《淮南子》一書，别無他載。因屬古代統治者杜絶的“奇技淫巧”，又甚難製作，故此物宫廷不傳，民間絶踪，遂成奇品。上世紀 80 年代，揚州邗江縣東漢廣陵王劉荆墓中出土一枚凸透鏡，此鏡之鏡片直徑 1.3 厘米，鑲嵌在用黄金精製而成的小圓環内，視物可放大四五倍，此鏡至遲亦有兩千餘年的歷史。廣陵墓之外，安徽亳州曹操宗族墓等處，亦有出土。是否就是“金目”已難考證。作爲眼鏡其物，發展到宋代，始有明確的文字記載，其時稱之爲“靉靆”（見明方以智《通雅·器用·雜用諸器》引宋趙希鵠《洞天清録》）。今日學者皆將眼鏡視爲西方舶來品，一説來自阿拉伯，又説來自英國，如猜謎語，不一而足；西方的眼鏡實則是由中國傳入的，如若説是西方自家發明，也晚於中國千年之久。

“金目”其物的出現絶非偶然，《墨子》中的《經下》《經説下》已有關於光的直綫傳播、反射、折射、小孔成象、凹凸透鏡成象等連續的科學論述，這一原理的提出，必當有各式透體器物，如鏡片之類爲實驗依據，這類器物的名稱曰何今已不得而知，但製造出金目一類望遠物，是情理之中的必然結果。據上述《經下》《經説下》記載可知，早在戰國時期，先賢已有光學研究的成就，與後世西方光學原理盡同。在中國漫長的古代日常生活中，隨時可見新奇的創造發明，這類創造發明所展現的正是中國獨有的科學。《導論》中所述"被中香爐""長信宮燈"之外，更有"博山爐"（一種形似傳説中神山"博山"的香爐，當香料在爐内點燃時，烟霧通過鏤空的山體宛然飄出，形成群山蒙蒙、衆獸浮動的奇妙景象，約發明於漢代）、"走馬燈"（一種竹木扎成的傳統佳節所用風車狀燈具，外貼人馬等圖案，藉燈内點燃蠟燭的熱力引發空氣對流，輪軸上的人馬圖案隨之旋轉，投身於燈屏上，形成人馬不斷追逐、物换景移的壯觀情景，約發明於隋唐時期）之類。古老中華何止是"四大發明"？此外，約七千年前，在天灾人禍、形勢多變的時代背景之下，先民爲預測未來，指導行爲方嚮，始創有易學，形成於商周之際，今列爲十三經之首，稱爲《周易》，這是今世的科學不能完全解釋的另一門"科學"，其功用不斷地爲當世諸多領域所驗證，在我華夏、乃至歐美，研究者甚衆，本《通考》對此雖有涉及，而未立專論。

　　那麽，在近現代，國人又是如何對待古代的"奇技奇器"的呢？著名的古代"四大發明"，今已家喻户曉，婦幼皆知，但却如同可愛的國寶大熊猫一樣，乃是西方學者代爲發現。我仁人志士，爲唤醒"東方睡獅"，藉此"四大發明"，竭力張揚，以振奮民族精神。這"四大發明"影響非凡，但在中國傳統文化中亦無重要地位，其中"火藥"見載於唐孫思邈《丹經》，"指南針""印刷術"同見載於宋沈括《夢溪筆談》，皆非要籍鴻篇，唯造紙術見於正史，全文亦僅七十一字，緊要文字祇有可憐的四十三字（見《後漢書·宦者傳·蔡倫》）。而這"四大發明"中有兩大發明，不知爲何人所爲。

　　在古老中國的歷史長河中，更有另一種科學技術，當今學界稱之爲"黑科技"（意謂超越當今之科技，出於人類的想象之外。按，稱之爲"超科技"，似更易理解，更準確），那就是現代科學技術望塵莫及、無法破解的那些千古之謎。如徐州市龜山西漢楚襄王墓北壁的西邊墻上，非常清晰地顯示一真人大小的影子，酷似一位老者，身着漢服，峨冠博帶，面東而立，作揖手迎客之狀。人們稱其爲"楚王迎賓圖"。最初考古人員發掘清理棺室時，并無壁影。自從設立了旅游區正式開放後，壁影纔逐漸地顯現出來，仿佛是楚王的魂魄顯靈，親自出來歡迎來此參觀的游人一樣。楚襄王名劉注，是西漢第六代楚王，死後葬於此。劉注墓還有五謎，今擇其三：一、工程精度之謎。龜山漢墓南甬道長 55.665 米，北甬道長爲 55.784 米，沿中綫開鑿，最大偏差僅爲 5 毫米，精度達 1/10000；兩甬道相距 19 米，夾角 20 秒，誤差爲 1/16000，其平行度誤差之小，大約需要從徐州一直延伸到西安纔能使兩甬道相交。按當時的技術水準，這樣的墓道是何人如何修建的？二、崖洞墓開鑿之謎。龜山漢墓爲典型的崖洞墓，其墓室和墓道總面積達到700多平方米，容積達2600多立方米，幾乎掏空了整個山體。勘察發現，劉注墓原棺室的室頂正對着龜山的最高處，劉注府庫中的擎天石柱也正位於南北甬道的中軸綫上。龜山漢墓的工程人員是利用什麼樣的勘探技術掌握龜山的山體石質和結構？三、防盗塞石之謎。南甬道由26塊塞石堵塞，分上下兩層，每塊重達六至七噸，兩層塞石接縫非常嚴密，一枚硬幣也難以塞入。漢墓的甬道處於龜山的半山腰，當時生産力低下，人們是用什麼方法把這些龐大的塞石運來并嵌進甬道的？今皆不得而知。

斷言"中國古代祇有技術而没有科學"者，對中國歷史的瞭解實在是太過膚淺，并不瞭解在中國古代不祇有科技，而且竟然有超越科學技術的"黑科技"。

四、當世灾難甚可懼，人間正道何處覓？

在《通考》的編纂過程中，常遇到的重要命題，那就是以上論及的"科技"。今之"科技"，在中國上古曾被混稱爲"奇技奇器"，直至清廷覆亡，迄未得到應有的重視，導致國勢衰微，外寇侵略，民不聊生。這正是西方視之爲愚昧落後，敢於長驅直入，爲所欲爲的原因。因而一個國家、一個民族，要立於不敗之地，必須擁有自家的科技！世人當如何評定"科技"？如何面對"科技"？本書《導論》已有"道器論"，今《總説》以此"道器論"爲據，就現代人類面臨的種種危機，論釋如下：

何謂"道器"？所謂"道"是指形成宇宙萬物之原本，是形成一切事理的依據與根由。何謂"器"？"器"即宇宙間實有的萬物，包括一切科技，一切發明，至巨至大，至細至微，充斥天地間，而盡皆不虛。科技衍生於器，驗證於器，多以器爲載體，是推進或毀壞人類社會的一種無窮力量，故而又必須在人間正道的制約之下。此即本書道器并重之緣由，或可視爲天下之通理也。英國自18世紀第一次工業革命以來，其科學技術得以高速而全方位地發展，引起西方乃至全世界的密切關注與重視，影響廣遠。這一時期，英帝國統治者睥睨全球，居高臨下，自我膨脹，發表了"生存競争，勝者執政"等一系列宏論；托馬斯·馬爾薩斯的《人口論》亦應時而起，其核心理論是："貧富强弱，難以避免。承認現實，存在即合理。"甚而提出"必須控制人口的大量增長，而戰争、饑荒、瘟疫是最後抑制人口增長的必要手段"（這一理論在以儒學爲主體的傳統文化中被視爲離經叛道，滅絕人性，而在清廷走投無路全面西化之後，國人亦有崇信者，直至 20 年代初猶見其餘緒）。在這樣的時代背景下，查爾斯·達爾文所著《物種起源》得以衝破基督教的束縛，順利出版，暢行無阻。該書除却大量引用我國典籍《齊民要術》《天工開物》與《本草綱目》之外，還鄭重表明受到馬爾薩斯《人口論》的啓示和影響。《物種起源》的問世，形成了著名的進化理論："物競天擇、優勝劣汰，弱肉强食，適者生存。"（近世對其學説已有諸多評論，此略）進化學説在人們的社會生活中留下了深刻的印迹，在世界範圍内引起巨大反響，當時英國及其他列强利用了自然界"生存法則"的進化理論，將其推行於對外擴張的殖民戰爭中，打破了世界原有生態格局，在巨大的聲威之下，暢行無阻，遍及天下。縱觀人類的發展史，尤其是近世以來的發展史可知，科技的高下決定了國家的强弱，以强凌弱，已成定勢，在高科技强國的聲威之下，無盡的搜羅，無盡的采伐，無盡的探測實驗（包括核試驗），自然資源和自然環境漸遭破壞，各種弊端漸次顯露。時至 20 世紀中後期，以原子能、電子電腦、信息技術、空間技術等發明和應用爲標志、第三次科技革命的到來，學界稱之爲"科技革命的紅燈時刻"，其勢如風馳電掣，所向披靡，人類社會發生了翻天覆地的變化，時至 21 世紀，又凸顯了另一灾難，即瘟疫肆虐，病毒猖獗，危及整個人類。這一系列禍患緣何而生？天灾之外，罪魁爲人。何也？世間萬種生靈，習性歸一，盡皆順從於大自然，但求自身生息而已，别無他求，而作爲"萬物之靈"的人類，在茹毛飲血，跨越耕獵時代之後，却欲壑難填，毫無節制！爲追求享樂、滿足一己之貪婪，塗炭萬種生靈，任你山中野外，任你江面海底，任你晝藏夜出，任你天飛地走，皆得作我盤中佳餚。閑暇之日，又喜魚竿獵槍，目睹异類掙扎慘死，以爲暢快，以爲樂趣，若爲一己之喜慶，更可"磨刀霍霍向猪羊"，視之爲正常！"萬物之靈"的人類，永無休止，地表搜刮之外，還有地下的搜索挖掘，如世界著名的南非姆波尼格金礦，雖其開采僅起始於百年前，憑藉當代最先進的科技，挖掘深度已超 4000 米（我國的招遠金礦，北宋真宗年間已進行開采，至今深度不過 2000 米左右），現有 370 千米軌道，用以運送巨大的設備與成噸重的礦石，而每次開采都必須用兩千多公斤的炸藥爆破，可謂地動山摇！金礦之外，又有銀礦、鐵礦、銅礦、煤礦、水晶礦（如墨西哥的奈咯水晶洞，俗稱"神仙水晶礦"，其中一根重達 50 噸，挖出者一夜暴富），種種礦藏數以萬計。此外尚有對石油、純净水，乃至無形的天然氣等的無盡索取，山林破壞，大地沙化，水污染、大氣污染、核污染，地球已是百孔千瘡，而挖掘索取，仍未甘休，愈演愈烈，故今之地球信息科學已經發現地球性能的變异以及由此帶來可怕的全球性灾難。今日世界，各國執政者憑仗高科技，多是從一國、一族或一己之私利出發，或結邦，或聯盟，争强鬥勝，互不相顧，國際關係日趨惡化，人類時刻面臨可怕的威脅，面臨毀滅性的核戰争。凡此種種，怎不令人憂慮，令人悲痛？故而有學者宣稱："科技確實偉大，也確實可怕。一旦失控，後患無窮。"又稱："人類擁有了科技，必警惕成爲科技的奴隸。"此語并非危言聳聽，應是當世的警鐘，因爲人類面對强大的科技，常常難以自控，這是科技發展必然的結果。而作爲"萬物之靈"的人類，具有高智慧，能够擁有高科技，確乎超越了萬物，居於萬物主宰的地位，而執政者一旦擁有失控的權力，肆意孤行，其最終結局必將是自戕自毁，必將與萬物同歸於盡。一言以蔽之，毁滅世界的罪魁禍首是人類自己，而并非他類。

　　面對這多變的現實與可怕的未來，面對這全球性的灾難，中外科學家作了不懈努力，而收效甚微。1988 年 1 月，七十五位諾貝爾獲獎者及世界著名學者齊聚巴黎，探討了 21 世紀科學的發展與人類面臨的種種難題，提出了應對方略。在隆重的新聞發布會上，瑞典物理學家漢内斯·阿爾文發表了鄭重的演說："如果人類要在 21 世紀生存下去，必須回頭到兩千五百年前去汲取孔子的智慧。"（見 1988 年 1 月 24 日澳大利亞《堪培拉時報》原文——《諾貝爾獎獲得者説要汲取孔子的智慧》）這是何等驚人的預見，又是何等嚴正的警示！這七十五位諾貝爾獲獎者没有一位是我華夏同胞，他們對孔子的認知與崇敬，非常客觀，非常深刻，超乎我們的想象。這種高屋建瓴式的睿智呼籲，振聾發聵，可惜并没有警醒世人，也没有引起足够多的各國領導人的重視。

　　人類爲了自救，不能不從人類自身發展史中尋求答案。在人類發展史中，不乏偉大的聖人，孔子是少有的没有被神化、起於底層的聖人（今有稱其爲"草根聖人"者），他生於春秋末期，幼年失父，家境貧寒，又正值天下分裂，戰亂不斷，在這樣的不幸世道裏，孔子及其弟子大力宣導"克己復禮"，這是人類歷史上最切實際的空前壯舉。何謂"禮"？《説文·示部》曰："禮，履也。所以事神致福也。"禮本來是上古祭祀鬼神和先祖的儀式。史稱文、武、成王、周公據禮"以設制度"，此即"周禮"。"周禮"的内容極爲廣泛，舉凡國家的政治、經濟、軍事、行政、法律、宗教、教育、倫理、習俗、行爲規範，以及吉、凶、軍、賓、嘉五類禮儀制度，均被納入禮的範疇。周禮在當時社會中的地位與指導作用，《禮記·曲禮》中有明確記載："分争辯訟，非禮不决；君臣上下、父子兄弟，非禮不定；宦學事師，非禮不親；班朝治軍、涖官行法，非禮威嚴不行。"當然也維護了"君臣朝廷尊卑貴賤之序,下及黎庶車輿衣服宮室飲食嫁娶喪祭之分"(見《史記·禮書》),這符合於那個時代的階級統治背景。孔子提出"克己復禮",期望世人克服一己之私欲,以應有的禮儀禮節規範自己的言行,建立一個理想的中庸和諧社會,這已跨越了歷史局限。孔子的核心思想是"敬天愛人",何謂"敬天"?孔子强調"巍巍乎唯天爲大"(見《論語·泰伯》),又曰:"天何言哉?四時行焉,百物生焉,天何言哉!"(見《論語·陽貨》)孔子所言之"天",并非指主宰人類命運的上蒼或上帝,并非是孔子的迷信,因"子不語怪力亂神"(見《論語·述而》)。孔子認爲四季變化、百物生長,皆有自己的運行規律,人類應謹慎遵從,應當敬畏,不得違背。孔子指稱的"天",實則指他所認知的宇宙。此即孔子的天人觀、宇宙觀。"巍巍乎唯天爲大",在此昊天之下,人是何樣的微弱,面臨小小的細菌、病毒,即可凄凄然成片倒下。何謂"愛人"?孔子推行"仁義之道",何謂"仁"?子曰:"仁者,愛人!"(《論語·顏淵》)即人人相親、相愛。又曰:"己所不欲,勿施於人。"意即重正義,絶不損人利己。何謂"義"?"義"指公正的道理、正直的行爲。子曰:"不義而富且貴,於我如浮雲。"(見《論語·述而》)這就是孔子的道德觀與道德規範,當作爲今世處理人與自然、人與社會的規範與行動指南。其弟子又提出"親親而仁民,仁民而愛物"(見《孟子·盡心上》),漢代大儒又有"天人之際,合而爲一"的主張(董仲舒在《春秋繁露·深察名號》中,爲維護皇權的需要而建立了皇權天授的觀念),這種主張已遠遠超越了維護皇權的需要,成爲了一種可貴的哲理。時至宋代,大儒張載再度發揚孟子"親親而仁民,仁民而愛物"的襟怀,又有"民吾同胞,物吾與也"(見其所著《西銘》)之名言箴語,即將天下所有的人皆當作同胞,世間萬物盡視爲同類,最終形成了著名的另一宏大的儒學系統,其主旨則是"天人合一"論。何謂"天人合一"?"天人合一"有兩層意義:一曰天人一致,天是一大宇宙,人則如同一小宇宙,也就是説人類同天體各有獨立而相似之處;二是天人相應,這是説人與天體在本質上是相通的,是相互相連的。因此,一切人事應順乎自然規律,從而達到人與自然的和諧。達到人與自然的和諧統一,當作爲今世處理人與自然、人與社會的明確規範與行動指南。這是真正的"人間正道",唯有遵循這一"人間正道",人際關係纔能融洽,社會纔能和諧,天下纔能太平。

古老中國在形成"孔子智慧"之前,早已重視人與自然的關係。約在七千年前,我中華先祖已能够通過對於蟲鳥之類的物候觀察,熟練地確定天氣、季節的變幻,相當完美地適應了生產、生活、繁衍發展的需求,這一遠古的測算應變之舉,處於世界領先地位。約四千年前，夏禹之時，已建有令今人嚮往的廣袤的綠野濕地。如《書·禹貢》即記載了"雷夏""大野""彭蠡""震澤""菏澤""孟豬""豬野""雲夢"諸澤的形成及其利用情況，如其中指出："淮海惟揚州，彭蠡既豬（瀦），陽鳥攸居；三江既入，震澤厎定。篠簜既敷，厥草惟夭，厥木惟喬……厥貢惟金三品，瑤琨篠簜，齒革羽毛，惟木。"這是說揚州有彭蠡、震澤兩方綠野濕地，適合於鴻雁類禽鳥居住，適合於篠竹（箭竹）、簜竹（大竹）生長，青草繁茂，樹木高大，向君主進貢物品有金銀銅等三品，又有瑤琨美玉、箭竹、大竹以及象齒皮革與孔雀、翡翠等禽鳥羽毛。所謂"大禹治水"，并非衹是被動的抗災自救，實則是大治山川，廣理田野，調整人與大自然的關係，使之相得益彰。《逸周書·大聚解》又載，夏禹之時"且以并農力，執成男女之功，夫然則有生不失其宜，萬物不失其性，人不失其事，天不失其時……放此爲人，此謂正德"，此即所謂夏禹"劃定九州"之功業所在。其中"放此爲人，此謂正德"的論定，已蘊含了後世儒家初始的"天人合一"的觀念。西周初期，已設定掌管國土資源的官職"虞衡"，掌山澤者謂"虞"，掌川林者稱"衡"（見《周禮·天官·太宰》及賈疏）。後世民衆，繼往開來，對於保護生態環境，保護大自然，采取了各種措施，又設有專司觀察氣象、觀察環境的機構，并有方士之類的"巫祝史與望氣者"，多管道、多方位進行探測研究，從而防患於未然。《墨子·號令篇》（一說此篇非墨子所作，乃是研究墨學者取以益其書）曰："巫祝史與望氣者，必以善言告民，以請（讀爲'情'）上報守（一說即太守），上守獨知其請（情）。無［巫］與望氣，妄爲不善言，驚恐民，斷弗赦。"這裏明確地指出，由"巫祝史與望氣者"負責預告各種災情，但不得驚恐民衆，否則即處以重刑，絕不饒恕。愛惜生態，保護自然，這是何樣的遠見卓識，這又是何樣的撫民情懷！

是的，自夏禹以來，先民對於大自然、對於與蒼生，有一種別樣的愛惜、保護之舉措，防範措施非常細密，非常全面而嚴厲。《逸周書·大聚解》有以下記載：夏禹時期設定禁令，大力保護山林、川澤，春季不准帶斧頭上山砍伐初生的林木；夏季不准用漁網撈取幼小的魚鱉，此即世界最早的環境保護法。《韓非子·內儲說上》又載：殷商時期，在街道上揚弃垃圾，必斬斷其手。西周時又有更爲具體規定：如，何時可以狩獵，何時禁止狩獵，何樣的動物可以獵殺，何樣的動物禁止獵殺；何時可以捕魚，何時禁止捕魚，何樣的魚可以捕取，何樣的魚禁止捕取，皆有明文規定，甚而連網眼的大小也依季節不同而嚴予區別。并特別强調：不准搗毀鳥巢，不准殺死剛學飛的幼鳥和剛出生的幼獸。春耕季節不准大興土木。《禮記·月令》又載："毋變天之道,毋絶地之理,毋亂人之紀。"這一"毋變""毋絶""毋亂"之結語,更是展現了後世儒家宣導并嚮往的"天人合一"説。至春秋戰國之際,法律法規的範圍更加全面,特別嚴厲。這一時期已經注意到有關礦山的開發利用,若發現了藏有金銀銅鐵的礦山,立即封禁,"有動封山者,罪死而不赦。有犯令者,左足入,左足斷,右足入,右足斷"(見《管子·地數》)。古人認爲輕罪重罰,最易執行,也最見成效,勝過重罪重罰。這些古老的嚴厲法令,雖是殘酷,實際却是一聲斷喝,讓人止步於犯罪之前,因而犯罪者甚微。這就最大限度地保護了大自然,同時也最大限度地保護了人類自己。而早在西周建立前夕,又曾頒布了令人欽敬的《伐崇令》:"文王欲伐崇,先宣言曰……令毋殺人,毋壞室,毋填井,毋伐樹木,毋動六畜,有不如令者,死無赦!崇人聞之,因請降。"(見漢劉向《説苑·指武》)這是指在殘酷的血火較量中,對於敵方人民、財産及生靈的愛惜與保護。我中華上古時期這一《伐崇令》,是世界戰争史中的奇迹,是人類應永恒遵守的法則!當今世界日趨文明,闊步前進,而戰争却日趨野蠻,屠殺對方不擇手段,實是可怖可悲!我華夏先祖所展現的這些大智慧、大慈悲,爲後世留下了賴以繁衍生息的楚山漢水,留下了令人神往的華夏聖地,我國遂成爲幸存至今、世界唯一的文明古國。

五、筆墨革命難預料? 卅載成書又何易?

《通考》選題因國内罕見,無所藉鑒,期望成爲經典性的學術專著,難度之大,出乎想象,初創伊始,即邀前輩學者南京大學老校長匡亞明先生主其事。這期間微信尚未興起,寧濟千里,諸多不便,盛岱仁、康戰燕伉儷滿腔熱情,聯絡於匡老與筆者之間,得到先生的熱情鼓勵與全力支持,每逢疑難,必親予答復,但表示難做具體工作,在經濟方面也難以爲力。因爲先生於擔任國家古籍整理領導小組組長之外,又全面主持南京大學中國思想家研究中心的工作,正在編纂《中國思想家評傳》,百卷書稿須親自逐一審定,難堪重任。筆者初赴南大之日,老人家親自接待,就餐時當場現金付款,没有讓服務員公款記賬,筆者深受感動,終生難以忘懷。此後在匡老激勵之下,筆者全力以赴,進而邀得數百作者并肩携手,全面合作,并納入國家"九五"重點出版規劃中。1996 年 12 月,匡老驟然病逝,筆者悲痛不已,孤身隻影,砥礪前行,本書再度確定爲國家"十五"重點出版規劃項目，并將初名更爲今名。那時，作者們盡皆恪守傳統著述方式，憑藏書以考釋，藉筆墨以達志。盛暑寒冬，孜孜矻矻，無敢逸豫。爲尋一詞，急切切，一目十行，翻盡千頁而難得；爲求善本，又常千里奔波，因限定手抄，不得複印，纍日難歸！諸君任勞任怨，潛心典籍，閱書，運筆，晝夜伏案，恂恂然若千年古儒。至上世紀末，一些年輕作者已擁有個人電腦，各種信息，數以億計，中文要籍，一覽無餘，天下藏書，“千頃齋”“萬卷樓”之屬，皆可盡納其中，無須跋涉遠求。搜集檢索，祇需“指點”，瞬息可得；形成文章，亦祇需“指點”，頃刻可就。在這世紀之交，面临書寫載體的轉換，老一輩學人步入了一個陌生的电脑世界，遭遇了空前的挑戰。當代作家余秋雨在其名篇《筆墨祭》中有如下陳述：“五四新文化運動就遇到過一場載體的轉換，即以白話文代替文言文；這場轉換還有一種更本源性的物質基礎，即以‘鋼筆文化’代替‘毛筆文化’。”由“毛筆文化”向“鋼筆文化”的轉換，經歷了漫長的數千載，而今日再由“鋼筆文化”向“電腦文化”轉換，却僅僅是二十年左右，其所彰顯的是科學技術的力量、“奇技奇器”的力量。作家所謂的“筆墨”，係指毛筆與烟膠之墨，《筆墨祭》祇在祭五四運動之前的“毛筆文化”。今日當將毛筆文化與鋼筆文化并祭，乃最徹底的“筆墨祭”。面對這世紀性的“筆耕文化”向“電腦文化”的轉換，面對這徹底的“筆墨祭”，老一輩學人沒有觀望，沒有退縮，同青年作者一道，毅然決然，全力以赴，終於跟上了時代的步伐！筆者爲我老一輩學人驕傲！回眸曩日，步履維艱，隨同筆墨轉型，書稿也隨之經歷了大修改、大增補，其繁雜艱辛，實難言喻。天地逆旅，百代過客，如夢如幻，三十餘年來，那些老一輩學人全部白了頭，却無暇“含飴弄孫”，又在指導後代參與其事。那些“知天命”之年的碩博生導師們皆已年過花甲，却偏喜“舞文弄墨”，又在尋覓指導下一代弟子同步前進。如此前啓後追，無怨無悔，這是何樣的襟懷？憶昔乾嘉學派，人才輩出，時有“高郵王父子，棲霞郝夫婦”投入之佳話，今《通考》團隊，於父子合作、夫婦合作之外，更有舉家投入者，四方學人，全力以赴。但蒼天無情，繼匡老之後，另有幾位同仁亦撒手人寰。上海那位《天宇卷》主編年富力强，却在貧病交加、孩子的驚呼聲中，英年早逝。筆者的另一位老友爲追求舊稿的完美，於深夜手握鼠標闃然永訣，此前他的夫人曾勸其好好休息，答説“我没有那麽多時間”！可謂鞠躬盡瘁，死而後已，這又是何樣的壯志，思之怎能不令人心酸！這就是我的同仁，令我驕傲的同仁！

　　自 2012 年之後，因面臨多種意外的形勢變化，筆者連同本書回歸原所在單位山東師範大學，于是增加了第一位副總主編——文學院副院長、古籍整理研究所所長韓品玉，解決了編務與財力方面的諸多困難，改變了多年來的孤苦狀況。時至 2017 年春，爲盡快出版、選定新的出版社，又增加了天津人民出版社總編輯、南開大學客座教授陳益民，中國職工教育研究院常務副院長、全國職工教育首席專家俞陽，臺北大學人文學院東西哲學與詮釋學研究中心主任賴賢宗教授三位爲副總主編，於是形成了現今的編纂委員會。

在全書編纂過程中，編纂委員會和學術顧問，以及分卷正副主編、主要作者所在單位計有：中國國家博物館、中國國家圖書館、中央文史研究館、中國佛教圖書文物館、全國總工會、中聯口述歷史研究中心、河北省文物與古建築保護研究院、河北省文物考古研究院、河北閱讀傳媒有限責任公司、北京大學、浙江大學、南京大學、南京師範大學、東北師範大學、鄭州大學、河北大學、河北師範大學、河北醫科大學、廈門大學、佛山大學、山東大學、中國海洋大學、山東師範大學、曲阜師範大學、山東中醫藥大學、濟南大學、山東財經大學、山東體育學院、山東藝術學院、山東工藝美術學院、山東省社會科學院、山東博物館、山東省圖書館、山東省自然資源廳、山東省林業保護和發展服務中心、濟南市園林和林業綠化局、濟南市神通寺、聊城市護國隆興寺、臺北大學、臺灣成功大學、臺灣大同大學、臺北中國文化大學、臺灣中華倫理教育學會，以及澳大利亞國立伊迪斯科文大學等，在此表示由衷的謝忱！

本書出版方——上海交通大學領導以及上海交通大學出版社領導，高瞻遠矚，認定《通考》的編纂出版，不衹是可推動古籍整理、考古研究的成果轉化，在傳承歷史智慧，弘揚中華文明，增強民族凝聚力和認同感，彰顯民族文化自信等各個方面具有重要意義。出版方在組織京滬兩地專家學者審校文字的同時，又付出時間精力，投入了相當的資金，增補了不少插圖，這些插圖多來自古籍，如《考工記解》《考工記圖解》《考工記圖說》《考古圖》《續考古圖》《西清古鑑》《西清續鑑》《毛詩名物圖說》《河工器具圖說》等等，藉此亦可見出版方打造《通考》這一精品工程的決心。而山東師範大學各級領導同樣十分重視，社科處高景海處長一再告知筆者：“需要辦什麼事情，儘管吩咐。”諸多問題常迎刃而解，可謂足智善斷。筆者所屬文學院孫書文院長更親行親爲，給予了全面支持，多方關懷，令筆者備感親切，深受鼓舞，壯心未老，必酬千里之志。此前，著名出版家和龔先生早已對本書作出權威鑑定，并建議由三十二卷改爲三十六卷。本書在學術界漂游了三十餘載終得面世，并引起學界的關注。今有國人贊之曰：《通考》是中華優秀傳統文化創造性轉化、創新性發展的優異成果，是一部具有極高人文價值的通代史論性的華夏物態文化專著，凝聚了中華民族的深層記憶，積澱了民族精神和傳統文化的精髓。又有國際友人贊之曰:《通考》如同古老中國一樣，是世界唯一一部記述連續數千載生機盎然的人類生活史。國內外的評論衹是就本書的總體面貌而言，但細予探究，缺憾甚爲明顯，因本書起步於三十餘年前，三十餘年以來，學術界有諸多新的研究成果未得汲取，田野考古又多有新的發現，國內外的各類典藏空前豐富，且檢索方式空前便捷，而本書作者年齡與身體狀況又各自不同，多已是古稀之年，或已作古，或已難執筆，交稿又有先後之別，故而三十六卷未能統一步伐與時俱進，所涉名物，其語源、釋文難能確切，一些舊有地名或相關數據，亦未及修改，而有些同物异名又未及增補。這就不能不有所抱憾，實難稱完美！以上，就是本書編纂團隊的基本面貌，也是本書學術成就的得失狀況。

　　筆者無盡感慨，卅載一瞬渾似夢，襟懷未展，鬢髮盡斑，萬端心緒何曾了？長卷浩浩，古奧繁難，有幾多知音翻閱？何處求慰藉？人道是紅袖衹搵英雄泪！歲月無情，韶光易逝，幾位分卷主編未見班師，已倏而永別，何人知曉老夫悲苦心情？今藉本書的面世，聊以告慰匡老前輩暨謝世的同仁在天之靈！

張述錚

丙子中吕初稿於山東師範大學映月亭
甲辰南昌增補於歷下龍泉山莊東籬齋

凡　例

一、本書係通代史性的中華物態文化學術專著，旨在對構成中華博物的名物進行考釋。全書三十六卷，另有附録一卷。各卷之基本體例：第一章爲概論，其後據内容設章，章下分節，爲研究考釋文字，其下分列考釋詞目。

二、本書所涉博物，分兩種類型：一曰"同物异名"，二曰"同名异物"。前者如"女墻"，隨從而來者有"女垣""女堞""女陴""城堞""城雉""陴堞"等，盡皆爲"女墻"的同物异名；後者如"衽"，其右上分別角標有阿拉伯數字，分別作"衽¹"（指衣襟）、"衽²"（指衣服胸前交領部分）、"衽³"（指衣服兩旁掩裳際處）、"衽⁴"（指衣袖）、"衽⁵"（指下裳）等，皆爲"衽"的同名异物。

三、各卷詞目分主條、次條、附條三種。次條、附條的詞頭字型較主條小，并用【　】括起。主條對其得名由來、産生年代、形制體貌、歷史演進做全面考釋，然後列舉古代文獻或實物爲證，并對疑難加以考辨，或列舉諸家之説；次條往往僅用作簡要交代，補主條不足，申説相佐；附條一般衹用作説明，格式如即"××"、同"××"、通"××"、"××"之單稱、"××"之省稱，等等。

四、各卷名物，或見諸文獻記載，或見諸傳世實物，循名責實，依物稽名，於其本稱、別稱、單稱、省稱，務求詳備，代稱、雅稱、謔稱、俗稱、譯稱，旁搜博采。因中華博物的形成、演化有自身規律，實難做人爲的斷代分割。如"朝制"之類名物，隨同帝王的興起而興起，隨同帝王的消亡而消亡，因而其下限達於辛亥革命；"禮俗"之類名物起源於上古，其流緒直達今世；而"冠服"之類名物，有的則起源甚晚，如"中山裝"之類。故各卷收詞時限一般上起史前，下迄清末民初，有的則可達現當代。

　　五、各卷考釋條目中的文獻書證一般以時代先後爲序；關乎名物之最早的書證，或揭示其淵源成因之書證，尤爲本書所重，必多方鈎索羅致；二十五史除却《史記》《漢書》外，其他諸史皆非同朝人編纂，其書證行用時間則以書名所標時代爲準；引書以古籍爲主，探其語源，逐其流變，間或有近現代書證爲後起之語源者，亦予扼要采用。所引典籍文獻名按學術界的傳統標法。如《詩》不作《詩經》，《書》不作《尚書》，《説文》不作《説文解字》等；若作者自家行文爲了强調或區别於他書，亦可稱《詩經》《尚書》《説文解字》等。文獻卷次用中文小寫數字：不用"千""百""十"，如卷三三一，不作卷三百三十一；"十"作○，如卷四○，不作卷四十。

　　六、本書使用繁體字。根據 1992 年 7 月 7 日新聞出版署、國家語言文字工作委員會發布的《出版物漢字使用規定》第七條第三款、2001 年 1 月 1 日施行的《中華人民共和國通用語言文字法》第二章第十七條第五款之規定，本書作爲大量引徵古籍文獻的考釋性學術專著，既重視博物的源流演變，又重視對同物異名、同名異物的考辨，故所有考釋條目之詞頭及文獻引文，保留典籍原有用字，包括异體字，除明顯錯别字（必要時括注正字訂誤）之外，一仍其舊。其中作者自家釋文，則用正體，不用异體，但關涉次條、附條等异體字詞頭等，仍予保留。繁體字、异體字的確定，以《規範字與繁體字、异體字對照表》（國發〔2013〕23 號附件一）及《通用規範漢字字典》爲依據。

　　七、行文叙述中的數字一律采用漢字小寫，但標示公元紀年及現代度量衡單位時，用阿拉伯數字。如"三十六計"，不作"36 計"；"36 米"，不作"三十六米"。

　　八、各卷對所收考釋詞條設音序索引，附於卷末，以便檢索。

目　録

序　言

　　《中華博物通考》（下稱《通考》）是一部通代史論性的華夏物態文化專著，係
"十四五"國家重點出版物出版專項規劃項目，并得到 2020 年度國家出版基金資助。全書
共三十六卷，另有附錄一卷，達三千萬字，《紡織卷》即其中的一卷。

　　"紡織"通常作爲紡紗與織布的總稱。本卷指稱的"紡織"，包括紡紗、織布所需材料
（包括皮草）、成品、色彩、紋樣、所用機器及相關的各種機構、場所等。呈現在讀者面前
的是豐富多彩的全幅紡織畫卷。

　　"紡織"一詞，先秦典籍中即已見。《墨子·辭過》中已有"女子廢其紡織而修文采，
故民寒"之語，其含義難以概括本卷指稱的"紡織"的全部内容，本卷祇是取"紡紗、織
布"之代表性而已。此乃中國著述史中的傳統命題方式，同《通考》中的《冠服卷》《雕
繪卷》類似，"冠服"中尚包括鞋襪，"雕繪"中尚包括書法，等等。本卷依遵《通考》體
例，亦甚重對本命題中的名物進行考釋。物源與名源并重，同時力求理清"名""物"關
係及其演進變化之規律。"物"之考釋，以傳世或出土之實物爲據，且必經逐一論證，遵
循近世考古學之章法。在這方面，有些是專題性的前人未見或少有探索者。有些則是慣用
常見而往往被忽略者。如作爲織機美稱的"鴛鴦機"，20 世紀 80 年代之前，國内外辭書
盡皆失載，唯有權威辭書《漢語大詞典》予以收錄，認定其詞源出自宋蘇軾《鵲橋仙·七
夕和蘇堅》詞："與君各賦一篇詩，留織女鴛鴦機上。"其後又補充釋義曰："又省作'鴛

機'。唐上官儀《八咏應制》之二：'且學鳥聲調鳳管，方移花影入鴛機。'"不過這一補充釋義令人產生明顯的疑惑：作爲"鴛鴦機"省稱的"鴛機"，何以早於"鴛鴦機"？本卷作者解決了這一難題，明確指出南朝梁陸瓊古歌辭《長相思》中已出現了"鴛鴦機"一詞："長相思，久別離，一罷鴛鴦機聲絕。"與唐上官儀同時的則有宋之問的《明河篇》詩："鴛鴦機上疎螢度，烏雀橋邊一雁飛。"再如，"織布機"古稱"布機"，亦唯有《漢語大詞典》收錄，認定其詞源首見於元王禎《農書》卷二二，實則宋代早已出現"布機"一詞。陸游《宿村舍》詩："土榻圍爐豆稭暖，篿簾當户布機鳴。"又如，"綢子"一詞，《漢語大詞典》與《現代漢語詞典》皆收錄，唯祇有簡要釋文："薄而軟的絲織品。"前者認定"綢子"一詞爲現代漢語，并選取現代作家老舍《駱駝祥子》、周而復《上海的早晨》第一部中的"布機"一詞爲書證。本卷不因循成說，遍查中華典籍，也擇定了兩條書證。其一，宋王溥《五代會要・雜錄》："絲綿紬子，每一百兩納耗一兩，其諸色匹緞，並無加耗。"其二，明朱橚《普濟方・痔漏門》："次用綿紬子蘸藥成餅子，如膏藥相似。"此處的"紬子"爲今"綢子"的异形詞，自宋代以還非常通行。故據以上可知，對於紡織類事物國內外辭書溯未及源者，絕非偶一見之，在此不複舉證。

　　本卷取材豐厚，立目精審。如，第四章《麻、毛、棉織物説》之第二節"毛織物、毛皮考"，開篇即以現代考古成果爲依據，次第展開闡釋，即早在新石器時代，我國新疆、陝西、甘肅諸地，手工毛織生產已萌芽。陝西半坡遺址出土的大量骨器、彩陶花紋形象及部分動物遺骨可證，約公元前 3000 年，半坡人已會馴養羊；通過新疆羅布淖爾地區出土的紡錘、紡輪之類的生產工具，及皮毛織品、遺物可斷定，約公元前 3000 年，已將羊毛用於編織。其後再以《詩・豳風・七月》中"無衣無褐，何以卒歲"一句爲證指出，"褐"是一種粗製的灰暗色毛織品，多用於製作貧民的服裝和氈毯，與權貴之精細彩色織品相對而言。此時之毛織品已有顯著不同的種類，製作技藝亦甚爲精湛。如是考釋，逐代展開，自先秦兩漢，直達明清。第五章之第三節"色紋剪裁考"，尤爲精彩。其所指稱的"色紋"，指紡織物的色彩與紋樣。當今學術專著與辭書編纂中少有全面而精細的織物色彩研究，本考則以現代考古與歷代典籍爲據，爲讀者提供了另一種"色紋"文化圖卷。自新舊石器時代，直抵明清。有史前原始人可愛質樸的"色紋"，也有史後天子的"十二章紋"，王后貴婦的"六服"，普通百姓的豹紋、虎紋、梅花、柳枝、卍字紋、一炷香等，又旁涉印染、刺綉等相關技術，可謂星月互輝，相得益彰。

　　本卷的編纂頗費周折。序者曾委托劉景耀教授負此重任，以鼎成其事，因劉教授爲青年學子時，即酷愛訓詁之學，并得名師指津，二十年多前曾參與序者主編的《中國古代名物大典》，任《紡績卷》副主編；《大典》面世後，旋即投入《通考》的編纂。由於劉教授身兼部門領導，事務倥傯，致使此卷的編纂一度中斷；幸得山東大學博士孫雅芬、周曉東諸君先後相助，此卷始得交稿。此稿所引古籍，多失查考，且滿紙“佚文”，有如斷碑殘簡，令人氣短。所謂“佚文”，乃本卷中的古奧字、冷僻字，多爲手書，由排版者臨場補造，出樣後或造型不確，或失造而未標出所致。這些“佚文”須再據古籍或金甲原文重新補出，祇得逐一覈查；原稿未盡功力之處，又須疏理語詞源流，理清名物關係。賴孫雅芬、周曉東諸君不辭煩勞，多有補正。此稿交付出版方之後，發現仍有諸多失誤，必須退改，而劉教授因在京另有要職，未再接稿。出於無奈，祇得另請山東社會科學院李峻嶺博士主其事。李博士於百忙中接稿，另行編撰，對原稿之殘缺及其考釋文字或予補正，或予改寫。如原稿“歷代珍綉”“八方名綉”等條目，盡予廢止，又增《染、整諸說》，稿件面貌一新。但因倉促成章，條目考釋尚欠周嚴，主副條關係有些雜亂，體例又欠熟稔，出版方祇得再度退稿。其後序者又做了一次大規模的修改補正。此卷工作之繁難超乎想象，未知如此之著述，幾人樂於閱讀？何人樂於典藏？順作自嘲詩云：“久知儒冠多誤身，祇嘆窮達半在天。長笑卅載耕故紙，老病半世度餘年。”

　　鞭炮聲中迎奔馬，自閉書齋成此序。

張述錚

太歲閼逢敦牂端月朔日夜初稿於山東師範大學映月亭
太歲玄黓攝提格桐月中浣定稿於歷下龍泉山莊東籬齋

第一章　概　論

通　説

　　紡織作爲一門歷史悠久的生產技術，幾乎與農業同時出現，并在很長的時期裏作爲農業的副業而存在。紡織可分爲狹義、廣義兩類：狹義的紡織指原料、工具、紡織及相應的產品之類；廣義的紡織則包括原材料加工、繅絲、染、整以及化學纖維生產等。

　　本卷的重在對紡織中的名物源流進行探索。

　　何謂"紡織"？即紡紗、紡綫與織布帛之類的總稱。紡織與人們的生活息息相關，大到國家的生產建設，小到個人的衣食住行，都與紡織行業密不可分。這一實際情形，從我國古老的象形文字中即可見一斑。據統計，在殷商甲骨文中，"糸"旁的字有一百多個；漢代許慎的《説文解字》中收有"糸"旁的字二百六十七個，"巾"旁的字七十五個，"衣"旁的字一百二十多個。這些漢字所表達的意義或多或少都與紡織業有關。（見陳維稷主編《中國紡織科學技術史》，科學出版社 1984 年版，第 1 頁）而現代漢語中起源與紡織有關的辭彙，如"組織""綜合""紕漏""編制"等更是數不勝數。由此可見，紡織在人們的生產和生活中具有重要意義。

我國的紡織業歷史悠久，按照對機械的使用程度，可將紡織行業的發展分爲五個大的階段，茲分述如下。

第一階段，是原始手工紡織時期，也是我國紡織業的萌芽期。大致時間範圍是夏朝之前的原始社會時期，尤其是新石器文化時代。此時先民已經從采集野生織物纖維，發展到種植麻葛、養蠶取絲、養畜取毛的階段，而在紡織的過程中人們也開始懂得使用簡單的工具，如紡輪、紡錘、打緯刀等。這一時期的生產主力軍是芸芸衆生。

第二階段，是手工機械紡織形成時期。大致時間範圍爲夏朝至戰國。此一時期，原材料的品種、品質都有很大的提升，簡單的組合工具逐漸演變成具有傳動裝置的機械裝置，繰車、紡車、織機相繼出現。先民一方面作爲機械裝置的開發源、動力源，另一方面仍在從事生產操作，因而生產效率大爲提高。此時期的絲織業因爲強勁的社會需求，而有了長足的發展，不僅色彩多樣化，織紋變化與組織也空前提高，幾乎與後世相同。有些織品已經十分精美，開始成爲可以用於交換的商品。這一時期的生產主力軍，除却芸芸衆生之外，宮室與權貴開始介入其中。

第三階段，是手工機械紡織普及和完善時期。大致時間爲從秦漢到宋代。隨着人們審美水平的提高，手工紡織機械越來越完善，織出的織物越來越精美；小型家用紡織機械逐漸普及，幾乎家家户户都有用於生產的紡織機械。此時期手工紡織機械逐漸發展，如織機從手搖式發展爲更省力的脚踏式，生產效率不斷提高，織物品種更加繁複。這一時期的生產主力軍，同第二階段一樣，但朝廷權貴的介入漸漸增強。

第四階段，是機械動力紡織的萌生期。大致時間爲南宋至清末。南宋年間出現了中國第一臺大型動力機械——水力大紡車。此時期，部分地區出現了以水力或畜力爲動力源的多錠大紡車，使得生產集中化，極大提高了生產效率。紡織原材料自南宋開始也有了極大的變化。隨着棉花種植的普遍，葛和麻的種植及其織物所占比重逐漸減少，而棉紡織物逐漸成爲人民主要的衣着原料來源。到了明清時期，資本主義萌芽首先在紡織行業中出現。鴉片戰爭之後，隨同西方科技的傳入，中國的紡織工業如同其他行業一樣，處於一邊挣扎、一邊追隨之中。這一時期的生產主力軍，已爲外來入侵者及朝廷權貴。

第五階段，是機械動力紡織的全盛時期。始於中華民國建立，達於現當代。因這一時期今人多已熟知，本卷從略。

總而言之，我國古代的紡織業經歷了原材料從麻、葛、毛到絲、棉；織物成品從簡單粗糙到繁複精美；織造方式從手工到機械；生產模式爲由黎民百姓自給自足到官營、地主官員私營，或受帝國主義操控。紡織行業在我國的經濟生活中具有重要的地位，是我國最早產生資本主義萌芽的行業。

第一節　原始手工紡織時期

早在舊石器時代，我國的先民已經懂得利用野生的植物纖維和捕獲的動物皮毛，通過簡單的搓、績、編、織等工序製成繩、網或者簡陋的衣物，這便是紡織的萌芽。隨着農業和畜牧業的發展，到了新石器時代，不但紡織原料從野生的葛、麻轉變爲種植麻、羊毛和蠶絲縷，還出現了簡單的紡織工具。考古資料顯示，新石器時代先民的手工編製技術已經十分成熟。浙江餘姚河姆渡遺址發現了雙股麻縷，在出土的器皿上有蠶形裝飾紋，還出土了紡車和紡織零件。這説明，在距今七千多年前，先民們不僅掌握了用簡單工具織麻的技術，還懂得養蠶取絲的工藝。江蘇蘇州草鞋山遺址出土的野生葛織物殘片，距今六千多年，其花紋爲山形和菱形斜紋，是現存最早的紡織實物。河南鄭州青臺遺址出土的黏附在頭骨上的絲帛殘片，距今約五千五百年，是我國目前現存最早的絲織品實物，説明在當時已開始利用蠶絲織作；同時出土的還有苧麻和大麻織物殘片以及十餘枚紅陶紡輪。浙江吳興錢山漾遺址出土的距今約五千年前的絲織品殘片和部分苧麻殘片，其精細程度較之前有了很大的提高，説明當時的繅絲、合股、加捻等技術具有了一定的水準。

舊石器時代晚期，先民已經懂得簡單的染色技術。在山頂洞文化遺址中，發現了赤鐵礦粉末和用赤鐵礦粉末染成紅色的石珠、魚骨、獸牙等裝飾品。同時期出土的一些陶器上也繪有帶顏色的圖案。西安半坡遺址出土的陶器上已經有了紅、白、黑三種顏色，而河姆渡遺址中出土的一隻木質漆碗外壁上竟然塗着一層很薄的朱紅色塗料。原始社會的染料主要來源是天然礦石，需要將礦石研磨成細粉方可作爲染料使用。1927 年在山西夏縣西陰村發現的仰韶文化遺址中就有一個用來研磨的石臼，以及一個下端留有紅色染料的石杵，足見在當時這種研磨技術已經比較普及。

我國紡織技術起源於原始手工編織，大致有兩種：一是"平鋪式編織"，即將經綫平鋪，用骨針將緯綫內外相間地與經綫穿插；另一種是"吊挂式編織"，祇有經綫而無緯綫，即將經綫吊在轉動的木棍上，下墜重錘，編織時甩動重錘，令經綫相互交織，編出有不同紋路的帶子。這種純手工的編織方式效率非常低下，且成品密度極低，使用範圍狹窄。爲了提高生產效率，先民們不得不開始了機械紡織的探索之路，於是紡輪和原始腰機出現了。

紡輪和原始腰機的出現標志着我國紡織業開始從純手工向利用簡單工具邁進，同時也意味着生產效率的提升和產品品質的提高。我國現存最早的紡輪是陶製的，出土於中原地區的前仰韶文化遺址（距今約八千年）中。這些紡輪呈圓形或者近圓形，中有圓孔，製作簡單，說明當時的紡織還處於比較原始的狀態。在後來的仰韶文化和龍山文化遺址中多有紡輪出土，不僅數量增多，製作工藝也有了很大的提升，可見當時紡織業有了很大的發展。使用原始腰機織造，是我國新石器時代紡織技術上的重要成就之一。從河姆渡遺址出土的工具與草鞋山、錢山漾出土的織品來看編織技術的發展，在新石器時代早期（距今七千年前），我國已有了原始腰機。原始腰機主要的部件是兩根橫木，以人體爲支架，用帶將一根橫木縛在腰上以固定，另一根橫木則用腳掌撐開，使用者可以靈活地掌握兩根橫木之間的距離。將經綫纏在兩根橫木上，織造時，織工席地而坐，依靠兩腳的位置及腰脊來控制經絲的張力；通過分經棍把經綫分爲上下兩層，用杼子帶緯綫穿過之後，變動分經杆的位置來進行編織，并用打緯刀將緯綫壓實，不僅織出的產品緊密均勻，且生產效率有了極大的提高。在雲南石寨山遺址出土的漢代銅製貯貝器的蓋子上有一組紡織鑄像，生動地再現了當時的人們使用腰機織布的場景。

除了原始腰機，在新石器時代，還出現了類似編織織帶用的綜版式織機。綜版是上面打了幾個小孔呈正方形或者六角形的皮子。編織時，經綫的一端固定在樹上，穿過綜版上的小孔，另一端則固定在人腰上的捲布棍上，人通過來回扭動綜版形成梭口，緯綫穿過梭口後，用打緯刀將緯綫壓實，再反嚮轉動綜版，重複上面的動作。綜版織機適合於織造較窄的織物，如帶子。時至今日，我國西藏地區有些藏民還用此方法編織帶子。

紡輪的出現加快了紡織由純手工向機械工藝發展的步伐，而原始腰機和綜版式織機則使得先民更多地依賴工具的幫助，增加了成品的產量，從而告別了以樹葉、獸皮蔽體的蒙昧時期，進入了服用紡織品的文明時代。

第二節 手工機械紡織形成期

自夏代開始，大麻、苧麻和葛已成爲主要的植物纖維原料。夏代的出土文物中所見織物均爲麻織物，但絲織品在貴族中流行。《書·舜典》記載："修五禮、五玉、三帛、二生、一死贄。"帛，即絲織品。大約在舜的時期絲織品就開始被用於祭祀。《左傳·哀公七年》記載："禹合諸侯于塗山，執玉帛者萬國。"雖無具體的實物印證，但可以說明，絲織品至遲在夏代就已經成爲貴族的生活必需品。《管子·輕重》記載："昔者桀之時，女樂三萬人，端譟晨樂，聞於三衢，是無不服文綉衣裳者。伊尹以薄之游女工文綉纂組，一純得粟百鍾於桀之國。"伊尹曾經用有刺繡的絲織品與夏交換一百鍾粟。可見，夏朝末期，綉有花紋的絲織品不僅出現，而且因爲珍貴成了商品。

商代絲織品開始大量出現，這從殷商出土的甲骨文中可見一斑。商代的甲骨文中已經有桑、蠶、絲等象形文字，表明商代的養蠶業已經十分成熟，甚至出現了典蠶之官"女蠶"（羅振玉《殷墟書契後編》下二五），由女性擔當，專事指導蠶桑生產。同時，還有絲織品和大量的銅針、銅鑽及陶製紡墜出土。如河北石家莊市藁城區臺西遺址發現的黏附於青銅器上的絲織物，就包含平紋紈、皺紋縠、絞經羅、菱紋綺，等等；殷墟婦好墓銅器上黏附的絲織品有紗紈絹、硃砂染色帛、雙經、緯縑、迴紋綺等；河南安陽武官村大墓中的三件銅戈上面皆有絹帛的痕迹，有的"有極細絹紋"，有的"有布紋"（郭寶鈞《一九五〇年春殷墟發掘報告》）。殷商時期的文綉綢絹成爲貴族生活的日常用品。漢劉向《說苑·反質》記載殷紂王"錦綉被堂……非惟錦綉、絺、綌之用邪！"《帝王世紀》也說殷紂王時"婦女衣綾紈者三百餘人"。此兩則記述從某種程度上反映了商代絲織業的發達情形。考古發掘也證實了商朝的絲織業已進入品類繁多、精益求精的階段。商代的麻、葛織物，由於更具有廣泛性、大眾性，發達情況亦絲毫不遜於絲織物。北京平谷劉家河商代墓葬和河北石家莊市藁城區臺西商代遺址等出土的大量麻織物顯示，商代麻織的技術水準已達到一定的高度。

夏、商時期，中國新疆、陝西、甘肅等地區的手工毛紡織生產經歷了萌芽和發展的過程。新疆羅布泊西河遺址出土的女尸頭戴毛氈帽，身上裹着粗毛織斗篷，足蹬皮靴，可見距今三千八百年前，粗麻織物已經進入人們的生活。而距今三千兩百年的新疆哈密五堡遺址出土的毛織品則十分精美，有斜紋和平紋兩種組織，且在褐色地上以紅、藍、白三色毛緩織成方格紋。這是我國首次發現用色緩織成的毛方格彩殘片,足見當時哈密地區毛紡織染技術已達到一定水準。福建崇安武夷山船棺中發現了距今三千多年的紡織品殘片,其原材料爲大麻、苧麻、蠶絲和棉(木棉),也是我國現存最早的棉(木棉)布殘片。這説明我國閩越地區的先民在三千年前就已經掌握了麻、絲、棉(木棉)紡織生産的技術。

我國有文獻記載的養蠶業是從周代開始的。《詩·豳風·七月》:"蠶月條桑,取彼斧斨,以伐遠揚,猗彼女桑。"記載了勞動人民采桑的場景。周朝時,公侯王室都有自己的養蠶場所,稱爲"蠶室",爲王后或公侯夫人飼養桑蠶的場所,并在仲春之時有親蠶之禮,以祭祀蠶神。《周禮·天官·冢宰》:"中春,詔后帥外内命婦始蠶於北郊,以爲祭服。"《穀梁傳·桓公十四年》:"天子親耕以共粢盛,王后親蠶以共祭服。"周代對養蠶業開始有了國家規定。如《周禮·夏官·司馬》中載:"禁原蠶者。"因晚蠶費桑葉且産絲質差,所以禁止百姓飼養。至戰國晚期,儒學大師荀卿子在《蠶賦》中詳細描述了從家蠶變態、眠性、化性、生殖、性別、食性、生態、結繭到繅絲和製種的整個過程,這説明當時養蠶繅絲的技術已經比較成熟。

伴隨着養蠶繅絲技術的進步而來的是絲織業的發達。周代紡織開始規模化,國家對紡織從原料和染料的徵集,到紡織、織造、練漂、染色以至服裝的製造,都設有專門機構來管理。據《周禮》記載,周代在"天官"下設典婦功、典絲、典麻、内司服、縫人、染人等六個部門;"地官"下設掌葛、掌染草等部門,以掌管國家的手工紡織織造。紡織已經成爲社會生産的主要方式之一。《漢書·食貨志》對這一時期的民間紡織情況也做了描述:"冬,民既入,婦人同巷相從夜績。女工一月得四十五日。必相從者,所以省費燎火,同巧拙而合習俗也。"從官方到民間,紡織已經蔚然成風,成爲國民生産的重要組成部分。至戰國時期,絲織物已有絹、紗、紡、縠、縞、紈、羅、綺、錦等近十個品種,刺綉也已十分普遍。《周禮·春官·司服》所載周王的冕服有"希衣";古代"希"通"黹",鄭玄認爲黹衣是刺綉的服飾。當時齊魯之地所出的薄質羅紈綺縞和精美刺綉,被稱爲"齊紈魯縞",名聞全國。《戰國策·齊策》中田需對齊王説:"下宫糅羅紈、曳綺縠,而士不得以爲緣。"可以看出,齊國紡織手工業出品多而精。

絲織品和刺綉衹是貴族的日常用品,普通百姓穿着還是以麻、葛織物爲主。周代的時候漚麻煮葛的技術已經十分普及。《詩·周南·葛之覃》:"葛之覃兮,施於中谷,維葉莫莫。是刈是濩,爲絺爲綌,服之無斁。"絺,爲細葛布;綌,爲粗葛布。孔穎達疏曰:"於是刈取之，於是漚煮之。煮治已訖，后妃乃緝績之，爲絺爲綌。"又《詩·陳風·東門之池》："東門之池，可以漚麻。……東門之池，可以漚紵。……東門之池，可以漚菅。"菅，即白華。陸璣疏曰："菅似茅，而滑澤無毛。根下五寸中有白粉者，柔韌，宜爲索，漚及曝尤善也。"可見，當時除了麻、葛之外，菅草也是重要的紡織原料。此外，毛紡織品在周代也占有一定的比重。《詩·豳風·七月》中説："無衣無褐，何以卒歲？""褐"就是一種粗製的毛織品。值得注意的是，我國勞動人民當時不僅利用毛纖維織布，也掌握了毛纖維的縮絨性，有了成熟的製氈技術。《周禮·天官·掌皮》載："共其毳毛爲氈。"當時的製氈技術大概是勞動人民令毛鋪墊潮濕後擠壓引起縮絨而逐步發展起來的。製氈技術用現代技術術語來説是一種無紡織布技術。在這個意義上，氈是世界上最早出現的無紡織布。

周朝時，人們已經掌握了植物染色的技術，并且植物逐漸代替礦石成爲主要的織物染色原料來源。周王朝專門設置"染人"一職掌管絲、帛織品的染色（見《周禮·天官》）。《詩·小雅·采綠》描繪了勞動人民采集染草的場景："終朝采綠，不盈一匊……終朝采藍，不盈一襜。"此處之"綠"據朱熹解釋是指"王芻"，又名"藎"，是禾本科越年生植物，有黃色汁液，以銅鹽爲媒染劑可得鮮艷的綠色。"藍"，鄭玄注曰："藍，染草也。"屬蓼科，其葉可以提取靛青染料。靛青是一種品質很好的染料。除了藍草和藎草之外，當時主要的染色植物還有茜草（紅色染料）、紫草（紫色染料）、地黃、黃櫨（黃色染料）、皂斗（黑色植物染料）等，染色方法有塗染、揉染、浸染、媒染、套染等。人們還掌握了使用不同媒染劑，用同一染料染出不同色彩的技術。當時的染色主要有兩種工藝流程：一種是染絲，先染後織，主要用於絲織物的生產；一種是染帛，先織後染，主要是針對麻、葛織物，也是下層百姓的主要穿着來源。還有關於染色生產製成品的記載："綠兮衣兮，綠衣黃裏。"（《詩·邶風·綠衣》）可見早在三千多年前，我國的染色工藝已經十分普及。

春秋戰國時期，在原始腰機的基礎上，增加了軸、支架、綜框、轆轤和踏板，形成了腳踏提綜的斜織機。《詩·小雅·大東》中有"杼柚其空"，朱熹《詩集傳》解釋説："杼，持緯者也；柚，受經者也。"杼是梭子，柚是持經綫的軸。軸的出現是織機結構上的一大進步。有了機軸之後，經綫的拉長強度可以固定，因而織出的布匹經紗平整均匀。經綫的長短可以調節，紡織的統一標準纔有可能出現。戰國時期，織機上出現了"躡"，即腳踏板，使得織機綜片由手工提綜變爲腳踏的升降運動，極大提高了織布的效率。同時，織工的雙手被解放出來，用於引緯和打緯，從而促進了引緯和打緯工具的革新。杼、軸、綜、支架、躡等構件的出現，標志着我國織造技術已從原始的織作工具階段發展到了完整的織機階段（見陳維稷主編《中國紡織科學技術史》，第 58 頁）。

由於紡織業的發達，爲了統一管理，周代規定布、葛、帛的標準幅寬爲二尺二，合今 0.5 米，匹長四丈，合今 9 米；每匹織物正好可以裁一件上衣下裳相連的深衣，不合乎規定的織物不得出售。這是世界上最早的紡織標準。

第三節　手工機械紡織發展期

自秦漢至清末，我國的手工機械紡織經歷了從全面發展到繁榮昌盛的過程。由於生產技術的提高，織物的種類和花色不斷推陳出新，出現了很多具有極高藝術價值的傳世名作，如唐代的唐卡和宋代的緙絲，已經到了令人嘆爲觀止的水準。秦漢至隋唐是我國紡織生產技術的全面發展時期，此一時期織染工藝和紡織機械的水平不斷提高和完善，平紋、斜紋、緞紋三種機織物的基礎原組織全部出現，爲此後織物花紋的多樣化和複雜化奠定了基礎。我國的紡織技術和養蠶繅絲技術開始通過絲綢之路和海上交通向西亞、日本、東南亞和阿拉伯地區輸出。南宋時，水力大紡車的出現，標志着利用自然動力的紡織機械開始出現；棉花在内地開始廣泛種植，棉織物開始普及并慢慢取代了麻織物，成爲普通百姓的主要服裝織物。紡織工藝和產品開始有了藝術性和實用性相分的趨勢，出現了緙絲、織絨、織金等具有藝術價值的織物和毛青布、紫花布等大衆化的產品同時盛行的局面。明清時，我國的手工機械紡織達到全盛時期，與紡織業有關的作坊規模可觀，產量也達到了前所未有的水準。到了清末，由於紡織機器的大量應用，手工紡織技術漸漸退出歷史舞臺。

一、手工機械紡織的全面發展時期

長期以來，紡織品作爲農業的副業，不僅要滿足自用，也用於官府收繳稅收，還可以用作商品來交換。因而，古代"男耕女織"的小農經濟結構中，紡織占有很重要的比重。同時，國家對紡織業的管理也從未放鬆。秦統一全國後，朝廷設有染色司，從事織物的練染生產。隨着生產力的發展，絲織品除了絕大部分由貴族享用外，百姓中的有錢人也可以服用絹製的白袍，開始出現用絲綢產品與西北少數民族進行交易的情況。《史記·秦始皇本紀》載始皇三十二年（215）秦始皇巡游碣石，刻辭曰：“黎庶無猺，天下咸撫。男樂其疇，女修其業，事各有序，惠彼諸鄉，久並未田。”這在一定程度上反映了朝廷對男耕女織的封建經濟的提倡和保護。漢代的官、私營紡織手工業都很發達。西漢在京師長安設有東、西兩織室，俱屬少府。東漢遷都洛陽，仍有織室。漢代民間的紡織業也非常繁榮。私營手工作坊開始興起，一些作坊主由此積纍了巨額財富。《漢書·張安世傳》載：“安世……身衣弋綈，夫人自紡績，家童七百人，皆有手技作事，内治産業，累積纖微，是以能殖其貨。”張安世有家僮七百人，皆有手藝，由張安世的夫人管束，製成紡織品出售，由此可知當時私營手工業紡織作坊之興盛。

漢末至三國時，紡織品仍舊是朝廷徵稅的重要組成部分。建安九年（204），曹操克袁紹，令“户出絹二匹，綿二斤，他不得擅興發”（《三國志·魏書·趙儼傳》）。晋左思《魏都賦》也記載了當時絲織業之盛：“錦綉襄邑、羅綺朝歌，綿纊房子，縑總清河，若此之屬，繁實夥够。”這一時期，蜀錦名聞全國，以精麗著稱，《蜀都賦》贊美蜀錦“貝錦斐成，濯色江波”。《文選》李善注引三國蜀譙周《益州志》説：“成都織錦既成，濯於江水。其文分明，勝於初成。他水濯之，不如江水。”足見蜀錦之精麗。據《太平御覽》卷八一五引南朝宋山謙之《丹陽記》所載，當時：“江東歷代尚未有錦，而成都獨稱妙。故三國時魏則市於蜀，而吴亦資西道。”蜀錦在魏、吴兩國大受歡迎，一方面説明當時蜀錦名聞全國、暢銷各地，另一方面説明當時蜀錦的産量很大。兩晋以來，北方人南徙者很多，北方人喜服羅紈綺縠等絲織物，桑蠶業也隨之南移，較東漢後期有了進步。南朝各朝都置有少府，諸治均劃歸少府掌管，少府下設平準掌織染，擴充官營紡織手工業，大力生産絲織品。當時丹陽有鬥場錦署，是官設錦署，專爲王廷織作衣物。南朝紡織手工業發展迅速，宋時已“絲綿布帛之饒，覆衣天下”（《宋書·孔季恭傳》）。當時繰絲技術提高也很快，宋武帝時“廣州嘗獻入筒細布，一端八丈，帝惡其精麗勞人，即付有司彈太守，以布還之，並制嶺南禁作此布”（《南史·宋武帝紀》），足見當時織物之精巧華貴。北朝歷代也重視發展紡織手工業。北齊設有“中尚方，又別領別局、涇州絲局、雍州絲局、定州紬綾局四局丞……司染署又別領京坊、河東、信都三局丞”（《隋書·百官志中》），以專管織造工藝。當時北方紡織手工業的中心爲河北，紬綾局設在定州，所産絲織品非常精美，《北齊書·李元忠傳》載元忠“曾貢世宗蒲桃一盤，世宗報以百練縑”。蒲桃在當時爲珍品，百練縑爲不可多得的精美織物。

　　隋代紡織工藝技術精良，遠勝前代。《隋書·何稠傳》載：“波斯嘗獻金綿錦袍，組織殊麗，上命稠爲之，稠錦既成，逾所獻者。”足見技術之先進。夾纈印花染法在隋代受到統治階級的喜愛，“大業中，煬帝製五色夾纈花羅裙，以賜宮人及百僚母、妻”（《中華古今注》卷中“裙襯”條）。到唐代中葉以後，夾纈染法逐漸流行於全國。唐朝官營手工業有着整套嚴密的組織系統，作坊規模相當龐大。中央的少府監下轄織染署，分工精細複雜，包括二十五作：“織紝之作有十（布、絹、絁、紗、綾、羅、錦、綺、繝、褐），組綬之作有五（組、綬、縧、繩、纓），紬綫之作有四（紬、綫、絃、網），練染之作有六（青、絳、黄、白、皂、紫）。”（《唐六典》卷二二）據傳世之唐人張萱的《搗練圖》，已可見當時分工之細密嚴格。而民間紡織手工業作坊規模亦日益盛大，“定州何明遠，大富，主官中三驛，每於驛邊起店停商……家有綾機五百張”（《太平廣記》卷二四三“何明遠”條引唐張鷟《朝野僉載》），是前代少見的紡織業大作坊主。唐代紡織品名目繁多，《新唐書·地理志》載江南東道所貢絲織品名色：潤州有衫羅、水紋綾、方紋綾、魚口綾、綉葉綾、花紋綾；常州有綢絹、紅紫綿巾、紫紗；湖州有御服烏眼綾；蘇州有八蠶絲、緋綾；杭州有白編綾、緋綾；睦州有文綾、交梭綾、十樣花紋綾、輕容生縠、花紗、吳絹；明州有吳綾、交梭綾。如此複雜的絲織品色，足知當時紡織業之興盛。唐代的紡織工藝技術達到成熟階段，提花機有了很大改進，構造漸趨複雜，能織造出雙面錦。1973 年新疆吐魯番阿斯塔那 206 號唐墓出土女舞俑的一件短衫就是雙面錦剪裁而成的。可見，至少在唐武則天垂拱至載初年，我國就已能織造雙面錦。五代十國時期，南方絲織業逐漸超越北方。南唐代吳以後，獎勵桑蠶，絲織品數量大增。宋范坰等《吳越備史》卷四載：“忠懿入貢……錦綺二十八萬餘匹，色絹七十九萬七千匹。”這一時期綉品已大量用金，且捻金技術達到很高水準。内蒙古赤峰遼駙馬墓（五代時）中出土的織金棉、提花紗、平金鳥紋殘片就是很好的證明。

　　秦漢至隋唐時期，麻、葛仍舊與絲一樣是重要的紡織原料，長沙馬王堆一號漢墓出土的織物中就有大麻布、苧麻布。魏晋南北朝時期，由於戰爭頻繁，當時軍隊服裝的主要來源就是麻織物，因而政府對此很重視。據《魏書·食貨志》記載，北魏孝文帝時期，曾經令全國約四十個郡縣以大麻布充稅。到了隋唐時期，大麻與苧麻的種植已經基本覆蓋了全國。宋元之後，由於棉花種植的普及，葛、麻布逐漸被棉布取代。

　　紡織業的興盛仰賴紡織技術和紡織機械的發展和完善。秦漢時期，手搖紡車、手搖繖車已經完善并普及，脚踏紡車、脚踏繖車開始出現。1976 年山東臨沂金雀山西漢墓出土的帛畫上，一位婦女正在用手搖紡車紡綫，足見當時手搖紡車已經普及。此外，山東肥城孝堂山郭巨祠、山東嘉祥武梁祠、山東滕州宏道院、江蘇沛縣留城鎮和江蘇銅山洪樓出土的漢畫像石上的紡織圖中，有絡車、緯車、織機三種，圖中的織機構造雖簡單，但仍可看出當時的織機由竪機向平機發展的過渡樣式。漢代紡織工具開始增多，見於文獻的有維車（見《太平御覽》卷八二五引漢服虔《通俗文》），轅、絡車（見《太平御覽》八二五引漢揚雄《方言》），機杼（見《太平御覽》卷八二五引漢劉向《列女傳》）、棱（見《太平御覽》卷八二五引漢服虔《通俗文》）等。1974 年江蘇泗洪曹莊出土的東漢畫像石繪有脚踏紡車圖案，紡車的踏杆、輪輻都非常清晰，這說明，至遲到東漢時期，我國已經出現了脚踏紡車。東晋畫家顧愷之爲漢劉向《列女傳·魯寡陶嬰》所繪插圖（原圖已佚，但有歷代翻刻本可以參照）是我國現存最早見於文獻的脚踏紡車，可證晋代之前我國已經出現了三錠脚踏紡車，大大提高了紡綫的效率。三國時紡織技術較漢代有了很大進步。提花機被馬鈞優化，減少脚踏的躡，由五十、六十躡改成十二躡，省工省時，織出的織物花紋更精細。《三國志·魏書·方技傳》裴松之注：“時有扶風馬鈞，巧思絶世，傅玄序之曰：馬先生，天下之名巧也。……爲博士，居貧，乃思綾機之變。不言而世人知其巧矣。舊綾機五十綜者五十躡，六十綜者六十躡，先生患其喪功費日，乃皆易以十二躡。其奇文異變，因感而作者，猶自然之成形，陰陽之無窮，此輪扁之對不可以言言者，又焉可以言校也。”經過這次改進，減少了人力付出，提高了生産效率，極大地推動了紡織業的發展。

　　秦漢以來，印染技術取得重要進展，印花并用的敷彩印花和印染并用的藍白花布陸續出現，色譜繼續擴大。漢史游《急就篇》第二記載：“豹首落寞兔雙鶴，春草鷄翹鳧翁濯。鬱金半見緗白繳，縹綵綠紈卑紫硟。栗栗絹紺縉紅繎，青綺綾縠靡潤鮮。絲絡繖練素帛蟬，絳緹絓紬絲絮綿。”不僅描繪了當時紡織技藝之高超，也記載了織物的多種色彩。根據《說文》所羅列的紡織品色彩名詞和專用字來看，到了東漢時期，

江蘇銅山出土東漢紡織畫像磚

色譜已達三十九種（見陳維稷主編《中國紡織科學技術史》，第 250 頁）。練染工藝在漢代極爲發達。西漢時在未央宮設有"暴室"，專管掖庭織作練染（見《三輔黃圖》卷三）；東漢則設平準令，"掌知物賈，主練染作采色"（《續漢書・百官志》"平準令"注）。染料的種植規模也非常大。《史記・貨殖列傳》："千畝巵茜，千畝薑韭，此其人皆與千戸侯等。"裴駰集解引徐廣注："茜音倩，一名紅藍，其花染繒赤黃也。"對於"巵"字，注家沒有確解，推測爲"梔"字省文，梔子可用作黃色染料，所以"巵""茜"并稱。可見漢代染料以巵、茜爲大宗。張騫從西域帶回的紅花逐漸成爲染紅的主要原料，至魏晋時期已經廣泛種植使用。隋唐時期，官營練染作坊規模宏大，官營染色業更爲發達。據《唐六典》記載，其時已按青、絳、黃、白、皂、紫等色彩，專業分工生產。此一時期，茜草、紅花的提料工藝和染色技術傳到了日本。同時，黃色系、藍色系、綠色系、黑色等色彩的染練工藝也有很大的發展。

早在秦漢之前，我國已經有了型版印花技術，即將木板雕花或者鏤空，將塗料均勻塗抹，印在織物之上。纈類花色製品也開始發展。根據新疆民豐漢墓出土的蠟染花布、吐魯番阿斯塔那出土的絞纈綢，以及于田縣屋于來克遺址出土的藍白花布等文物，東漢時經蠟繪防染的蠟纈已較成熟。南北朝時期，各種藍地白花的花色織物已成爲民間日常服飾。唐代的紡織業發展迅猛，推動了印染業的進步。官營印染内部分工精細，有青、絳、黃、白、皂、

唐張萱《搗練圖》（局部）

紫六作，同時能染出各種絢麗的色彩。新疆吐魯番阿斯塔那出土的唐代絲織物有蘭、寶蘭、大紅、暗紅、綠、湖綠、茶綠、白、黃、金黃、淡黃、紫等顏色。尤其突出的是，夾纈印染廣泛傳播。據文獻記載，玄宗柳婕好之妹擅長夾纈，"玄宗柳婕好有才學，上甚重之。婕好妹適趙氏，性巧慧，因使工鏤板爲雜花，象之而爲夾結……因敕宮中依樣製之。當時甚秘，後漸出，遍於天下，乃爲至賤所服"（宋王讜《唐語林校正》卷四）。夾纈與絞纈、蠟纈并稱爲中國古老的"三纈"。1972 年新疆吐魯番阿斯塔那出土的"天青色敷金彩輕容"

和"褐地緑白雙色印花絹"是具有代表性的唐代印花織品。"天青色敷金彩輕容"即在已經染色的織物上用印版印上花紋,然後再進行繪畫和敷金的工作而成,這件織物集中了染色、印花、畫繪和敷金的製作工藝;"褐地緑白雙色印花絹"則使用了鏤空版套色印染。

自秦漢至隋唐,我國的紡織工藝從織造到印花整染得到了全面的發展,爲此後紡織業進入全盛時期打下了堅實的基礎。

二、我國手工紡織業的興盛時期

宋元到明清,我國的紡織工藝進入了全盛時期,出現了純粹觀賞性的工藝紡織品,其藝術水準達至鼎盛,刺綉也達到了很高的水準;許多織品使用了緙絲、刺綉、織金、織絨、繪畫等工藝,成爲後世難以超越的藝術品,如宋錦、沈綉等。此一時期海上交通發達,促進了商貿的發展和文化的交流。宋時日本人將我國的織造技術帶回國,日本的紡織業由此開始興盛;元時,我國的刻版印花技術傳入歐洲;明時,我國的彈棉花工藝傳入日本;清時,新疆地區所産的精美毛毯作爲工藝品輸往歐洲、印度等地。明清時期,歐洲的紗、布等紡織品和大量的紡織原料、染料也進入我國。

絲織品的藝術化是從宋代開始的,宋代絲織品紡織技藝的高超和花紋色彩的富麗繁多勝於前朝。福州南宋黃昇墓出土了很多質地極爲輕薄的絲織品,其中一件素紗襌衣的重量僅爲長沙馬王堆漢墓素紗襌衣的三分之一。以精美緙絲爲特色的宋錦也開始盛行,名聞天下。明張應文《清秘藏》卷下說:"宋之錦褾,則有克絲作樓閣者、克絲作龍水者、克絲作百花攢龍者、克絲作龍鳳者、紫寶階地者、紫大花者、五色簟文者……"此時的很多絲織品都集中了緙絲與刺綉兩種工藝,因而宋代的刺綉工藝也具有了很高的藝術水準。明張應文在《清秘藏》卷下中這樣評價宋綉:"宋人之綉,針綫細密,用絨止一二絲,用針如髮細者,爲之設色精妙,光彩射目。山水分遠近之趣,樓閣得深邃之體,人物具瞻眺生動之情,花鳥極綽約嚵之態。佳者較畫更勝。"此時的刺綉已使用當時的名畫爲粉本,成爲純觀賞性的藝術品。染纈在宋代仍舊盛行,姑蘇嘉定及安亭所出藥斑布"青白相間,有樓臺、人物、花鳥、詩詞各色充帳幔、衾帨之用"(《姑蘇志》卷一四),極具藝術性。當時染纈工藝和質量已有很大提高,産量也驚人。南宋時,婺州富豪唐仲友經營印花和染色作坊,"染造真紫色帛等物,動至數千匹"(宋朱熹《按唐仲友第三狀》)。

元代紡織手工業較前代又有了新的發展。錦名花紋多種多樣，見於文獻記載者："克線作樓閣、克絲作龍水、克絲作百花攢龍、克絲作龍鳳、紫寶階地、紫大花、五色簟文、紫小滴珠方勝鸞鵲、青緑簟文、紫鸞鵲、紫百花龍……棗花、鑒花、叠勝、白毛、迴文、白鷺花。"（明陶宗儀《南村輟耕録》卷二三）這一時期，新疆的織金綺紋工受到重視，《元史・鎮海傳》記載，怯烈台氏（鎮海）負責弘州（在今山西境内）織造局時，"得西域織金綺紋工三百餘户……皆分隸弘州，命鎮海世掌焉"。毛織品是元代貴族的生活必需品，故元代的毛紡織業較前代有新的發展，其時設有掌製氈工業的專門機構，《元史・百官志》記載，掌管製氈工業的有"剪毛花毯蠟布局"，"大都氈局……管人匠一百二十有五户"。元世祖中統三年（1262）又在和林設局製造毛織品，另外還有隆興氈局掌管製氈業。當時無花紋的叫剪毛氈、毛裁氈，有花紋的叫絨毛氈或稱羊毛氈，又叫毯。大同元墓出土的氈帽、氈靴質地細緻，保存完好，説明元代毛織業不但有着較高的工藝水準，而且産量很大。

明清兩代絲織品開始向着藝術性與實用性相結合的方嚮發展，許多服飾和日用品都兼具觀賞性和實用性。如定陵出土的明代帝王、帝后服裝皆十分精美，故宫博物院館藏的上萬匹明、清兩代帝王庫存的日常服飾用品，精美絶倫，每一件都具有極高的藝術價值。這些産品的出現標誌着這個時期紡織業品種組織的多樣化和工藝技術的高度成熟。明代蘇、杭、嘉、湖等地成了絲織業的中心。特别是蘇州，明初就設有織染局，并且有坐派、召實等名目，每年織造紵、絲、紗、羅、諸幣及帛"約三萬七千四百餘端"（《明史・食貨志六》）；杭州被稱爲"習以工巧，衣被天下"（《明史・方域志》）；嘉興"萬家烟火，民多織綢爲生"（《桐鄉縣志》卷一），"邇來（萬曆時）……機杼聲軋軋相聞，日出錦帛千計"（清金淮《濮川所聞記》卷四）；湖州"隆〔慶〕萬〔曆〕以來，機杼之家，相沿比業，巧變百出"（乾隆《湖州府志》卷四一引《雙林志》）。山西潞安府（今山西長治）爲北方的紡織中心，出産的潞綢名聞天下，明萬曆《潞安府志》有"潞綢緞遍宇内"的記載，清順治《潞安府志》也記有："〔潞安〕在昔（明代）殷盛時，其登機鳴杼者奚啻數千家。"明代絲織品的種類更趨繁多，當時已有了絲、紵、羅、綾、綢、錦等，而且每一種又分爲若干品種。以羅爲例，蘇州府有花羅、刀羅、河西羅、秋羅等（見《古今圖書集成・職方典・蘇州府部・物産考》）；泉州府有硬羅、軟羅等（見萬曆《泉州府志》卷二）。明代印染業也隨着紡織業的發展而興盛，染料作物的種植和染整工藝技術都有所發展。據明宋應星《天工

開物·乃服》記載，明代的服用色彩已有二十六種：大紅、蓮紅、桃紅、銀紅、水紅、木
紅、紫色、赭黃、鵝黃、金黃、茶褐、大紅官綠、豆綠、油綠、天青、葡萄青、蛋青、翠
藍、天藍、玄色、月白、草白、象牙色、藕褐、包頭青、毛青。而《天水冰山錄》所記載
的抄家嚴嵩所得紡織品中的色調多達五十七種（見陳維稷主編《中國紡織科學技術史》，
第 250 頁）。明代練染業的中心爲蕪湖和京口，松江練染業也極盛，“前明數百家布號，皆
在松江、楓涇、洙涇樂業，而染家、踹房、商賈悉從之”（清顧公燮《消夏閑記摘鈔》卷
中）。明代的毛紡織業集中在西北蘭州、西安等地。明宋應星《天工開物·乃服》載：“今
蘭州獨盛，故褐之細者皆出蘭州，一曰蘭絨。”

　　清時，在北京及江南絲織業發達地區江寧、蘇州、杭州等中心城市設立了官營的織造
衙門。民國朱啓鈐《絲繡筆記》記載，清時“織造在京內有內織染局，在外江寧、蘇州、
杭州有織造局，歲織內有緞匹，並製帛誥敕等件，各有定式。凡上用緞匹，內織染局及江
寧局織造，賞賜緞匹，蘇杭歲造”，可見規模之大，分工之細。同時，江寧出現了大型的
私營紡織業作坊，“至道光間遂有開五六百張機者”（光緒《續纂江寧府志》卷一五），“蘇
州、杭州已出現擁有千架織機的紡織工廠，江蘇鎮江的一家擁有千架紡織機的紡織工廠，
有工人四千人”（李洵《明清史》引巴爾《中國狀況》），其規模之龐大，令人驚嘆。清代
各地生產的絲織品，品名種類繁多，江寧盛產緞，“緞之類有頭號、二號、三號、八絲、
冒頭諸名”，其中最精美者“莫美於轞素，玄色爲上，天青次之”（清陳作霖《金陵物産風
土志》卷一五）。湖州絲織品出產衆多，聞名的有綢、綾、紗、縐。湖綢，“散絲而織者曰
水綢，紡絲而織者曰紡綢。水綢、紡綢，出菱湖者佳”；湖綾，“有二等，散絲織者，名紕
綾；合綾織者，名爲綫綾”；湖紗，“無花者曰紗，有花者曰葵紗，曰夾織紗出郡城內。又
有包頭紗，惟雙林一方人織之。無花而最白者曰銀條紗，有花者曰軟紗。又有花縐紗”；
湖縐，“亦有花有素，而素縐紗大行於時。又有縐紗手巾，雅俗共賞”（乾隆《湖州府志》
卷四一）。另外，西南地區苗、黎族人民還善織苗錦、黎錦。“苗錦大似苧布，巾帨尤佳，
其婦女衣緣領袖皆綴雜組藻彩雲霞，……謂之花練”；黎錦是“黎人取中國彩帛，拆取色
絲，和吉貝織之成錦”（清陸次雲《峒谿纖志》卷中）。清代，隨着紡織業的發展，直接
爲紡織業服務的染踹也迅速發展起來。康熙初，嘉善縣楓涇鎮以棉織聞名，而鎮上“多布
局，避中所有雇染匠研匠，……往來成群”（光緒《重修嘉善縣志》卷三五）。蘇州“踹坊
多至四百餘處，踹匠不下萬有餘人”（《清朝文獻通考》卷二三）。清代的染坊分工極細，

清褚華《木棉譜》載："各染諸色布匹，業有專精。"又："染工有藍坊，染天青、淡青、月下白；紅坊染大紅、露桃紅；漂坊染黃糙爲白；染色坊染黃、綠、黑、紫、古銅、水墨、血牙、駝絨、蝦青、佛面金等。"并能染出更加豐富的色彩。清李斗《揚州畫舫録 · 草河録上》載："如紅有淮安紅，本蘇州赤草所染，淮安湖嘴布肆專鬻此種，故得名。桃紅、銀紅、靠紅、粉紅、肉紅，即韶州退紅之屬。紫有大紫、玫瑰紫、茄花紫，即古之油紫、北紫之屬。白有漂白、月白。……此外如茹花、蘭花、栗色、絨色，其類不一。"據沈壽《雪宦綉譜》記載，清末印染工業技術和色譜更加擴展，可得配色已達七百零四色（見陳維稷主編《中國紡織科學技術史》，第 251 頁），足見當時染踹業之發達。

棉花代替麻、葛成爲重要的紡織原材料是宋元時期紡織業的一大特點。宋之前文獻所載之棉花，即產於我國南方的一種多年生的落葉喬木，稱爲木棉，其織物稱爲"斑布""吉貝"，也就是木棉（綿）布。1979 年福建崇安武夷山船棺中發現的棉布殘片，其原材料即爲木棉花，這是我國現存最早的棉（木棉）布殘片。而我們今天所見的棉花則來源於印度和阿拉伯，漢時傳入我國，唐之前在我國西域和河西走廊一帶種植，以其織成的布被稱爲"榻布""答布"或"白叠布"。宋元時期，棉花因"比之桑蠶，無采養之勞，有必收之效；埒之枲苧，免績緝之工，得禦寒之益，可謂不麻而布，不繭而絮"（元王禎《農書 · 木棉》）的優勢在全國得以普及，并取代流行了兩千年的大麻、苧麻成爲人們日常衣着的主要原料來源。元代的時候，我國植棉和棉紡織技術在長江流域和黃河流域廣泛傳播。當時的松江府是手工棉紡織業的中心，這與黃道婆的技術傳播有着直接的關係。她年輕時流落崖州（今海南省三亞崖州），從當地黎族人民那裏學會運用製棉工具的技能和織崖州被的方法。元成宗元貞年間她回到故鄉，在松江府烏泥涇教人製棉，傳授"做造捍彈紡織之具……其上折枝團鳳棋局字樣，粲然若寫"（明陶宗儀《南村輟耕録》卷二四），爲松江棉紡織業的繁榮奠定了基礎。

明朝時候，棉花已經成爲重要的紡織原料，棉布也納入朝廷稅賦。明丘濬《大學衍義補》卷二二載："至我朝其（木棉）種乃遍佈於天下，地無南北皆宜之，人無貧富皆賴之，其利視絲、枲蓋百倍焉。"巨大的經濟利益促使朝廷在全國範圍推廣棉花的種植，客觀上推動了棉紡織業的發展，許多棉紡織手工業中心也逐漸形成。自元以來，松江逐步發展成全國棉紡織專門地區，有"買不盡松江布，收不盡魏塘紗"之譽。明正德《松江府志 · 風俗》載："俗務紡織，他技不多，而精綾綾……要之，吾鄉所出，皆切實用，如綾、布二物，衣被天下，雖蘇杭不及也。"崇禎《松江府志·物產》載："其綾莫如布帛，松之布衣被海內。"其產品上貢官廷，下銷全國。松江還生產出一些名優產品，如尤墩布、眉織布、丁娘子布。丁娘子布乃是貢品，明文人陸容在《菽園雜記》中記載："嘗聞尚衣縫人云：'上近體衣，俱松江三梭布所製。'"嘉定也是棉紡織業中心，《古今圖書集成·職方典》載："太倉、嘉定……比閭以紡織爲業，機聲軋軋，子夜不休，貿易惟棉花布。"清代棉紡織生產技術更加精細。江蘇松江布知名全國，清葉夢珠《閱世編·食貨四》記載："吾邑（松江府）地產木棉，行於浙西諸郡，紡績成布，衣被天下。而民間賦稅，公私之費，亦賴以濟。"飛花、龍墩、眉織是松江特有的精細布，清康熙《松江府志·物產》："產邑中極細者爲飛花布，即丁娘子布。"葉夢珠《閱世編·食貨四》載，"松江之飛花、龍墩、眉織"，諸布皆有名。登州也成爲棉紡織的中心。據清順治《登州府志·風俗》載，登州地區，"紡織花布，以自衣被。窮鄉山陬，無問男婦爲之，其織作須織工。勤有餘布，亦兼鬻於鄉市，復有布賈販之城市"。當時河北棉紡織品之精美已能與松江匹敵，"產既富於東南，而其織紝之精美亦遂與松（江）娶匹"（《御題棉花圖》方觀承跋）。冀州種棉有紫花，故棉布"近有紫花布"（乾隆《冀州志》卷七）。

　　隨着紡織生產經驗的積纍，紡織生產工具也在不斷改進。宋時腳踏紡車、腳踏繰車逐步普及，大紡車開始出現。大紡車是我國手工紡織業生產工具發展過程中的一個突出進步，促進了當時手工紡織的發展。當時的農婦將絲、麻縷送到作坊加捻合綫，從而可以"不勞而畢"，節省了人力。所以，在宋元之際，這種大紡車在"中原麻布之鄉皆用之"。最初的大紡車由人力搖動，後來出現了以畜力和自然力爲原動力的大紡車。水力大紡車每天可以捻紗一百斤，極大地提高了生產效率。我國是世界上最早使用水力紡車的國家。棉紡織手工業中的紡車、織機早已開始應用，專門用於軋棉花的手搖攪車開始出現。元王禎《農書》卷二一曰："凡木棉雖多，今用此法，即去籽得棉，不致積滯。"可見，木棉攪車的出現，極大地提高了生產效率。此外，還有用以去除棉籽、彈鬆棉花的"彈弓"；用以將原棉捲成棉筒的"捲筵"（元王禎《農書》卷二一）。值得指出的是，元代的紡車與此前的紡車有所不同，"木棉紡車，其制比麻苧紡車頗小"，紡紗時，"夫輪動弦轉，莘維隨之。紡人左手握其棉筒，不過二三，績於莘捻，牽引漸長，右手均捻，俱成緊縷，就繞維上"（元王禎《農書》卷二一）。 明代紡織工具不斷改良，繰絲業中出現了由"一人執爨，二人專打絲頭，二人主繰"（《古今圖書集成·食貨典·蠶桑部》）的五人共作大繰車。花機在蘇州、杭州絲織業中已經廣泛使用，"凡花機通身度長一丈六尺，隆起花樓，中托衢盤，下垂衢脚，對花樓下，掘坑二尺許，以藏衢脚。提花小廝坐立花樓架木上，機末以的杠捲絲，中用疊助木兩枝直穿，二木約四尺長，其尖插於筘兩頭疊助"（明宋應星《天工開物·乃服》）。在棉織業中，出現了用四足木棉攪車軋花，比元代攪車"以一人當三人矣"（明徐光啓《農政全書》卷三五）生産效率大大提高。到了清代，紡織工具逐漸走向專業化，各紡織業發達的地區都擁有自己的工具生産作坊，并因爲産品具有獨特規格而深受紡織業的歡迎。如紡車以青浦金澤謝氏所産最爲著名，"紡車出金澤謝氏，輪著於柄，以繩竹爲之，旁夾兩板以受柄，底橫三板以爲鼻，鼻有鈎著錠子。左偏而昂，右平而狹，持其柄搖，則輪旋而紗自纏矣"，到光緒時，"謝氏此業，已百年矣"（光緒《青浦縣志》卷二）。錠子亦出金澤，"錠子以鐵爲之，其形似針而長，亦出金澤"（光緒《松江府續志》卷五）。布機以青浦黃渡徐氏所造著名，"布機出黃渡徐氏者，堅致而利用"（光緒《松江府續志》卷五）。江寧的織機製作極爲有名，清陳作霖《鳳麓小志》卷三載："織緞之機，名目百餘"，"其經有萬七千頭者"，說明江寧織機種類繁多，亦甚爲精巧複雜。

近代以來洋布、洋紗大量輸入，政府感到財源不保，白銀外流，認爲祇有購置機器，

織　機
（據明徐光啓《農政全書》繪）

設立布局，纔能保其利源，堵塞漏厄。李鴻章指出：“英國呢布入中國，每歲售銀三千數百萬，實爲耗財之大端。……亟宜購機器紡織，期漸收回利源。”（清李鴻章《朋僚函稿》卷一八）爲此，李鴻章積極籌建上海機器織布局，引進西方近代紡織技術和紡織機器，創辦了我國第一家官督商辦棉紡織企業。另外，民間紡織工業也大量興起。1872 年，華僑商人陳啓沅創辦繼昌隆繅絲廠，仿造法式雙捻直轄式絲車，取名“機汽大偈”。其基本特點是使用蒸汽鍋爐，把蒸汽通過蒸汽管輸送到各繅絲工作臺上蒸煮繭，大大提高了繅絲質量和產量。1876 年前後，奉賢縣程恒昌創建軋花廠，擁有軋花機器一百臺，柴油發動機五臺，工人二百二十四人，是我國最早的動力機器軋花廠。這表明至 1894 年甲午戰爭前後，我國以棉紡織工業爲主體的近代紡織工業已初具規模，形成了官辦、官督商辦、官商合辦和商辦并存的格局。因本文以闡述討論我國古代紡織業爲主，關於我國近現代的紡織業便不再一一贅述。

　　自秦漢至清末的手工紡織發展時期，是我國的紡織業從發展到興盛到慢慢衰落的時期，此一過程中，出現了很多令人驚嘆的紡織作品，充分展現了我國勞動人民的勤勞和智慧，也代表了我國古代紡織的最高水準。由於清末的閉關鎖國，我國的紡織業在工業技術革命的衝擊之下慢慢衰落，但我國古代紡織所取得的驚人成就及其在世界紡織史中的位置是無可替代的。

第二章　器物説

第一節　養蠶物考

　　我國養蠶繅絲技術起源於史前。傳説最早推廣育蠶技術的是黄帝的元妃嫘祖，但在漢代和漢代以前的文獻中并無此記載。《史記·五帝本紀》和稍早的《大戴禮記·帝繋篇》里雖然都提到黄帝元妃西陵氏女嫘祖，但没有説明她和發明育蠶有什麽關係。《後漢書·禮儀志上》李賢注引《漢舊儀》："祭蠶神曰菀窳婦人、寓氏公主，凡二神。"也没有提及西陵氏女。《隋書·禮儀志》始記南北朝後期的北周："後周制，皇后乘翠輅，率三妃……至蠶所，以一太牢親祭，進奠先蠶西陵氏神。"後南宋羅泌《路史》引北宋初年僞托的《淮南王蠶經》曰："西陵氏勸蠶稼，親蠶始此。"西漢時已有蠶壇，爲祭祀先蠶神的場所；傳説爲黄帝元妃西陵氏始造，後爲皇后及妃嬪祭祀先蠶神之壇。《後漢書·禮儀志》："祠先蠶，禮以少牢。""先蠶壇高一丈，方二丈，爲四出陛，陛廣五尺，在采桑壇之東南。"元王禎《農書》卷二二："先蠶壇。先蠶，猶先酒、先飯，祀其始造者。壇，築土爲祭所也。黄帝元妃西陵氏始蠶，即先蠶也。"《周禮·天官·内宰》記載"中春，詔后帥外内命婦始蠶于北郊，以爲祭服"，可證先秦時已有先蠶壇之迹象。

　　周代以農立國，自公劉起至古公亶父，凡十代，由豳地遷於岐山下之周原，致力於農桑，建有"公桑""蠶室"。公桑是天子、諸侯的桑田，蠶室即養蠶之所。蠶室又有公室與民室之別。國家之蠶室亦稱"繭館"（《漢書·元后傳》），民間蠶室則爲桑農養蠶之室。《禮記·祭義》："古者天子諸侯，必有公桑蠶室。"天子、諸侯的夫人在每年養蠶繰絲之前，還要舉行蠶繰的禮儀，以示提倡，蠶絲生產的重要性由此可知。《三輔黃圖》稱漢代上林有蠶館，爲皇后親蠶之地，亦稱"蠶宮"（漢蔡邕《漢交阯都尉胡府君夫人黃氏神誥》）、"簇室"（晋楊泉《蠶賦》）。此後，北齊時設置"蠶坊"（《文獻通考·郊社考》），宋時有"蠶所""繭觀"（《文獻通考·郊社考》），後有"蠶屋""蠶宅"（元王禎《農書》卷二〇）、"蠶房"（明徐光啓《農政全書》卷三一）、"繭室"（明宋應星《天工開物·乃服》）、"蠶舍"（《清史稿·禮志》）。祭先蠶之禮漸延至民間。

　　由於我國地域廣博且養蠶的歷史悠久，蠶的種類也極其繁多。最爲普遍的是一種家養的蠶，以食桑葉爲生，因而叫"桑蠶"；起源於我國，主要分布在温帶、亞熱帶和熱帶地區。還有一種常見的野蠶，因食柞葉而稱"柞蠶"，《後漢書·光武帝紀》有"野蠶成繭被山，民收其絮"的記載。根據蠶的孵化時間，可分爲"春蠶""夏蠶"。春蠶即春天孵化出來的蠶，亦稱"頭蠶"，所吐的絲品質爲上。夏秋第二次孵化出的蠶叫"夏蠶"，又叫"原蠶""二蠶""晚蠶"，所吐的絲品質遠不及春蠶，又頗廢桑葉。元《農桑輯要·蠶事預備》曾記晚蠶之害："晚蠶，遲老多病，費葉少絲，不惟晚却今年蠶，又損却來年桑。"清何琇《樵香小記·原蠶》也記載："原蠶絲惡，恐妨民用，此亦一理。"因而官府曾禁止百姓養夏蠶，《周禮·夏官》就有"禁原蠶者"之規，《淮南子·泰族訓》中亦説："原蠶一歲再收，非不利也，然而王法禁之者，爲其殘桑也。"蠶老熟之後，通體紅色，稱爲"紅蠶"，《康熙字典·蠶》解釋爲："蠶足於葉三俯三起，二十七日而蠶已老，則紅，故謂之紅蠶。"一般説來，蠶變紅之時就是要開始吐絲結繭了，意味着收穫時節即將到來，"盼得紅蠶齊上箔，更喜同功繭不薄"（清陳景鐘《繰絲曲》）。由於蠶在人民生活中有着重要的位置，因而被冠以很多美稱，如"華蠶"，宋樓璹《織圖·下蠶》詩："華蠶初破殼，落紙細於毛。"又有傳説中的"冰蠶"（《太平御覽·天部·霜》引晋王子年《拾遺記》）、"雪蠶"（明李時珍《本草綱目·蟲一》）、"金蠶"（《太平廣記·寶二·金》）、"天蠶"等説。剛孵化出的蠶，色黑而小，行似螞蟻，故稱"蠶蟻"。元王禎《農書》卷二〇："養蠶蟻時先辟東間。"也稱爲"蠶花"（清沈練《廣蠶桑説輯補》卷下）、"蟻蠶"。蠶的糞便，稱"蠶矢"或"蠶沙"，可入藥或做肥料。

養蠶不僅需要專業技術知識，還需要合適的工具設備。蠶室注重保溫，舊時有火倉，即蠶室火龕。元王禎《農書》卷二〇有《火倉》詩云："四壁已令得熟火，空龕挫壘如三星。"有"燒爐""擡爐"，元王禎《農書》卷二〇有《擡爐》詩云："誰創擡爐由智者，出入凉温蠶屋下。"供蠶吐絲的用具由於南北習俗的不同，有南北簇的差別。"蠶簇"亦稱"蠶山"，多用莊稼秆扎成山狀，故稱。元王禎《蠶簇》詩："北簇多露置，積叠仍憂風雨至。南簇俱在屋，施之蠶北良未足。"蠶簇由於形狀的不同又有不同的區分：有"橫簇"，橫長形的蠶簇；"馬頭長簇"，像馬頭一樣的橫長蠶簇；"圓簇"，頂如圓亭的蠶簇。育蠶、盛蠶的工具，南北有別，北箔南筐。"蠶箔"，亦稱"簿""璘籍"，多用葦子或竹篾編成。"蠶筐"，竹製，形似筐，故稱，形制有別，方形爲筐，圓形爲筥。切鍘桑葉的工具有"切刀""漫鍘""懶刀""桑夾"等。"切刀"即切桑葉之刀，元王禎《農書》卷二一："切刀，斷桑之刀也。""漫鍘"是一種切鍘刀具，用於切草、桑葉等，王禎《農書》卷二一："蠶漸大時用大刀，或用漫鍘。""懶刀"是一種切桑葉之刀，長三尺許，兩端有短木柄，長刀；因省時省力，切葉又多，故戲稱爲"懶刀"。"桑夾"是切桑葉用具，在木質板上仰置叉股，再順置一鍘刀而成，王禎《農書》卷二一："桑夾，挾桑具也。"

蠶

一種能吐絲結繭的昆蟲，有多個品種。多喜食桑葉。蠶絲爲絲綢的原料來源。《説文・蚰部》："蠶，任絲也。从蚰朁聲。"注曰："任絲蟲也。任俗譌作吐。……言惟此物能任此事。美之也。"我國養蠶歷史悠久，自周朝開始便有明確的記載。此稱先秦時期已行用。《書・禹貢》："桑土既蠶，是降丘宅土。"《詩・大雅・瞻卬》："婦無公事，休其蠶織。"《詩・豳風・七月》："蠶月條桑，取彼斧斨。"

桑蠶

亦稱"家蠶"。蠶的一種。家養蠶的品種，以桑葉爲主要食料，起源於中國，主要分布在溫帶、亞熱帶和熱帶地區。桑蠶絲爲我國絲綢織造主要的原料來源。此稱先秦時期已行用。《禮記・祭義》："古者天子諸侯，必有公桑蠶室。"漢焦延壽《易林》卷一〇："桑蠶不得，女功弗成。"晉干寶《搜神記》卷一四："言桑蠶者，是古蠶之餘類也。"晉常璩《華陽國志》："野蠶……體較家蠶短小，形質全同。"宋李復《野蠶》詩："明年家蠶黑蟻出，田中桑死蠶忍饑。"《元史・食貨志四》："六年，以濟南、益都、懷孟、德州、淄萊、博州、曹州、真定、順德、河間、濟州、東平、恩州、南京等處桑蠶災傷，量免絲料。"

【家蠶】

即桑蠶。此稱晋代已行用。見該文。

柞蠶

亦稱"野蠶"。蠶的一種。喜食柞葉，其繭可繅絲，主要用於織造柞絲綢。原產於山東，在我國分布廣泛。蛹可食用，可做藥材。此稱晋代已行用。《後漢書·光武帝紀》："野蠶成繭被山，民收其絮。"晋唐于濆《野蠶》詩："野蠶食青桑，吐絲亦成繭。無功及生人，何異偷飽暖。我願均爾絲，化爲寒者衣。"《太平御覽》卷八二五引晋郭義恭《廣志》："有柞蠶，食柞葉，可以作綿。"

【野蠶】

即柞蠶。此稱漢代已行用。見該文。

柘蠶

蠶的一種。以柘葉爲食的蠶。此稱南北朝時期已行用。北魏賈思勰《齊民要術·種桑柘》："永嘉有八輩蠶：蚖珍蠶、柘蠶……"明徐光啓《農政全書》引南朝宋鄭緝之《永嘉記》："永嘉有八輩蠶：蚖珍蠶。（三月績。）柘蠶。（四月初績。）"按，以上二則尤指八熟蠶中的二熟蠶。《周禮·冬官·弓人》："凡取幹三道七，柘爲上，檍次之……"注引宋寇宗奭《本草衍義》："柘木，裏有紋，亦可旋爲器，葉飼蠶，曰柘蠶。"元袁桷《舟中雜書》其四："春洲蘆雁少，曉戶柘蠶匀。"明李時珍《本草綱目·蟲一·蠶》："今之柘蠶與桑蠶並育。"明陶宗儀《説郛》卷一六〇上："有柘蠶，食柘而早繭。"

槲蠶

蠶的一種。以槲葉爲食。此稱明代已行用。清楊屾《豳風廣義》卷下："槲蠶始自明末，即今之織繭紬蠶也。此蠶本生於槲樹之上，古人未有知而養之者。至明洪武中，河南確山縣野蠶成繭，群臣表賀，始知有此蠶。"

椒蠶

蠶的一種。以椒樹葉爲食。此稱清代已行用。清王元綖《野蠶録》卷二："椒蠶生椒樹上，與樗蠶同；繭色赤，絲織爲綢，紫耀光滑，有椒香，能辟蠹，貴而難得。"

棘蠶

蠶的一種。此物先秦時已見，此稱清代已行用。清王元綖《野蠶録》卷二："棘蠶生棘上，與樗蠶同，枣樹上尤多。即《爾雅》所謂'棘繭'，解經者或以柘蠶當之，誤矣！"

樗蠶

亦稱"椿蠶"。蠶的一種。以臭椿葉爲食。織綢曰椿綢。此物先秦時期已見，此稱清代已行用。清邵晋涵《爾雅正義》："有食葉而成繭者與樗蠶、棘蠶同爲野蠶之屬。"《鄭板橋年譜·乾隆七年壬戌》："十一月，命山東將養椿蠶、柞蠶之法移咨各省，依法餵養以收蠶利。"清王元綖《野蠶録》卷二："樗蠶生樗樹上，長三寸許。初生黑色，稍長作米黃色，身生肉刺……繭褐色，細而長，不封口……《爾雅》所謂'樗繭'是也。按樗繭俗名椿繭，其實生樗樹上，樗俗名臭椿，故以椿繭爲名。"同書卷一："登萊舊有樗蠶、柞蠶雨種，惟樗蠶利微。"近代高昌隆《耻躬堂殘稿·遵義中尖》中解釋"樗繭"："樗蠶結的繭子。樗蠶以樗（臭椿）葉飼養。"

【椿蠶】

即樗蠶。此稱清代已行用。見該文。

蚖珍蠶

省稱"蚖珍"。八熟蠶的頭熟蠶，三月績。

此稱南北朝時期已行用。北魏賈思勰《齊民要術·種桑柘》："《永嘉記》曰永嘉有八輩蚕：蚖珍蠶、柘蠶、蚖蠶、愛珍、愛蠶、寒珍、四出蠶、寒蠶。凡蠶再熟者，前輩皆謂之珍。"原注："三月績。"又："蚖珍三月既績，出蛾，取卵；七八日便剖卵，蠶生，多養之，是爲蚖蠶。"

【蚖珍】

"蚖珍蠶"之省稱。此稱南北朝時期已行用。見該文。

蚖蠶

蚖珍蠶的二熟蠶，四月初績。此稱南北朝時期已行用。北魏賈思勰《齊民要術·種桑柘》："《永嘉記》曰：永嘉有八輩蠶：蚖珍蠶、柘蠶、蚖蠶、愛珍、愛蠶、寒珍、四出蠶、寒蠶。凡蠶再熟者，前輩皆謂之珍。"又："蚖珍三月既績，出蛾，取卵；七八日便剖卵，蠶生，多養之，是爲蚖蠶。"石聲漢注："'蚖'字可能是'原蠶'的'原'。《周禮》中的'原蠶'，正是多化蠶。"

愛珍

亦稱"愛子"。八熟蠶的四熟蠶，五月績，蚖珍卵所孵化。此稱南北朝時期已行用。北魏賈思勰《齊民要術·種桑柘》："《永嘉記》曰永嘉有八輩蠶：蚖珍蠶、柘蠶、蚖蠶、愛珍、愛蠶、寒珍、四出蠶、寒蠶。凡蠶再熟者，前輩皆謂之珍。"又："愛蠶者，故蚖蠶種也。蚖珍三月既績，出蛾，取卵；七八日便剖卵，蠶生，多養之，是爲蚖蠶。欲作'愛'者，取蚖珍之卵，藏內甖中。蓋覆器口，安硯泉、冷水中，使冷氣折其出勢。得三七日，然後剖生；養之，謂爲'愛珍'，亦呼'愛子'。績成繭，出蛾生卵。卵七日又剖成蠶，多養之，此則'愛蠶'也。"

【愛子】

即愛珍。此稱南北朝時期已行用。見該文。

愛蠶

八熟蠶的五熟蠶，愛珍卵所孵化。此稱南北朝時期已行用。北魏賈思勰《齊民要術·種桑柘》："《永嘉記》曰永嘉有八輩蠶：蚖珍蠶、柘蠶、蚖蠶、愛珍、愛蠶、寒珍、四出蠶、寒蠶。凡蠶再熟者，前輩皆謂之珍。"又："愛蠶者，故蚖蠶種也。蚖珍三月既績，出蛾，取卵；七八日便剖卵。蠶生，多養之，是爲蚖蠶。欲作愛者，取蚖珍之卵，藏內甖中。蓋覆器口，安硯泉、冷水中，使冷氣折其出勢。得三七日，然後剖生；養之，謂爲'愛珍'，亦呼'愛子'。績成繭，出蛾生卵。卵七日又剖成蠶，多養之，此則'愛蠶'也。"

山蠶

山上放養之蠶。此稱清代已行用。清張崧《山蠶譜》卷三："登萊山蠶，蓋自古有之。特前此未知飼養之法，任其自生自育於林谷之中，故多收輒以爲瑞。"清王士禛《池北偶談·談異五·水蠶》："吾鄉山蠶食椒、椿、槲、柘諸木葉而成繭，各從其名。"

春蠶

春天飼養的蠶。此稱南北朝時期已行用。宋郭茂倩《樂府詩集》卷四九載南北朝時期詩《作蠶絲》："春蠶不應老，晝夜常懷絲。"唐李商隱《無題》詩："春蠶到死絲方盡，蠟炬成灰淚始乾。"明劉基《春蠶》詩："可笑春蠶獨苦辛，爲誰成繭却焚身。不如無用蜘蛛網，網盡蜚蟲不畏人。"

【頭蠶】

即春蠶。此稱清代已行用。清曹寅《菜花

歌》："頭蠶繅絲二麥穗，油菜結子柔桑抽。"
《清史稿·邦交志·英吉利》："至頭蠶湖絲及綢
緞綾匹仍禁。"

原蠶

相對於春蠶，夏秋第二次孵化的蠶。主
要作爲中藥原料。此稱先秦時期已行用。《周
禮·夏官·馬質》："若有馬訟，則聽之，禁原蠶
者。"鄭玄注："原，再也。"漢劉安等《淮南
子·泰族訓》："原蠶一歲再收，非不利也。"明
李時珍《本草綱目·蟲部·原蠶》："雄原蠶蛾，
氣味鹹、温，有小毒。"清何琇《樵香小記·原
蠶》："原蠶絲惡，恐妨民用，此亦一理。"

【晚蠶】

即原蠶。此稱唐代已行用。唐杜牧《秋晚
懷茅山石涵村舍》詩："簾前白艾驚春燕，籠上
青桑待晚蠶。"《宋史·王昭素傳》："晚蠶薄利，
始及卒歲之資。"元《農桑輯要·蠶事預備·晚
蠶之害》："晚蠶，遲老多病，費葉少絲，不惟
晚却今年蠶，又損却來年桑。"

【夏蠶】

即原蠶。此稱宋代已行用。《埤雅·釋
蟲·蠶》："欲以護桑又以害馬故也，今蠶負馬
迹，亦其驗歟，里俗謂之夏蠶。"

【魏蠶】

即原蠶。亦稱"二蠶"。此稱漢代已行用。
明李時珍《本草綱目·蟲部·原蠶》："原蠶，
〔釋名〕：晚蠶（《日華》）、魏蠶（《方言》）。弘
景曰：原蠶是重養者，俗呼爲魏蠶。宗曰：原
者有原復敏速之義，此是第二番蠶也。時珍曰：
按，鄭玄注《周禮》云：原，再也。謂再養者。
郭璞注《方言》云：魏，細也。秦晉人所呼。
今轉爲二蠶是矣。"《魏書·高祖紀上》："〔承明

元平八月〕甲申，以長安二蠶多死，丐民歲賦
之半。"

【二蠶】

即魏蠶。此稱晋代已行用。見該文。

紅蠶

老熟的蠶，體呈紅色。此稱漢代已行用。
漢揚雄《太玄·將》："紅蠶緣於枯桑，其繭不
黃。"《康熙字典·蟲部》："蠶足於葉三俯三起，
二十七日而蠶已老，則紅，故謂之紅蠶。"清陳
景鐘《繅絲曲》："盼得紅蠶齊上箔，更喜同功
繭不薄。"

華蠶

色彩華麗的蠶。此稱宋代已行用。《太平
廣記·女仙》："忽有五色蛾集香草上，客收而
薦之以布，以布生華蠶焉。"宋樓璹《織圖·下
蠶》詩："華蠶初破殼，落紙細於毛。"清管筠
《小鷗波館豢華蠶飼以百花繭破化蝶飛去賦詩紀
之》："不望絡絲學天女，雙蛾珍重報華蠶。"

冰蠶

傳説中的一種蠶，也作爲蠶的美稱。此稱
晋代已行用。《太平御覽·天部·霜》引晋王子
年《拾遺記》曰："員嶠之山名環丘，有冰蠶，
以霜雪覆之，然後作繭，其色五采，織爲衣裳，
入水不濡，以投火，經宿不燎。"唐徐凝《員嶠
先生》詩："逢人借問陶唐主，欲進冰蠶五色
絲。"《西游記》第一二回："這袈裟是冰蠶造練
抽絲，巧匠翻騰爲綾。"

【雪蠶】

即冰蠶。此稱明代已行用。明李時珍《本
草綱目·蟲一·雪蠶》："按葉子奇《草木子》
云：雪蠶生陰山以北，及峨嵋山北，人謂之雪
蛆，二山積雪，歷世不消，其中生此，大如瓠，

味極甘美。"

【雪蛆】

即冰蠶。此稱明代已行用。明劉基《戲爲雪鷄篇寄詹同文》："上有雪蛆，大轂，長如轅。"《康熙字典・蟲部》："又雪蛆，陰山、峨眉二山，積雪不消，生蛆大如瓠，俗呼雪蛆。"

金蠶

傳說中的金色蠶。此稱宋代已行用。《太平廣記・寶二金下・軟玉鞭》："云其國有桑，枝幹盤屈，覆地而生。大者亦連延十數里，小者亦陰百畝。其上有蠶，可長四寸。其色金，其絲碧，亦謂之金蠶絲。"《康熙字典・蟲部》："又金蠶，屈如指環，食故緋帛錦，如蠶之食葉也。"又指黃金做的蠶，多用於殉葬。

天蠶

中國天蠶。分布於我國南嶺山脉，黑龍江、吉林二省少部分山間靠近江河湖澤林子裏的柞樹上。天蠶繭色爲綠色，經繅製後能保持綠色天然色澤，并具有獨特的光澤。織成絲綢色澤艷麗、美觀，是高級的絲織品。此稱清代已行用。清李調元《南越筆記》卷一三："《志》又載陽江出天蠶，其食必樟、楓葉。歲三月熟酸浸之，抽絲長七八尺，色如金，堅韌異常，以作蒲葵扇緣，名曰天蠶絲。"清全祖望《張新會惠葵扇》："天蠶之絲紉以精。"一指傳說中的"神蠶"。

僵蠶

家養的蠶感染了白僵菌以後死亡的尸體，因其爲白色，故名。可入藥，主要用於治療驚風抽搐、咽喉腫痛、頜下淋巴結炎、面神經麻痹、皮膚瘙癢等病症。此稱漢代已行用。《神農本草經・蟲魚部・白僵蠶》："《玉篇》作僵蠶，正當爲僵，舊作殭，非。"明李時珍《本草綱目・禽部・鷹》："用鷹屎二兩、僵蠶一兩半，共研爲末，蜜和傅。"清黃景仁《除夕述懷》："仍復驅我來，臥病同僵蠶。"

繭蠶

吐絲結繭之蠶。此稱唐代已行用。唐元稹《張舊蚊幬》："燭蛾焰中舞，繭蠶叢上織。"唐杜牧《句溪夏日送盧霈秀才歸王屋山將欲赴舉》詩："野店自紛箔，繭蠶初引絲。"

蠶衣

即蠶繭。此稱漢代已行用。《說文・系部》："繭，蠶衣也。"清段玉裁注："衣者，依也，蠶所依曰蠶衣。"又指古代皇后親蠶時所穿衣服。《後漢書・輿服志》："自二千石夫人以上至皇后，皆以蠶衣爲朝服。"後泛指絲綢做的衣服。《魏書・源懷傳》："量夫中夏粒食邑居之民、蠶衣儒步之士，荒表茹毛飲血之類、鳥宿禽居之徒，親校短長，因宜防制。"《新唐書・隱逸傳》："蠶衣耕食，不交當世，惟與韓法昭、宋之問爲方外友云。"

蠶蟻

剛孵化出的蠶，色黑而小，形似螞蟻。此稱宋代已行用。宋梅堯臣《依韵和許待制偶書》："深屋燕巢將欲補，密房蠶蟻尚憂寒。"宋徐照《春日曲》："中婦掃蠶蟻，挈籃桑葉間。"元王禎《農書》："養蠶蟻時，先辟東間一間。"

【蠶花】

即蠶蟻。有些地方指蠶繭，或者養蠶期間的裝飾性頭花，或者養蠶期間的一種産於浙江吳興的小蝦。此稱明代已行用。明謝肇淛《西吳枝乘》載："吳興以四月爲蠶月，……又有小蝦，亦以蠶時出，市民謂之蠶花，蠶熟則絕無矣。"清沈練《廣蠶桑説輯補》卷下："子之初出者名蠶花,亦名蟻,又名烏。"《中國歌謠資料·官員專欺湖州人》："百姓養蠶日夜做,蠶花收成七八分。"

【蟻蠶】

即蠶蟻。此稱明代已行用。明徐光啓《農政全書》卷三三："蠶筐,古盛幣帛竹器,今用育蠶,其名亦同,蓋形制相類,圓而稍長,淺而有緣,適可居蠶,蟻蠶及分居時用之,閣以竹架易於擡。"

蠶矢

蠶的糞便。"矢"通"屎"。此稱南北朝時期已行用。北魏賈思勰《齊民要術·種穀》:"三四日去附子,以汁和蠶矢、羊矢各等分撓之。"元《農桑輯要·耕墾·耕地》:"其美與蠶矢、熟糞同。"

【蠶沙】

即蠶矢。蠶的糞便,可入藥或做肥料。此稱元代已行用。元《農桑輯要·孳畜·牛水牛附》:"或用蠶沙、乾桑葉,水三桶浸之。"明李時珍《本草綱目·土部·伏龍肝》:"用伏龍肝半兩,阿膠、蠶沙炒各一兩,爲末。"明張岱《夜航船·方術部·方法》:"取蠶沙一石二升,用丁日就吉地埋,則蠶大熟。"

蠶子

蠶蛾産的卵。此稱唐代已行用。唐儲光羲《田家即事》:"高機猶織臥蠶子,下阪饑逢餉餼妻。"清林以寧《穀雨二》:"桑濃蠶子猶懸箔,日暖蜂乾早放衙。"又指剛孵化不久的幼蠶。宋陸游《湖村春興》:"稻陂正滿初投種,蠶子方生未忌人。"清屈大均《九張機》:"鮮花食盡難成繭,何如蠶子,雌雄食葉,三日即成蝶。"

蠶綿

絲綿。此稱唐代已行用。唐顧況《酬揚州白塔寺永上人》:"松枝當麈尾,柳絮替蠶綿。"《太平御覽》卷七八○:"《魏志》曰:'布麻蠶綿,飲食亦有俎豆。'"明區越《秋杪》:"落寞經秋盡,蠶綿未著衣。"

【蠶絮】

即蠶綿。此稱晉代已行用。《藝文類聚·產業部上》引晉崔豹《古今注》曰:"〔晉〕元帝永元四年,東萊郡東牟山,有野蠶爲繭,繭生蛾,蛾生卵,卵著石,收得萬餘石,民以爲蠶絮。"

蠶縷[2]

絲綫。此稱唐代已行用。唐李商隱《宮中曲》:"蠶縷茜香濃,正朝纏左臂。"宋陸游《下元日五更詣天慶觀寶林寺》:"素綃細織冰蠶縷,清寒不受人間暑。"元胡奎《蠶簇詞》:"願神佑蠶風日好,取繭倍多蠶縷長。"

蠶眠

蠶蛻皮前不動不食的狀態。一般家蠶六七日眠一次,經四眠蛻皮後即上簇結繭。此稱南北朝時期已行用。南北朝庾信《燕歌行》:"春分燕來能幾日,二月蠶眠不復久。"唐王維《渭川田家》:"雉雊麥苗秀,蠶眠桑葉稀。"元《農桑輯要·蠶事預備·生蟻》:"生蟻不齊,則其蠶眠起,至老俱不能齊也。"

蠶蛾

蠶的成蟲。有兩對翅膀,三對腳,遍體生白色鱗毛,雌雄觸角皆呈雙櫛狀,口器退化,不能攝食。此稱宋代已行用。宋呂南公《和次道村田歌》:"蠶蛾已撒明年卵,蠶婦乍閑嫌夜短。"明宋應星《天工開物·乃服·蠶種》:"蠶種凡蛹變蠶蛾，旬日破繭而出，雌雄均等。"明朱樸《扶杖》："楝花風過蠶蛾老，麥秀城深雉子斑。"

繭衣

蠶初作繭時在固定蠶繭位置所吐的散絲，繭衣鬆散凌亂，纖維細而脆弱，絲膠含量豐富，不宜繅製生絲，但可作爲絹紡原料。此稱宋代已行用。宋蘇轍《寄梅仙觀楊智遠道士》："繭衣肉食思慮短，文字滿前看不見。"宋樓璹《織圖二十四首·擇繭》："繭衣繞指柔，收拾擬何用。"明黃省曾《蠶經·繰拍》："繭衣，繭外之蒙戎，蠶初作繭而營者也。"也指絲綢做的衣服。

蠶室

古代王室飼蠶的宮館，後泛指養蠶的房屋。此稱先秦時期已行用。《禮記·祭義》："古者天子諸侯，必有公桑蠶室，近川而爲之，築宮仞有三尺，棘墻而外閉之。"唐孔穎達疏："'公桑蠶室'者，謂官家之桑於近而築養蠶之室。'近川而爲之'者，取其浴蠶種便也；'築宮仞有三尺，棘墻而外閉之'者，'築宮'謂築養蠶宮墻。七尺曰仞，言墻之七尺，又有三尺，高一丈也。……'棘墻'者，謂墻上置棘。'外閉'謂扇在户外閉也。"《後漢書·禮儀志上》："祠先蠶，禮以少牢。"唐李賢注引漢衛宏《漢舊儀》曰："春桑生而皇后（視）〔親〕桑於菀中，蠶室養蠶千薄以上。"北魏賈思勰《齊民要術·種桑柘》："崔寔曰：三月清明節，令蠶妾治蠶室，塗隙穴，具槌持箔籠。"《宋書·禮志一》："皇后采桑壇在蠶室西……皇后東面躬桑，采三條，諸妃公主各采五條，縣鄉君以下各采九條，悉以桑授蠶母，還蠶室。"元王禎《農書》卷二〇："蠶室……三宮之夫人，世婦之吉者，使入蠶室，奉種浴於川，桑於公桑，此公桑蠶室也。其民間蠶室，必選置蠶宅，負陰抱陽，地位平爽，正室爲上，南西爲次，東又次之。若室舊，則當净掃塵埃，預期泥補。若逼近臨時，墻壁濕潤，非所利也。夫締構之制，或草或瓦，須内外泥飾材木，以防火患。復要間架寬敞，可容槌箔。窗户虛明易辨，眠起，仍上於行梯，各置照窗，每臨蠶暮，以助高明。下就附地，列置風竇，令可啓閉，以除濕鬱。考之諸蠶書云：蠶室先辟東間養蟻，停眠前後，撤去西窗，宜遮西曬，尤忌西南風起，大傷蠶氣，可外置墻壁四五步以禦之。"

【繭室】

即蠶室。此稱宋代已行用。宋陸游《姜總管自築墓室名繭庵求詩》詩："君不見贅翁退隱真皇時，繭室遺名星日垂。"明宋應星《天工開物·乃服》："初上山時，火分雨略輕少，引他成緒，蠶戀火意，即時造繭，不復緣走。繭緒既成，即每盆加火半斤，吐出絲來，隨即乾燥，所以經久不壞也。其繭室不宜樓板遮蓋，下欲火而上欲風凉也。"

蠶宮

古代王室飼蠶的宮館。此稱漢代已行用。漢蔡邕《漢交趾都尉胡府君夫人黃氏神誥》："采柔桑於蠶宮，手三盆於繭館者，蓋三十年。"《後漢書·荀悅傳》："故在上者先豐人財以定其志，帝耕籍田，后桑蠶宮，國無游人，野無荒業。"唐李賢注："《禮記》曰：古者天子諸侯必有公桑蠶室，近川而爲之，宮仞有三尺也。"《隋書·禮儀志二》："蠶宮，方九十步，墻高一丈五尺，被以棘。其中起蠶室二十七口，別殿一區。"宋蘇轍《皇太后閣六首》:"蠶宮罷采擷,暴室獻朱黃。"

【蠶觀】

即蠶宮。此稱隋代已行用。《隋書·禮儀志二》:"置大殿七間,又立蠶觀。自是有其禮。"《隋書·禮儀志二》:"江左至宋孝武大明四年,始於臺城西白石里,爲西蠶設兆域,置大殿七間,又立蠶觀。"唐杜佑《通典·禮·先蠶》:"宋孝武大明四年,始於臺城西白石里爲蠶所,設兆域,置大殿,又立蠶觀。"

蠶坊

古代王室祭祀蠶神和養蠶房舍。北齊時設置。此稱南北朝時期已行用。《隋書·禮儀志二》:"後齊爲蠶坊於京城北之西,去皇宮十八里之外,方千步。"元馬端臨《文獻通考·郊社考二十》:"北齊爲蠶坊於京城北之西。去皇宮十八里外,有蠶宮方九十步,墻高一丈五尺,其中起蠶室二十七,別殿一區。置蠶宮令、丞,宦者爲之。"清傅澤洪《行水金鑑》卷六九:"小潤河出潁州蠶坊以東。"

蠶所

養蠶的地方。此稱隋代已行用。《隋書·禮儀志二》:"後周制,皇后乘翠輅,率三妃……至蠶所,以一太牢親祭,進奠先蠶西陵氏神。"唐杜佑《通典·禮六·先蠶》:"宋孝武大明四年,始於臺城西白石里爲蠶所,設兆域,置大殿,又立蠶觀。"元馬端臨《文獻通考·郊社考二十》:"宋孝武大明四年,始於臺城西白石里爲蠶所,設兆域,置大殿,又立蠶觀。"又:"後周制,皇后乘翠輅率六宮三妃、三妣、御媛、御婉、三公夫人、三孤内子至蠶所。"

繭館

古代王室飼蠶的宮館。此稱漢代已行用。《漢書·元后傳》:"春幸繭館,率皇后、列侯夫人桑,遵霸水而被除。"《後漢書·禮儀志上》:"是月,皇后帥公卿諸侯夫人蠶。祠先蠶,禮以少牢。"唐李賢注引丁孚《漢儀》曰:"皇后出……桑于蠶宮,手三盆于繭館,畢,還宮。"元王禎《農書》卷二○:"繭館,皇后親蠶之所,古公桑、蠶室也。……蠶事既登,分繭、稱絲效功,以共郊廟之服,無有敢惰。周制天子諸侯,必有公桑、蠶室,近川而爲之。築宮,仞有三尺,棘墻而外閉之。后妃齊戒,享先蠶而躬桑,以勸蠶事。……《前漢·文帝紀》詔:'皇后親桑以奉祭服。'景帝詔:'后親桑……爲天下先。'元帝王皇后爲太后,幸繭館,率皇后及列侯夫人桑。"

繭 館
(明王圻等《三才圖會》)

【繭觀】

即繭館。此稱唐代已行用。《漢書·元后傳》:"春幸繭館。"唐顏師古注引《漢宮閣疏》云:"上林苑有繭觀,蓋罿繭之所也。"《後漢書·禮儀志上》:"祠先罿,禮以少牢。"唐李賢注引《漢舊儀》曰:"春桑生而皇后(視)〔親〕桑於菀中……群臣妾從桑還,獻於繭觀,皆賜從桑者(樂)〔絲〕。"

罿房

罿舍,指養罿的房子。此稱元代已行用。元《農桑輯要·罿事預備·生蟻》:"待半頓飯時,移連入罿房,就地一箔上單鋪。"元石君寶《雜劇·魯大夫秋胡戲妻》第四折:"我把這桑籃兒放在罿房裏,我試看咱。"明徐光啓《農政全書》卷三一引《士農必用》曰:"生蟻惟在涼暖……每三連虛捲爲一卷,放在新暖罿屋內,候東方白將連於院內一箔上單鋪,待半頓飯時移連入罿房,就地一箔上單鋪,少間黑蟻齊生。"又引《務本新書》曰:"不得將烟火紙燃于罿房內吹滅……忌罿房內哭泣叫喚。"蔡東藩《後漢演義》第二九回:"又在濯龍園中,左置織室,右設罿房,分派宮人學習罿織。"

【罿舍】

即罿房。此稱南北朝時期已行用。《魏書·儒林傳》:"乃詣平原唐遷,納之,居於罿舍。"宋趙汝鐩《罿舍》詩:"每到罿時候,村村多閉門。往來斷親黨,啼叫禁兒孫。不惜兼旬力,將圖終歲溫。殷勤馬明祝,燈火謹朝昏。"《清史稿·禮志·吉禮》:"康熙時,立罿舍豐澤園,始興罿績。"

【罿屋】

即罿房。此稱宋代已行用。宋陳元靚《歲時廣記》卷一:"曆書:二月上丑日,取土泥罿屋,宜罿。"元《農桑輯要·罿事預備·下蟻》:"是時罿母沐浴净衣入罿屋。罿屋內焚香,又將院內鷄犬孳畜逐向遠處,恐驚新蟻也。"元王禎《農書》卷二〇:"火倉,罿室火龕也……《攉爐》詩云:誰創攉爐由智者,出入涼温罿屋下。搏以水土貫以木,不假昆吾鼓爐冶。"明徐光啓《農政全書》卷三一引《士農必用》"加減涼暖"注:"罿屋之制,周置捲窗,中伏熟火,謂如罿欲暖而天氣寒,閉苦窗。撥火,則外寒不入,和氣內生。若遇大寒,屢撥熟火不能勝其寒,則外燒糞墼,絕烟,置屋中四隅,和氣自然薰蒸,寒退則去餘火。罿欲涼而天氣暄,閉火而捲苦窗,則火氣內息而涼氣外入。若遇大熱,盡捲苦窗不能解其熱,則去其窗紙,上捲照窗,下開風眼,窗外搵下灑潑新水,涼氣自然透達;熱退則糊補其窗,閉塞風眼,使其罿自初及終不知有寒熱之苦,病少繭成,一室之功也。"

罿宅

民間桑農養罿之宅院。此稱元代已行用。元王禎《農書》卷二〇:"其民間罿室,必選置罿宅,負陰抱陽,地位平爽。正室爲上,南西爲次,東又次之。"

罿事

養罿的事務。此稱先秦時期已行用。《禮記·月令》:"罿事畢,后妃獻繭。"漢劉安等《淮南子·時則訓》:"后妃齋戒,東向親桑,省婦使,勸罿事。"宋朱熹《四書章句集注·梁惠王章句上》:"田中不得有木,恐妨五穀,故於墻下植桑以供罿事。"

蠶功

蠶工，指養蠶事務。此稱漢代已行用。漢揚雄《太玄·將》："上九，紅蠶緣於枯桑，其繭不黃。測曰：'緣於枯桑，蠶功敗也。'"《太平御覽·職官部·侍御史》："今麥序方秋，蠶功未畢。"清胤禛《織圖二十三首·窖繭》："農事委良人，蠶功獨在妾。"

【蠶工】

同"蠶功"。此體唐代已行用。《新唐書·來濟傳》："夏不奪蠶工，即有衣。"宋梅堯臣《和孫端叟寺丞農具十五首其四樵斧》："蠶工向欲迫，田事不可徹。"《明史·樂志》："烝民勤職兮農事顒，蠶工亦慎兮固桑阡。"

蠶繅

養蠶繅絲。此稱先秦時期已行用。《孟子·滕文公下》："夫人蠶繅，以為衣服。"元陳曹庵《山坡羊·江山如畫》："江山如畫，茅檐低廈，婦蠶繅婢織紅奴耕稼。"《明史·汪應軫傳》："募江南女工，教以蠶繅織作。由是民足衣食。"

【蠶繰】

同"蠶繅"。此體元代已行用。元馬端臨《文獻通考·物異考二十》："六年八月，亳州譙縣民李貴園桑野蠶成繭，奉祀經度制置使丁謂采蠶繰湅絮以獻。"《四庫全書總目提要·農桑輯要》："農司諸公又慮夫播植之宜，蠶繰之節，未得其術，於是遍求古今農家之書，刪其繁重，撮其切要，纂成一書，鏤為版本進呈，將以頒佈天下云云。"

蠶妾

古代養蠶的女奴。此稱先秦時期已行用。《左傳·僖公二十三年》："將行，謀于桑下，蠶妾在其上，以告姜氏，姜氏殺之。"《國語·晉語四》："蠶妾在焉，莫知其在也。"清彭士望《冬心》詩："手自殺蠶妾，醉載驅之行。"後泛指育蠶的女子。唐白居易《春村》詩："農夫春舊穀，蠶妾禱新衣。"宋陸游《春老》："園丁賣菰白，蠶妾采桑黃。"

蠶人

養蠶的人。此稱先秦時期已行用。《藝文類聚·禮部·社稷》："周之正月受社牲之首，以出種於帝籍，蠶人受社雍祭，以沐蠶種。"又《藝文類聚·產業部·織》引後漢王逸《機賦》曰："於是暮春代謝，朱明達時，蠶人告訖，舍罷獻絲。"另指《鏡花緣》中提到過的一種奇異的人，吃桑葉，吐蠶絲，故名蠶人。

蠶桑

養蠶與種桑。我國古代農業的重要支柱性產業，相傳由嫘祖（黃帝正妻）發明。此稱先秦時期已行用。《管子·山權數》："民之通於蠶桑，使蠶不疾病者，皆置之黃金一斤，直食八石。"《漢樂府詩集·陌上桑》："羅敷喜蠶桑，采桑城南隅。"《資治通鑑·唐中宗景龍二年》："蓋天意以為順天皇后宜為國母，主蠶桑之事。"

蠶麥

蠶與麥的收成。此稱漢代已行用。《漢書·昭帝紀》："往年災害多，今年蠶麥傷，所振貸種、食勿收責，毋令民出今年田租。"《三國志·魏書·劉馥傳》："蠶麥有苦備之用，無雨濕之虞。"宋陸游有《蠶麥》一詩："村村桑暗少桑姑，戶戶麥豐無麥奴。又是一年春事了，繅絲搗麥笑相呼。"

【蠶麰】

即蠶麥。此稱唐代已行用。唐韓愈《赴江

陵途中寄贈翰林三學士》詩："積雪驗豐熟，幸寬待蠶繅。"宋楊萬里《桑茶坑道中》詩之六："蠶繅今歲十分强，催得農家日夜忙。"

蠶禾

養蠶和種莊稼。泛指農事。此稱宋代已行用。宋歐陽修《讀〈徂徠集〉》詩："至今鄉里化，孝悌勤蠶禾。"清汪灝《御定佩文齋廣群芳譜·藥譜》："蠶禾，中、上亦如之。大凶之歲，則皆不實。"

蠶麻

養蠶與績麻。此稱漢代已行用。漢桓寬《鹽鐵論》卷一："蠶麻以時，布帛不可勝衣也。"唐李白《公無渡河》："殺湍湮洪水，九州始蠶麻。"清潘耒《汴河行爲方中丞歐余作》："荊隆口閉神馬塞，汴河南北重蠶麻。"

蠶穡

養蠶和農耕。泛指農活。此稱南北朝時期已行用。《宋書·顏延之傳》："蠶穡者就之艱，艱則物之所鄙。"

蠶耕

養蠶與耕田。泛指農事。此稱宋代已行用。宋歐陽修《食糟民》："衣食不蠶耕，所學義與仁。"宋王安石《寄題衆樂亭》："令思民事不忍後，田間笑語催蠶耕。"明程立本《夜宿鄭州》："萬里得歸貧亦足，只消妻子事蠶耕。"

蠶績

蠶桑和紡績。此稱晋代已行用。《晋書·李士業傳》："後宮嬪妃、諸夷子女，躬受分田，身勸蠶績，以清儉素德爲榮。"唐韓愈《圬者王承福傳》："必蠶績而後成者也。"元《農桑輯要·典訓·經史法言》："衣則蠶績以求之。"

蠶作

養蠶的勞作。此稱南北朝時期已行用。南北朝鮑照《采桑》："季春梅始落，女工事蠶作。"唐李白《陌上桑》："美女渭橋東，春還事蠶作。"明李攀龍《陌上桑》："性頗喜蠶作，采桑南陌頭。"

蠶漁

養蠶與漁業。此稱南北朝時期已行用。南北朝鮑照《觀圃人藝植》詩："善賈笑蠶漁，巧宦賤農牧。"另指蠶食漁奪、侵吞掠奪之意。《資治通鑑·晋武帝太元十四年》："非徒不足致益，實乃蠶漁之所資。"

蠶月

夏曆三月是養蠶的月份，因而叫"蠶月"。此稱先秦時期已行用。《詩·豳風·七月》："蠶月條桑，取彼斧斨，以伐遠揚，猗彼女桑。"《魏書·世宗紀》："百姓饑餒，救命靡寄，雖經蠶月，不能養績。"《清史稿·樂志四》："躬耕禮成詔井桑，蠶月吉巳迎辰祥。"

繭薄

蠶事欠豐。此稱宋代已行用。《宋史·食貨志》："逌者得天之時，蠶麥既登，及命近甸取而視之，則穗短繭薄，非種植風戾之功有所未至歟？"宋陸游《初夏閑居》："蠶簇尚寒憂繭薄，稻陂初滿喜秧青。"

蠶鄉

泛指以養蠶業爲主的地方。此稱唐代已行用。《新唐書·食貨志》："丁隨鄉所出，歲輸絹二匹，綾、絁二丈，布加五之一，綿三兩，麻三斤，非蠶鄉則輸銀十四兩，謂之調。"唐杜牧《題池州弄水亭》："紆餘帶竹村，蠶鄉足砧杵。"清李符《念奴嬌·暮春偕蘅圃從白下歸，約里門諸子泛舟峽石分賦》："蝦籄傾鮮，雁壺瀉碧，便作蠶鄉主。"

蠶市

蜀地舊有風俗，每年春時，州城及屬縣會圈十五處蠶市，買賣蠶具兼及花木、果品、藥材雜物，并供人游樂。此稱唐代已行用。唐薛能《邊城寓題》："蠶市歸農醉，漁舟釣客醒。"宋洪咨夔《送監丞家同年守簡池三十交韻》："今年爲親歸，蠶市苦思蜀。"清趙慶熹《臺城路》其二："兩岸人家，晝長門掩正蠶市。"

蠶鹽

五代至南宋時期政府在農村按户配售食鹽的制度。二月份開始育蠶時，政府按照農村户籍配給食鹽，六月新絲上市，徵收夏税，蠶農用絲絹（或將絲絹折成錢）向官府繳税，因而稱爲"蠶鹽"。官府規定蠶農不許買賣食鹽，也不許帶入城市。但後來在蠶鹽的折價上出現了很多問題，官府受益頗多而蠶農不堪重負，於是在慶曆元年（1041）之後，官府開始銷售海鹽，取消了蠶鹽制度，不再向蠶農分配食鹽。此稱五代時期已行用。《舊五代史·周書·太祖紀三》："唐州方城縣令陳守愚棄市，坐剋留户民蠶鹽一千五百斤入己也。"《續資治通鑑長編·宋太祖建隆二年》："官貨鹽於民，蠶事既畢，即以絲絹償官，謂之蠶鹽。"《宋史·食貨志下三》："自是諸州官不貯鹽，而百姓蠶鹽歲皆罷給，然使輸錢如故。"

蠶禮

古代勸農養蠶的禮儀。此稱晉代已行用。《晉書·禮志上》："今藉田有制，而蠶禮不修……皇后東面躬桑，采三條，諸妃公主各采五條，縣鄉君以下各采九條，悉以桑授蠶母，還蠶室。"《宋史·禮志》："宣和重定親蠶禮，外命婦、宰執並一品夫人升壇侍立。"《明史·禮志》："四月，皇后行親蠶禮於内苑。"

蠶忌

養蠶期間的禁忌。古人迷信，認爲養蠶期間來客人會帶來厄運，影響收成，於是養蠶期間不待客，官府也不會上門收繳租税等。在此期間蠶户用紅字寫上"育蠶"或"蠶月知禮"貼於門上，外人便不會登門造訪，以免驚擾"蠶神"。此稱宋代已行用。宋范成大《晚春田園雜興》："三旬蠶忌閉門中，鄰曲都無步往蹤。"明王寵《蠶忌》詩："鶯老花殘不記春，閉門蠶忌動經旬。寧知畫閣鳴筝女，墮地妝成錦繡人。"清弘曆《北遠山村》其二："蠶忌柴門無客叩，農忙野隴有人耕。"

蠶具

養蠶所用一切器具的總稱。包括噴霧器等消毒用具，插種架等蠶種催青用具，蠶匾、蠶架等飼育用具，采桑刀、貯桑缸、切桑板、給桑架等采桑、貯桑、調桑、給桑用具，桑網等除沙用具，火缸等加温、補濕用具和上簇采繭用具等。此稱宋代已行用。《廣韻·泊》："簿，蠶具。"宋梅堯臣有詩《和孫端叟蠶具十五首》。明徐光啓《農政全書》卷三一：《士農必用》曰：蠶具及繰絲器皿，務要寬廣。"

【蠶器】

即蠶具。此稱宋代已行用。宋蘇轍《次韵李曼朝散得郡西歸留別二首》："豚肩尚有冬深味，蠶器應逢市合時。"宋宋祁《奉和聖製清明》："庖烟息禁農耕盛，蠶器增修歲務新。"《太平御覽·時序部三》："命有司無伐桑柘，乃修蠶器，擇吉日大合樂。"

簇箔

泛指養蠶用具。供蠶結繭用的麥秸。箔，育蠶用的席。此稱南北朝時期已行用。南朝宋劉義慶《世說新語·言語》："德操曰：子且下車。"南朝梁劉孝標注引《司馬徽別傳》："有人臨蠶求簇箔者，徽自棄其蠶而與之。"元王禎《農書》卷二〇："南方《蠶書》云：簇箔以杉木解枋，長六尺，闊三尺，以箭竹作馬眼楄。插茅疏密得中，復以無葉竹條縱橫搭之。簇背鋪以蘆箔，而竹篾透背面縛之，即蠶可駐足，無跌墜之患。此皆南簇。"

火倉

舊時養蠶室內的一種保溫設備。此稱元代已行用。元王禎《農書》卷二〇："火倉，蠶室火龕也。凡蠶生，室內四壁挫壘空龕，狀如參星，務要玲瓏，頓藏熟火，以通烟氣，四向勻停。蠶家或用旋燒柴薪，烟氣薰籠，蠶蘊熱毒，多成黑蔫。……《火倉》詩云：朝陽一室虛窗明，今朝喜見蠶初生。四壁勻停今得熟，火龕挫壘如三星。阿母體測衣絹單，添減火候隨寒暄。誰識貴家勸飲處，紅爐畫閣簇嬋媛。"明徐光啓《農政全書》卷三一："其蠶屋、火倉、蠶箔並須預備。"

火　倉
（元王禎《農書》）

攤爐

可攤入蠶室的烤爐。其作用是保持蠶作繭時所需的溫度。此稱元代已行用。元王禎《農書》卷二〇："今制爲攤爐，先自外烤過薪糞（注：牛糞），舁入室內，各龕約量頓火，隨寒熱添減。若寒熱不均，後必眠起不齊。……《農書》云：'蠶，火類也，宜用火以養之。用火之法，須別作一爐，令可攤舁出入。……火須在外燒熟，以穀灰蓋之，即不暴烈生焰。'夫攤爐之制，一如矯床，內嵌燒爐，兩旁出柄，二人舁之，以送熟火……《攤爐》詩云：誰創攤爐由智者，出入凉溫蠶屋下。搏以水土貫以木，不假昆吾鼓爐冶。出生入熟覆穀灰，攊拾糞薪猶土苴。功成四海袴襦完，又餉春醪奏幽雅。"

攤　爐
（明徐光啓《農政全書》）

蠶槌

省稱"槌"。亦稱"栬""植"。懸挂蠶箔之木柱。柱上架蠶椽，椽上置蠶箔。漢揚雄《方言》卷五："槌，宋、魏、陳、楚、江、淮之間謂之植。"晋郭璞注："植，懸蠶薄柱也。"《廣雅·釋器》："楎，植也。"北魏賈思勰《齊民要術·種桑柘》："宜於屋裏簇之，薄布薪於箔上，散蠶訖，又薄以薪覆之，一槌得安十箔。"元王禎《農書》卷二〇："蠶槌，《禮》：季春之月，'具曲植'。植即槌也。《務本直言》云：'穀雨日竪槌。'夫槌，立木四莖，各過梁柱之高，隨屋每間竪之。其立木外旁，刻如鋸齒而深，各每莖挂桑皮圓繩（注：蠶不宜麻）。四角按二長椽，椽上平鋪葦箔，稍下縋之。凡槌下懸中離九寸以居箔；擡飼之間，皆可移之上下。《農桑直説》云：'每槌上中下間鋪三箔，上承塵埃，下隔濕潤，中備分擡。'梅聖俞詩云：'三月將掃蠶，蠶妾具其器。立植先捄括，室内亦塗塈。衆材疏以成，多箔所得寄。拾老歸簇時，應無慚棄置。'"

蠶槌
（明王圻等《三才圖會》）

【槌】

　　"蠶槌"之省稱。此稱漢代已行用。見該文。

【植】

　　即蠶槌。此稱漢代已行用。見該文。

【楎】

　　即蠶槌。此稱三國時期已行用。見該文。

蠶椽

　　蠶槌之上，用於架蠶箔的橫木。此稱元代已行用。元王禎《農書》卷二〇："蠶椽，架蠶箔木也。或用竹，長一丈二尺，皆以二莖爲偶，控於槌上，以架蠶箔。須直而輕者爲上。久不蠹者又爲上（注：爲蠶因食葉上椽之蠹屑，不能透沙。事見《農桑要旨》）。詩云：椽欲直而輕，不貴曲而蠹。輕則與人宜，蠹以病蠶故。鉤繩可移懸，蓐箔乃平布。桑餘挂新絲，功誰推此具。"明王圻等《三才圖會·器用》所述及所繪圖與元代王禎《農書》略同。明徐光啓《農政全書》卷三三引《務本直言》："夫槌隨屋，每間竪之……四角按二長椽，椽上平鋪葦箔，稍下縋之。"

蠶架

　　放置蠶盤、蠶筐等的支架。此稱元代已行用。元王禎《農書》卷二〇："蠶架，閣蠶槃、筐具也。以細枋四莖竪之，高可八九尺，上下以竹，通作橫桄十層。每層皆閣養蠶槃、筐，隨其大小，蓋筐用小架，槃用大架。此南方槃筐有架，猶北方椽箔之有槌也。詩云：育蠶必有槃，置槃須用架。竹木互維持，層級限高下。規模等箔槌，習用足桑柘。那知富貴家，羅綺簇朱樹。"

蠶簇

　　供蠶吐絲結繭的用具。通常以稻草叠架製成，上尖下寬，形略似山。此稱漢代已行用。漢揚雄《元后誄》："降桑蠶于繭館，躬筐執曲，帥導群妾，咸循蠶簇。"宋辛棄疾《滿江紅·山居即事》："看雲連麥壟，雪堆蠶簇，若要足時今足矣，以爲未足何時足。"元王禎《蠶簇》詩曰："前朝繭如山，今朝卵如粟。如山今歲謀，如粟來歲足。來歲一何神，生花楮一幅。丁寧語荊婦，依時勤曬沐。"元王禎《農書》卷二○："蠶簇，《農桑直説》云：'簇用蒿、梢、業柴、苫席等也。'凡簇先立簇心：用長椽五莖，上撮一處繫定，外以蘆箔繳合，是爲簇心。仍周圍勻竪蒿、梢，布蠶簇訖，復用箔圍及苫繳簇……今聞善蠶者一法，約量本家育蠶多少，選於院内空地，就添椽木、苫草等物，作連脊廈屋。尋常别用，到蠶老時，置簇於内，隨其長短，先構簇心，空直如洞，就地掘成長槽，隨宜闊狹，旁可人行，以備火候。外則周以層架，隨層卧布蒿梢，以均蠶居。即畢，用重箔圍之。若蠶少屋多，疏開窗户，就内簇之亦可。

蠶　簇
（明王圻等《三才圖會》）

如此則上有芘覆，下無濕潤，架既寬平，蠶乃自若。又總簇用火，便於照料。南北之間，去短就長，制此良法，皆宜用之，則始終無慊矣。故梅聖俞《蠶簇》詩云：'競畏風雨寒，露置未如屋。'正謂此也。歌云：捲去綠雲桑已少，箔頭有絲蠶欲老。月餘辛苦見成功，作簇不應從草草。南北習俗久不同，彼此更須論拙巧。北簇多露置，積疊仍憂風雨至，南簇俱在屋，施之蠶北良未足。南北簇法當約中，别構長廈方能容。外周層架蒿草平，内備火候通人行。飼却神桑絲已吐，女灑桃漿男打鼓。作繭直須三日許，開簇團團不勝數。我家多蠶方自慶，得法於今還可證，免似向來多簇病。"明王圻等《三才圖會·器用》有"蠶簇"，所述及所繪圖與王禎《農書》略同。《兩晋演義》第三回："修成蠶簇，分繭理絲。"

【蠶山】

即蠶簇。此稱明代已行用。明徐渭《野蠶》："越女賣釵釧，僅可完蠶山。"伊沛霞《内闈：宋代婦女的婚姻和生活·女紅》："采桑葉，搬運工具，升火爐，裝蠶山，把蠶繭存在缸裏，向蠶神祈禱。"

【蠶蔟】

同"蠶簇"。此體晋代已行用。《晋書·武悼楊皇后傳》："修成蠶蔟，分繭理絲。"唐皮日休《吳中苦雨因書一百韻寄魯望》："破碎舊鶴籠，狼藉晚蠶蔟。"宋梅堯臣《和永叔六篇其二代鳩婦言》："不如作繭依蠶蔟，以絲自裹還自足。"

【蔟】

"蠶蔟"之省稱。此稱漢代已行用。《説文·艸部》："蔟，行蠶蓐。"唐王建《簇蠶辭》：

"但得青天不下雨，上無蒼蠅下無鼠，新婦拜簇願繭稠，女灑桃漿男打鼓。"明黃省曾《蠶經·登簇》："簇以稻之草爲之。"清沈瀾《田家雜謠·稍桑葉》："眼看蠕蠕竸上簇，繭少同功聲撲撲。"

北簇

北方的蠶簇。此稱元代已行用。元王禎《蠶簇》詩："捲去綠雲桑已少，箔頭有絲蠶欲老。月餘辛苦見成功，作簇不應從草草。南北習俗久不同，彼此更須論拙巧。北簇多露置，積叠仍憂風雨至。南簇俱在屋，施之蠶北良未足。南北簇法當約中，別搆長厦方能容。外周層架蒿草平，內備火患通人行。飼却神桑絲已吐，女灑桃漿男打鼓。作繭直須三日許，開簇團團不勝數。我家多置方自慶，得法於今還可證，免似向來多簇病。"明徐光啟《農政全書》卷三三："較之上文北簇，則繭有多少，故簇有大小難易之不同也。"

南簇

南方的蠶簇。此稱元代已行用。元王禎《農書》卷二○："當見南方蠶簇，止就屋內蠶盤上，布短草簇之，人既省力，蠶亦無損。又按南方《蠶書》云：'簇箔：以杉木解枋，長六尺，闊三尺，以箭竹作馬眼槅，插茅疏密得中，復以無葉竹篾縱橫搭之，簇背鋪蘆箔，而以竹篾透背面縛之。即蠶可駐足，無跌墜之患。'此皆南簇，較之上文北簇，則蠶有多少，故簇有大小難易之不同也。"元王禎《蠶簇》："北簇多露置，積叠仍憂風雨至。南簇俱在屋，施之蠶北良未足。"明徐光啟《農政全書》卷三一："然南簇在屋，以其蠶少易辦，多則不任。"

橫簇

橫長的蠶簇。此稱元代已行用。元王禎《農書》卷二○："又有馬頭長簇，兩頭植柱，中架橫梁，兩傍以細椽相搭爲簇心，餘如常法。此橫簇，皆北方蠶簇法也。"明徐光啟《農政全書》卷三三："此橫簇皆北方蠶簇法也，嘗見南方蠶簇止就屋內蠶盤上。"

馬頭長簇

像馬頭一樣的橫長蠶簇。此稱元代已行用。元王禎《農書》卷二○："又有馬頭長簇，兩頭植柱，中架橫梁，兩傍以細椽相搭爲簇心，餘如常法。"

馬頭簇
（明徐光啟《農政全書》）

團簇

頂如圓亭的蠶簇。此稱元代已行用。元王禎《農書》卷二○："凡作簇，先立簇心，用長椽五莖上撮一處繫定，……仍周圍勻竪蒿梢，布蠶簇訖，復用箔圍及苫繳簇，頂如圓亭者，此團簇也。"

蠶連

蠶紙。承接蠶蛾產卵以留蠶種的紙。此稱宋代已行用。宋唐慎微《證類本草》卷二一："其蠶退紙，謂之蠶連，亦燒灰用之，治婦人血露。"元《農桑輯要·養蠶·收種》："蠶連厚紙爲上，薄紙不禁浸浴。"明徐光啓《農政全書》卷三一："甕内豎連須使玲瓏，每十數日日高時一出，每陰雨止，即便曬暴。"

【蠶紙】

即蠶連。蠶産卵所用紙張，一般爲桑樹纖維所製。此稱唐代已行用。唐李商隱《無愁果有愁曲·北齊歌》："白楊別屋鬼迷人，空留暗記如蠶紙。"明宋應星《天工開物·乃服》："每蠶紙一張，用鹽倉走出鹵水二升，參水浸於盂内，紙浮其面。"明李時珍《本草綱目·草部·箬》："箬葉灰、蠶紙灰，等分爲末。"

蠶槃

盛蠶之具。此稱元代已行用。元王禎《農書》卷二〇："蠶槃，盛蠶器也。秦觀《蠶書》云：'種變方尺，及乎將繭，乃方四丈。織萑葦，範以蒼筤竹，長七尺，廣五尺，以爲筐。懸筐，中間九寸，凡槌下懸，以居食蠶。'今呼筐爲槃。又有以木爲框，以疏篝爲底，架以木槌，用與上同。詩云：範竹作蠶槃，眠起用當倍。寬平一席多，方正四維在。擡替不妨勤，餘閑知有待。拾老或未多，就簇即無悔。"明徐光啓《農政全書》卷二四："'曬槃，曝穀竹器……蠶時農家兼用爲筐，但底密而不通風氣，終非蠶具。'玄扈先生曰：'蠶槃通風最是。'"

蠶　槃
（明王圻等《三才圖會》）

蠶筐

亦稱"蠶筐"。古時育蠶之器。竹製，形似筐，故稱。此稱元代已行用。元王禎《農書》卷二〇："蠶筐，古盛幣帛竹器，今用育蠶，其名亦同。蓋形制相類，圓而稍長，淺而有緣，適可居蠶。蠶蟻及分居時用之。閣以竹架，易於擡飼。

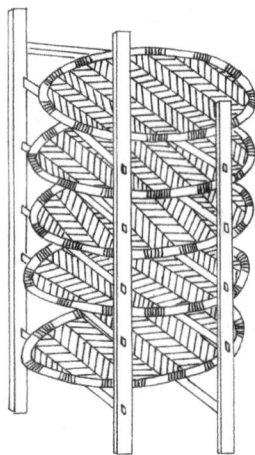

蠶　筐
（明王圻等《三才圖會》）

梅聖俞前《蠶箔》詩云：'相與爲蠶曲，還殊作筥筐。'北箔南筐，皆爲蠶具，然彼此論之，若南蠶大時用箔，北蠶小時用筐，庶得其宜，兩不偏也。詩云：古筐嘗奉幣，爰憑禮意將。今猶同制度，還取飼蠶桑。養視勝居箔，分擡欲擬筐。始終俱可備，仍得薦元黄。"明徐光啓《農政全書·蠶桑》、明王圻等《三才圖會·器用》稱爲"蠶筐"。

【蠶筐】[1]

即蠶筐。此稱明代已行用。見該文。

簇心

蠶簇的中心部分。此稱元代已行用。元王禎《農書》卷二〇："凡作簇，先立簇心，用長椽五莖，上撮一處繫定，外以蘆箔繳合，是爲簇心，仍周圍勻豎蒿梢，布蠶簇訖，復用箔圍及苫繳簇。"明徐光啓《農政全書》卷三三："簇秋蠶，多於簇心用熟火，或致焚燒；不若止於映北風處……簇用蒿梢、叢柴、苫席等也。"

蠶薄

省稱"薄"。養蠶的器具。多用萑葦、細竹等編成，呈圓形或長方形，用高約 1.5 米、寬約 1 米的架子做成。架子分多層，方便蠶蟲結繭活動，上蠶薄後的蠶蟲慢慢找到自己的位置，然後吐絲作繭。此稱漢代已行用。《説文·艸部》："茁，蠶薄也。"漢揚雄《方言》卷五："槌，宋、魏、陳、楚、江、淮之間謂之植。"晋郭璞注："槌，懸蠶薄柱也。"《後漢書·禮儀志上》："祠先蠶，禮以少牢。"唐李賢注引漢衛宏《漢舊儀》曰："蠶室養蠶千薄以上。"《禮記·月令》："〔季春之月〕具曲植籧筐。"漢鄭玄注："時所以養蠶器也。曲，薄也。"《宋書·禮志一》："蠶桑前一日，蠶官生蠶著薄上。"宋梅堯臣有《和孫端叟蠶具·蠶薄》詩。

【薄】

"蠶薄"之省稱。此稱漢代已行用。見該文。

【蠶箔】

即蠶薄。省稱"箔""簿"。此稱唐代已行用。唐陸龜蒙《奉和襲美太湖詩·崦裏》："處處倚蠶箔，家家下漁筌。"唐王建《簇蠶辭》："三日開箔雪團團，先將新繭送縣官。"箔，一本作"簿"。宋王安石《白日不照物》詩："隋堤散萬家，亂若春蠶箔。"宋陸游《春早得雨》：

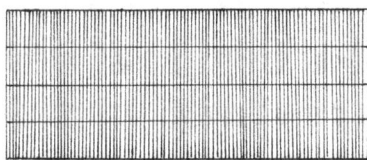

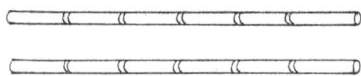

蠶箔、蠶椽
（據明徐光啓《農政全書》繪）

"稻陂方渴雨，蠶箔却憂寒。"元王禎《農書》卷二〇："蠶箔，曲簿承蠶具也。《禮》：'具曲植。'曲，即箔也。周勃以織簿曲爲生，顏師古注云：'葦簿爲曲。'北方養蠶者多，農家宅院後，或園圃間，多種萑葦以爲箔材，秋後芟取，皆能自織，方可四丈，以二橡棧之，懸於槌上，至蠶分擡去。蓐時，取其捲舒易用。南方萑葦甚多，農家尤宜用之，以廣蠶事。"明徐光啓《農政全書》卷三一："其蠶屋，火倉、蠶箔並須預備。"又引《務本新書》曰："每擡之後，箔上蠶宜稀布，稠則强者得食，弱者不得食，必繞箔游走。"

【箔】

"蠶箔"之省稱。此稱唐代已行用。見該文。

【簿】

即蠶箔。此稱唐代已行用。見該文。

【曲】

即蠶薄。養蠶的器具，多用葦子或竹篾編成。此稱先秦時期已行用。《禮記·月令》："〔季春之月〕具曲植籧筐。"漢鄭玄注："時所以養蠶器也。曲，薄也。"唐孔穎達疏："按《方言》云：宋、魏、陳、江、淮之間謂之曲。"《莊子·大宗師》："子桑户死，未葬。孔子聞之，使子貢往侍事焉。或編曲或鼓琴，相如而歌。"唐陸德明釋文引李頤云："曲，蠶薄。"《古文苑·揚雄〔元后誄〕》："蠶於繭館，躬筐執曲。"宋章樵注："筐，曲皆育之具。"漢劉安等《淮南子·時則訓》："具撲曲筥筐，后妃齋戒，東鄉親桑，省婦使，勸蠶事。"高誘注："曲，薄也，青、徐謂之曲。"

【苗】

即蠶薄。同"曲"。此稱漢代已行用。《説文·艸部》："苗，蠶薄也。"又《曲部》："〔曲〕象器曲受物之形。或説：曲，蠶薄也。"清段玉裁注："其物以萑葦爲之。《七月》傳曰：'豫畜萑葦，可以爲曲也。'其字俗作苗，又作笛。"

【笛】

即蠶薄。同"曲"。此稱漢代已行用。《説文·艸部》："笛，蠶薄也。"又《曲部》："〔曲〕象器曲受物之形。或説：曲，蠶薄也。"清段玉裁注："其物以萑葦爲之。《七月》傳曰：'豫畜萑葦，可以爲曲也。'其字俗作苗，又作笛。"

【薄曲】

即蠶薄。此稱漢代已行用。《史記·周勃世家》："勃以織薄曲爲生。"唐司馬貞索隱："謂勃本以織蠶薄爲生業也。"三國吳韋昭云："北方謂薄爲曲。"《漢書·周勃傳》："勃以織薄曲爲生。"唐顔師古注引蘇林曰："薄，一名曲。"清厲荃《事物異名録》卷一八："《史記·周勃世家》：'勃以織薄曲爲生。'注：薄曲，蠶薄也。按葦薄，織葦爲之，所以棲蠶。《禮記》具曲植，即此。"

【葦薄】

即蠶薄。此稱漢代已行用。漢許慎注《淮南》云："曲，葦薄也。"

【葦箔】

即蠶薄。此稱明代已行用。明徐光啓《農政全書》卷三三引《務本直言》："四角按二長橡，橡上平鋪葦箔，稍下縋之。"

【蠶曲】

即蠶薄。此稱宋代已行用。宋梅堯臣《和孫端叟蠶具·蠶薄》詩："河上緯蕭人，女歸又織葦。相與爲蠶曲，還殊作筥筐。"

【曲薄】

即蠶薄。此稱宋代已行用。宋范處義《詩補傳》卷一五："萑葦，即薍葭，可爲蠶之曲薄。"明徐光啓《農政全書·蠶桑·蠶事圖譜》："曲薄，承蠶具也。"清孔毓璣《勸蠶》："籧筐曲薄制堅完，早請蠶師蓄蠶子。"

【璘籍】

即蠶薄。此稱元代已行用。元龍輔《女紅餘志·璘籍》："蠶箔，一名璘籍。"

【璘藉】

即蠶薄。同"璘籍"。此稱清代已行用。清王士禛《蠶詞》："白葦與儂作璘藉，黄金與儂踟躕。"

筥

亦稱"筲箕"。用竹子編製的一種圓形采桑養蠶用具，亦可盛飯食、蠶繭等物。此稱先秦時期已行用。《詩·召南·采蘋》："于以盛之，維筐及筥。"漢毛亨傳："方曰筐，圓曰筥。"又《周頌·良耜》："或來瞻女，載筐及筥，其饟伊黍。"鄭玄箋："筐筥，所以盛黍也。"漢劉安等《淮南子·時則訓》："具撲曲筥筐，后妃齋戒，東鄉親桑，省婦使，勸蠶事。"漢高誘注："圓底曰筥，方底曰筐，皆受桑器也。"《説文·竹部》："筥，籱也。籱當作籍。"漢史游《急就篇》第三："笐、篅、篋、筥、箅、箕、籌。"唐顔師古注："竹器之盛飯者，大曰篋，小曰筥。筥，一名籍，受五升。"宋王應麟補注引南唐徐鍇曰："今言筲箕。籍，飯筥也。秦謂筥曰籍。"

【筲箕】

即筥。此稱五代時期已行用。見該文。

【籧】

　　即筥。此稱先秦時期已行用。《禮記·月令》：“〔季春之月〕具曲、植、籧、筐。”漢鄭玄注：“時所以養蠶器也。”陸德明《釋文》：“籧，亦作筥。方曰筐，圓曰筥。”

【䉪】

　　即筥。亦作“䉪”。此稱漢代已行用。《説文·竹部》：“筥，䉪也。䉪當作䉪。”《説文·竹部》：“䉪，飯器，容五升。”明徐光啓《農政全書·農器》卷二四：“䉪，飯䉪也……今人亦呼飯䉪爲䉪箕。南曰籔，北曰䉪。南方用竹，北方用柳。皆漉米器，或盛飯，所以供造酒食，農家所先。雖南北名制不同，而其用則一。”

【䉪】

　　同“䉪”。此體漢代已行用。見該文。

筐筥

　　筐與筥。亦泛指筐筥一類盛物器具。此稱先秦時期已行用。《左傳·隱公三年》：“筐筥錡釜之器，潢污行潦之水，可薦於鬼神，可羞於王公。”漢劉安等《淮南子·時則訓》：“具撲曲筐筥。”漢高誘注：“圓底曰筥，方底曰筐。”元趙孟頫《題耕織圖二十四首奉懿旨撰》詩：“爛然滿筐筥，愛此顏色新。”

笡

　　盛放穀物的器具。其小者亦可盛放蠶繭等。多以竹篾、荊條編成。後作“囤”。一説同“籧”。此稱漢代已行用。漢劉安等《淮南子·精神訓》：“有之不加飽，無之不爲之飢，與守其篅笡，有其井，一實也。”高誘注：“篅、笡，受穀器。”《説文·竹部》：“笡，篅也。”清朱駿聲通訓定聲：“字亦作囤。”漢史游《急就篇》第三：“笡、篅、篋、筥、籔、箄、籧。”

唐顏師古注：“笡、篅皆所以盛米穀也。以竹木簟席，若泥塗之則爲笡；笡之言屯也，物所屯聚也。”《廣韻·上混》：“笡，籧也。”元王禎《農書》卷一五：“笡多露置，可用貯糧。”

篅

　　盛米穀、蠶繭等的圓形容器。多竹製或草編。此稱漢代已行用。漢史游《急就篇》第三：“笡、篅、篋、筥、籔、箄、籧。”唐顏師古注：“笡、篅皆所以盛米穀也。以竹木簟席，若泥塗之則爲笡……編草而爲之則曰篅，取其圓團之然也。”

篋

　　盛飯食、蠶繭等的竹器。此稱漢代已行用。漢史游《急就篇》第三：“笡、篅、篋、筥、籔、箄、籧。”唐顏師古注：“竹器之盛飯者，大曰篋，小曰筥。”《史記·張耳陳餘列傳》：“上使泄公持節問之，篋輿前。”

籔

　　移蠶器具。此稱漢代已行用。《集韻·上晧》：“籔，移蠶具。”

籧篨

　　用蘆葦、竹篾編製的粗席。可用以晾曬桑葉、蠶繭等。此稱漢代已行用。漢劉安等《淮南子·本經訓》：“若簟籧篨。”漢高誘注：“籧篨，葦席。”《説文·竹部》：“籧，籧篨，粗竹席也。”《晉書·皇甫謐傳》：“以籧篨裹屍。”宋王安石《獨飯》詩：“窗明兩不借，榻净一籧篨。”

箔籠

　　養蠶用的竹席、篩子和盛葉用的籠子。此稱南北朝時期已行用。北魏賈思勰《齊民要術·種桑柘》：“崔寔曰：‘三月清明節，令蠶妾治蠶室，塗隙穴，具槌村箔籠。’”

箔頭

養蠶用的竹席。此稱唐代已行用。唐王建《簇蠶辭》："蠶欲老，箔頭作繭絲皓皓。"元王禎《農書》卷二〇："蠶簇……歌云：捲去綠雲桑已少，箔頭有絲蠶欲老。月餘辛苦見成功，作簇不應從草草。"

蠶筐[2]

省稱"筐"。一種方形的盛物竹器，後亦用柳條或荊條等編成。亦用爲養蠶用具。後或爲圓形，遂稱"蠶筐"。《禮記·月令》："〔季春三月〕具曲、植、籧、筐。"漢鄭玄注："時所以養蠶器也。"唐陸德明釋文："籧，亦作筥，方曰筐，圓曰筥。"《古文苑·揚雄〈元后誄〉》："蠶於繭館，躬筐執曲。"宋章樵注："筐、曲皆育蠶之具。"漢劉安等《淮南子·時則訓》："具撲曲筥筐。"漢高誘注："圓底曰筥，方底曰筐，皆受桑器也。"明徐光啓《農政全書》卷三一："蠶筐，古盛幣帛竹器。今用育蠶，其名亦同。蓋形制相類，圓而稍長，淺而有緣，適可居蠶。蟻蠶及分居時用之，閣以竹架。易於擡飼。"

【筐】

"蠶筐[2]"之省稱。此稱先秦時期已行用。見該文。

筠簾

竹筐，采桑養蠶用具。此稱宋代已行用。宋梅堯臣《和孫立端叟蠶具·蠶薄》："河上緯蕭人，女歸又織葦。相與爲蠶曲，還殊作筠簾。"

簾

育蠶的竹器。此稱宋代已行用。《集韻·平侯》："吳人謂育蠶竹器曰簾。"《古逸詩·甘泉歌》："運石古泉口，渭水爲不流。千人一唱，萬人相鈎。金陵下餘石，大如簾土屋。"

蠶杓

養蠶用具。斫木刳成，頭大如杯，柄長三尺許，用以遞送蠶食等。此稱元代已行用。元王禎《農書》卷二〇："蠶杓，《集韻》'杓'作'勺'。量器也。《周禮》勺容一升，所以斟酒。《説文》曰：杓音摽。今云：酌物爲杓，以勺從木，姑與今同。此作蠶杓，斬木刳之，首大如杯，柄長三尺許。如槃蠶空隙，或飼葉偏疏，則必持此送之，以補其處。至蠶老歸簇，或稀密不倫，亦用均布。倘有不及，復以竹接其柄，此南俗蠶法。北方箔簇頗大，臂指間有不能周遍，亦宜假此，以便其事。幸毋忽諸。詩云：杓頭斟酌布蠶時，杓尾長摽手屢持。嘗向太平村落見，田家嫁女作奩儀。"明王圻等《三才圖會·器用》所述及所繪圖與王禎《農書》略同。

蠶杓
（明王圻等《三才圖會》）

蠶網

擡蠶用具，以其制如漁網，故稱。此稱元代已行用。元王禎《農書》卷二〇："蠶網，擡蠶具也，結繩爲之，如魚網之制。其長短廣狹，視蠶大小制之。沃以漆油，則光緊難壞，貫

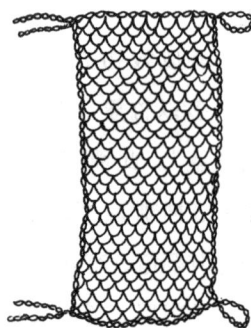

蠶網
（明王圻等《三才圖會》）

以網索，則維持多便。至蠶可替時，先布網於上，然後灑桑，蠶聞葉香，皆穿網眼上食，候蠶上葉齊，共手提網移置別槃，遺餘拾去。比之手替，省力過倍，南蠶多用此法，北方蠶小時，亦宜用之。詩云：聖人製網罟，因彼川澤漁。誰知取魚具，解使移蠶居。紀網用非異，水陸功有餘。兩端誠可詰，生殺意何如。"明王圻等《三才圖會·器用》"蠶網"所述及所繪圖與元王禎《農書》略同。

蠶區

養蠶用具。用竹篾或葦子等編成。用以盛桑葉和放養蠶。此稱清代已行用。清余治《得一錄》卷一二："傘扇、茶食、蠶區、燭心之類。"

蠶笘

養幼蠶用的糊紙小竹匾。此稱現代已行用。茅盾《春蠶》二："這娘兒兩個已經洗好了那些'團匾'和'蠶笘'，坐在小溪邊的石頭上撩起布衫角揩臉上的汗水。"

蠶臺

養蠶器具。用以安放團匾養蠶。此稱現代已行用。茅盾《春蠶》二："老通寶捎着一架蠶臺，從屋子裏出來。這三棱形傢伙的木梗子有幾條給白螞蟻蛀過了，怕的不牢，須得修補一下。"原注："蠶臺是三棱式可以摺起來的木架子，像三張梯連在一處的傢伙；中分七八格，每格可放一團匾。"

蠶牙

桑葉芽。此稱清代已行用。清納蘭性德《青玉案·人日》詞："東風七日蠶牙軟。一縷休教翦。"

桑几

采桑用具，狀如高木凳，登之以就桑葉。

此稱元代已行用。元王禎《農書》卷二一："桑几，狀如高凳，平穿二桄，就作登級。凡柔桑不勝梯附，須登几上，乃易得葉。《齊民要術》云：'采桑，必須高几。'《士農必用》云：'擔負高几，繞樹上下。'今蠶家采彼女桑，茲爲便器。梅聖俞云：'柔桑不倚梯，摘葉賴高几。每於得葉易，曾靡憂枝披。躋陟類拾級，上下異緣蟻。閑置草舍傍，鳴雞或栖止。'"

桑　几
（明王圻等《三才圖會》）

桑梯

登以采桑葉之木梯。此稱元代已行用。元王禎《農書》卷二一："桑梯。《說文》曰：'梯，

桑　梯
（明徐光啓《農政全書》）

木階也。'夫桑之穉者。用几采摘，其桑之高者，須梯剟斫，梯若不長，未免攀附；旁條不還，則鳩脚多亂；樛枝折垂，則乳液旁出。必欲趁於高下，隨意去留，須梯長可也。《齊民要術》云：采桑必須長梯，'梯不長則高枝折'，正謂此也。詩云：貫木取諸'漸'，爲梯得用'晋'。附彼墙下桑，如躡平地迅。女枝既不攀，遠揚亦可刃。何當展所施，摘蓮華峰峻。"

桑鈎

亦稱"采桑鈎"。采桑用具，用以鈎取高遠處枝葉。此稱元代已行用。元王禎《農書》卷二一："桑鈎。采桑具也。凡桑者，欲得遠揚枝葉引近就摘，故用鈎木以代臂指扳援之勞。昔后妃世婦以下親蠶，皆用筐鈎采桑。唐

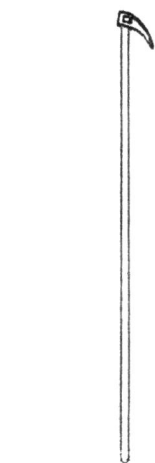

桑　鈎
（明徐光啓《農政全書》）

蕭宗上元初獲定國寶十三，内有采桑鈎一。以此知古之采桑皆用鈎也，然北俗伐桑而少采，南人采桑而少伐，歲歲伐之，則樹木易衰，久以采之，則枝條多結。欲南北隨宜，采斫互用，則桑斧桑鈎，各有所施。故兩及之不致偏廢。梅聖俞詩云：'長鈎扳桑枝，短鈎挂桑籠。南陌露氣寒，東方日光動。少婦首且笄，幼女角已總。競用采葉歸，曾非事梳權。'"明王圻等《三才圖會·器用》所述與元王禎《農書》略同，亦繪有圖。

【采桑鈎】

即桑鈎。此稱元代已行用。見該文。

劗刀

砍削桑枝的短刀。長尺餘，闊約二寸，木柄一把。此稱元代已行用。元王禎《農書》卷二一："劗刀，剟桑刃也。刀長尺餘，闊約二寸，木柄一握。南人斫桑剟桑俱用此刃。北人斫桑用斧，劗桑用鐮。鐮刃雖利終非本器，不若劗刀之輕且順也。若南人斫桑用斧，北人劗葉用刀，去短就長兩爲便也。詩云：晶熒一尺鐵，煅以赫連鋼。剟斫有餘用，功最在蠶桑。樛附日以戕，新枝日以長。胡爲豳人歌，獨取斧與斨？"明王圻等《三才圖會·器用》有"劗刀"，所述及所繪圖與王禎《農書》略同。明徐光啓《農政全書》卷三四有"劗刀"，亦本王禎《農書》。

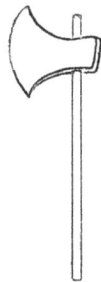

劗　刀
（明徐光啓《農政全書》）

斫斧

用以砍伐桑枝的長柄斧。此稱元代已行用。元王禎《農書》卷二一："斫斧，桑斧也。其斧銎匾而刃闊，與樵斧不同。《詩》謂：'蠶月條桑，取彼斧斨，以伐遠揚。'《士農必用》云：'轉身運斧，條葉偃落於外。'即謂以伐遠揚也。凡斧所剟斫，不煩再刃者爲上；至遇枯枝勁節，不能拒遏又爲上，如剛而不闕，利而不乏，尤爲上也。然用斧有法，必須轉腕回刃向上斫之，枝查既順，津脉不出，

斫　斧
（明徐光啓《農政全書》）

則葉必復茂。（注：故農語云：斧頭自有一倍葉，以此知科斫之利勝，惟在夫善用斧之效也。）梅聖俞詩云：'科桑持野斧，乳濕新磨刃。繁枝一以除，肥條更豐潤。魯葉大如掌，吳蠶食若駿。始時人謂戕，利俗今乃信。'"明王圻等《三才圖會·器用》亦有"斫斧"，所述與元代王禎《農書》略同，亦繪有圖。

桑網

用以盛裝桑葉的大網兜。此稱元代已行用。元王禎《農書》卷二一："桑網，盛葉繩兜也。先作圈木，緣圈繩結網眼，圓垂三尺有餘，下用一繩紀爲網底。桑者挈之納葉於內，網腹既滿，歸則解底繩傾之。或人挑負，或用畜力馱送，比之筐籃，甚爲輕便。北方蠶家多置之。詩云：'厥初結網功，豈知兼水陸。制用有異同，隨宜可伸縮。一網作領圈，衆目寬甕腹。蠶家急葉時，歸來傾萬綠。'"

桑　網
（明王圻等《三才圖會》）

桑碪

用以切桑葉的木砧。截木爲橢圓形，竪理切桑。此稱元代已行用。元王禎《農書》卷二一："桑碪。《爾雅》曰：'碪謂之椴。'郭璞曰：'椴，木礩也。'碪從石，椴從木，即木碪也。碪，截木爲碪，圓形，竪理切物，乃不拒刃。此北方蠶小時，用刀切葉砧上，或用几，或用夾。南方蠶無大小，切桑俱用碪也。詩云：'團團几上碪，尋常閑月魂。蠶月切柔桑，纖纖雲縷積。飼養槃筐多，收去净無迹。不必在庖厨，鼓刀刃聲劃。'"

桑　碪
（據明徐光啓《農政全書》繪）

桑籠

亦稱"有繫筐"。盛桑葉的籅筐。上多有繫，便於携挈。此稱宋代已行用。元王禎《農書》卷二一："桑籠。《集韻》云：籠，大籅也。今謂有繫筐也，桑者便於携挈。《古樂府》云：羅敷善采桑，采桑城南隅，青絲爲籠繩，桂枝爲籠鈎。今南方桑籠頗大，以擔負之，尤便於用。"又"桑鈎"條引宋梅堯臣詩云："長鈎扳桑枝，短鈎挂桑籠。"明王圻等《三才圖會·器用》載"桑籠"，所述與元王禎《農書》略同，亦繪有圖。

桑　籠
（明徐光啓《農政全書》）

【有繫筐】

即桑籠。此稱宋代已行用。見該文。

【蠶籠】

即桑籠。此稱南北朝時期已行用。南朝梁蕭子顯《日出東南隅行》："蠶籠拾芳翠，桑陌采柔條。"

槃筐

亦作"盤筐"。盛物的木盤和竹器，養蠶時多用以盛桑葉。此稱元代已行用。元王禎《農書》卷二〇："蠶架，閣置盤筐具也。"又卷二一"桑碪"條引詩云："蠶月切柔桑，纖纖雲縷積。飼養槃筐多，收去净無迹。"

【盤筐】

同"槃筐"。此體元代已行用。見該文。

曬匾

曬物之匾。多用竹皮、藤條編製，常用來攤晾蠶繭。此稱清代已行用。清沈練《廣蠶桑説輯補・落繭説四條》："落繭後，即須於凉室中以曬匾薄薄攤之，而剥去繭旐以待繅。"

切刀

切桑葉之刀。此稱元代已行用。元王禎《農書》卷二一："切刀，斷桑刃也。蠶蟻時用小刀，蠶漸大時用大刀……先於長橙上鋪葉匀厚，人於其上俯按此刀，左右切之，一刃之利，可桑百箔。"明王圻

切　刀
（明王圻等《三才圖會》）

等《三才圖會・器用》有"切刀"，所述及所繪圖與元代王禎《農書》略同。明徐光啓《農政全書》卷三一引《務本新書》："初飼蟻法，宜旋切細葉，微篩。"原注："切刀宜快，快則粗細匀停。"

漫鍘

切鍘刀具。可用以切草、桑葉等。鍘，同"剚"。此稱元代已行用。元王禎《農書》卷二一："切刀，斷桑刃也。蠶蟻小時用小刀，漸大時用大刀，或用漫鍘。"

懶刀

切桑葉之刀。長三尺許，兩端有短木柄，長刃。因省時省力，切葉又多，故戲稱爲"懶刀"。此稱元代已行用。元王禎《農書》卷二一："切刀，斷桑刃也。蠶蟻時用小刀，漸大時用大刀，或用漫鍘。蠶多者，又用兩端有柄長刃切之，名曰懶刀。（注：懶刀如皮匠刮刀，長三尺許，兩端有短木柄，以手按刀，半裁半切，斷葉雲積，可供十筐。）……詩云：'煅金作懶刀，形制半圭璧。一食飫十筐，雙秘便兩掐。切之復裁之，斷桑如雲積。刀作千握絲，功成在三尺。'"

桑夾

夾桑葉用具。在木質板上仰置叉股，再順置一鍘刀而成。此稱元代已行用。元王禎《農書》卷二一："桑夾，挾桑具也。用木礩，上仰置叉股，高可二三尺，於上順置鍘刀。左手茹葉，右手按刃，切之。此夾之小者。若蠶多之

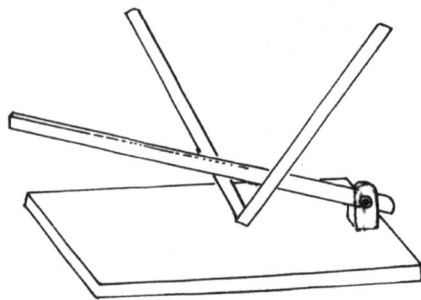

桑　夾
（明王圻等《三才圖會》）

家，乃用長椽二莖，騈竪壁前，中寬尺許。乃實納桑葉高可及丈，人則躡梯之上，兩足後踏屋壁，以胸前向壓住，兩手緊按長刃，向下裁切。此桑夾之大者。南方切桑，唯用刀碪，不識此等桑具，故特歷說之，以廣其利。詩云：'沃葉緑雲多，吐出掌握内。刃頭風雨聲，紛然落呀喙。材良用有餘，力小功輒倍。春天食急時，籧筐誠有待。'"明王圻等《三才圖會·器用》有"桑夾"條，其所述及所繪圖與元王禎《農書》略同。

先蠶

傳說中教民育蠶之神。相傳周制，王后享先蠶，以後歷代封建王朝由皇后主祭先蠶。此稱漢代已行用。《後漢書·禮儀志上》："祠先蠶，禮以少牢。"南朝梁劉昭注引《漢舊儀》："祭蠶神曰菀窳婦人、寓氏公主，凡二神。"唐杜佑《通典·禮六·先蠶》："后妃齋戒，享先蠶而躬桑，以勸蠶事。"《太平御覽·皇親部·世婦》："又曰：'季春之月，后妃齋戒，親東鄉躬桑。'齋戒者，事於先蠶也。"

菀窳婦人

傳說中的蠶神名。塑爲婦人之形象。此稱漢代已行用。《後漢書·禮儀志上》："祠先蠶，禮以少牢。"唐李賢注引漢衞宏《漢舊儀》曰："春桑生而皇后（視）〔親〕桑於菀中。蠶室養蠶千薄以上。祠以中牢羊豕，（今）〔祭〕蠶神曰菀窳婦人、寓氏公主，凡二神。"清于敏中等《日下舊聞考·宮室明四》："漢加菀蕍婦人、寓氏公主，後又益以蠶女、馬頭娘之屬，要皆有所本。"

寓氏公主

傳說中的蠶神名。塑作公主之形象。此稱漢代已行用。《後漢書·禮儀志上》："祠先蠶，禮以少牢。"唐李賢注引漢衞宏《漢舊儀》曰："春桑生而皇后（視）〔親〕桑於菀中。蠶室養蠶千薄以上。祠以中牢羊豕，（今）〔祭〕蠶神曰菀窳婦人、寓氏公主，凡二神。"

西陵氏

傳說中的蠶神名。此稱隋代已行用。《隋書·禮儀志二》："後周制，皇后乘翠輅，率三妃……至蠶所，以一太牢親祭，進奠先蠶西陵氏神。"南宋羅泌《路史》引北宋初年僞托的《淮南王蠶經》："西陵氏勸蠶稼，親蠶始此。"西漢時已有蠶壇，爲祭祀先蠶神的場所。傳說爲黃帝元妃西陵氏始造，後爲皇后及妃嬪祭祀先蠶神之壇。元王禎《農書》卷二〇："先蠶壇。先蠶，猶先酒、先飯，祀其始造者。壇，築土爲祭所也。黃帝元妃西陵氏始蠶，即先蠶也。"

蠶神室

祭奠蠶神之室。有若神龕，且須置高空處。此稱元代已行用。元王禎《農書》卷二〇："蠶室……所有蠶神室、蠶神像，宜用高空處安置。凡一切忌惡之事，邪穢之氣，辟除蠲潔，夙夜齋敬，不敢褻慢。"

蠶神像

養蠶供奉的蠶神像，供養蠶人祭祀所用。此稱漢代已行用。《禮書·先蠶壇》："漢儀以中牢羊、豕祭蠶神，曰菀蕍婦人、寓氏公主，凡二神。"元王禎《農書》卷二〇："蠶室……所有蠶神室、蠶神像宜用高空處安置。凡一切忌惡之事，邪穢之氣，辟除蠲潔，夙夜齋敬，不敢褻慢。"

蠶　神
（元王禎《農書》）

蠶官

傳說中司蠶的神。此稱宋代已行用。宋陸游《早春出游》："更有新春堪喜事，一村簫鼓祭蠶官。"又指官職名稱，掌管郊廟祭服。《宋史·禮志·吉禮》："置蠶官令、丞，以供郊廟之祭服。"

先蠶壇

祭祀先蠶神的場所。壇，高臺。傳說黃帝元妃西陵氏始造，後世亦爲皇后及妃嬪祭祀先蠶神之壇。此稱晋代已行用。《後漢書·禮儀志上》："祠先蠶，禮以少牢。"唐李賢注："晋后祠先蠶。先蠶壇高一丈，方二丈，爲四出陛，陛廣五尺，在采桑壇之東南。"《宋書·禮志》："先蠶壇，在宮外門之外而東南。"元王禎《農書》卷二〇："先蠶壇。先蠶，猶先酒、先飯，祀其始造者。壇，築土爲祭所也。黃帝元妃西陵氏始蠶，即先蠶也。（注：按黃帝元妃西陵氏，曰嫘祖，始勸蠶稼。月大火而浴種，夫人副褘而躬桑，乃獻繭稱絲。織紝之功因之廣，織以

供郊廟之服。《皇圖要覽》云：伏羲化蠶，西陵氏養蠶。《淮南王蠶經》云：西陵氏勸勸蠶稼，親蠶始此。）……魏黃初中，置壇於北郊，依周典也。晋制，先蠶壇，高一丈，方二丈，四出陛，陛廣五尺。皇后至西郊親祭，躬桑。北齊先蠶壇高五尺，方二丈，四陛，陛各五尺，外兆四十步，面開一門。皇后升壇，祭畢而桑。後周，皇后至先蠶壇，親饗。隋制，宮北三里，壇高四尺，皇后以太牢致幣而祭。唐制，壇在長安宮北苑中，高四尺，周圍三十步。皇后並有事於先蠶。其儀備《開元禮》。宋用北齊之制，築壇如中祠禮，《通禮義纂》：后親享先蠶，貴妃亞獻，昭儀終獻。夫蠶祭有壇，稽之歷代，雖儀制少異，然皆遞相沿襲，餼羊不絕，知禮之不可獨廢。有天下國家者，尚鑒茲哉！"元馬端臨《文獻通考·郊社考二十》："北齊爲蠶坊於京城北之西……置先蠶壇於桑壇東南大路東，橫路南。壇高五尺，方二丈，四陛，陛各五尺。外兆方四十步，面開一門，有綠襜襦褲衣，黃履，以供蠶母。"

【蠶壇】

即先蠶壇。此稱隋代已行用。《隋書·禮儀志二》："路西置皇后蠶壇，高四尺，方二丈，四陛，階各廣八尺。"元馬端臨《文獻通考·郊社考二十》："路西置皇后蠶壇，高四尺，方二丈，四陛，陛各廣八尺。"

桑壇

古代皇后及妃嬪親蠶之處。此稱隋代已行用。《隋書·禮儀志二》："置先蠶壇于桑壇東南，大路東，橫路之南。"明王志堅《表異錄·帝王》："后親蠶，所駕馬曰騩馬，后妃親蠶處曰桑壇，后飼蠶禮曰三灑。"

三灑

古代后妃飼蠶之禮，謂之"三灑"。此稱明代已行用。明王志堅《表異録·帝王》："后親蠶，所駕馬曰駥馬，后妃親蠶處曰桑壇，后飼蠶禮曰三灑。"周遷《古今輿服雜事》曰："蠶始生後食之，三灑而止。"

蠶馬

古代神話傳説中蠶的祖先。晋干寶《搜神記》卷四〇："太古之時，有大人遠征，家無餘人，唯有一女。牡馬一匹，女親養之。窮居幽處，思念其父，乃戲馬曰：'爾能爲我迎得父還，吾將嫁汝。'馬既承此言，乃絶韁而去。徑至父所。父見馬，驚喜，因取而乘之。馬望所自來，悲鳴不已。父曰：'此馬無事如此，我家得無有故乎！'亟乘以歸。爲畜生有非常之情，故厚加芻養。馬不肯食。每見女出入，輒喜怒奮擊。如此非一。父怪之，密以問女，女具以告父：'必爲是故。'父曰：'勿言。恐辱家門。且莫出入。'於是伏弩射殺之。暴皮於庭。父行，女以鄰女於皮所戲，以足蹙之曰：'汝是畜生，而欲取人爲婦耶！招此屠剥，如何自苦！'言未及竟，馬皮蹶然而起，捲女以行。鄰女忙怕，不敢救之。走告其父。父還求索，已出失之。後經數日，得於大樹枝間，女及馬皮，盡化爲蠶，而績於樹上。其蠶綸理厚大，異於常蠶。鄰婦取而養之。其收數倍。"袁珂《山海經校注·海外北經》："此一簡單神話，蓋'蠶馬'神話之雛型也。"

蠶女

民間傳説中的司蠶之神，其源頭便是《山海經》中那名化蠶的女子。此稱宋代已行用。《太平廣記·蠶女》："蠶女者，當高辛帝時，蜀地未立君長，無所統攝。其人聚族而居，遞相侵噬。蠶女舊迹，今在廣漢，不知其姓氏。"清于敏中等《日下舊聞考·宮室明四》："漢加菀絖婦人、寓氏公主，後又益以蠶女、馬頭娘之屬，要皆有所本。"也指養蠶的女子。唐李白《贈從孫義興宰銘》詩："農人棄蓑笠，蠶女墮纓簪。"《宋史·陶穀傳》："世宗留心稼穡，命工刻木爲耕夫、織婦、蠶女之狀，置於禁中，思廣勸課之道，穀爲贊辭以進。"

馬頭娘

古代神話中的蠶神，馬頭人身少女形象。此稱宋代已行用。《太平廣記》卷四七九引《原化傳拾遺》記載，古代高辛氏時，蜀地爲立君長，治安混亂，有蠶女之父爲人劫走，祇留所乘之馬。其母誓言：誰將父找回，即以女兒許配。馬聞言迅即奔馳而去，旋父乘馬而歸。從此馬嘶鳴不肯飲食。父知其故，怒而殺之，曬皮於庭中。蠶女由此經過，爲馬皮捲上桑樹，化而爲蠶，遂奉爲蠶神。《山海經·海外北經》和晋干寶《搜神記》亦載有相關傳説。《太平廣記·昆蟲七》："宮觀諸化，塑女子之像，披馬皮，謂之馬頭娘，以祈蠶桑焉。"清于敏中等《日下舊聞考·宮室明四》："漢加菀絖婦人、寓氏公主，後又益以蠶女、馬頭娘之屬，要皆有所本。"清卜乃鈺《劉謙山邑尊》詩其四："比歲漸知蠶繭利，家家爭祀馬頭娘。"

【馬頭孃】

同"馬頭娘"。此體清代已行用。清鄭任鑰《春蠶詞》："艱難衣食在農桑，年年拜祭馬頭孃。"清王士禎《蠶詞》："相約明朝百陌去，背人先祭馬頭孃。"

【馬明王】

即馬頭娘。中國民間影響最大、流傳最廣

的蠶神。傳說她是一位身披馬皮的仙女，其故事源頭便是以馬皮裹身化蠶的女子。在民間也有叫馬鳴王菩薩、馬明菩薩、蠶花娘娘、馬頭娘、蠶姑等。此稱宋代已行用。宋無名氏《張協狀元》戲文第一六齣：“末：‘不虧了口。我那神道威！’丑：‘怎比馬明王？’”錢南揚校注：“馬明王，蠶神，即馬頭娘……俗稱馬明王，明王乃神之通號。”明陸容《菽園雜記》載：“嘗在定州，適知州送神胙，因問所祭馬神何稱？云：‘馬明王之神。’”

【蠶姑】

即馬頭娘。此稱元代已行用。元楊維楨《祀蠶姑火龍詞四章》：“火之龍兮，雲弗從，雨弗降。三眠始，三眠終。火之龍兮，桑以穀，絲以腹，繭以屋。象水火兮，以金以玉。火之龍兮，蛹以蛾，蛾以卵，卵復化，龍之神兮實多。惟龍之神兮，有大功於人。又殺身以成仁，徇道而忠益信。火之龍兮，其節甚高。彼糜爵者誰兮，生寵死則逃。剝民之膏，粥人之國，而死與叛鬼曹。火龍德，德可褒。”也指養蠶的婦人。宋王志道《僑寄山居霍然幾月凡見之於目聞之於耳者輒綴》：“蠶姑舉手交相慶，趁得新晴老却蠶。”《喻世明言·宋四公大鬧禁魂張》：“陋質蠶姑，難效彼當壚卓氏。”

第二節　紡織具考

根據考古研究，我們的祖先早在五千多年前的新石器時代晚期——仰韶文化時期就已經用紡輪捻綫，用簡單織機織麻布，用骨針縫製衣服，用竹、葦編製席子。在比仰韶文化稍晚一些的龍山文化遺址中，還曾發現骨梭和陶製紡輪。骨梭的應用在紡織技術上是一個重大的進步，大量地采用陶製紡輪，更反映出紡織在當時已相當普遍。漢劉安等《淮南子·氾論訓》：“伯余之初作衣也，緂麻索縷，手經指挂，其成猶網羅。”這種描述大體上符合遠古紡織手工業的技術水準。

商代已有極細絲織成品存在，殷墟出土有銅針、銅鑷及陶製紡墜。商代紡織、縫紉工藝技術較之史前已有長足進步。據《周禮》記載，西周初年，國家從紡織原料（絲、麻、葛）和染料的徵集，到紡織、織造、練漂、染色以至服裝製造，都設有專門機構。陝西寶雞發掘出的西周奴隸主貴族土伯墓兩個墓室及其妻井姬墓裏所發現的絲織物比較細薄，大都是平紋織品，也有平紋變化組織。最令人注目的是，發現了用提花的機具織出的斜紋提花織物，花紋是簡單菱形圖案。它的組織顯示了古代綺的面貌，使我們瞭解到周代生產的綺——地帛和花紋都是斜紋提花絲織物。（見陳茂同《中國歷代衣冠服飾制》，百花文藝出

版社 2005 年版，第 15 頁）

　　《詩·小雅·大東》中有"杼柚其空"之句，宋朱熹《詩集傳》解釋爲："杼，持緯者也；柚，受經者也。"杼是梭子，柚是持經綫的軸，可見西周時代的織機已較精巧，頗爲便捷。西周青銅器大盂鼎和毛公鼎的鼎文中有"𢀖"字，郭沫若在《金文叢考》中釋爲，"經"字的初文"象織機之從綫形"，表示當時織機的經綫垂直。上下兩端各有橫軸，下軸以繩懸物，使經綫下垂拉直，這是豎機的特徵。青銅器克鼎和克鐘之上也有"𢀖"字，經綫直而不曲，更形象地説明它是豎機。漢代崔寔《四民月令》中"織縑帛，染彩色，劈絲治絮"的記載，也反映了中國織造工藝源遠流長，到西周時已有很高的技術水準。戰國出土的絲織品非常細密，而且有複雜的飾紋，迎光閃爍，宛若變色。據考證，當時已有複雜的臺式織機。繅絲要用繅車，絡絲要用絡車，織製要用輕軸、吊綜，這些複雜的工具，都是隨着絲縷、絲織物的發展而發展的。

　　漢時官、私營紡織手工業都很發達。爲了供應皇室紡織品，西漢在京師長安設有東、西兩織室。漢代紡織工具有絡車、緯車、織機三種，當時的織機樣式是由豎機向平機發展的一個過渡樣式。漢代紡織工具見於文獻的，有維車（見《太平御覽》卷八二五引《通俗文》）、轅、絡車（見上書引《方言》），有機杼（見上書引《列女傳》）、棱（見上書引《通俗文》）。漢昭帝時，巨鹿陳寶光妻創造了一部高級提花機。《西京雜記》説其所用之機，複雜至一百二十躡，須六十日方成一匹。這種絲織機之構造，屬於精細的綾錦織機。英國學者李約瑟認爲西方的提花織機是從中國傳去的，使用時代比中國晚四個世紀。三國時紡織技術較漢代有了很大進步，提花機被著名的機械發明家馬鈞簡化，減少脚踏的躡數，從一百二十躡改成十二躡，省工省時，花紋更精。《三國志·魏書·方技傳》中對此事有較詳記載。

　　唐代紡織工藝技巧已經達到成熟階段，提花機有很大提高和改進，構造漸趨複雜，在機前裝置有"老鴉翅"和"澀木"，用以進行提綜和伏綜。發明了緯綫提花織錦工藝，使錦文的配色和圖案更加豐富多彩。宋代在農業上廣泛運用水排、水碾、水碓之後，在紡織生產中也發明了水轉大紡車，是世界上最早的水力紡織機械，元代王禎的《農書》中對它有確切記載。製棉工具有鐵梃、鐵杖，以及彈花的小竹弓。宋末出現捲筳，用來把棉花捲成筒狀棉條。元代製棉工具攪車，即踏車，或作軋車，取代了沿用很久的軋棉鐵梃或鐵杖。同時又有彈弓，用來彈鬆棉花。元末又出現彈槌。棉紗上機前要經過繞籆牽經、打緯等幾步工序，所用的工具有簋子、經架等。南方牽經所用的工具是撥車。其後經過改良的軔床替代了撥車。元代棉織所用的織機是投梭布機，《農書》卷二二載有圖形；這種織機構造部件有杠（經綫軸）、杼、捲布軸等。

明代繅絲業中出現"一人執籰""二人直釜，專打絲頭。二人直盆主繅"（明徐光啓《農政全書》卷三一）的五人共作大繅車。花機在蘇州、杭州絲織業中廣泛使用，由老鴉翅、澀木、花樓、錢鈴、門樓、衢盤、衢脚、疊助、的杠、稱莊、眼牛木等部件構成。弘治年間，福建織工林洪創造了一種新型織造工藝，名"改機"。在棉織機中，發明了四足木棉攪車，用以軋花。清代後期，紡織工具製造已成爲專業。紡車以青浦金澤謝氏所產最有名；錠子也出自金澤；布機以青浦黃渡徐氏所造著名；筘以南昌郝氏所造著名；織布時刷布的刷帚，爲蘇州唯亭陸氏獨家生產；江寧織機製作，久負盛名。

繭甕

泡繭之甕。泡，浸漬。此稱元代已行用。元王禎《農書》卷二○："繭甕。《蠶書》云：凡泡繭，列埋大甕地上，甕中先鋪竹簀，次以大桐葉覆之。乃鋪繭一重，以十斤爲率，摻鹽二兩。上又以桐葉平鋪，如此重重隔之，以至滿甕，然後密蓋，以泥封之。七日之後，出而繅之，頻頻換水，即絲明快。蓋爲繭多不及繅取，即以鹽藏之，蛾乃不出。其絲柔韌潤澤，又得勻細。此南方淹繭法，用甕頗多，可不預備。嘗讀北方《農桑直說》云：'生繭即繅爲上，如人手不及，殺繭慢慢繅者，殺繭法有三：一曰日曬，二曰鹽泡，三曰籠蒸。籠蒸最好。人多不解，日曬損繭，鹽泡甕繭者穩。'前人《織圖詩》云：'盤中水晶鹽，井上梧桐葉。陶器固封閉，窖繭近旬浹。門前春水生，布穀催畚臿。明朝踏繅車，車輪纏白氎。'"清《欽定授時通考・繭事》："繭甕，藏繭器也。爲繭多繅不及，稍遲則蛾穿繭出，故藏之以緩蛾變。"明王圻等《三才圖會・器用》有"繭甕"，所述及所繪圖與元代王禎《農書》略同。又指大的蠶繭。南朝梁任昉《述異記》卷上："園客者，濟陰人……常種五色香草，積十餘年，服食其實，忽有五色蛾集香草上，客薦之以布，生華蠶焉，至蠶時，有一女自來助養蠶，以香草食之，得繭一百二十枚，繭大如甕，每一繭繅

繭　甕
（明王圻等《三才圖會》）

六七日絲方盡。”後以“繭甕”指大蠶繭。元謝宗可《咏物詩·紙帳》：“繭甕有天春不老，瑤臺無夜雪生香。”

繭籠

蒸繭器。籠狀，故稱。此稱元代已行用。元王禎《農書》卷二〇：“繭籠，蒸繭器也。《農桑直説》云：用籠三扇，以軟草扎圈，加於釜口，以籠兩扇坐於其上。籠内匀鋪繭，厚三指許。頻於繭上以手試之，如手不禁熱，可取去底扇，却續添一扇在上。如此登倒上下，故必用籠也。不要蒸得過了，過則軟了絲頭，亦不要蒸得不及，不及則蠶必鑽了。如手不禁熱，恰得合宜，此用籠蒸繭法也。（注：將已蒸過繭，於蠶房槌箔上，從頭合籠内繭在上，用手撥動。如箔上繭滿，打起更攤一箔，候冷定，上用細柳稍微覆之，其繭只於當日都要蒸盡，如蒸不盡，來日定要蛾出。如此，繰絲又一般快。釜湯内用鹽二兩，油一兩，所蒸繭不致乾了絲頭。如鍋小繭多，油鹽旋入。）”明王圻等《三才圖會·器用》有“繭籠”，所述及所繪圖與元代王禎《農書》略同。清《欽定授時通考·繭事》：“以鹽泥藏繭，終憂浥濕。置繭於籠，蒸之，蛾自不出。有一般快釜，湯内用鹽二兩，油一兩，令所蒸繭不致乾了絲頭，如鍋小繭多，油鹽旋入。”

熱釜

省稱“釜”。繅絲所用之釜。此稱元代已行用。元王禎《農書》卷二〇：“熱釜。秦觀《蠶書》云：繅絲自鼎而引絲直錢眼，此繅絲必用鼎也。今農家象其深大，以槃甑接釜，亦可代鼎。故《農桑直説》云：‘釜要大，置於竈上。（注：如蒸竈法。可繅粗絲單繳者，雙繳者亦

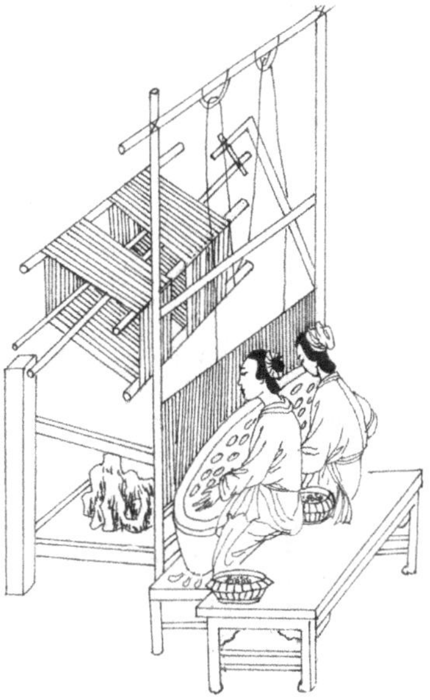

熱　釜
（明王圻等《三才圖會》）

可。）釜上大槃甑接口，添水至甑中八分滿，可容二人對繅。水須常熱，宜旋旋下繭繅之，多則煮損。’凡繭多者，宜用此釜，以趨速效。詩云：蠶家熱釜趁繅忙，火候長存蟹眼湯。多繭不須愁不辯，時時頻見脱絲軖。”明徐光啓《農政全書》卷三一：“繅絲有熱釜冷盆之異，然皆必有繅車絲軖，然後可用。熱釜要大，置於竈上，接一杯甑，添水至甑中，八分滿，甑中用一板欄斷，可容二人對繅也……此可繅粗絲，單繳者雙繳者亦可，但不如冷盆所繅潔净光瑩也。”明王圻等《三才圖會·器用》有“熱釜”，所述及所繪圖與元代王禎《農書》略同。

【釜】

“熱釜”之省稱。此稱元代已行用。見該文。

冷盆

繅絲所用之盆。相對“熱釜”而言，其水温常匀，可繅全繳細絲。此稱元代已行用。元王禎《農書》卷二〇：“冷盆。《農桑直説》云：冷盆，可繅全繳細絲，中等繭可繅下繳，比熱

冷　盆
（明徐光啓《農政全書》）

釜者有精神，又堅韌也。雖曰冷盆，亦是火溫之。盆要小，先泥其外。（注：口徑可二尺之上者，預先翻過，用長黏泥底，並四圍至唇，泥厚四指，將至唇漸薄，日曬乾，名爲冷盆。）用時添水八九分滿，繰之。（注：水宜溫暖常匀。無令乍寒乍熱不匀也。）詩云：瓦盆添水火微然，繭緒抽來細縷全。不似貴家華屋底，空教纖手弄清泉。"明徐光啓《農政全書》卷三一："繰絲有熱釜冷盆之異，然皆必有繰車絲軖，然後可用。熱釜要大……此可繰粗絲，單繳者雙繳者亦可，但不如冷盆所繰潔凈先瑩也。"

【串盆】

即泛盆。尤指當日曬乾的冷盆。此稱明代已行用。明徐光啓《農政全書》卷三一："二釜共一竈門，火烟入於臥突，以熱串盆。一人執爨，以供二釜。"

漏杓

杓子的一種。其底部鑽有許多小孔。繰絲時供舀繭用。此稱明代已行用。明徐光啓《農政全書》卷三一引《士農必用》曰："一手撮捻清絲，一手用漏杓綽繭，款送入溫水盆內。（注：杓底上多鑽眼子爲漏杓。）"《醫宗金鑑·外科卷上》："圈內鋪蠟屑三四分厚，次以銅漏杓盛桑木炭火，懸蠟上烘之，令蠟化至滾，再添蠟屑，隨添以井滿爲度。"

漏瓢

底部鑽有許多小孔的瓢。此稱元代已行用。明陶宗儀《八月初二日喜雨次林秉彝韵》："水涸田枯若漏瓢，桔槔聲動出層霄。滂沱雨澤驅炎熇，泆浡潢污混海潮。"

紝器

紡織器具。此稱漢代已行用。漢劉向《列女傳·楚接輿妻》："夫負釜甑，妻戴紝器，變名易而遠徙，莫知所之。"清毛奇齡《題閩縣溪麋老人偕隱卷子·黍曰閒從紝器排》："黍曰閒從紝器排，相携一上釣龍臺。"

原始腰機

紡織器具。產生於新石器時代早期（距今七千年前），其發明是我國新石器時代紡織技術的重要成就之一。主要部件是兩根橫木，以人爲支架，用腰帶將一根橫木縛在人腰上以固定，另一根橫木則用人脚掌撐開，使用者可以靈活地掌握兩根橫木之間的距離。將經綫纏在兩根橫木上。織造時，織工席地而坐，依靠兩脚的位置及腰脊來控制經絲的張力。通過分經棍把經綫分爲上下兩層，用杼子帶緯綫穿過之後，變動分經杆的位置來進行編織，并用打緯刀將緯綫壓實，不僅織出的産品緊密均匀，且生産效率有了極大提高。在雲南石寨山遺址出土的漢代銅製貯貝器的蓋子上有一組紡織鑄像，生動地再現了當時人們使用腰機織布的場景。

綜版式織機

紡織器具。產生於我國新石器時代，用於編織帶狀織物。綜版是正方形或者六角形的打孔的皮子。編織時，經綫的一端固定在樹上，穿過綜版上的小孔，另一端則固定在人腰上的捲布棍上，人通過來迴扭動綜版形成梭口，緯綫穿過梭口後，用打緯刀將緯綫壓實，再反嚮轉動綜版，重複上面的動作。時至今日，我國西藏地區有些藏民還用此方法編織帶子。

紡車

通過人工操作機械，生產綫或紗的設備。戰國時期已經出現。通常以毛、棉、麻、絲等纖維材料爲原料。最早的記載見於西漢揚雄的《方言》，稱其爲"維車"和"道軌"。稱謂的不同與地域差異和器具的功用有關。一般說來，北方的紡車主要以棉花爲主要紡織原料，南方的紡車多以蠶絲爲紡織原料。器具功能不同，構造上也有差異。紡車作爲主要的農業資料生產工具，在我國經濟生活中曾經占有極爲重要的位置。常見的紡車有手搖單錠紡車、手搖多錠紡車、腳踏紡車、大紡車、小紡車等。宋陸游《初寒示鄰曲》："荻叢缺處見漁火，蓬戶閉時聞紡車。"《明史·陳幼學傳》："里婦不能紡者，授紡車八百餘輛。"《紅樓夢》第一五回："〔寶玉〕一面又至一間房前，只見炕上有個紡車。"

手搖紡車

手握搖把，帶動輪子旋轉的紡紗器具。我國重要的紡織機械工具之一。戰國時期已經出現。通常以毛、棉、麻、絲等纖維材料爲原料，通過人工轉動機械，生產綫或紗。最初的紡車爲單錠紡車，在漢代已經十分普及。1952 年山東滕縣龍陽店出土的一塊漢畫像石上面，刻着幾個人物正在操控紡車、織機和絡車進行紡織工作。1976 年山東臨沂銀雀山西漢墓出土的一幅帛畫上，繪有一位婦女正在用手搖紡車紡綫的圖案。除此之外，許多漢畫石上都刻有用紡車紡綫的場景。可見到了漢代，紡車已經成爲人們重要的生產工具，也表明漢代我國的紡織業已經很發達。古代常見的手搖紡車是由木架、錠子、繩輪和手柄四部分組成的，人通過搖動手柄，帶動輪子轉動，通過繩子帶動錠子轉動，從而將紡好的綫纏繞在錠子上。手搖紡車的出現，使得紡搖成爲小農業的主要生產方式，從而開啓了中國古代男耕女織的傳統生產模式。直至中華人民共和國成立後，許多地區仍舊使用手搖紡車紡綫。漢班固《東觀漢記·崔瑗傳》："寔至官，勸種麻，命工伐木作機紡車，教民紡績。"元《農桑輯要》卷七："雛欲出之時，四五日內，不用聞打鼓、紡車、大叫、豬、犬及春聲；又不用器淋灰，不用見新產婦。"《三遂平妖傳》第三二回："那索子隨手而出，索上密密的都穿得有上好官錢，似紡車兒一般，抽個不了。"

【手搖多錠紡車】

手搖紡車之一種。見於宋人《女孝經圖》和王居正的《紡車圖》。從圖可以看出，由於錠子必須安裝於機械之外，故操作時須二人配合：一人手搖木輪，帶動錠子迴轉，一人在前面用手導引纖維。與一人操作的手搖單錠紡車相比，多錠紡車所紡的紗綫捻度更大、品質更高。

腳踏紡車

紡織器具。由踏杆、曲柄等部件構成。用腳踩動踏杆，通過曲柄帶動繩輪和錠子轉動，完成紡綫的全部動作，從而使織作者原來搖動紡車手柄的右手解放出來，用兩隻手共同進行紡綫或合綫的工作，這樣不但大大提高了所紡紗綫的品質，也提高了生產效率。脚踏紡車出現的時間尚不確定，最早見於文獻的是晉顧愷之爲劉向《列女傳·魯寡陶嬰》畫的配圖。原圖已佚，僅有翻刻本傳世。由此可知，脚踏紡車應該出現於東晉之前。此後，還出現了三錠脚踏紡車和五錠脚踏麻紡車，説明脚踏紡車在我國流行範圍很廣，并且一直作爲重要的生產物資被改進。

木棉紡車

亦作"木綿紡車"。專門紡棉花的紡車。此稱元代已行用。元王禎《農書》卷二一："木棉紡車，其制比麻苧紡車頗小。夫輪動弦轉，莛維隨之。紡人左手握其棉筒，不過二三續於莛，維牽引漸長，右手均捻，俱成緊縷，就繞維上。欲作綫織，置車在左，再將兩維棉絲合紡，可爲棉綫。《南州異物志》曰：吉貝木'熟時，狀如鵝氄，但紡不績，在意外抽，牽引無有斷絶'。此即紡車之用也。"按，元王禎《農書》卷二一"木棉紡車"圖上字作"木綿紡車"。

【木綿紡車】

同"木棉紡車"。此體元代已行用。見該文。

木綿紡車
（明王圻等《三才圖會》）

小紡車

專門用於紡麻的紡車。形制較小，結構簡單，使用普遍。元王禎《農書》卷二二："此車之制，凡麻苧之鄉，在在有之。"明王圻等《三才圖會·器用》引此語亦繪有"小紡車紡織圖"。

小紡車
（明王圻等《三才圖會》）

大紡車

紡織器具。約出現於北宋，是對手搖紡車的更新與改進。把類似手搖紡車的繩輪加大，并在輪軸上裝上曲柄，由專人用雙手搖動，紡車車身由此變大，錠子也變成多個，從而極大提高了生產效率。工作原理與我們見到的手搖鼓風機有异曲同工之妙。南宋後期更出現了以水力爲動力驅動的水轉大紡車，是當時世界上最先進的紡織機械。此稱元代已行用。元王禎《農書》卷二二："大紡車，其制長餘二丈，闊約五尺。先造地柎木框，四角立柱，各高五尺，中穿橫桄，上架枋木。其枋木兩頭上山口，卧

大紡車
（明徐光啓《農政全書》）

受捲繀長軖鐵軸。次於前地橛上，立長木座，座上列臼，以承轆底鐵簧（注：夫轆，用木車成筒子，長一尺二寸，圍一尺二寸。計三十二枚，內受績繀）。轆上俱用杖頭鐵環，以拘轆軸。又於額枋前，排置小鐵叉，分勒績條，轉上長軖。仍就左右別架車輪兩座。通絡皮弦，下經列轆，上棧轉軖旋鼓。或人或畜，轉動左邊大輪，弦隨輪轉，眾機皆動，上下相應，緩急相宜，遂使績條成緊，纏於軖上，晝夜紡績百斤。或眾家績多，乃集於車下，秤績分纏，不勞可畢。中原麻布之鄉皆用之。今特圖其制度，欲使他方之民視此機栝關楗，仿效成造，可為普利。"明王圻等《三才圖會·器用》："大紡車，其制長餘二丈，闊約五尺……晝夜紡織百斤。"

【水轉大紡車】

大紡車之一種。多錠大紡車，以水力驅動，創製於宋代。元王禎《農書》卷一九："水轉大紡車，此車之制見《麻苧門》，茲不具述。但加所轉水輪，與水轉轆磨之法俱同。中原麻苧之鄉，凡臨流處所多置之。今特圖寫，庶他方績紡之家效此機械，比用陸車愈便且省，庶同獲其利。詩云：車紡工多日百觔，更憑水力捷如

水轉大紡車
（明王圻等《三才圖會》）

神。世間麻苧鄉中地，好就臨流置此輪。"明王圻等《三才圖會·器用》引此說亦繪其圖制。

繰車

繰絲車。抽繭出絲的工具。此稱唐代已行用。唐王建《田家行》："五日雖熱麥風清，簷頭索繰車鳴。"宋蘇軾《浣溪沙》詞之四："簌簌衣巾落棗花，村南村北響繰車。"宋范成大《繰絲行》："繰者嘈嘈似風雨，繭厚絲長無斷縷。"元趙孟頫《題耕織圖二十四首奉懿旨撰》詩一八："田家五六月，綠樹陰相蒙。但聞繰車響，遠接村西東。旬日可經絹，弗憂杼軸空。"明徐光啓《農政全書》卷三一："繰車竹筒子宜細。"

【繀車】

同"繰車"。此體宋代已行用。宋蘇軾《次韻正輔同游白水山》："此身如綫自縈繞，左回右轉隨繀車。"宋陸游《東窗小酌》詩："何人畫得農家樂，咿軋繀車隔短牆。"元王禎《農書》卷二○："繀車，繀絲自鼎而引絲，以貫錢眼，升於鎖星，星應車動，以過添梯，乃至於軖（注：繀輪也），方成繀車。"

【軖車】

即繰車。省稱"軖"。此稱元代已行用。元王禎《農書》卷二○："人在軖車氣少舒，緒縷均停堪絡織。"又："軖必以床，（注：《農桑直說》云：'床下鼎一尺。軸長二尺，中徑四寸，兩頭三寸，用榆槐木四角或六角。輻，通長三尺五寸。六角不如四角，軖小則絲易解。'）以承軖軸。軸之一端，以鐵為梟掉，復用曲木擐作活軸。左足踏動，軖即隨轉，自下引絲上軖。總名曰繀車。"明徐光啓《農政全書》卷三一引《士農必用》曰："軖車床高與盆齊，軸長二尺，中徑四寸，兩頭三寸，四角或六角，臂通

長一尺五寸，須脚踏。"清厲荃《事物異名録》卷一八引《蠶書》："繅車，制如轆轤，必活兩輻以利脱絲。"注："車，今乎爲軠。軠必有床，以承軠軸。"

【軠】[1]

"軠車"之省稱。此稱元代已行用。見該文。

北繅車

北方的一種繅車。此稱元代已行用。元王禎《農書》卷二〇繪有"北繅車"圖。明徐光啓《農政全書》、王圻等《三才圖會·器用》亦繪有"北繅車"圖，且在圖上標出"軠圻""軠軸""軠頭""掉枝""踏掉"等部件與部位。

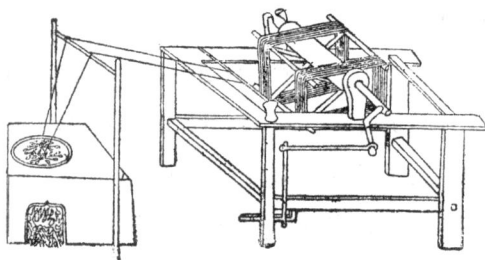

北繅車
（明徐光啓《農政全書》）

南繅車

南方的一種繅車。此稱元代已行用。元王禎《農書》卷二〇繪有"南繅車"圖。明徐光啓《農政全書》、王圻等《三才圖會·器用》亦

南繅車
（明徐光啓《農政全書》）

繪有"南繅車"圖，且增繪正在繅絲的婦人和孩童，以及矮桌和桌上的繅絲用品，形象更爲生動。

絲車

繅絲工具。木架上置一脚踏轉動之輪，煮繭抽取生絲，然後繞於其上。此稱明代已行用。明宋應星《天工開物·治絲》："凡治絲，先製絲車，其尺寸器具，開載後圖，鍋煎極沸湯，絲粗細視投繭多寡……凡繭滾沸時，以竹簽撥動水面，絲緒自見。提緒入手，引入竹針眼，先繞星丁頭，然後由送絲竿勾挂，以登大關車，斷絶之時，尋緒丢上，不必繞接。"

【維車】

即絲車。亦稱"道軌""轣轆車"。有收絲的轉輪，故名。此稱漢代已行用。漢揚雄《方言》："維車，趙魏之間謂之轣轆車，東齊海岱之間謂之道軌。"《法苑珠林》第三五："彼國人等但設維車。從女口中取絲，轉至維車上，取足便止。"《太平御覽》卷八二五引孫德施《維車賦》曰："惟工藝之多門，偉英麗乎創形。擬老氏之一轂兮，應天運以迴行。秉轉屈以成規兮，不辭勞以自傾。故其用同造物，功參天地。軒轅垂衣，因其以濟。袞冕龍旂，用康上帝。勳存王室，惠流皂隸。觀其微風，興於輪端，霧雨散於輆輻，制以靈木，絡以奇竹。危朝日以投員兮，准量月以造象。若洪輪在之雄兮，似蜘蛛之結網。爾乃才藝妻妾，工巧是嘉。或織綿組，或匠綾羅。舒皓腕於輕輪兮，煥擬景乎鏡華。絲成妙於指端兮，號框兮幽而相和。象蟋蟀之鳴户兮，類寒蟬之吟家。"

【道軌】

即絲車。此稱漢代已行用。見該文。

【轢轆車】

即維車。此稱漢代已行用。見該文。

【筟車】

即絲車。亦稱"歷鹿""鹿車""篗車"。此稱漢代已行用。《説文·筟》："筳、筦、筟三名一物也。《方言》曰：維車，趙魏之間謂之轢轆車，東齊海岱之間謂之道軌。按自其轉旋言之，謂之歷鹿，亦謂之道軌，亦謂之鹿車。自其箸絲之筳言之，謂之維車，亦謂之筟車。實即今之篗車也。"

【歷鹿】

即筟車。此稱漢代已行用。見該文。

【鹿車】

即筟車。此稱漢代已行用。見該文。

【篗車】[1]

即筟車。此稱漢代已行用。見該文。

【緯車】

即絲車。此稱唐代已行用。唐陸龜蒙《襲美見題郊居因次韻酬之》之六："水影沉魚器，鄰聲動緯車。"宋陸游《野興》："西埭人喧获船過，東村燈上緯車鳴。"元王禎《農書》卷二一："緯車，《方言》曰：'趙魏之間謂之歷鹿車，東齊海岱之間謂之道軌。'今又謂維車。《通俗文》曰：'織織謂之維，受緯曰莘。'其柎上立柱置輪，輪之上近，以鐵條中貫細筒，乃周輪與筒，繚環繩。右手掉綸，則筒隨輪轉，左手引絲上筒，遂成絲維，以充織緯。"

絲篗

省稱"篗"。亦稱"榬""轅""棪""觡"。古代紡織收絲用的器具。一端有柄，持柄摇動，絲即可繞其上。《集韻·入藥》："篗，《説文》'收絲者也。'"《康熙字典·玉篇》引揚雄《方言》曰："篗，榬也，所以絡絲也。兖豫河濟之間謂之棪。"宋陸游《村舍雜書》："累累繭滿簇，繹繹絲上篗。"元王禎《農書》卷二一："絲篗，絡絲具也。《方言》曰'榬'，音爱，'兖豫河濟之間謂之轅'。《説文》曰：'篗，收絲者也。或作觡，從角間聲。'今字從竹，又從蒦，竹器，從人執之蒦蒦然，此篗之義也。然必竅貫以軸，乃適于用，爲理絲之先具也。《耕織圖》詩云：'兒夫督機絲，輸官趁時節。向來催租瘢，正爲坐逾越。獨來掉篗勤，寧復辭腕脱。辛勤夜未眠，敗屋燈明滅。'"元《農桑輯要》卷四："立春後，無烟屋内置净甕一雙……上立一絲篗。慢捲蠶連三紙，桑皮繫之，遶篗竪立，以紗蓋甕，每十數日，將連取出，略見風日。"明宋應星《天工開物·乃服·調絲》："懸搭絲於鈎内，手中執篗旋纏，以俟牽經織緯之用。"

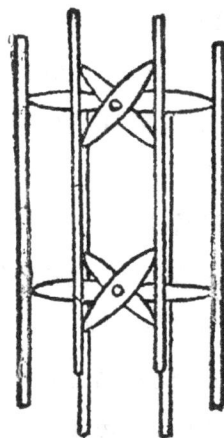

絲 篗
（明徐光啓《農政全書》）

【篗】

"絲篗"之省稱。此稱漢代已行用。見該文。

【榬】

即絲篗。此稱漢代已行用。見該文。

【轅】

即絲篗。此稱漢代已行用。見該文。

【棪】

即絲篗。此稱漢代已行用。見該文。

【觡】

即絲篗。此稱漢代已行用。見該文。

【絡絲篗】

即絲篗。此稱清代已行用。《康熙字典·玉篇》：“《集韻》：於元切，音元。與榬同。絡絲篗也。”

【篗車】[2]

即絲篗。此稱清代已行用。清段玉裁《說文解字注·竹部》：“《方言》曰：篗，榬也。兗豫河濟之間謂之榬。郭云：所以絡絲也。音爰。按今俗謂之篗車。”

絡篗

調絲具的部件。由木架上置竹四根構成。將絲繞於其上，然後轉於篗上。此稱明代已行用。明宋應星《天工開物·調絲》：“凡絲議織時，最先用調，透光檐端宇下以木架鋪地，植竹四根於上，名曰絡篗。絲匡竹上，其旁倚柱高八尺處，釘具斜安小竹偃月挂鈎，懸搭絲於鈎內，手中執雙旋纏，以俟牽經織緯之用。小竹墜石爲活頭，接斷之時，扳之即下。”

絡　篗
（明宋應星《天工開物》）

絲窩

亦稱“絮盤”。將供繰絲攢聚在一起的蠶繭，放置在挂清絲的木橛下。此稱明代已行用。明徐光啓《農政全書》卷三一：“繰絲，將絲老翁上清絲，約十五絲之上，總爲一處，穿過錢眼。（注：錢下，繭攢聚名絲窩，又名絮盤。）”

【絮盤】

即絲窩。此稱明代已行用。見該文。

絲老翁

挂清絲用的竹木等削製的橛子。此稱明代已行用。明徐光啓《農政全書》卷三一引《士農必用》曰：“一手撮捻清絲，一手用漏杓綽繭，款送入溫水盆內，將清絲挂在盆外邊絲老翁上。（注：盆邊釘插一橛子名絲老翁。又：繰絲，將絲老翁上清絲，約十五絲之上，總爲一處，穿過錢眼。）”

錢眼

銅錢中央的方孔。本供穿錢緡用，繰絲時，供穿絲纏用。此稱宋代已行用。宋秦觀《蠶書·錢眼》：“錢眼爲版，長過鼎面，廣三寸，厚九黍，中其厚，插大錢一，出其端，橫之鼎耳，復鎮以石。緒總錢眼而上之，謂之錢眼。”元王禎《農書》卷二〇：“軒頭轉機須足踏，錢眼添梯絲度滑。”明徐光啓《農政全書》卷三一：“繰絲，將絲老翁上清絲，約十五絲之上，總爲一處，穿過錢眼。”

送絲竿

絲車上送絲之竿。勾挂絲緒，以便移送大關車。此稱明代已行用。明宋應星《天工開物·治絲》：“凡繭滾沸時，以竹簽撥動水面，絲緒自見。提緒入手，引入竹針眼，先繞星丁頭，然後由送絲竿勾挂，以登大關車。”

大關車

絲車上腳踏轉動之繞絲部件。此稱明代已

行用。明宋應星《天工開物·治絲》："凡繭滾沸時，以竹籤撥動水面，絲緒自見。提緒入手，引入竹針眼，先繞星丁頭，然後由送絲竿勾挂，以登大關車。"

軖[2]

繰絲車上用以收絲之輪。設於本架之上，旋轉以收鼎之絲。此稱元代已行用。元王禎《農書》卷二〇："繰絲，自鼎而引絲，以貫錢眼，升于鏁星，星應車動，以過添梯，乃至於軖方成繰車。"又："即今南北均所長，熱釜冷盆俱此軖。軖頭轉機須足踏，錢眼添梯絲度滑。"

軖頭

繰車輪上的軸頭。此稱元代已行用。元王禎《農書》卷二〇："軖頭轉機須足踏，錢眼添梯絲度滑。"

添梯

古代繰絲車上的竹製器件。爲一長竹片，其上置竹鈎，絲綫從此經過，至於繰輪之上。此稱宋代已行用。元王禎《農書》卷二〇引宋秦觀《蠶書》："車之左端置環繩，其前尺有五寸，當床左右足之上，建柄長寸有半，匼柄爲鼓，鼓生其寅以受環繩，繩應車運，如環無端，鼓因以旋，鼓上爲魚，魚半出鼓；其出之中，建柄半寸，上承添梯。〔添梯〕者，二尺五寸片竹也。其上揉竹爲鈎以防絲，竅左端以應柄。對鼓爲耳，方其穿以閉添梯。故車運以牽環繩，繩簇鼓，鼓以舞魚，魚振添梯，故絲不過偏。"清王士禎《蠶詞》之四："小姑嬌小好閑事，簇蠶學罷學添梯。"

絮車

製絲絮工具。置一木架，上控鈎、繩、滑車，下置煮繭湯甕，手掣滑車，而漸成絮段。此稱元代已行用。元王禎《農書》卷二一："絮車，構木作架，上控鈎、繩、滑車，下置煮繭湯甕。絮者掣繩上轉滑車，下徹甕内，鈎繭出没灰湯，漸成絮段。《莊子》謂洴澼絖者。（注：《疏》云：'洴，浮也；澼，漂也；絖，絮也。'）古者絖、絮、綿一也。今以精者爲綿，粗者爲絮。因蠶家退繭造絮，故有此車煮之法。常民藉以禦寒，次於綿也。彼有擣繭爲胎，謂之'牽縪'者，較之車煮，工拙懸絶矣。詩云：世有洴澼纊，架構以車名。下上輪繩滑，牽聯甕繭烹。濟貧寒可禦，售業價還輕，會過不龜手，百金爲爾榮。"

絮車
（明王圻等《三才圖會》）

蟠車

亦稱"撥車""撥柎""車柎"。纏纑工具。此稱元代已行用。元王禎《農書》卷二二："蟠車，纏纑具也，又謂之'撥車'。南人謂'撥柎'，又云'車柎'。南北人皆慣用習見……詩云：紡績功才畢，蟠纑得此車。行桄運樞枲，交轐寄橫叉。宛轉荆釵手，周旋里布家。豈知羅綺輩，惟務撥琵琶。"《類書集成·機杼》："南中用糊有兩法：其一，先將綿維作絞，糊盆度過，復于撥車轉輪作維；次用經車縈回成紅，吳語謂之漿紗。"又："但下控一四股，軸之末，置一掉枝，上椅竪列八維，下引棉絲轉動，掉枝分絡，上絲紅既成，次第脫卸。"明王圻等《三才圖會·器用》"蟠車"條所述與元代王禎《農書》略同。

蟠　車
（明王圻等《三才圖會》）

【撥車】

即蟠車。此稱元代已行用。見該文。

【撥栿】

即蟠車。此稱元代已行用。見該文。

【車栿】

即蟠車。此稱元代已行用。見該文。

星丁頭

絲車上的導絲滑輪，以竹做成。此稱明代已行用。明宋應星《天工開物·治絲》："凡繭滾沸時，以竹針眼，先繞星丁頭，然後由送絲竿勾挂，以登大關車。"

捻綿軸

亦作"拈綿軸"。捻製綿繩的器具。此稱元代已行用。元王禎《農書》卷二一："捻綿軸，製作小碢，或木或石，上插細軸，長可尺許。先用叉頭挂綿，左手執叉，右手引綿上軸懸之，

捻作綿絲，就纏軸上，即爲細縷。閨婦室女用之可代紡績之功。詩云：朵綿高執玉叉頭，細作垂絲捻復收。待得功成付機杼，不知誰解衣新綢。"按，明徐光啓《農政全書·桑事圖譜》又作"拈綿軸"。

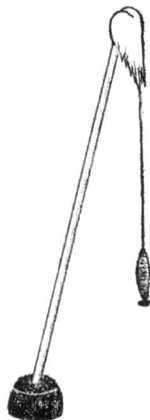

拈綿軸
（明徐光啓《農政全書》）

【拈綿軸】

同"捻綿軸"。此體明代已行用。見該文。

綿矩

加工絲綿的工具。此稱元代已行用。元王禎《農書》卷二一："綿矩，以木框方，可尺餘，用張繭綿，是名綿矩，又有揉竹而彎者，南方多用之。其綿外圓內空，謂之豬肚綿。又有用大竹筒，謂之筒子綿；就可改作大綿，裝時未免扯裂。北方大小用瓦，蓋各從其便。然用木矩者最爲得法。"

絡車

絡絲車。此稱宋代已行用。宋釋惠洪《資國寺春晚》詩："龍鄉戒曉月空斜，喚起清圓響絡車。"元劉因《南鄉子·張彥通壽》詞："窗下絡車聲，窗畔兒童課六經。"元王禎《農書》卷二一："絡車，《方言》曰：'河濟之間，絡謂之給。'（郭璞注曰：'所以轉籰給事也。'）《說文》云：'車栿爲杋。'《易·姤》曰：'繫于金杋。'（注：金者堅剛之物，杋者制動之主。）《通俗文》曰：'張絲曰杋。'蓋以脫軒之絲，張於杋上，上作懸鈎，引致緒端，逗於車上。其車之制，必以細軸穿籰，措於車座兩座之間。（注：

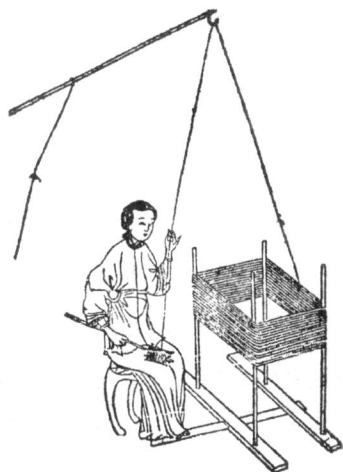

絡　車
（明徐光啓《農政全書》）

謂一柱獨高，中爲通槽，以貫其籰軸之首，一
柱下而管其籰軸之末。）人既繩牽軸動，則籰隨
軸轉，絲乃上籰，此北方絡絲車也。南人但習
掉籰取絲，終不若絡車安且速也，今宜通用。
詩云：軖絲張柅復相牽，絡婦車成用具全。座
上通槽連簨曰，軸頭引籰逗繩圈。一鉤遞控防
偏度，獨縷依循入卧纏。幾向華筵曾誤認，箜
篌人坐理冰絃。”明王圻等《三才圖會·器用》
有“絡車”，所述及所繪圖與元代王禎《農書》
略同。

織機

　　織造的工具。其作用爲將經綫與緯綫按一
定規律織成布帛。此稱晋代已行用。《藝文類
聚》卷六五有晋楊泉《織機賦》。《續資治通鑑
長編·宋神宗熙寧五年》：“益柔之文如野嫗織
機，雖能成幅而終非錦綉。”宋趙汝鐩《耕織
嘆》詩：“雪團落架抽繭絲，小姑繰車婦織機。”
元王禎《農書》卷二一：“織機、卧機，織絲
具也。按黄帝元妃西陵氏，曰嫘祖，始勤蠶
稼。月大火而浴種，夫人副褘而躬桑，乃獻繭
稱絲，遂成織紝之功，因之廣織以給郊廟之服。

織　機
（明王圻等《三才圖會》）

見《路史》。傅子曰：‘舊機，五十綜者五十躡，
六十綜者六十躡。馬生者，天下之名巧也。患
其遺日喪功，乃易以十二躡。’今紅女織繒，惟
用二躡，又爲簡要。凡人之衣被於身者，皆其
所自出也。”

【機】

　　“織機”之省稱。此稱漢代已行用。《説
文·木部》：“主發謂之機。”清段玉裁注：“下
文云：機持經者；機持緯者，則機謂織具也。”
《集韻·平微》：“《説文》：‘主發謂之機。’一曰
織具也。”《史記·甘茂列傳》：“其母投杼下機，
逾墻而走。”《古詩爲焦仲卿妻作》：“鷄鳴入機
織，夜夜不得息。”唐杜牧《杜秋娘》詩：“寒
衣一匹素，夜借鄰人機。”元無名氏《劉弘嫁
婢》第二折：“置兩三處家綉羅幃，娶五七個
丫鬟婢，待着他生男長女，又不着他去倒紵翻
機。”清王初桐《奩史》卷三引《鷄跖集》：“樂
羊子游學而歸，其妻引刀趨機，曰：‘君子尋

師，中道而歸，何異斷織乎？'羊子乃發憤卒業。"

【機子】

"織機"之俗稱。此稱現代已行用。夏衍《舊家的火葬》："我哥哥也在這封建的屋子裏開過一個現代式的工廠，用新式的機子織杭紡。"

【神機】

"織機"之美稱。此稱漢代已行用。《藝文類聚》卷八七引漢王逸《機婦賦》："爾乃窈窕淑媛，美色貞怡，解鳴佩，釋羅衣，披華幕，登神機，乘輕杼，攬床帷，動搖多容，俯仰生姿。"

【雲機】

"織機"之美稱。此稱宋代已行用。宋蘇軾《次韻正輔同游白水山》："豈知乘槎天女側，獨倚雲機看織紗。"宋高觀國《西江月》詞："芙蓉消息已愁深，紅染雲機翠錦。"元劉詵《瑞蓮賦》："秀出玄朗，芳壓雲機。"

【鴛鴦機】

"織機"之美稱。此稱唐代已行用。唐宋之間《明河篇》詩："鴛鴦機上疏螢度，烏雀橋邊一雁飛。"宋蘇軾《鵲橋仙·七夕和蘇堅》詞："與君各賦一篇詩，留織女鴛鴦機上。"明何景明《流螢篇》："蟋蟀床空寶瑟寒，鴛鴦機暗孤燈暮。"

【鴛機】

"織機"之美稱。"鴛鴦機"之省稱。此稱唐代已行用。唐上官儀《八咏應制》之二："且學鳥聲調鳳管，方移花影入鴛機。"唐李商隱《即日》詩："幾家緣錦字，含淚坐鴛機。"前蜀毛文錫《浣溪沙》詞："每恨蟪蛄憐婺女，幾回嬌妒下鴛機，今宵嘉會兩依依。"宋陸游《清商

怨葭萌驛作》詞："鴛機新寄斷錦。嘆往事，不堪重省。"

綾機

織綾的機具。亦泛指織機。此稱晋代已行用。晋傅玄《馬鈞傳》："舊綾機五十綜者五十躡，六十綜者六十躡，先生患其喪功費日，乃皆易以十二躡。"《醒世姻緣傳》第六八回："素姐起來梳洗完備，穿了一件白絲綢小褂，一件水紅綾小夾襖，一件天藍綾機小綢衫。"

錦機

織錦的機具。此稱唐代已行用。唐吉師老《鴛鴦》詩："渡頭驚起一雙去，飛上文君舊錦機。"《元曲選·李好古〈張生煮海〉》第一折："咿呀呀，偏以那織金梭擪斷錦機聲；滴溜溜，舒春織亂撒珍珠迸。"明楊慎《〈周官音詁〉序》："如開武庫，五兵隨所用之；似張錦機，百彩惟其取者。"

卧機

織造工具的一種。此稱元代已行用。元王禎《農書》卷二一："織機、卧機，織絲具也。"所繪二圖一爲"織機"，一爲"卧機"。明王圻等《三才圖會·器用》所繪圖與元代王禎《農書》略同，祇是其圖上未標明"卧機"。

花機

提花機。提花，謂用經緯綫織成凹凸花紋。漢王逸《機婦賦》曾記其梗概。其制極繁複，至三國魏初年，馬鈞患其喪功費日，乃有綾機之變，功效大增。此稱明代已行用。明宋應星《天工開物·乃服》："凡花機通身度長一丈六尺，隆起花樓，中托衢盤，下垂衢脚。對花樓下掘坑二尺許，以藏衢脚。提花小厮坐立花樓架木上。機末以的杠卷絲，中用叠助木兩

枝,直穿二木,約四尺長,其尖插於筘兩頭。"
又《乃服》:"天孫機杼,傳巧人間。從本質而
見花,因綉濯而得錦。乃杼柚遍天下,而得見
花機之巧者,能幾人哉?"

花樓

提花機上控制經綫起落的部件。以其隆起
似樓,故稱。此稱明代已行用。明宋應星《天
工開物·機式》:"凡花機通身度長一丈六尺,
隆起花樓,中托衢盤,下垂衢脚……提花小厮
坐立花樓架木上。機末以的杠卷絲,中用疊助
木兩枝,直穿二木,約四尺長,其尖插於筘兩
頭。"

腰機

古時手動操作的一種絲織機。用以織窄幅
織品。此稱明代已行用。明宋應星《天工開
物·腰機式》:"凡織杭西、羅地等絹,輕素等
綢,銀條、巾帽等紗,不必用花機,只用小機。
織匠以熟皮一方置坐下,其力全在腰尻之上,
故名腰機。普天織葛、苧、棉布者,用此機法,
布帛更整齊堅澤,惜今傳之猶未廣也。"

布機

織布機。此稱元代已行用。元王禎《農書》
卷二二:"布機。《釋名》曰:'布列諸縷。'《淮
南子》曰:'伯余之初作衣也,緂麻索縷,手經
指挂。'後世爲之機杼,幅匹廣長、疏密之制
存焉。農家春秋績織,最爲要具。詩云:誰家
績紡成,札札弄機杼。大布可以衣,絺綌縠安
用許。哀彼度梭人,辛苦織如霧。坐令鄉落間,
長歌二東句。"明王圻等《三才圖會·器用》有
"布機",所述及所繪圖與元代王禎《農書》略
同。《金瓶梅詞話》第三回:"王婆便道:'難得
官人與老身段匹紬絹,放在家一年有餘,不曾

做得。虧殺鄰家這位娘子,出手與老身做成全
了。真個是布機也似針綫,縫的又好又密,真
個難得!'"

布 機
(明王圻等《三才圖會》)

機杼

梭子與織機。多代指織機。此稱漢代已行
用。漢劉安等《淮南子·氾論訓》:"伯余之初
作衣也,緂麻索縷,手經指挂,其成猶網羅。
後世爲之機杼勝複,以便其用,而民得以掩形
禦寒。"《古詩十九首·迢迢牽牛星》:"纖纖擢
素手,札札弄機杼。"《後漢書·列女傳·樂羊子
妻》:"妻乃引刀趨機而言曰:'此織生自蠶繭,
成於機杼。'"《三國志·吳書·華覈傳》:"軍興
以來,已向百載,農人廢南畝之務,女工停機
杼之業。推此揆之,則蔬食而長飢,薄衣而履
冰者,固不少矣。"《樂府詩集·橫吹曲辭·木蘭
詩》:"不聞機杼聲,唯聞女嘆息。"宋王安石
《促織》詩:"祇向貧家促機杼,幾家能有一絇
絲。"明張岱《夜航船·衣裳》:"軒轅妃嫘祖始
興機杼,成布帛。"《皇清職貢圖》卷一:"〔大

西洋合勒未祭亞省〕婦人貞静質直，工作精巧，能徒手交錯金絨，不用機杼，布最輕細。”

【杼機】

即機杼。此稱晋代已行用。晋郭泰機《答傅咸》詩：“寒女雖巧妙，不得秉杼機。”唐孟郊《贈韓郎中愈》詩：“朝吟枯桑柘，暮泣穿杼機。”明魏禧《秋蟲五章》詩之四：“曰謀諸婦，維此杼機。”

【機梭】

即機杼。此稱唐代已行用。唐白居易《朱陳村》詩：“機梭聲札札，牛驢走紜紜。”宋釋正覺《偈頌七十八首》：“燭曉堂虚，織婦轉機梭路細。水明夜静，漁老擁蓑船月寒。”宋釋正覺《頌古一百則》：“一段真風見也麽，綿綿化母理機梭。織成古錦含春像，無奈東君漏泄何。”

梭

亦作“桫”“鑶”“筱”。梭子。織布機中牽引緯綫與經綫交織的器具。其形制根據織機類型而定，一般爲兩端呈圓錐體的長圓形，類棗核，體腔中空以容納紆子。《玉篇·竹部》：“桫，織桫也，緯也，亦作梭。”《正字通·竹部》：“筱，同梭，今織具，以木爲之。”清段玉裁《説文解字注·竹部》：“今人訓織具者，用爲杼字也……《廣雅》作桫。”《集韻·平戈》：“梭，織具。所以行緯也。或作筱梭。”此稱漢代已行用。《太平御覽》

梭
（明徐光啓《農政全書》）

卷八二五引漢服虔《通俗文》：“梭，織具也，所以行緯之鑶。”《晋書·謝鯤傳》：“鄰家高氏女有美色，鯤嘗挑之，女投梭，折其兩齒。”南朝陳徐陵《咏織婦》：“振躡開交縷，停梭續斷絲。”唐于濆《苦辛吟》：“窗下擲梭女，手織身無衣。”五代王周《采桑女》詩：“采桑知蠶飢，投梭惜夜遲。”《皇清職貢圖》卷八：“〔永昌府西南界縹人〕婦人當頂作高髻，裹以白布，衣短衫，繫長裙……俗奉佛，勤耕織，每織一梭，輒誦佛號。”

【鑶】

同“梭”。此體漢代已行用。見該文。

【桫】

同“梭”。此體三國時期已行用。見該文。

【筱】

同“梭”。此體宋代已行用。見該文。

【杼】

即梭。《説文·木部》：“杼，機之持緯者。”此稱先秦時期已行用。《詩·小雅·大東》：“小東大東，杼柚其空。”朱熹集傳：“杼，持緯者也。”《戰國策·秦策二》：“一人又告之曰：‘曾參殺人！’其母懼，投杼逾墙而走。”唐張繼《送鄒判官往陳留》詩：“女停襄邑杼，農廢汶陽耕。”宋陸游《長木夜行抵金堆市》詩：“時時過農家，燈火照鳴杼。”

【杼梭】

即梭。此稱宋代已行用。宋梅堯臣《送周仲章都官通判湖州》詩：“應莫勸蠶織，生計非杼梭。”

【織梭】

即梭。此稱晋代已行用。《晋書·陶侃傳》：“侃少時漁於雷澤，網得一織梭，以挂於壁。有頃雷雨，自化爲龍而去。"

【踟蹰】

即梭。此稱明代已行用。清厲荃《事物異名録》卷一八引明董斯張《廣博物志》："梭，一名踟蹰。"清王士禛《蠶詞》之三："白葦與儂作璘藉，黄金與儂作踟蹰。"自注："踟蹰，梭也。"

【文梭】

"梭"之美稱。文，花紋。此稱宋代已行用。宋張孝祥《木蘭花慢》詞之二："情與文梭共織，怨隨宫葉同流。"宋洪叔璵《鷓鴣天》詞"笑捐瓊佩遺交甫，肯把文梭擲幼輿。花上蝶，水中鳧，芳心密意兩相於。"

【玉梭】

"梭"之美稱。此稱南朝陳已行用。南朝陳江總《内殿賦新詩》："織女今夕渡銀河，當見新秋停玉梭。"唐李嶠《奉和七夕兩儀殿會宴應制》："帝縷升銀閣，天機罷玉梭。"元姚燧《凭闌人》曲："織就回文停玉梭，獨守銀燈思念他。"

【虬梭】

"梭"之美稱。虬，喻其矯健快捷。此稱唐代已行用。唐王勃《爲人與蜀城父老書》："門庭相接，雕甍將綺棟連陳；機杼相和，鳳鏕將虬梭交響。"

【金梭】

"梭"之美稱。此稱唐代已行用。唐温庭筠《織錦詞》："簇簇金梭萬縷紅，鴛鴦艷錦初成匹。"宋孔平仲《孔氏談苑》卷五："蔡州丁氏精于女工，每七夕禱以酒果，忽見流星墜筵中，明日瓜上得金梭，自是巧思益進。"清朱彝尊《一半兒·玉峰》套曲："小鶯烟柳織金梭，

古塔風鈴響玉珂。"清王初桐《奩史》卷一七引《歸太僕集》："巖等登樓縱飲，因共呼貞女，貞女不應，巖從後攫其金梭。貞女折梭擲地，嫗以已梭與之，又折其梭。"

【龍梭】

"梭"之美稱。事本《晋書·陶侃傳》："侃少時，漁於雷澤，網得一織梭，以挂於壁。有頃雷雨，自化爲龍而去。"此稱唐代已行用。唐李賀《有所思》詩："西風未起悲龍梭，年年織素攢雙蛾。"宋陸游《觀蘇滄浪草書絹圖歌》："天孫獨處河之湄，龍梭夜織冰蠶絲，機頭翦落光陸離。"元張天英《玉山佳處》："漁莊一釣得龍梭，龍女吹簫書畫舫。"

【鳳梭】

"梭"之美稱。此稱唐代已行用。唐戴叔倫《織女詞》："鳳梭停織鵲無意，夢憶仙郎夜夜心。"宋程公許《和憲使張郎中》："冰壑棟梁具，鳳梭雲錦機。"清杜文瀾《鵲橋仙·七夕》："鳳梭停，銀潢静，仙軿直下雲表。"

【鴛杼】

"梭"之美稱。此稱唐代已行用。唐王勃《七夕賦》："停翠梭兮卷霜縠，引鴛杼兮割冰綃。"清袁綬《高陽臺·閏七夕》："鴛杼重停，鵲橋又渡，銀河瑟瑟涵秋。"

【翠梭】

"梭"之美稱。此稱唐代已行用。唐王勃《七夕賦》："停翠梭兮卷霜縠，引鴛杼兮割冰綃。"宋李萊老《浪淘沙》："東風吹得落花顛。簾影翠梭懸綉帶，人倚秋千。"清蔣春霖《換巢鸞鳳》："誰爲天孫塞秋河，翠梭當夜呈雙笑。"

【綾梭】

"梭"之美稱。此稱唐代已行用。唐杜牧

《越中》詩：“猶自保郎心似石，綾梭夜夜織寒衣。”唐杜荀鶴《送人宰吳縣》：“草履隨船賣，綾梭隔水鳴。”

紅玉梭

紅色的織布梭。玉梭，梭的美稱。此稱明代已行用。明李昌祺《剪燈餘話·田洙遇薛濤聯句記》：“東鄰美女紅玉梭，雪縷鳳機成素羅。”

杼柚

織布機上的兩個重要部件。即用來持緯綫（橫綫）的梭子和用來承經綫（直綫）的筘。“杼”“柚”連用常代指織機。此稱先秦時期已行用。《詩·小雅·大東》：“小東大東，杼柚其空。”朱熹集傳：“杼，持緯者也；柚，受經者也。”《後漢書·陳忠傳》：“加以百姓不足，府帑虛匱，自西徂東，杼柚將空。”唐杜甫《歲晏行》：“高馬達官厭酒肉，此輩杼柚茅茨空。”明宋應星《天工開物·乃服》：“乃杼柚遍天下，而得見花機之巧者，能幾人哉！”

【杼軸】

同“杼柚”。此體漢代已行用。漢揚雄《法言·先知》：“田畝荒，杼軸空，謂之斁。”唐李白《任城縣令廳壁記》：“杼軸和鳴，機杼嚬蛾之女。”

【軸杼】

即杼柚。此稱明代已行用。明劉基《漁家傲》詞：“征戍誅求空軸杼，千村萬落無砧杵。”清許傳霈《抵家大水》：“高田無豆麥，遑雲插禾黍。流民才賦歸，又嗟空軸杼。”

筬

亦作“筘”。織布機上的主要部件之一。形狀像梳子。舊式織機的筬是用竹子做成的，新式織機的筬是用鋼做成的。經綫從筬齒間依次穿過，其作用是保持經綫的位置，并把緯綫推到織口。緯綫通過經綫後，筬即將緯綫并緊（亦稱“打緯”）而漸成織品。筬的長度即織品橫幅的寬度。《廣韻·去候》：“筬，織具。”清吳任臣《字彙補·竹部》：“筘，布筘也。”明顧夢麟《四書説約》：“三十升布，則爲筘一千二百目。”此稱宋代已行用。宋朱熹《朱子語類·儀禮·喪服經傳》：“緫十五升，抽其半者，是一筬只用一經。”明宋應星《天工開物·穿經》：“凡絲穿綜度經，必用四人列坐，過筬之人，手執筬耙，先插以待絲至絲過筬則兩指執定，足五七十筬，則緶結之。”清俞正燮《癸巳存稿·升布》：“吳仁傑《兩漢刊誤補遺》言：宋時織筬用六成至十五成，成四十齒，兩縷共一齒，是八十縷爲成，即升即稯也。”清厲荃《事物異名録》卷一八引《説文》：“筬，織具。”

【筘】

即筬。此體明代已行用。見該文。

【柚】

即筬。此稱先秦時期已行用。《詩·小雅·大東》：“小東大東，杼柚其空。”朱熹集傳：“柚，受經者也。”

瓦

亦稱“紡塼”。古代用泥土燒製的紡錘。爲原始收絲的器具。新石器時代已有使用。由陶製或石製圓盤，中間插一短杆而成。將待紡之物纏於短杆之上，垂下，一手提杆，一手轉動圓盤，即可紡紗。待紡至一定長度，纏於短杆之上。如此反復，纏滿爲止。此稱先秦時期已行用。《詩·小雅·斯干》：“乃生女子，載寢之地，載衣之裼，載弄之瓦。”毛亨傳：“瓦，紡塼也。”孔穎達疏：“瓦，紡塼，婦人所用。”陳奐傳疏："傳以竹紡塼釋瓦。紡即絲紡，塼所以持絲，以瓦爲之。"馬瑞辰通釋："古之捻緩者，以專爲錘。"《後漢書·列女傳·曹世叔妻》："古者生女三日，臥之床下，弄之瓦塼，而齋告焉。"李賢注："《詩·小雅·斯干》曰：'乃生女子，載寢之地，載弄之瓦。'毛萇注云：'瓦，紡塼也。'〔鄭玄〕箋云：'臥之於地，卑之也。紡塼，習其所有事也。'"

【紡塼】

即瓦。此稱漢代已行用。見該文。

【專】

即瓦。亦稱"紡專"。此稱先秦時期已行用。甲骨文作，左邊爲紡織時收絲用的紡專，右邊的圖案就是手，像用手轉動紡錘的樣子。《説文·寸部》："專，紡專。"清段玉裁注："《小雅》：'乃生女子，載弄之瓦。'毛曰：'瓦，紡專也。'《糸部》：'紡，網絲也。網絲者以專爲錘。'"徐灝注箋："此疑當以紡專爲本義。收絲之器謂之專，其錘謂之鑪。謂之專者，以其圓轉收絲也。"

【紡專】

即專。此稱漢代已行用。見該文。

【瓦塼】

即瓦。此稱漢代已行用。《後漢書·列女傳·曹世叔妻》："古者生女三日，臥之床下，弄之瓦塼，而齋告焉。"

【瓦磚】

即瓦。同"瓦塼"。此體漢代已行用。漢劉向《説苑·雜言篇》曰："子不聞和氏之璧乎？價重千金，然以之間紡，曾不如瓦磚。"

【鑪】

即瓦。亦稱"紡錘""紡甎"。此稱漢代已行用。《説文·缶部》："鑪，瓦器也。"清段玉裁注："《詩·斯干》：乃生女子，載弄之瓦。傳曰：'瓦，紡專也。'箋云：'紡專，習其壹所有事也。'案：專同塼，紡專，《正義》不言何物。《廣韻》廿二霰云：'鑪，紡錘。'《集韻·霰韻》云：'鑪，一曰紡甎。'然則婦人拈緩錘頭，古用塼爲之。婦人所重者紡績，故箋云習其壹意於所有事也。許云'瓦器，渾言之，未及詳説耳。紡錘下垂如戈，鐏之在底。'"明宋濂《篇海類編·器用類·缶部》："鑪，紡錘也。"

【紡錘】

即鑪。此稱宋代已行用。見該文。

【紡甎】

即鑪。此稱宋代已行用。見該文。

紡磚

鎮定紡車之磚。此稱清代已行用。清王應奎《柳南隨筆》卷二："余見今世紡車之式，下有木一縱一橫，往往以磚鎮之，或於縱木上，或於橫木上，蓋防其搖動也。豈即所謂紡磚乎？"

陶紡輪

新石器時代陶製紡織器具。仰韶文化、馬家窰文化遺址中多有出土。多爲圓形，中心穿孔。上有幾何形花紋圖案。商代陶紡輪，厚度略增，輪面邊緣有印紋。

經具

牽經緩的工具。此稱明代已行用。明宋應星《天工開物·經具》："凡絲即纏之後，牽經就織。以直竹竿穿眼三十餘，透過篾圈，名曰溜眼。竿橫架柱上。絲從圈透過掌扇，然後纏繞經耙之上。度數既足，將印架捆卷。既捆，中以交竹二度，一上一下間絲，然後扱於篦內。

扱篾之後，以的杠與印架相望，登開五、七丈。或過糊者，就此過糊；或不過糊，就此卷於的杠，穿綜就織。"

經具
（明宋應星《天工開物》）

經架

牽絲所用的木架。此稱元代已行用。元王禎《農書》卷二一："經架，牽絲具也。先排絲籰於下，上架橫竹，列環以引衆緒，總於架前輕潭（與牌同），一人往來挽而歸之紃軸，然後授之機杼。前人《織圖詩》云：'素絲頭緒多，羨君巧安排。青軂不動塵，緩步交去來。脉脉意欲亂，眷眷首重回。王言正如絲，亦付經綸才。'"明王圻等《三才圖會·器用》有"經架"，所述及所繪圖與元代王禎《農書》略同。

經耙

牽經具上挂絲之木架。此稱明代已行用。明宋應星《天工開物·經具》："凡絲既籰之後，

經架
（據明徐光啓《農政全書》繪）

牽經就織。以直竹竿穿眼三十餘，透過篾圈，名曰溜眼。竿橫架柱上，絲從圈透過掌扇，然後纏繞經耙之上。"

印架

織前整經工具。此稱明代已行用。明宋應星《天工開物·經具》："凡絲既籰之後，牽經就織。以直竹竿穿眼之三十餘，透過篾圈，名曰溜眼。竿橫架柱上，絲從圈透過掌扇，然後纏繞經耙之上。度數既足，將印架捆卷。既捆，中以交竹二度，一上一下間絲，然後扱於篾內。扱篾之後，以的杠與印架相望，登開五、七丈。或過糊者，就此過糊；或不過糊，就此卷於的杠，穿綜就織。"

掌扇

牽經具上的分絞篾。此稱明代已行用。明宋應星《天工開物·經具》："凡絲既籰之後，牽經就織。以直竹竿穿眼之三十餘，透過篾圈，名曰溜眼。竿橫架柱上，絲從圈透過掌扇，然後纏繞經耙之上。"

交竹

古代織機部件。牽經具上之交棒。爲兩根長二尺、細如手指之竹棍，用以夾住交錯之經綫，將經綫一上一下分開。此稱明代已行用。明宋應星《天工開物·穿經》："絲過篾，則兩指執定，足五七十篾，則繳結之，不亂之妙，消息全在交竹。"《天工開物·經具》："度數既足，將印架捆卷。既捆，中以交竹二度，一上一下間絲，然後扱於篾內。"

綜

織機上使經綫交錯着上下分開，以便梭子通過的裝置。此稱漢代已行用。《說文·糸部》："綜，機縷也。"《玉篇·糸部》："綜，持絲交。"

漢劉向《列女傳·魯季敬姜》："推而往，引而
來者，綜也。"晉傅玄《馬鈞傳》："舊綾機五十
綜者五十躡，六十綜者六十躡，先生患其喪功
費日，乃皆易以十二躡。"南朝梁劉勰《文心雕
龍·正緯》："蓋緯之成經，其猶織綜，絲麻不
雜，布帛乃成。"唐虞世南《中婦織流黃》詩：
"綜新交縷澀，經脆斷絲多。"明宋應星《天工
開物·經具》："凡絲既𥰠之後，牽經就織……
或過糊者，就此過糊；或不過糊，就此卷於的
杠，穿綜就織。"

桄

提花機上的橫木，綜框。此稱元代已行
用。《元史·輿服志》："柱下直平盤，虛櫃，中
櫃三十，下外桄二。漆繪犀、象、鸚鵡、錦
雉、孔雀，隔棄嵌裝花板。"明宋應星《天工開
物·機式》："其素羅不起花紋，與軟紗綾絹踏
成浪梅小花者，視素羅只加桄二扇，一人踏織
自成，不用提花之人。"

衢脚

提花機上控制經綫起落的部件。此稱明代
已行用。明宋應星《天工開物·機式》："凡花
機通身度長一丈六尺，隆起花樓，中托衢盤，
下垂衢脚。對花樓下掘坑二尺許，以藏衢脚。"
又："其素羅不起花紋，與軟紗綾絹踏成浪、梅
小花者，視素羅只加桄二扇，一人踏織自成，
不用提花之人閑住花樓，亦不設衢盤與衢脚
也。"

衢盤

提花機上調整經綫開口部件的部件。此
稱明代已行用。明宋應星《天工開物·機式》：
"凡花機身通身度長一丈六尺，隆起花樓，中托
衢盤，下垂衢脚。"又："其素羅不起花紋，與

軟紗綾絹踏成浪梅小花者，視素羅只加桄二扇，
一人踏織自成，不用提花之人，閑住花樓，亦
不設衢盤與衢脚也。"

的杠 [1]

提花機機末用以捲經絲之杠。此稱明代已
行用。明宋應星《天工開物·機式》："機末以
的杠卷絲，中用疊助木兩枝，直穿二木，約四
尺長，其尖插於筬兩頭。"

疊助木

提花機上打筬的壓木。此稱明代已行用。
明宋應星《天工開物·機式》："機末以的杠卷
絲，中用疊助木兩枝，直穿二木，約四尺長，
其尖插於筬兩頭。"

趕車

脫棉籽的工具。此稱明代已行用。明宋應
星《天工開物·乃服》："凡棉春種秋花，花先
綻者逐日摘取，取不一時。其花粘子於腹，登
趕車而分之，去子取花，懸弓彈化。"《天工開
物·甘嗜》："夾蔗於中，一軋而過，與棉花趕
車同義。"

亞車床

軋花機。此稱清代已行用。清蒲松齡《增
補幸雲曲》俚曲第一七段："棉花鋪有亞車床，
沒見人家有銅床。"

木綿攪車

省稱"攪車"。古時軋棉器械。門形木框作
兩橫軸，始見於 13 世紀末松江地區。兩軸加轉
方嚮相反，喂入棉花後，兩軸相軋，將籽落於
內，棉出於外。此稱元代已行用。元王禎《農
書》卷二一："木綿攪車，木綿初采，曝之，陰
或焙乾。《南州異物志》：班布，吉貝木所生。
熟時狀如鵝毳，細過絲綿。中有核如珠珣，用

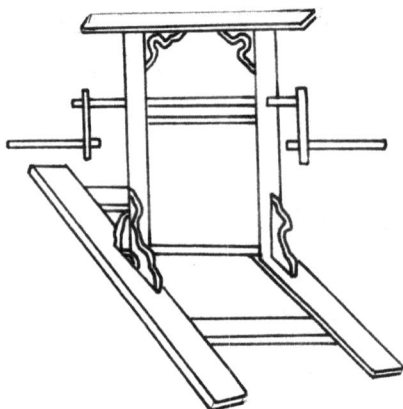

木綿攪車
（明王圻等《三才圖會》）

之則治出其核。昔用輾軸，今用攪車，尤便。
夫攪車，四木作框，上立二小柱，高約尺五上，
以方木管之。立柱各通一軸，軸端俱作掉拐，
軸末柱竅不透，二人掉軸，一人喂上綿英，二
軸相軋，則子落於內，綿出於外。比用輾軸，
工利數倍。今特圖譜，使民易效。（注：凡木綿
雖多，今用此法，即去子得棉，不致積滯。）詩
云：二木相摩運兩端，宛如造物沒機關。霜綿
山積珠論斗，只在思樞柄用間。」元戴良《甲辰
元日對雪聯句》：「疊遙如拖練，旋空若攪車。」
明王圻等《三才圖會・器用》「木棉攪車」條所
述與元代王禎《農書》略同，且繪製有圖。明
徐光啟《農政全書》卷三五「木綿攪車」條所
述亦本王禎《農書》。

【攪車】

　　「木綿攪車」之省稱。此稱元代已行用。見
該文。

絍車

　　將麻絲棉、棕等纖維絞成條形的工具。通
常一縷以備再絞合。此稱元代已行用。元王禎
《農書》卷二二：「絍車，續麻枲絎緊具也。造
作簨虡，高二尺，上穿橫軸，長可二尺餘，貫

絍車
（明徐光啟《農政全書》）

以軒轂。左手引麻牽軒，既轉，右手續接麻皮
成緊，縱纏軒上，絎縷既盈，乃脫軒，付之繩
車，或作別用。詩云：形如紉簨却輕便，麻縷
牽來日萬旋。料得絎成付它具，作繩功力已居
先。」明王圻等《三才圖會・器用》有「絍車」，
所述及所繪圖與元代王禎《農書》略同。

木棉捲筵

　　亦作「木綿捲筵」。捲棉筒之具。多以稭
筵或無節竹條為之。此稱元代已行用。元王禎
《農書》卷二一：「木棉捲筵，淮民用葍黍梢莖，
取其長而滑。今他處
多用無節竹條代之。
其法先將綿氄，條於
几上，以此筵捲而扦
之，遂成綿筒。隨手
抽筵，每筒牽紡，易
為勻細，捲筵之效
也。詩云：折得修筵
捲氄茸，就憑瑩滑脫
圓筒，作棉匠具雖多
巧，獨有天然造物

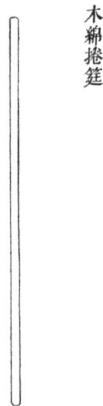

木綿捲筵

木綿捲筵
（明徐光啟《農政全書》）

功。」明王圻等《三才圖會・器用》作「木綿捲
筵」，所述與元代王禎《農書》略同。

【木綿捲筵】

　　同「木棉捲筵」。此體明代已行用。見該文。

木棉撥車

亦作"木綿撥車"。絡綿纏紗的工具，以
竹爲之，方圓不等。此稱元代已行用。元王
禎《農書》卷二一："木棉撥車，其制頗肖麻苧
蟠車，但以竹爲之，方圓不等，特更輕便。按
舊説，先將紡訖（一作紇）棉緯於稀糊盆内度
過，稍乾，然後將棉緯頭縷撥於車上，遂成棉
紙。詩云：造型隨意作方圓，終日悠悠聽撥旋。
待爾紙成足經緯，却教機杼得功全。"按，此
書繪圖，名作"木綿撥車"。明王圻等《三才
圖會·器用》作"木綿撥車"，所述與元代王禎
《農書》略同。

木綿撥車
（明徐光啓《農政全書》）

【木綿撥車】

同"木棉撥車"。此體元代已行用。見該文。

木棉綫架

亦作"木綿綫架"。木棉紡車的配套器具。
爲一木架，用以放置木棉緯。此稱元代已行用。
元王禎《農書》卷二一："木棉綫架，以木爲
之，下作方座，長闊尺餘，卧列四維。座上鑿
置獨柱，高可二尺餘，柱上橫木長可二尺，用
竹篾均列四彎，内引下座四維。紡於車上，即
成綿綫。舊法：先將此緯絡於籰上，然後紡合。
今得此制，甚爲速妙。詩云：絲牽卧緯上拘

木棉綫架
（明徐光啓《農政全書》）

聯，雙縷俱成合綫棉。便向車頭施捷巧，紡人
特喜勝於先。"明王圻等《三才圖會·器用》引
此條作"木綿綫架"，所述與元代王禎《農書》
略同。

【木綿綫架】

同"木棉綫架"。此體明代已行用。見該文。

木棉彈弓

彈棉花的工具。
形略似弓。此稱元代
已行用。元王禎《農
書》卷二一："木棉
彈弓，以竹爲之，長
可四尺許，上一截頗
長而彎，下一截稍短
而勁。控以繩弦，用
彈棉英，如彈氊毛
法。務使結者開，實
者虚，假其功用，非弓不可。詩云：主射由來
彀此弓，豈知弦法有他功。却將一掬香綿朵，
彈作晴雲滿座中。"

木棉彈弓
（明徐光啓《農政全書》）

小弓

小型彈花具，形制似弓。此稱宋代已行

用。宋方勺《泊宅編》卷中："〔木棉〕小弓彈，令紛起，然後紡績爲布。"清《授時通考》卷七七："士人以鐵鋌輾去其核，取如綿者，以竹爲小弓，長尺四五寸許，牽弦以彈綿，令其勻細，捲爲筒，就車紡之，自然抽緒如繰絲狀。"

木矩

木質綿矩。此稱元代已行用。元王禎《農書》卷二一："綿矩，以木框方，可尺餘，用張繭綿，是名綿矩。又有揉竹而彎者，南方多用之……北方大小用瓦蓋，各從其便，然用木矩者，最爲得法。"

木棉軒床

亦作"木綿軒牀"。亦稱"軒床""木綿經牀"。絡棉絲之具。此稱元代已行用。元王禎《農書》卷二一："木棉軒床，其制如所坐交椅，但下空一軒，四股；軒軸之末，置一掉枝；上椅竪列八維，下引綿絲。動轉掉枝，分絡軒上。絲紝既成，次第脫卸。比之撥車，日得八倍。始出閩建，今欲傳之他方，同趨省便。詩云：八維綿絲絡一軒，巧憑坐椅作軒床。試將觸類深思索，麻苧鄉中用亦良。"明王圻等《三才圖會·器用》作"木綿軒牀"，所述與元代王禎

木綿軒床
（明徐光啓《農政全書》）

《農書》略同，亦繪有圖，圖名作"木綿經牀"。

【木綿軒牀】

同"木棉軒床"。此體明代已行用。見該文。

【軒床】

即木棉軒床。此稱元代已行用。見該文。

【木綿經牀】

即木棉軒床。此稱明代已行用。見該文。

的杠 [2]

織機上的經軸。此稱明代已行用。明方以智《物理小識·衣服類》："花機長六丈，起花樓，掘地藏足，中托衢盤（注：用千八百竹條）提花。坐樓以的杠捲絲。用兩叠助木尖插簆兩頭。叠助者，羅空在夾綜衮頭。"明宋應星《天工開物·經具》："扱簆之後，以的杠與印架相望，登開五、七丈。"

桄綜

織機上的構件之一。即綜片。綜片下連輘踏板，織工踏之，使綜片起伏，帶動經綫上下，形成織口，以便緯綫穿過。此稱明代已行用。明宋應星《天工開物·分名》："直至織花綾紬，則去此兩扇，而用桄綜八扇。"

鑷

亦作"躡"。古時織機上的踏板。此稱漢代已行用。《西京雜記》卷一："霍光妻遺淳于衍……散花綾二十五匹。綾出鉅粗陳寶光家，寶光妻傳其法。霍顯召入其第，使作之。機用一百二十鑷，六十日成一匹，匹直萬錢。"晋傅玄《馬鈞傳》卷二："舊綾機五十綜者五十躡，六十綜者六十躡。先生患其喪功費日，乃皆易以十二躡。"南朝陳徐陵《咏織婦》詩："振鑷開交縷，停梭續斷絲。"

【镙】

同"镙"。此體晋代已行用。見該文。

繅刷

疏布縷之器。束草根爲之。此稱元代已行用。元王禎《農書》卷二二："繅刷，疏布縷器也。束草根爲之，通柄長可尺許，圍可尺餘。其繅縷杼軸既畢，加以叉木，下用重物掣之，繅縷已均布者，以手執此，就加漿糊，順下刷之，即增光澤。可授機織，此造布之内，雖曰細具，然不可闕。詩云：績麻經紡即爲繅，功用都歸一刷餘。縷與機頭借光潤，已聞催布有徵胥。"

繅刷
（明徐光啓《農政全書》）

殘機

殘剩織物。没有織完的織機。此稱南北朝時期已行用。《樂府詩集·清商曲辭·子夜歌七》："始欲識郎時，兩心望如一。理絲入殘機，何悟不成匹？"唐杜審言《奉和七夕侍宴兩儀殿應制》："那堪盡此夜，復往弄殘機。"唐張九齡《賦得自君之出矣》詩："自君之出矣，不復理殘機。思君如滿月，夜夜減清輝。"唐徐彦伯《閨怨》詩："塵埃生半榻，花絮落殘機。"

鋌

紡車或織機上繞紗的構件。今稱"錠子"。此稱明代已行用。明宋應星《天工開物·乃服》："凡供緯篡，以水沃濕絲，搖車轉鋌而紡於竹管之上。"

牽挺

織機踏板。此稱先秦時期已行用。《列子·湯問》："飛衛曰：'爾先學不瞬，而後可言射矣。'紀昌歸，偃卧其妻之機下，以目承牽挺。二年之後，雖錐末倒眥而不瞬也。"張湛注："牽挺，機蹑。"

支機石

支墊織機之石。此稱南北朝時期已行用。《太平御覽》卷八引《集林》："昔有一人尋河源，見婦人浣紗，以問之，曰：'此天河也。'乃與一石。而歸問嚴君平。云：'此織女支機石也。'"唐趙璘《因話録》卷五："今成都嚴真觀有一石，俗呼爲'支機石'，皆目云：當時君平留之。"

【搘機石】

同"支機石"。搘，同"支"。此體南北朝時期已行用。宋陳元靚《歲時廣記》卷二七引《荆楚歲時記》："漢武帝令張騫使大夏，尋河源，乘槎經月而至一處，見城郭如州府，室内有一女織。又見一丈夫，牽牛飲河。騫問曰：'此是何處？'答曰：'可問嚴君平。'織女取搘機石與騫俱還……所得搘機石，爲東方朔所識。"

旋椎

紡麻緶的工具。形如腰鼓，中間插一短杆，杆上有鈎。此稱元代已行用。元王禎《農書》卷二二："旋椎，掉麻緶具也。截木長可六寸，頭徑三寸許，兩間所細，樣如腰鼓。中作小

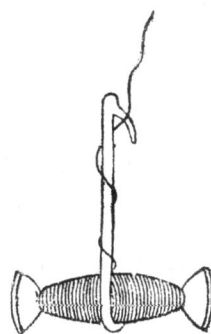

旋椎
（明徐光啓《農政全書》）

竅，插一鈎簧，長可四寸，用繫麻皮於下。以左手懸之，右手撥旋，麻既成緊，就纏椎之上，餘麻挽於鈎內，復續之如前。所成經緯，可作粗布，亦可織履。農隙時，老稚皆能作此。雖係瑣細之具，然於貧民不爲無補，故繫於此。詩云：鈎椎高掣作懸虛，麻緊成來布有鑪。近喜鄉人更他用，却旋毛纏造氈毹。"

績筐

紡織時用以盛紗縷的筐。此稱晉代已行用。晉葛洪《西京雜記》卷四："漢元后在家，嘗有白燕銜石大如指，墮后績筐中。"

績籅

盛麻績器。以麻苧蕉葛等編成。此稱元代已行用。元王禎《農書》卷二二："績籅，盛麻績器也。績，《集韻》云：緝也。籅，《説文》曰：籠也，又姑簍也。字從竹，或以條莖編之，用則一也。大小深淺，隨其所宜制之。麻苧、蕉葛等之爲絺綌，皆本於此，有日用生財之道也。詩云：績麻如之何，以器爲縈蟠。初認飛霰落，次若層雲屯，功成衣良筌，日新等銘槃。詩人有深刺，勿效南方原。"

刈刀

割麻所用之刀。此稱元代已行用。元王禎《農書》卷二二："刈刀，穫麻刃也。或作兩刀，但用鐮柯，旋插其刃，俯身控刈，取其平穩便易。北方種麻頗多，或至連頃，另有刀工，各具其器，割刈根莖，劂削梢葉，甚爲速效。《齊民要術》曰：麻，

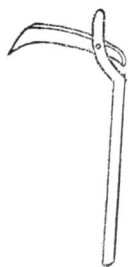

刈 刀
（明徐光啓《農政全書》）

'勃如灰便刈。策欲小縛欲薄……穫欲净'。此刈麻法也。南方惟用拔取，頗費工力，故録於此，示其便也。詩云：森森麻秆覆陰濃，頃畝方期一捲空，説似吳儂初未信，中原隨地有刀工。"

苧刮刀

刮取苧皮之刀具。長三寸許，有短柄。此稱元代已行用。元王禎《農書》卷二二："苧刮刀，刮苧皮刃也。煆鐵爲之，長三寸許，捲成小槽內插短柄，兩刃向上，以鈍爲用，仰置手中，將所剝苧皮，横覆刃上，以大指就按刮之，苧膚即蛻。

苧刮刀
（明徐光啓《農政全書》）

《農桑輯要》云：苧刈倒時，用手剝下皮，以刀刮之，其浮皴自去。又曰：苧，取其皮，以竹刮其表，厚處自脱，得裏如筋者，煮之用績。今制爲兩刃鐵刀，尤便於用。詩云：刮苧由來要愈工，柄頭雙刃就爲鋊。形模外若無他伎，掌握中能效此功。捲去膚皴見精粹，退餘梗澀得輕鬆。作麻已付金釵績，更爲珍藏用不窮。"明王圻等《三才圖會·器用》有"苧刮刀"，所述及所繪圖與元代王禎《農書》略同。

漚池

漚麻之池。麻經浸漬，其皮較易剝離。此稱宋代已行用。宋吳泳《堰上行上周憲》詩："苧麻漚池禾稻長，雖有旱暵無凶饑。"元王禎《農書》卷二二："漚池，漚，浸漬也。池，猶

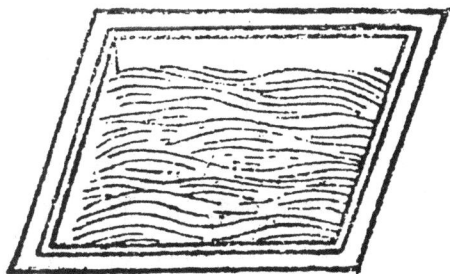

漚 池
（明徐光啓《農政全書》）

繩 車
（明王圻等《三才圖會》）

泓也。詩云：'東門之池，可以漚麻。'《齊民要術》云：'漚欲清水，生熟合宜。'注説云：'濁水則麻黑，水少則麻脆，生則難剥，太爛則不任。'此漚法也。《氾勝之書》曰：'夏至後二十日漚枲，枲和如絲。'大凡北方治麻，刈倒即策之。臥置池内，水要寒暖得宜，麻亦生熟有節，須人體測得法，則麻皮潔白柔韌，可績細布。南方但連根拔麻，遇用則旋浸旋剥。其麻片黄皮粗厚，不任細績。雖南北習尚不同，然北方隨刈即漚於池，可爲上法。又詩云：東門之池，可以漚苧。以此知苧亦可漚。問之南方造苧者，謂苧性本難軟，與漚麻不同，必先績苧以紡成纑，乃用乾石灰拌和累日（注：夏天三日，冬天五日，春秋約中）。既畢，抖去，別用石灰煮熟。待冷，於清水中濯净，然後用蘆簾平鋪水面，攤纑於上，半浸半曬。遇夜收起，瀝乾，次日如前。候纑極白，方可起布，此則漚苧之法。須假水浴日曝而成。北人未之省也。今録之，冀南北通用。"

繩車

製繩之車。此稱元代已行用。元王禎《農書》卷二二："繩車，絞合紇緊作繩也。其車之制，先立簨虡一座，植木止之。簨上加置横板一片，長可五尺，闊可四寸。横板中間排鑿八

竅或六竅，各竅内置掉枝，或鐵或木，皆彎如牛角。又作横木一莖，列竅穿其掉枝，復别作一車，亦如上法。兩車相對，約量遠近，將所成紇緊各結於兩車掉枝之足。車首各一人，將掉枝所穿横木，俱各攬轉，候紇股匀緊，却將三股或四股撮而爲一，各結於掉枝一足，計成二繩。然後將另製瓜木置於所合紇緊之首，復攬其掉枝，使紇緊成繩，瓜木自行，繩盡乃止。凡農事中用繩頗多，故田家習制，此具遂列於農譜之内。詩云：車頭紇縷各牽連，紇索初因匠手傳。一緊續來通似脉，兩端相掣直如弦。機憑梟掉供旋轉，股入行爪作緊圓。資爾屈伸功用異，莫將良器等忘筌。"明王圻等《三才圖會·器用》所述"繩車"與元代王禎《農書》略同，亦繪有圖。

紉車

纏繞繩子的用具。此稱元代已行用。元王禎《農書》卷二二："紉車，繟繩器也。《通俗文》曰：'單繟曰紉。'揉木作棬，中貫軸柄，長可尺餘。以棬之上角，用繟麻皮，右手執柄轉之，左手續麻股，既成緊則纏于棬上。或隨繩車，用之以助紇絞紇緊。又農家用作經織麻屨、牛衣、簾箔等物，此紉車復有大小之分也。

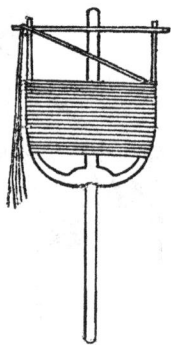

紉　車
（明徐光啓《農政全書》）

詩云：身惟軸柄首惟棬，麻縷紉來儘自纏。簾箔織餘仍有用，牛衣經緯軟於氈。"

絡絲[1]

絲縷。此稱明代已行用。《徐霞客游記·滇游日記十》："坑水潰破堤而出而爲瀑，懸崖三級下，深可十五六丈，但水細如絡絲，不如匹練也。"另指將多根絲綫并在一起成爲絲縷的紡織工藝。宋蘇軾《浣溪沙·麻葉層層檾葉光》："誰家煮繭一村香，隔籬嬌語絡絲娘。"《太平廣記·狐一》："講罷歸舍，見妹坐絡絲。"《太平御覽·美丈夫》："《異苑》曰：'鄙陽陳忠女，名豐，鄰人葛勃有美姿，豐與村中數女共聚絡絲。'"

第三章　絲織物説

第一節　絲帛考

　　遠在我國殷商時代，已有關於養蠶繅絲的文字記載。絲字在甲骨文中作"🎔🎔"，像蠶所吐。亦作"系"，亦稱"純"。《説文·系部》："絲，蠶所吐也。"可染色，製成絲綢、絹等織物。不同産地的絲各有特色。吳絲，古時吳地所産之絲。唐李賀《李憑箜篌引》："吳絲蜀桐張高秋，空山凝雲頹不流。"王琦注："絲之精好者，出自吳地，故曰吳絲。"吸華絲，傳説古越巂國所産之絲。宋佚名《采蘭雜志》："越巂國有吸華絲……漢時國人奉貢，武帝賜麗娟二兩，命作舞衣。春暮宴於花下，舞時故以袖拂落花，滿身都著，舞態愈媚。"華，花也，花觸之即被粘住不墜，故得此稱；此絲可用以織錦。鄭綿，古代鄭地産的絲綿。《楚辭·招魂》："秦篝齊縷，鄭綿絡些。"湖絲，産於湖州，其地桑樹幹低、葉嫩、養分豐富，其絲色白柔韌，質地極佳，行銷國内外。由於顏色的不同，稱謂也各不同：絳縷，深紅色絲縷；碧絲，青綠色絲；皂絲，黑色絲；素絲，白色絲。《詩·召南·羔羊》："羔羊之皮，素絲五紽。"白纊，潔白的新絲綿絮。《儀禮·士喪禮》："用白纊。"此外，還有雪縷、霜絲等白色絲。斑絲是雜色絲織品。五絲即五種顏色的絲。帛是我國古代絲織物的總稱，早在原始社會時期當已出現。漢劉安等《淮南子·原道訓》載："禹合諸侯於塗山，執玉帛者萬國。"《左傳·哀公六年》中也有同樣的記載。這說明，帛最晚出現於大禹時期。

"絲""帛"，在甲骨文中是常見字。由此可知，在商周時期，紡織手工業獲得了很高成就。帛類絲織品得到進一步發展，而且使用範圍擴大，除用作奴隸主貴族的主要衣料外，開始用於商品交換，到西周時甚至成爲一種交換商品，在社會流通。《禮記·王制篇》："布帛精麤不中數，幅廣狹不中量，不鬻於市。"另外帛還用於祭祀、朝聘會盟等。玉帛，用於祭祀。《周禮·春官·肆師》："立大祀，用玉帛牲拴。"皮帛，作爲古代舉行結盟朝會所持的禮物，《周禮·春官·大宗伯》："孤執皮帛。"《莊子·讓王》："太王亶父居邠，狄人攻之，事之以皮帛而不受。"

我國是世界上養蠶繰絲最早的國家，古人利用絲織物尤其是帛作書寫的材料，與竹木相輔而行。《墨子·明鬼篇》："書之竹帛，傳遺後世子孫。"《韓非子·安危篇》："先王寄理於竹帛。"明羅頎《物原》記載："史籍始墨書於帛。"可見西周以來，帛已用於書寫。戰國時，縑帛書畫的數量進一步增多。1949 年春在長沙陳家大山楚墓出土了《鳳夔人物畫》。1942 年長沙城南子彈庫楚墓出土繒書一幅；1973 年 5 月，湖南省博物館對此墓進行了再發掘和清理，發現《人物御龍帛畫》一幅。帛畫的發現使我們瞭解了古代絲織物的多種用途，既具有極高的美術價值，也是研究古代紡織史和美術史的珍貴資料。

漢代紡織品不僅產量大，而且紡織花色品種豐富多樣，在繒或帛的總稱下就有紈、綺、縑、綈、紬、縵、縈、素、練、綾、絹等。漢代的帛有一定的品質規格。《漢書·食貨志》載："太公爲周立九府圜法……布、帛廣二尺二寸爲幅，長四丈爲匹。"漢與西域商業往來頻繁，帛大量輸入西域。《漢書·西域傳》載，張騫兩次通使西域，帶去的貨物"牛羊以萬數，齎金幣帛直數千巨萬"。漢之後，帛與其他物品相結合出現了新的名稱，偶有種類的增加。如，魏晉時期稱琛幣（見晉左思《魏都賦》），唐代稱琛帛（見唐李白《明堂賦》），到了宋代亦稱琛幣（見宋蔡肇《秋日同文館》詩）。南北朝時出現了絮帛（見《南齊書·孝儀傳·華寶》），指綿絮與布帛，泛指禦寒的輕暖物品。唐代又有匹帛（見唐李商隱《雜纂》，指整匹整幅的絲織品）、内帛（見唐杜甫《送許八拾遺歸江寧觀省》詩，指宮廷織作的縑帛）、帑帛（見《新唐書·陸長源傳》，指庫藏的絲織品）。宋代有白繭烏絲（見宋辛棄疾《臨江仙·和信守王道夫韻謝其爲壽時僕作閩憲》詞），是有黑色邊欄的絹帛，可用於書寫；面帛（見宋高承《事物紀原·吉凶典制·面帛》），爲死者覆面所用。清代紡織生產技術更加精湛，帛在這一時期也出現了新的品種、名稱。有色帛（見《皇清職貢圖》卷六）、花帛（見《皇清職貢圖》卷三）、彩帛（見《皇清職貢圖》卷四）、青帛（見《清朝文獻通考·兵十五》）等，另有帛（見清唐甄《潛書·尚治》），用以泛指絲織物。

絲[1]

亦稱"繺""續"。本義指蠶吐出的像綫的東西，是織綢緞等的原料，可染色製成絲綢、絹等織物。引申爲絲織品，如絲綢。泛指像蠶絲一樣的細綫和其他極細的東西，如絲綫、銅絲。又比喻極小或極少的量。又特指琴、瑟、琵琶等弦樂器，因其弦在古代常以蠶絲爲之而得名。羅振玉《增訂殷虛書契考釋》："象束絲形，兩端則束餘之緒也。"《説文·糸部》："絲，蠶所吐也。"《廣雅·釋器》："續，絲也。"《玉篇·糸部》："繺，音紛，絲也。"此稱先秦時期已行用。絲源於中國，遠在商代甲骨文中即有記載。《書·禹貢》："〔兗州〕厥貢漆絲。"《詩·衛風·氓》："氓之蚩蚩，抱布貿絲。"《韓詩外傳》卷五："繭之性爲絲，弗得女工燔以沸湯，抽其統理，則不成爲絲。"《周禮·考工記·㡛氏》："㡛氏湅絲以涗水。"唐李賀《浩歌》："買絲繡作平原君，有酒惟澆趙州土。"唐白居易《紅綫毯》詩："紅綫毯，擇繭繰絲清水煮，揀絲練綫紅藍染。"《新唐書·地理志二》："齊州濟南郡……土貢：絲、葛、絹、綿。"明宋應星《天工開物·乃服》："凡蠶形亦有純白、虎斑、純黑。花紋數種，吐絲則同。"

【繺】

即絲[1]。此稱南北朝時期已行用。見該文。

【續】

即絲[1]。此稱三國時期已行用。見該文。

【蠶絲】

即絲[1]。此稱南北朝時期已行用。宋郭茂倩《樂府詩集》卷四九載有南北朝時期詩《作蠶絲》："春蠶不應老，晝夜常懷絲。"宋高承《事物紀原·蠶絲》："《皇圖要記》曰：'伏犧化蠶爲絲。又黃帝四妃西陵氏始養蠶爲絲。'"

【純】

即絲[1]。此稱先秦時期已行用。《儀禮·士昏禮》："女次純衣纁袡。"漢鄭玄注："麻冕，禮也；今也純儉，吾從眾。"三國魏何晏集解引漢孔安國曰："純，絲也。"《説文·糸部》："純，絲也。"《漢書·王褒傳》："夫荷旃被毳者，難與道純綿之麗密。"唐顏師古注："純，絲也。"

【繭絲】

即絲[1]。此稱先秦時期已行用。《列子·湯問》："詹何以獨繭絲爲綸，芒針爲鈎，荊條爲竿，剖粒爲餌，引盈車之魚於百仞之淵、汩流之中，綸不絕，鈎不伸，竿不撓。"宋楊萬里《上元夜里俗粉米爲繭絲書吉語置其中以占》："兒女炊玉作繭絲，中藏吉語默有祈。小兒祝身取官早，小女只求蠶事好。"

【糸】[1]

即絲[1]。我國遠在殷商時代已有關於養蠶繅絲的文字記載，甲骨文、金文皆有其形體。《説文·系部》：“蠶，蠶所吐也。”清段玉裁注：“絲者，蠶所吐也……細絲曰系。”

【蠶縷】[2]

即絲[1]。此稱唐代已行用。唐李商隱《宮中曲》：“蠶縷茜香濃，正朝纏左臂。”宋陸游《下元日五更詣天慶觀寶林寺》：“素綃細織冰蠶縷，清寒不受人間暑。”

八蠶絲

蠶絲的一種。指一年八熟之蠶絲。此絲細柔而滑，爲絲之上品。以蘇州及浙江永嘉最爲著名。此稱唐代已行用。《新唐書·地理志五》：“蘇州吳郡，雄。土貢：絲葛、絲綿、八蠶絲、緋綾、布、白角簟、草席……”參閱北魏賈思勰《齊民要術·種桑柘》。

生絲

亦稱“繳”“敫”。用蠶繭繅成的絲。是紡織的最初原料。此稱漢代已行用。漢劉向《列仙傳·赤將子輿傳》：“赤將子輿者，黄帝時人……時時於市中賣繳，亦謂之繳父云。”《説文·系部》：“敫，生絲縷也。”清段玉裁注：“生絲爲縷也。”《玉篇·系部》：“敫，生絲縷也。繳，同敫。”《正字通·系部》：“敫，繳豐字。《説文》篆作敫。”《宋史·兵志十一》：“帝性儉約，有司造將官皮甲，欲以生絲染紅代牦牛尾爲瀝水，帝惜之，代以他毛。”清蒲松齡《日用俗字·養蠶章》：“生絲絞作琵琶弦。”

【繳】

即生絲。此稱南北朝時期已行用。見該文。

【敫】[1]

即生絲。此稱漢代已行用。見該文。

綃[1]

亦作“繅”。生絲的一種。此稱漢代已行用。《説文·系部》：“綃，生絲也。”《集韻·平宵》：“綃，《説文》：‘生絲也。’或作繅。”南朝梁簡文帝蕭綱《箏賦》：“五色之繅雖亂，八熟之緒方治。”宋陸游《釵頭鳳·紅酥手》：“春如舊，人空瘦，淚痕紅浥鮫綃透。”

【繅】[1]

同“綃[1]”。此體南北朝時期已行用。見該文。

練[1]

亦稱“練絲”。煮熟之生絲。柔軟潔白。此稱先秦時期已行用。《左傳·襄公三年》：“使鄧廖帥組甲三百，被練三千，以侵吳。”楊伯峻《春秋左傳注》：“練是煮熟之生絲，柔軟潔白，用以穿甲片成甲衣，自較以組穿甲爲容易，但不如組帶之堅牢。”又引清毛奇齡《經問》：“被練者，絮練而組之。”漢劉安等《淮南子·説林訓》：“墨子見練絲而泣之，爲其可以黃，可以黑。”張雙棣《淮南子校釋》引高亨《諸子新箋》注：“練，白。憫其化也。”《後漢書·楊終傳》引先秦逸詩：“皎皎練絲，在所染之。”

【練絲】

即練[1]。此稱先秦時期已行用。見該文。

新絲

當年的蠶絲。此稱唐代已行用。唐聶夷中《咏田家》：“二月賣新絲，五月糶新穀。”前蜀花蕊夫人《宮詞》：“禁裏春濃蝶自飛，御蠶眠處弄新絲。”又比喻初生的白髮。

蟲絲

食葉似蠶之蟲繭繅取的絲。宋周去非《嶺外代答·蟲絲》：“廣西楓葉初生，上多食葉之蟲，似蠶而赤黑色，四月、五月蟲腹明如蠶之熟。橫州人取之，以釀醋浸而擘，取其絲，就醋中引之，一蟲可得絲長六七尺，光明如煮，成弓、琴之弦，以之繫弓刀紈扇，固且佳。"泛指其他蟲類吐的絲。南北朝庾信《傷懷詩二》："鏡塵言苦厚，蟲絲定幾重。還是臨窗月，今秋迴照松。"唐張九齡《郡內閑齋》："簷風落鳥毳，窗葉挂蟲絲。"

獨繭絲

一繭所繰之絲。此稱先秦時期已行用。《列子·湯問》："詹何以獨繭絲爲綸，芒針爲鈎……列盈車之魚於百仞之淵。"晋張華《博物志》卷八："詹何以獨繭絲爲綸，芒針爲鈎，荆條爲竿，割粒爲餌，引盈車之魚於百仞之淵、汩流之中，綸不絶，鈎不伸，竿不撓。"

【獨繭】

即獨繭絲。亦稱"一繭絲"。此稱漢代已行用。《史記·司馬相如列傳》："抴獨繭之褕袘，眇閻易以戌削。"唐司馬貞索隱引晋郭璞曰："獨繭，一繭絲也。"宋蘇軾《老饕賦》："候紅潮於玉頰，敬暖響於檀槽，忽累珠之妙唱，抽獨繭之長繰；閔手倦而少休，疑吻燥而當膏。"

【一繭絲】

即獨繭。此稱晋代已行用。見該文。

【獨繭縷】

即獨繭絲。此稱宋代已行用。宋沈括《夢溪筆談·雜志一》："取新纊中獨繭縷，以芥子許蠟綴於針腰，無風處懸之，則針常指南。"

絓 [1]

煮繭繰絲時弄結了的絲。此稱漢代已行用。《説文·糸部》："絓，繭滓絓頭也。"清段玉裁注："謂繰時繭絲成結，有所絓礙，工女蠶功畢後，別理之爲用也。"《廣韻·去卦》："絓，絲結。"遼行均《龍龕手鑑·糸部》："絓，惡結絲也。"

絓絲

粗絲與精絲的統稱。此稱先秦時期已行用。《管子·輕重甲》："陽春，蠶桑且至，請以給其口食笐曲之強。若此，則絓絲之籍去分而斂矣。"馬非百新詮："絓絲，統精粗言。"

細絲

細微之絲。此稱漢代已行用。《説文·糸部》："糸，細絲也。象束絲之形。凡糸之屬皆從糸。讀若覛。"清段玉裁注："細絲也。絲者。蠶所吐也。細者、微也。細絲曰糸。"《玉篇·糸部》："糸，細絲也，微也。"《資治通鑑·宋·孝宗淳熙十二年》："朝廷以其既納紬絹，又以細絲織綾，許以粗絲織絹，謂之屑織。"明徐光啓《農政全書·蠶桑》："繭長而瑩白者，細絲之繭；大而晦色青蔥者，粗絲之繭。"

【緬】

即細絲。亦稱"微絲"。此稱漢代已行用。《説文·糸部》："緬，微絲也。"元戴侗《六書故·工事》："緬，彌袞切，細不絶也。《説文》曰：'微絲也。'今之絡者，別其絲，最細者爲緬，次曰大緬，凡緬以爲緯。"

【微絲】

即緬。此稱漢代已行用。見該文。

【糸】 [2]

即細絲。訛稱"系"。養蠶繰絲，遠在殷商時代已有文字記載。甲骨文作 𢆶 、金文作 𢆶 。此稱先秦已行用。《管子·輕重丁》："君以織籍籍於系。未爲系，籍系撫織，再十倍其賈。"清戴望校正："系當爲糸。"馬非百新詮："織即絲織物……系當作糸。"《説文・糸部》："糸，細絲也。"清段玉裁注："絲者，蠶所吐也……細絲曰糸。"

【系】[1]

"糸[2]"之訛稱。此稱先秦時期已行用。見該文。

大絲

亦稱"絯"。絲的一種，較常絲粗而長。此稱漢代已行用。《説文・糸部》："緇，大絲也。"又《糸部》："紬，大絲繒也。"清段玉裁注："大絲，較常絲爲大也。"《廣韻・上聲》："絯，大絲。"

【絯】

即大絲。此稱至遲在宋代已行用。見該文。

凡絲

普通的絲。此稱南北朝時期已行用。北魏賈思勰《齊民要術・種桑柘》："柘葉飼蠶，絲好，作琴瑟等弦，清鳴響徹，勝於凡絲遠矣。"宋趙汝燧《廣寒游》："歸裁仙曲作霓裳，天音盡洗凡絲簧。"

單絲

單股絲或一根絲。常喻指力量單薄，不能成事。此稱唐代已行用。《新唐書・五行志》："公主初出降，益州獻單絲碧羅籠裙，縷金爲花鳥，細如絲髮，大如黍米，眼鼻嘴甲皆備，嘹視者方見之。"唐白居易《和夢游春詩一百韻》："袖軟異文綾，裾輕單絲縠。"《水滸傳》第四九回："〔樂和〕爲見解珍解寶是個好漢，有心要救他，只是單絲不成綫，孤掌豈能鳴。"

冰蠶絲

亦稱"靈泉絲"。冰蠶繭所繅之絲。此稱唐代已行用。唐蘇鶚《杜陽雜編》卷中："唐元和八年，大軫國貢重明枕，神錦衾。碧麥，紫米……神錦衾。冰蠶絲所織也，方二丈，厚一寸，其上龍文鳳彩，殆非人工。"宋陸游《觀蘇滄浪草書絹圖歌》："天孫獨處河之湄，龍梭夜織冰蠶絲，機頭翦落光陸離。"清金農《張二丈伊以白苧布具遺・感作十韵》："其長四丈闊尺五，縝密何減冰蠶絲。"清谷應泰《博物要覽・志錦》："唐元和八年，大軫國貢神錦衾。錦乃冰蠶絲所織，方二尺，厚一寸，其上龍文鳳彩，殆非人工。其國以五色石甃池，採大柘葉飼蠶於池中，始生如蚊睫，游泳於其間，及老，可長五六寸。池中有挺荷，雖驚風疾吹，不能傾動。大者可闊三四尺，而蠶經十五月始入荷中，以成其繭，形如斗，自然五色，國人繅之，以織神錦，亦謂之靈泉絲。"

【靈泉絲】

即冰蠶絲。此稱清代已行用。見該文。

【冰絲】

"冰蠶絲"之省稱。也作蠶絲之美稱。此稱宋代已行用。宋葉適《送趙季清兼謝所惠詩》："累珠貫冰絲，耿光發沈淵。二千八百字，字字合管弦。"元伊世珍《琅嬛記》卷上："沈休文雨夜齋中獨坐，……燭未及跋，得數兩，起贈沈曰：此謂冰絲，贈君造以爲冰紈。"清黄宗羲《千秋王府君墓志銘》："兒啼午飯，婦絡冰絲。"清曹寅《望雨謠》："旱魃聾蟲慘莫支，家家當户繅冰絲。"

柘絲

柘蠶所吐之絲。多用作琴瑟之弦。此稱南北朝時期已行用。北魏賈思勰《齊民要術・種桑柘》："柘葉飼蠶，絲好，作琴瑟等弦，清鳴響徹，勝於凡絲遠矣。"南朝梁蕭統《七契》：

"荆和之飾照耀，柘絲之弦激揚。"明文震亨《長物志》卷七："〔琴〕弦用白色柘絲。"

釣絲

釣竿上垂的絲綫。此稱唐代已行用。唐杜甫《重過何氏》詩之三："翡翠鳴衣桁，蜻蜓立釣絲。"宋陸游《舟中對月》詩："江空裊裊釣絲風，人静翻翻葛巾影。"清顧貞觀《石州慢·御河爲漕艘所阻》："不如歸去，從教錦纜牙檣，釣絲莫負秋江碧。"

色絲

絲的一種。其質宜染色。此稱南北朝時期已行用。南朝宋劉義慶《世説新語·捷悟》："黄絹，色絲也，於字爲絶。"唐白居易《酬微之》："聲聲麗曲敲寒玉，句句妍辭綴色絲。"《皇清職貢圖》卷八："〔平遠州鍋圈狇狢〕男以葛織斜文爲衣，婦以青布束髮如鍋圈狀，短衣長裙，病則延鬼師用虎頭一具，縈以色絲置箕内禱之。"

采絲

彩色絲綫。此稱漢代已行用。《後漢書·輿服志下》："至孝明皇帝……乘輿落以白珠，公卿諸侯以采絲，其〔玉〕視冕旒，爲祭服云。"宋朱淑真《端午》："縱有靈符共采絲，心情不似舊家時。"明莊昶《寄沈仲律先生》其五："紫氣何來逢尹喜，采絲無計綉平原。"

【綵絲】

同"采絲"。此體唐代已行用。唐白居易《紅綉毯》詩："綵絲茸茸香拂拂，綫軟花虚不勝物。"唐劉禹錫《代謝端午日賜物表》："綵絲一軸，大將衣四副，綵絲五軸。"宋高承《事物紀原·織》："《黄帝内傳》曰：'帝既斬蚩尤，蠶神獻綵絲，稱織紝之功，因之廣織於此言廣明其前。'"

【綵縷】

即采絲。此稱南北朝時期已行用。南朝梁宗懍《荆楚歲時記》："〔七月七日〕是夕，人家婦女結綵縷，穿七孔針，或以金銀鍮石爲針，陳几筵、酒脯、瓜果於庭中以乞巧，有蟢子網於瓜上，則以爲符應。"又："七日夜，人皆看織女，獨不許后出，乃有神光照室爲后之瑞。宋孝武《七夕詩》云'迎風被綵縷，向月貫玄針'是也。"

五采絲

五色彩絲。五色，謂青、赤、白、黑、黄。古人常在農曆五月五日或夏至七夕以五彩絲或麻繫臂作吉祥物，辟除瘟病。此稱漢代已行用。《漢書·霍光傳》："韋絮薦輪，侍婢以五采絲輓顯，游戲第中。"南朝梁宗懍《荆楚歲時記》："〔五月五〕以五彩絲繫臂，名辟兵，令人不病瘟。"又："夏至插五彩繫臂，謂爲長命縷。"宋梅堯臣《馮子都詩》："牽以五采絲，藉以刺綉茵。"

【長命縷】

即五采絲。亦稱"續命縷"。此物漢代已見用。漢應劭《風俗通》記載，五月五日以五彩絲繫臂可辟邪祟。此稱宋代已行用。《宋史·禮志十五》："〔降聖節〕前一日，以金縷延壽帶，金塗銀結續命縷……分賜百官。"宋向子諲《減字木蘭花》："去年端午，共結彩絲長命縷。今日重陽，同泛黄花九醖觴。"

【續命縷】

即長命縷。此稱漢代已行用。見該文。

【五色絲】

即五采絲。此稱唐代已行用。唐徐凝《員

嶠先生》：“逢人借問陶唐主，欲進冰蠶五色絲。”宋喻良能《送洪右史赴召三首》：“胸蟠補袞五色絲，筆驅波濤三峽詞。”明釋函可《秋嘆八首》其六：“啼魂欲擬三更月，續命先傳五色絲。”

【朱索】

即五采絲。此稱宋代已行用。宋張炎《蝶戀花·賦艾花》：“約臂猶餘朱索在，梢頭添挂朱符袋。”清陳寶琛《幼點風雨中孥舟枉存見和前作並示去夏寄太夷詞再叠以答》：“葦茭朱索不辟鬼，却假春令桃符鷩。”

【五絲】

即五采絲。亦泛指彩絲。此稱南北朝時期已行用。南朝梁蕭綱《七勵》詩：“五絲擅美，獨璽稱華。”明何景明《壽母賦》：“薦五絲之文履兮，舉九醖之芬觴。”

【五色綫】

即五采絲。亦喻指臣下規諫皇帝的文辭和華美的文章。此稱唐代已行用。唐杜牧《郡齋獨酌》詩：“平生五色綫，願補舜衣裳。”《新唐書·車服志》：“流外及庶人不服綾、羅、縠、五色綫靴、履。”宋汪莘《野趣亭》：“我有五色綫，補袞袞可新。我有五色石，補天天可春。”元劉崧《讀范太史詩賦長歌一首以識感慕之私》：“豈無五色綫，可補舜華袞。”明林堯俞《禮部志稿》卷二〇二“五色綫錦綬一副，上有玉環二個。”《金瓶梅詞話》第三一回：“惟應伯爵是一柳五色綫，上穿着十數文長命錢。”

【五色線】

即五采絲。同“五色綫”。此稱唐代已行用。唐杜牧《郡齋獨酌〔黃州作〕》：“平生五色線，願補舜衣裳。”宋汪莘《野趣亭》：“我有五色線，補袞袞可新。”明黃淮《客從遠方來》二：“客從遠方來，遺我五色線。文采擬雲章，光華自相炫。”

【五色縷】

即五采絲。此稱漢代已行用。漢劉歆《西京雜記》卷三：“樂畢，以五色縷相羈，謂爲相連愛。”宋朱翌《端午觀競渡曲江》：“楝花角黍五色縷，一吊湘累作端午。”明張岱《夜航船·容貌部·婦女》：“明旦，各以五色縷繫於鴉頂，放之，視其方向，卜一年休咎。”

【緔綫】

即五采絲。此稱清代已行用。清桂馥《札樸·鄉里舊聞》卷九：“吾鄉女工刺繡五色綫，謂之緔綫。音所買切。案：《考工記》：‘鮑人之事，察其綫，欲其藏也。’”

【絩】

即五采絲。此稱宋代已行用。《集韻·上皓》：“絩，五色縷。”

素絲

本色絲，白色絲。此稱先秦時期已行用。《詩·召南·羔羊》：“羔羊之皮，素絲五紽。”漢毛亨傳：“小曰羔，大曰羊。素，白也。紽，數也。古者素絲以英裘，不失其制。”《呂氏春秋·當染》：“墨子見染素絲者而嘆曰：染於蒼則蒼，染於黃者則黃。”唐李白《古風》四一四：“玉顏艷紅彩，雲髮非素絲。”

【素】[1]

“素絲”之省稱。此稱漢代已行用。《周禮·天官·染人》：“凡染，春暴練，夏纁玄。”漢鄭玄注：“暴練，練其素而暴之。”

白縿

潔白的新絲綿絮。此稱先秦時期已行用。

《儀禮·士喪禮》：“瑱用白纊。”鄭玄注：“瑱，充耳；纊，新綿。”《新唐書·禮樂志》：“帛巾一，方尺八寸；充耳，白纊；面衣，玄方尺，纁裏，組繫。”

霜絲

絲的一種。以其色似霜凈白而得名。亦指白色絲繩。此稱南北朝時期已行用。南朝梁劉孝先《冬曉詩》：“晨霞影翠帷，思婦織霜絲。”唐徐堅《棹歌行》：“霜絲青桂楫，蘭枻紫霞舟。”宋吳文英《夜游宮·人去西樓雁杳》：“雨外蛩聲早。細織就、霜絲多少。說與蕭娘未知道。”

皂絲

黑色絲。此稱唐代已行用。《舊唐書·樂志二》：“天竺樂，工人皂絲布頭巾、白練襦。”《宋史·儀衛志六》：“大麾，皂質四幅，每幅繡五采龜蛇一、側幅繡龜二，下垂皂絲網綵四，木輅建之。”宋高承《事物紀原》卷九：“六纛，《實錄》曰：商有纛，皂絲爲之。”《水滸傳》第二回：“那太公年近六旬之上，鬚髮皆白，頭戴遮塵暖帽，身穿直縫寬衫，腰繫皂絲縧，足穿熟皮靴。”

碧絲

蠶絲的一種。以其染成青綠色而得名。碧，青綠色。此稱南北朝時期已行用。《南史·蕭方矩傳》：“嘗入朝，公服中著碧絲布袴，摳衣高，元帝見之大怪。”唐李白《春思》：“燕草如碧絲，秦桑低綠枝。”清秋瑾《梅》詩：“留得琳琅千萬句，錦函雙繫碧絲縧。”

鸞絲

絲縷的美稱。鸞，鸞鳥。此稱宋代已行用。宋晏殊《連理枝》：“鳳竹鸞絲，清歌妙舞，盡呈游藝。”元吾丘衍《玉佩謠》：“昆吾剪月吹香風，鸞絲貫縷聲瓏瓏。”清《欽定千叟宴詩》卷四：“欣奉鸞絲聯鶴髮，共携鳩竹會鴛行。”

吳絲

古時吳地所産之絲。此稱唐代已行用。唐李賀《李憑箜篌引》：“吳絲蜀桐張高秋，空山凝雲頹不流。”王琦注：“絲之精好者，出自吳地，故曰吳絲。”明王恭《書梅江陳汝疇家藏古畫》：“吳絲半幅無全縷，越樹淮雲楚天雨。”

湖絲

蠶絲的一種。以産於湖州（今浙江湖州）而得名。湖州自唐代便以産絲聞名。其絲色白柔韌，質地極佳，行銷國內外。此稱明代已行用。明董斯張《吳興備志》：“湖絲雖遍天下，而湖州身無一縷。”清魏源《海國圖志·籌海篇四》：“中國以茶葉、湖絲馭外夷，而外夷以鴉片耗中國，此皆自古所未有，而本朝有之。”《三元里人民抗英鬥爭史料·廣東義民斥英夷說帖》：“爾雖有大呢、羽毛，非我湖絲，焉能織造？”

紝[1]

織布帛的紗縷。此稱漢代已行用。《說文·糸部》：“紝，機縷也。”《禮記·內則》：“治絲繭，織紝組紃，學女事，以共衣服。”《漢書·食貨志下》：“嬪婦桑蠶織紝紡績補縫。”唐顏師古注：“機縷曰紝。”清黃宗羲《桐城方烈婦墓志》：“先生賣文搏食，安人纂紝佐之。”

斑絲[1]

雜色絲織品。此稱南北朝時期已行用。北齊顏之推《顏氏家訓·勉學》：“梁朝全盛之時，貴游子弟多無學術……憑斑絲隱囊，列器玩於左右，從容出入，望若神仙。”王利器集解：“斑絲謂雜色之織成品。”《南史·杜崱傳》：“斑絲纏稍長二丈五。"明謝肇淛《滇略·產略》：
"景東蒙化之間，夷民能織斑絲。蓋亦土蠶之繭
織成，紫白相間，如記所稱吉貝者，劉禹錫詩
'蠻衣斑斕布'，其謂是耶？"

吸華絲

傳說古越巂國所產之絲。華，花。花觸之
即被粘住不墜而得名。此絲可用於織錦。此稱
至遲宋代已行用。宋佚名《采蘭雜志》："越巂
國有吸華絲，凡花著之不即墮落，用以織錦。
漢時國人奉貢，武帝賜麗娟二兩，命作舞衣；
春暮宴於花下，舞時故以袖拂落花，滿身都著，
舞態愈媚，謂之'百華之舞'。"

亂絲

亦稱"緂""綧"。指凌亂無緒的絲。《玉
篇·系部》："緂，亂絲也。"《字彙·系部》：
"綧，亂絲也。"此稱先秦時期已行用。《管
子·樞言》："紛紛乎若亂絲。"漢王充《論
衡·案書》："孰與剖破渾沌，解決亂絲"。北
周庾信《奉和趙王游仙》："石紋如碎錦，藤苗
似亂絲。"常以之比喻紛亂無緒的事務。

【緂】

即亂絲。此稱南北朝時期已行用。見該文。

【綧】

即亂絲。此稱至遲明代已行用。見該文。

惡絲

亦稱"絓"。劣絲。此稱宋代已行用。《廣
韻·平佳》："絓，惡絲。"宋李覯《盱江集·富
國策第三》："今也庶民之家，必衣重錦，厚綾
羅縠之衣，名狀百出，弗可勝窮。工女機杼，
交臂營作，爭爲織巧，以漁倍息。其爲帛者，
鹽工惡絲而已，故絲雖多而帛不賤也。"

【絓】[2]

即惡絲。此稱宋代已行用。見該文。

緝[1]

絲織品、絲緒、絲頭。此稱南北朝時期已
行用。《廣雅》中即有此字。《康熙字典·系部》：
"緝，《説文》，繒也。《博雅》，繰也。《玉篇》，
緒也。"

綫

用絲綫編成的帶子。此稱漢代已行用。《説
文·系部》："綫，扁緒也。"

碌簌

絲綢棉布等織物的殘縷。此稱元代已行用。
元楊暹《劉行首》第二折："我身穿着百衲袍，
腰纏著碌簌綫。"

系[2]

用單根絲或多根絲合成的綫或繩。系，甲
骨文作 𤫩；金文作 𦃕；小篆作 𣪠。此稱漢
代已行用。《説文·系部》："系，繫也。從糸，
丿聲……籀文系從爪，絲。"羅振玉《增訂殷虛書
契考釋》："卜辭作手持絲形，與許書籀文合。"
按，甲骨文、金文均從爪，持絲形。小篆上丿
爲爪省變之形，《説文》誤爲聲符，非是。《後
漢書·輿服志下》："凡先合單紡爲一系，四系
爲一扶，五扶爲一首，五首成一文，文采淳爲
一圭。首多者系細，少者系粗，皆廣尺六寸。"
《新唐書·儒學傳贊》："《春秋》《詩》《易》《書》，
由孔子時師弟子相傳，歷暴秦不斷若系。"

青系

青色絲綫。此稱漢代已行用。《後漢書·輿
服志下》："武冠，俗謂之大冠，環纓無蕤，以
青系爲緄，加雙鶡尾。"明王恭《冶城遇集呈陳
紳進士因觀故人陳則誠博士書至》："冠蓋相歡

冶城下，玉壺青系酒如灕。"

縷

亦稱"綫""繏""繢"。泛指絲之纖維。此稱漢代已行用。《説文·系部》："縷，綫也。"清段玉裁注："此本謂布縷，引申之絲亦名縷。"又《系部》："繏，布縷也。"清段玉裁注："言布縷者以別乎絲縷也。"漢揚雄《方言》卷四："繏謂之繢。"郭璞注："謂繏縷也。"《史記·貨殖列傳》注："繏，紵屬，可以爲布。"紵，指苧麻。漢王充《論衡·程材》："刺綉之師，能縫帷裳。納縷之工，不能織錦。"《後漢書·王符傳》："或斷截衆縷，繞帶手腕。"《玉篇·系部》："繢，絲繏縷也。"南朝梁元帝《金樓子·立言下》："先針而後縷，可以成帷蓋；先縷而後針，不可以成衣服。"宋蘇軾《前赤壁賦》："餘音裊裊，不絶如縷。"元趙孟頫《題耕織圖·九月》："教女學紡繏，舉足疾且輕。"

【綫】[1]

即縷。此稱漢代已選用。見該文。

【繏】

即縷。此稱漢代已行用。見該文。

【繢】

即縷。此稱漢代已行用。見該文。

【緤】

即縷。同"繢"。此體唐代已行用。《集韻·上軫》："繢，繏也。亦作緤。"

【帛縷】

即縷。此稱唐代已行用。唐杜牧《阿房宮賦》："瓦縫參差，多於周身之帛縷。"宋史浩《童丱須知·娣姒篇》："財物有通無，寒温均帛縷。"

綫[2]

用絲、麻、棉、毛等材料製成的細縷。此

稱先秦時期已行用。《公羊傳·僖公四年》："中國不絶若綫。"漢何休注："綫，縫帛縷。"《説文·系部》："綫，縷也。"《玉篇·系部》："綫，可以縫衣也。"唐祖咏《七夕》："向月穿針易，臨風整綫難。"宋陸游《離家示妻子》詩："婦憂衣裳薄，紉綫重敷綿。"《紅樓夢》第一回："那甄家大丫鬟在門前買綫，忽聽街上喝道之聲，衆人都説新太爺到任。"《後紅樓夢》第一回："紫鵑連忙用綫穿好，綴緊在黛玉的耳墜子上。

【線】

同"綫[2]"。此體先秦時期已行用。《周禮·天官·縫人》："縫人掌王宮之縫線之事。"鄭玄注引鄭司農曰："線，縷也。"《禮記·内則》："右佩箴、管、線、纊。"陸德明釋文："線，本亦稱綫。"《説文·系部》："綫，縷也。線，古文綫。"清蒲松齡《日用俗字·裁縫章》："後皆留齊，按還怕線紕綳。"宋李誡《營造法式》卷二一："平地出線一十功。"

【綖】

同"綫[2]"。此體漢代已行用。《集韻·去綫》："綖，《説文》：'縷也。'古從泉，或從延。"《字彙》："綖，同綫。"《周禮·考工記·鮑人》："察其綫欲其藏也。"漢鄭玄注："故書綫或作綜。杜子春云：綜當爲糸旁泉。讀爲綖，謂縫革之縷。"

【綎】

同"綫[2]"。此體漢代已行用。《集韻·去綫》："綎，《説文》：'縷也。'古從泉，或從延。"《後漢書·虞詡傳》："以采綎縫其裾爲幟。"南朝梁蕭綱《采蓮曲》："常聞藥可愛，采擷欲爲裙，葉滑不留綎。"唐段成式《酉陽雜俎續集·支動》："猫，目睛暮圓，及午竪斂如綖。"

【緤】

同"綖²"。此體宋代已行用。《集韻·去綖》："綖，《説文》：'縷也。'亦作綖、緤。"

【絲】²

即綖²。此稱宋代已行用。宋陸佃《埤雅·釋鳥》："今人乘風放紙鳶，鳶輒引絲而上，令小兒張口望視，以洩内熱。"

【縷】²

即綖²。此稱漢代已行用。見該文。

采綖

亦作"采綖""綵綖"。彩色絲綖。此稱漢代已行用。《後漢書·虞詡傳》："〔虞詡〕又潛遣貧人能縫者，傭作賊衣，以采綖縫其裾爲幟，有出市里者，吏輒禽之。"《隋書·禮儀志》："今以采綖貫珠，爲旒十二。"宋方一夔《四時宫詞》其三："戲展花箋圖蛺蝶，强拈綵綖候牽牛。"明徐庸《送徐以源游武昌》："並刀裁作遠游衣，綵綖密縫勞阿母。"《説文·糸部》："綯，圓采也。"清段玉裁注："以采綖辮之，其體圓也。"明陶安《倦綖圖》："困來無力整殘粧，采綖何如意緒長。"

【綵綖】

同"采綖"。此體宋代已行用。見該文。

【采綖】

同"采綖"。此體明代已行用。見該文。

條綖

泛指雜色絲帶絲綖一類。此稱宋代已行用。宋孟元老《東京夢華録·相國寺内萬姓交易》："兩廊皆諸寺師姑賣綉作、領抹、花朵、珠翠、頭面、生色銷金花樣幞頭、帽子、特髻、冠子、條綖之類。"

綉綖

刺綉用的絲綖。唐元稹《臺中鞠獄憶開元觀舊事呈損之兼贈周兄四十韵》："鸂鶒子綉綖驛，狗兒金油鐶。"宋柳永《減字木蘭花·仙吕調》："花心柳眼。郎似游絲常惹絆。慵困誰憐。綉綖金針不喜穿。"《紅樓夢》第七八回："抛殘綉綖，銀箋彩縷誰裁？折斷冰絲，金斗御香未熨。"

絲綖

絲和綖的合稱。一説帛的一種。此稱唐代已行用。唐王建《織錦曲》："回花側葉與人别，唯恐秋天絲綖乾。"《宋史·食貨志上》："帛之品十：一曰羅，二曰綾，三曰絹，四曰紗，五曰絁，六曰紬，七曰雜折，八曰絲綖，九曰綿，十曰布葛。"清柳是《小至日京口舟中》："微生恰似添絲綖，邀勒君恩並許長。"

緑絲綖

絲綖的一種。其質色緑。此稱清代已行用。《白雪遺音·馬頭調·奇怪奇怪二》："我那鞋，白綾子高底，大紅緞子幫兒，緑絲綖鎖口。"

雪縷

絲綖的一種。以其色白似雪而得名。此稱唐代已行用。唐王建《隱者居》："雪縷青山脉，雲生白鶴毛。"元張雨《白拂》詩："窗間挂白拂，青蠅皆屏營。南風一向來，雪縷細如縈。"明李昌祺《剪燈餘話·田洙遇薛濤聯句記》："東鄰美女紅玉梭，雪縷鳳機成素羅。"

白瀝綖

綖的一種。其質色白。此稱明代已行用。《醒世姻緣傳》第六八回："素姐起來梳洗完備，穿了一件白絲綢小褂，一件水紅綾小夾襖，一件天藍綾機小綢衫，白秋羅素裙，白瀝綖秋羅膝褲。"

緺[1]

紅色綫。此稱漢代已行用。《説文·糸部》：
"緺，綫也。"清段玉裁注："各本綫上有絳字。
今依閟宮釋文、正義正。以綫訓緺。不言色也。
緺，既爲絳綫，則經不必言朱矣。"《玉篇·糸
部》："緺，綫也。縫綫也。"《新唐書·百官志
三》："〔軍器監甲坊署〕掌出納甲冑、緺繩、筋
角、雜作及工匠。"

【朱緺】

即緺[1]。此稱先秦時期已行用。《詩·魯
頌·閟宮》："公徒三萬，貝冑朱緺。"漢鄭玄
箋："朱緺，以朱綫綴之。"唐孔穎達疏："《説
文》云：'緺，綫也。'然則朱緺直謂赤綫耳。"
清陳奐傳疏："朱緺，謂以染朱之綫綴具於冑。"
宋王安石《送鄆州知府宋諫議》詩："賜衣纏紫
艾，衛甲綴朱緺。"宋范處義《詩補傳》："朱緺
以赤綫連綴甲也。"

【紅緺】

即緺[1]。此稱唐代已行用。唐李復言《續
玄怪録·張老》："張老常過，令縫帽頂，其時
無皂綫，以紅綫縫之。"唐白居易《紅綫毯》
詩："紅綫毯，擇繭繰絲清水煮，揀絲練綫紅藍
染。"宋周去非《嶺外代答·樂器門》："南人死
亡，鄰里集其家鼓吹，窮晝夜，而制服者反於
白巾上綴少紅綫以表之。"《初刻拍案驚奇》卷
一："……若是上兩塊頭好銀，便存著不動，約
得百兩，便熔成一個大錠，把一綜紅綫，結成
一條，繫在錠腰，放在枕邊，夜來摩弄一番方
才睡下。"

【赤緺】

即緺[1]。此稱清代已行用。清溫權甫《余在
顧辛莊傭書有李笑檐顧子白賜題咏白牡丹五十

韵得一先韻》："本是銀妝點，何勞赤綫牽。"
《小五義》第九七回："〔大王〕面如生蟹蓋，紅
雙眉，金眼，翻鼻孔，火盆口，暴長胡鬚不大
甚長，如同赤綫相仿。"《後漢演義》第三九回：
"既而新野君病劇，再去送終臨喪，極盡悲哀，
棺殮時給用長公主赤綫，特贈東園秘器，玉衣
綉衾，東園秘器，注見前。"

茸綫

亦作"絨綫"。刺綉用的絨絲綫。此稱宋代
已行用。宋戴侗《六書故》卷二四："茸，茸
也。今人謂綫之而輕者曰茸綫。"《元史·輿服
志一》："〔玉輅〕蓋四周垂流蘇八，飾以五色茸
綫，結網五重。"元武漢臣《老生兒》第一折：
"俺先與奶奶説，則説小梅配絨綫去。"《初刻拍
案驚奇》卷一："〔金老〕便對四子説道：'我靠
皇天覆庇，雖則勞碌一生，家事盡可度日，況
我平安留心，有熔成八大錠銀子，永不動用的，
在我枕邊，見將絨綫做對兒結着。'"

【絨綫】

同"茸綫"。此體元代已行用。見該文。

【綉絨】

即茸綫。此稱宋代已行用。宋吳文英《瑞
鶴仙·贈絲鞋莊生》："兩玉鳧飛上，綉絨塵軟。
絲絢侍宴。"元佚名《李雲英風送梧桐葉》第
四折："當日正女功，手搣著綉絨。"清董以寧
《蘭陵王·別怨》："先將榴齒微微刷。取綉絨銀
剪，輕修指甲。"

【綉茸】

即茸綫。同"綉絨"。此體宋代已行用。宋
李彭老《生查子》："羅襦隱綉茸，玉合消紅豆。
深院落梅鈿，寒峭收燈後。"元張翥《多麗爲
友生書所見》："麝香粉、綉茸衫子，窄窄可身

裁。”明高啓《效香奩》詩之一：“青瑣初空別恨長，绣茸留得唾痕香。”

紅絨 [1]

亦作“紅茸”。刺绣用的紅色絨綫。此稱五代時期已行用。南唐李煜《一斛珠》詞：“綉床斜憑嬌無那，爛嚼紅絨，笑檀郎唾。”元張弘範《喜春來·金裝寶劍藏龍口》：“金妝寶劍藏龍口，玉帶紅絨挂虎頭。”明楊孟載《春绣》詩：“閑情正在停針處，笑嚼紅絨唾碧窗。”清俞士彪《生查子》：“趁著玉釭明，細把紅茸整。綉得枕兒完，此夜圖交頸。”一本作“紅絨”。

【紅茸】

同“紅絨 [1]”。此體清代已行用。見該文。

金絨

刺绣用的金色絨綫。此稱清代已行用。《皇清職貢圖》卷一：“〔大西洋合勒未祭亞省〕婦人貞静質直，工作精巧，能徒手交錯金絨，不用機杼，布最輕細。”清曾習經《送夏閏之守湖州》：“惘悵金絨春繫馬，曉風吹斷綠楊枝。”

青絨

刺绣用的青色絨綫。此稱元代已行用。《元史·禮樂志二》：“革部搏拊二，制如鼓而小，中實以糠，外髹以朱，繪以綠雲，繫以青絨絛。”《兒女英雄傳》第二九回：“及至細看，才知不是寫的，原來照扎花兒一樣用青絨绣出來的。”

金縷 [1]

金色絲綫。此稱南北朝時期已行用。南朝梁徐陵《玉臺新咏·古詩爲焦仲卿妻作》：“金車玉作輪，躑躅青驄馬，流蘇金縷鞍。”五代和凝《天仙子·柳色披衫金縷鳳》：“柳色披衫金縷鳳，纖手輕拈紅豆弄，翠蛾雙斂正合情。”元

徐再思《閣金經·閨情》曲：“歌扇泥金縷，舞裙裁絳綃。”《皇清職貢圖》卷一：“〔英吉利國〕婦人未嫁時束腰欲其纖細，披髮垂肩，短衣，重裙，出行則加大衣，以金縷合貯。”

【黄金縷】

即金縷 [1]。此稱唐代已行用。唐李白《贈裴司馬》詩：“翡翠黄金縷，绣成歌舞衣。”五代魏承班《生查子·烟雨晚晴天》：“腸斷斷弦頻，淚滴黄金縷。”元白樸《慶東原》：“黄金縷，碧玉簫，温柔鄉里尋常到。”

【金綫】

即金縷 [1]。此稱唐代已行用。唐秦韜玉《貧女》：“苦恨年年壓金綫，爲他人作嫁衣裳。”五代顧敻《醉公子·岸柳垂金綫》：“岸柳垂金綫，雨晴鶯百囀。家住綠楊邊，往來多少年。”《紅樓夢》第三五回：“把那金綫拿來，配着黑珠兒綫，一根一根的拈上，打成絡子，這才好看。”

【金絲】

即金縷 [1]。此稱唐代已行用。唐蘇鶚《杜陽雜編》卷下：“公主乘七寶步輦……其上仍絡以真珠玳瑁，又金絲爲流蘇，雕輕玉爲浮動。”五代和凝《采桑子》詞：“叢頭鞋子紅編細，裙窣金絲。”宋陶穀《清異録·十指倉》：“曹翰事世宗，爲樞密承旨，性貪侈，常着錦韈、金縷絲靴。”

皂綫

黑色綫。此稱唐代已行用。唐李復言《續玄怪録·張老》：“張老常過，令縫帽頂，其時無皂綫，以紅綫縫之。”明徐渭《龕山凱歌六首〔爲吳縣史鼎庵〕》：“七尺龍蟠皂綫縧，倭兒刀挂漢兒腰。”

青綫

青色綫。此稱宋代已行用。《宋史·輿服志一》："駕青馬六，馬有銅面，插雕羽，鞶纓，攀胸鈴拂，青綫織雁，紅錦包尾。"《明史·輿服志三》："引舞二人，青羅包巾，紅羅銷金項帕，紅生絹錦領中單，紅生絹銷金通袖襖子，青綫條銅帶，織錦臂韝，雲頭皂靴，各色銷金包臀，紅絹裙褲。"《兒女英雄傳》第一五回："那烟袋嘴兒上打着一個青綫算盤疙瘩，烟袋鍋兒上還挑著一個二寸來大的紅葫蘆烟荷包。"

絳縷

深紅色絲縷。此稱唐代已行用。《後漢書·虞詡傳》："以采綖縫其裾爲幟。"唐李賢注："《續漢書》曰：'以絳縷縫其裾'也。"唐杜牧《出宮人》詩之一："十年一夢歸人世，絳縷猶封繫臂紗。"唐蘇鶚《杜陽雜編》卷中："内人争用絳縷絆其（蛺蝶）脚，以爲首飾。"

雲縷

形容輕柔飄逸似雲的絲縷。此稱宋代已行用。宋高觀國《隔浦蓮·七夕》詞："柔情不盡，好似冰綃雲縷。"元王禎《農書》卷二一："鼉月切柔桑，纖纖雲縷積。"

霧縷

輕柔似霧的絲縷。此稱元代已行用。元馬祖常《端午效六朝體》詩："采絲擷霧縷，紗縠含風漪。"

縠纑

縐紗與麻綫的合稱，泛指絲織品與麻織品。此稱唐代已行用。唐皮日休《徐詩》："吾衣任縠纑，吾食甘糠覈。"

纖縷

泛指纖細的絲縷。此稱南北朝時期已行用。南北朝柳惲《七夕穿針》："迎寒理衣縫，映月抽纖縷。"徐珂《清稗類鈔·服飾類·川西人之服飾》："惟未嫁女子無裙褲，上衣尤短窄，用麻枲、羊毛雜組若貫錢索數百條，長近尺許，束腰際……取獸革裹其尻，股髀以下赤露無纖縷。"

緒

亦稱"絲耑"。絲的頭緒。此稱漢代已行用。《説文·糸部》："緒，絲耑也。"清段玉裁注："抽絲者得緒而可引。"漢張衡《南都賦》："坐南歌兮起鄭舞，白鶴飛兮繭曳緒。"南朝梁簡文帝蕭綱《箏賦》："五色之繐雖亂，八熟之緒方治。"唐柳宗元《種樹郭橐駝傳》："蚤繰而緒，蚤織而縷。"

【絲耑】

即緒。此稱漢代已行用。見該文。

【絲緒】

即緒。此稱宋代已行用。宋蔡卞《毛詩名物解》："鸕鷀没於深水取魚而食之，不生卵而孕雛，於池澤，既胎又吐，多者七八，少者五六，相連而出，若絲緒然。"元劉崧《織女吟贈黄進賢》："霜寒手凍絲緒亂，絡緯悲啼金井床。"清薛時雨《齊天樂·絡緯用白石蟋蟀韻》："徹夜機關，曉來理就甚絲緒。"

【繭緒】

即緒。此稱三國時期已行用。《玉篇·糸部》："緝，謂緒也。"三國吳陸璣《毛詩草木鳥獸蟲魚疏·言采其莫》："今人繰以取繭緒，其味酢而滑，始生可以爲羹。"南北朝張率《日出東南隅行》："手操獨繭緒，唇凝脂燥黄。"明宋應星《天工開物·乃服》："繭緒既成，即每盆加火半斤，吐出絲來隨即乾燥，所以經久不壞也。”元陳基《次韻趙君季文贈杜寬吹觱篥吟》：“綿綿又若繭緒抽，要眇寧以智力求。”

帛

亦稱“繒”。泛言之爲絲織品的總稱，細言之則繒、帛有別。此稱先秦時期已行用。《孟子·梁惠王上》：“五畝之宅，樹之以桑，五十者可以衣帛矣。”楊伯峻注：“帛，綢料的總稱。”《急就篇》第二：“綈、絡、縑、練、素、帛、蟬。”唐顏師古注：“帛，總言諸繒也。”《說文·帛部》：“帛，繒也。”清段玉裁注：“《系部》曰：‘繒，帛也。’《聘禮》《大宗伯》注皆：‘帛，今之璧色繒也。璧色，白色也，故從白。引申爲雜色繒之稱。”《史記·劉敬叔孫通列傳》：“乃賜叔孫通帛二十匹，衣一襲，拜爲博士。”漢蔡邕《女誡》：“而今之務在奢麗，志好美飾。帛必薄細，采必輕淺。”唐韓愈《贈張徐州莫辭酒》詩：“請看工女機上帛，半作軍人旗上紅。”《新唐書·諸帝公主安樂公主傳·安樂公主》：“賜群臣帛數十萬。”清王初桐《奩史》卷八九引《南史》：“上性節儉，所賜不過三五萬，帛三五匹。”

【繒】[1]

即帛。此稱漢代已行用。見該文。

【白】[1]

同“帛”。此體先秦時期已行用。《詩·小雅·六月》：“織文鳥章，白旆央央。”唐孔穎達疏：“言白旆者，謂絳帛。”清陳奐傳疏：“白旆，《正義》本作‘帛茷’。”按，《公羊傳·宣公十二年》疏引孫炎《爾雅》注引作“帛旆英英”。清朱駿聲《說文通訓定聲·豫部》：“白，假借爲帛。”《禮記·玉藻》：“大帛不綏。”漢鄭玄注：“帛，當爲白，聲之誤也。大帛，謂白布冠也。”《管子·輕重戊》：“民被白布。”戴望校正：“白，帛假字。”

【絲帛】[1]

即帛。此稱先秦時期已行用。《周禮·天官·染人》：“染人掌染絲帛。”清孫詒讓正義：“未織者爲絲，已織者爲帛。”唐馮贄《雲仙雜記·白眼蜂》：“開元中，春末兩市多白眼蜂如山，市人以此卜絲帛之豐歉。”

【帛練】

即帛。此稱晉代已行用。《爾雅·釋天》：“因章曰旃。”晉郭璞注：“以帛練爲旒，因其文章，不復畫之。”《普濟方》卷二六八：“將出火令又搗碎作末，還以水和，更以帛練四五重絞作團。”

玄帛

省稱“玄”。紅黑色之帛。《詩·豳風·七月》：“載玄載黃，我朱孔陽。”《書·禹貢》：“厥篚玄纁璣組。”唐孔穎達疏：“染纁者，三入而成，又再染以黑則爲緅，又再染以黑則爲緇。玄色在緅緇之間。”《左傳·哀公十一年》：“公使大史固歸國子之元，置之新篋，襲之以玄纁。”楊伯峻注：“此謂以紅黑色與淺紅色之帛作墊。”《後漢書·禮儀志下》“修五禮，五玉，三帛，二牲，一死，贄。”唐李賢注引晉范寧曰：“玄、纁、黃，三孤所執。”

【玄】[1]

“玄帛”之省稱。此稱先秦時期已行用。見該文。

緇帛

省稱“緇”。淺紅色之帛。一說黑色之帛。此稱宋代已行用。《集韻·上紙》：“纚，《說文》：‘冠織也。’謂以緇帛韜髮。”《書·禹貢》：“厥箧玄纁璣組。"唐孔穎達疏："染纁者三入而成，又再染以黑則爲緅，又再染以黑則爲緇。"《爾雅·釋天》："緇廣充幅，長尋曰旒。"宋邢昺疏："緇，黑色也，以黑色之帛，廣全幅長八尺，屬於杠，名旒。"

【緇】 1

"緇帛"之省稱。此稱至遲漢代已行用。見該文。

紅帛

省稱"紅"。紅色之帛。《論語·鄉黨》："紅紫不以爲褻服。"《説文·糸部》："紅，帛赤白色。"清段玉裁注："按：此今人所謂粉紅、桃紅也。"此稱清代已行用。《皇清職貢圖》卷一："〔南掌圖〕婦人則挽髮，束以紅帛，短衣長裙，體皆刺花，性多獷悍。"

【紅】 1

"紅帛"之省稱。此稱先秦時期已行用。見該文。

絳帛

深紅色之帛。此稱漢代已行用。《説文·巾部》："幑，幟也。以絳幑帛箸於背。"清段玉裁注改作："〔幑，〕幑識也。三字一句。各本删幑字，識作幟，今正。以絳帛。句。箸於背。"清朱駿聲《説文通訓定聲》："凡救火人衣用絳帛箸於背，皆幑屬也。"宋周去非《嶺外代答·海外黎蠻》："商賈多販牛以易香，黎裝椎髻，徒跣……首或以絳帛、彩帛包髻。"《皇清職貢圖》卷一："〔蘇禄國〕民率食魚蝦……剪髮裹頭，去鬚留髯，衣袴俱短，絳帛繫腰，露脛而著履。"《清朝文獻通考·兵十五》："順治年間定每歲春秋二季禱馬於神，第一日早以絳帛繫御馬鬣尾凡七十匹，晚以青帛送大凌河騸馬群繫三十

匹。"清虞兆漋《天香樓偶得·披帛》："今世俗婚娶不論男婦，皆披絳帛，亦流傳之失耳。"

纁 1

淺紅色之帛。此稱先秦時期已行用。《書·禹貢》："厥篚玄纁璣組。"唐孔穎達疏："染纁者，三入而成，又再染以黑則爲緅，又再染以黑則爲緇。玄色在緅緇之間。"《左傳·哀公十一年》："公使大史固歸國子之元，置之新篋，襲之以玄纁，加組帶焉。"楊伯峻注："此謂以紅黑色與淺紅色之帛作墊。"

黃帛

省稱"黃"。黃色之帛。《詩·豳風·七月》："載玄載黃，我朱孔陽，爲公子裳。"《後漢書·禮儀志下》："修五禮，五玉，三帛，二牲，一死，贄。"唐李賢注引晋范寧曰："玄、纁、黃，三孤所執。"此稱至遲宋代已行用。宋吳自牧《夢粱錄·車駕詣景靈宮孟饗》："〔前導〕有本庫官乘取掌其職分，如諸司庫藏等司屬，並衫帽隨號，幕士頂帽，紅羅纈衫，金帶，懸黃帛。"

【黃】 1

"黃帛"之省稱。此稱先秦時期已行用。見該文。

青帛

色深近黑之帛。此稱清代已行用。《皇清職貢圖》卷二："〔西藏密納克番人〕婦女披髮後垂，蒙以青帛，綴珠爲飾。"《清朝文獻通考·兵十五》："順治年間，定每歲春秋二季禱馬於神……次日早以絳帛，晚以青帛送大凌河牝馬群。繫絳帛者，凡千三百匹。繫青帛者，凡二百七十六匹。"

總 1

淺青色帛。此稱漢代已行用。《説文·糸

部》："總，帛青色也。"清段玉裁注："《爾雅》：
'總牼服於縹輓兮，紺轅緅於黛粗。'"

【天水碧】

即總[1]。天水，指露水。相傳南唐後主李
煜的宮女染帛，爲露水濕染，色倍鮮翠，故名。
此稱五代時期已行用。五代無名氏《五國故事》
卷上："天水碧，因煜之内人染碧，夕露於中
庭，爲露所染，其色特好，遂命之。"宋張敦頤
《六朝事迹編類·天水碧》："南唐末時前數年，
宮人挼薔薇水染生帛，一夕，忘收，爲濃露所
漬，色倍鮮翠，因令染坊染必經宿露之，號爲
'天水碧'，宮中競服之。織者以爲天水趙之望
也。"宋蔡條《鐵圍山叢談》卷三："昔江南李
重光，染帛多爲天水碧。"

紺

深青赤色之帛。《説文·糸部》："紺，帛
深青揚赤色。"清段玉裁注："紺，《釋名》曰：
'紺，含也，青而含赤色也。'按：此今之天青，
亦謂之紅青。"《正字通·糸部》："紺，深青赤
色。"此稱先秦時期已行用。《墨子·節用中》：
"冬服紺緅之衣，輕且暖。"《漢書·王莽傳下》：
"時莽紺袀服。"《素問·五藏生成篇》："生於
肝，如以縞裹紺。"清張隱菴集注："紺，青揚
赤也。"

緅[1]

青赤色之帛。《説文·新附字·糸部》："緅，
帛青赤色也。"此稱先秦時期已行用。《論語·鄉
黨》："男子不以紺緅飾，紅紫不以爲褻服。"
《儀禮·士冠禮》："爵弁服：纁裳、純衣、緇
帶、韎韐。"漢鄭玄注："爵弁者，冕之次，其
色赤而微黑，如爵頭然，或謂之緅。"唐柳宗
元《故襄陽丞趙君墓志》："緋衣緅衾。"劉師培

《文説·耀采篇》："觀繡緅紺絳，織文有新組之
華。"

緅

青黑色絲之帛。此稱漢代已行用。《説
文·糸部》："緅，赤黑色繒。"清段玉裁注：
"赤，當依《玉篇》作者。"《玉篇·糸部》："緅，
青黑色繒。"

通帛

製旗所用純色絲帛。色大赤，無紋飾。此
稱先秦時期已行用。《周禮·春官·司常》："日
月爲常，交龍爲旗，通帛爲旜，雜帛爲物……"
漢鄭玄注："通帛爲大赤，從周正色，無飾。"
清孫詒讓正義："通帛者，謂縿斿通以一色之帛
爲之。"《左傳·桓公五年》："旜動而鼓。"晋杜
預注："旜，旆也，通帛爲之，蓋今大將之麾
也，執以爲號令。"

綿帛[1]

絲綿絹帛的總稱。此稱漢代已行用。《後漢
書·董卓傳》："河東太守王邑奉獻綿帛，悉賦
公卿以下。"《宋書·隱逸列傳》："百年家素貧，
母以冬月亡，衣並無絮，自此不衣綿帛。"

縑帛

較美的帛類絲織品。多用作賞賜酬謝之物，
亦用作貨幣。此稱漢代已行用。《周禮·天官·典
絲》："掌其藏與其出，以待興功之時。"漢鄭玄
注："時者若温暖宜縑帛，清凉宜文繡。"《史
記·滑稽列傳》："數賜縑帛，檐揭而去。"《漢
書·王莽傳下》："一切税天下吏民，訾三十取
一，縑帛皆輸長安。"《後漢書·荀淑傳》："冬
夏衣服，朝夕稟糧，耗費縑帛，空竭府藏，徵
調增倍，十而税一，空賦不辜之民，以供無用
之女，百姓窮困於外，陰陽隔塞於内。故感動

和氣，灾異屢臻。"宋高承《事物紀原·帔》："〔寶録〕曰：'三代無帔説，秦有披帛，以縑帛爲之，漢即以羅。'"亦書寫用。《後漢書·蔡倫傳》："自古書契多編以竹簡，其用縑帛者謂之爲紙。"宋趙彦衛《雲麓漫鈔》卷七："故有刀筆鉛鉐槧之説，秦漢末用縑帛。"清周亮工《與胡元潤書》："王荊公作字，未嘗輕用縑帛，獨於佛語用之。"

紙

亦稱"絹紙"。指能用於書寫的縑帛類絲織品。此稱漢代已行用。《後漢書·蔡倫傳》："自古書契多編以竹簡，其用縑帛者謂之紙。"唐李商隱《寄令狐郎中》："嵩雲秦樹久離居，雙鯉迢迢一紙書。"宋周密在《齊東野語》一書中撰有"絹紙"。

【絹紙】

即紙。此稱至遲在宋代已行用。見該文。

蟠紙

捲叠的絹帛。此稱宋代已行用。宋周密《齊東野語·絹紙》："蓋古之素帛，依舊長短，隨事截絹，枚數重叠，即名蟠紙。"宋黄休復《茅亭客話》卷一〇："遂依教蟠紙錢數百千貫。"

縠帛 [1]

泛指絲織品。此稱晋代已行用。《抱朴子·道意》："或什物盡於祭祀之費耗，縠帛淪於貪濁之師巫，既没之日，無復兇器之直，衣衾之周，使屍朽蟲流，良可悼也。"清唐甄《潛書·尚治》："吴越之民衣縠帛，食海珍；河汾之民衣不過布絮，食不過菜餅。豈東人侈而西人約哉？風使然也。"

織帛

泛指已織成的絲織品。此稱先秦時期已行用。《管子·山國軌》："女貢織帛。"《漢書·董仲舒傳》："故公儀子相魯，之其家見織帛，怒而出其妻……曰：'吾已食禄，又奪園夫紅女利虖！'"

三帛

玄帛、纁帛、黄帛。此稱先秦時期已行用。《書·舜典》："修五禮、五玉、三帛、二生、一死，贄。"孔傳："三帛，諸侯世子執纁，公之孤執玄，附庸之君執黄。"《後漢書·禮儀志下》："修五禮，五玉，三帛，二牲，一死，贄。"唐李賢注引范寧曰："玄、纁、黄，三孤所執。"《南齊書·樂志》："五玉既獻，三帛是薦。"一説指赤繒、黑繒、白繒。《史記·五帝本紀》："修五禮、五玉、三帛、二生、一死爲摰。"南朝裴駰集解引漢鄭玄曰："帛，所以薦玉也。必三者，高陽氏後用赤繒，高辛氏後用黑繒，其餘諸侯皆用白繒。"

尺帛

一尺之帛，言其少。此稱先秦時期已行用。《戰國策·趙策三》："公子魏牟過趙，趙王迎之，顧反至坐，前有尺帛，且令工以爲冠。"《後漢書·皇甫規傳》："可不煩方寸之印，尺帛之賜，高可以滌患，下可以納降。"唐戴叔倫《感懷》詩："尺帛無長裁，淺水無長流。"《新唐書·牛僧孺傳》："夫范陽自安史後，國家無所繫休戚，前日劉總挈境歸國，荒財耗力且百萬，終不得范陽尺帛斗粟入天府，俄復失之。"清黄宗羲《黄季真墓志銘》："七十將至，裹此尺帛。"

匹帛

整匹的絲織品。此稱漢代已行用。《後漢書·南蠻西南夷傳》：〔遠夷懷德歌〕曰：'荒服之外，土地燒塙……父子同賜，懷抱匹帛。'"唐李商隱《雜纂》："有匹帛不裝著。"宋孟元老《東京夢華錄·元旦朝會》："回紇皆長髯高鼻，以匹帛纏頭，散披其服。"《皇清職貢圖》卷一："〔宋腒勝國〕男蓄髮，去其髯，首插雉尾，腰束匹帛，短衣而窄袴，無履襪，常佩刀劍。"

幅帛

整幅之帛。此稱宋代已行用。宋徐積《高樓春》："一竿橫挂數幅帛，題云酒味如醍醐。"《皇清職貢圖》卷一："〔馬辰國〕女袒身，跣足，繫布裙過膝間，披幅帛於胸背。"

束帛

捆為一束的五匹帛。共十端，每端丈八尺，皆兩端合捲，總為五匹。古代常作聘問、婚喪、相饋贈的禮物。此稱先秦時期已行用。《易·賁》："束帛戔戔。"《左傳·哀公七年》："郑茅夷鴻以束帛乘韋，自請救於吳。"《儀禮·士冠禮》："主人酬賓，束帛儷皮。"漢鄭玄注："束帛，十端也。"唐賈公彥疏："束者十端，每端丈八尺，皆兩端合捲，總為五匹，故云束帛也。"《穆天子傳》卷一："河宗伯夭逆天子燕然之山，勞用束帛加璧。"晋郭璞注："五兩為一束。兩，今之二丈。"《史記·貨殖列傳》："子貢結駟連騎，束帛之幣，以聘享諸侯，所至，國君無不分庭與之抗禮。"《晋書·孝武帝紀》："六月癸卯，束帛聘處士戴逵、襲玄之。"《新唐書·諸帝公主傳》："帝曰：'百姓租賦非我有，士出萬死，賞不過束帛，女何功而享多戶邪？使知儉嗇，不亦可乎？'"

篇帛

謂編織成幅的絲織品。此稱南北朝時期已行用。南朝宋鮑照《紹古辭》之二："繢繡多廢亂，篇帛久塵緇。"黃節注：《說文》徐曰：'篇，連也'。"

內帛

宮廷織造的縑帛。此稱唐代已行用。唐杜甫《送許八拾遺歸江寧覲省》詩："內帛擎偏重，宮衣著更香。"宋強至《北京判府司徒侍中生日三十四韵》："馬錫天閑駿，衣班內帛珍。"

府帛

官府所藏之布帛。此稱唐代已行用。《新唐書·牛僧孺傳》："治梁之年，徐州盜起，神策兩中尉諷藩悉財助軍，蔚索府帛三萬以獻，中人嫌其齊，用吳行魯代之。"宋梅堯臣《次韻和韓持國京師雪》："大輸中府帛，雜有上公圭。"

帑帛

庫藏的絲織品。此稱唐代已行用。《新唐書·陸長源傳》："晋卒，長源總留後事……軍中請出帑帛為晋制服，不許。"宋林駉《古今源流至論續集》卷一："散在郡縣，自鬻自食、不耗帑帛、不蠹廩粟，國無所費也。"

花帛

織花之帛。此稱明代已行用。明倪謙《倪文僖集》卷二四："修其被髮者高昌；以花帛掩踝者天門也。"《皇清職貢圖》卷三："〔湖南省安化寧鄉處猺人〕男女俱以花帛抹額，繫錦兜於胸前。"又卷四："〔廣東省靈山縣〕童婦用花帛兜肚，袴僅蔽膝，往來城市，必持雨傘而行。"

綵帛

彩色絲綢。此稱漢代已行用。《後漢書·梁

冀傳》：“賞賜金錢、奴婢、綵帛、車馬、衣服、甲第，比霍光。”唐馮贄《雲仙雜記·棠木印》：“張寶，凡衣服綵帛，皆以所任官印之。”宋孟元老《東京夢華錄·車駕宿大慶殿》：“其角皆以綵帛，如小旗脚裝結其上。”宋周去非《嶺外代答·海外黎蠻》：“商賈多販牛以易香，黎裝椎髻，徒跣……首珥銀釵或銅或錫，首或以絳帛、綵帛包髻。”《皇清職貢圖》卷五：“〔甘肅河州土指揮韓雯所轄珍珠族番民〕女披髮於背，裹以綵帛，綴大小石珠。”

【彩帛】

同“綵帛”。此體清代已行用。《皇清職貢圖》卷四：“〔廣東省馬平縣牙人〕婦短衫，緣錦，袖連彩帛三四重，裙則純錦。”清王初桐《奩史》卷四九引《元氏掖庭記》：“彩帛結成采菱采蓮之舟，輕快便捷，往來如飛。”

五綵帛

省稱“五綵”。五種顏色之帛。此稱宋代已行用。《晏子春秋·諫上》：“一衣而五綵具焉。”漢王充《論衡·量知》：“加五綵之巧。”宋彭大雅《黑韃事略》：“用四五尺長柳枝，或銀打成枝，包以青氈。其向上人，則用我朝翠花或五綵帛飾之。”明費信《星槎勝覽後集·渤泥國》：“俗好奢侈，男女一般椎髻，五綵帛繫腰，花布爲衫。”

【五綵】

“五綵帛”之省稱。此稱先秦時期已行用。見該文。

衲帛

繡織有花紋的絲織品。此稱明代已行用。《警世通言·玉堂春落難逢夫》：“王匠大喜，隨即到了市上，買了一身衲帛衣服，粉底皂靴，

絨襪，瓦楞帽子，青絲縧，真川扇，皮箱，騾馬，辦得齊整。”

纈帛[1]

染印着花紋的彩帛。此稱宋代已行用。《宋史·輿服志》：“政和二年，詔後苑造纈帛。”宋陸游《老學庵筆記》卷九：“政和，宣和間，妖言至多，織文及纈帛，有遍地桃冠，有並桃香，有佩香曲，有賽兒，而道流爲公卿受籙。”

綅[2]

亦作“纖”。一種黑經白緯的織物。此稱漢代已行用。《玉篇·系部》：“綅，黑經白緯也。”《集韻·平鹽》：“綅，繒名。黑經白緯。”《禮記·間傳》：“中月而禫，禫而纖，無所不佩。”漢鄭玄注：“黑經白緯曰纖，纖或作綅。”晉謝沈《祥禫議》：“既祭乃服禫服，朝服綅冠。”

【纖】[1]

同“綅[2]”。此體漢代已行用。見該文。

繻

彩色繒帛。一說細密的羅。此稱漢代已行用。《說文·系部》：“繻，繒采色。”晉陸機《爲周夫人贈車騎》詩：“碎碎織細練，爲君作繡繻。”

色帛

彩色的絲織品。此稱清代已行用。《皇清職貢圖》卷六：“〔四川省泰寧協禁右營松坪〕夷婦辮髮，挽雙髻，以青布爲高冠，復以色帛交束之。”又：“〔四川省阜和營轄德爾格特〕番婦辮髮，以絳帕抹額，雜綴珠石短衣長裙，前繫綠邊色帛幅，能織褐。”

玄纁[1]

紅黑色和淺紅色的布帛。常用作延聘賢士的禮品。此稱先秦時期已行用。《書·禹貢》：

"厥篚玄纁璣組。"《周禮·考工記·鍾氏》："五入爲緅。"漢鄭玄注："染纁者，三入而成，又再染以黑則爲緅……又再染以黑則爲緇。玄色在緅緇之間。"《左傳·哀公十一年》："公使大史固歸國子之元，置之新篋，襲之以玄纁，加組帶焉。"楊伯峻注："此謂以紅黑色與淺紅色之帛作墊。"《後漢書·逸民列傳》："桓帝乃備玄纁之禮，以安車聘之。"三國蜀諸葛亮《便宜十六策·舉措》："玄纁以聘幽隱。"唐陳陶《經徐稚墓》詩："鳳皇屢降玄纁禮，瓊石終藏烈火詩。"《醒世姻緣傳》："一日，齊王玄纁束帛，駟馬高車，來聘陳仲子爲相。"清方文《送劉孔安北上》詩："主聖相且賢，玄纁降茅茨。"

空帛

無文飾的粗質絲織物。此稱唐代已行用。唐李庚《東都賦》："貧庾而稻，賤筥而褐。比屋相視，恥衣空帛。"

絁縵 [1]

無花紋圖案的粗質繒帛。此稱唐代已行用。《新唐書·董晉傳》："金吾將軍沈房有期喪，公除，常服入閣，帝疑以問晉，對曰：'故事，朝官期以喪，服絁縵，不復衣淺色，南班亦如之。'"

大帛

亦作"大白"。亦稱"厚繒"。粗綫織成的厚帛。此稱先秦時期已行用。《左傳·閔公二年》："衛文公大布之衣，大帛之冠，務材訓農，通商惠工，敬教勸學，授方任能。"唐杜預注："大帛，厚繒。"《禮記·玉藻》："大帛不綏。"漢鄭玄注："帛，當爲白，聲之誤也。大帛，謂白布冠也。"又《雜記上》："大白冠。"唐孔穎達疏："大白者，古之白布冠也。"《周書·明帝

紀》："朕稟生儉素，非能力行菲薄，每寢大布之被，服大帛之衣。"

【大白】

同"大帛"。白，通"帛"。此體漢代已行用。見該文。

【厚繒】

即大帛。此稱唐代已行用。見該文。

【練帛】 [1]

即大帛。謂粗疏之繒帛。此稱先秦時期已行用。《墨子·兼愛中》："昔者晉文公好士之惡衣，故文公之臣，皆……練帛之冠。"清孫詒讓閒詁："練帛，蓋即大帛。"漢劉向《説苑·反質》："〔齊桓公〕於是更製練帛之衣，大白之冠。朝一年而齊國儉也。"

【大練】 [1]

即大帛。此稱漢代已行用。《後漢書·皇后紀上》："〔明德馬皇后〕常衣大練，裙不加緣。朔望諸姬主朝請，望見后袍衣疏粗，反以爲綺縠，就視，乃笑。后辭曰：'此繒特宜染色，故用之耳。'六宮莫不嘆息。"唐李賢注："大練，大帛也。杜預注《左傳》曰：'大帛，厚繒也。'太后兄廖上書曰'今陛下朝服厚繒'是也。"《隋書·列女傳·鄭善果母》："自初寡，便不禦脂粉，常服大練。"宋蘇軾《御試制科策》："後宮有大練之飾，則天下以羅紈爲羞。"

絁繡

粗質彩帛。《宋史·后妃傳上·真宗劉皇后》："〔太后〕常服絁繡練裙。"

縵 [1]

亦稱"縵帛"。無文飾之帛。此稱先秦時期已行用。《周禮·春官·巾車》："卿乘夏縵。"唐賈公彥疏："縵者，亦如縵帛無文章。"《管

子·霸形》：“於是以虎豹皮、文錦使諸侯，諸侯以縵帛、鹿皮報。”又《小匡》：“諸侯以縵帛，鹿皮四介以爲幣，齊以文錦、虎豹皮報。”《韓非子·十過》：“縵帛爲茵，席頗緣。”《說文·系部》：“縵，繒無文也。”漢史游《急就篇》第二：“錦繡縵旆離雲爵。”唐顔師古注：“縵，無文之帛。”漢董仲舒《春秋繁露·度制》：“古者天子衣文，諸侯不以燕。大夫以禄，亦不以燕。庶人衣縵，此其大略也。”

【縵帛】[1]

即縵[1]。此稱先秦時期已行用。見該文。

紕縵

經緯稀疏之帛。此稱唐代已行用。唐元稹《離思》詩之三：“第一莫嫌材地弱，些些紕縵最宜人。”清袁枚《隨園詩話》卷五引清楊守知《西湖竹枝詞》：“烏油小轎兩肩扶，紕縵窗紗有若無。”

生帛

帛的一種。其質未經漂煮，色白而細。此稱漢代已行用。《禮記·雜記下》：“純以素，紃以五采。”唐孔穎達疏：“素，謂生帛。”宋曾鞏《明州擬辭高麗送遺狀》：“候進奉使回日，依例估價，以係官生帛，就整數量加回答。”宋程大昌《演繁露·漢地理志注》：“今人夏月以生帛爲厤。”宋張敦頤《六朝事迹編類·天水碧》：“南朝末時前數年，宮人挼薔薇水染生帛，一夕，忘收，爲濃露所漬，色倍鮮翠。”

【素】[2]

即生帛。此稱漢代已行用。《說文·素部》：“素，白致繒也。”清段玉裁注：“繒之白而細者也。”南朝梁徐陵《玉臺新咏·古詩八首之一》：“新人工織縑，故人工織素。”又《古詩爲焦仲卿妻作》：“十三能織素，十四學裁衣。”唐杜牧《杜秋娘》詩：“寒衣一匹素，夜借鄰人機。”

【素帛】

即生帛。此稱宋代已行用。宋周密《齊東野語·絹紙》：“蓋古之素帛，依舊長短，隨事截絹，枚數重疊，即名蟠紙。”

熟帛

帛的一種。其質已經漂煮加工。此稱先秦時期已行用。《儀禮·士喪禮》：“掩練帛，廣終幅，長五尺，析其末。”清胡培翬正義：“練帛，熟帛。”

練帛[2]

帛的一種。其已經煮練加工，色白。一說亦爲熟帛。此稱先秦時期已行用。《儀禮·士喪禮》：“掩練帛，廣絳終幅，長五尺，析其末。”胡培翬正義：“練帛，熟帛。”

澣帛

亦作“浣帛”。帛的一種。其已經煮練，且染色。多用作祭服。此稱漢代已行用。《禮記·禮運》：“衣其澣帛，醴醆以獻。”漢鄭玄注：“澣帛，練染以多祭服。”《孔子家語·問禮》：“衣其浣帛，醴醆以獻。”

【浣帛】

同“澣帛”。此體漢代已行用。見該文。

妙匹

精美的布帛類織物。此稱漢代已行用。漢班婕妤《搗素賦》：“閲絞練之初成，擇玄黃之妙匹。”明何景明《搗衣》詩：“燈前揮妙匹，運思一何深！裁以金剪刀，縫以素絲針。”

曼帛

細密精美的絲帛。此稱漢代已行用。漢劉安等《淮南子·氾論訓》：“裘不可以藏者，非能具絺綿曼帛溫暖於身也。"漢高誘注："曼帛，細帛也。"

毫帛

供書寫用的白色細絹。此稱南北朝時期已行用。南朝宋鮑照《從登香爐峰》詩："慚無獻賦才，洗污奉毫帛。"

白氈烏絲

有黑色邊欄的絹帛。可用於書寫。此稱宋代已行用。宋辛棄疾《臨江仙·和信守王道夫韵謝其爲壽時僕作閩》詞："入手清風詞更好，細書白氈烏絲。"

幣

繒帛之類。常用作祭祀、進貢、饋贈的禮品。《說文·巾部》："幣，帛也。"清段玉裁注："帛者，繒也。"徐灝箋："幣，本繒帛之名，因車馬、玉帛同爲聘享之禮，故渾言之皆稱幣。"此稱先秦時期已行用。《書·召誥》："我非敢勤，惟恭奉幣，用供王能，祈天永命。"唐孔穎達傳："惟恭敬奉其幣帛用供待王，能求天長命。"《孟子·萬章上》："湯使人以幣聘之。"《儀禮·聘禮》："幣美則沒禮。"漢鄭玄注："幣，謂束帛也。"《禮記·曲禮下》："幣曰量幣。"漢鄭玄注："幣，帛也。"《宋史·理宗紀五》："買似道賜金器千兩，幣千匹。"明陶宗儀《南村輟耕錄·鶴銘》："乃裹以玄黃之幣，藏茲山之下。"

【幣帛】

即幣。此稱先秦時期已行用。《墨子·尚同中》："其祀鬼神也……珪璧、幣帛，不敢不中度量。"《禮記·禮運》："故先王秉蓍龜，列祭祀，瘞繒，宣祝嘏辭說，設制度。"漢鄭玄注："幣帛曰繒。"唐封演《封氏聞見記·紙錢》："按古者享祀鬼神，有圭璧、幣帛，事畢則埋之。後代既寶錢貨，遂以錢送死。"宋周必大《二老堂詩話·記趙夢得事》："幣帛不爲服章，而以書字，上帝所禁。"

制幣

祭祀時所供之繒，指厚帛。以其長寬皆有定制而得名。此稱先秦時期已行用。《儀禮·既夕禮》："贈用制幣玄纁束。"漢鄭玄注："丈八尺曰制。"《晋書·武帝紀》："詔以制幣，告於太廟，藏之天府。"宋蘇軾《北嶽祈雨祝文》："敢以制幣、茶果，清酌之奠，敢昭告於北嶽安天元聖帝。"

幣貢

九貢之一。指入貢的玉馬、皮帛等物。此稱先秦時期已行用。《周禮·天官·大宰》："以九貢致邦國之用……四曰幣貢。"漢鄭玄注："幣貢，玉馬皮帛也。"

旌帛

禮聘賢士所送之帛。此稱漢代已行用。《後漢書·逸民傳序》："光武側席幽人，求之若不及，旌帛蒲車之所徵賁，相望於巖中矣。"《魏書·李靈傳論》："李以儒俊之風，當旌帛之舉。"

縑

亦稱"縑賄"。南方少數民族所販財貨布帛的總稱。此稱南北朝時期已行用。《玉篇·糸部》："縑，蠻夷貨也。"《廣韻·入緝》："縑，蠻夷貨名。"《文選·左思〈吳都賦〉》："縑賄紛紜，器用萬端。"唐李善注引劉逵曰："縑，蠻夷貨名也。《扶南傳》曰：'縑，貨；布帛曰賄。'"

【縑賄】

即縑。此稱漢代已行用。見該文。

澄水帛

用於消暑熱之帛。此稱唐代已行用。唐蘇鶚《杜陽雜編》卷下："公主命取澄水帛，以水蘸之，挂於南軒，良久，滿座皆思挾纊。澄水帛長八九尺，似布而細，明薄可鑒，云其中有龍涎，故能消暑毒也。"

秋帛

供製秋衣之帛。此稱唐代已行用。唐于鵠《寄盧儼員外秋衣詞》："篋中有秋帛，裁作遠客衣。"明宋濂《東雒山房詩》："試持秋帛搗寒石，中夜靈響凄緊如霜弦。"

方帛

方形之帛。此稱南北朝時期已行用。《南史·齊本紀》："先是百姓及朝士，皆以方帛填胸，名曰'假兩'，此又服袄。"宋高承《事物紀原·吉凶典制·面帛》："面帛，今人死以方帛覆面者。"《太平御覽·工藝部》："夫人乃進所寫江湖、九州、山嶽之勢。夫人又於方帛之上，綉作五嶽、列國地形，宮中號爲針絶。"

面帛

死者覆面的方帛。此稱宋代已行用。宋高承《事物紀原·吉凶典制·面帛》："面帛，今人死以方帛覆面者。《吕氏春秋》曰：夫差誅子胥，數年越報吴，踐其國，夫差將死，曰：'死者如其有知也，吾何面目以見子胥於地下？'乃爲幎以冒面而死。此其始也。"宋洪邁《夷堅乙志·張鋭醫》："〔張鋭醫〕揭面帛注視。呼仵匠語之曰：'若嘗見夏月死者面色赤乎。'曰：'無。''口開乎？'曰：'無。'"

油帛

浸過油的帛布。此稱漢代已行用。《説文·糸部》："縏，幹衣也。"清桂馥義證："載衣也者，《古今注》所謂油帛而韜之。"《魏書·蕭寶寅列傳》："經奏之後，考功曹別書於黃紙、油帛。"《普濟方》卷二九〇："捻得成圓即住，以油帛裹收之，每日塗於帛上貼之。"

雜帛

滾飾旗幅側邊之素帛，旗本有顔色，以用素帛雜飾其側而得名。此稱先秦時期已行用。《周禮·春官·司常》："日月爲常，交龍爲旂，通帛爲旜，雜帛爲物。"漢鄭玄注："……雜帛者，以帛素飾其側。"又泛指用色絲織成的各種絲織品。《史記·平津侯王父列傳》："因賜告牛酒雜帛。居數月，病有瘳，視事。"《漢書·孔光傳》："光年七十，元始五年薨。莽白太后，使九卿策贈以太師博山侯印綬，賜乘輿秘器，金錢雜帛。"《後漢書·皇后紀上》："諸貴人當徙居南宮，太后感析別之懷，各賜王赤綬，加安車駟馬，白越三千端，雜帛二千匹，黃金十斤。"《資治通鑑·漢章帝建初四年》："及太后崩，但加貴人王赤綬，安車一駟，永巷宮人二百，御府雜帛二萬匹。"

花縰

絲織品的一種。其質織有花紋。此稱五代時期已行用。《舊五代史·梁書·太祖紀六》："〔安南〕又進南蠻通好金器六物、銀器十二，並乾陁綾、花縰等雜織奇巧者各三十件。"

綿

帛的一種。也指棉纖維，爲重要的紡織原料。此稱宋代已行用。《宋史·食貨志上二》："帛之品十：一曰羅，二曰綾，三曰絹，四曰紗，五曰絁，六曰紬，七曰雜折，八曰絲綫，九曰綿，十曰布葛。"

吳綿

帛的一種。以產於古吳地而得名。此稱唐代已行用。唐白居易《醉後狂言酬贈蕭殷二協律》詩："吳綿細軟桂布密，柔如狐腋白似雲。"明沈守正《題清溪嘯語圖》："去年策蹇入都門，吳綿無力裘不溫。"清朱彝尊《鴛鴦湖棹歌》之二九："織成錦衾碧間紅，縫以吳綿四五通。"

絮帛

棉絮與布帛。泛指禦寒的輕暖物品。此稱南北朝時期已行用。《南齊書·孝義傳·華寶》："同郡劉懷胤與弟懷則，年十歲，遭父喪，不衣絮帛，不食鹽菜。"唐柳宗元《代韋中丞賀元和大赦表》："諸生喜黌塾之廣，庶老加絮帛之優。"唐段成式《酉陽雜俎·物異》："荀諷者，善藥性，好讀道書，能言名理，樊晃嘗給其絮帛。"

雜折

帛的一種。此稱宋代已行用。《宋史·食貨志上二》："帛之品十：一曰羅，二曰綾，三曰絹，四曰紗，五曰絁，六曰紬，七曰雜折，八曰絲綿，九曰綿，十曰布葛。"

玉帛

圭璋與束帛。祭祀、會盟、朝聘等多用之。此稱先秦時期已行用。《周禮·春官·肆師》："立大祀用玉帛牲牷。"《左傳·哀公七年》："禹合諸侯於塗山，執玉帛者萬國。"唐杜預注："諸侯執玉，附庸執帛。"《論語·陽貨》："子曰：'禮云禮云，玉帛云乎哉？'"宋朱熹集注："帛，束帛之類。"《國語·吳語》："春秋皮幣、玉帛、子女，以賓服焉。"《南齊書·樂志》："禮充玉帛，樂被笙弦。"

【二精】

即玉帛。此稱先秦時期已行用。《國語·楚語下》："是以先玉之祀也，以一純二精。"三國吳韋昭注："二精，玉帛也。"

【琛幣】

即玉帛。此稱南北朝時期已行用。《文選·左思〈魏都賦〉》："賨幏積埤，琛幣充牣。"唐呂向注："珠玉曰琛，布帛曰幣。"宋蔡啓《秋日同文館》詩："琛幣來重譯，車書想舊題。"

【琛帛】

即玉帛。此稱唐代已行用。唐李白《明堂賦》："奉珪瓚，獻琛帛。"

璧帛

玉璧與繒帛。祭祀、喪葬等多用。此稱漢代已行用。《後漢書·禮儀志下》："諸侯王、傅、相、中尉、內史典喪事，大鴻臚奏謚，天子使者贈璧帛，載日命謚如禮。"

金帛

黃金與繒帛。泛指錢帛。此稱先秦時期已行用。《列子·說符》："元君大驚，立賜金帛。"《史記·淮南衡山列傳》："皇太后所賜金帛，盡以賜軍吏。"《後漢書·安帝紀》："賜王、主、三公、列侯下至郎吏、從官金帛。"《新唐書·魏徵傳》卷九七："帝遣使者詣西域立葉護可汗，未還，又令人多齎金帛，歷諸國市馬。"《資治通鑑·周赧王五十五年》："王所賜金帛，歸藏於家，而日視便利田宅可買者買之。"《三國演義》第六五回："一日，玄德正與孔明閑敘，忽報雲長遣關平來謝所賜金帛。"清王初桐《奩史》卷三八引明陶宗儀《元氏掖庭記》："淑妃尤瑞嬌，性極貪。帝賞賜金帛，比他妃有加。"

【金繒】

即金帛。此稱唐代已行用。《新唐書·王晙傳》："告以禍福，啗以金繒。"清顧炎武《自大同至西口》詩之二："冠帶中原隔，金繒異域來。"清蒲松齡《聊齋志異·翩翩》："業爲國子左廂，富有金繒而無子，愛子浮若己出。"

財帛

錢財與布帛。亦泛指錢財。此稱漢代已行用。《史記·大宛列傳》："散財帛以賞賜，厚具以饒給之，以覽示漢富厚焉。"三國蜀諸葛亮《將苑》："得其財帛不自實。"唐道宣《辯或篇序》之二："又以寺塔崇華，靡費於財帛；僧徒供施，叨濫於福田。"

錢帛

金錢與縑帛。此稱漢代已行用。《史記·滑稽列傳》："〔東方朔〕徒用所賜錢帛，取少婦於長安中好女。"《後漢書·南蠻西南夷傳》："和帝賜金印紫綬，小君長皆加印綬、錢帛。"《三國志·魏書·高句麗傳》："女父母乃聽使就小屋中宿，傍頓錢帛，至生子已長大，乃將婦歸家。"《南史·后妃傳上》："上待后恩禮甚篤，袁氏貧薄，后每就上求錢帛以贍之。上性儉，所得不過五三萬，五三十匹。"五代王定保《唐摭言·慈恩寺題名游賞賦咏雜記》："衆皆嘉歡，悉以錢帛遺之。"《三國演義》第六五回："董和曰：'城中尚有兵三萬餘人，錢帛糧草，可支一年，奈何便降？'"

蒲帛

蒲車與束帛。古時徵召賢人所備之禮車和禮物。此稱南北朝時期已行用。《文選·桓温〈薦譙元彦表〉》："若秀蒙蒲帛之徵，足以鎮静頹風。"唐吕延濟注："古之徵賢者，皆以束帛之禮，蒲裹車輪而徵之。"唐殷文圭《送道者朝見後歸山》詩："暫隨蒲帛謁金鑾，蕭灑風儀傲漢官。"

皮帛

獸皮與束帛。古代舉行結盟、朝會等大事時所持的禮物。此稱先秦時期已行用。《周禮·春官·大宗伯》："孤執皮帛。"漢鄭玄注："皮帛者，束帛而表以皮爲之飾。皮，虎豹皮；帛，如今璧色繒也。"唐賈公彦疏："言'表以皮爲之飾'者，凡以皮配物者皆手執帛以致命而皮設於地。"《儀禮·士昏禮》："皮帛必可制。"漢鄭玄注："皮帛，儷皮、束帛也。"《莊子·讓王》："太王亶父居邠，狄人攻之，事之以皮帛而不受。"漢張衡《東京賦》："璧羔皮帛之贄既奠，天子乃以三揖之禮禮之。"

皮幣

毛皮和繒帛。古代用作聘享的貴重禮物。此稱先秦時期已行用。《管子·五行》："出皮幣，命行人修春秋之禮於天下諸侯。"《國語·吳語》："春秋皮幣玉帛子女，以賓服焉。"

繒帛

繒與帛的合稱。此稱先秦時期已行用。《管子·國蓄》："春賦以斂繒帛，夏貸以收秋實。"唐白居易《秦中吟·重賦》詩："繒帛如山積，絲絮似雲屯。"五代馬縞《中華古今注·冪䍦》："至神龍末，冪䍦殆絶，其冪䍦之象，類今之方巾，全身障蔽，繒帛爲之。"明吳琪《寒下曲》："四牡騑騑出玉門，詔特繒帛賜烏孫。"

【繒布】

即繒帛。此稱晋代已行用。《左傳·成公二年》："孟孫請往賂之，以執斲執針織紝。"晋杜預注："織紝，織繒布者。"

繒

亦作“贈”。亦稱“絹”。泛指絲織品，細言之則謂其質較厚者。此稱漢代已行用。《說文·糸部》：“繒，帛也，綈籀文從宰省。揚雄以爲漢律祠宗廟丹書告。”清段玉裁注：“綈爲祠宗廟丹書告神之帛，見於漢律者字如此作，揚雄言之。雄《甘泉賦》曰上天之綈。蓋即謂郊祀丹書告神者。此則從宰不省者也。”又《糸部》：“絹，繒也。”《禮記·禮運》：“故先王秉蓍龜，列祭祀，瘞繒，宣祝嘏辭說，設制度。”漢鄭玄注：“幣帛曰繒……繒，或作贈。”《漢書·灌嬰傳》：“灌嬰，睢陽販繒者也。”唐顏師古注：“繒者，帛之總名。”明李時珍《本草綱目·服器一·帛》：“素絲所織，長狹如巾，故字從白巾。厚者曰繒。”《紅樓夢》第四八回：“惜春正乏倦，在床上歪著睡午覺，畫繒立在壁間，用紗罩著。”

【贈】

同“繒”。此體漢代已行用。見該文。

【絹】[2]

即繒。此稱漢代已行用。見該文。

【霞繒】

“繒”之美稱。其質或呈雲霞色的花紋或圖案。此稱元代已行用。元馬祖常《賦王叔能芍藥詩》：“霞繒襞積雲千叠，寶盎凝脂蜜半香。”清宋犖《西陂類稿》卷二〇：“風鋪霞繒不可捲，熨帖颭灩如無根。”

【香繒】

“繒”之美稱。此稱唐代已行用。唐韋莊《虛席》詩：“有時還影響，花葉曳香繒。”宋許棐《浣溪沙》：“欲把香繒暖纈裁，玉箱金鎖又慵開，一杯茶罷上春臺。”

文繒

有花紋之繒。此稱漢代已行用。漢桓寬《鹽鐵論·散不足》：“夫羅紈文綉者，人君后妃之服也；繭紬縑練者，婚姻之嘉飾也，是以文繒薄織，不鬻於市。”《漢書·高帝紀》：“賈人毋得衣錦、綺、縠、絺、紵、罽。”唐顏師古注：“綺，文繒也，即今之細綾也。”宋司馬光《資治通鑑·唐昭宗光化三年》：“鎔以其子節度副使昭祚及大將子弟爲質，以文繒二十萬犒軍。”元胡三省注：“文繒，絹之有文者，今謂之花絹。”清吳偉業《偶成》詩之三：“異錦文繒歌者，黃金白璧蒼頭。”

【花絹】

即文繒。此稱明代已行用。明王鏊《姑蘇志》卷一四：“絹其熟者名熟絹，四方皆尚之花紋者名花絹。”《三遂平妖傳》第七回：“後楊巡檢出來，頭戴金綫忠靖冠，身穿暗花絹道袍，脚踹烏靴，手執一柄川扇。”

白繒

繒的一種。其質色白。此稱漢代已行用。《史記·五帝本紀》：“帛，所以薦玉也。必三者，高陽氏後用赤繒，高辛氏後用黑繒，其餘諸侯皆用白繒。”《後漢書·禮儀志中》：“閉諸陽，衣皁，興土龍。”唐李賢注引漢董仲舒云：“春旱求雨……爲四通之壇於邑西門之外，方九尺，植白繒九。”《新唐書·南蠻傳下》：“又有東欽蠻二姓，皆白蠻也，居北谷。婦人衣白繒，長不過膝。”

皁繒

繒的一種。其質色黑。常用作車上覆蓋物。此稱漢代已行用。《後漢書·輿服志上》：“公、列侯安車，朱班輪，倚鹿較，伏熊軾，皁繒蓋，黑輪，右騑。"《宋書·禮志五》："公及列侯安車，朱斑輪、倚鹿較、伏熊軾、黑番者謂之軒，皂繒蓋，駕二，右騑。"

【黑繒】

即皂繒。此稱漢代已行用。《史記·五帝本紀》："帛，所以薦玉也。必三者，高陽氏後用赤繒，高辛氏後用黑繒，其餘諸侯皆用白繒。"《後漢書·禮儀志中》："閉諸陽，衣皂，興土龍。"唐李賢注引董仲舒云："春旱求雨……爲四通之壇於邑北門之外，方六尺，植黑繒六。"《新唐書·南蠻傳下》："又有初裹五姓，皆烏蠻也，居邛部、臺登之間。婦人衣黑繒，其長曳地。"

赤黑繒

繒的一種。其質紅黑。此稱唐代已行用。《漢書·韓延壽傳》："延壽衣黃紈方領，駕四馬，傅總，建幢棨，植羽葆，鼓車歌車。"唐顏師古注："棨，有衣之戟也。其衣以赤黑繒爲之。"

赤繒

繒的一種。其色比朱紅稍淺。此稱漢代已行用。《史記·五帝本紀》："帛，所以薦玉也。必三者，高陽氏後用赤繒，高辛氏後用黑繒，其餘諸侯皆用白繒。"《後漢書·禮儀志中》："閉諸陽，衣皂，興土龍。"唐李賢注引董仲舒云："春旱求雨……爲四通之壇於邑南門之外，方七尺，植赤繒七。"

紅繒

繒的一種。其質色紅。此稱宋代已行用。宋葉夢得《石林燕語》卷六："旗以紅繒爲之九幅，上爲塗金銅龍頭以揭旌，加木盤。"《宋書·輿服志二》："旗以紅繒九幅，上設耀篼、

鐵鑽、髹杠、緋囊。"

縿[2]

繒的一種。其質淺紺色。此稱宋代已行用。《集韻·上感》："縿，淺紺繒也。"

絳繒

繒的一種。其質深紅。此稱漢代已行用。漢應劭《風俗通·怪神·石賢士神》："輴輦轂擊，帷帳絳繒。"《史記·田單列傳》："田單乃收城中得千餘牛，爲絳繒衣，畫以五彩龍文。"《晉書·輿服志》："〔皇太子〕侍祀則平冕九旒，袞衣九章，白紗絳緣中單，絳繒韠，采畫織成袞帶，金辟邪首，紫綠二色帶，采畫廣領、曲領各一，赤舄絳襪。"

黃繒

繒的一種。其質色黃。此稱漢代已行用。《後漢書·禮儀志中》："閉諸陽，衣皂，興土龍。"唐李賢注引漢董仲舒云："春旱求雨……爲四通之壇於中央，植黃繒五。"宋蘇軾《宥老楮》詩："黃繒練成素，黝面頹作玉。"

綠繒

繒的一種。其質色綠。即藍顏料和黃顏料調和之色，古時謂之青黃色。《說文·糸部》："綠，帛青黃色也。"《詩·邶風·綠衣》："綠兮衣兮，綠衣黃裹。"漢毛亨傳："綠，間色。"唐孔穎達疏："綠，蒼黃之間色。"此稱漢代已行用。《史記·匈奴列傳》："服繡袷綺衣、繡袷長襦、錦袷袍各一……繡十匹，錦三十匹，赤綈、綠繒各四十匹，使中大夫意、謁者令肩遺單于。"

蒼繒

繒的一種。其質色青（深藍或暗綠色）。此稱唐代已行用。《後漢書·禮儀志中》："閉諸陽，

衣皂，興土龍。"唐李賢注引董仲舒云："春旱求雨……於邑東門之外爲四通之壇，方八尺，植蒼繒八。"

紫繒

繒的一種。其質紫色。此稱宋代已行用。宋張君房《雲笈七籤》卷四："皆上金十兩、玉劄一枚、金魚、玉龍各一枚、紫繒四十尺。"《宋史·輿服志二》："麾槍設髹木盤，綱以紫繒復囊，又加碧油絹袋。"

辮

亦稱"綷"。繪有五彩的絲織品。此稱漢代已行用。《説文·㡀部》："辮，會五采繒也。"清段玉裁注："五采繒者、五采帛也。《大人賦》：綷雲蓋。如淳云，蓋有五色也。《吳都賦》：孔雀綷羽以翺翔。按綷者，或辮字。從㡀，卒聲。各本作綷省聲。"《廣韻·去隊》："辮，《説文》曰：'會五綵繒也。'綷，上同。"

【綷】

同"辮"。此體宋代已行用。見該文。

綈

繒的一種。質地粗厚，平滑而有光澤。《説文·系部》："綈，厚繒也。"此稱先秦時期已行用。《管子·輕重戊》："魯、梁之民俗爲綈，公服綈，令左右服之。"唐尹知章注："繒之厚者謂之綈。"《敦煌漢簡》2327木牘上有"絲綈一兩"字迹。《急就篇》第二："綈絡縑練素帛蟬。"唐顏師古注："綈，厚繒之滑澤者也，重三斤五兩，今謂之平紬。"《史記·范睢蔡澤列傳》："〔須賈〕乃取其一綈袍以賜之。"唐司馬貞索隱："按：綈，厚繒也，音啼，蓋今之絁也。"唐張守節正義："今之粗袍。"《宋書·孝武帝紀》："朕綈帛之念，無忘於懷。"《新唐書·地理志三》："懷州河内郡……土貢：平紗、平紬、枳殼、茶、牛膝。"《資治通鑑·漢哀帝元壽元年》："初即位，易帷帳，去錦綉，乘輿席緣綈繒而已。"

弋綈

綈的一種。其質粗厚、色黑。弋，通"黓"。此稱漢代已行用。《漢書·文帝紀贊》："〔孝文皇帝〕身衣弋綈，所幸慎夫人衣不曳地，帷帳無文綉，以示敦樸，爲天下先。"唐顏師古注："如淳曰：'弋，皂也。'賈誼曰：'身衣皂綈。'師古曰：'弋，黑色也。綈，厚繒。'"隋王通《中説·事君》："夫廢肉刑害於義，損之可也；衣弋綈傷乎禮，中焉可也。"唐劉禹錫《賀赦表》："菲食遵夏禹之規，弋綈法漢文之儉。"

【皂綈】

即弋綈。此稱漢代已行用。《漢書·賈誼傳》："且帝之身自衣皂綈，而富民牆屋被文繡；天子之后以緣其領，庶人孽妾緣其履：此臣所謂舛也。"《宋史·杜衍傳》："出入從者十許人，烏帽、皂綈袍、革帶。"

赤綈

綈的一種。其質粗厚、色赤。此稱漢代已行用。《史記·匈奴列傳》："服綉袷綺衣、綉袷長襦、錦袷袍各一……綉十匹，錦三十匹，赤綈、綠繒各四十匹，使中大夫意、謁者令肩遺單于。"唐司馬貞索隱："案，《説文》云：'綈，厚繒也。'"

【丹綈】

即赤綈。此稱晉代已行用。晉干寶《搜神記》卷二："〔兩巫〕見一女人，年可三十餘，上著青錦束頭，紫白袷裳，丹綈絲履。"

紫綈

綈的一種。其質粗厚、色紫。此稱漢代已行用。漢劉歆《西京雜記》："趙后悦之，白上，得出入御内，絶見愛幸。嘗著輕絲履，招風扇，紫綈裘，與后同居處，欲有子，而終無胤嗣。"《太平御覽》卷八一五引晋陸翽《鄴中記》："石虎冬月施熟錦流蘇斗帳，四角安純金龍頭銜五色流蘇，或用黄地博山文錦，或用紫綈及小明光錦。"

緹[1]

繒的一種。其質黄赤色。此稱漢代已行用。《説文·糸部》："緹，帛丹黄色。"漢史游《急就篇》第二："絳緹絓紬絲絮綿。"唐顔師古注："緹，黄赤色也。"《史記·滑稽列傳》："爲治齋宫河上，張緹絳帷，女居其中。"唐張守節正義引顧野王曰："緹，黄赤色也。"唐柳宗元《邕州刺史李公墓志銘》："僚宰庀事，有緹五兩，無金銀泉貝，幾不克斂。"宋曾慥《類説》卷三四："有婦人致一緹縉於僧伽和尚欄楯。"

【緹繒】

即緹[1]。此稱漢代已行用。《漢書·韓延壽傳》："駕四馬，傅總，建幢棨。"唐顔師古注引晋灼曰："傅，著也。總，以緹繒飾鑣鑣也。"清唐孫華《閏野弟貽眼鏡十六韻》："一朝開寶匣，十襲裹緹繒。"

赤緹

亦稱"緹"。赤色繒帛。此稱先秦時期已行用。《周禮·地官·草人》："凡糞種，騂剛用牛，赤緹用羊。"《後漢書·應劭傳》："宋愚夫亦寶燕石，緹緗十重。"唐李賢注："緹，赤色繒也。"

【緹】[2]

即赤緹。此稱漢代已行用。見該文。

油黄繒

黄繒的一種。先將帛染作黄色，後浸以油，可用以防濕。此稱宋代已行用。《宋史·輿服志一》："玉輅之制，青色，飾以玉，通高十九尺……頂四角分垂青羅曰絡帶，表裏綉雲龍。遇雨，則油黄繒覆之。"

吴繒

吴地所産之繒。此稱宋代已行用。《宋史·洪湛傳》："蜀錦吴繒，積如丘陵。"明袁宏道《偶成》："辟纑聊易米，裂却舊吴繒。"清朱祖謀《百字令》其一："鶴去雲孤，虬飛月冷，揮灑吴繒雪。"

雜繒

各色繒帛。此稱漢代已行用。《漢書·東方朔傳》："主乃請賜將軍、列侯、從官金錢雜繒各有數。"又《霍光傳》："賞賜前後黄金七千斤，錢六千萬，雜繒三萬匹，奴婢百七十人，馬二千匹，甲第一區。"

彩繒

繒的一種。其有彩色而得名。此稱漢代已行用。漢李陵《録别詩》之一："欲寄一言去，託之牋彩繒。"《後漢書·鮮卑傳》："詔封烏倫爲率衆王，其至鞬爲率衆侯，賜彩繒各有差。"唐段成式《酉陽雜俎·境異》："〔昆吾國〕以近葬爲至孝。集大氈，居中懸衣服綵繒，哭祀之。"

【采繒】

同"彩繒"。此體宋代已行用。宋司馬光《資治通鑑·漢昭帝元平元年》："發御府金錢、刀劍、玉器、采繒，賞賜所與游戲者。"《水滸傳》第四四回："前面兩個小牢子，一個馱著許多禮物花紅，一個捧著若干段子采繒之物。"

五彩繒

彩繒的一種。以其質呈豐富的五色而得名。此稱先秦時期已行用。《周禮·鼓人》："帗，列五采繒爲之，有秉，舞者所執。"又《樂師》："帗，析五彩繒。今靈星舞子持之是也。"

畫繒

繒的一種。繪有彩色圖案。此稱宋代已行用。宋周邦彥《浣溪沙》詞之四："寶扇輕圓淺畫繒，象床平穩細穿藤。"《紅樓夢》第四八回："惜春正乏倦，在床上歪著睡午覺，畫繒立在壁間，用紗罩著。"中國藝術研究院紅樓夢研究所校注："畫繒：繪畫用的絹。繒：古代對絲織品的統稱。"

縵繒

沒有花紋的絲織品。此稱南北朝時期已行用。《北史·魏文明皇后馮氏傳》："性儉素，不好華飾，躬御縵繒而已。"

惡繒

劣質繒。此稱宋代已行用。《資治通鑑·唐德宗貞元三年》："今吐蕃久居原、會之地，以牛運糧，糧盡，牛無所用，請發左藏惡繒染爲彩纈，因党項以市之，每頭不過二三匹，計十八萬匹，可致六萬餘頭。"

繒彩

彩色繒類織品。此稱漢代已行用。《後漢書·西域傳》："其王常欲通使於漢，而安息欲以漢繒彩與之交市，故遮閡不得自達。"又《南匈奴傳》："又賜繒彩四千匹，令賞賜諸王、骨都侯已下。"

繒絮

繒帛與絮綿的合稱。亦泛指繒帛絮綿類絲織品。此稱漢代已行用。《史記·匈奴列傳》："初，匈奴好漢繒絮食物。"又："其得漢繒絮，以馳草棘中，衣袴皆裂敝，以示不如旃裘之完善也。"《後漢書·杜茂傳》："又發委輸金帛繒絮供給軍士，並賜邊民。"唐白居易《贈內》詩："繒絮足禦寒，何必錦綉文？"《資治通鑑·漢哀帝元壽二年》："自黃龍以來，單于每入朝，其賞賜錦綉、繒絮，輒加厚於前，以慰接之。"

【絮繒】

即繒絮。此稱漢代已行用。《史記·匈奴列傳》："於是漢患之，高帝乃使劉敬奉宗室女公主爲單于閼氏，歲奉匈奴絮繒酒米食物各有數，約爲昆弟以和親，冒頓乃少止。"

紆

繒帛一類的絲織品。《字彙·糸部》："紆，繒帛之屬。"此稱先秦時期已行用。《左傳·成公二年》："孟孫請往賂之，以執斫執針織紆。"杜預注："織紆，織繒布者。"《晉書·孝愍帝紀》："其婦女，莊櫛織紆皆取成於婢僕。"

紻

异色繒帛。此稱明代已行用。《篇海類編·衣服類·糸部》："紻，異色繒也。"

纈

有花紋的絲織品。此稱宋代已行用。《集韻·去霰》："纈，文繒。"

絑

純赤色繒帛。此稱宋代已行用。《集韻·平虞》："絑，繒純赤。"《字彙·糸部》："絑，繒純赤色。"

綪

赤色繒。此稱先秦時期已行用。《左傳·定公四年》："分康叔以大路、少帛、綪茷、旃旌、

大吕。”唐杜預注："繡茷，大赤，取染草名
也。"《管子·山權數》："梁山之陽繡絧，夜石之
幣，天下無有。"漢陸賈《新語·本行》："雕刻
繡畫不納於君，則淫伎曲巧絶於民。"《説文·糸
部》："繡，赤繒也。以茜染，故謂之繡。"

絞

繒的一種。其質黑黄色。此稱宋代已行用。
《集韻·去效》："絞，繒黑黄色。"

舰

質呈雜文彩的一種絲織品。此稱南北朝時
期已行用。《玉篇·帛部》："舰，帛雜文。"《廣
韻·去效》："舰，彩雜文。"

線

麻質繒。《類篇·糸部》："線，枲繒也。"
此稱唐代已行用。唐段成式《酉陽雜俎·諾皋
記上》："乾陀國昔有王神勇多謀……至五天竺
國，得上細線二條，自留一，一與妃。"

緐

亦作"䌴"。繒的一種。其質細密且色赤
黑。此稱漢代已行用。《説文·糸部》："緐，致
繒也。"清段玉裁注："凡細膩曰致，今之緻字
也。漢人多用致，不作緻。致繒曰緐，未聞其
證。"又："一曰徽識信也，有齒。"清段玉裁
注："各本識作幟，俗字也，今正。《巾部》曰：
‘微者，徽識也。徽識信蓋謂䌴？’䌴、緐通
用也。《漢書·匈奴傳》曰‘䌴戟十’。師古曰：
‘䌴戟，有衣之戟也，以赤黑繒爲之。’《古今
注》曰：‘䌴戟，殳之遺象也。前驅之器，以
木爲之……以赤紬韜之，亦謂之紬戟，亦謂之
䌴戟，王公以下通用之以前驅。’按：用赤黑
繒故曰緐，其用同徽識，故曰徽識信。"《篇
海類編·衣服類·糸部》："緐，緻繒也。或作

䌴。""鷟，於兮切，青黑繒。"緐、鷟皆爲青黑
色之繒。

【䌴】

同"緐"。此體漢代已行用。見該文。

緻

亦作"致"。亦稱"細緻"。質地細密之繒。
《説文·糸部》："緐，致繒也。"清段玉裁注：
"凡細膩曰致，今之緻字也。漢人多用‘致’，
不作‘緻’。"此稱三國時期已行用。《廣雅·釋
器》："緻，練也。"清王念孫疏證："緻，一名
細緻。《釋名》云：‘細緻，染縑爲五色，細且
緻，不漏水也。’"

【致】

同"緻"。此體漢代已行用。見該文。

【細緻】

即緻。此稱漢代已行用。見該文。

絣

没有花紋的絲織品。此稱南北朝時期已行
用。《玉篇·糸部》："絣，無文綺也。"

繒布

一種質地粗厚的絲織品，亦爲絲織品的統
稱。《左傳·成公二年》："孟孫請往賂之，以執
斷、執針、織紝。"晉杜預注："織紝，織繒布
者。"《韓詩外傳》卷八："非繒布、五穀也，不
可羅買而得也。"《説文·糸部》："纚，冠織也。"
清段玉裁注："冠織者，爲冠而設之織成也。凡
繒布不須剪裁而成者，謂之織成。"此稱漢代
已行用。《後漢書·南蠻西南夷傳》："〔遠夷樂
德歌詩〕曰：‘大漢是治，與天合意……多賜繒
布，甘美酒食。’"《三國志·吴書·諸葛恪傳》：
"進封恪陽都侯……賜金一百斤、馬二百匹、繒
布各萬匹。"唐陳鴻《東城父老傳》："見張説之

領幽州也，每歲入關，輒長轅輻車，替河間蘇州庸調繒布。”

縑布

一種質地細薄的紡織品，亦爲絲織品的統稱。此稱漢代已行用。漢王充《論衡・別通》："富人之宅，以一丈之地爲內，內中所有柙匱，所贏縑布絲帛也。"《後漢書・東夷傳》："知蠶桑，作縑布。"亦用作貨幣。《晉書・張軌傳》："遂不用錢，裂匹以爲段數。縑布既壞，市易又雜，徒壞女工，不任衣用，弊之甚也。"

絁布

省稱"絁"。一種似布的絲織品，其質較粗厚。此稱唐代已行用。唐陸羽《茶經・巾》："巾以絁布爲之，長一尺，作二枚互用之，以潔諸器。"《新唐書・地理志二》："河南道……厥賦：絹、絁、綿、布。"又《南蠻傳下》："布幅廣七寸。正月蠶生，二月熟。男子氈革爲帔，女衣絁布裙衫，髻盤如墮。"

【絁】

"絁布"之省稱。此稱至遲唐代已行用。見該文。

絲布

絲與麻、葛等纖維混織之布。此稱漢代已行用。漢桓寬《鹽鐵論・通有》："婦女飾微治細，以成文章，極伎盡巧，則絲布不足衣也。"晉王羲之《十七帖》："今往絲布單衣財一端，示致意。"北周庾信《謝明皇帝賜絲布等啓》："奉敕垂賜雜色絲布綿絹等三十段，銀錢二百文。"《周書・武帝紀下》："戊寅，初令民庶已上，唯聽衣綢、綿綢、絲布、圓綾、紗、絹、綃、葛、布等九種，餘悉停斷。"唐元稹《陰山道》詩："從騎愛奴絲布衫，臂鷹小兒雲錦韜。"

《新唐書・地理志六》："劍州普安郡……土貢：麩金、絲布、蘇薰席、葛粉。"按，絲與棉混織的布，近代始有，多爲紗經絲緯，俗稱棉綢，江蘇吳江盛澤鎮所產最著名。

【絲帛】

即絲布。此稱漢代已行用。漢王充《論衡・別通》："富人之宅，以一丈之地爲內，內中所有柙匱，所贏縑布絲帛也。"宋劉克莊《征婦詞》："江南絲帛貴，塞北雪霜濃。"

【兼絲布】

即絲布。此稱元代已行用。《資治通鑑・陳宣帝太建九年》："周制：庶人已上，唯聽衣綢、綿綢、絲布、圓綾、紗、絹、綃、葛、布等九種，餘悉禁之。"元胡三省注："絲布，以絲裨布縷織之，今謂之兼絲布。"

黃絲布

絲布的一種。其質色黃。此稱唐代已行用。《新唐書・儀衛志》："次大輦一，主輦二百人，平巾幘、黃絲布衫、大口絝、紫誕帶、紫行滕、鞋襪。"清厲荃《事物異名錄》卷二五引《吳越春秋》："越王允常使民男女入山采葛，作黃絲布獻之。"清李調元《南越筆記》卷五："出潮陽者曰鳳葛，以絲爲緯，亦名黃絲布。"

紫絲布

絲布的一種。其質色紫。此稱晉代已行用。《晉書・石崇傳》："愷作紫絲布步障四十里，崇作錦步障五十里以敵之。"南朝宋劉義慶《世說新語・汰侈》："君夫（王愷）作紫絲布步障，碧綾裏四十里。"《舊唐書・音樂志》："方舞四人，假髻，玉支釵，紫絲布褶，白大口袴，五彩接袖，烏皮靴。"

紗布

絲織品的一種。其質輕薄、稀疏。此稱南北朝時期已行用。《南史·王僧孺傳》："僧孺幼貧，其母鬻紗布以自業。"《資治通鑑·宋高宗紹興三十一年》："己丑，顯仁皇后大祥，帝服素紗布，白羅袍，親行撤几筵之祭；百官常服黑帶，進名奉慰。"

第二節　紗縠考

紗是一種輕薄而稀疏的方孔平紋織物；上有雲霧狀皺紋爲縠，因而縠是紗的分支。"紗"字，《説文》未收，古作"沙"，亦稱"紡纑"，指輕細的絲麻織物。古人常把"紗""縠"認爲是同一織物，無縐爲紗，有皺的紗爲縠。《玉篇·系部》："紗，縠也。"《漢書·江充傳》："充衣紗縠襌衣，曲裾後垂交輸。"唐顏師古注："紗縠，紡絲而織之也。輕者爲紗，縐者爲縠。"《正字通·系部》："紗，輕繒，暑所服也。"《周禮·天官·内司服》："縁衣素沙。"由於紗薄而疏，透氣性好，古時應用較廣，是各個時期夏服的流行用料。長沙馬王堆出土了大量漢初的絲質紗織物，其中一件素紗襌衣，薄如蟬翼，總重量不到一兩。素紗，即白色縐紗，是秦漢時期做夏衣和襯衣的主要材料。古代的紗根據其本身組織可分爲兩種：一種是表面有均匀分布的方孔，經緯密度很小的平紋薄形縐織物，唐以前叫"方孔沙"；一種是和羅同屬於紗羅組織，以兩根經綫爲一組（一地經，一絞經）起絞而成，密度較小的織物。

紗在南北朝以前都是素織，唐代開始設立專門的機構織紗，民間也開始盛行紡紗。出土的絲織品顯示，唐代紗的紡織技術遠勝於前朝，製作更爲輕柔精巧。當時也出現了很多名貴品種，如產於亳州的輕容，質地極爲輕薄，舉之若無，所製衣裳，真若烟霞。宋周密《齊東野語》曰："紗之至輕者曰輕容。"還有吳紗，產於吳地，以質地輕薄聞名。宋代更是有素紗、天净紗、三法紗、暗花紗、栗地紗、茸紗等名。元代之後出現了妝花紗，即用多色緯綫和孔雀毛等特殊材料織造，織物絢麗多彩，還有織金紗，在織物中加入金綫。清代紗有數等，乾隆《湖州府志》卷四一載："無花者曰直紗，有花者曰葵紗，曰夾織紗，出郡城内。又有包頭紗，惟雙林一方人織之。無花而最白者曰銀條紗，有花者曰軟紗。又有花縐紗。"湖縐，"亦有花有素，而素縐紗大行於時。又有縐紗手巾，雅俗共賞"。廣州名產廣紗甲於天下，乾隆《廣州府志》卷四八："粵紗，金陵、蘇、杭皆不及，然亦用吳絲，方得光華，不褪色，不沾塵，皺折易直，故廣紗甲於天下。"

　　縠，亦稱"縐紗"（宋洪邁《容齋三筆·納紬絹尺度》）、"紗縠"（《釋名·釋采帛》）、"縐縠"（清《續文獻通考·實業·絲織品》），是質地輕薄、起皺的平紋絲織物。縠與紗雖都屬於平紋織物，但縠比紗的生產工藝更複雜。《說文·系部》："縠，細縛也。"據《嘉泰會稽志》所載："縠首見於越國。"可見，"縠"是越國首先生產的，在漢代已經流行，長沙馬王堆漢墓中就有縐紗出土。據史料記載，漢代臨淄生產的高級絲織品中有冰紈、方空縠（花紋方空）、吹絮綸（《後漢書·章帝紀》）等名色。縠在古代常常與綃、綺合稱爲"綃縠""綺縠""錦縠"，泛指輕薄的絲織品，如三國魏曹植《迷迭香賦》："去枝葉而特禦兮，入綃縠之霧棠。"《戰國策·齊策四》："士三食不得饜，而君鵝鶩有餘食；下官糅羅紈，曳綺縠，而士不得以爲緣。"《魏書·島夷劉裕傳》："子業除去喪禮，服錦縠之衣。"古人也用"霜縠"（唐王勃《七夕賦》）、"霧縠"（戰國宋玉《神女賦》）、"雪縠"（宋劉子翬《夏日吟》）、"雲縠"（唐羅虬《比紅兒詩》）來美稱白色且輕柔的絲織品。

　　綃是用生絲織成的平紋織物，和薄紗類似，因而亦稱"輕紗"。《說文·系部》："綃，生絲也。"《廣韻》："綃，生絲繒也。"《急就篇》唐顏師古注曰："綃，生白繒，似縑而疏者。一名鮮支。"《文選·曹植〈洛神賦〉》中記載："踐遠游之文履，曳霧綃之輕裾。"唐善則注："綃，輕縠。"可見，綃是似薄紗的生絲織物。漢鄭玄在注《禮記》時則認爲，綃爲綺類織物（見《禮記·玉藻》鄭玄注），大約爲對綃的認識不同所致。綃多爲平紋組織或透孔組織，密度較低，輕薄透明，柔軟却有一定的挺爽度，常用於加工服裝、帳幔、篩網、絹花、燈罩等，因而在日常生活中應用廣泛。綃在我國有悠久的歷史。早在春秋戰國時期便開始流行，《管子·山至數》有"民不得以織爲繒綃"的記載。唐宋時期，綃大量出現在文學作品之中，如唐李賀的"輕綃一匹染朝霞"（《南園》其一二），白居易的"五陵年少爭纏頭，一曲紅綃不知數"（《琵琶行》），宋蘇軾的"手弄生綃白團扇"（《賀新郎·夏景》），李清照的"絳綃縷薄冰肌瑩"（《醜奴兒·晚來一陣風兼雨》）。由此可見，綃在人們生活中受歡迎的程度。此外，綃在唐代還曾經作爲貨幣流通。唐憲宗元和六年二月制令曰："公私交易，十貫錢以上，即須兼用匹段。"白居易《賣炭翁》中"半匹紅綃一丈綾，繫向牛頭充炭直"的詩句，表明綃和綾在當時是兼作貨幣用的。綃的表面有縐粟紋時稱爲"輕縠"，有斜紋時稱爲"文綃"。宋黃載《畫錦堂》有"寶臺艷麑文綃帕"的詩句，此外還有"羅綃"（唐徐凝《鄭女出參丈人詞》）、"白綃""素綃""綃綺"（唐杜甫《奉送魏六丈佑少府之交廣》）等品種。綃因其輕薄，多用於製作衣裳。明彭大翼《山堂肆考》卷二三五："龍綃、絳綃、紫綃、雲霧綃，皆美人衣也。""龍綃"亦稱"鮫綃"，相傳爲鮫人在龍宮所織，輕薄若無，世所罕見。産於吳地的綃最爲有名，稱爲"吳綃"，唐時可以充税錢。張籍《促促詞》："家中姑老子復小，自執吳綃輸税錢。"

紗

絲織品的一種。其質輕細。《玉篇·系部》："紗，縠也。"《正字通·系部》："紗，輕繒，暑所服也。"此稱漢代已行用。《漢書·江充傳》："〔江〕充衣紗縠襌衣，曲裾後垂交輸。"唐顏師古注："紗縠，紡絲而織之也。輕者爲紗，縐者爲縠。"唐白居易《寄生衣與微之因題封上》詩："淺色縠衫輕似霧，紡花紗褲薄於雲。"《宋史·食貨志上》："帛之品十：一曰羅，二曰綾，三曰絹，四曰紗，五曰絁，六曰紬，七曰雜折，八曰絲綫，九曰綿，十曰布葛。"《西廂記》第一本第四折："侯門不許老僧敲，紗窗外定有紅娘報。"《紅樓夢》第四〇回："我記得咱們先有四五樣顏色糊窗的紗呢，明兒給他把這窗上的換了。"《清通典·皇帝冠服》："春秋棉袷，夏以紗，冬以裘，各惟其時。"清厲荃《事物異名録·麻布》卷二五引《六書故》："麻績而紡之者亦爲紗。"

【沙】

"紗"之古字。此體先秦時期已行用。《周禮·天官·内司服》："内司服掌王后之六服：褘衣，揄狄，闕狄，鞠衣，展衣，緣衣，素沙。"清孫詒讓正義："沙、紗，古今字。"

【䋳】

同"紗"。此體明代已行用。《篇海類編·系部》："䋳，絹屬。"《字彙·系部》："䋳，絹屬。亦作紗。"

【紗】

同"紗"。此體明代已行用。《字彙補·系部》："紗，與紗同。"

【紡纑】

即紗。此稱宋代已行用。《集韻·平麻》："紗，絹屬，一曰紡纑，通作沙。"清厲荃《事物異名録》引《類篇》："紗，一曰紡纑。"

白紗

白細的紗絹。此稱漢代已行用。漢王充《論衡·率性》："白紗入緇，不練自黑。"《梁書·侯景傳》："景自篡立後，時著白紗帽。"《隋書·禮儀志六》："帽，自天子下及士人，通冠之，以白紗者，名高頂帽。"《孽海花》第五回："這里公坊已換上一身新製芝麻地大牡丹花的白紗長衫，頭光面滑的纔走出卧房來。"

【白沙】

同"白紗"。沙，"紗"的古字。此體漢代已行用。《大戴禮記·曾子制言上》："蓬生麻中，不扶自直；白沙在泥，與之皆黑。"清王引之《經義述聞·大戴禮記上》："家大人曰：'沙，即今之紗字，非泥沙之沙也。'……古無紗字，故借沙爲之。"

紅紗

紗的一種。其質紅色。此稱南北朝時期已行用。南北朝蕭綱《咏內人畫眠詩》："簟文生玉腕，香汗浸紅紗。"唐白居易《賣炭翁》詩："半匹紅紗一丈綾，繫向牛頭充炭直。"

茜紗

紅紗的一種。多用於糊窗櫺或製作帷帳。此稱清代已行用。《紅樓夢》第二三回："絳芸軒裏絕喧嘩，桂魄流光浸茜紗。"中國藝術研究院紅樓夢研究所校注："'桂魄'句：月光如水，浸透了窗紗。"清薛時雨《虞美人》："白羅衫子茜紗裙，閑與知心小婢立斜曛。"

絳紗

紗的一種。絳色。此稱晋代已行用。《晋書·列女傳·韋逞母宋氏》："於是就宋氏家立講堂，置生員百二十人，隔絳紗幔而受業。"明丘浚《咏荔枝》："世間珍果更無加，玉雪肌膚罩絳紗。"《資治通鑑·晋武帝泰始九年》："帝怒，乃自擇之，中選者以絳紗繫臂，公卿之女爲三夫人、九嬪、二千石，將、校女補良人以下。"

青紗

青色的紗。此稱南北朝時期已行用。《宋書·禮志五》："《籍田儀注》：'皇帝冠通天冠，硃絇，青介幘，衣青紗袍。侍中陪乘，奉車郎秉轡。'"《隋書·禮儀志二》："祠訖，皇帝乃服通天冠、青紗袍、黑介幘，佩蒼玉，黃綬，青帶、襪、舄，備法駕，乘木輅。"宋蔡伸《浣溪沙·壬寅五月西湖》："雙佩雷文拂手香，青紗衫子淡梳妝，冰姿綽約自生涼。"

【綠紗】

即青紗。此稱清代已行用。《紅樓夢》第四〇回："賈母因見窗上紗的顏色舊了，便和王夫人說道：'這個紗新糊上好看，過了後來就不翠了。這個院子裏頭又沒有個桃杏樹，這竹子已是綠的，再拿這綠紗糊上反不配。我記得咱們先有四五樣顏色糊窗的紗呢，明兒給他把這窗上的換了。'"

【碧紗】

即青紗。此稱明代已行用。明王兆雲《揮塵詩話·百別詩》："霜藤熟練瑩無暇，人去空懸對碧紗。"《紅樓夢》第三回："今將寶玉挪出來，同我在套間暖閣兒裏，把你林姑娘暫安置碧紗櫥裏。"

紫紗

紫色的紗。此稱南北朝時期已行用。《陳書·周迪傳》："性質樸，不事威儀。冬則短身布袍，夏則紫紗襧腹。"元謝宗可《鴛鴦菊》："秋入金塘脫錦裳，芳心並倚紫紗囊。"

鐵綫紗

鐵色綫織成的紗。此稱清代已行用。《二十年目睹之怪現狀》第二回："我看那人時，身上穿的是湖色熟羅長衫，鐵綫紗夾馬褂。"

烏紗

紗的一種，其質色黑。此稱唐代已行用。唐李白《答友人贈烏紗帽》："領得烏紗帽，全勝白接䍦。"《西厢記》第二本第二折："烏紗小帽耀人明，白襴净，角帶鬧黃鞓。"

【黑紗】

即烏紗。此稱元代已行用。元王冕《濟川阻雪九月二十七日客況》其二："白馬少年頻喚酒，黑紗老婦泣無衣。"《儒林外史》第一四回："這三位女客，一位跟前一個丫鬟，手持黑紗團香扇替他遮著日頭，緩步上岸。"

藕合紗

淺紫而微紅的紗。此稱清代已行用。《紅樓夢》第三〇回："却一眼看見他穿著簇新藕合紗衫。"

藕色紗

紗的一種。顏色與藕接近，故名。此稱清代已行用。《林蘭香》第四七回："惟有春畹，內穿藕色紗衫，外罩月白鶴氅，繫條容地皂色裙。"

莨紗

一種提花絲織物，表面烏黑光滑，類似塗漆且有透孔小花。主要産地在廣東順德和南海，已有近百年的歷史。莨紗以桑蠶吐絲織成的提花絲織物爲坯，用薯莨莖塊的汁液染色，正面烏黑色而背面黃棕色。莨紗手感挺爽柔潤，易洗、易乾，是我國南方常用的夏季服裝面料。由於穿着莨紗衣物走路易發出"沙沙"的聲音，所以最初稱之爲"響雲紗"，後以諧音叫作"香雲紗"。國家級非物質文化遺産。此稱現代行用。施叔青《香港三部曲》："屈亞炳穿著簇新的莨紗綢大襟衫褲回到上環敏如茶樓。"

【香雲紗】

即莨紗。此稱清代已行用。徐珂《清稗類鈔·物品類》："香雲紗爲絲織物，經緯全用生絲者，爲生香雲紗，全用熟絲者，爲熟香雲紗，亦有經生緯熟者，皆爲夏時衣料。原産廣東，近時蘇州、盛澤等處亦仿造之。"《負曝閑談》第二一回："一件香雲紗長衫袖子，在烟燈上轟轟烈烈的著起來。"

織金紗

一種加入金綫的平紋絲織物，明代已廣泛流傳。《大明會典》卷一一〇："永樂元年，賜監修官、銀一百兩、彩幣六表裏、織金紗衣一套、鞍馬一副。"《清史稿·暹羅傳》："王妃緞、織金緞、紗、織金紗、羅、織金羅各二。"

妝花紗

妝花原本指用各色彩緯在織機上挖織起花，後來引申爲所有在地緯之外另加彩妝或加金而成的重緯多彩紋織物。首見於明代《天水冰山錄》，是南京雲錦中織造工藝最爲複雜的織物。妝花紗以紗爲地製成。此稱明代已行用。《金瓶梅詞話》第五二回："到明日買一套好顏色妝花紗衣服與你穿。"

巾帽

紗的一種。爲小機所織。此稱明代已行用。明宋應星《天工開物·乃服·腰機式》："凡織杭西、羅地等絹，輕素等紬，銀條、巾帽等紗，不必用花機，只用小機。"

銀條

紗的一種。爲小機所織。此稱明代已行用。明宋應星《天工開物·乃服·腰機式》："凡織杭西、羅地等絹，輕素等紬，銀條、巾帽等紗，不必用花機，只用小機。"

六銖紗

極輕之紗。所織衣輕而薄，據傳爲佛仙所着，後亦藉指婦女所着輕薄的紗衣。銖，古重量單位，爲四分之一兩。六銖，極言其輕。此稱明代已行用。明李昌祺《剪燈餘話·鳳尾草記》："素質白攢千瓣玉，香肌紅映六銖紗。"

沙縠 [1]

縐紗。此稱漢代已行用。《周禮·天官·内司服》："掌皇后之六服：褘衣，揄狄……素沙。"漢鄭玄注："素沙者，今之白縛也。六服皆袍制，以白縛爲裏，使之張顯。今世有沙穀者，名出於此。"清厲荃《事物異名錄·布帛·紗穀》："師古曰：'輕者爲紗，縐者爲穀。'則沙穀即今縐紗。"《魋書·訂禮俗》："若其將校以雀羽耗首，婦人以沙穀羅面，琦譎不衷，亦何擇哉！"

文紗

紗的一種。其質織有花紋。此稱唐代已行用。《新唐書·肅宗本紀》："四月戊寅，藍田西原地陷。禁大綢、竭鑿六破錦及文紗吳綾爲龍、鳳、麒麟、天馬、辟邪者。"《太平御覽·布帛部》："在外所織造大張錦、軟錦、瑞錦、透背，及大綢錦、竭鑿六破已上錦，獨窠文紗四尺幅，及獨窠吳綾、獨窠司馬綾等，並宜禁斷。"清趙慶熹《柳梢青·春分日懷梁晋竹》："憐他静掩重門。料打叠、梨花夢魂。六扇文紗，兩枝紅燭，一個黃昏。"

花紗

紗的一種。織有花紋。此稱唐代已行用。《新唐書·地理志五》："土貢：花紗、交梭絲布、茶、蠟、酥、鹿脯、生石斛。"唐元稹《離思五首》之三："紅羅著壓逐時新，吉了花紗嫩麴塵。"宋王十朋《會稽三賦·會稽風俗》卷上："龍精儵儵，吐絲滿室；萬草千華，機軸中出；綾紗繒穀，雪積縑匹。"周世則注："《圖經》：'越貢花紗、白編綾、輕交梭綾……大花綾、編文紗、花羅。'"

皓紗

織有團花的輕紗，質地净白，輕薄如紙。明末蔣昆丘製，當時名重京師。清俞樾《茶香室續鈔·皓紗》："蔣乃易以團花疏朵，輕薄如紙，携售五都，市廛一閧，甚至名重京師，名曰皓紗。"《太上洞玄靈寶業報因緣經·弘救品

第二十》："西方國土義議天王造七層玄都寶盤七百枚，悉以皓珠皓玉、皓金皓寶、皓紋皓錦、皓紗皓穀、皓羅皓綺、皓華皓果、皓香皓網，乃至旛幢寶蓋、衣服帳輿、飲食器物，皆同一色、飛雲彩鶴、翔鸞舞鳳、金翅朱鳥、音聲使樂，填滿西方，來到會中，以用供養。"

輕容

亦稱"輕庸紗""銀條紗"。無花紋的素白細紗。以其紗質輕薄而得名。明朱謀㙔《駢雅·釋服食》："方空、吹綸、輕容，細紗也。"此稱唐代已行用。唐李賀《惱公》詩："蜀烟飛重錦，峽雨濺輕容。"《宋史·地理志四》："紹興府……貢越綾、輕庸紗、紙。"清厲荃《事物異名錄》引《齊東野語》："紗之至輕者，有所謂輕容，出《唐類苑》云：'輕容，無花薄紗也。'容字俗改爲庸，亦稱榕。按，此即今之銀條紗也。"

【輕庸紗】
即輕容。此稱宋代已行用。見該文。

【銀條紗】
即輕容。此稱宋代已行用。見該文。

【輕褣】
同"輕容"。此體唐代已行用。唐白居易《元九以綠絲布白輕褣見寄製成衣服以詩報知》詩："綠絲文布素輕褣，珍重京華手自封。"

【輕榕】
即輕容。此體明代已行用。明王世貞《弇州四部稿》："輕榕白接羅，坐我祇園風。"

輕紗

亦作"輕紫"。亦稱"輕綃"。紗的一種。以其輕薄而得名。《漢書·元帝紀》："齊三服官。"唐顏師古注引李斐曰："齊國舊有三服之

官。春獻冠幘縱爲首服，紈素爲冬服，輕綃爲夏服，凡三。”唐顔師古注：“輕綃，今之輕紫也。”元馬致遠雜劇《邯鄲道省悟黃粱夢》：“俺爲官的，身穿錦緞輕紗，口食香甜美味。”清厲荃《事物異名録·布帛部·紗》引《神異記》：“鮫人織輕綃於泉室，出以賣之，故名鮫綃。一名龍紗，一名蟬紗，皆輕紗也。”

【輕綃】 [1]

即輕紗。此稱漢代已行用。見該文。

【輕紫】

同“輕紗”。此體唐代已行用。見該文。

蕉紗

芭蕉纖維所織之紗。多用以製作夏服。此稱唐代已行用。唐白居易《晚夏閑居絶無賓客俗尋夢得先寄此詩》：“魚笋朝餐飽，蕉紗暑服輕。”明宋應星《天工開物·夏服》：“又有蕉紗，乃閩中取芭蕉皮析緝爲之，輕細之甚，值錢而質枵，不可爲衣也。”

實地子月白紗

紗的一種。色月白，質厚密。多用作衣裏。此稱清代已行用。《紅樓夢》第四二回：“劉姥姥趕了平兒到那邊屋裏，只見堆著半炕東西。平兒一一的拿與他瞧著，説道：‘這是你昨日要的青紗一匹，奶奶另外送你一個實地子月白紗作裏子。’”

蟬翼紗

紗的一種。質地細緻，薄如蟬翼，故名。多用爲裝飾。此稱宋代已行用。宋陶穀《清異録·化巾》：“桑維翰服蟬翼紗大人帽，庶表四方，化爲化巾。”《紅樓夢》第四○回：“賈母笑向薛姨媽衆人道：‘那個紗，……都認作蟬翼紗。正經名字叫作“軟烟羅”。’”清沈復《浮生六記·浪游記快》：“有菩提樹，其葉似柿，浸水去皮，肉筋細如蟬翼紗，可裱小册寫經。”包公毅《上海竹枝詞》之二：“半臂輕裁蟬翼紗，襟兒一字盡盤花。”原注：“蟬翼紗，古有是名，惟黑色尚焉，邇來又新翻花樣，各色均有。”

【蟬紗】 [1]

“蟬翼紗”之省稱。此稱宋代已行用。宋曾慥《類説·海物異名記·蟬紗》：“泉女所織綃，細薄如蟬翼，名蟬紗。”元楊維楨《内人剖瓜詞·爲顧瑛題盛子昭畫》：“美人睡起袒蟬紗，照見臂釵紅肉影。”元顧英《趙子期尚書於省幕創軒曰小瀛洲題詩要余與明德同賦》詩：“聞道朝堂清議了，題詩好爲護蟬紗。”清二石生《十洲春語》卷下：“製椒蘭爲舟，蟬紗葵錦，籠頭撷腰，明眸皓齒，含笑蕩槳，謂之紗船。”

【軟烟羅】 [1]

即蟬翼紗。此稱清代已行用。清盧先駱《紅樓夢竹枝詞》：“病體却嫌蟬翼重，阿婆還有軟烟羅。”《一層樓》第九回：“又見門上都挂了綠竹簾子，窗上都糊著梅紅軟烟羅，看外邊竹葉綠影，映入院中碧池，分外幽静清秀。”

銀紅蟬翼紗

蟬翼紗的一種。其質軟厚輕密，銀紅色。此稱清代已行用。《紅樓夢》第四○回：“鳳姐兒忙道：‘昨兒我開庫房，看見大板箱裏還有好些匹銀紅蟬翼紗。’”

編文紗

紗的一種。此稱宋代已行用。宋王十朋《會稽三賦·會稽風俗》卷上：“龍精儵儵，吐絲滿室；萬草千華，機軸中出；綾紗繒縠，雪積縑匹。”宋周世則注：《圖經》：‘越貢花紗、白編綾、輕交棱綾……大花綾、編文紗、花羅。'"

杭紗

細紗布的一種。因產自浙江杭州而得名。此稱清代已行用。《歧路燈》第一四回:"王中協同閻相公到街上,備賀禮四色——銀花二樹,金帶一圍,彩綢一匹,杭紗一匹。"清高士奇《金鰲退食筆記》卷下:"廣盈庫職掌黃紅等色平羅熟絹,各色杭紗,青細綿布。"

戳紗

紗的一種。有明顯豎嚮紋理。多用作燈罩的材料。此稱清代已行用。《紅樓夢》第五三回:"廊檐內外及兩邊游廊罩棚,將各色羊角、玻璃、戳紗、料絲或綉,或畫,或堆,或摳,或絹,或紙諸燈挂滿。"中國藝術研究院紅樓夢研究所校注:"戳紗、料絲:都是用作燈罩的材料。戳紗是一種有明顯豎嚮紋理的紗。"《後紅樓夢》第九回:"林黛玉滿頭珠翠,身穿大紅二色金滿妝雲龍緞紫貂披風,十分燦爛,繫著泥金色縐綢綴珠綉球百福紫貂裙,套著淡魚白戳紗海棠紋滾金挂綾天鵝絨的小袖。"

吹綸絮

紗的一種。其質似絮而輕細。此稱漢代已行用。《後漢書・章帝紀》:"癸巳,詔齊相省冰紈、方空縠、吹綸絮。"唐李賢注:"綸,似絮而細。吹者,言吹噓可成,亦紗也。"

隔紗

紗的一種。主要做隔窗用。此稱唐代已行用。《新唐書・地理志一》:"京兆府京兆郡,本雍州,開元元年爲府。厥貢:水土稻、麥、粲、紫稈粟、隔紗、粲席、韡氈、蠟、酸棗人、地骨皮、櫻桃、藕粉。"

緊紗

紗的一種。質地緊密結實。此稱唐代已行用。《新唐書・地理志五》:"常州晉陵郡……土貢紬、絹、布、紵、紅紫、綿巾、緊紗、兔褐、皂布。"

素紗

亦作"素沙"。亦稱"白縛"。白色細紗。《周禮・天官・內司服》:"掌皇后之六服:褘衣,揄狄……素沙。"漢鄭玄注:"素沙者,今之白縛也。六服皆袍制,以白縛爲裏,使之張顯。"《禮記・雜記上》:"內子以鞠衣、褒衣,素沙。"漢鄭玄注:"素沙,若今紗縠之帛也。"唐孔穎達疏:"古之服皆以素紗爲裏。"南朝梁任昉《王貴嬪哀策文》:"青絢丹纑,辰衣素紗。"元馬端臨《文獻通考・王禮考九》:"六服皆袍制,以白縛爲裏,使之張顯。"

【素沙】

同"素紗"。此體先秦時期已行用。見該文。

【白縛】

即素紗。此稱漢代已行用。見該文。

縠 [1]

有褶皺的紗。此稱漢代已行用。《說文・系部》:"縠,細縛也。"清朱駿聲《通訓定聲》:"按:今縐紗也。"《戰國策・齊策四》:"王斗曰:'王之憂國愛民,不若王愛尺縠也。'"唐吳師道補正:"縠,縐紗。"《漢書・江充傳》:"充衣紗縠禪衣。"唐顏師古注:"紗縠,紡絲而織之也。輕者爲紗,縐者爲縠。"《文選・宋玉〈神女賦〉》:"動霧縠以徐步兮,拂墀聲之珊珊。"唐李善注:"縠,今之輕紗,薄如霧也。"宋楊萬里《閶門外登溪船》詩:"遠嶺輕盈橫縐縠,明窗繚亂觸驚蚊。"

【紗縠】[1]

即縠[1]。亦作"沙縠"。沙，"紗"的古字。此稱漢代已行用。《釋名·釋采帛》："縠，粟也，其形足足而踧，視之如粟也。又謂沙縠，亦取踧踧如沙也。"《周禮·天官·內司服》："掌王后之六服。"漢鄭玄注："六服皆袍製，以白縛爲裏，使之張顯，今世有紗縠者，名出於此。"《漢書·江充傳》："充衣紗縠襌衣。"宋洪邁《容齋三筆·納紬絹尺度》："周顯德三年。敕，舊制織造絁紬、絹布、綾羅、錦綺、紗縠等，幅闊二尺起，來年後並須及二尺五分。"

【沙縠】[2]

同"紗縠[1]"。此體漢代已行用。見該文。

【縐紗】

即縠[1]。此稱唐代已行用。清厲荃《事物異名錄》卷二五引唐顏師古曰："輕者爲紗，縐者爲縠，則沙縠即今縐紗。"

【縐縠】

即縠[1]。此稱宋代已行用。《宋史·食貨志上三》："亳州市縐紗，大名府織縐縠，青、齊、鄆、濮、淄、濰、沂、密、登、萊、衡、永、全州市平絁。"

文縠

縐紗的一種。織有彩飾花紋。此稱漢代已行用。漢伶玄《飛燕外傳》："帝御流波文縠無縫衫。"三國魏曹植《七啓》："鐘鼓俱振，簫管齊鳴，然後姣人乃被文縠之華袿，振輕綺之飄颻。"劉昆注："文縠，文紗類。"

五彩縠

縐紗的一種。織有五彩花紋。此稱漢代已行用。《後漢書·輿服志下》："方山冠，似進賢，以五彩縠爲之。"

方空縠

省稱"方空"。縐紗的一種。以其織有方孔（空），故名。或説紗薄如空。方，正如。此稱漢代已行用。《後漢書·章帝紀》："癸巳，詔齊相省冰紈、方空縠、吹綸絮。"唐李賢注："方空者，紗薄如空也。或曰空，孔也，即今之方目紗也。"宋王安石《和祖仁晚過集喜觀》："妍暖聊隨馬首東，春衫猶未著方空。"清袁枚《隨園詩話》卷一五："方空紗用一層糊窗，原無波紋；夾以兩層，必有閃爍不定之波。"

【方空】

"方空縠"之省稱。此稱唐代已行用。見該文。

【方目紗】

即方空縠。省稱"方目"。此稱唐代已行用。清厲荃《事物異名錄》引《漢書·江充傳》："'冠襌纚。'顏師古注：'纚，即今方目紗也。'"清陳世祥《沁園春·裁白紵作春衫》："輕容方目，且放紗單。"

【方目】

"方目紗"之省稱。此稱清代已行用。見該文。

【纚】[1]

即方目紗。用來包頭髮的絲織品。此稱漢代已行用。《説文·糸部》："纚，冠織也。"《儀禮·士冠禮》："緇纚，廣終幅，長六尺。"漢鄭玄注："纚，今之幘梁也，終充也。纚一幅長六尺，足以韜髮而結之矣。"

生縠

未經漂煮的白色縐紗。此稱唐代已行用。《新唐書·地理志五》："越州會稽郡……土貢：寶花、花紋等羅、白編、交梭、十樣花紋等綾，輕容、生縠、花紗、吳絹、丹沙……"宋王質《滿江紅·生縠平鋪》："生縠平鋪，吹不起、輕風無力。"清曾廉《昭君怨·有贈》："風動簾前畫燭，蹙蹙輕綃生縠。一曲懊儂歌，奈卿何。"

白縠

白色的縐紗。此稱先秦時期已行用。戰國楚宋玉《諷賦》："披翠雲之裘，更披白縠之單衫。"《漢書·賈誼傳》："白縠之表，薄紈之裏，緣以偏諸，美者黼繡，是古天子之服。"漢賈誼《治安策》："白縠之表，薄紈之裏，以偏諸，美者黼繡，是古天子之服，今富人大賈嘉會召客者以被墻。"晋張敞《東宮舊事》卷三："太子納妃，有白縠、白紗、白絹衫，並紫結纓。"

冰縠

縠的一種。以其似冰潔白挺爽而得名。此稱宋代已行用。宋黃庶《次韻和雪齋游西湖》："魚影紋冰縠，禽從篆霰沙。"明王廷相《初至縣》："水客珊瑚秋蕩月，鮫人冰縠夜生花。"《聊齋志異·荷花三娘子》："明日辰刻，早越南湖，如見有采菱女，著冰縠帔者，當急舟趁之。"

冰鮫縠

一種明潔如冰的縐紗。質白而薄，多作書畫用料。此稱清代已行用。《紅樓夢》第七八回："用晴雯素日所喜之冰鮫縠一幅，楷字寫成，名曰《芙蓉女兒誄》，前序後歌。"

雪縠

其色似雪的縠。此稱宋代已行用。宋劉子翬《夏日吟》："炎天多快意，雪縠曳輕明。"清王拯《登湘山寺浮圖絕頂》："湘江如帶橫腰去，激灩江風明雪縠。"

絳縠

縠的一種。以其呈深紅色而得名。此稱南北朝時期已行用。《宋書·禮志五》："其長郎壯士，武弁冠。在陛列及鹵簿，服絳縠單衣。"明張民表《松江》："凉舟蕩過朱欄曲，暖浪吹他絳縠輕。"

薄縠

縠的一種。質薄，故名。此稱南北朝時期已行用。南朝梁蕭子顯《日出東南隅行》："透迤梁家髻，冉弱楚宮腰。輕紈拂重錦，薄縠間飛綃。"《敦煌變文集·維摩詰經講經文》："薄縠挂角，曳殊常之翠彩。"

霜縠

縠的一種。以色似霜而得名。此稱唐代已行用。唐王勃《七夕賦》："停翠梭兮卷霜縠，引鴛杼兮割冰綃。"清李振鈞《步顧晴芬學使》："疑是浣紗人，臨流叠霜縠。"

霧縠

輕薄似霧的縠。此稱先秦時期已行用。《文選·宋玉〈神女賦〉》："動霧縠以徐步兮，拂墀聲之珊珊。"唐李善注："縠，今之輕紗，薄如霧也。"又《文選·司馬相如〈子虛賦〉》："於是鄭女曼姬，被阿緆，揄紵縞，雜纖羅，垂霧縠。"漢劉良注："霧縠，其綱如霧，垂之爲裳也。"《史記·司馬相如列傳》："於是鄭女曼姬，被阿錫，揄紵縞，雜纖羅，垂霧縠。"南朝宋裴駰集解引晋郭璞曰："言細如霧，垂之覆頭。"《漢書·禮樂志》："被華文，厠霧縠。"唐顏師古注："霧縠，言其輕細若雲霧也。"唐孫樵《乞巧對》："綉文錦幅，雲綃霧縠。"前蜀魏承班《漁歌子》詞："柳如眉，雲似髮，鮫綃霧縠籠香雪。"明王錂《春蕪記·水紅花》："看他

霞綃霧縠勝飛仙，步翩躚，新妝嬌艷。"清鄭燮
《大中丞尹年伯贈帛》詩："忽驚霧縠來相贈，
便剪春衫好出游。"

羅縠

縠的一種。其質似羅而疏，似紗而密。此
稱漢代已行用。漢趙曄《吳越春秋·勾踐陰謀
外傳》："飾以羅縠，教以容步。"漢張衡《舞
賦》："美人興而將舞，乃修容而改服，襲羅縠
而雜錯，申綢繆以自飾。"漢曹操《與太尉楊彪
書》："並遺足下貴室錯采羅縠裘一領。"南朝齊
王融《古意》詩之二："念君淒已寒，當軒卷羅
縠。纖手廢裁縫，曲鬢罷膏沐。"

輕縠

縠的一種。其質輕而得名。此稱三國時期
已行用。三國魏曹植《七啓》："燿神景於中沚，
被輕縠之纖羅。"三國魏應瑒《文質論》："若乃
和氏之明璧，輕縠之袿裳。"《文選·曹植〈洛
神賦〉》："曳霧綃之輕裾。"唐李善注："綃，輕
縠也。"清蒲松齡《聊齋志異·雲蘿公主》："女
嚴冬皆着輕縠；生爲製鮮衣，强使着之。"

雲縠

似雲輕柔的縐紗。此稱唐代已行用。唐羅
虬《比紅兒詩》之五一："魏帝休誇薛夜來，霧
綃雲縠稱身裁。"明鄺露《君山懷二妃》："天
衣雲縠裳，雜坐渾笑語。"清曾廉《水龍吟·殘
花》："只無言付與，後來妝抹，冰紈雲縠。"

縐[1]

"縐紗"或"縐縠"之省稱。此稱先秦時期
已行用。《說文》："縐，絺之細也。"清段玉裁
注："絺之靡者爲縐。按靡謂紋細兒。如水紋之
靡靡也。"《詩·鄘風·君子偕老》："蒙彼縐絺。"
毛傳曰："絺之靡者爲縐。"清陳奐疏曰："絺

者，以葛爲之。其精尤細靡者，縐也，言細而
縷縐。"織物外觀呈現各種不同的縐紋，光澤柔
和，手感柔軟而富有彈性。縐的類別有輕薄透
明似蟬翼的喬其縐，薄型的雙縐、碧縐；中厚
型的緞背縐、留香縐；厚型的柞絲縐、黏棉縐
等。主要用於製作外衣、浴巾等。用拈絲作經，
兩種不同拈嚮的拈絲作緯，以平紋組織成的真
絲縐，有悠久的歷史，戰國時代已有生產。參
閱《續文獻通考·實業·絲織品》。

大紅绣金縐紗

縐紗的一種。大紅色底，綉有金綫花紋。
此稱清代已行用。《後紅樓夢》第三回："黛玉
要看那雪景，叫打開窗子。這晴雯連忙趕進去，
將天鵝絨大紅绣金縐紗搭護，並紫貂大紅軟呢
雪兜與黛玉披上了，方叫紫鵑打窗。"

天藍縐紗

縐紗的一種。以呈天藍色而得名。此稱明
代已行用。《醒世姻緣傳》第七七回："只見果
然一個當鋪，走到跟前，正見相棟宇……穿著
天藍縐紗襖子，甒靴綾襪，坐在裏邊。"

元青縐紗

縐紗的一種。以呈深黑色而得名。元青，
玄青。此稱清代已行用。《兒女英雄傳》第四回：
"只見他頭上罩着一幅元青縐紗包頭，兩個角兒
搭在耳邊。"

月白縐紗

縐紗的一種。以呈月白色而得名。此稱明
代已行用。《醒世姻緣傳》第七五回："〔寄姐〕
拉出來一個月白縐紗汗巾，包著一包銀子。"

桃紅縐紗

縐紗的一種。以呈桃紅色而得名。此稱明
代已行用。《古今小說·蔣興哥重會珍珠衫》：

"興哥性起，一手扯開，却是八尺多長一條桃紅
縐紗汗巾。"

萬字縐紗

縐紗的一種。以其上繡有"卍"字而得名。
此稱清代已行用。《孽海花》第二三回："一抬
頭忽見一個眉清目秀，初交二十歲的俊童，站
在他父親身旁，穿著娃兒臉萬字縐紗袍，罩著
美人蕉團花絨馬褂，額上根青，鬢邊發黑，差
不多的相公還比不上他嬌艷。"

黑縐紗

縐紗的一種。以呈黑色而得名。此稱明代
已行用。《醒世姻緣傳》第七七回："只見果然
一個當鋪，走到跟前，正見相棟宇戴著黑縐紗
方巾……氈靴綾襪，坐在裏邊。"

湖色縐紗

縐紗的一種。呈淡綠色。湖色，即淡綠色。
此稱清代已行用。《二十年目睹之怪現狀》第
四四回："轎子裏走出一個人來，身穿湖色縐紗
密行棉袍，天青緞對襟馬褂，臉上架了一副茶
碗口大的墨晶眼鏡，頭上戴著瓜皮紗小帽。"

洋紗

泛指外國紗。稱清代已行用。清曾樸《孽
海花》第二六回："忽見彩雲倏的進了廳來，身
穿珠邊滾魚肚白洋紗衫，鏤空襯白挖雲玄色明
綃裙，梳著個烏光如鏡的風凉髻，不戴首飾，
也不塗脂粉，打扮得越是素靚，越顯出風神絕
世。"清徐摺珊《時事歌》其四："無計謀生奈
若何？吾鄉婦女紡紗多。近年設有洋紗廠，無
用簹燈伴素娥。"

紈縠

紈與縠的合稱。代指上等絲織品。此稱唐
代已行用。《新唐書·太平公主傳》："侍兒曳紈

縠者數百，奴伯嫗監千人，隴右牧馬至萬匹。"
唐柳宗元《送表弟吕讓將仕進序》："今有吕氏
子名讓，生而食肉，厭粱稻，欺紈縠，幼專靖
不好游。"

紗縠 [2]

輕薄精美絲織品的泛稱。此稱三國時期已
行用。三國魏曹植《七啓》："蕭黼之服，紗縠
之裳。"南朝宋劉義慶《世說新語·輕詆》："高
平劉整有儁才，而車服奢麗，謂人曰：'紗縠，
人常服耳。'"宋洪邁《容齋三筆·納紬絹尺
度》："周顯德三年。敕，舊制織造絁紬、絹布、
綾羅、錦綺、紗縠等，幅闊二尺起，來年後並
須及二尺五分。"

綃縠

綃與縠的合稱。此稱三國時期已行用。三
國魏曹植《迷迭香賦》："去枝葉而特御兮，入
綃縠之霧裳。"唐劉禹錫《春日退朝》："瑞氣
捲綃縠，游光泛波瀾。"清唐孫華《偕同年吴元
朗游西涇次友人韵》："送別臨河梁，暮凉怯綃
縠。"

綺縠

綺與縠的合稱。泛指綺縠一類的絲織品。
此稱漢代已行用。《戰國策·齊策四》："士三食
不得饜，而君鵝鶩有餘食；下官司糦羅紈，曳
綺縠，而士不得以爲緣。"《後漢書·皇后紀上》：
"又御府、尚方、織室錦綉、冰紈、綺縠、金
銀、珠玉、犀象、瑇瑁、雕鏤玩弄之物，皆絕
不作。"唐陳鴻祖《東城老父傳》："輸於王府，
江淮綺縠，巴蜀錦綉，後宮玩好而已。"明鄭若
庸《玉玦記·觀潮》："紫陌長，朱樓敞，綺縠
香，珠璣晃，士女王孫，馬蹄車軮。"清蒲松齡
《聊齋志異·姊妹易嫁》："夫人饋以綺縠羅絹若

干匹，以金納其中。"

縠帛 [2]

本指縠類絲帛，也泛指絲織物。此稱唐代已行用。唐釋道世《法苑珠林·貧賤·須達部》："即開庫藏，縠帛飲食，悉皆充滿。"清唐甄《潛書·尚治》："吳越之民衣縠帛，食海珍，河汾之民衣不過布絮，食不過菜餅。豈東人侈而西人約哉？風使然也。"

錦縠

錦與縠的合稱。泛指輕薄的絲織品。此稱南北朝時期已行用。《魏書·島夷劉裕》："子業除去喪禮，服錦縠之衣。"《北史·薛琡傳》："錦縠雖輕，不委之以學割；瑚璉任重，豈寄之以弱力？"

綃 [2]

亦作"宵"。絲織品的一種。用生絲織成，平紋，輕薄。一說爲薄紗或薄絹。《玉篇·糸部》："綃，素也。"唐玄應等《一切經音義》卷一五引《通俗文》曰："生絲繒曰綃。"此稱漢代已行用。《禮記·玉藻》："君子狐青裘豹褎，玄綃衣以裼之。"漢鄭玄注："綃，綺屬也。"《儀禮·特牲饋食之禮》："主婦纚筓宵衣，立於房中南面。"漢鄭玄注："宵，綺屬也。此衣染之以黑。其繒本名曰宵。"唐孔穎達疏："雲'宵，綺屬也。此衣染之以黑。其繒本名曰宵'者，謂此宵衣是綾綺之屬。"晉王嘉《拾遺記》："順宗時，南海貢奇女盧眉娘，能於一尺綃上繡《法華經》，字如粟米。"《文選·左思〈吳都賦〉》："泉室潛織而卷綃，淵客慷慨而泣珠。"唐吕向注："綃則絹也。"《資治通鑑·陳宣帝太建九年》："周制：庶人已上，唯聽衣綢、綿綢、絲布、圓綾、紗、絹、綃、葛、布等九種，

餘悉禁之。"元胡三省注："綃，相邀翻，生絲繒。"《紅樓夢》第七六回："紫鵑放下綃帳，移燈掩門出去。"

【宵】

同"綃 [2]"。此體漢代已行用。見該文。

【綃繒】

即綃 [2]。此稱漢代已行用。《儀禮·士昏禮》："姆纚、筓、宵衣，在其右。"漢鄭玄注："宵讀爲《詩》'素衣朱綃'之綃。《魯詩》以綃爲綺屬也。姆亦玄衣以綃爲領。"唐孔穎達疏："此姆以玄綃爲領也。若然，《特牲》云'綃衣者謂以綃繒爲衣'，知此綃爲領者，以下女從者。"

玄綃

綃的一種。色黑。此稱唐代已行用。《儀禮·士昏禮》："姆纚、筓、宵衣，在其右。"漢鄭玄注："宵讀爲《詩》'素衣朱綃'之綃。《魯詩》以綃爲綺屬也。姆亦玄衣以綃爲領。"唐孔穎達疏："此姆以玄綃爲領也。"宋李廌《搗帛石》："婺女織玄綃，欲作六銖衣。"明夏完淳《長歌》："衣玄綃衣冠玉冠，明璫垂綎乘六鷟。"

朱綃

綃的一種。色紅而薄。此稱漢代已行用。《儀禮·士昏禮》："姆纚、筓、宵衣，在其右。"漢鄭玄注："宵讀爲《詩》'素衣朱綃'之綃。《魯詩》以綃爲綺屬也。"《太平廣記·神仙》："俄見一人，戴遠游冠，衣朱綃，曳朱履，徐出門。"

【紅綃】

即朱綃。舊時常以之做手帕、頭巾，或用以裁製衣服。此稱唐代已行用。唐韓愈《元和聖德詩》："以錦纏股，以紅帕首。"注："以紅綃帕抹其額。"唐白居易《琵琶行》："五陵年少

争纏頭，一曲紅綃不知數。"南唐李煜《題〈金樓子〉後》詩："牙籤萬軸裹紅綃，王粲書同付火燒。"

絳綃

綃的一種。呈深紅色。此稱晉代已行用。晉郭璞《游仙詩》之一〇："振髮晞翠霞，解褐被絳綃。"宋李清照《采桑子》詞："絳綃縷薄冰肌瑩，雪膩酥香。"元楊景賢《雜劇·馬丹陽度脫劉行首》："你休笑我無拘役醃臢的這布袍，敢强似你那有罪業輕盈的這絳綃，我就裏清標你怎知道？"

翠綃

綃的一種。呈翠綠色。此稱唐代已行用。唐杜牧《題池州弄水亭》詩："弄水亭前溪，颭灧翠綃舞。"宋秦觀《八六子》詞："素弦聲斷，翠綃香減。"元成廷珪《江南曲》："吳姬當壚新酒香，翠綃短袂紅羅裳。"

紫綃

綃的一種。色紫。此稱宋代已行用。宋張耒《七夕歌》："織成雲霧紫綃衣，辛苦無歡容不理。"《喻世明言·游酆都胡母迪吟詩》："既入，有仙童數百，皆衣紫綃之衣，懸丹霞玉佩，執彩幢絳節，持羽葆花旌，雲氣繽紛，天花飛舞，龍吟鳳吹，仙樂鏗鏘，異香馥郁，襲人不散。"清屈大均《廉州雜詩》其三："珠母生明月，鮫人出紫綃。"

生綃

綃的一種。未經漂煮。古時常用以作畫，因亦代指畫卷。此稱唐代已行用。唐韓愈《桃園圖》詩："流水盤迴山百轉，生綃數幅垂中堂。"宋蘇軾《賀新郎》詞："手弄生綃白團扇，扇手一時似玉。"元吳鎮《董源小幅》詩："生綃僅尺無窮意，誰識經營慘澹間。"

單綃

綃的一種。質單薄。此稱晉代已行用。晉王嘉《拾遺記·燕昭王》："昭王處以單綃華幄，飲以璠璵之膏。"唐李商隱《燕臺四首·春》："夾羅委篋單綃起，香肌冷襯琤琤佩。"清顧貞觀《菩薩蠻》："亂紅新碧陰如幕，夾羅初換單綃薄。曲欄沸春聲，卷簾無數鶯。"

微綃

綃的一種。質單薄。此稱晉代已行用。《文選·潘岳〈河陽縣作〉》詩之一："登城眷南顧，凱風揚微綃。"劉良注："綃，輕絲也。揚微綃，謂和而不猛。"唐杜甫《殿中楊監見示張旭草書圖》詩："悲風生微綃，萬里起古色。"仇兆鰲注："此叙其書法之神妙。微綃之上，如風生萬里，以筆有古意也。"

輕綃[2]

綃的一種。其質輕薄而有花紋。此稱唐代已行用。《漢書·元帝紀》："齊三服官。"唐顏師古注引李斐曰："齊國舊有三服之官。春獻冠幘縰爲首服，紈素爲冬服，輕綃爲夏服，凡三。"又："輕綃，今之輕也。"唐段成式《酉陽雜俎續集·支諾皋上》："良久，妓女十餘，排大門而入，輕綃翠翹，艷冶絕世。"《喻世明言·張舜美燈宵得麗女》："張生吟諷數次，嘆賞久之，乃和其詩曰：'濃麝因知玉手封，輕綃料比杏腮紅。'"《孽海花》第四回："緊貼身朝外睡著個嬌小玲瓏的妙人兒，只隔了薄薄一層輕綃衫褲，滲出醉人的融融暖氣，透進骨髓。"清厲荃《事物異名錄·布帛部·紗》卷二五引《神異記》："鮫人織輕綃於泉室，出以賣之，故名鮫綃。一名龍紗，一名蟬紗，皆輕紗也。"

明綃

綃的一種。其質輕薄、明滑，故名。此稱宋代已行用。宋譚宣子《長相思》："净亭亭，步盈盈。蟬影明綃傅體輕，水邊無限情。"清曾樸《孽海花》第二六回："忽見彩雲條的進了廳來，身穿珠邊滾魚肚白洋紗衫，鏤空襯白挖雲玄色明綃裙，梳著個烏光如鏡的風凉髻，不戴首飾，也不塗脂粉，打扮得越是素靚，越顯出風神絶世。"

冰綃

綃的一種。其質潔白似冰，故名。此稱唐代已行用。唐王勃《七夕賦》："停翠梭兮卷霜縠，引鸳杼兮割冰綃。"宋張孝祥《雨中花慢》詞："認得蘭皋瓊佩，水館冰綃。"明張鳳翼《紅拂記·教婿覓封》："涙染冰綃，愁濃緑蟻，爲功名難免別離。"

霜綃

綃的一種。以潔白似霜而得名。常作衣料，亦可作書畫用料。此稱唐代已行用。唐玄宗《題梅妃畫真》詩："霜綃雖似當時態，争奈嬌波不顧人。"唐鮑溶《蕭史圖歌》："霜綃數幅八月無，彩龍引鳳堂堂然。"宋柳永《西施》詞之三："恐伊不信芳容改，將憔悴，寫霜綃。"元耶律楚材《和南質張學士敏之見贈》詩之一："珠璣錯落照蘭室，龍蛇偃蹇蟠霜綃。"

霧綃

綃的一種。以其輕薄似霧而得名。此稱三國時期已行用。《文選·曹植〈洛神賦〉》："踐遠游之文履，曳霧綃之輕裾。"唐呂向注："霧綃，薄縑也。"唐羅虬《比紅兒詩》："魏帝休誇薛夜來，霧綃雲縠稱身裁。"宋劉學箕《念奴嬌·次人韻》詞："日暮修竹佳人，霧綃瓊佩，綽約疑仙侣。"

絳綃

綃類絲織品。此稱元代已行用。元徐再思《〔南吕〕閲金經·閨情》："歌扇泥金縷，舞裙裁絳綃。"明董斯張《廣博物志》卷一一："絳綃單衣一襲，香文羅手藉三幅。"

雲綃

綃的一種。以綉有雲紋而得名。此稱唐代已行用。唐孫樵《乞巧對》："綉文錦幅，雲綃霧縠。"明張羽《楚宫夏詞擬張籍》："雲綃半幅凉釵滑，援琴向風彈《白雪》。"清項霽《大龍湫歌》："織女償錢急剪錦，雲綃脱軸垂晴空。"

霞綃

綃的一種。以其華美輕薄似霞而得名。此稱唐代已行用。唐温庭筠《錦城曲》："江風吹巧剪霞綃，花上千枝杜鵑血。"明王錂《春蕪記·瞥見》："看他霞綃霧縠勝飛仙，步翩躚，新妝嬌艷。"清納蘭性德《眼兒媚·咏紅姑娘》："霞綃裹處，櫻唇微綻，靺鞨紅殷。"

白霞綃

綃的一種。其質織有白霞花紋。此稱明代已行用。明高濂《玉簪記》："香焚金篆火，絹剪白霞綃。"

蝶綃

綃的一種。其質輕薄且織有蝶紋，服之可避暑熱。此稱清代已行用。清杜文瀾輯《古謡諺·猺人爲猺女彈雲娘諺》："鳳裘無冬，蝶綃無夏。"注："蝶綃，冰蠶所珥，織作蝶紋，輕逾火浣，服之辟暑。"清王士禎《居易録》卷一六："蝶綃，冰蠶所織也。"

飛綃

綃的一種。以質薄輕飄而得名。此稱南北

朝時期已行用。南朝梁蕭子顯《日出東南隅行》："透迤梁家髻，冉弱楚宮腰。輕紈拂重錦，薄縠間飛綃。"明劉基《別峰和尚方丈題唐子華山陰圖》："輕盈曳飛綃，縹緲沃浮黛。"

鮫綃

亦稱"龍紗""蟬紗"。綃的一種。相傳爲鮫人所織。亦泛指薄紗。此稱南北朝時期已行用。南朝梁任昉《述異記》："南海出鮫綃紗，泉室（指鮫人）潛織，一名龍紗。其價百餘金。以爲服，入水不濡。"《西廂記》第四齣："我只索搭伏定鮫綃枕頭兒上盹。"《紅樓夢》第九二回："馮紫英笑道：'這叫做"鮫綃帳"。'"清厲荃《事物異名録·布帛部·紗》引《神異記》："鮫人織輕綃於泉室，出以賣之，故名鮫綃。一名龍紗，一名蟬紗，皆輕紗也。"

【龍紗】

即鮫綃。此稱南北朝時期已行用。見該文。

【蟬紗】[2]

即鮫綃。此稱南北朝時期已行用。見該文。

【蛟蛸】

同"鮫綃"。此體五代時期已行用。前蜀魏承班《漁歌子》詞："柳如眉，雲似髮，蛟蛸霧縠籠香雪。"

【鮫鮹】

同"鮫綃"。此體宋代已行用。宋陶穀《清異録·衣服》："自知祥傳至昶，但稱皇明帳，不知所自。色淺紅，恐是鮫鮹之類，於皺紋中有十洲三島，象施之大小床皆稱可，此爲怪耳，夜則燦錯如金箔狀，昶敗失所在。"

【絞鮹】

同"鮫綃"。此體明代已行用。明吳承恩《清平樂》詞："被掩絞鮹金六幅，露出兩鈎紅玉。"

【絞綃】

同"鮫綃"。此體明代已行用。《西游記》第八八回："餞金桌子挂絞綃，幌人眼目。"

【蛟綃】

同"鮫綃"。此體明代已行用。《喻世明言·李公子救蛇獲稱心》："李元酒醒，紅日已透窗前。驚起視之，房内床榻帳幔，皆是蛟綃圍繞。"

【淚綃】

即鮫綃。以其爲淚所浸而得名。此稱唐代已行用。唐顧況《送從兄使新羅》詩："帝女飛銜石，鮫人賣淚綃。"

【海綃】

即鮫綃。此稱唐代已行用。唐李賀《秦王飲酒》詩："花樓玉鳳聲嬌獰，海綃紅文香淺清。"

【海素】

即鮫綃。此稱唐代已行用。唐李賀《榮華樂》詩："瑶姬凝醉卧芳席，海素籠窗空下隔。"王琦彙解："海素，海中鮫人所織之素，即鮫綃也。"

【霧紋】

即鮫綃。此稱元代已行用。元馬祖常《送宋誠夫大監祠海上諸神》詩："龍户編魚賦，鮫人織霧紋。"

吳綃

綃的一種。古時吳地所産，以輕薄著名。此稱唐代已行用。唐陸龜蒙《聖姑廟》詩："流蘇蕩遥吹，斜領生輕塵。蜀彩駁霞碎，吳綃盤霧匀。"元戴良《湖州行送人作郡》："獨留新婦餉姑前，也執吳綃供税錢。"明胡應麟《題鐵幹回春圖山陰劉世儒工畫梅以巨幅贄余乞詩爲賦》："吳綃七尺鋪寒玉，幻出名花照幽獨。"

第三節　綢　考

　　綢，是絲織物的一個大類，指采用基本組織或混用變化組織或無其他類絲織物特徵的、質地緊密的絲織物。綢按原料分，除采用桑蠶長綫的以外，還有用絹紡落錦的綿綢、使用柞蠶綫的鴨江綢、用雙宮絲的雙宮綢、用化學纖維長絲的滌纖綢等。綢還可分爲生織和熟織，如生織的疙瘩綢和熟織的領帶綢。又可分爲不提花的"素綢"（明王士貞《弇山堂別集·當賚考·降人之賞》）和提花的"花綢"（明凌濛初《三刻拍案驚奇》卷四）。其中雙宮綢因表面有閃光和疙瘩的特殊風格，亦稱"疙瘩綢"。雙宮綢用雙宮絲織成。中國在20世紀40年代以後開始生產雙宮絲，且產量很大。綢屬於中厚型絲織品，其中較輕薄的品種可做襯衣和裙，較厚重的可做外套和褲，提花品種可做西服、禮服或供室内裝飾用等。

　　綢首見於西漢，其古體字爲"紬"，專指利用精絲、亂絲綫紡紗織成的平紋絲，絲粗帛厚耐磨，類似後來的紡綢和綿綢。兩晋南北朝時期，綢開始有了粗、細之分，粗綢有"絁"（《新唐書·食貨志一》）、"絓"（《急就篇》第二）；細綢有"䌷"（《廣雅·釋器》）。綢在唐代也作貢品，有"花綢""平綢"（《文獻通考·土貢考一》）、"綿綢"（《周書·武帝紀下》）等品種。宋代以後，常用精練絲在平紋地上起本色花，稱暗花綢。元代成都盛產錦綢，蘇州製成綢緞不僅供本地消費，還遠銷到其他地區。明清以來，綢成爲絲織物的泛稱。中國各地亦有許多冠以產地名稱的著名綢類品種，如山西的"潞綢"（明袁于令《隋史遺文》第六回）、南京的"寧綢"（清《八旬萬壽盛典》卷七六）、四川的"蜀綢"（明宋應星《天工開物·乃服》）、河南的"豫綢"（明宋應星《天工開物·乃服》），另有山東的"繭綢"（漢桓寬《鹽鐵論·散不足》）。嘉興盛產綢，民多以織綢爲生。吳江震澤鎮各村也以織綾綢爲業。蘇州府有綾綢、綿綢、絲綢、杜織綢、綾極綢、縐紋綢、春綢、捻綢；嘉興府有素綢、花綢、綾地花綢、輕光王店綢、濮綢；建昌府有籠綢、假綢；湖州府有水綢、紡絲綢。可見當時綢的分類已趨向細密。清代安徽合肥產萬壽綢，江西贛州有繭綢、綿綢，另有遵義綢、貴州綢等。近代以來，絲織行業習慣把緊密結實的經嚮支持面平紋絲織物稱作綢，如塔夫綢。具有上述特點的棉織物也常被稱作綢，如府綢。習慣還把綢和起緞紋效應的緞連起來作爲絲織物的總稱——綢緞；有時也用"絲綢"作爲絲織物的代稱。

綢

亦作"紬"。絲織品的一種。其質較粗。後多作絲織品的通稱。《急就篇》第二:"絳緹絓紬絲絮綿。"唐顏師古注:"紬,抽引粗繭緒,紡而織之曰紬。"《說文·系部》:"紬,大絲,繒也。"清段玉裁注:"大絲,較常絲爲大也。《左傳》'衞文公大帛之冠',大帛謂絲繒……今繒帛通呼爲紬,不必大絲也。"《釋名·釋彩帛》:"紬,抽也,抽引絲端出細緒也。"《周書·武帝紀下》:"初令民庶已上,唯聽衣綢、綿綢、絲布、圓綾……"元睢景臣《哨遍·高祖還鄉》套曲:"新刷來的頭巾,恰糨來的綢衫,暢好是妝麼大户。"宋周去非《嶺外代答·外國門上·安南國》:"歲正月七日,一兵支錢三百,紬、絹、布各一匹。"明宋應星《天工開物·乃服·腰機式》:"凡織杭西、羅地等絹,輕素等綢,銀條巾、帽等巾,不必用花機,只用小機。"明陳獻章《冬夜》詩:"高堂有老親,遍身無完綢。"

【紬】

同"綢"。此體秦代已行用。見該文。

【綢子】

"綢"之俗稱。亦作"紬子"。此稱宋代已行用。《五代會要·雜錄》:"足絲綿、紬子每一百兩納耗一兩,其諸色匹段並無加耗。"《紅樓夢》第四二回:"這包袱裏是兩匹綢子,年下做件衣裳穿。"

【紬子】

同"綢子"。此體五代時期已行用。見該文。

絲綢

亦作"絲紬"。泛指質地光滑之綢。宋范處義《詩補傳·載馳》:"如濡調柔也,如絲綢直

也。"《金史·輿服志第二十四》:"太常寺擬士人及僧尼道女冠有師號,並良閒官八品以上,許服花紗綾羅絲紬。"《金瓶梅詞話》第九八回:"那何官人年約五十餘歲,手中有千兩絲紬絹貨物,要請愛姐。"

【絲紬】

同"絲綢"。此體金代已行用。見該文。

白紬

綢的一種。色白。此稱南北朝時期已行用。《魏書·節義傳·王玄威》:"至大除日,詔送白紬袴褶一具,與玄威釋服,下州令表異焉。"《北史·袁聿修傳》:"大寧初,聿修以太常少卿出使巡省,仍令考校官人得失,經兖州,時邢邵爲刺史,別後,送白紬爲信。聿修不受。"

【白綢】

同"白紬"。綢,同"紬"。此體清代已行用。《孽海花》第六回:"只見一個十七八歲的女子,頭上包著一塊白綢角形的頭兜,手裏拿著一根白綫繞絞五尺來長的杆子,兩頭繫著兩個有黑穗子的小球,正在繩上忽低忽昂的走來走去,大有矯若游龍、翩若驚鴻之勢。"老舍《四世同堂》上册:"她現在穿著件很短的白綢袍,很短很寬。"

【白綢子】

即白紬。此稱近代行用。谷斯範《新桃花扇》:"〔侯方域〕戴著頂海藍色綉紅花萬字頭巾,身穿百幅流雲滿綉金的淺藍直裰,白綢子裏衣,烏緞皂靴,個子高長,約莫二十六七歲。"

【白絲綢】

即白紬。其質色白。此稱明代已行用。《醒

世姻緣傳》第六八回：“素姐起來梳洗完備，穿了一件白絲綢小褂，一件水紅綾小夾襖，一件天藍綾機小綢衫。”

素紬

綢的一種。呈素白色。此稱明代已行用。明王士貞《弇山堂別集·當賚考·降人之賞》：“洪武二年，賜鞏昌總帥汪沁巴勒呼圖克特穆爾冠帶、龍衣、衾褥各幣二十疋，素紬二十疋。”徐珂《清稗類鈔·服飾類》：“嗣是有以素綢爲裏者，或且用之於朝會矣。”

【素綢】

同“素紬”。此體清代已行用。清周凱《廈門志》：“褂例七分，衫例五分，素綢每匹例五分，素綢褂料例七分，衫例五分。”

月白素紬

素綢的一種。呈月白色。此稱清代已行用。《紅樓夢》第一〇九回：“只見妙玉頭帶妙常髻，身上穿一件月白素紬襖兒。”

玉色綢

素綢的一種。呈玉色。玉色，即瑩白色。此稱清代已行用。《紅樓夢》第五一回：“鳳姐又命平兒把一個玉色綢裏的哆羅呢包袱拿出來。”

紅綢

綢的一種。多呈粉紅色或桃紅色。《説文·系部》：“紅，帛赤白色。”清段玉裁注：“按，此今人所謂粉紅、桃紅也。”《論語·鄉黨》：“君子不以紺緅飾，紅紫不以爲褻服。”楊伯峻譯注：“紅，絲綢的粉紅色或桃紅色。”此稱明代已行用。《水滸傳》第二三回：“武松穿了一領新納紅綢襖，戴著個白范陽氈笠兒。”《大清會典圖·武備·旗纛圖》：“陳鎗營鑲黃旗

大纛：縿徑四尺二寸，斿徑四尺，中用黃綢，緣以紅綢，不施繪綉。”

【紅紬】

同“紅綢”。此體宋代已行用。宋陳藻《樂軒集·平江送連亨叟赴省詩》：“愛君坦腹羲之床，紅紬扇鼓迎新郎。”《紅樓夢》第八回：“寶玉聽了，忙下炕來，到了里間門前，只見吊著半舊的紅紬軟簾。”

【紅綢子】

即紅綢。此稱清代已行用。《紅樓夢》第九四回：“平兒私與襲人道：‘奶奶説，這花開得奇怪，叫你鉸塊紅綢子挂挂，便應在喜事上去了。’”

水紅綢

紅綢的一種。呈水紅色。此稱清代已行用。《紅樓夢》第五一回：“又看包袱，只得一個彈墨花綾水紅綢裏的夾包袱，裏面只包著兩件半舊棉襖與皮褂。”

黃紬

綢的一種。呈黃色。此稱南北朝時期已行用。《魏書·蠕蠕傳》：“阿那瓌等拜辭，詔賜阿那瓌細明光人馬鎧二具，鐵人馬鎧六具……五色錦被二領，黃紬被褥三十具。”宋蘇軾《和孫同年卞山龍洞禱晴》：“看君擁黃紬，高臥放晚衙。”宋陸游《自嘲》詩：“青縑帳暖黃紬穩，聊借東菴作睡鄉。”

油綠綢

綢的一種。呈油綠色。此稱明代已行用。《醒世姻緣傳》第七一回：“〔童奶奶〕穿著油綠綢對衿襖兒，月白秋羅裙子，沙藍潞綢羊皮金雲頭鞋兒，金綫五梁冠子，青遍地錦箍兒，雇上了個驢，騎到陳公外宅。”《紅樓夢》第四五

回："黛玉看脱了蓑衣，裏面只穿半舊紅綾短襖，繫著綠汗巾子，膝下露出油綠綢撒花褲子，底下是掐金滿綉的綿紗襪子，靸著蝴蝶落花鞋。"

青紬

綢的一種。呈藍黑色。此稱唐代已行用。唐張鷟《朝野僉載》卷一："見一人著青紬襦，遂邀爲設飲食。"《醒世姻緣傳》第七一回："童奶奶從袖中取出一個月白綾汗巾，吊著一個白綾肚青紬找口的合包。"《紅樓夢》第三回："出了垂花門，早有衆小廝們拉過一輛翠幄青紬車，邢夫人携了黛玉，坐在上面，衆婆子們放下車簾，方命小廝們抬起。"

【青綢】

同"青紬"。此體宋代已行用。宋謝翱《有洗舊誥綾作青色囑將以爲緣以紺繒易得之作手卷賦小樂章求好事書其後》："青綢易得淚承睫，擊築楚歌無故業。"徐珂《清稗類鈔·服飾類》："袍，青綢爲之，藍緣，披領如袍飾，帶如文八品。"

天青綢

青綢的一種。呈天青色。天青，即深黑微紅之色。此稱清代已行用。《孽海花》第二五回："忽聽裏面一片聲的嚷着大帥出來了，就見珏齋頭戴珊瑚頂的貂皮帽，身穿曲襟藍綢獺袖青狐皮箭衣，罩上天青綢天馬出風馬褂，腰垂兩條白緞忠孝帶，仰着頭，緩步出來。"

藍紬

綢的一種。呈藍色。此稱明代已行用。《金瓶梅詞話》第三回："大官人如幹此事，便買一匹藍紬，一匹白紬，一匹白絹，再用十兩好綿，都把來與老身。"徐珂《清稗類鈔·風俗類》："以最劣之藍紬爲之，兩端散披絲頭，平等所用約長尺四五寸，王公與佛前所用長三尺。"

【藍綢】

同"藍紬"。此體清代已行用。《清會典圖·武備三》："護軍校綿冑，制革，鬃以漆……俱白緞表，藍綢裏，緣如表色，中敷綿，外布黃銅釘，冑襯石青緞表，藍布裏，頂綴紅絨。"《孽海花》第二五回："忽聽裏面一片聲的嚷著大帥出來了，就見珏齋頭戴珊瑚頂的貂皮帽，身穿曲襟藍綢獺袖青狐皮箭衣，罩上天青綢天馬出風馬褂，腰垂兩條白緞忠孝帶，仰著頭，緩步出來。"

【藍絲綢】

即藍綢。此稱明代已行用。《醒世姻緣傳》第六八回："狄員外道：'咱常時罷了……你就沒見那隨會社演會的女人們？頭上戴著個青屯絹眼罩子，藍絲綢裹著束香，捆在肩膀上面，男女混雜的沿街上跑，甚麽模樣？'"

醬色綢

綢的一種。呈深赭色。此稱清代已行用。《儒林外史》第二四回："只見外面走進一個人來，頭戴浩然巾，身穿醬色綢直裰。"《劉墉傳奇》第七一回："身上穿著醬色綢子薄綿僧襖，月白綾子僧襪，脚上穿著一雙大紅緞子治公鞋。"

玄色綢

綢的一種。呈玄色。玄色，即黑色。此稱近代行用。谷斯範《新桃花扇》："蘇老頭兒見香君穿一件玄色綢棉襖，繫一條貞孃慣常穿的墨綠洋縐裙。"

輕素[1]

素綢的一種。其質輕薄，色白。此稱元代已行用。元趙孟頫《題商德符學士〔桃源春曉圖〕》詩："瀛洲仙客知仙路，點染丹青寄輕素。"明宋應星《天工開物·乃服·腰機式》："凡織杭西、羅地等絹，輕素等紬，銀條、巾帽等紗，不必用花機，只用小機。"

綀

綢的一種。其質細薄。此稱三國時期已行用。《廣雅·釋器》："綀，紬也。"《玉篇·糸部》："綀，紬細也。"《字彙·糸部》："綀，細紬。"《管子·立政》："刑餘戮民，不敢服綀。"清戴望校正："王氏《廣雅疏證》於'綀，紬也'引《管子》'不敢服綀'，謂'綌'即'綀'之誤。"

絨綀

綢的一種。其質細薄且絨。此稱清代已行用。徐珂《清稗類鈔·服飾類》："男子華冠，鏤金刻繡，冬以貂、獺皮爲沿，夏以絨綀。"

山紬

綢的一種。用野蠶繭繰絲織成。此稱宋代已行用。宋王禹偁《黑裘》詩："野蠶自成繭，繰密爲山紬。"《遼海叢書·塔子溝紀略》卷九："放蠶者衆繭成之後捻綫織紬，名曰山紬，與內地繭紬無異。"

絓[3]

綢的一種。質粗，多用廢繭抽繰出的粗絲織成。此稱漢代已行用。《急就篇》第二："緹絓紬絲絮綿。"唐顏師古注："紬之尤粗者曰絓，繭滓所抽也。"明胡應麟《少室山房筆叢·丹鉛新錄履考》："《六韜》曰：'舜王天下，敝衣絓履。'"清桂馥《説文解字義證》："絓，案：繰繭絲未盡者，互相連結，抽其粗緒，織爲綿紬，

故顏注《急就篇》紬之尤粗者曰絓，繭滓所抽也。"

絡

綢之一種。猶絁。用廢碎生絲織成，表面不光整，然絲綫緊而厚，經久耐用。此稱漢代已行用。《急就篇》第二："綈絡縑練素帛蟬。"

【綿紬】[1]

即絡。此稱唐代已行用。唐顏師古注《急救篇》："絡，即今之生繒也，一曰今之綿紬是也。"《宋史·地理志五》："貢綿紬、麩金。"明胡宗憲《籌海圖編》："綿紬染彼國花樣，作正衣服之用。"

【生繒】

即絡。此稱唐代已行用。《急就篇》第二："綈絡縑練素帛蟬。"唐顏師古注："絡，即今之生繒也，一曰今之綿紬是也。"

練綢

亦稱"綢練"。綢的一種。其質柔軟，潔白。此稱漢代已行用。《禮記·檀弓上》："綢練設旐，夏也。"漢鄭玄注："綢練，以練綢旐之，杠此旐葬，乘車所建也，旐之，旒緇布廣充幅長尋曰旐。"明婁堅《學古緒言·處士周君墓志銘》："君今歸安兮湖山周遭，同穴異藏兮丹旐練綢。"

【綢練】

即練綢。此稱漢代已行用。見該文。

綺繡花綢

綢的一種。有彩色花飾。此稱清代已行用。《後紅樓夢》第一八回："一色的五色軟絲彩縧，挽手攀腰統是楊妃色、豆綠色的綺繡花綢，映著這幾樹垂楊飄飄漾漾，十分好看。"

紗綢

綢的一種。經緯稀疏而輕薄。此稱清代已

行用。《清史稿・輿服志二》："夏織玉草或藤竹絲爲之，紅紗綢裏，石青片金緣。"《孽海花》第三〇回："一張金匣鏡面宮式的踏步床，襯著蚊帳窗簾，幾毯門幕，全用雪白的紗綢，越顯得光色迷離，蕩人心魄。"

紅紗綢

綢的一種。爲紅色紗綫所織。此稱清代已行用。徐珂《清稗類鈔・服飾類・皇帝服飾》："夏織玉草或藤竹絲爲之，紅紗綢裏，石青片金緣，上綴朱緯，頂如冬吉服冠。"《清史稿・輿服志二》："夏織玉草或藤竹絲爲之，紅紗綢裏，石青片金緣。"

花綢

提花綢織品。此稱明代已行用。《三刻拍案驚奇》卷四："船中還有一個白胖的男人，方巾，天藍花綢海青，道是城中太醫。"清周凱《客有言漁民撈拾賈舶貨物不知貴重者感成絶句》其二："洋印花綢爲脚纏，嘉文草席當帆吹。"

平綢

一種無花紋的綢織品。此稱元代已行用。元馬端臨《文獻通考・土貢考一》："魏郡，貢白綿綢八匹、白平綢八匹。"清《續通典・食貨八・賦税・宋》："河北路大名府貢花絹、綿綢、平綢、紫草。"

綿綢[2]

綢的一種。用次繭紡成絲織就，平紋，表面不光整，但緊厚耐久。此稱南北朝時期已行用。《周書・武帝本紀下》："戊寅，初令民庶已上，唯聽衣綢、綿綢、絲布、圓綾、紗、絹、綃、葛、布等九種，餘悉停斷。"宋趙與時《賓退録》卷一〇："惟《元豐九域志》爲詳，嘗取

一歲所貢。……輕容紗五匹，綢一百四十五匹，花綢一十匹，綿綢五十匹，絹六百七十匹。"清藍鼎元《平臺紀略・附録》："輿夫多袒裸，而繭綢綿綢褲不可易也。"

【綿紬】[1]

同"綿綢[2]"。此體唐代已行用。《新唐書・地理志》："土貢：花紬、綿紬、平紬、絁、絹、紫草。"《醒世姻緣傳》第七三回："狄周媳婦袖中掏出一條綿紬汗巾，把狄希陳的肐膊咬下的那塊肉按在上面……緊緊使汗巾扎住。"

黃綿紬

綿綢的一種。其質柔軟且呈黃色。此稱明代已行用。明王樵《方麓集・勘覆誠意伯劉世廷事情疏》："又計令不在家人薛繼松引領佘秋芳隨帶皮箱一隻，内藏黃綿紬半匹，褡連一個。"《金瓶梅詞話》第七四回："西門慶連忙就教他開箱子，尋出一套翠藍段子襖兒，黃綿紬裙子……又是一雙妝花膝褲腿兒，與了他。"

綫紬

綢的一種。以絲爲經，以棉綫爲緯織就，較粗厚。此稱元代已行用。《元史・世祖本紀》："乙丑，高麗國王王賰遣使兀剌帶貢氈布、綫紬等物四百段。"

魚牙紬

綢的一種。以織有魚牙圖案而得名。此稱唐代已行用。唐時由朝鮮傳來。《舊唐書・東夷傳・新羅》："大曆八年，遣使來朝，並獻金銀、牛黃、魚牙紬、朝霞紬。"

朝霞紬

綢的一種。織有朝霞，故名。唐時由朝鮮傳來。此稱唐代已行用。《舊唐書・東夷傳・新羅》："大曆八年，遣使來朝，並獻金銀、牛黃、

魚牙紬、朝霞紬。"

聽衣綢

綢的一種。用大絲所織。此稱南北朝時期已行用。《周書·武帝紀下》："戊寅，初令民庶已上，唯聽衣綢、綿綢、絲布、圓綾、紗、絹、綃、葛、布等九種，餘悉停斷。"

油紬

綢的一種。用油浸過，多以之做雨衣、雨帽等。此稱明代已行用。明張四維《六十種曲雙烈記》："虧了些鉛粉胭脂塗抹。在臉上妝妖假媚。全憑粉絹油紬穿著。在人前扭身做勢。"《清會典事例·禮部·冠服》："凡雨冠雨衣，以氈或羽緞油紬爲之。"

【油綢】

同"油紬"。此體清代已行用。徐珂《清稗類鈔·服飾類》："雨衣之制六，皆明黃色。一如常服褂而長與袍稱，以油綢爲之，不加裏，自衽以下加博焉。"

縐[2]

綢的一種。有皺紋。徐珂《清稗類鈔·農商類》："縐綢産河南、浙江。"《後紅樓夢》第一〇回："只見黛玉穿著粉紫刷花的夾衫，下繫一條葱綠色墨綉裙，勒一條金黃色三藍綉的縐綢汗巾兒。"

【綢縐】

即縐。此稱清代已行用。《二十年目睹之怪現狀》第一〇四回："我看他穿的還是通身綢縐，不過帽結是個藍的。"

【縐綢】

即縐。此稱清代已行用。清蔡廷蘭《海南雜著·炎荒紀程》："舟泊越南境，越日爲乙未十月十三日，有兩汛官駕小船來舟側，皆烏縐

綢纏頭，穿窄袖黑衣、紅綾褲，赤兩脚。"

白縐綢

縐綢的一種。呈白色。此稱清代已行用。《紅樓夢》第二四回："鴛鴦穿著水紅綾子襖兒，青緞子背心，束著白縐綢汗巾兒。"

大紅縐綢

縐綢的一種。呈大紅色。此稱清代已行用。《紅樓夢》第九二回："第一層是一個玻璃盒子，裏頭金托子，大紅縐綢托底，上放著一顆桂圓大的珠子，光華耀目。"

青縐綢

縐綢的一種。呈青色。此稱清代已行用。《紅樓夢》第四二回："見賈母穿著青縐綢一斗珠兒的羊皮褂子，端坐在榻上。"《兒女英雄傳》第四回："前頭那一個打著個大長的辮子，穿著件舊青縐綢寬袖子夾襖。"

油綠縐綢

縐綢的一種。其質色濃綠且光潤。此稱清代已行用。《兒女英雄傳》第二九回："張老是足登緞靴，裏面趁著魚白標布，上身兒油綠縐綢，下身兒的兩截夾襖。"

楊妃色縐綢

縐綢的一種。呈楊妃色。楊妃，即楊貴妃。以其面若桃花色而得名。此稱清代已行用。《後紅樓夢》第五回："這王夫人攬了黛玉的纖手，笑吟吟的打諒他一番，只見黛玉：滿頭珠翠圍著紫貂，耳帶寶串挂了個金魚兒，身穿一領楊妃色縐綢、三藍綉牡丹青縑披風，下繫一條鸚哥綠百蝶狐縑裙。"

泥金色縐綢

縐綢的一種。呈泥金色。此稱清代已行用。《後紅樓夢》第九回："林黛玉滿頭珠翠，身穿

大紅二色金滿妝雲龍緞紫貂披風，十分燦爛，繫著泥金色縐綢綴珠綉球百福紫貂裙，套著淡魚白戳紗海棠紋滾金挂綫天鵝絨的小袖，項披著連環如意富貴不斷的雲肩，繫一條金青色絲縧，扣了個雙鶴蟠桃的鳴玉佩。”

宮綢

專用於宮廷内的綢織品。此稱清代已行用。《紅樓夢》第一八回：“原來賈母的是金、玉如意各一柄，沉香拐拄一根……‘富貴長春’宮緞四匹，‘福壽綿長’宮綢四匹。”《八旬萬壽盛典》卷七六：“漳絨、寧綢、宮綢、絹共三百二十八匹，大小荷包一百十八對，貂皮二百三一四張。”清于敏中《國朝宮史·經費三》：“恩賜：金九十兩，銀九百兩，上用緞紗等四十五匹，蟒緞九匹，緞九匹，寧綢九匹，宮綢九匹。”

二藍宮綢

宮綢的一種。呈淺藍色。此稱清代已行用。《兒女英雄傳》第二四回：“且慢説褚大娘子此來打扮得花枝招展，連他那跟的人也都套件二藍宮綢夾襖，扎幅新褲腿兒，換雙新鞋的打扮著。”

院綢

亦作“苑綢”。綢的一種。此稱清代已行用。《紅樓夢》第七〇回：“那晴雯只穿葱緑院綢小襖，紅小衣紅睡鞋，披著頭髮，騎在雄奴身上。”中國藝術研究院紅樓夢研究所校記：“‘院綢’，原作‘苑綢’，從甲辰本改。”

【苑綢】

同“院綢”。此體清代已行用。見該文。

潞綢

以産於潞川河（今山西濁漳河）流域而得名。此稱元代已行用。元武漢臣《玉壺春》第三折：“你雖然先在他家走，怎比的我有三十車羊絨潞綢？”明袁于令《隋史遺文》第六回：“却是叔寶的母親要買潞州綢作壽衣，臨行時付與叔寶的。”《醒世姻緣傳》第七三回：“程大姐道：‘……我家裏有姑絨襖子，揚緞潞紬襖子，憑郝尼仁揀一領心愛的穿。”徐珂《清稗類鈔·農商類》：“寧綢、紡綢産江蘇、浙江；而潞綢則産山西之潞安府。”

【潞紬】

同“潞綢”。此體明代已行用。《明史·食貨志六》：“陝西織造羊絨七萬四千有奇，南直、浙江紵絲、紗羅、綾紬、絹帛、山西潞紬，皆視舊制加丈尺。”明臧晋叔《元曲選·李素蘭風月玉壺春雜劇目録》：“我有三十車羊絨潞紬。都與媽媽。則要娶你個大姐。”

【潞州綢】

即潞綢。此稱明代已行用。明袁于令《隋史遺文》：“轉鶴軒中去，將叔寶衣服取出，兩匹潞州綢，一件紫衣，一張批回，十數兩銀子。”

羊絨潞綢

潞綢的一種。羊絨摻絲織成，以多産於潞川（今山西濁漳河）流域而得名。此稱元代已行用。元武漢臣《玉壺春》第三折：“你雖然先在他家走，怎比的我有三十車羊絨潞綢？”

油緑潞綢

潞綢的一種。呈油緑色。此稱明代已行用。《醒世姻緣傳》第二三回：“祝其嵩從袖中取出汗巾解開來，果然是個油緑潞綢銀包，一個牙簽銷住。”

紗緑潞紬

潞綢的一種。呈沙緑色。此稱明代已行用。《金瓶梅詞話》第八回："〔婦人〕用盤托盛著，擺在面前，與西門慶觀看：一雙玄色段子鞋……一條紗緑潞紬永祥雲嵌八寶、水光絹裏兒、紫綾帶兒，裏面裝著排草梅桂花兜肚。"

【砂緑潞綢】

同"紗緑潞紬"。此體明代已行用。《醒世姻緣傳》第七四回："只見一個婦人，身穿舊羅褂子，下穿舊白羅裙，高底砂緑潞綢鞋兒，年可四十光景，站在門口商量著買豆腐乾兒。"

鸚哥緑潞綢

潞綢的一種。呈鸚哥緑色。此稱明代已行用。《金瓶梅詞話》第三四回："西門慶拏出兩匹尺頭來，一匹大紅紵絲，一匹鸚哥緑潞綢，教李瓶兒替官哥裁毛衫兒、披襖、背心兒、護頂之類。"

藍潞紬

潞綢的一種。呈藍色。此稱明代已行用。《金瓶梅詞話》萬曆本第七四回："西門慶連忙就教他開箱子，尋出一套翠藍段子襖兒，黄綿紬裙子，又是一件藍潞紬綿褲兒，又是一雙妝花膝褲腿兒，與了他。"

沙藍潞綢

潞綢的一種。呈沙藍色。此稱明代已行用。《醒世姻緣傳》第七一回："〔童奶奶〕穿著油緑紬對衿襖兒，月白秋羅裙子，沙藍潞綢羊皮金雲頭鞋兒，金綫五梁冠子，青遍地錦箍兒，雇上了個驢，騎到陳公外宅。"

杭綢

因產自浙江杭州而得名。其質較粗。此稱清代已行用。《紅樓夢》第七〇回："那晴雯只穿著葱緑杭綢小襖，紅綢子小衣兒，披著頭髮，騎在芳官身上。"《清朝文獻通考·四裔考》："特賜該國王龍緞四匹，妝緞、花緞、綫緞各八匹……杭綢七匹，册頁一付。"

【杭紬】

同"杭綢"。此體明代已行用。明吕毖《明宮史·内臣服佩》："雨衣雨帽，玉色深藍官緑杭紬或好油絹爲之。"清姚文棟《清代琉球紀録續輯·琉球入學見聞録·潘相》："春、秋二季各給官用緞面杭紬裏綿袍、官用緞面紡絲紬裏綿褂、紡絲衫中衣各一件，絨緯涼帽各一頂……"

玉色杭紬

杭綢的一種。其質呈玉色。明吕毖《明宮史·内臣服佩》："玉色深藍官緑杭紬，或好紬絹爲之。"

白素杭綢

杭綢的一種。呈素白色。杭綢，一作"杭紬"。此稱明代已行用。《醒世姻緣傳》第六〇回："狄希陳收幾尺白素杭綢，要與和尚裁製魂旛，只得自己往房中去取。"

官緑杭紬

杭綢的一種。其色爲官家定制之緑色。此稱明代已行用。明吕毖《明宮史·内臣服佩》："玉色深藍官緑杭紬，或好紬絹爲之。"

深藍杭紬

杭綢的一種。其質呈深藍色。明吕毖《明宮史·内臣服佩》："玉色深藍官緑杭紬，或好紬絹爲之。"

寧綢

綢的一種。蠶絲織成，有明顯斜紋，面平挺，質地結實。織造前預先染色，有素織和花織兩類。適做服裝。因產於寧（今南京）而得名。此稱清代已行用。徐珂《清稗類鈔·物品類》：“寧綢爲絲織物，產於杭州，有花、素兩種，光緻柔厚，遜於花緞，而較堅韌耐久。出於鎮江府城者，稱江寧綢，品質較次。”鄭觀應《盛世危言·商戰上》：“寧綢、杭緞及舊磁器，彼族零星販去，飾爲玩好而已。”

二藍寧綢

寧綢的一種。呈淺藍色。此稱清代已行用。《二十年目睹之怪現狀》第二八回：“只有兩個好生奇怪，兩個手裏都拿著一頂熏皮小帽，一個穿的是京醬色寧綢狐皮袍子，天青緞天馬出風馬褂，一個是二藍寧綢羔皮袍子，白灰色寧綢羔皮馬褂，腳上一式的穿了棉鞋。”

白灰色寧綢

寧綢的一種。呈白灰色。此稱清代已行用。《二十年目睹之怪現狀》第二八回：“一個是二藍寧綢羔皮袍子，白灰色寧綢羔皮馬褂。”

棗紅寧綢

寧綢的一種。呈棗紅色。此稱清代已行用。《二十年目睹之怪現狀》第四回：“後頭送出來的主人，却是穿的棗紅寧綢箭衣，天青緞子外褂。”

京醬色寧綢

寧綢的一種。因呈京醬色而得名。京醬色，一種深赭色。此稱清代已行用。《二十年目睹之怪現狀》第二八回：“一個穿的是醬色寧綢狐皮袍子，天青緞天馬出風馬褂。”

蜜色寧綢

寧綢的一種。以呈蜜色而得名。蜜色，淡黃色。此稱清代已行用。《二十年目睹之怪現狀》第六二回：“正說話間，外面來了一群人，當頭一個身穿一件蜜色寧綢單缺襟袍。”

團花天青寧綢

寧綢的一種。以織有團花圖案，呈天青色而得名。此稱清代已行用。《二十年目睹之怪現狀》第六二回：“外面來了一群人，當頭一個身穿一件蜜色寧綢單缺襟袍，罩了一件嶄新的團花天青寧綢對襟馬褂。”

湖綢

綢的一種。以產於浙江湖州而得名。此稱明代已行用。明宋應星《天工開物·乃服》：“凡繭造三日，則下箔而取之。其殼外浮絲一名絲匡者，湖郡老婦賤價買去（每斤百文），用銅錢墜打成綿，織成湖綢。”老舍《四世同堂》上冊：“曉荷穿著一身淺灰色湖綢的夾襖夾褲，夾襖上罩著一件深灰色細毛綫打的菊花紋的小背心。”

湖縐

綢的一種。浙江湖州所產絲綢，練染後表面起縐紋而得名。此稱明代已行用。明馬麟《續纂淮關統志·則例》：“湖縐一匹，三分。”巴金《秋》一九：“新的湖縐帳子低垂著，增加了靜寂的氣氛。”洪深《趙閻王》第一節第一幕：“床上有白狼皮褥子，西式枕頭，粉紅湖縐的被。”

蜀綢

綢的一種。以爲蜀地所產而得名。明宋應星《天工開物·乃服》：“凡結繭必如嘉、湖，方盡其法。他國不知用火烘，聽蠶結出，甚至叢杆之內，箱匣之中，火不經，風不透。故所爲屯、漳等絹，豫、蜀等綢，皆易朽爛。”

豫綢

綢的一種。以其爲豫地（今河南）所產而

得名。明宋應星《天工開物·乃服》："凡結繭必如嘉、湖，方盡其法。他國不知用火烘，聽蠶結出，甚至叢秆之内，箱匣之中，火不經，風不透。故所爲屯、漳等絹，豫、蜀等綢，皆易朽爛。"

紡綢

絲織品的一種。以生絲、絹絲織成，再經練漂、染色等。舊時常以産地命名，浙江杭州所産者稱"杭紡"，江蘇吴江之盛澤所産者稱"盛紡"，皆平紋素地，柔韌輕薄，宜作夏季衣料。今亦有以人造絲織作。此稱清代已行用。清劉錦藻《續文獻通考·實業考》："六紡爲略似綢類之絲織品而得名紡綢。"清韓邦慶《海上花列傳》第三回："主人係一個後生，穿著雪青紡綢單長衫，寶藍茜紗夾馬褂，先在包厢内靠邊獨坐。"

菱花白紡綢

紡綢的一種。素地平紡，且織有菱花。此稱現代行用。谷斯範《新桃花扇》："玉京見香君穿一件菱花白紡綢衫，著一條橄欖青紗裙，依然小小巧巧身材。"

杭紡

紡綢的一種。因初産於杭州而得名。此稱清代已行用。清劉錦藻《續文獻通考·實業考》："六紡爲略似綢類之絲織品而得名紡綢，産杭州者名杭紡。"

繭紬

綢的一種。以野繭絲織成，細緻質優。産於今山東昌邑、棲霞、牟平、文登等地，尤以昌邑所産最佳。明清時遠銷印度、南洋等地。此稱漢代已行用。漢桓寬《鹽鐵論·散不足》："夫羅紈文綉者，人君后妃之服也；繭紬縑練者，婚姻之嘉飾也。"明文震亨《長物志》卷九："次用山東繭紬，最耐久。"《紅樓夢》第四二回："這是兩個繭紬，作襖兒裙子都好。"《儒林外史》第一回："他慌忙打開行李，取出一匹繭紬，一包耿餅，拿過去拜謝了秦老。"張慧劍校注："繭紬：繭綢。一種用野蠶絲織成的平綢。山東出産的最有名。"

【繭綢】

同"繭紬"。此體清代已行用。徐珂《清稗類鈔·動物類》："直隸、山東等省亦取其繭絲，織爲繭綢，其絲輸出外國者甚多。"《老殘游記》第三回："本日在大街上買了一匹繭綢，又買了一件大呢馬褂面子。"《二十年目睹之怪現狀》第一〇七回："我看那人時，穿了一件破舊繭綢面的老羊皮袍，腰上束了一根腰裹硬，脚上穿了一雙露出七八處棉花的棉鞋。"張友鶴校注："繭綢，野蠶絲織成的綢子，山東的特産。"

青蓮色繭綢

繭綢的一種。呈青蓮色。此稱清代已行用。《二十年目睹之怪現狀》第一〇七回："忽然外面來了一個女人，穿一件舊到泛白的青蓮色繭綢老羊皮襖，穿一條舊到泛黄的緑布紫腿棉褲。"

拷綢[1]

綢的一種。其質平紋，上塗薯莨汁液，有紅、黄、黑等色，細柔輕薄，透風利水，耐腐蝕，適於作夏季衣料。主要産於廣東、福建等地。此稱清代已行用。徐珂《清稗類鈔·植物類》："煮汁以染紗絹之屬，爲暑月之衣，謂之薯莨綢，亦曰拷綢。"《二十年目睹之怪現狀》第三二回："便有兩個女子上來招呼，一般的都是生就一張黄面，穿了一套拷綢衫袴，脚下没有穿襪，拖了一雙皮鞋。"

紬布

綢類絲織品。其質較粗。此稱宋代已行用。《資治通鑑·後唐莊宗同光元年》："梁主遣兵部侍郎崔協等冊命吳越王鏐爲吳越國王。"元胡三省注引宋范坰《吳越備史》："鏐節儉，衣衾用紬布，常膳惟瓷漆器。"《宋史·兵志八》："春冬賜衣有絹綿，或加紬布緡錢。"清徐松《宋會要輯稿·食貨六四》："川、陝諸州匹帛、絲綿、紬布之類堪備軍裝者，商人不得私市取販鬻。"

紬絹

綢與絹的總稱，泛指絲織品。《字彙補·糸部》："總，紬絹也。"此稱南北朝時期已行用。《梁書·諸夷傳·武興國》："其大姓有苻氏、姜氏。言語與中國同。著烏皁突騎帽、長身小袖袍、小口袴、皮靴。地植九穀。婚姻備六禮。知書疏。種桑麻。出紬、絹、精布、漆、蠟、椒等。"《明史·輿服志三》："大袖衫，綾羅紬絹隨所用。"明孫緒《五禽言》其三："脱却布褲，後園桑柘濃如霧。去年紬絹盡輸官，今年幸遇廉叔度。"

【綢絹】

同"紬絹"。此體宋代已行用。《續資治通鑑長編·宋仁宗至和元年》："又河北入中糧草數多，未有綢絹折還，請貸內藏庫綢十萬。"《元史·刑法志》："皁隸公使人，惟許服綢絹。"

綢綾

綢與綾。泛指綢綾類絲織品。此稱清代已行用。《紅樓夢》第一八回："妝緞繡堆、刻絲彈墨並各色綢綾大小幔子一百二十架。"

綢緞

綢與緞。泛指綢緞類絲織品。此稱清代已行用。《欽定八旗通志》卷一一八："各一處又陸續建蓋紬緞銀庫五座，共四十間倉。"《紅樓夢》第一〇五回："綢緞一百三十卷，紗綾一百八十卷。"《兒女英雄傳》第二回："大凡到工的官兒們送禮，誰不是緯綉、呢羽、綢緞、皮張，還有玉玩、金器、朝珠、洋錶的？"

【紬緞】

同"綢緞"。此體宋代已行用。宋佚名《醉春風》第八回："他也是京官了，不免拜拜蘇州親友，凡是紬緞店、灑綫店、扇子木梳各雜貨店。"徐珂《清稗類鈔·時令類》："演畢，出金銀紬緞布茶勞之。"

【紬段兒】

即綢緞。此稱元代已行用。元關漢卿《救風塵》第三折："我在客火裹，你彈著一架箏，我不與了你個褐色紬段兒？"

絁[2]

亦作"繩""繪""緌""絁"。亦稱"粗緒""綿紬"。以蠶繭繅製得到的白絲或以蠶絲織成的織物。其質粗厚，古時多用以製作被衾，有時亦用以做綸巾。《説文·糸部》："繩，粗緒也。"清段玉裁注："粗緒也。粗者，疏也。粗緒蓋亦繪名。《廣韻》云：繪似布。俗作絁。玉裁按：蓋今之綿紬。"《廣雅·釋器》："繩，紬也。"《玉篇·糸部》："繪，粗細經緯不同者。繪、絁並同繪。"《集韻·平支》："繩，《説文》：'粗緒也。'一曰繪屬。或作繪、緌、絁。"此稱漢代已行用。《史記·范雎蔡澤列傳》"〔須賈〕乃取其一綈袍以賜之。"唐司馬貞索隱："按：綈，厚繒也，音啼，蓋今之絁也。"唐白居易《村居苦寒》詩："褐裘覆絁被，坐卧有餘溫。"《新唐書·食貨志一》："丁隨鄉所出，歲輸絹二匹，綾、絁二丈。"《舊五代史·晉書·高祖紀六》："及其爲君也，旰食宵衣，禮賢從諫，慕黃、老之教，樂清净之風，以絁爲衣，以麻爲履，故能保其社稷，高朗令終。"《資治通鑑·唐昭宗乾寧元年》："且故事，絁巾慘帶，不入禁庭。"胡三省注："絁巾，絹巾也。"《元史·輿服志三》："青龍旗第五，執者一人，黃絁巾，黃絁生色寶相花袍，勒帛，花靴，佩劍。"

【繶】

同"絁²"。此體漢代已行用。見該文。

【繶】

同"絁²"。此體南北朝時期已行用。見該文。

【綢】

同"絁²"。此體南北朝時期已行用。見該文。

【絁】

同"絁²"。此體宋代已行用。見該文。

【粗緒】

即絁²。此稱漢代已行用。見該文。

【綿紬】²

即絁²。此稱清代已行用。見該文。

【絁紬】³

即絁²。此稱唐代已行用。唐玄奘《大唐西域記·瞿薩旦那國》："出氎氈細氈，工紡織絁紬，又產白玉、黳玉。"宋洪邁《容齋三筆·納紬絹尺度》："周顯德三年。敕，舊制織造絁紬、絹布、綾羅、錦綺、紗縠等，幅闊二尺起，來年後並須及二尺五分。"《宋史·輿服志二》："民庶止許以氎皮絁紬爲韠。"

絁縵²

泛指没有紋飾的綢織品。此稱唐代已行用。《舊唐書·董晉列傳》："準式，朝官有周年已下喪者，諸絁縵，不合衣淺色。"唐封演《封氏聞見記·巾幞》："近古用幅巾，周武帝裁出脚向後幞髮，故俗謂之'幞頭'……士庶多以絁縵而脚稍短。"

縵²

泛指没有花紋的絲織品。此稱漢代已行用。《説文·糸部》："縵，繒無文也。"《急就篇》第二："綿、綉、縵、紵、離雲、爵。"唐顏師古注："縵，無文之帛。"漢董仲舒《春秋繁露·制度》："古者天子衣文，諸侯不以燕，大夫衣緯，士不以燕，庶人衣縵，此其大略也。"

【縵帛】²

即縵²。此稱先秦時期已行用。《管子·霸形》："臣聞諸侯貪於利，勿與分於利。君何不發虎豹之皮、文錦以使諸侯，令諸侯以縵帛鹿皮報？"

素絁

絁的一種。色白。此稱宋代已行用。《宋史·地理志一》："貢綜絲素絁。"宋樂史《太平寰宇記·河南道·土產》："舊貢仙紋綾，今貢紵絲、素絁、樂氏棗、絹、綿。"清二石生《十洲春語》卷上："素絁黃裙，斂影默坐。"

白絁

絁的一種。色白而粗。此稱南北朝時期已行用。北周庾信《周太子太保步陸逞神道碑》："家僮暮行還，得遺錢於道，並白絁十疋，公訪得其主，即以還之。"《太平御覽》卷二五："《續漢書》曰：立秋之日，夜漏未盡五刻，京都百官皆衣白絁皂領緣中衣，迎氣於西郊。"

黃絁

絁的一種。色黃而粗。古時常用以製作被褥。因道士多以其製衣而名道衣爲黃絁。此稱宋代已行用。宋陸游《新製道衣示衣工》詩：

"良工刀尺製黃絁，天遣家居樂聖時。"《宋史·豐稷傳》："稷言：'仁宗衾褥用黃絁，服御用縑繒，宜守家法。'"《元史·輿服志三》："左次三列，青龍旗第五，執者一人，黃絁巾，黃絁生色寶相花袍，勒帛，花靴，佩劍。"清吳偉業《聽女道士卞玉京彈琴歌》："剪就黃絁貪入道，携來綠綺訴嬋娟。"

紫黑絁

絁的一種。呈紫黑色。此稱唐代已行用。《新唐書·車服志》："其後文官以紫黑絁爲巾，賜供奉官及諸司長官，則有羅巾、圓頭巾子，後遂不改。"

文織

綢織品的一種。有彩色花紋。此稱先秦時期已行用。《周禮·天官·玉府》："凡王之獻金玉、兵器、文織、良貨賄之物，受而藏之。"漢鄭玄注："文織，畫及繡錦。"《荀子·禮論》："卑絻、黼黻、文織、資粗、衰絰、菲繐、菅屨，是吉凶憂愉之情發於衣服者也。"唐楊倞注："文織，染絲織爲文章也。"漢劉向《説苑·善説》："明日使人奉黃金百斤、文織百純，進之張先生。"

青織

青色地的綢織品。此稱宋代已行用。宋朱敦儒《臨江仙》詞："紗帽籃輿青織蓋，兒孫從我嬉游。"《警世通言》卷二八："且説白娘子也來，十分打扮，上著青織金衫兒，下穿大紅紗裙，戴一頭百巧珠翠金銀首飾。"

青縹

綢織品的一種。呈青白色。古時常用以製作書囊、書衣或書卷標籤等。此稱唐代已行用。《唐六典·尚書禮部》："每章一行，重以爲等，每行九，白紗中單，黼領、青縹、襈、裙，革帶、鈎䚢，大帶，韍、劍、珮、綬，朱韈、青舄。"五代王定保《唐摭言·點檢文書》："然三十所製，分爲兩卷，以金銅軸頭、青縹首進上。"

翠縹

綢織品的一種。呈青綠色。此稱先秦時期已行用。《楚辭·九懷·通路》："紅采兮驛衣，翠縹兮爲裳。"宋洪興祖補注："縹，匹沼切，帛青白色。"

綾綢

綢織品的一種。以織物有皺紋而得名。舊時浙江杭州所產最爲有名。此稱清代已行用。清魏子安《花月痕》第八回："恍恍惚惚，記那絶色身上穿的，是一件鑲花邊淺藍雲蝠綾綢單衫，下面是百折淡紅綢裙。"

【線綢】

同"綾綢"。此體清代已行用。《紅樓夢》第一〇五回："紗綾一百八一卷，線綢三十二卷。"

纈

綢織品的一種。染有彩色花紋，色彩斑斕。此稱南北朝時期已行用。《魏書·高陽王列傳》："奴婢悉不得衣綾綺纈，止於縵繒而已。"唐玄應等《一切經音義·般若燈論》卷一："纈，謂以絲縛繒染之，解絲成文曰纈也。"唐韓愈《許國公神道碑銘》："既至，獻馬三千匹，絹五十萬匹，他錦紈綺纈又三萬，金銀器千。"

【綵纈】

即纈。此稱南北朝時期已行用。《玉篇·糸部》："纈，綵纈也。"《資治通鑑·唐德宗貞元三年》："今吐蕃久居原、會之間，以牛運糧，

糧盡，牛無所用，請發左藏惡繒染爲綵纈，因
党項以市之，每頭不過二三匹，計十八萬匹，
可致六萬餘頭。”元胡三省注：“撮彩以綫結之
而後染色，既染則解其結，凡結處皆元色，餘
則入染色矣，其色斑斕，謂之纈。”

【彩纈】

即纈。此稱宋代已行用。宋秦觀《春日雜
興》詩之七：“鮮妝耀淥酒，彩纈生風瀾。”宋
周去非《嶺外代答·外國門上》：“以彩纈纏髻。
國王身纏布，出入以布作軟兜，或乘象。”

夾纈 [1]

纈的一種。用雕成雜花的鏤版模具夾印而
染成。此稱五代時期已行用。五代王定保《唐
摭言》卷一二：“王璘舉日試萬言科，崔詹事
觀察湖南，因遣之夾纈數匹。”清王初桐《奩
史》卷八七引《潘氏紀聞譚》：“唐玄宗時，柳
婕妤妹適趙氏。性巧，使雕工鏤板爲雜花，打
爲夾纈，初獻皇后一匹，代宗賞之，敕宮中依
樣製造。”

紫纈

纈的一種。染有紫色花或花紋。此稱南北
朝時期已行用。《北史·封回傳》：“滎陽鄭雲
諂事長秋卿劉騰，貨紫纈四百匹，得爲安州刺
史。”清王初桐《奩史》卷六三引《搜神後記》：
“淮南陳氏於田中種豆，見二女子姿色甚美，著
紫纈襦、青裙，天雨而衣不沾濕。”

醉纈

亦稱“醉眼纈”。纈的一種。呈彩色。此稱
唐代已行用。唐李賀《惱公》詩：“醉纈拋紅
網，單羅挂綠蒙。”清王琦彙解：“醉纈即醉眼
纈，單羅即單絲羅，皆當時彩色繒帛之名。”

【醉眼纈】

即醉纈。此稱清代已行用。見該文。

鴛鴦纈

纈的一種。以染有鴛鴦花紋而得名。此稱
清代已行用。清王初桐《奩史》卷八一引《叙
聞錄》：“郭元振落梅妝閣，有婢數十人，客至
則施鴛鴦纈裙衫，一曲終，則賞以糖鷄卵，明
其聲也。”

錯纈

纈的一種。以染有交錯花紋而得名。此稱
宋代已行用。宋梅堯臣《送杜挺之知虔州》詩：
“宮娥執樂一千指，修頸慢肌衣錯纈。”

錦纈

纈的一種。以印染花紋似錦而得名。此稱
南北朝時期已行用。《梁書·諸夷傳·高昌》：
“〔高昌國〕女子頭髮辮而不垂，著錦纈纓珞環
釧。”唐段成式《酉陽雜俎續集·金剛經鳩異》：
“王殷因呈錦纈，郭嫌其惡弱，令袒背，將斃
之。”清王初桐《奩史》卷八五引宋周密《癸辛
雜識》：“淳祐間，吳妓徐蘭擅名一時，堂館華
麗，至以錦纈爲地衣。”

第四節　絹　考

絹是古代對質地緊密輕薄、細膩平挺的平紋類絲織物的通稱。平紋就是經紗和緯紗每

隔一根相交一次，上下交錯地構成的織物。因絹的質地細密，在紙產生之前，多用於書畫。漢代以前，絹專指麥莖色的絲織物，《説文·糸部》："絹，繒，如麥絹。"後成爲絲織品的通稱，如賈思勰《齊民要術·種棠》："棠熟時收種之，否則春月移栽。八月初天晴時摘葉，薄布曬，令乾可以染絳……成樹之後，歲收絹一匹。"根據考古發掘，絹最早出現於殷商時期。1950 年在安陽武官村大墓中發現三件銅戈，上皆有絹帛殘留的痕迹。1952 年長沙五里牌 406 號戰國墓出土上有綉花的綉文絹，還有褐色的絹片。1957 年在長沙左家塘戰國墓中出土平紋的棕色絹、黃色絹、袍絹。古文獻中也有對絹的記載，如《戰國策·齊策四》："下宫糅羅紈（細絹）、曳綺（有紋絹）縠，而士不得以爲緣。"由此可知戰國時期絹織品種類繁多，但僅供貴族穿着。秦統一後，一般有錢人也可以服用絹製的白袍。兩漢時期，絹的花樣繁多，如山西陽高出土的菱紋絹。還有古墓出土的絹上綉有彩色的山雲、鳥獸、神仙、靈芝、魚龍等圖案，并刺有吉祥語。東晉至南朝各朝，政府所徵收之租調，皆是布帛兼收，但絹之收入不如麻布。就南朝各朝對臣僚所賜之物來看，絹也遠不如布多。可見當時絹之產量不豐富。北魏時絹產量增加，《魏書·高祖紀》中有"以紬綾絹布百萬匹及南伐所俘賜王公已下"的記載。隋時，河南、河北、山東、四川所產絹品質精良。唐代從事同類商品生產的作坊和店鋪，多集中在一個街坊，稱爲"行"。紡織類作坊和店鋪有絹行、大絹行、小絹行、新絹行、采帛行、布行等，這説明晚唐時期紡織手工業所經營的項目較以前更爲繁複，且同類產品區分更爲精細。元代涿州居民多經營工商業，織造金錦絲絹。明末湖州雙林鎮設絹莊十處，該地由明初幾百人的小村發展到明末擁有一萬多人的大市鎮。明代杭州盛產絹，被稱爲"習以工巧，衣被天下"（《明書·方域志》），出現了織錦妝花絹，繼承并發展了元代的織錦技術。杭絹、衢絹、福絹等都作爲貨物參與紡織品貿易。清代有一種絹，稱爲庫絹，在織造極爲細密的絹帛上，塗上膽礬并經溶有白粉的各色染料染色後，再描飾赤金圖案花紋。一般染色多呈紅色、粉紅、青綠等，而圖案花紋常畫龍鳳、雲鶴、八寶等。此類描金庫絹在清宫中是專門供皇帝寫書法使用的，大多由江寧織造進貢，而清内府亦製作，且品質最精。

　　未經染色的絹稱爲"縞"，古亦稱"鮮厄""鮮支"。上等的縞色白精細，是當時的貴重絲織品。《説文·糸部》："縞，鮮色也。"春秋時期，產於魯國的魯縞因質地輕薄聞名天下，《漢書·韓安國傳》："强弩之末，不能入魯縞。衝風之衰，不能起毛羽。"產於齊國東阿的縞，質地細緻，爲上等衣料，故名爲"阿縞"，後泛指上等絲縞。秦相李斯在著名的

《諫逐客書》中提道："所以飾後宮、充下陳、娛心意、悦耳目者，必出於秦然後可，則是宛珠之簪、傅璣之珥、阿縞之衣、錦綉之飾，不進於前，而隨俗雅化，佳冶窈窕趙女，不立於側也。"（《史記·李斯列傳》）可見，當時齊、魯兩國絲織業之發達。質地精細且有文飾的縞，稱爲"綺縞"，爲上等絲織衣料。"綺"和"縞"并用始見於戰國。《楚辭·招魂》："纂組綺縞，結綺璜些。"後泛指精美而有花紋的絲織品，亦指用之製成的華美衣服。明李攀龍《公燕詩九首·子建》詩："侍者夜行觴，綺縞一何繁。"用白色生絲製成的衣服稱爲"縞衣""縞袂"。《詩·鄭風·出其東門》："縞衣綦巾，聊樂我員。"清馬瑞辰通釋："縞衣亦未嫁女所服也。"宋辛棄疾《鷓鴣天·游鵝湖醉書酒家壁》："青裙縞袂誰家女，去趁蠶生看外家。""縞袂"，後多指白色花卉之花瓣。明高啓《咏梅九首》："縞袂相逢半是仙，平生水竹有深緣。""縞練"（明徐渭《緹芝賦》）通指白絹，"縞冠"（《禮記·玉藻》）則指用白色生絹製成的帽子，用於祭祀和喪禮。

　　未經煮染的生絹，稱爲"素"，色白而細，多作衣料和書畫用料。《説文·素部》："素，白緻繒也。"漢孔鮒《小爾雅·廣服》："縞之粗者曰素。"因而古代常常連用爲"縞素"，泛指用白色絲織品做的衣服。"素"亦稱爲"尺素"或者"鯉素"，古代指書信，源出《文選·古樂府·飲馬長城窟行》："客從遠方來，遺我雙鯉魚。呼兒烹鯉魚，中有尺素書。"唐吕向注："尺素，絹也。古人爲書，多書於絹。"唐元稹《魚中素》詩："重叠魚中素，幽緘手自開。"宋秦觀《踏莎行·霧失樓臺》詞："驛寄梅花，魚傳尺素，砌成此恨無重數。"素有多種，以"紈素"爲上，其質地潔白似雪，輕軟精緻；因原産於古齊地，故亦稱"齊紈""齊紈素"，多用於製作冬服，或用於製作扇面，爲宮廷貢品。漢班婕妤《怨歌行》："新裂齊紈素，皎潔如霜雪。"戰國時期，齊國所産紈素與魯國所産縞素聞名天下，爲白色絲絹之上品，并稱"齊紈魯縞"，後泛指名貴優質絲絹。南朝梁簡文帝《謝敕賚納袈裟啓》："荀鍼秦縷，因製緝而成文；魯縞齊紈，藉馨漿而受彩。"除却齊素，還有産於古秦地的秦素，唐李賀《嘲雪》詩："龍沙濕漢旗，鳳扇迎秦素。"産於古蜀地（今屬四川）的蜀素，爲當時名品，宋陸游《草書歌》："吴箋蜀素不快人，付與高堂三丈壁。"專門用於作書畫的素則有絹素（見唐杜甫《丹青引》）和綃素（見《隋書·經籍志一》）。

絹 [1]

絲織品的一種。生絲平紋，色白堅挺，常用以題詩作畫或裝裱。後也作絲織品的通稱。《正字通·糸部》："絹，繒之通稱。一名鮮支，《廣雅》：'鮮支，絹也。'"此稱先秦時期已行用。《管子·乘馬》："無絹則用其布。"《墨子·辭過》："修絲麻，捆布絹，以爲民衣。"漢曹操《抑兼併令》："其收田租畝四升，戶出絹二匹、綿二斤而已。"北魏賈思勰《齊民要術·種棠》："成樹之後，歲收絹一匹。"唐韓愈《論變鹽法事宜狀》："初定兩稅時，絹一匹，直錢三千。"《資治通鑑·陳宣帝太建九年》："周制，庶人已上，唯聽衣綢、綿綢、絲布、圓綾、紗、絹、綃、葛、布等九種，餘悉禁之。"元胡三省注："絹，吉掾翻，縑也，細絲繒。"宋陳旉《農書》卷下："每一匹絹易米一碩四斗，絹與米價常相侔也。"明張岱《夜航船·物理部·衣服》卷一九："墨污絹，調牛膠塗之，候乾揭起，則墨與俱落，凡絹可用。"

【縛】[1]

同"絹[1]"。《集韻·去綫》："縛，雙縛，緻也，紡熟絲爲之。"此體漢代已行用。《儀禮·聘禮》："迎大夫賄，用束紡。"漢鄭玄注："紡，紡絲爲之，今之縛也。"《說文·糸部》："縛，白鮮卮也。"清段玉裁注："卮，各本作色……縞爲鮮支。縛爲鮮支之白者。聘禮束紡注曰：紡、紡絲爲之。今之縛也。"明楊慎《丹鉛總錄·史籍·一卷爲弓一條爲則》："佛典又云：'多羅樹葉書，凡有二百四十縛。'縛，古絹字，亦借爲卷也。"

【總】

即絹[1]。一說其色青白。此稱宋代已行用。《廣韻·上平》："總，色青黃文細絹。"《康熙字典》："縤總，絹也。

【總】

即絹[1]。同"總"。青色的帛。此稱宋代已行用。《集韻·平聲·東韻》："總，《說文》：帛青色。"《正字通·糸部》："總，俗總字。"

【總】[1]

即絹[1]。同"總"。此稱三國時期已行用。《廣雅·釋器》："總，青也。"清王念孫疏證："《廣韻》：總，細絹也。《衆經音義》卷一三引《通俗文》云：輕絲絹曰總，總與總同。"《集韻·上聲》："總，古作總。"

【總】

即絹[1]。同"總"。此稱三國時期已行用。《廣雅·釋器》："總，青也。"清王念孫疏證："《廣韻》：總，細絹也。《衆經音義》卷一三引《通俗文》云：輕絲絹曰總，總與總同。"

【鮮支】

即絹[1]。亦稱"鮮色""白鮮卮""白鮮支""縞"。此稱三國時期已行用。《說文·糸部》："縞，鮮色也。"《廣雅·釋器》："鮮支，絹也。"清王念孫疏證："鮮支，一作鮮卮。《說文》：'縛，白鮮卮也。'《衆經音義》卷二十一引《纂文》云：'白鮮支，絹也。亦名縞。'"《康熙字典》："鮮支，絹也。"

【縞】[1]

即鮮支。此稱漢代已行用。見該文。

【鮮色】

即鮮支。此稱漢代已行用。見該文。

【白鮮卮】

即鮮支。此稱漢代已行用。見該文。

【白鮮支】

即鮮支。此稱宋代已行用。

【縠】[2]

即絹[1]。亦稱"細縛""細練""細繒"。此稱漢代已行用。《説文·糸部》："縠，細縛也。"《原本玉篇殘卷》引作"細練也"，《篆隸萬象名義》同。《太平御覽》卷八一六引作"細繒也"。

【細縛】

即縠[2]。此稱漢代已行用。見該文。

【細練】

即縠[2]。此稱南北朝時期已行用。見該文。

【細繒】

即縠[2]。此稱宋代已行用。見該文。

【絹子】

"絹[1]"之俗稱。此稱清代已行用。《紅樓夢》第八回："襲人摘下那'通靈寶玉'來，用絹子包好，塞在褥子底下，恐怕次日帶時，冰了他的脖子。"

絹[2]

亦作"縛"。絲織品的一種。質粗，如麥莖青色。此稱漢代已行用。《説文·糸部》："絹，繒，如麥絹。從糸肙聲。"清段玉裁注："色字今補……絹者，麥莖也。繒色如麥莖青色也。"《集韻·去綫》："絹，《説文》：'繒如麥絹。'或作縛。"

【縛】[2]

同"絹[2]"。此體宋代已行用。見該文。

絹[3]

絲織品的一種。粗厚而稀疏，用生絲織成。此稱漢代已行用。《釋名·釋彩帛》："絹，絓也，其絲絓厚而疏也。"漢史游《急就篇》第二："烝栗絹紺繒紅繎。"唐顔師古注："絹，生曰繒。似縑而疏者也。"《玉篇·糸部》："絹，生繒也。"清朱駿聲《説文通訓定聲·乾部》：

"絹，粗厚之絲爲之。"

【絁】[3]

"絹[3]"之別稱。此稱宋代已行用。《資治通鑑·唐昭宗乾寧元年》："且故事，絁巾縴帶，不入禁庭。"元胡三省注："絁巾，絹巾也。"

絹帛

古代絹類絲織品的總稱。此稱三國時期已行用。《三國志·魏書·武宣卞皇后》："尊后曰皇太后，稱永壽宮。"南朝宋裴松之注引晋王沈《魏書》："太后每隨車征行，見高年白首，輒住車呼問，賜與絹帛。"唐段公路《北户録·山花燕支》卷三："山花叢生端州，山崦間多有之，其葉類藍，其花似蓼，抽穗長二三寸，作青白色，正月開，土人采含苞者賣之，用爲燕支粉或持染絹帛，其紅不下藍花。"《水滸傳》第五回："只見前遮後擁，明晃晃的盡是器械旗槍，盡把紅綠絹帛縛著。"

絹布

泛指絹類絲織品。此稱晋代已行用。《晋書·安平獻王孚傳》："緋練百匹、絹布各五百匹、錢百萬，縠千斛以供喪事。"《南齊書·裴叔業傳》："再戰，斬首萬級，獲生口三千人，器仗驢馬絹布千萬計。"宋洪邁《容齋三筆·納紬絹尺度》："周顯德三年。敕，舊制織造絁紬、絹布、綾羅、錦綺、紗縠等，幅闊二尺起，來年後並須及二尺五分。"《皇清職貢圖》卷一："〔日本國〕婦挽髻插簪，寬衣長裙，朱履，能織絹布。"

玉色絹布

絹布的一種。其質似玉色而得名。此稱明代已行用。明郎瑛《七修類稿·國事類》："近讀大明《實録》，然後知太祖以學校爲國儲材，而士子巾服無異吏胥，宜有以甄別之，令工部制式，凡三易之。自命用玉色絹布爲之，寬袖皂緣皂緣軟巾垂帶，謂之襴衫。"

皁絹

黑色絹。此稱漢代已行用。《後漢書·輿服志下》："委貌冠、皮弁冠同制，長七寸，高四寸，制如覆杯，前高廣，後卑銳……委貌以皁絹爲之。"《宋書·禮志五》："行鄉射禮，則公卿委貌冠，以皁絹爲之，形如覆杯，與皮弁同制。"宋趙彥衛《雲麓漫鈔》卷三："幞頭之制，本曰巾，古亦曰折，以三尺皁絹向後裹髮。"

【皂絹】

同"皁絹"。此體宋代已行用。宋趙彥衛《雲麓漫鈔》卷三："幞頭之制，本曰巾，古亦曰折，以三尺皂絹向後裹髮。"清王毓賢《繪事備考》卷一："晋宋之世，始用冪䍦，後周以三尺皂絹向後襆髮，謂之幞頭。"

緋絹

紅色絹。此稱宋代已行用。《宋史·輿服志二》："鹵簿內第一引官縣令乘之，駕馬皆有銅面，插羽，鞶纓，攀胸鈴拂，緋絹屜，紅錦包尾。"

紺絹

紅青色絹；黑紅色絹。紺，深青透紅之色。此稱清代已行用。清王初桐《奩史》卷八五引《東宮舊事》："皇太子納妃，有青布碧裹梁下帷一，紺絹、青布窗戶幃各一。"

絳絹

深紅色絹。此稱南北朝時期已行用。《宋書·禮志五》："四時朝服者，加絳絹、黃緋、青緋、皂緋袍單衣各一領。"

黃絹

黃色絹。此稱唐代已行用。唐白居易《賦賦》："掩黃絹之麗藻，吐白鳳之奇姿。"宋吳自牧《夢粱錄·蔭補未仕官人赴銓》："其報榜人獻以黃絹旗數面，上題中榜新恩銓魁姓名，插於門左右，以光祖宗而耀閭里。"《資治通鑑·齊和帝中興元年》："以黃油裹東昏首。"元胡三省注："黃絹施油可以禦雨，謂之黃油。"清王初桐《奩史》卷六五引《隴蜀餘聞》："漢中風俗尚白，男子婦女皆以白布裹頭，或用黃絹而加白帕其上。"

綠絹

綠色生絹。此稱唐代已行用。唐謝良輔《孟冬》詩："綠絹芭蕉裂，黃金橘柚懸。"宋陳襄《和東玉少卿謝春卿防禦新茗》："綠絹封來溪上印，紫甌浮出社前花。"《元史·輿服志》："臂韝，制以錦，綠絹爲裏，有雙帶。"

青絹

青色絹。此稱南北朝時期已行用。《宋書·禮志五》："公特進列侯夫人、卿校世婦、二千石命婦年長者，紺繒幗。佐祭則皂絹上下。助蠶則青絹上下。"明馮夢龍《警世通言·王安石三難蘇學士》："不多時，相府中有一少年人，年方弱冠，戴纏鬃大帽，穿青絹直擺，儽手洋洋，出府下階。"

青緗

絹的一種。因呈青色和淺黃色，故藉以代稱。古時常用以作書衣、封套。此稱唐代已行用。唐韋莊《和鄭拾遺秋日感事》詩："佇歸蓬島後，綸詔潤青緗。"明徐渭《宴集翠光巖》詩："暫脱錦袍懸翠壁，忽抽彤管拂青緗。"

縹絹

絹的一種。其色青白。此稱漢代已行用。《後漢書·輿服志下》："入廟佐祭者皂絹上下，助蠶者縹絹上下，皆深衣制，緣。"清王初桐《奩史》卷六二引董巴《漢輿服志》："貴人助蠶服，純縹上下。公卿列侯夫人助蠶服，縹絹上下。"

藍絹

絹的一種。其質色藍。此稱宋代已行用。宋董更《書錄·單爕》："有老兵王姓者收其藍絹，上書二十字。"《醒世姻緣傳》第三一回："砌了一本緣簿，裏邊使了連四白紙，上面都排列了紅籤，外邊用藍絹做了殼葉，籤上標了'萬民飽德'四個楷字。"

藍絹布

絹布的一種。其質色藍。此稱明代已行用。《明史·輿服志三》："五年，令民間婦人禮服惟紫絁，不用金綉，袍衫止紫、綠、桃紅及諸淺淡顏色，不許用大紅、鴉青、黃色，帶用藍絹布。"

黃油

一種塗油的黃絹。可用於禦雨。此稱隋代已行用。《隋書·禮儀志五》："翟車……其車側飾以翟羽，黃油纁黃裏，通幰，白紅錦帷，朱絲絡網。"《資治通鑑·齊和帝中興元年》："〔張稷〕召尚書右僕射王亮等列坐殿前西鍾下，令百僚署箋，以黃油裹東昏首，遣國子博士范雲等送詣石頭。"元胡三省注："黃絹施油可以禦雨，謂之黃油。以黃油裹物，表可見裏，蓋欲蕭衍易於審視也。"

碧油絹

絹的一種。其質色碧且塗油。此稱宋代已行用。《宋史·輿服志二》："麾槍設髹木盤，綢以紫繒複囊，又加碧油絹袋。"宋周密《武林舊事》卷七："遂至錦壁賞大花，三面漫坡，牡丹約千餘叢，各有牙牌金字，上張大樣碧油絹幕。"

紅油絹

紅色油絹。此稱明代已行用。《明史·儀衛志》："建文四年，禮部言，親王儀仗合增紅油絹銷金雨傘一，紅紗燈籠、紅油紙燈籠各四。"

羅地

絹的一種。其質細而幅窄。見於明代。明宋應星《天工開物·乃服·腰機式》："凡織杭西、羅地等絹，輕素等綢，銀條、巾帽等紗，不必用花機，只用小機。"

虎斑絹

絹的一種。以織有虎斑紋飾而得名。此稱明代已行用。明楊慎《升菴集》："《後漢志》襄邑歲獻虎文衣，即今彰德府虎斑絹也。"

重福絹

絹的一種。以織有兩個或兩個以上的"福"字而得名。此稱明代已行用。《醒世姻緣傳》第七八回："只見徐太太合吳太太兩頂福建骨花大轎，重福絹金邊轎圍，敞著轎簾。"

黃絲絹

絹的一種。以用黃縷織成而得名。此稱唐代已行用。唐白居易《即事寄微之》詩："衣縫紕纇黃絲絹，飯下腥鹹白小魚。"明李時珍《本草綱目·服器部》："入藥用黃絲絹，乃蠶吐黃絲所織，非染色也。"

留黃

絹的一種。以蠶絲織成，色淡黃，常用於製禮服、冠帽。此稱漢代已行用。《後漢書·禮儀志下》："近臣及二千石以下，皆服留黃冠。"唐岑參《江行遇梅花之作》："胡姬正在臨窗下，獨織留黃淺碧紗。"

【流黃】

同"留黃"。此體南北朝時期已行用。《樂府詩集·相和歌辭九·相逢行》："大婦織綺羅，中婦織流黃。"南朝梁江淹《別賦》："慚幽閨之琴瑟，晦高臺之流黃。"唐沈佺期《古意》詩："誰爲含愁獨不見，更教明月照流黃。"

冰絹

絹的一種。以冰蠶繭絲織成，呈白色。此稱明代已行用。明李昌祺《剪燈餘話·洞天花燭記》："須臾，婿遣媒致利市冰絹二匹，明珠二顆，信美拜受，便赴禮筵。"清許淑慧《玉樓春·畫牡丹贈謝淑眉世妹》："天香暗惹題花筆，冰絹輕盈芳影窄。畫成持贈問誰宜，只有玉臺人第一。"

裏絹

絹的一種。以其可用於製作衣服內裏而得名。有生、熟兩種，質地紕薄，幅面窄短。此稱金代已行用。《金史·宣宗諸子列傳·宗浩》："表段裏絹各一百萬。"《元典章·工部·緞匹》："私家貪圖厚利，減尅絲料，添加粉飾，恣意織造紕薄窄短金素緞匹、生熟裏絹……不堪用度。"

水光絹

絹的一種。以其潤似水光而得名。此稱明代已行用。《金瓶梅詞話》第八回："〔婦人〕用盤托盛著，擺在面前，與西門慶觀看：一雙玄色段子鞋……一條沙綠潞紬永祥雲嵌八寶、水光絹裏兒、紫綾帶兒、裏面裝著排草梅桂花兜肚。"

油絲絹

古代作書畫所用之絹。此稱元代已行用。元李衎《竹譜詳錄·畫竹譜》："近年有一種油絲絹並藥粉絹，先須用熱皂莢水刷過，候乾，依前上礬。"

雙絲絹

絹的一種。用雙絲織成。此稱晋代已行用。晋嵇含《伉儷》詩："裁彼雙絲絹，著以同功綿。"唐皮日休《鴛鴦二首》："雙絲絹上爲新樣，連理枝頭是故園。"清翁方綱《劉松年風雨歸舟圖》："漫認蕉林小印章，試摸嘉定雙絲絹。"

藥粉絹

經藥物作用過的絹，適宜作書畫。此稱元代已行用。元李衎《竹譜詳錄·畫竹譜》："近年有一種油絲絹並藥粉絹，先須用熱皂莢水刷過，候乾，依前上礬。"

紗絹

一種輕細似紗的絹。舊時常用作朝廷貢品。此稱明代已行用。《水滸傳》第八二回："發庫內金鐵皮寶貝、彩緞、綾羅、紗絹等項……另選一分，爲上國進奉。"清富察敦崇《燕京歲時記·燈節》："各色燈彩多以紗絹、玻璃及明角等爲之，並繪畫古今故事，以資玩賞。"清王初桐《奩史》卷六五引《看雲草堂集》："古挽髮爲髻，今以紗絹爲之，俗名丫髻。"

【沙縛】

同"紗絹"。此體三國時期已行用。清陳鱣《對策》卷六："《釋文》引《聲類》：'沙縛，今紗絹。'按古無紗絹字，止作沙縛耳。"

軟絹

質地柔軟的絹。以質地柔軟而得名。此稱元代已行用。《元史·兵志四》："凡有遞轉文字到，鋪司隨即分明附籍，速令當該鋪兵，裹以軟絹包袱，更用油絹捲縛，夾版束繫，齎小回曆一本，作急走遞。"《水滸傳》第六一回："看盧俊義時怎生打扮？但見：頭戴范陽遮塵氈笠，拳來大小撒發紅纓，斜紋緞子布衫，查開五指梅紅綫縧，青白行纏抓住襪口，軟絹襪襯多耳麻鞋。"

密絹

質地細密的絹。此稱唐代已行用。唐孫思邈《千金要方·緒論》："其湯酒中不須如凡篩丸藥，用重密絹，令細，於蜜丸即易熟。"宋周去非《嶺外代答·服用門·安南絹》："安南使者至欽，太守用妓樂宴之，亦有贈於諸妓，人以絹一匹。絹粗如細網，而蒙之以綿。交人所自著衣裳，皆密絹也。不知安南如網之絹，何所用也。"

絨絹

絹的一種。以質地細密，柔軟似絨而得名。此稱明代已行用。《醒世姻緣傳》第一回："對月領了文憑，往東江米巷買了三頂福建頭號官轎，算計自己、夫人、大舍乘坐；又買了一乘二號官轎與大舍娘子計氏乘坐，俱做了絨絹幃幔。"清王初桐《奩史》卷八六引《修潔齊閒筆》："絨絹花，白門所製最精雅。"

官絹

上繳給官府的絹，即官稅。此稱漢代已行用。漢曹操《與太尉楊文先書》："謹贈足下錦裘二領，八節角挑杖一枝，青氈床褥三具，官絹五百匹。"《晋書·庾冰傳》："冰天性清慎，常以儉約自居。中子襲嘗貸官絹十匹，冰怒，捶之，市絹還官。"《魏書·李彪傳》："如此，民必力田以買官絹，又務貯財以取官粟，年登則常積，歲凶則直給。"

公絹

古代朝廷或官府所行用之絹。此稱晋代已行用。《晋書·石勒載記下》："因此令公私行錢，而人情不樂，乃出公絹市錢。限中絹匹一千二百，下絹八百。"唐佚名《許洛仁碑》："是日齎公絹一百匹。"

生絹

未經過漂煮的絹。與"熟絹"相對。舊時常用以做服裝，或作裝飾。唐朝時亦用以作書畫。此稱宋代已行用。宋米芾《畫史》："古畫至唐初皆生絹，至吳生、周昉、韓幹，後來皆以熱湯半熟入粉，搥如銀板，故作人物，精彩入筆。"宋趙希鵠《洞天清録·畫絹》："唐人畫，或用搗熟絹爲之。然正是生搗，令絲褊不礙筆。非如今煮練加漿也。"正，作止。宋高承《事物紀原·農業陶漁部·明衣》："三代以來襲有明衣。唐改用生絹單衣，今但新衣而已。"元夏文彥《圖繪寶鑑》："畫梅於生絹扇上。"

【生綃】

即生絹。此稱宋代已行用。宋徐夢莘《三朝北盟會編》卷八七："用生綃爲囊，繫之肘間。"明王叔承《過陳濟之精舍看寫山水圖忽聽糟床酒聲便敲青》："山人酒酣不自奈，胸中丘壑飛生綃。"

黑生絹

生絹的一種。其色黑。此稱明代已行用。《明史·輿服志三》："嘉靖九年祀先蠶，定樂女生冠服。黑縐紗描金蟬冠，黑絲纓，黑素羅銷金葵花胸背大袖女袍，黑生絹襯衫，錦領，塗金束帶，白襪，黑靴。"

光絹

絹的一種。色澤光鮮，手感光滑。此稱明代已行用。《明史・輿服志三》："琉球舞四人，皆棉布花手巾，青羅大袖襖子，銅帶，白碾光絹間道踢袴，皂皮靴。"明凌濛初《三刻拍案驚奇》卷六："等不得天明，那汪涵宇到緞鋪內買了一方蜜色彭緞，一方白光絹，又是些好絹綾，用紙包了。"清李漁《風箏誤》："五兩錦繩、六錢絲綾、七寸花綾、八寸光絹、九幅裙拖、十尺鞋面，樣樣要揀十全。"

畫絹

繪畫用的絹。此稱明代已行用。明陶宗儀《說郛》卷八一引宋蔡襄《茶錄・茶羅》："茶羅以絕細爲佳，羅底用蜀東川鵝溪畫絹之密者，投湯中揉洗以冪之。"《二十年目睹之怪現狀》第四○回："〔我〕又買了幾張宣紙、扇面、畫絹等，回來送與姊姊，並央他教我畫。"

【生色畫絹】

色彩生動鮮明之畫絹。此稱明代已行用。《明史・輿服志三》："六品、七品，衣銷金小雜花霞帔，生色畫絹起花妝飾，鍍金銀墜子。八品、九品，衣大紅素羅霞帔，生色畫絹妝飾，銀墜子。"

熟絹

絹的一種。與"生絹"相對明。此稱宋代已行用。宋米芾《硯史・陶硯》："相州士人自制陶硯，在銅雀上，以熟絹二重淘泥澄之，取极細者，燔爲硯。"《喻世明言・新橋市韓五賣春情》："不多時，只見吳山度將出來。看見八老，慌忙走過來，引那老子離了自家門首，借一個織熟絹

人家坐下。"明《普濟方・膏藥門・方》："入麝香令勻。用磁盒盛。於熟絹上攤貼。神驗。"

彩絹

彩色熟絹。此稱南北朝時期已行用。《魏書・堯暄傳》："彩絹十匹，紬織千餘段，奴婢十口。"《喻世明言・窮馬周遭祭賣䭫媼》："次日，常何取白金二十兩，彩絹十端，親送到館中，權爲贄禮。"

【綵絹】

同"彩絹"。此體宋代已行用。《宋史・兵志十二》："秦州蕃漢人月募得良馬二百至京師，給綵絹、銀碗、腰帶、錦襖子，蕃官、回紇隱藏不引至者，並以漢法論罪。"明王世貞《弇山堂別集》卷一四："十四年又賜汗織金蟒龍文綺綵絹一百八十四匹，金銀各五錠。"

麗絹

絢麗之絹。傳說用古越巂國吸華絲所織之絹。此稱宋代已行用。宋佚名《采蘭雜志》："越巂國有吸華絲，凡華著之不即墮落，用以織錦。漢時國人奉貢，武帝賜麗絹二兩，命作舞衣；春暮宴於花下，舞時故以袖拂落花，滿都著，舞態愈媚，謂之'百花之舞'。"

灑花絹子

一種布滿各種花朵的絹。此稱清代已行用。《紅樓夢》第一○○回："金桂却去打開鏡奩，又照了一照，把嘴唇兒又抹了一抹，然後拿一條灑花絹子，才要出來，又似忘了什麼的，心裏倒不知怎麼是好了。"

白絹

一種白色的薄型絲織品。此稱三國時期已行用。《三國志・魏書・倭傳》："又特賜汝紺地句文錦三匹，細班華罽五張，白絹五十匹，金

八兩，五尺刀二口，銅鏡百枚，真珠、鉛丹各五十斤。"晋張敞《東宮舊事》卷三："太子納妃，有白縠、白紗、白絹衫，並紫結纓。"《宋書·禮志五》："五時朝服者，加給白絹袍單衣一領。"宋吴自牧《夢粱錄·清明節》："向者從人官給紫衫、白絹三角兒，青行纏，今亦遵例支給。"明張岱《夜航船·文學部·書簡》引唐盧仝《走筆謝孟諫議寄新茶》詩："日高丈五睡正濃，軍將打門驚周公。口云諫議送書信，白絹斜封三道印。"

熟白絹

經過煮練漂洗的白絹。與"生絹"相對。此稱元代已行用。元許國禎《御藥院方·淋渫藥》："如洗罷用綿或熟白絹揩乾上藥，如瘡破後不須上藥，只淋洗。"《喻世明言·宋四公大鬧禁魂張》："只見一個漢，渾身赤膊，一身錦片也似文字，下面熟白絹緄拽扎著，手把著個笊籬，覷著張員外家裏，唱個大喏了教化。"

白杭細絹

白絹的一種。以産於浙江杭州，質地柔軟細白而得名。此稱明代已行用。《醒世姻緣傳》第七二回："〔孫氏〕尋了尺把白杭細絹，拿了一隻雄雞，把大針在那雞冠上狠掇……擠出血來，滴在白絹上面。"

紡絲白絹

白絹的一種。以紡絲織成而得名。此稱明代已行用。《醒世姻緣傳》第七五回："狄希陳……打開行李，送了童奶奶兩匹綢綢、一匹紡絲白絹、二斤棉花綫、兩雙絨褲腿子。"

素絹

素色絹。此稱唐代已行用。《禮記·檀弓下》："弁絰葛而葬。"唐孔穎達疏："不云麻，是用素絹也。"唐李白《草書歌行》："牋麻素絹排數箱，宣州石硯墨色光。"明張岱《夜航船·日用部·衣裳》："白樂天燒丹於廬山草堂，制飛雲履，立雲爲直，四面以素絹作雲梁，染以諸香，振履，則如烟霧。"清王初桐《奩史》卷九一引《事始》："古者，婦始見舅姑，持香纓以拜，五色彩爲之。隋牛弘義以素絹八尺中摶，名曰帛拜，以代香纓。"

烏絲欄

織有黑格圖飾的絹帛，常用於書寫。産於亳地（今安徽鳳陽）。此稱唐代已行用。唐李肇《唐國史補》卷下："又宋亳間，有織成界道絹素，謂之烏絲欄、朱絲欄，又有繭紙。"唐蔣防《霍小玉傳》："玉（霍小玉）管弦之暇，雅好詩書，筐箱筆研，皆王家之舊物。遂取綉囊，出越姬烏絲欄素縑三尺以授生。"宋陸游《雪中感成都》詩："烏絲闌展新詩就，油壁車迎小獵歸。"又《東窗遣興》詩："欲寫烏絲還懶去，詩名老去判悠悠。"清李符《洞仙歌·題陳其年填詞圖》："烏絲欄乍展，回顧桃鬟，寫出花間斷魂句。"

【烏絲蘭】

即烏絲欄。此稱宋代已行用。宋陸游《雪中感成都》詩："烏絲闌展新詩就，油壁車迎小獵歸。"清納蘭性德《紅窗月·燕歸花謝》："烏絲闌紙嬌紅篆，歷歷春星。道休孤密約，鑒取深盟。語罷一絲香露，濕銀屏。"

【烏絲】

"烏絲欄"之省稱。此稱宋代已行用。宋陸游《東窗遣興》詩："欲寫烏絲還懶去，詩名老去判悠悠。"清鄭燮《沁園春·恨》："癲狂甚，取烏絲百幅，細寫淒清。"

朱絲欄

織有紅格圖飾的絹帛。多用於書寫。產於亳地（今安徽鳳陽）。此稱唐代已行用。唐李肇《唐國史補》卷下："又宋亳間，有織成界道絹素，謂之烏絲欄、朱絲欄，又有繭紙。"清王士禛《池北偶談・趙松雪書杜集》："在慈仁寺市見趙松雪手書杜詩一部，用朱絲欄，字作行楷。"

孝絹

白色絹。以用於服喪戴孝而得名。此稱宋代已行用。《冊府元龜》卷九六引《同雲》："所有沒於王事者，各等第給孝絹。"《水滸傳》第一一四回："宋江挂了白袍金盔，上蓋著一層孝絹。"

春絹

做春衣所用之絹。此稱宋代已行用。《宋史・職官志》："春絹五匹，冬七匹，綿三十兩。"清朱彝尊《鴛鴦湖棹歌》之七五："春絹秋羅軟勝綿，折枝花小樣爭傳。"

夏絹

夏衣所用之絹。此稱宋代已行用。宋羅大經《鶴林玉露・甲編》："夏絹新衣，秋米白飯。"元馬端臨《文獻通考・田賦考》："當催夏絹，則曰有錢在官；及督秋苗，則曰未曾倒折。"《三寶太監西洋記通俗演義》第一八回："萬歲爺又傳出一道旨意，著兵部官點齊十萬雄兵，每名給賞夏絹四匹，冬布八匹，花銀十兩。"

秋絹

做秋衣所用之絹。此稱晋代已行用。《晋書・職官志》："秋絹二百匹，綿二百斤。"《金史・兵志》："看管孝寧宮人，月各給米五斗、柴一車、春秋衣粗布一段、秋絹二匹、綿一十五兩。"元馬端臨《文獻通考・職官考》："特進食俸日四斛，春服絹五十匹，秋絹百五十匹，綿一百五十斤。"

春秋絹

春絹與秋絹的合稱。此稱金代已行用。《金史・百官志四》："百官俸給。正一品：三師，錢粟三百貫石，麴米麥各五十稱石，春衣羅五十匹，秋衣綾五十匹，春秋絹各二百匹，綿千兩。"

小絹

幅面較小的絹。古時用作納稅替代物。此稱南北朝時期已行用。《魏書・辛穆傳》："轉汝陽太守，值水潦民饑，上表請輕租賦。帝從之，遂敕汝陽一郡，聽以小絹爲調。"宋陳旉《農書》卷下："十口之家，養蠶十箔，每箔得滿繭十二斤；每一斤取絲一兩三分；每五兩絲織小絹一匹。"

重絹

厚重的好絹。舊時常用以作畫，以厚重細密均勻爲佳。此稱唐代已行用。唐孫思邈《備急千金要方・膽腑方・萬病丸散第七》："餘者合壽重絹下篩。"《紅樓夢》第四二回："和鳳丫頭要一塊重絹，叫相公礬了，叫他照著這圖樣刪補著立了稿子，添了人物就是了。"

詩絹

題詩的絲絹。此稱清代已行用。《花月痕》第三回："便從那柳條詩絹上七絕四首瞧起。"

綿絹

綿與絹的合稱。此稱南北朝時期已行用。《魏書・食貨志》："計京西水次汾華二州、恒農、河北、河東、正平、平陽五郡年常綿絹及貲麻皆折公物，雇車牛送京。"《宋史·食貨志三》："五月，詔每歲預買綿絹，令登時給其直。"

錦絹

一種織作細緻，彩紋似錦的絹。舊時常用以做朝服，亦用以緘封詔書等。此稱晉代已行用。《晉書·石勒載記下》："乃賜琅朝服錦絹，爵關內侯。"《宋史·外國傳五·蒲甘》："凡制詔並書以白背金花綾紙，貯以間金鍍管籥，用錦絹夾袱緘封以往從之。"

羅絹

質地較粗的絹帛。此稱宋代已行用。宋孟元老《東京夢華錄》卷五："次檐許口酒，以絡盛酒瓶，裝以大花八朵、羅絹生色或銀勝八枚。"宋聶崇義《三禮圖集注·疏布巾》："今唐禮亦用布或羅絹而已。"清任大椿《釋繒》："絁質粗大，次於羅絹，故以之作巾，次於冕弁也。"

中絹

中等絹帛。此稱晉代已行用。《晉書·石勒載記下》："因此令公私行錢，而人情不樂，乃出公絹市錢。限中絹匹一千二百，下絹八百。然百姓私買中絹四千，下絹二千，巧利者賤買私錢，貴賣於官司，坐死者十數人，而錢終不行。"《隋書·刑法志》："贖罪舊以金，皆代以中絹。"《遼史·耶律室魯傳》："以本部俸羊多闕，部人空乏，請以羸老之羊及皮毛，歲易南中絹，彼此利之。"

下絹

下等絹帛。此稱漢代已行用。漢崔寔《四民月令》："搗小豆爲末，下絹篩投湯中以洗之，潔白而柔韌，勝皂莢矣。"《晉書·石勒載記下》："因此令公私行錢，而人情不樂，乃出公絹市

錢，限中絹匹一千二百，下絹八百。然百姓私買中絹四千，下絹二千，巧利者賤買私錢，貴賣於官司，坐死者十數人，而錢終不行。"

季絹

下等絹。此稱先秦時期已行用。《管子·乘馬》："無金則用其絹，季絹三十三，制當一鎰。"唐尹知章注："三等，其下者曰季。"一說，指絹之輕細疏薄者。

坣絹

粗絹，劣等絹。坣，粗劣。此稱元代已行用。元王曄《桃花女》第一折："您穿的是輕紗異錦，俺穿的是坣絹的這粗繻。"元佚名《村樂堂》第一折："我無福穿輕羅衣錦，有分著坣絹粗綢。"

絁絹

絹的一種。絲粗疏，質稍次。此稱唐代已行用。《舊唐書·憲宗本紀下》："甲午，韓弘進絁絹二十八萬匹，銀器二百七十事。"《宋史·張觀傳》："上曰：'朕庶事簡約，至於所服，多用絁絹，皆經澣濯爾，卿言甚善。'"

綹

一種惡絹。此稱宋代已行用。宋陳彭年《重修廣韻》："綹，惡絹也。"一說爲"綢"的訛字。《康熙字典·糸部》："綹，綢字之譌。"

吳絹

絹的一種。以產於古代吳地（今浙江紹興一帶）而得名。以質地輕薄著名。唐代用作貢品。此稱唐代已行用。《新唐書·地理志五》："越州會稽郡，中都督府。土貢：寶花、花紋等羅，白編、交梭、十樣、花紋等綾，輕容、生縠、花紗、吳絹……紙、筆。"宋周世則注：《圖經》：'越貢花紗，白編綾……吳絹。'"元

馬祖常《伯長内翰與繼學内翰聯句賦畫松詩清壯偉麗備體諸家祖常實不能及後塵也仍作詩美之焉》："吳絹冰絲白，秦封石發青。"清唐孫華《長椿寺拜瞻明慈聖李太后御容恭四十韻》："妙書監吳絹，清詞灑蜀牋。"

屯絹

一種厚絹。此稱明代已行用。明宋應星《天工開物·乃服》："凡結繭必如嘉、湖，方盡其法。他國不知用火烘，聽蠶結出，甚至叢杆之内，箱匣之中，火不經，風不透。故所爲屯、漳等絹，豫、蜀等綢，皆易朽爛。"明方以智《物理小識·衣服類》："先染絲織者緞，屯絹也。"《醒世姻緣傳》第七五回："待不多時，虎哥來拜，戴著明素凉帽，軟屯絹道袍，鑲鞋净襪，一個極俊的小夥。"

青屯絹

屯絹的一種。其質呈青色。此稱明代已行用。《醒世姻緣傳》第六八回："狄員外道：'……你就没見那隨會社演會的女人們？頭上戴著個青屯絹眼罩子，藍絲綢裹著束香，捆在肩膀上面，男女混雜的沿街上跑，甚麼模樣？'"

漳絹

絹的一種。明宋應星《天工開物·乃服》："凡結繭必如嘉、湖，方盡其法。他國不知用火烘，聽蠶結出，甚至叢杆之内，箱匣之中，火不經，風不透。故所爲屯、漳等絹，豫、蜀等綢，皆易朽爛。"

安南絹

絹的一種。絲粗如綢。以産於安南（今越南）而得名。此稱宋代已行用。宋周去非《嶺外代答·服用門·安南絹》卷六："安南使者至欽，太守用妓樂宴之，亦有贈於諸妓，人以絹一匹。絹粗如細網，而蒙之以綿。交人所自著衣裳，皆密絹也。不知安南如網之絹，何所用也。"

宓機絹

絹的一種。始爲元代嘉興府魏唐宓家（今浙江慈溪西北部）所織而得名。質地極匀净厚密，常用以作書畫。此稱元代已行用。明曹昭《格古要論·古畫絹素》："元絹類宋絹，有獨梭絹，出宣州。有宓機絹，極匀净厚密，嘉興魏唐宓家，故名宓機。趙松雪、盛子昭、王若水多用此絹作畫。"明唐志契《繪事微言·畫尊山水·絹素》："元時有密機絹，松雪子昭畫多用此。又嘉興府宓家以絹得名，今此地尚有佳者。"

蛟女絹

絹的一種。蛟女，藉指嶺南婦女。蛟，通"鮫"。唐朝時嶺南所貢，生絲織成。此稱唐代已行用。唐元稹《和樂天送客游嶺南二十韻》："貢兼蛟女絹，俗重語兒巾。"

鵝溪絹

絹的一種。以産於鵝溪（今四川監亭境内）而得名。品質上好，著名書畫用絹。始見於三國時期，唐代用爲貢品。宋人繪畫以比絹爲上品。三國魏陳泰《梅花五友歌》："吾廬雖小物色多，不待更買鵝溪絹。"《新唐書·地理志六》："陵州仁壽郡……土貢：麩金、鵝溪絹、細葛、續髓、苦藥。"清王士禛《池北偶談·談藝八·東絹》："蜀監亭縣有鵝溪，縣出絹，謂之鵝溪絹，亦名東絹。子美詩'我有一匹好東絹'是也。"

【東絹】

即鵝溪絹。此稱唐代已行用。唐杜甫《戲

爲韋偃雙松圖歌》：“韋侯韋侯數相見，我有一匹好東絹，重之不減錦綉段，已令拂拭光凌亂，請公放筆爲直幹。”（東，一本作素）宋陸游《萬州放船過下岩小留》：“一匹寧無好東絹，憑誰畫此碧玲瓏？”清吳兆騫《白頭宮女行》：“北宮漫閱魚龍戲，東絹頻臨蛺蝶圖。”

【鵝溪白】

即鵝溪絹。此稱宋代已行用。宋李昭玘《觀畫》詩：“安得十萬錢，盡致鵝溪白。”元何中《用歐陽文忠公神清洞韵題羅士鼎所藏米元暉神清洞圖》：“有千黃金雙白璧，鵝溪白繭才數尺。”

【鵝溪素】

即鵝溪絹。常藉指書信。此稱宋代已行用。宋李彭《阻風雨封家市》詩：“行人深藏鳥不度，便覺非復鵝溪素。”明劉兑《嬌紅記》：“訴東君多少離愁叙，叙離愁分付與鵝溪素。”清厲荃《事物異名錄》引《謝華啓秀》：“鵝素，絹也。”

【鵝素】

“鵝溪素”之省稱。此稱宋代已行用。宋錢惟演《以蜀紙端硯寄仙芝》：“平滑逾鵝素，精鋼類裹蹄。”清屈大均《畫松》：“雨欲生鵝素，風先動兔絲。”

【鵝溪繭】

即鵝溪絹。此稱元代已行用。元鄭光祖《倩女離魂》第一折：“他拂索楮，鵝溪繭，蘸中山玉兔毫。不弱如駱賓王夜作論天表，也不讓李太白醉寫平蠻稿，也不比漢相如病受徵賢詔。”

獨梭絹

絹的一種。元代宣州（今安徽宣城）所產。因以獨梭織成而得名。質地極勻净厚密，類似宋絹。趙孟頫等畫家常用以作書畫。此稱元代已行用。明曹昭《格古要論·古畫絹素》：“元絹類宋絹，有獨梭絹，出宣州。有宓機絹，極勻净厚密，嘉興魏唐宓家，故名宓機。趙松雪、盛子昭、王若水多用此絹作畫。”

妝花絹

絹的一種。其質絹地，花紋複雜，色彩豐富，爲運用挖梭技法、妝花工藝織造。《金瓶梅詞話》第七回：“四季衣服、妝花袍兒，插不下手去，也有四五隻厢子。”白維國等校注：“妝花：運用挖梭技法多彩顯花的紡織工藝。用妝花工藝織出的絲織品花紋複雜，色彩豐富。最少四色，多至十八色，一般用六色到九色。構成方法是在地緯之外用彩綉形成花紋，絹地稱妝花絹，羅地稱妝花羅，緞地稱妝花緞。通常單說妝花多指妝花緞。”

北絹

絹的一種。此稱明代已行用。明張岱《夜航船·物理部·衣服》：“北絹黃色者，以鷄糞煮之即白，鴿糞煮亦好。”清徐松《宋會要輯稿·食貨三八》：“聞泗州榷場廣將北絹低價易銀，客人以厚利多於江浙州軍厚。”

三汗絹

絹的一種。此稱明代已行用。《三寶太監西洋記通俗演義》第五回：“每日家這些弟子進門時，剛剛的坐下，一個人懷兒裏一匹三汗絹，或是一匹四汗絹；傍晚來出門時，一個個又不見了這一匹絹。”

四汗絹

絹的一種。此稱明代已行用。《三寶太監西洋記通俗演義》第五回：“每日家這些弟子進門時，剛剛的坐下，一個人懷兒裏一匹三汗絹，或是一匹四汗絹；傍晚來出門時，一個個又不見了這一匹絹。"

綾絹

泛指綾絹類絲織品。其質細而薄。此稱南北朝時期已行用。《魏書·崔亮傳》："至光韶宅，綾絹錢布，匱篋充積。"《舊唐書·王播傳》："太和元年五月，自淮南入觀，進大小銀盌三千四百枚，綾絹二十萬匹。"《宋史·張洞傳》："河北東路民富蠶桑，契丹謂之'綾絹州'。"明宋應星《天工開物·機式》："其素羅不起花紋，與軟紗綾絹踏成浪梅小花者，視素羅只加桄兩扇。"《皇清職貢圖》卷五："〔西寧縣纏頭民〕衣綾絹、山繭、長領、齊袖衣，靴用香牛皮。"

黃綾絹

黃色的綾絹類絲織品。此稱清代已行用。《皇清職貢圖》卷一："〔琉球國〕夷官品級以金銀簪爲差等，用黃綾絹摺圈爲冠，寬衣大袖，繫大帶。"

銀絹

銀與絹。泛指錢幣與布帛。此稱五代時期已行用。《新五代史·唐愍帝紀》："〔應順元年〕北京留守石敬瑭獻銀絹助作山陵。"《金史·兵志》："若十年以下，遷一官賞銀絹六十兩匹。"

縳

絹縠類絲織品。一說綃類絲織品。《玉篇·糸部》："縳，絹縠也。"《廣韻·入曷》："縳，縠屬。"《集韻·入曷》："縳，綃屬。"此稱晉代已行用。西晉潘岳《藉田賦》："天子乃禦玉輦蔭華蓋，衝牙錚鎗，綃紞綷縳。"

練²

熟絹的一種。其質經練製後色白。此稱先秦時期已行用。《周禮·天官·染人》："凡染，春暴練，夏纁玄。"漢史游《急就篇》第二："絺絡縑練素帛蟬。"唐顏師古注："練者，煮縑而熟之也。"清焦秉貞《耕織圖·織目·染色圖》詩："絲成練熟時，萬縷銀光皎。"

【白練】

即練²。此稱隋代已行用。《隋書·禮儀志四》："諸王、三公、儀同、尚書令、五等開國、太妃、妃、公主恭拜冊，軸一枚，長二尺，以白練衣之。"唐張籍《涼州詞》："無數鈴聲遙過磧，應馱白練到安西。"唐陸龜蒙《懷楊召文楊鼎文二秀才》詩："重思醉墨縱橫甚，書破羊欣白練裙。"五代王定保《唐摭言》卷二："凝曰：'善則善矣，奈無野人句，云：千古長如白練飛，一條界破青山色。'"宋徐鉉《和印先輩及第後獻座主朱舍人郊居之作》："積雨暗封青蘚徑，好風輕透白練衣。"《西廂記》第二本第一折："我不如白練套頭兒尋個自盡。"《儒林外史》第二九回："又走到山頂上，望著城內萬家烟火，那長江如一條白練。"

【素練】

即練²。此稱先秦時期已行用。《墨子·節喪下》："文繡素練，大鞅萬領。"唐杜甫《不離西閣》詩之二："江雲飄素練，石壁斷空青。"《資治通鑑·唐昭宗大順元年》："存孝械揳及歸範，紖以素練，徇於潞州城下。"

【皓練】

即練²。此稱唐代已行用。唐雍陶《千金裘賦》："觀其皓練漸潔，輕埃莫霑；巾幣之酬猶少，外飾之態俄添。"

練³

練絹一類絲織品的泛稱。此稱南北朝時期

已行用。南朝齊謝朓《晚登三山還望京邑》詩：
"餘霞散成綺，澄江静如練。"唐寒山《詩》之
二六五："瀑布千丈流，如鋪練一條。"宋王安
石《桂枝香》詞："千里澄江似練，翠峰如簇。"
《喻世明言·吳保安棄家贖友》："仲翔預製下練
囊二個，裝保安夫婦骸骨。"清王士禛《江上看
晚霞》詩："餘霞散綺澄江練，滿眼青山小謝
詩。"

彩練

彩色熟絹。亦泛指彩色絲綢。此稱唐代已
行用。唐張楚金《樓下觀繩伎賦》："其彩練也，
横亘百尺，高懸數丈，下曲如鈎，中平似掌。"
《女聊齋志異》卷四："醉必騁力，俾吾等以彩
練縛手足於床，一踴皆斷。"

紅練

紅色絹帛。此稱宋代已行用。宋方岳《山
中》詩："白練帶隨紅練帶，木芙蓉並水芙蓉。"
《繪芳錄》第六五回："上身穿件白蟬翼紗湖色
鑲雲對襟汗衫，内襯火紅官紗綉金抹胸，下著
水綠一色寬鑲暗花實底紗底衣，束著一縧鵝黄
回縧，脚下穿著淡紅練羅平底鳳頭便鞋，愈顯
得肌理玉映，裊娜出塵。"

緋練

緋紅色練帛。此稱晋代已行用。《晋書·安
平獻王孚傳》："緋練百匹、絹布各五百匹、錢
百葛、穀千斛以供喪事。"

大練[2]

練的一種。質地較粗疏。此稱漢代已行用。
《後漢書·皇后紀上》："〔明德馬皇后〕常衣大
練，裙不加緣；朔望諸姬主朝請，望見后袍衣
疏粗，反以爲綺縠，就視，乃笑。"唐李賢注：
"大練，大帛也。杜預注《左傳》曰：'大帛，

厚繒也。'"又《循吏傳序》："初，光武長於民
閑，頗達情僞，見稼穡艱難，百姓病害，至天
下已定……身衣大練，色無重彩，耳不聽鄭衛
之音，手不持珠玉之玩。"《隋書·列女傳·鄭善
果母》："自初寡，便不御脂粉，常服大練。"宋
蘇轍《御試制科策》："後宫有大練之飾，則天
下以羅紈爲羞。"

静練

潔净的白絹。此稱南北朝時期已行用。南
朝齊謝朓《晚登三山還望京邑》詩："餘霞散
成綺，澄江静如練。"唐元稹《泛江玩月》詩：
"委波添静練，洞照滅凝缸。"

幅練

成幅的白練。此稱南北朝時期已行用。北
魏酈道元《水經注·湘水》："山上有飛泉下
注，下映青林，直注山下，若望幅練在山矣。"
又《淮水》："於溪之東山有一水，發自山椒下
數丈，素湍直注，頹波委壑，可數百丈，望之
若霏幅練矣，下注九渡水，九渡水又北流注於
淮。"清翟均廉《海塘錄》卷八："余少居江塘
慈雲嶺，南有水如幅練，俗稱長池。"

熟練

煮練過的熟絹。質地素白。此稱宋代已行
用。宋陸游《立夏》詩："日斜湯沐罷，熟練試
單衣。"明王兆雲《揮麈詩話·百别詩》："霜藤
熟練瑩無暇，人去空懸對碧紗。"明宋應星《天
工開物·乃服》："凡帛織就猶是生絲，煮練方
熟。練用稻藁灰入水煮。以猪胰脂陳宿一晚，
入湯浣之，寶色燁然。或用烏梅者，寶色略減。
凡早絲爲輕、晚絲爲緯者，練熟之時每十兩輕
去三兩。經緯皆美好早絲，輕化只二兩。練後
日乾張急，以大蚌殼磨使乖鈍，通身極力刮過，

以成寶色。"

澄練

潔净的白練。此稱唐代已行用。唐唐彦謙《漢代》詩："水净疑澄練，霞孤欲建標。"清吳偉業《避亂》詩之五："月出前村白，溪光炤澄練。"

匹練

本指一匹練，後用作白絹的泛稱。此稱漢代已行用。漢王充《論衡·吉驗》："虞子大，陳留東昏人也，其生時以夜。適免母身，母見其上若一匹練狀，經上天。"《太平御覽》卷八一八引《韓詩外傳》："孔子、顏淵登魯東山，望吳昌門，淵曰：'見一匹練前有生藍。'子曰：'白馬蘆芻也。'"《聊齋志異·聶小倩》："寧懼，方欲呼燕，忽有物裂篋而出，耀若匹練，觸折窗上石櫺。"

文練

有花紋的練帛。此稱南北朝時期已行用。南朝齊鮑令暉《古意贈今人》詩："寒鄉無異服，氈褐代文練。"唐喬知之《從軍行》："曲房理針綫，平砧擣文練。"宋李彌遜《東峰亭》："回溪縮文練，叠障環群玉。"

官練

官府所藏或官府所製的練帛。此稱三國時期已行用。《三國志·魏書·司馬芝傳》："有盜官練置都厠上者，吏疑女工，收以付獄。"

秋練

潔白的絹帛。古以五色、五行配四時，秋爲金，其色白，故常以之指白色。此稱晉代已行用。晉束皙《餅賦》："弱如春綿，白如秋練。"唐杜甫《湖城東遇孟雲卿》詩："照室紅爐簇曙花，縈窗素月垂秋練。"元吳萊《客夜聞琵琶彈白翎鵲》詩："戟頭吹火光，旗幟舞秋練。"明賈仲名《對玉梳》第四折："手持著明晃晃利刃如秋練。"

縞練[1]

泛指白絹。此稱唐代已行用。唐韓愈《岳陽樓別竇司直》詩："蛟螭露簨簴，縞練吹組帳。"宋劉一止《雪月交光》："正五雲飛仗，縞練褰裳，亂空交舞。"明徐渭《緹芝賦》："既抒輪而揭繳，下縞練以褕中。"

縑練

煮練熟的白絹。此稱漢代已行用。《急就篇》第二："綈絡縑練素帛蟬。"唐顏師古注："縑之言兼也。並絲而織。練者，煮縑而熟之。"漢桓寬《鹽鐵論·散不足》："夫羅紈文繡者，人君后妃之服也，繭紬縑練者，婚姻之嘉飾也。"北魏賈思勰《齊民要術·種桑柘》："用鹽殺繭，易繰而絲朚。日曝死者，雖白而薄脆，縑練衣著，幾將倍矣；甚者，虛失歲功。"

【練素】[1]

即縑練。此稱漢代已行用。漢王充《論衡·累害》："青蠅所污，常在練素。"宋陳峴《全州觀風樓》："千里聳翠碧，衆水橫練素。"明孫蕡《題荊徵士茂之藏楊補之梅花圖》："楚女輕盈練素裙，湘娥冷澹胭脂血。"

練紫

煮染呈紫色的絹帛。此稱漢代已行用。漢劉向《說苑·反質》："今君之食也，必桂之漿，衣練紫之衣、狐白之裘，此群臣之所奢汰也。"

霜練

潔白的絹帛。以似霜色而得名。常喻明潔清澈的水。此稱宋代已行用。宋秦觀《擬郡學試東風解凍》詩："江河霜練静，池沼玉奫空。"

金李之翰《書呈仲孚》詩：“長溪霜練静，修嶺蒼龍卧。”

明素

生絹的一種。其色潔白。此稱明代已行用。《醒世姻緣傳》第七五回：“虎哥來拜，戴著明素凉帽，軟屯絹道袍，鑲鞋净襪，一個極俊的小夥。”

紈

生絹的一種。其質細白而平滑。此稱漢代已行用。《説文·糸部》：“紈，素也。”清段玉裁注：“素者，白緻繒也。紈即素也，故從丸，言其滑易也。”清朱駿聲《説文通訓定聲》：“謂白緻繒，今之細生絹也。”又云：“素者，粗細絹之大名，紈則其細者。”《戰國策·齊策四》：“士三食不得饜，而君鵝鶩有餘食；下宫糅羅紈，曳綺縠，而士不得以爲緣。”宋鮑彪注：“紈，素也。”晋陸機《日出東南隅行》：“暮春春服成，粲粲綺與紈。”唐韓愈《咏雪贈張籍》：“砧練終宜擣，階紈未暇裁。”《紅樓夢》第一回：“當此，則自欲將已往所賴天恩祖德，錦衣紈絝之時，飫甘饜肥之日……以至今日一技無成、半生潦倒之罪，編述一集，以告天下人。”中國藝術研究院紅樓夢研究所校注：“紈：細絹。”

丹紈

紈的一種。呈紅色。此稱漢代已行用。《後漢書·輿服志下》：“太傅胡廣説曰：‘高山冠，蓋齊王冠也。秦滅齊，以其君冠賜近臣謁者服之。’”唐李賢注引《漢舊儀》曰：“乘輿冠高山冠，飛月之纓，幘耳赤，丹紈裏衣。”

紫紈

紈的一種。其質色紫。此稱南北朝時期已行用。南朝梁庾肩吾《第四賦韵東城門病》：“紫紈未可得，漳濱徒再離。”《聊齋志異·風仙》：“遺紫紈褲，帶上繫針囊。”

冰紈

紈的美稱。其色鮮潔如冰，故名。此稱漢代已行用。《漢書·地理志下》：“〔齊地〕其俗彌侈，織作冰紈綺綉純麗之物，號爲冠帶，衣履天下。”唐顔師古注：“冰，謂布帛之細，其色鮮絜如冰者也。紈，素也。”《後漢書·章帝紀》：“癸巳，詔齊相省冰紈，方空縠，吹綸絮。”唐李賢注：“紈，素也。冰言色鮮潔如冰。”清吴偉業《宫扇》詩：“玳瑁簾開南内宴，沉香匣啓西川扇。蟬翼描來雲母輕，冰紈製就天孫艷。”

素紈

紈的一種。其質細薄素白。舊時常用以作書畫或製衣物。此稱晋代已行用。晋成公綏《隸書體》：“爾乃動纖指，舉弱腕，握素紈，染玄翰。”南朝梁江淹《無爲論》：“有奕葉公子者，聯蟬七代，冠冕組望，多素紈繡裳，負長劍而耿耿。”唐李益《立春日寧州行營因賦朔風吹飛雪》詩：“捐扇破誰執，素紈輕欲裁。”清曹寅《五月十一日衣集西堂限韵》之三：“十年披素紈，相顧半老醜。”

流紈

紈的一種。其質細白光潔。此稱漢代已行用。《樂府詩集·孔雀東南飛》：“足下躡絲履，頭上玳瑁光。腰若流紈素，耳著明月璫。指如削葱根，口如含朱丹。”宋周密《癸辛雜識前集·筆墨》：“蔡中郎非流紈豐素，不妄下筆。”明李攀龍《白紵舞歌》其四：“淫衍詰屈紛陸離，流紈曳縠風委迤。”

輕紈

紈的一種。其質輕薄。此稱南北朝時期已行用。南朝梁蕭子顯《日出東南隅行》："逶迤梁家髻，冉弱楚宮腰。輕紈拂重錦，薄穀間飛綃。"唐杜甫《韋諷錄事宅觀曹將軍畫馬圖》："盤賜將軍拜舞歸，輕紈細綺相追飛。"清納蘭性德《琵琶仙·中秋》："記否輕紈小扇，又幾番涼熱。只落得，填膺百感，總茫茫，不關離別。"

薄紈

紈的一種。其質細薄。此稱漢代已行用。《漢書·賈誼傳》："白穀之表，薄紈之裏，緁以偏諸，美者黼繡，是古天子之服，今富人大賈嘉會召客者以被牆。"宋劉克莊《小園即事》其三："乍脫重裘試薄紈，綠陰多處小憑欄。"清龔自珍《洞仙歌》："輕寒漠漠，又杏花天氣。卸了吳棉薄紈膩。把花魂細綰，月夢低敲，閑譜得，十疊新詞堪記。"

綃紈

綃與紈的合稱。泛指輕薄的絲織物。此稱晉代已行用。晉潘岳《藉田賦》："衝牙錚鎗，綃紈綷縩。"元夏文彥《圖繪寶鑑》卷三："〔僧擇仁〕每醉揮墨於綃紈粉堵之上，醒乃添補。"清王筠《五日望采拾詩》："綃紈既妍媚，脂粉亦香新。"

綈紈

厚薄絲織物的統稱。此稱漢代已行用。舊題漢郭憲《洞冥記》："帝寢靈莊殿，召東方朔於青綺窗，不隔綈紈重幕。"晉葛洪《抱朴子·博喻》："桑林鬱藹，無補柏木之淒冽，膏壤帶郭，無解黔敖之蒙袂，然繭纊、綈紈，此之自出，千倉萬箱，於是乎生，故識遠者貴本，見近者務末。"《太平御覽·禮儀部·明器》："今厚資多藏，器用如生人，並衣綈紈。"

綺紈

綺與紈的合稱。泛指精細華美的絲織品。此稱漢代已行用。《後漢書·王符傳》："且其徒御僕妾，皆服文組綵牒，錦繡綺紈，葛子升越，筩中女布。"南朝梁劉峻《廣絕交論》："於是有弱冠王孫，綺紈公子，道不挂於通人，聲未遒於雲閣，攀其鱗翼，丐其餘論。"宋蘇軾《送千乘千能兩姪還鄉》："念汝少多難，冰雪落綺紈。"

齊紈[1]

古代齊國出產的細絹。常泛指精美的服飾。此稱漢代已行用。漢班婕妤《怨歌行》："新裂齊紈素，鮮潔如霜雪。"元湯式《一枝花·贈美人》套曲："價重如齊紈魯縞，名高似蜀錦吳綾。"《紅樓夢》第二三回："水亭處處齊紈動，簾捲朱樓罷晚妝。"

緹紈

緹與紈的合稱。緹，赤黃色厚繒；紈，白色細絹。常代指華麗的衣着。此稱宋代已行用。宋蘇舜欽《送外弟王靖序》："今貴人之胄，以緹紈肥味澤厥身，一無達者之困肆焉。"

錦紈[1]

泛指織有彩色花紋的絲織品。此稱晉代已行用。晉葛洪《抱朴子·博喻》："仲尼似喪家之狗，公旦類樸斫之材，咎繇面如蒙倛，伊尹形若槁骸，及龍陽宋朝，猶土偶之冠夜光，藉孺董鄧，猶錦紈之裏塵埃也。"唐韓愈《許國公神道碑銘》："獻馬三千匹，絹五十萬匹，他錦紈綺纈又三萬。"清丁耀亢《天史》卷七："蜀僭乘運，褻用錦紈。"

霜紈

紈的一種。其色潔白似霜，故名。此稱南北朝時期已行用。南朝梁沈約《謝賜軫調絹等啓》：“霜紈雪委，霧縠冰鮮。”清吳偉業《再觀打洞》詩：“河伯娶婦三日眠，霜紈方縠張輕烟。”亦藉指潔白精緻的細絹製品。宋蘇軾《江神子·孤山竹閣送述古》：“翠蛾羞黛怯人看，掩霜紈，淚偷彈。”

羅紈 [1]

亦稱“素羅紈”。羅與紈的合稱。亦泛指羅紈類絲織品。此稱先秦時期已行用。《戰國策·齊策四》：“下宮糅羅紈，曳綺縠，而士不得以爲緣。”漢桓寬《鹽鐵論·散不足》：“夫羅紈文繡者，人君后妃之服也。”漢劉安等《淮南子·齊俗訓》：“有詭文繁繡，弱緆羅紈。”漢高誘注：“羅，縠；紈，素也。”唐杜甫《園官送菜》詩：“點染不易虞，絲麻雜羅紈。”宋蘇轍《御試制科策》：“後宮有大練之飾，則天下以羅紈爲羞。”清湯春生《夏閨晚景瑣説》：“斜倚床頭，脱素羅紈。”

【素羅紈】

即羅紈[1]。此稱清代已行用。見該文。

縑

絹的一種。又説爲繒的一種。以雙絲織成，細密不漏水，色淺黃。古時多作賞贈酬謝之物，亦用作貨幣或作書寫材料用。此稱漢代已行用。《説文·糸部》：“縑，並絲繒也。”《釋名·釋采帛》：“縑，兼也，其絲細緻數兼於絹，染兼五色，細緻不漏水也。”漢劉安等《淮南子·齊俗訓》：“縑之性黃，染之以丹則赤。”《漢書·外戚傳上》：“媪爲翁須作縑單衣，送仲卿家。”唐顏師古注：“縑，即今之絹也，音兼。”《古詩

十九首·上山采蘼蕪》：“新人工織縑……織縑日一匹。”《後漢書·明帝紀》：“天下亡命殊死以下，聽得贖論：死罪入縑二十匹。”《資治通鑑·漢光武帝建武八年》：“略陽圍解，帝勞賜來歙，班坐絶席，在諸將之右，賜歙妻縑千匹。”元胡三省注引毛晃曰：“縑，並絲繒；又絹也。”明李夢陽《林良畫兩角鷹歌》：“林良寫鳥只用墨，開縑半掃風雲黑。”

【縑帛】 [2]

即縑。此稱漢代已行用。《周禮·天官·典絲》：“掌其藏與其出，以待興功之時。”漢鄭玄注：“時者，若温暖宜縑帛，清凉宜文綉。”《史記·滑稽列傳》：“數賜縑帛，檐揭而去。”《後漢書·宦者傳》：“自古書契多編以竹簡，其用縑帛者謂之紙。”《三國志·魏書·武帝紀》：“二月丁卯，葬高陵。”南朝宋裴松之注引傅子曰：“魏太祖以天下凶荒，資財乏匱，擬古皮弁，裁縑帛以爲帢，合於簡易隨時之義，以色別其貴賤。”《資治通鑑·漢明帝永平四年》：“太子及山陽王荆因梁松以縑帛請之，衆曰：‘太子儲君，無外交之義；漢有舊防，蕃王不宜私通賓客。’”宋趙彦衛《雲麓漫鈔》卷七：“故有刀筆鉛槧之説，秦漢末用縑帛。”清周亮工《與胡元潤書》：“王荆公作字，未嘗輕用縑帛，獨於佛語用之。”

【縑】

即縑。此稱南北朝時期已行用。《宋書·禮志五》：“傅玄子曰：‘漢末王公名士，多委王服，以幅巾爲雅。’是以袁紹、崔鈞之徒，雖爲將帥，皆著縑巾。”

【縿】 [3]

即縑。此稱先秦時期已行用。《墨子·非

樂上》：“婦人夙興夜寐，紡績織紝，多治麻絲葛緒絧布縿，此其分事也。”《禮記·檀弓上》：“縿幕，魯也。”鄭玄注：“縿，縑也。縿，讀如綃。”清唐甄《潛書·匪更》：“然則陳晦縿裂，已屬委棄，取而服之，是謂變常。”

縑布 [2]

一種質地細薄的絲織品。此稱漢代已行用。《後漢書·東夷列傳》：“知蠶桑，作縑布。乘駕牛馬。嫁娶以禮。行者讓路。”《三國志·魏書·烏丸鮮卑東夷傳》：“土地肥美，宜種五穀及稻，曉蠶桑，作縑布，乘駕牛馬。嫁娶禮俗，男女有別。”《北史·袁聿修傳》：“還京後，州民鄭播宗等七百餘人請爲立碑，斂縑布數百匹，託中書侍郎李德林爲文，以紀功德。”

素縑

縑的一種。其質素白。此稱南北朝時期已行用。《文選·沈約〈恩倖傳論〉》：“南金北毳，來悉方艚；素縑丹魄，至皆兼兩。”張銑注：“〔素縑，〕絕繒也。”唐蔣防《霍小玉傳》：“請以素縑，著之盟約。”宋吳曾《能改齋漫錄·逸文》：“巨濟先唱云：‘憑誰妙筆，橫掃素縑三百尺；天下應無，此是錢塘湖上圖。’”

黃縑

縑的一種。其質色黃。此稱漢代已行用。《後漢書·光武十王傳·楚王英》：“英遣郎中令奉黃縑、白紈三十匹詣相國。”唐白居易《南賓郡齋即事寄楊萬州》：“倉粟喂家人，黃縑裹妻子。”《資治通鑑·漢明帝永平八年》：“楚王英奉黃縑、白紈詣國相曰：‘託在藩輔，過惡累積，歡喜大恩，奉送縑帛，以贖愆罪。’”元丁復《送蒙古學正朱伯新》：“玄紞須在冠，黃縑不爲裙。翩然轉雲夢，謝彼雨雪雰。”

青縑

縑的一種。其質色青。此稱漢代已行用。漢應劭《漢官儀》卷上：“尚書郎給青縑白綾，被以錦被。”唐白居易《冬夜與錢員外同直禁中》詩：“連鋪青縑被，對置通中枕。”宋陸游《自嘲》詩：“青縑帳暖黃紬穩，聊借東庵作睡鄉。”

綵縑

亦作“彩縑”。縑的一種。呈彩色。此稱南北朝時期已行用。北魏《韋彧墓誌》：“賜駢騮上駟，綵縑百匹。”宋劉克莊《軍中樂》詩：“更闌酒醒山月落，彩縑百段支女樂。”明顧清《賦蟠桃圖爲張時震父母壽》：“畫入彩縑疑著霧，望迷仙苑欲生霞。”

【彩縑】

同“綵縑”。此體宋代已行用。見該文。

熟縑

縑的一種。其經過煮練漂洗，質地厚密，常用於製作秋冬服裝。此稱宋代已行用。宋陸游《新凉示子通將有臨安之行》詩：“竹簟紗廚事已非，秋清初換熟縑衣。”清徐乾學《讀禮通考》卷三二：“今大夫士皆熟縑裹大帽。”

薄縑

縑的一種。其質輕薄。此稱唐代已行用。《文選·曹植〈洛神賦〉》：“踐遠游之文履，曳霧綃之輕裾。”唐呂向注：“霧綃，薄縑也。”宋莊季裕《鷄肋編》卷上：“單州成武縣織薄縑，修廣合於官度，而重才百銖，望之如霧著，故浣之亦不紕疏。”

霜縑

縑的一種。以其色潔白似霜而得名。舊時常用以作書畫。此稱唐代已行用。唐韓愈《寒食日出游夜歸》詩："可憐物色阻携手，空展霜縑吟九咏。"唐釋皎然《周長史昉畫毘沙門天王歌》："寫出霜縑可舒卷，何人應識此情遠。"宋王禹偁《仲咸借予海魚圖觀罷有詩因和》："偶費霜縑與彩毫，海魚圖畫滿波濤。"

縑素

縑類絲織品。多供書畫所用。此稱晋代已行用。晋葛洪《抱朴子·遐覽》："漸得短書，縑素所寫者，積年之中，合集所見，當出二百許卷，終不可得也。"南朝梁虞龢《論書表》："道士乃言性好《道德》，久欲寫河上公《老子》，縑素早辦而無人能書。"唐張彥遠《歷代名畫記·吳道子》："氣韵雄壯，幾不容於縑素。"宋蘇軾《文與可畫篔簹穀偃竹記》："與可畫竹，初不自貴重。四方之人，持縑素而請者，足相躡於其門。"宋周煇《清波雜志》卷五："米元暉善畫，能以古爲今，蓋妙於薰染縑素。"《宋史·張去華傳》："真宗深所嘉賞，命以縑素寫其論爲十八軸，列置龍圖閣之四壁。"清章學誠《文史通義·篇卷》："大約篇從竹簡，卷從縑素，因物定名，無他義也。"

縑緗

縑絹類絲織品。質料薄，色淺黃。舊時常用以書寫或裝裱書畫。因亦代指書畫。此稱唐代已行用。唐駱賓王《上兗州刺史啓》："頗游簡素，少閲縑緗。"唐顏真卿《送辛子序》："惜乎困於縑緗，不獲繕寫。"唐柳宗元《上河陽烏尚書啓》："小子久以文字進身，嘗好古人事業，專當具筆札，拂縑緗，贊揚大功，垂之不朽。"

【緗縑】

即縑緗。此稱宋代已行用。宋王安石《和平甫舟中望九華山二首》："當時備巡游，今不在緗縑。"明胡應麟《挽王元美先生二百四十韵》："楮墨時隨涸，緗縑半蠹蟫。"清金志章《綉谷先生有所藏宋槧丁卯集亡去二十年今嗣甌亭游京師重購得之以歸同人賦詩爲記其事》："同時題贈悉巨手，雕章麗句盈緗縑。"

縑繒

泛指縑類絲織品。此稱宋代已行用。《宋史·豐稷傳》："稷言：'仁宗衾褥用黃紬，服御用縑繒，宜守家法。'"元周霆震《蕨根嘆》："焉知屑玉貯縑繒，春磨殷勤沐膏澤。"

素³

絲織物的泛稱。其質未經煮染，色白而細，多作衣料和書畫材料。此稱漢代已行用。《説文·素部》："素，白緻繒也。"清段玉裁注："繒之白而細者也。"漢孔鮒《小爾雅·廣服》："縞之粗者曰素。"《禮記·雜記下》："純以素，紃以五采。"唐孔穎達疏："素，謂生帛。"《戰國策·魏策》："若士必怒，伏尸二人，流血五步，天下縞素，今日是也。"南朝梁徐陵《玉臺新咏·古詩上山采蘼蕪》："新人工織縑，故人工織素。"又《古詩爲焦仲卿妻作》："十三能織素，十四學裁衣。"唐杜牧《杜秋娘》詩："寒衣一匹素，夜借鄰人機。"

素⁴

用絹帛寫的書信。此稱唐代已行用。唐元稹《魚中素》詩："重叠魚中素，幽緘手自開。"宋秦觀《踏莎行·霧失樓臺》詞："驛寄梅花，魚傳尺素，砌成此恨無重數。"

【魚素】

即素⁴。此稱宋代已行用。宋方千里《華胥引》："錦紋魚素，那堪重翻再閲。粉指香痕依舊，在綉裳鴛篋。"明李孫宸《秋懷八首》其

一："舊日交游魚素隔，蒹葭勞咏水中央。"清
王士禛《望湘人·賦余氏女子綉柳毅傳書圖》：
"忽相逢，秦塞歸人，灑淚爲通魚素。"

【尺素】

即素[4]。小幅的絹帛。古人多用以書寫。此
稱漢代已行用。《文選·漢樂府〈飲馬長城窟
行〉》："客從遠方來，遺我雙鯉魚。呼童烹鯉
魚，中有尺素書。"唐呂向注："尺素，絹也。
古人爲書，多書於絹。"《文選·陸機〈文賦〉》：
"函錦邈於尺素，吐滂沛乎寸心。"劉良注：
"素，帛也。古人用以書也。"宋晏殊《鵲踏枝》
詞："欲寄彩箋兼尺素，山長水闊知何處。"

【鯉素】

即素[4]。本謂置於鯉魚腹中的有字白絹。語
本古樂府《飲馬長城窟行》詩句："客以遠方
來，遺我雙鯉魚；呼童烹鯉魚，中有尺素書。"
此稱南北朝時期已行用。南朝陳王瑳《長相思》
詩："雁封歸飛斷，鯉素還流絶。"明張岱《夜
航船·書簡》有"鯉素"一詞。

匹素

一匹素。後泛指白色絹帛。常用於形容天
光、雲色等。匹，布帛等織物的數量名。古代
四丈爲一匹。此稱唐代已行用。唐杜牧《自貽
詩》："自嫌如匹素，刀尺不由身！"宋蘇軾《十
月十五日觀月黃樓席上次韻》："山下白雲橫匹
素，水中明月卧浮圖。"宋陸游《衡門感舊》
詩："蒼烟屯不散，匹素橫郊原。"

丹素

朱書符籙的白絹。此稱南北朝時期已行用。
南朝宋鮑照《擬古詩》："魯客事楚王。懷金襲
丹素。既荷主人恩。又蒙令尹顧。"唐裴鉶《傳
奇·鄧甲》："遂立壇於桑林中，廣四丈，以丹
素周之。"宋柳永《傾杯·離宴殷勤》："知多
少、他日深盟，平生丹素。從今盡把憑鱗羽。"

霜素

白色生絹。以似霜色而得名。此稱南北朝
時期已行用。南朝宋鮑照《飛白書勢銘》："秋
毫精勁，霜素凝鮮。霑此瑶波，染彼松烟。"宋
陳宓《題高將仕墨梅》："當暑開霜素，蕭然六
月凉。"明何景明《搗衣》："寒機裂霜素，繁杵
叩清砧。"

白素

白色生絹。此稱晉代已行用。晉傅玄《艷
歌行》："白素爲下裾，丹霞爲上襦。"晉葛洪
《抱朴子·金丹》："李文丹法，白素裹丹，以竹
汁煮之，名紅泉。"宋張君房《雲笈七籤》卷
四："靈飛六甲，白素六十尺，金鐶六雙，青絲
六兩。"

油素

光滑潤潔的白絹。以光澤似油而得名。多
用於書畫。此稱漢代已行用。漢揚雄《答劉歆
書》："故天下上計孝廉及内郡衛卒會者，雄常
把三寸弱翰，賷油素四尺，以問其異語。"《文
選·任昉〈爲范始興立太宰碑表〉》："人蓄油
素，家懷鉛筆。"唐李善注："油素，絹也。"清
錢謙益《觀美人手迹戲題絶句》之一："油素朝
撫帖，丹鉛夜較書。"

輕素[2]

輕而薄的白色綢綿。亦藉指用絹素製的衣
服。此稱唐代已行用。唐徐彥伯《孤燭嘆》詩：
"暖手縫輕素，嚬蛾續斷弦。"元趙孟頫《題商
德符學士〈桃源春曉圖〉》詩："瀛洲仙客知
仙路，點染丹青寄輕素。"明宋應星《天工開
物·乃服》："凡織杭西，羅地等絹，輕素等綢，

銀條、巾帽等紗，不必用花機，只用小機。”

秋素

潔白的絹布。此稱宋代已行用。宋林景熙《新豐道中》：“長飆捲炎埃，澄空出秋素。”元黃庚《約王琴所不來舟中偶成》詩：“清飆捲炎埃，碧水出秋素。”清吳敦仁《擬沈休文宿東園》：“夜琴調清弦，夕砧搗秋素。”

涼素

輕薄素絹。涼，薄。此稱元代已行用。元吳師道《吳禮部詩話》：“〔李道坦〕《高將軍白鷴子歌》：淮西猛士高將軍，新獲驍禽被涼素，調之弗顧情未狎，跨馬臂出城東去。”

皓素

潔白的絲絹。多用作衣料。此稱南北朝時期已行用。南朝梁任昉《述異記》：“桂陽郡有銀井，鑿之轉深，有村人焦先見老遍身皓素，云：‘逐我太苦，今往他所。’”宋楊澤民《側犯》：“瓊瑤皓素，未及肌膚瑩。”清熊學鵬《水仙花限冰字》：“不許纖埃侵皓素，檀心夜月一壺冰。”

紈素

細絹的一種。質地潔似白雪，輕軟精緻。以原產於古齊地（今山東臨淄、博興一帶），故亦稱“齊紈素”。多用作冬服，或用作扇面，爲宮廷貢品。此稱漢代已行用。《文選·班婕妤〈怨歌行〉》：“新裂齊紈素，皎潔如霜雪。”唐李善注：“李斐曰：‘紈素爲冬服。’范子曰：‘紈素，出齊。’荀悦曰：‘齊國獻紈素絹，天子爲三官司服也。’”《後漢書·楊秉傳上》：“〔宦豎〕居法王公，富擬國家，飲食極肴膳，僕妾盈紈素。”南朝梁徐陵《玉臺新咏·古詩爲焦仲卿妻作》：“腰若流紈素，耳著明月璫。”

【齊紈素】

即紈素。此稱漢代已行用。見該文。

【齊紈】[2]

即紈素。後泛指名貴的絲織品。此稱先秦時期已行用。《列子·周穆王》：“衣阿錫，曳齊紈。”漢張湛注：“齊，名紈所出也。”漢班婕妤《怨歌行》：“新裂齊紈素，皎潔如霜雪。”唐張籍《酬朱慶餘》詩：“齊紈未足人間貴，一曲菱歌敵萬金。”

秦素

古秦地（今陝西一帶）織造的白色絹帛。此稱唐代已行用。唐李賀《嘲雪》詩：“龍沙濕漢旗，鳳扇迎秦素。”

黃素

黃色絲絹。此稱晉代已行用。晉葛洪《神仙傳·陰長生》：“能知神丹，久視長存。於是陰君裂黃素，寫丹經。”晉張載《擬四愁詩》其一：“佳人遺我筒中布，何以贈之流黃素。”元陳樵《空碧亭》其五：“風舞翠綃浮略彴，月移黃素上軒楹。”

毫素

“毫”和“素”的并稱。指毛筆和書畫用的白絹。後泛指紙筆。此稱晉代已行用。《文選·陸機〈文賦〉》：“紛葳蕤以馺遝，唯毫素之所擬。”李善注：“毫，筆也……書縑曰素。”南北朝顏延之《向常侍》：“向秀甘淡薄，深心托毫素。”宋秦觀《陳用之學士挽詞》：“願寫此情歌挽者，淚霑毫素不成篇。”

蜀素

古蜀地（今屬四川）所產的白色生絹。此稱宋代已行用。宋陸游《草書歌》：“吳箋蜀素不快人，付與高堂三丈壁。”清吳湖帆《春節大雪三日》："且憑賞，映吴綾一色，蜀素無疆。"

絹素

白絹的一種。多用於書畫。此稱唐代已行用。唐杜甫《丹青引》："詔謂將軍拂絹素，意匠慘淡經營中。"唐張彦遠《歷代名畫記·論畫六法》："今之畫人，筆墨混於塵埃，丹青和其泥滓，徒污絹素，豈曰繪畫。"《新唐書·裴行儉傳》："行儉工草隸，名家。帝嘗以絹素詔寫《文選》，覽之，祕愛其法，賚物良厚。"宋蘇軾《石蒼舒醉墨堂》詩："不須臨池更苦學，完取絹素充衾裯。"

緗素

淺黃色絹帛。古時多用於書寫。此稱隋代已行用。《隋書·經籍志一》："大凡四部合二萬九千九百四十五卷，但録題及言，盛以縹囊，書用緗素。"宋王十朋《會稽三賦·會稽風俗賦》卷上："君世家於越，以風流自命，業傳緗素，才播歌咏，越之山川人物古今風俗載在君腹，願聞其略可乎？"宋史鑄增注："淺黃色，書衣曰緗。《帙書》：'縑曰素。緗素猶言縑湘也。《晋書·禮志》齊魯諸生各携緗素。《隋書·經籍志》盛以縹囊，書用緗素。縹匹妙切，青白色。'"

練素 [2]

白絹的一種。色潔白，多作裝飾用，亦可製作成衣。此稱漢代已行用。漢王充《論衡·累害》："清受塵，白取垢，青蠅所污，常在練素。"漢應劭《風俗通義·皇霸篇》："斯乃楊朱哭於歧路，墨翟悲於練素者也。"明孫蕡《題荊徵士茂之藏楊補之梅花圖》："楚女輕盈練素裙，湘娥冷澹胭脂血。"

織素

本謂織絲爲素，亦指已織成之素。素，白色生絹。此稱南北朝時期已行用。南朝梁簡文帝蕭綱《梅花賦》："爭樓上之落粉，奪機中之織素。"唐劉駕《棄婦》："養蠶已成繭，織素猶在機。"明謝肅《自君之出矣三章》其一："自君之出矣，機杼長織素。"

縞 [2]

未經染練的生絹，其質精細，色白。《説文·糸部》："縞，鮮色也。"此稱先秦時期已行用。《書·禹貢》："厥篚玄纖縞。"唐孔穎達傳："縞，白繒。"《詩·鄭風·出其東門》："縞衣綦巾，聊樂我員。"《韓非子·説林上》："魯人身善織屨，妻善織縞，而欲徙於越。"《禮記·王制》："殷人冔而祭，縞衣而養老。"唐孔穎達疏："縞，白色生絹。"《史記·司馬相如列傳》："於是鄭女曼姬，被阿錫，揄紵縞，雜纖羅，垂霧縠。"唐張守節正義："韋昭云：'紵之色若縞也。'顏云：'紵，纖紵也。縞，鮮支也。'"《漢書·食貨志上》："乘堅策肥，履絲曳縞。"唐顏師古注："縞，皓素也，繒之精白者也。"清任大椿《釋繒》："熟帛曰練，生帛曰縞。"

阿縞

亦作"綱縞"。縞的一種。質地細緻，爲上等衣料。以其原産於古代齊國東阿（今山東東阿），故名。此稱漢代已行用。《史記·李斯列傳》："所以飾後宮，充下陳、娱心意、悅耳目者，必出於秦然後可，則是宛珠之簪、傅璣之珥、阿縞之衣、錦繡之飾，不進於前，而隨俗雅化，佳冶窈窕趙女，不立於側也。"唐裴駰集解引徐廣曰："齊之東阿縣，繒帛所出。"漢張衡《七辯》："京城阿縞，譬之蟬羽。"《廣雅·釋器》作“絧縞”。

【絧縞】

同“阿縞”。此體三國時期已行用。見該文。

【阿】

“阿縞”之單稱。《廣雅・釋器》：“阿，練也。”《玉篇・糸部》：“阿，細繒也。”此稱先秦時期已行用。《楚辭・招魂》：“翡阿拂壁，羅幬張些。”清蒲松齡《日用俗字・裁縫》：“縷網一阿作鋪襯。”

霜縞

白絹的一種。以似霜輕薄而得名。常作書畫用。此稱唐代已行用。唐題名春臺仙《游春臺詩》：“寒光射萬里，霜縞遍千門。”宋王禹偁《柳贊善寫真贊》：“秀師援毫，寫於霜縞。”清姚燮《後倪村》：“仰看千里天，曠氣作霜縞。江闊無片帆，逡巡兩三鳥。”

絳縞

深紅色絹帛。古代軍隊作圖畫時常用。此稱先秦時期已行用。《六韜・虎韜・軍用》：“畫則以絳縞，長六尺，廣六寸。”

綺縞

縞的一種。質地精細且有文飾，爲上等絲織衣料。“綺”與“縞”并用，始見於戰國。此稱先秦時期已行用。《楚辭・招魂》：“纂組綺縞，結琦璜些。”宋洪興祖補注：“綺，文繒也；縞，音杲，素也，一曰細繒。”後泛指精美而有花紋的絲織品，亦指以之製成的衣服。《後漢書・逸民傳》：“今乃衣綺縞，傅粉墨，豈鴻所願哉？”三國魏曹植《雜詩》：“西北有織婦，綺縞何繽紛！”

魯縞

縞的一種。以其原產於春秋時魯國（今山東曲阜），故稱。此稱漢代已行用。《史記・韓長孺列傳》：“且彊弩之極，矢不能穿魯縞。”唐裴駰集解引漢許慎曰：“魯之縞尤薄。”漢劉安等《淮南子・説山訓》：“矢之於十步貫兕甲，於三百步不能入魯縞。”《漢書・韓安國傳》：“彊弩之末，力不能入魯縞。”唐顏師古注：“縞，素也。曲阜之地，俗善作之，尤爲輕細，故以取喻也。”三國魏陳琳《爲曹洪與魏文帝書》：“若駭鯨之決細網，奔兕之觸魯縞。”

魯縞齊紈

亦稱“齊紈魯縞”。春秋戰國時期齊國和魯國出產的白色絲絹。後泛指名貴優質絲絹。此稱南北朝時期已行用。南朝梁簡文帝《謝敕賚納袈裟啓》：“荀鍼秦縷，因製緝而成文；魯縞齊紈，藉馨漿而受彩。”唐杜甫《憶昔二首》之二：“齊紈魯縞車班班，男耕女桑不相失。”元湯式《一枝花・贈美人號展香綿楊鐵笛爲著此號》曲：“價重如齊紈魯縞，名高似蜀錦吳綾。”

【齊紈魯縞】

即魯縞齊紈。此稱唐代已行用。見該文。

白縞

未染色的素絹。此稱先秦時期已行用。《六韜・虎韜》：“夜則以白縞長六尺、廣六寸爲流星，陷堅陳，敗步騎。”《呂氏春秋・離俗》：“齊莊公之時，有士曰賓卑聚，夢有壯子，白縞之冠，丹績之絢。”明郭之奇《姚永言自維揚至過訪》：“手中白縞帶，腰下錦奚囊。”

縞素[1]

白色的生絹，代指喪服。此稱先秦時期已行用。《管子・輕重甲》：“故君請縞素而就士室。”《史記・高祖本紀》：“今項羽放殺義帝於江南，大逆無道。寡人親爲發喪，諸侯皆縞素。"《後漢書·順帝紀》:"茂陵園寢灾,帝縞素避正殿。"《西廂記》:"可喜娘的龐兒淺淡妝,穿一套縞素衣裳。"清曾樸《孽海花》第二六回:"氈簾一揭,張夫人全身縞素的走進來,向錢、陸兩人叩了個頭,請兩人上炕坐,自己靠門坐著。"

【素縞】

即縞素[1]。喪服。此稱先秦時期已行用。《穀梁傳·成公五年》:"君親素縞,帥群臣而哭之。"范寧注:"素衣縞冠,凶服也。"《禮記·間傳》:"素縞麻衣。"鄭玄注:"素縞者,《玉藻》所云'縞冠素紕'。"漢王充《論衡·感虛》:"水變甚於河壅,堯憂深於景公,不聞以素縞哭泣之聲能厭勝之。"

縞素[2]

用於作書畫的白絹。後代指書畫。此稱唐代已行用。唐杜甫《韋諷錄事宅觀曹將軍畫馬圖歌》:"此皆騎戰一敵萬,縞素漠漠開風沙。"宋蘇轍《李公麟陽關圖二絕》之一:"誰遣伯時開縞素,蕭條邊思坐中生。"明高啓《題黃大癡〈天池石壁圖〉》詩:"身騎黃鶴去來遠,縞素飄落流塵緇。"

縞紵

亦稱"紵縞"。白色絹帛與細麻纖維織就的麻織品,多用以製衣。此稱漢代已行用。《戰國策·齊策四》:"後宮十妃,皆衣縞紵。"宋鮑彪注:"縞,鮮色繒也。紵,枲屬細者。"元吳師道補正:"縞,白也。"《史記·司馬相如列傳》:"於是鄭女曼姬,被阿錫,揄紵縞,雜纖羅,垂霧縠。"唐張守節正義:"韋昭云:'紵之色若縞也。'顏云:'紵,纖紵也。縞,鮮支也。'"《文選·司馬相如〈子虛賦〉》:"於是鄭女曼姬,被阿錫,揄紵縞。"唐李善注引晋司馬彪曰:"縞,細繒也。"宋蘇轍《除夜泊彭蠡湖遇大風雪》:"紵縞鋪前洲。瓊瑰琢嵰屼。"宋葛立方《金燈花》:"珠璣小滴今朝雨,縞紵難禁昨夜霜。"

【紵縞】

即縞紵。此稱漢代已行用。見該文。

纖縞

細白絹帛。此稱先秦時期已行用。《書·禹貢》:"厥篚,玄纖縞。"唐孔穎達傳:"縞,白繒;纖,細也。"《舊唐書·賈耽傳》:"縮四極於纖縞,分百郡於作繪。"元蕭允之《瑣寒窗》詞:"回文細字,塵暗當年纖縞。"

白紵

省稱"紵"。精美的白絹。此稱漢代已行用。《説文·素部》:"紵,白紵,縞也。"漢史游《急就篇》第二:"鬱金半見緗白紵。"唐顏師古注:"白紵,謂白紵之精者,其光紵紵然也。"

【紵】

"白紵"之省稱。此稱漢代已行用。見該文。

緹縞

緹與縞的并稱。緹,紅色絹帛;縞,白色細絹。此稱漢代已行用。《大戴禮記·夏小正》:"緹縞也者,莎隨也。緹也者,其實也。"

縞練[2]

白絹。此稱明代已行用。明徐渭《緹芝賦》:"既抒輪而揭傘,下縞練以裪中。"清《欽定儀禮義疏·喪服》:"大祥始用縞練冠馬得邊用帛乎?"

縞衣

白色生絹所製的衣裳。此稱先秦時期已行用。《詩·鄭風·出其東門》:"縞衣綦巾,聊樂我員。"《禮記·王制》:"殷人冔而祭,縞衣而養老。"漢鄭玄注："殷尚白而縞衣裳。"清馬瑞辰《通釋》："縞衣亦未嫁女所服也。"高亨注："縞，白絹，綦巾，淺綠色圍裙。"清錢謙益《嫁女詞》之四："縞衣與綦巾，理我嫁時衣。"也指喪服。《明史·史可法傳》："渡江抵浦口，聞北都既陷，縞衣發喪。"

縞袂

白色衣服。此稱宋代已行用。宋辛棄疾《鷓鴣天·游鵝湖醉書酒家壁》："青裙縞袂誰家女，去趁蠶生看外家。"清紀昀《閲微草堂筆記·如是我聞一》："十許年中，婦縞袂扶棺，女青衫對簿，先生皆目見之，如相距數日耳。"亦藉喻白色花卉。元喬吉《水仙子·尋梅》："冷風來何處香？忽相逢縞袂綃裳。"《紅樓夢》第三七回："月窟仙人縫縞袂，秋閨怨女拭啼痕。"

縞冠

白色生絲製成的帽子，用於祭祀和喪禮。此稱漢代已行用。《禮記·玉藻》："縞冠素紕，既祥之冠也。"唐孔穎達疏："縞是生絹而近吉，當祥祭之時，身著朝服，首著縞冠，以其漸吉故也。"《通典·禮·凶禮》："縞冠，素紕。除成喪者，其祭也，朝服縞冠。"《北史·王睿傳》："睿之葬也，假親姻義舊衰絰縞冠送喪者千餘人，皆舉聲慟泣，以要榮利，時謂之義孝。"

第五節　綾綺考

綾指具有斜紋組織的絲織品。斜紋組織就是經緯連成斜綫、交織點較少的織物紋路，因而綾的光澤度和彈性較高，質地輕薄柔軟，但耐磨度較低。純桑蠶絲爲原料的斜紋織品稱爲"素綾"。最早的綾因織物表面呈現叠山形，"其文望之如冰凌之理"（《釋名·釋采帛》），故稱之爲綾。《説文·糸部》："綾，東齊謂布之細曰綾。"《正字通·糸部》："綾，織素爲文者曰綺，光如鏡面有花卉狀者曰綾。"綾的質地薄而細，柔軟順滑，光潔如鏡，舊時多爲宮用或官用；其種類繁多，除用於製作衣服之外，也是書畫裝裱的主要用料。

綾是在綺的基礎上發展起來的，有文獻記載的綾出現在漢代。《韓詩外傳》卷七："綾紈綺縠，靡麗於堂。"漢代綾的著名品種是散花綾，用多綜多躡機織造的。晋葛洪《西京雜記》卷一："霍光妻遺淳于衍蒲桃錦二十四匹，散花綾二十五匹。綾出巨鹿陳寶光家，寶光妻傳其法。霍顯召入其第使作之，機用一百二十躡，六十日成一匹，匹直萬錢。"依《西京雜記》所記，巨鹿陳寶光家出產的散花綾，儼然是當時的名牌產品，不僅市場供應量大，且作坊的規模可觀。三國時期的曹魏統治者生活極其豪奢，對綾織物的耗用非常巨大。《三國志·魏書·夏侯尚傳》："今科制，自公列侯以下，位從大將軍以上，皆得服綾錦、羅綺、紈素、金銀飾鏤之物。"這一時期紡織技術較漢時有了很大進步。上述綾機被著名的發明家馬鈞加以改革簡化，能織出禽獸、人物等較爲複雜的紋樣。《三國志·魏書·杜夔傳》："其好古存正莫及夔。"晋裴松之注："時有扶風馬鈞，巧思絶世，傅玄序之曰：馬先生，天下之名巧也。……爲博士，居貧，乃思綾機之變。不言而世人知其巧矣。舊綾機五十綜者五十躡，六十綜者六十躡。先生患其喪功費日，乃皆易以十二躡，其奇文異變，因感而作者，猶自然之成形，陰陽之無窮。"綾機之改良簡化，是中國織機史上一大進步。北魏時拓跋部受中原先進生産力的影響，大力發展絲織業，不允許私家蓄養工巧技術之匠人，更不許藏有綾機，以促進國庫紡織物産量的增加。拓跋珪時，屢見頒賜臣下布帛綢綾的記載。北齊和北周沿襲北魏制度。北齊官府紡織業設有太府寺，統左、中、右三尚方，中尚方又別領別局、涇州絲局、雍州絲局、定州紬綾局四局丞。直到唐朝前期，河北定州仍是貢奉綾錦最多的地方，且其織物非常精麗。《北齊書·祖珽傳》："出山東大文綾並連珠孔雀羅等百餘匹，令諸嫗擲樗蒲賭之，以爲戲樂。"可見當時絲織物産量之多。魏末和北齊時，官府稍微放鬆了對手工業的壟斷，放免工匠，罷諸百工。建德六年（577），又令"民庶已上，唯聽衣綢、綿綢、絲布、圓綾、紗、絹、綃、葛、布等九種，餘悉停斷，朝祭之服，不拘此例"（《周書·武帝紀》）。

隋朝的統一促進了農業生産的恢復和發展，手工業特別是紡織業進步突出。當時所産之綾，質地非常精良，有梁州的綾錦、丹陽的京口綾、會稽的吳綾等，有的被選作貢品。煬帝時，越溪進耀光綾，綾紋凸起，有光彩，組織非常精巧。唐宋是綾的極盛時期，不同等級官員的服裝，用不同顏色和紋樣的綾製作。唐朝官司營織造中設置了生産綾的專門機構，稱爲"綾作"。作坊規模龐大，組織嚴密，分工精細，武則天時期，"綾錦坊巧兒三百六十五人，內作使綾匠八十三人，掖庭綾匠百五十人，內作巧兒四十二人，配京都諸司諸使雜匠百二十五人"（《新唐書·百官志三》），可見當時唐代官司營紡織業規模之大，體系之完整。中唐以後，生産綾的作坊規模更加擴大，織機益多。《太平廣記》卷二四三引《治生·何明遠》："唐定州何明遠大富，主官中三驛，每於驛邊起店停商，專以襲胡爲業，資財巨萬，家有綾機五百張。"唐代之綾名目繁多，多作爲朝廷貢品。據《唐六典·尚書户部》《唐六典·尚書禮部》載，潤州有水紋綾、方紋綾、魚口綾、綉葉綾、花紋綾；湖州有御服烏眼綾；蘇州有緋綾；睦州有紋綾；越州有白編綾、交梭綾、十樣綾；明州有吳綾、交梭綾等等。當時定州作爲北方絲織業的中心，每年向朝廷進貢大量的細綾、瑞綾，另外還有兩窠綾、獨窠綾、大獨窠綾等。安史之亂後，社會經濟重心南移，吳越、杭州等地逐漸成爲紡織中心。宋代設有規模巨大的綾錦紡織工廠，稱爲"綾錦院"。宋綾名目較唐代而言更爲繁多，花紋和色彩上也更富麗華美。明張應文《清秘藏·叙唐宋錦綉》記有碧鸞者、白鸞者、皂鸞者、皂大花者、碧花者、薑牙者、雲鸞者、樗蒲者、大花者、雜花盤雕者、濤頭水波紋者、仙紋者、重蓮者、雙雁者、方旗者、龜子者、方鵠紋者、鸂鶒者、棗花者、叠勝者、遼國白毛者、金國迴文花者、高麗國白鷺者、花者，等等。宋代沿用唐朝傳統，仍以綾作裝裱和書畫的材料。宋趙與時《賓退録》卷六："几上有筆墨、硯石，皆精妙可玩，傍有大帙，用青綾裝飾。"張元幹《魚游春水》詞："清鏡空餘白髮添，新恨誰傳紅綾寄。"

明清時期，綾的産量逐漸減少，但具有地方特色。清代，綾是吳江名産。湖州綾有二等，散絲而織者名紃綾，合織而織者曰綫綾。桐鄉綾有花綾、素綾、錦綾諸品。簡而言之，明清時期綾之産量雖遠不及前代，但追求的却是花樣翻新，"撒花綾""月白綾"亦堪稱絶品；此時"綾羅綢緞"一詞風行於世，足見世人對綾的重視程度。

平紋地起斜紋花的絲織物就是綺。《説文·糸部》："綺，文繒也。"清段玉裁注："謂繒之有文者也。"《廣雅·釋器》："綺，彩也。"《六書故·工事六》："綺，織采爲文曰錦，織素爲文曰綺。"河南安陽殷墟婦好墓和河北藁城商代遺址出土的黏在青銅器上的絲織品就是斜紋綺，是世界上現存最古老的織花絲織標本，可見最遲至商代時候，綺已經是貴族的日常用品。綾是有素紋的絲織品，也有古人認爲綺是綾的一種。《正字通·糸部》："綾，織素爲文者曰綺，光如鏡面有花卉狀者曰綾。"古代綺有兩種：一種是雙色綺，是將生絲染色後織成的；一種是用生絲織造後染色，顏色單一。戰國至秦漢，是綺的繁盛時期，在當時的文獻中，多有對綺的描寫。《戰國策·齊策》："下宫糅羅紈，曳綺縠。"漢班固《西都賦》："隄封五萬，疆場綺分，溝塍刻鏤，原隰龍鱗。"又云："周廬千列，徼道綺錯。"古之綺紋多爲交錯之狀，長沙馬王堆漢墓出土的綺織物有菱紋綺和對鳥菱紋綺兩種。菱紋綺是由粗細綫條構成的菱形幾何圖案織物，這個在當時比較常見。在菱形中加入對稱的鳥與植物花草圖案，就是對鳥菱紋綺，顯示了當時高超的織造技術。魏晋時期將綺作爲禮服和官服材料。晋張敞《東宫舊事》載，太子納妃有"七彩杯文綺被一，絳石杯文綺被一，七彩杯文絳袴一，長命杯文綺袴一"。《晋令》曰："第三品以下，得服雜杯之綺。第六品以下，得服七彩綺。"可見，杯文綺此時廣爲應用。南北朝時，幾何紋綺出現了比漢綺更複雜的弧綫結構。唐宋時期，綺仍在絲織品中占有重要位置。據《唐六典》卷二二所載，唐少府監織染署設立專門的工廠來生產綺。唐代綺的紋樣更生活化，新疆尼雅遺址出土的唐代綺開始出現駱駝、馬、葡萄等圖案。宋綺的花紋組織浮綫加長，花明地暗，花紋則以中型幾何填花者爲多。福州黃昇墓出土的宋綺有二十餘件，具有不同的紋飾，其中的菱形菊花綺殘片用細絲經綫和一粗一細緯綫交織出菱形框和菊花紋，花地差別明顯，花紋精美逼真。宋以後，綺逐漸被暗花綾所替代，產量逐漸減少。明代之後，綺的織造技術逐漸被後起的錦、絨等織品所繼承，關於綺的記載幾乎見不到了。

綾

絲織品的一種。其質輕薄柔細，光如鏡面，紋如冰凌，且織有花卉紋樣。舊時多爲宮用或官用，種類繁多。此稱漢代已行用。《説文・糸部》："綾，東齊謂布帛之細曰綾。"《正字通・糸部》："綾，織素爲文者曰綺，光如鏡面有花卉狀者曰綾。"《韓詩外傳》卷七："綾紈綺縠，靡麗於堂。"唐白居易《賣炭翁》詩："半匹紅紗一丈綾，繫向牛頭充炭直。"《新唐書・地理志二》："海州東海郡……土貢：綾、楚布、紫菜。"《宋史・食貨志上》："帛之品十：一曰羅，二曰綾，三曰絹，四曰紗，五曰絁，六曰紬，七曰雜折，八曰絲綿，九曰綿，十曰布葛。"

【綾子】

即綾。此稱明代已行用。《明會典・禮部七一》："各色紵絲每匹折鈔五百貫，綾子各色每匹三百貫。"《兒女英雄傳》第二四回："見他頭上略帶著幾枝内款時妝的珠翠，襯著件淺桃紅碎花綾子綿襖兒。"

水紅綾

亦稱"水紅綾子"。綾的一種。呈水紅色。水紅，比紅色淡而比粉色略深。此稱明代已行用。《醒世姻緣傳》第六八回："素姐起來梳洗完備，穿了一件白絲紬小褂，一件水紅綾小夾襖，一件天藍綾機小紬衫。"《紅樓夢》第二四回："〔寶玉〕回頭見鴛鴦穿著水紅綾子襖兒，青緞子背心。"

【水紅綾子】

即水紅綾。此稱清代已行用。見該文。

緋綾

綾的一種。呈緋紅色。此稱南北朝時期已行用。北魏楊衒之《洛陽伽藍記》卷四："或以蛟龍錦賜之，亦有得緋紬緋綾者。"《新唐書・地理志五》："蘇州吳郡，雄。土貢：絲葛，絲綿，八蠶絲，緋綾，布……蛇粟。"又："杭州餘杭郡，上。土貢：白編綾、緋綾、藤紙……牛膝。"清黃遵憲《日本國志・禮俗志》："著緒紫組長六尺，袋一口，表大量綢錦，裏緋綾帛，各長七尺。"

黃綾

綾的一種。呈黃色。此稱南北朝時期已行用。《周書・晋蕩公護傳》："盛洛著紫織成纈，通身袍，黃綾裏。”元廼賢《送經筵檢討鄒魯望之北流尹》：“金篆牙牌束帶縣，黃綾小册進經筵。”

乾陁綾

一種褐色綾。乾陁，本爲香樹，以生於西域古國乾陀羅而名，其汁可染褐色，故用以稱褐色。此稱五代時期已行用。《舊五代史·梁書·太祖紀六》：“〔安南〕又進南蠻通好金器六物、銀器十二，並乾陁綾、花緂、越等雜織奇巧者各三十件。”

【乾陀】

即乾陁綾。此稱北朝時期已行用。《魏書·島夷蕭衍傳》：“於是内外百官，共斂珍寶而贖之。衍每禮佛，舍其法服，著乾陀袈裟。令其王侯子弟皆受佛誡。”

青綾

綾的一種。其質色青而有花紋，古時貴族常用以製被服帷帳。此稱南北朝時期已行用。北周庾信《謝趙王賚白羅袍袴啓》：“永無黃葛之嗟，方見青綾之重。”《太平御覽》卷三五七引《陶公故事》曰：“臣侃奉獻金華大羌楯五十幡，青綾金華楯五十幡。”宋蘇軾《觀杭州鈐轄歐育刀劍戰袍》詩：“青綾衲衫暖襯甲，紅綫勒帛光遶脇。”按，衲，一本作“納”；帛，一本作“巾”。清厲鶚《水龍吟》詞：“碧鏡春酥，青綾秋夢，紫簫幽怨。”

紫綾

綾的一種。以呈紫色而得名。此稱宋代已行用。《宋史·儀衛志六》：“王公所給幢，黑漆柄，紫綾袋。”又《輿服志二》：“綢以紫綾複囊，又加碧油絹袋。”清王初桐《奩史》卷二〇引《古夫于亭雜録》：“嘗游虎邱，時有兄之喪，

上襲麻衣而内著紫綾褌。”

碧綾

綾的一種。其質呈青綠色。此稱南北朝時期已行用。南朝宋劉義慶《世説新語·汰侈》：“君夫作紫絲布步障碧綾裏四十里。”《宋史·職官志十一》：“春、冬各碧羅、碧綾半匹，黃絹、生白絹各一匹，綿八兩。”唐姚汝能《安禄山事迹》卷上：“金銅銨具、綉綾頡夾帶、碧綾峻旗、色絲綃百副。”

藕色綾

綾的一種。以呈藕色而得名。藕色，淺灰而微紅，亦稱“藕合綾”“藕灰綾”。此稱清代已行用。《紅樓夢》第四六回：“只見他穿著半新的藕色綾襖。”

雜色綾

綾的一種。以呈多種顏色而得名。此稱漢代已行用。《後漢書·西域傳》：“刺金縷綉，織成金縷罽、雜色綾。”《藝文類聚》卷八五：“《魏略》曰：大秦國有金縷雜色綾。”清厲鶚《遼史拾遺》卷一五：“正旦則遺以金花銀器白銀器各十件；雜色綾羅紗縠絹二千匹；雜綵二千匹。”

松花色綾子

綾的一種。以呈松花色而得名。此稱清代已行用。《紅樓夢》第九〇回：“〔鳳姐〕到了自己房中，叫平兒取了一件大紅洋縐的小襖兒，一件松花色綾子，一斗珠兒的小皮襖……包好叫人送去。”

烏綾

綾的一種。呈黑色。此稱明代已行用。《西游記》第一八回：“那老者戴一頂烏綾巾，穿一領葱白蜀錦衣。”明唐寅《冬日睡起》：“白木

栖床厚叠氈，烏綾夾被緊搵肩。"清況周頤《菩薩蠻·美人辮髮》："衫羅防污却，巧製烏綾托。私問上鬟期，平添阿母疑。"

宮綾

一種有圖案的精美光潔的絲織品。多爲皇宮內所用。此稱唐代已行用。唐張彥遠《歷代名畫記·唐朝下》："〔陵陽公竇師綸〕凡創瑞錦宮綾，章彩奇麗，蜀人至今謂之陵陽公樣。"明李東陽《次韻白宗璞員外使密雲途中遇雪》："此夜宮綾寒不寐，未知清景屬誰家。"清弘曆《元旦試筆》其二："寶鴨夕熏燃苑柏，華粉春勝剪宮綾。"

瑞綾

綾的一種。以織有祥瑞之紋飾而得名。此稱唐代已行用。《新唐書·地理志三》："定州博陵郡……土貢：羅、紬、細綾、瑞綾、兩窠綾、獨窠綾、二包綾、熟線綾。"

秋綾

亦稱"秋衣綾"。多用以製作秋衣。此稱金代已行用。《金史·百官志四》："百官司俸給。正一品：三師，錢粟三百貫石，麴米麥各五十稱石，春衣羅五十匹，秋衣綾五十匹，春秋絹各二百匹，綿千兩。"又："平章政事，錢粟一百九十貫石，麴米麥各二十八稱石，春羅秋綾各二十五匹，絹各九十五匹，綿四百五十兩。"元胡祇遹《寶鈔法》："所謂月俸，貫石相半，春羅秋綾斟酌給降，足以養廉。"

【秋衣綾】

即秋綾。此稱金代已行用。見該文。

繚綾

綾的一種。質地細緻，文彩華麗。古以越地（今江浙一帶）所產爲貴，唐代曾爲貢品。此稱唐代已行用。唐白居易《繚綾》詩："繚綾繚綾何所似？不似羅綃與紈綺……繚綾織成費功績，莫比尋常繒與帛。"自注："繚綾，越中所織，貞元中歲入貢。"按，"功績"之功，一本作"工"。《新唐書·李德裕傳》："〔敬宗〕又詔索盤絛繚綾千匹。"清焦秉貞《耕織圖·織目·剪帛圖詩》："低眉事機杼，細意把刀尺……大勝漢繚綾，粉浣不再著。"

遼國綾

綾的一種。古代遼國所產。此稱宋代已行用。清谷應泰《博物要覽·志錦》後附："宋綾名目：白毛綾、遼國綾、迴文綾。"

花綾

綾之一種。其織有花卉圖案而得名。此稱清代已行用。《紅樓夢》第五一回："又看包袱，只得一個彈墨花綾水紅綢裏的夾包袱，裏面只包著兩件半舊棉襖與皮褂。"清李漁《風箏誤》："五兩綿繩、六錢絲綫、七寸花綾、八寸光絹、九幅裙拖、十尺鞋面，樣樣要揀十全。"清陳元龍《格致鏡原》卷二七："漢時已有綾矣，疑褚公所造，乃今之花綾耳。"

撒花綾

花綾之一種。織有散碎小花圖案。此稱清代已行用。《紅樓夢》第三回："下面半露松花撒花綾褲，錦邊彈墨襪，厚底大紅鞋。"

碧花綾

花綾的一種。織有翠綠色花朵圖案。此稱宋代已行用。宋周密《齊東野語·紹興御府書畫式》卷六："蘇軾、文與可雜畫：用皂大花綾褾，碧花綾裏，黃白綾雙引首，烏犀或瑪瑙軸。"清谷應泰《博物要覽·志錦》後附："宋綾名目：皂大花綾、碧花綾。"

鏡花綾

亦作"鑑花綾"。花綾的一種。織有鏡花圖案。鏡花，指菱花鏡，亦指菱花。此稱唐代已行用。《新唐書·地理志二》："兗州魯郡，上都督府。土貢：鏡花綾、雙距綾、絹、雲母、防風、紫石。"清谷應泰《博物要覽·志錦》後附："宋綾名目：棗花綾、鑑花綾、叠勝綾。"

【鑑花綾】

同"鏡花綾"。鑑，通"鏡"。此體清代已行用。見該文。

雲花

花綾的一種。以質織有雲花圖案而得名。《新唐書·地理志二》："蔡州汝南郡……土貢：瑁玉棋子，四窠、雲花、龜甲、雙距、溪鶩等綾。"

棗花綾

花綾的一種。織有棗花圖案。此稱宋代已行用。清谷應泰《博物要覽·志錦》後附："宋綾名目：鸂鶒綾、棗花綾、鑑花綾。"

雜花綾

花綾的一種。以織有雜碎小花圖案而得名。此稱宋代已行用。清谷應泰《博物要覽·志錦》後附："宋綾名目：大花綾、雜花綾、盤鵰綾。"

大花綾

花綾的一種。織有大花圖案。此稱宋代已行用。宋王十朋《會稽三賦·會稽風俗賦》卷上："龍精儦儦，吐絲滿室；萬草千華，機軸中出；綾紗繒縠，雪積縑匹。"宋周世則注："《圖經》：'越貢花紗、白編綾、交梭紗……十樣綾、大花綾、編文紗、花羅。'"清谷應泰《博物要覽·志錦》後附："宋綾名目：樗蒲綾、大花綾、雜花綾。"

皂大花綾

花綾的一種。呈黑色，且織有大花圖案。此稱宋代已行用。宋周密《齊東野語·紹興御府書畫式》卷六："蘇軾、文與可雜畫：用皂大花綾褾，碧花綾裏，黃白綾雙引首，烏犀或瑪瑙軸。"清谷應泰《博物要覽·志錦》後附："宋綾名目：皂鸞綾、皂大花綾、碧花綾。"

彈墨花綾

花綾的一種。此稱清代已行用。《紅樓夢》第五一回："又看包袱，只得一個彈墨花綾水紅綢裏的夾包袱，裏面只包著兩件半舊棉襖與皮褂。"

彩綾

綾的一種。具彩色花紋。此稱唐代已行用。《舊唐書·玄宗本紀下》："宴群臣，賜右相絹一千五百匹，彩羅三百匹，綵綾五百匹。"《太平廣記·雜録四》："又列犢車五十乘，實以綵綾。"《紅樓夢》第一七回："倏爾綵綾輕覆，竟如幽戶。"

紋綾

綾的一種。織有彩色花紋。此稱唐代已行用。《新唐書·地理志四》："澧州澧陽郡，上。土貢：紋綾、紵練縛巾、犀角、竹簟、光粉、柑橘、恒山、蜀漆。"

【文綾】

同"紋綾"。文，通"紋"。此體唐代已行用。《新唐書·地理志二》："河南府河南郡，本洛州，開元元年爲府。土貢：文綾、繒、縠、絲葛、蜒埴盎缶、枸杞、黃精、美果華、酸棗。"又《地理志五》："睦州新定郡……土貢：

文綾、簟、白石英、銀花、細茶。"清王初桐《奩史》卷四八引《文房寶飾》:"薛濤養硯以文綾蓋,貴乎隔塵。"《花月痕》第三回:"原來三間小屋,將東首一間隔作臥室,外面兩間,遍裱著文綾。"

水紋綾

紋綾的一種。織有水形花紋。此綾唐代已有。《新唐書·地理志五》:"潤州丹陽郡……土貢:衫羅、水紋、方紋、魚口、綉葉、花紋等綾。"

方紋綾

亦作"方文綾"。紋綾的一種。織有方形花紋。此稱唐代已行用。《舊唐書·韋聖傳》:"船中皆有米,吳郡即三破糯米、方文綾。"《新唐書·地理志二》:"滑州靈昌郡……土貢:方紋綾、紗、絹、蘆席、酸棗人。"又《地理志四》:"江陵府江陵郡……土貢:方紋綾、貲布、柑、橙、橘、椑、白魚、糖蟹、梔子、貝母、覆盆、烏梅、石龍芮。"

【方文綾】

同"方紋綾"。文,通"紋"。此體唐代已行用。見該文。

花紋綾

紋綾的一種。織有花色。此綾唐代已有。《新唐書·地理志五》:"越州會稽郡,中都督府。土貢:寶花、花紋等羅,白編、交梭、十樣花紋等綾。"又:"潤州丹陽郡……土貢:衫羅、水紋、方紋、魚口、綉葉、花紋等綾。"

魚口綾[1]

紋綾的一種。織有魚口花紋。此綾唐代已有。《新唐書·地理志五》:"潤州丹陽郡……土貢:衫羅、水紋、方紋、魚口、綉葉、花紋等綾。"

綉葉綾[1]

紋綾的一種。織有綉葉花紋。此綾唐代已有。《新唐書·地理志五》:"潤州丹陽郡……土貢:衫羅、水紋、方紋、魚口、綉葉、花紋等綾。"

清頭水波紋綾

紋綾的一種。以織有清頭水波紋而得名。此稱宋代已行用。清谷應泰《博物要覽·志錦》後附:"宋綾名目:盤鵰綾、清頭水波紋綾、仙紋綾。"

方縠紋綾

紋綾的一種。其質輕薄,且織有方形花紋。此稱宋代已行用。清谷應泰《博物要覽·志錦》後附:"宋綾名目:龜子綾、方縠紋綾、鸂鶒綾。"

仙紋綾

綾的一種。仙紋,是對紋飾達到高妙境界的美稱。此稱唐代已行用。《新唐書·地理志二》:"青州北海郡,望。土貢:仙紋綾、絲、棗、紅藍、紫草。"清谷應泰《博物要覽·志錦》:"宋綾名目:仙紋綾、重蓮綾、雙雁綾。"

迴文綾

綾的一種。以織有迴文詩而得名。此稱宋代已行用。清谷應泰《博物要覽·志錦》:"宋綾名目……遼國綾、迴文綾、白鷺花綾。"

白綾

綾的一種。以呈白色而得名。此稱宋代已行用。宋人宋敏求《春明退朝錄》卷中:"白綾大紙七張,法錦褾,大牙軸,色帶。"《宋史·輿服志四》:"白綾韈,皂皮履。"明王圻等《三才圖會·器用·纛旗》:"杆高一丈六尺,旗大一丈，黑綠段爲之，白綾爲邊，纓頭飾以珠絡，極其華麗。"《金瓶梅詞話》第七回："裙邊露出一對剛三寸、恰半扠、一對尖尖趫趫金蓮脚來，穿著大紅遍地金雲頭白綾高底鞋兒。"《醒世姻緣傳》第七一回："童奶奶從袖中取出一個月白綾汗巾，吊著一個白綾肚、青綢找口的合包。"《紅樓夢》第一〇九回："只見妙玉頭帶妙常冠……腰下繫一條淡墨畫的白綾裙，手執塵尾念珠。"

【白綾子】

即白綾。此稱明代已行用。明華廣生《白雪遺音·馬頭調·奇怪奇怪二》："我那鞋，白綾子高底，大紅緞子幫兒，綠絲綾鎖口。"《蕩寇志》卷五："他女兒也改作軍官打扮，是一件白綾子大鑲邊的戰袍。"

大白綾

白綾的一種。其質寬幅。此稱金代已行用。《金史·百官志四》："官誥……四品、五品，紅遍地水藻戲鱗錦褾，大白綾十幅，銀裏間鍍軸。"

小白綾

白綾的一種。其質窄幅。此稱金代已行用。《金史·百官志四》："官誥……六品、七品，紅遍地草錦褾，小白綾八幅，角軸，大安加銀縷。"

月白綾

亦稱"月白綾子"。綾的一種。呈月白色。此稱明代已行用。《醒世姻緣傳》第七一回："童奶奶從袖中取出一個月白綾汗巾，吊著一個白綾肚、青綢找口的合包。"《紅樓夢》第五七回："跟他的小丫頭子小吉祥兒沒衣裳，要借我的月白綾子襖兒。"

【月白綾子】

即月白綾。此稱清代已行用。見該文。

白毛綾

綾的一種。以呈白毛狀而得名。此稱宋代已行用。清谷應泰《博物要覽·志錦》後附："宋綾名目：叠勝綾、白毛綾、遼國綾。"

白編綾

綾的一種。此稱唐代已行用。《新唐書·地理志五》："越州會稽郡，中都督府。土貢：寶花、花紋等羅，白編、交梭、十樣花紋等綾。"又："杭州餘杭郡，〔上。〕土貢：白編綾、緋綾、藤紙、木瓜。"宋王十朋《會稽三賦·會稽風俗賦》卷上："龍精儵儵，吐絲滿室；萬草千華，機軸中出；綾紗繒縠，雪積縑匹。"宋周世則注："《圖經》：'越貢花紗、白編綾、交梭綾……十樣綾、大花綾、編文紗、花羅。'"

黃白綾

黃綾與白綾的合稱。此稱宋代已行用。宋周密《齊東野語·紹興御府書畫式》："蘇軾、文與可雜畫：用皂大花綾褾，碧花綾裏，黃白綾雙引首，烏犀或瑪瑙軸。"

素綾

素色綾；白色綾。此稱宋代已行用。宋周必大《文忠集·録洪景盧容齋續筆》："唐進士登科有録相傳已久……小録猶用唐制，以素綾爲軸，貼以金花。"清王初桐《奩史》卷四五引《子真畫譜》："張雲叟臨江而居，其妻遺一素綾鯉魚，首尾宛然，腹藏短牘，但未畫鱗甲耳。"

銀紅素綾

素綾的一種。以呈銀紅色而得名。此稱明代已行用。《醒世姻緣傳》第一回："晁大舍説道：'你説的有理……你明日把那一件石青色灑綾披風尋出來，再取出一匹銀紅素綾做裏，叫陳裁縫來做了，那日馬上好穿。'"

素五色綾

綾的一種。以爲素地，織有五色花紋而得名。此稱金代已行用。《金史·百官志四》："官誥……二品、三品，紅遍地龜蓮錦褾，素五色綾十二幅，玳瑁軸。"

鸞綾

織有鸞鳥圖案的絲織品。此稱明代已行用。明王恭《送鄭居仁以楷書赴召》："高閣陰陰繞鳳池，紫花鸞綾光陸離。"清王士禛《南唐宮詞》之三："篔錦鸞綾萬卷殊，澄心堂裏皂羅厨。"

白鸞綾

綾的一種。以織有白色鸞鳥圖案而得名。宋代常用於裝裱雜畫橫軸。此稱宋代已行用。宋周密《齊東野語·紹興御府書畫式》卷六："僧梵隆雜畫橫軸：樗蒲錦褾，碧鸞綾裏，白鸞綾引首，瑪瑙軸。"清谷應泰《博物要覽·志錦》後附："宋綾名目：碧鸞綾、白鸞綾、皂鸞綾、皂大花綾。"

白大鸞綾

白鸞綾的一種。以織有白色大鸞鳥圖案而得名。宋代常用於裝裱六朝名畫。此稱宋代已行用。宋周密《齊東野語·紹興御府書畫式》卷六："六朝名畫橫卷：用克絲作樓臺錦褾，青絲筆文錦裏，次等用碧鸞綾裏，白大鸞綾引首，高麗紙贉，出等白玉碾花軸。"

白鸞雀綾

綾的一種。以織有白色鸞雀圖案而得名。此稱宋代已行用。清谷應泰《博物要覽·志錦》後附："宋綾名目：迴文綾、白鸞花綾、白鸞雀綾。"

皂鸞綾

綾的一種。以織有黑色鸞鳥圖案而得名。宋代常用於裝裱六朝名畫挂軸。此稱宋代已行用。宋周密《齊東野語·紹興御府書畫式》卷六："六朝名畫挂軸：用皂鸞綾上下褾，碧鸞綾托褾，檀香軸桿，上等玉軸。"清谷應泰《博物要覽·志錦》後附："宋綾名目：皂鸞綾、皂大花綾、碧花綾。"

碧鸞綾

綾的一種。以織有碧綠色鸞鳥圖案而得名。宋代常用於裝裱雜畫橫軸。此稱宋代已行用。宋周密《齊東野語·紹興御府書畫式》卷六："僧梵隆雜畫橫軸：樗蒲錦褾，碧鸞綾裏，白鸞綾引首，瑪瑙軸。"清谷應泰《博物要覽·志錦》後附："宋綾名目：碧鸞綾、白鸞綾、皂鸞綾。"

雲鸞綾

綾的一種。以織有雲霞、鸞鳥圖案而得名。此稱宋代已行用。清谷應泰《博物要覽·志錦》後附："宋綾名目：雲鸞綾、樗蒲綾，大花綾。"

雲鸞白綾

雲鸞綾的一種。以呈白色而得名。此稱宋代已行用。宋周密《齊東野語·紹興御府書畫式》卷六："出等真迹法書，兩漢、三國、二王、六朝、隋、唐君臣墨迹：用克絲作樓臺錦褾，青綠篔文錦裏，大薑牙雲鸞白綾引首，高麗紙贉。"

紅 [2]

紅色綾羅等織物。舊時常用作禮物。此稱唐代已行用。唐楊汝士《賀筵占贈營妓》："一

曲高歌紅一匹，兩頭娘子謝夫人。"原注："紅，
一作綾。"元關漢卿《救風塵》第三折："〔周
舍〕云：'待我買紅去。'〔正旦〕云：'休買紅，
我箱子裏有一對大紅羅。'"

鶴綾

綾的一種。以織有仙鶴圖案，色白而得名。
此稱晋代已行用。《晋書·盧志傳》："帝悦，賜
志絹二百匹、綿百斤、衣一襲、鶴綾袍一領。"
唐張鷟《鴻臚寺中土蕃使人素知物情慕此處綾
錦及弓箭等物請市未知可否》："觀鶴綾之絢爛，
彩映冰霜；睹鳳錦之紛葩，光含日月。"《後紅
樓夢》第一四回："這林良玉送來的珠簾寶笥、
鶴綾鴛綺，也就不必説了。"

五色鶴綾

鶴綾的一種。以呈五色紋而得名。此稱唐
代已行用。唐徐夤《賀清源太保王延〔彬〕》詩
之二："五色鶴綾花上敕，九霄龍尾道邊臣。"

白鷺花綾

綾的一種。以織有鷺鳥、花卉圖案而得名。
此稱宋代已行用。清谷應泰《博物要覽·志錦》
後附："宋綾名目：迴文綾、白鷺花綾、白鸞
雀綾。"

盤鵰綾

綾的一種。以織有盤旋飛翔之鵰圖案而
得名。此稱宋代已行用。清谷應泰《博物要
覽·志錦》後附："宋綾名目：雜花綾、盤鵰
綾、清頭水波紋綾。"

雙雁綾

綾的一種。以織有雙雁圖案而得名。此稱
宋代已行用。清谷應泰《博物要覽·志錦》後
附："宋綾名目：重蓮綾、雙雁綾、方碁綾。"

溪鶒綾

綾的一種。以織有溪鶒圖案而得名。溪鶒，
水鳥名，形似鴛鴦而稍大，毛有五色而多紫，
好并游。此稱唐代已行用。《新唐書·地理志
二》："蔡州汝南郡……土貢：瑁玉棋子，四窠、
雲花、龜甲、雙距、溪鶒等綾。"元戴侗《六書
故》卷一九："鶒，耻力切，水鳥匹游者，雄者
五采，翹首桤尾，多在清溪中。野人或謂溪鶒
或謂鸂鶒。"清《續通志·昆蟲草木略·禽類》：
"溪鶒，一名溪鴨，一名紫鴛鴦。"

【鸂鶒綾】

同"溪鶒綾"。此體唐代已行用。《唐會要》
卷五八："其申、光、蔡等州今所貢鸂鶒綾生
石斛等。"清谷應泰《博物要覽·志錦》後附：
"宋綾名目：方縠紋綾、鸂鶒綾、棗花綾。"

雙距綾

綾的一種。以織有雄鷄圖案而得名。雙距，
本指雄鷄兩腳後突起的部分，爭鬥時用以刺傷
對方，因而常代指雄鷄。此稱唐代已行用。《新
唐書·地理志二》："蔡州汝南郡……土貢：瑁
玉棋子，四窠、雲花、龜甲、雙距、溪鶒等
綾。"又："兗州魯郡，上都督府。土貢，鏡花
綾、雙距綾、絹、雲母、防風、紫石。"

龜甲綾

綾的一種。以織有龜甲圖案而得名。此
綾唐代已有。《新唐書·地理志二》：蔡州汝南
郡……土貢：瑁玉棋子，四窠、雲花、龜甲、
雙距、溪鶒等綾。"

龜子綾

綾的一種。以織有幼龜圖案而得名。龜子，
龜兒、幼龜。此稱宋代已行用。清谷應泰《博
物要覽·志錦》後附："宋綾名目：方綾、龜子

綾、方轂紋綾。"

吳綾

產於古代吳地有紋彩的綾，以輕薄著稱。此稱唐代已行用。《新唐書・代宗紀六》："四月戊寅，藍田西原地陷。禁大綢，竭鑿六破錦及文紗吳綾爲龍、鳳、麒麟、天馬、辟邪者。"又《新唐書・地理志五》："明州餘姚郡，上……土貢：吳綾、交梭綾、海味、署預、附子。"五代薛昭蘊《醉公子》詞："慢綰青絲髮，光硎吳綾襪。"元湯式《一枝花・贈美人》套曲："價重如齊紈魯縞，名高似蜀錦吳綾。"乾隆《吳江縣志》卷五："吳綾見稱往昔，要唐充貢。今郡屬惟吳江有之，邑西南境多業此，名品不一，往往以其所產地爲稱（如溪綾、蕩北、南濱之類）。其紋之擅名於古，而至今相沿者，方紋及龍鳳紋，至所稱天馬辟邪之紋，今未見之。其創於後代者，奇巧日增，不可殫記。"

蜀紋

泛指蜀地所織的綾錦。此稱唐代已行用。唐羅鄴《覽陳丕卷》詩："謾把蜀紋當畫展，徒誇湘碧帶春流。"按，春，一本作"眷"。宋胡仔《苕溪漁隱叢話》卷二四："景祐元年仲春，子美於蜀紋紙上楷寫，字極端勁可愛。""紋"，宋本作"綾"。

窠綾

窠綾類的泛稱。以織有團花圖案而得名。窠，織物上的團花式樣。此稱唐代已行用。《新唐書・地理志三》："定州博陵郡……土貢：羅、紬、細綾、瑞綾、兩窠綾、獨窠綾、二包綾、熟綫綾。"清曹寅《暢春苑張燈賜宴歸舍恭紀》詩之一："閣外蒼山排玉笋，盤中珍果薦窠綾。"

獨窠綾

窠綾的一種。以織有單朵團花圖案而得名。此稱唐代已行用。《新唐書・地理志三》："定州博陵郡……土貢：羅、紬、細綾、瑞綾、兩窠綾、獨窠綾、二包綾、熟綫綾。"又《地理志五》："揚州廣陵郡……土貢：金、銀、銅器、青銅器、綿、蕃客、袍錦、半臂錦、獨窠綾、殿額莞席。"唐李賀《梁公子》詩："御篦銀沫冷，長簟鳳窠斜。"王琦彙解："唐時有獨窠綾、兩窠綾。所謂窠者，即團花也。鳳窠，織作團花爲鳳凰形者耳。"

兩窠綾

窠綾的一種。以織有兩朵團花而得名。此稱唐代已行用。《新唐書・地理志三》："定州博陵郡……土貢：羅、紬、細綾、瑞綾、兩窠綾、獨窠綾、二包綾、熟綫綾。"唐李賀《梁公子》詩："御篦銀沫冷，長簟鳳窠斜。"王琦彙解："唐時有獨窠綾、兩窠綾。所謂窠者，即團花也。"

四窠綾

窠綾的一種。以織有四朵團花而得名。此綾唐代已有。《新唐書・地理志二》："蔡州汝南郡……土貢：瑎玉子、四窠、雲花、龜甲、雙距、溪鶩等綾。"

重蓮綾

綾的一種。以織有兩朵或多朵蓮花而得名。此稱宋代已行用。宋樂史《太平寰宇記・劍南東道五》："土產：獠布、當歸、重蓮綾、絹。"清谷應泰《博物要覽・志錦》後附："宋綾名目：仙紋綾、重蓮綾、雙雁綾。"

楝綾

綾的一種。以織紋如楝木而得名。此稱宋

代已行用。宋陸佃《埤雅·釋木二》："羅錦猶言杉錦，棟綾也，羅錦明，杉錦暗。"明楊慎《升菴集·杉錦棟綾》："檴木之文如羅，棟木之文如綾也。初則木文如織，後則織文如木，故有檴羅、杉錦、棟綾之號。"

綉葉綾[2]

綾的一種。以綉有花葉圖案而得名。《新唐書·地理志五》："潤州丹楊郡……土貢：衫羅、水紋、方紋、魚口、綉葉、花紋等綾。"

柿葉綾

綾名。以織有柿葉紋飾而得名。此稱晋代已行用。清厲荃《事物異名録·布帛·綾》引晋郭義恭《廣志》："柿葉，今時綾名。"元吕誠《寒食郊行》詩："市橋風旆梨花酒，游女春衫柿葉綾。"

柿蒂綾

省稱"柿蒂"。亦稱"枾蒂""柿幕"。綾名。唐白居易《白氏六帖事類集·綾》卷八："竹根、柿蒂、馬眼、蛇皮，已上四種，今時綾名。"又《杭州春望》詩："紅袖織綾誇柿幕，青旗沽酒趁梨花。"一本作"枾蒂"。

【柿蒂】

即柿蒂綾。此稱唐代已行用。見該文。

【枾蒂】

即柿蒂綾。同"柿蒂"。按：枾，後作"柿"。此稱唐代已行用。見該文。

【柿幕】

即柿蒂綾。同"柿蒂"。按：幕，後作"蒂"。此稱唐代已行用。見該文。

竹根綾

綾的一種。以織有竹根狀紋飾而得名。唐白居易《白氏六帖事類集·綾》卷八："竹

根、柿蒂、馬眼、蛇皮，已上四種，今時綾名。"唐李嶠《綾》詩："馬眼冰凌影，竹根雪霰文。"

交梭綾

省稱"交梭"。綾的一種。此稱唐代已行用。《新唐書·地理志五》："越州會稽郡，中都督府。土貢：寶花、花紋等羅，白編、交梭、十樣花紋等綾。"又："明州餘姚郡……土貢：吳綾、交梭綾、海味、署預、附子。"又《地理志六》："彭州濛陽郡……土貢：段羅、交梭。"宋王十朋《會稽三賦·會稽風俗》卷上："龍精儵儵，吐絲滿室；萬草千華，機軸中出；綾紗繒縠，雪積縑匹。"宋周世則注："《圖經》：'越貢花紗、白編棱、交梭綾……大花棱、編文紗、花羅。'"

【交梭】

"交梭綾"之省稱。此稱唐代已行用。見該文。

鳥眼綾

亦稱"烏眼綾"。綾的一種。此稱唐代已行用。《新唐書·地理志五》："湖州吳興郡……土貢：御服、鳥眼綾、折皂布、綿紬、布、紵……金沙泉。"中華書局點校本校勘記："鳥眼綾，'鳥'，十行，汲、殿、局本均作'烏'，衲本作'鳥'。"

【烏眼綾】

即鳥眼綾。此稱唐代已行用。見該文。

馬眼綾

唐朝時綾的一種。以織有馬眼狀環形紋飾而得名。唐白居易《白氏六帖事類集·綾》卷八："竹根、柿蒂、馬眼、蛇皮，已上四種，今時綾名。"唐李嶠《綾》詩："馬眼冰凌影，竹

根雪霰文。"

魚口綾 [2]

綾的一種。以織有魚口狀花紋而得名。《新唐書·地理志五》："潤州丹陽郡……土貢：衫羅、水紋、方紋、魚口、綉葉、花紋等綾，火麻布、竹根、黃粟。"

蛇皮綾

唐朝時綾的一種。以織有蛇皮狀紋飾而得名。唐白居易《白氏六帖事類集·綾》卷八："竹根、柿蒂、馬眼、蛇皮，已上四種，今時綾名。"

方碁綾

綾的一種。以織有方形盤及棋子圖案而得名。碁，後作"棋"。此稱宋代已行用。清谷應泰《博物要覽·志錦》後附："宋綾名目：雙雁綾，方碁綾，龜子綾。"

叠勝綾

綾的一種。叠勝，即叠雙勝。以織有連續重叠的雙勝紋飾而得名。雙勝，由兩個菱形或圓形部分重叠相套，圖案類◇◇，或類○○。此稱宋代已行用。清谷應泰《博物要覽·志錦》後附："宋綾名目：鑑花綾，叠勝綾，白毛綾。"

樗蒲綾

綾的一種。以織有樗蒲戲圖案而得名。樗蒲，亦稱"樗蒱""摴蒲""樗博"，古代一種博戲。此稱唐代已行用。《新唐書·地理志六》："遂寧郡，中都督府。土貢：樗蒲綾、絲布、天門冬。"清谷應泰《博物要覽·志錦》後附："宋綾名目：雲鸞綾、樗蒲綾、大花綾。"

二包綾

綾的一種。此稱唐代已行用。《新唐書·地理志三》："定州博陵郡……土貢：羅、紬、細綾、瑞綾、兩窠綾、獨窠綾、二包綾、熟綫綾。"

十樣綾

綾的一種。此稱宋代已行用。宋王十朋《會稽三賦·會稽風俗賦》卷上："龍精儵儵，吐絲滿室；萬草千花，機軸中出；綾紗繒縠，雪積縑匹。"宋周世則注："《圖經》：'越貢花紗，白編綾、交梭綾……十樣綾，大花綾，編紋紗，花羅。'"《新唐書·地理志五》："越州會稽郡，中都督府，土貢：寶花、花紋等羅、白編、交梭、十樣花紋等綾。"

雙絲綾

綾的一種。此稱唐代已行用。《新唐書·地理志二》："徐州彭城郡，緊，土貢：雙絲綾、絹、綿紬、布、刀錯、紫石。"《宋史·地理志二》："貢雙絲綾、紬、絹。"

繳絲綾

省稱"繳"。綾的一種。此稱宋代已行用。《廣韻·上旱》："繳絲綾，今作繳。"清《皇朝通典》卷五五："京官一品儀從，杏黃繳一，青扇二，飾以圓金四，各用清漢文書銜。"

【繳】

"繳絲綾"之省稱。此稱宋代已行用。見該文。

熟綫綾

綾的一種。此稱唐代已行用。唐段成式《酉陽雜俎·忠志》卷一："安錄山恩寵莫比，錫賚無數，其所賜品目有桑落酒……熟綫綾接勒。"《新唐書·地理志三》："定州博陵郡……土貢：羅、紬、細綾、瑞綾、兩窠綾、獨窠綾、二包綾、熟綫綾。"

雙紃綾

綾的一種。此稱唐代已行用。《新唐書·地理志六》："綿州巴西郡……土貢：鏤金銀器、麩金、輕容、雙紃綾、錦、白藕、蔗。"又："普州安岳郡……土貢：雙紃、葛布、柑、天門冬煎。"

細綾

綾的一種。紋飾細密。此稱唐代已行用。《漢書·高帝紀下》："賈人毋得衣錦、绣、綺、縠、絺、紵。"唐顏師古注："綺，文繒也，即今之細綾也。"《新唐書·地理志三》："定州博陵郡……土貢：羅、紬、細綾、瑞綾、兩窠綾、獨窠綾、二包綾、熟線綾。"

研綾

綾的一種。其質地緊密光亮，有花紋，供書寫用。研，用光石碾磨。此稱宋代已行用。宋周邦彥《虞美人》詞："研綾小字夜來封，斜倚曲闌，凝睇數歸鴻。"宋方千里《醉桃源》詞："良宵相對一燈青，相思寫研綾。"

圓綾

綾的一種。此稱南北朝時期已行用。《周書·武帝紀下》："戊寅，初令民庶已上，唯聽衣紬、綿綢、絲布、圓綾、紗、絹、綃、葛、布等九種，餘悉停斷。"《資治通鑑·陳宣帝太建九年》亦有此文，元胡三省注："圓綾，土綾也，亦謂之花絹。"

【土綾】

即圓綾。此稱元代已行用。《資治通鑑·陳宣帝太建九年》元胡三省注："圓綾，土綾也，亦謂之花絹。"《皇清職貢圖》卷三："婦勤於紡織，土綾土布民間亦多。"

【花絹】[2]

即圓綾。此稱元代已行用。《資治通鑑·陳宣帝太建九年》元胡三省注："圓綾，土綾也，亦謂之花絹。"明沈榜《宛署雜記》卷二〇："青絹卓幃、花絹坐褥各一件，幃褥裏青布二丈四尺。"清徐松《宋會要輯稿·蕃夷四》："其聚落處各有主管官僚，所用惟銀器，並以花絹爲幕。"

綞

亦稱"綞子"。綾的一種。此稱晉代已行用。《廣韻·上果》："綞，綞子，綾。出《字林》。"

【綞子】

即綞。此稱三國時期已行用。見該文。

紗綾

綾的一種。質地細薄似紗而得名。此稱清代已行用。《紅樓夢》第一〇五回："綢緞一百三十卷，紗綾一百八十卷。"《皇清職貢圖》卷一："〔大西洋翁加里亞國〕婦人能通文字，刺綉工巧，出門必蒙紗綾蔽面。"

羅綾

綾的一種，以似羅疏細而有花紋而得名。此稱南北朝時期已行用。南朝梁劉孝標《登郁洲山望海》詩："雲錦曜石嶼，羅綾文水色。"也是羅與綾的合稱。《金史·百官志四》："百官司俸給……從一品：左右丞相、都元帥、樞密使、郡王、開府儀同、錢粟二百貫石、麴米各三十稱石，春秋羅綾各三十匹，絹各一百匹，綿各五百兩，平章政事……春羅秋綾各二十五匹，絹各九十五匹，綿四百五十兩，大宗正，錢粟一百八十貫石，麴米麥各二十五稱石，羅綾同上，絹各九十匹，綿四百兩。"

縑綾

泛指質地細薄的綾織品，細絹。此稱五代

時期已行用。《舊五代史·唐書·莊宗紀七》："近年已來，婦女服飾，異常寬博，倍費縑綾。"宋蘇頌《次韻柳郎中二咏》："休嗟拋擲縑綾貴，據榻猶勝枕杙眠。"

綾紈

綾與紈。泛指質地細薄的絲織品。此稱漢代已行用。《韓詩外傳》卷七："綾紈綺縠，靡麗於堂。"《後漢書·孝桓帝紀贊》："皇身靡續。"唐李賢注引晋皇甫謐《帝王紀》曰："紂多發美女以充傾宮之室，婦人衣綾紈者三百餘人。"《藝文類聚》卷六九引《六韜》曰："桀紂之時，婦女坐以文綺之席，衣以綾紈之衣。"

綾錦

綾與錦。泛指絲織品。此稱漢代已行用。《後漢書·西南夷傳》："〔哀牢夷〕知染采文繡，罽㲲帛叠、蘭干細布，織成文章如綾錦。"元張憲《子夜吳聲四時歌》其三："白苧鴉頭襪，紅綾錦勒靴。"明王世貞《樂府變十章·遼陽悼》："綾錦出北巷，貨貝出南廛。"

綾羅綢緞

泛指絲織品。此稱明代已行用。《石點頭》第八回："却說有個徽州姓汪的富商，在蘇杭收買了幾千金綾羅綢緞，前往川中去發賣。"《三俠劍》第二回："張七爺你一點頭，咱倆是一世的歡樂，吃的是珍饈美味，飲的是玉液瓊漿，身穿綾羅綢緞；你若不允，我手起劍落，叫你落個他鄉之鬼。"《兒女英雄傳》第三二回："京城地方的局面越大，人的眼皮子越薄，金子是黃的，銀子是白的，綾羅綢緞是紅的綠的，這些人的眼珠子可是黑的。"

綺

一種平紋底起花或圖案的絲織品。一說爲細綾。《說文·糸部》："綺，文繒也。"清段玉裁注："謂繒之有文者也。"《廣雅·釋器》："綺，彩也。"此稱先秦時期已行用。《楚辭·招魂》："纂組綺縞，結琦璜些。"洪興祖補注："綺，文繒也。"《漢書·高帝紀下》："賈人毋得衣錦、繡、綺、縠、絺、紵、罽，操兵，乘騎馬。"唐顔師古注："綺，文繒也，即今之細綾也。"《古詩十九首·客從遠方來》："客從遠方來，遺我一端綺。"南朝齊謝朓《晚登三山還望京邑》詩："餘霞散成綺，澄江静如練。"南朝梁蕭衍《河中之水歌》："河中之水向東流，洛陽女兒名莫愁。莫愁十三能織綺，十四采桑東陌頭。"唐李白《送王屋山人魏萬還王屋》詩："十三弄文史，揮筆如振綺。"元戴侗《六書故·工事六》："綺，織采爲文曰錦，織素爲文曰綺。"明方以智《通雅·衣服·布帛》："綺，文繒也。織素爲文曰綺。"明張自烈《正字通·糸部》："綾，織素爲文者曰綺，光如鏡面有花卉狀者曰綾。"

【綺】

同"綺"。此體唐代已行用。唐甘子布《光賦》："藻晨霞而飛綺，曛晚靄而生紅。"

【綯】

"綺"之別稱。此稱宋代已行用。《廣韻·平尤》："綯，綺別名也。"

【文綺】

即綺。此稱先秦時期已行用。《六韜·盈虛》："帝堯王天下之時，金銀珠玉不飾，錦繡文綺不衣。"《三國志·吳書·華覈傳》："美貌者不待華采以崇好，艷姿者不待文綺以致愛。"《南史·循吏傳序》："左右無幸謁之私，閨房無文綺之飾。"《明史·太祖紀三》："壬申，罷天下歲織文綺。"

輕綺

綺的一種。以質輕薄而得名。此稱三國時期已行用。三國魏曹植《七啓》："鐘鼓俱振，簫管齊鳴，然後姣人乃被文縠之華袿，振輕綺之飄飄。"宋晁補之《鬥百花·臉色朝霞紅膩》："臉色朝霞紅膩，眼色秋波明媚，雲度小釵濃鬢，雪秀輕綺香臂，不語凝情，教人喚得回頭，斜盼未知何意。百態生珠翠。"明何景明《擬古詩十八首》詩其一二："樓中妖艷女，輕綺揚飄飄。"

丹綺

綺的一種。以織有紅色花紋而得名。此稱漢代已行用。三國魏何晏《景福殿賦》："紅葩䫙鞾，丹綺離婁。"唐王勃《秋夜長》詩："織羅對鳳凰，丹綺雙鴛鴦。"宋張迥衡《經史閣四言詩》："孔墻巍巍，重屋丹綺。"

【紅綺】

即丹綺。此稱唐代已行用。唐長孫佐轉妻《答外》詩："征人去年戍邊水，夜得邊書字盈紙。揮刀就燭裁紅綺，結作同心答千里。"宋李宏模《慶清朝·木芙蓉》："翠帟障塵，紅綺隨步。"清黃之雋《壺中天·再叠韵和賦海棠》其二："紅綺鋪烟，紫綿烘日，爛漫逢賢主。惹人思憶，午晴鶯語深處。"

緹綺

綺的一種。呈赤色或橘紅色。亦指用之所製之衣。此稱南北朝時期已行用。南朝梁王僧孺《禮佛唱道導原文》："長享湯沐，與河山而同固，永服緹綺，貫寒暑而無窮。"唐沈佺期《奉和晦日駕幸昆明池應制》："山花緹綺繞，堤柳幔城開。"

黃綺

綺的一種。以呈黃色而得名。此稱晋代已行用。《晋書·文苑傳·曹毗》："絶世事而雋黃綺，鼓滄川而浪龍鰓者矣。"《元史·禮樂志二》："琴十，一絃、三絃、五絃、七絃、九絃者各二……俱以黃綺夾囊貯之。"《清會典·工部四·製造庫》："袱用黃綺銷金團龍。"

緗綺

綺的一種。呈淺黃色，常用於製裙。此稱唐代已行用。唐釋皎然《讀張曲江集》詩："春杼弄緗綺，陽林敷玉英。"唐劉希夷《采桑》詩："青絲嬌落日，緗綺弄春風。"宋郭茂倩《樂府詩集·相和歌辭三·陌上桑》："緗綺爲下裙，紫綺爲上襦。"

緑綺

綺的一種。以呈緑色而得名。此稱唐代已行用。唐杜甫《大曆三年春白帝城放船出瞿塘峽》詩："落霞沈緑綺，殘月壞金樞。"宋周密《西江月·延祥觀拒霜擬稼軒》："緑綺紫絲步障，紅鸞彩鳳仙城。"清吳偉業《聽女道士卞玉京彈琴歌》："剪就黃絁貪入道，携來緑綺訴嬋娟。"

碧綺

綺的一種。以呈碧緑色而得名。此稱唐代已行用。唐李商隱《和鄭愚贈汝陽王孫家箏妓二十韵》："玉砌衝紅蘭，妝窗結碧綺。"唐段成式《酉陽雜俎》卷一九："前代詞人詩中多用昔耶，梁簡文帝《咏薔薇》曰：'緣階覆碧綺，依檐映昔耶。'"清袁枚《隨園詩話》卷八："紅羅碧綺間琉璃，遠近龍鸞一望齊。樓下花鈿樓上曲，留人偏在畫橋西。"

青綺

綺的一種。以呈青色而得名。此稱南北朝時期已行用。南朝梁武帝《長安有狹斜行》："忽遇二少童，扶轡問君宅。我宅邯鄲右，易憶復可知。大息組紃縕，中息佩陸離。小息尚青綺，總角游南皮。"宋喻良能《朝爽軒紅蕉著花喜而成篇》："青綺叢中蹙絳紗，碧雲闕處抹晴霞。"元丁復《同永嘉李季和》："喜彈青綺冠，倦曳緑玉杖。"

紫綺

綺的一種。以呈紫色而得名。此稱唐代已行用。唐李白《中山吟》："酣來自作青海舞，秋風吹落紫綺冠。"宋郭茂倩《樂府詩集・相和歌辭三・陌上桑》："緗綺爲下裙，紫綺爲上襦。"宋蘇轍《水調歌頭・徐州中秋》："坐中客，翠羽帔，紫綺裘。素娥無賴，西去曾不爲人留。"

鴛綺

綺的一種。以織有鴛鴦圖案而得名。此稱唐代已行用。唐韋應物《擬古詩十二首》詩其九："別時雙鴛綺，留此千恨情。"宋賀鑄《東吳樂・尉遲杯》："鄂君被，雙鴛綺，垂楊蔭，夷猶畫舫相艤。"元戴良《節婦操爲買妻作》："父母嫁妾時，遺妾雙鴛綺。雙鴛既同生，亦復與同死。"《後紅樓夢》第一四回："這林良玉送來的珠簪寶笥、鶴綾鴛綺，也就不必説了。"

霞綺

綺的一種。以織有雲霞花紋圖案而得名。此稱唐代已行用。唐白居易《病中辱崔宣城長句見寄兼有觥綺之贈因以四韻總而酬之》詩："信題霞綺緘情重，酒試銀觥表分深。"宋張元幹《菩薩蠻》："微云紅襯餘霞綺，明星碧浸銀河水，猗枕畫檐風。"

絳色菱紋綺

漢代綺的一種。織有絳色菱形花紋。1972年長沙馬王堆一號漢墓出土。長 58.2 厘米，寬 38.5 厘米。此綺爲素色提花織物，底以平織，起花部分爲三上一下右斜紋經綫顯花，用粗細綫條組成重層菱形，兩側各附一個較小的菱形。圖案單元縱橫，呈連續式排列，橫貫終幅。

連環貴字紋綺

綺的一種。織有連環"貴"字紋。1966年新疆吐魯番阿斯塔那北區第 48 號墓出土。長 32.5 厘米，寬 24.5 厘米。據考古學者推測，此綺爲北朝至隋朝間的織物。紋呈亮光，質薄透明，連環中夾有"貴"字對獸紋飾。同墓出有高昌延昌十六年（576）、延和三年（604）、義和四年（617）衣物疏。

紈綺

紈與綺的合稱。亦泛指精細華美的絲織品。此稱晉代已行用。晉潘岳《秋興賦》："珥蟬冕而襲紈綺之士，此焉游處。"唐韋元甫《木蘭》詩："易却紈綺裳，洗却鉛粉妝。"宋蘇轍《題王詵都尉畫山水橫卷》詩之一："歸來纏裹任紈綺，天馬性在終難羈。"清黃鷟來《和陶飲酒》之六："被服太素中，何暇問紈綺。"

紵綺

紵與綺的合稱。亦泛指精美的絲織品。此稱南北朝時期已行用。南朝梁庾肩吾《答餉綾綺書》："潔同雪霜，華踰紵綺。"明談遷《國榷・嘉靖二十一年》："好中國紵綺，而入掠有得失。"清徐鼒《小腆紀傳》卷三："臣自受國恩以來，臣食粗糲而三千人皆細酒肥羊，臣衣布褐而三千人皆紈羅紵綺，故能得其死力。”

縿 [4]

綺類絲織品。織有花紋。《集韻·平宵》：“縿，綺屬。”此稱先秦時期已行用。《管子·山至數》：“民不得以織爲縿綃而狸之於地。”《禮記·檀弓上》：“布幕，衛也；縿幕，魯也。”漢鄭玄注：“幕，所以覆棺上也。縿，縑也。縿讀如綃。”清唐甄《潛書·匪更》：“然則陳晦縿裂，已屬委棄，取而服之，是謂變常。”

第六節　羅　考

羅，絲織品的一種，指全部或部分采用條形絞經羅組織的紗孔眼紋的絲織物，分爲橫羅和直羅。橫羅在織物表面形成平紋絞孔相間的橫條。傳統品種杭羅大多是橫羅。直羅常每隔若干根經起一條對稱絞孔，在織物表面形成經嚮排列的直條孔眼，如簾錦羅。根據提花與否，羅還分爲素羅和花羅。羅地不起花的稱爲素羅，起花紋的稱爲花羅，又名紋羅。花羅通過一絞二經、一絞三經、平、斜、緞、經起花或緯起花等不同紋理組織，絞織出各種不同的圖案花形，所起花形若隱若現、似透非透，暗紋淡雅、清澈、秀氣、文靜。羅類絲織品質地輕軟，織作疏鬆，又有孔眼透氣，特別適宜做夏服和帳幔，也可用作刺綉坯料及其他裝飾品。《釋名·釋采帛》：“羅，文疏羅也。”《楚辭·招魂》：“翡阿拂壁，羅幬張些。”漢王逸注：“羅，綺屬也。”

中國生產羅的歷史悠久，公元前4000年已有原始起絞織物，出土的商代絲織物中有羅的殘片。根據歷史記載，春秋時代，我國最早出現的紡織中心是以臨淄爲中心的齊魯地區，羅是其中盛產的絲織品之一。吳越之爭，越敗，越王勾踐采用范蠡的建議，大力發展農桑，促進了越國的絲綢生產。後來有名的“越羅”織造技術就是在這時奠定的。戰國楚墓中也發現大量花羅。秦漢時期的花羅已很精美，如長沙馬王堆漢墓出土的耳杯菱紋羅、新疆民豐出土的紋羅等。唐代官營織造作坊中有專門的“羅作”，越州盛產寶花羅、花紋羅（見《新唐書·地理志五》）。宋代羅織物最爲盛行，已發現的品種有孔雀羅、瓜子羅（見《新唐書·地理志三》）、菊花羅、春滿園羅、寶相花羅等。在潤州（今江蘇鎮江）設有“織羅務”，每年“貢羅”產量多達十萬匹以上。婺州（今浙江金華）出產各種羅，工藝精細，名聞各地。城中規模大的彩帛鋪，一次能賣出暗花羅、瓜子春羅三四百匹。紹興除有名的越羅外，還出產尼姑庵所織的尼羅。元代在涿州（今河北涿州一帶）設立羅局，產品中出現了銷金綾羅（見《元史·刑法志三》）等加金羅織物；明朝時期出現了織金羅、織金紗羅（見《大明會典》卷一一〇）等品種。明代絲織品分工日益細密，蘇州府有花羅、素羅、刀羅、河西羅、秋羅等；泉州府有硬羅、軟羅等。明代繼承了元代納石失（見《元史·輿服志一》）的織錦藝術，出現織錦妝花羅（見《金瓶梅詞話》第七回）。清代羅有三梭、五梭、花羅、素羅之分。

中國古代羅織物可分爲無固定絞組和有固定絞組兩大類。無固定絞組織物的絞經與左右兩側相鄰的經絲均有糾絞，形成鏈狀的孔眼，亦稱爲鏈式羅；由於織造時無法用筘打緯，工藝比較複雜，明清以後逐漸消失。

羅

絲織品的一種。其質輕薄透氣，紗孔眼紋，宜做夏服和帳幔。其用絲，或練或不練，而有生羅、熟羅之分。《釋名·釋采帛》："羅文，羅疏也。"清王先謙疏證補："畢沅曰：'今本作"文疏羅"。《初學記》《藝文類聚》《御覽》皆引作"文羅疏"'，據改。"此稱先秦時期已行用。《楚辭·招魂》："蒻阿拂壁，羅幬張些。"漢王逸注："羅，綺屬也。"唐王勃《銅雀妓》："錦衾不復襲，羅衣誰再縫。"《新唐書·百官志三》："錦、羅、紗、縠、綾、紬、絁、絹、布，皆廣尺有八寸，四丈爲匹。"《宋史·食貨志上二》："帛之品十：一曰羅，二曰綾，三曰絹，四曰紗，五曰絁，六曰紬，七曰雜折，八曰絲綫，九曰綿，十曰布葛。"

【仙羅】

"羅"之美稱。贊其質輕薄、透明。此稱唐代已行用。唐孟郊《寒地百姓吟》："寒者願爲蛾，燒死彼華膏。華膏隔仙羅，虛繞千萬遭。"

【香羅】

"羅"之美稱。贊其質輕薄細軟，常用以製作婦女夏季所穿裙衫和巾帕。此稱唐代已行用。唐杜甫《端午日賜衣》詩："細葛含風軟，香羅疊雪輕。"唐李商隱《無題》詩："鳳尾香羅薄幾重，碧文圓頂夜深縫。"明黃子錫《艷曲》詩："學織九張機，香羅疊舞衣。"

【雲羅】

"羅"之美稱。以其質輕柔似雲而得名。此稱隋代已行用。隋王慎《七夕》詩之二："長裙動星珮，輕帳捲雲羅。"元馬祖常《畫海棠圖》詩："葳蕤采纈盤仙綬，襞積雲羅落舞襦。"清王韜《松濱瑣話·白瓊仙》："見五人悉係女子，襲雲羅，曳霧縠，高髻堆鴉，不類近時裝束。"

白羅

羅的一種。呈白色。此稱隋代已行用。《隋書·禮儀志七》："鹿皮弁，九琪，服絳羅襦，白羅裙。"《宋史·輿服志三》："綬帶飾並同袞服。白羅中單，青羅抹帶，紅羅勒帛。"明馮夢龍《喻世明言·楊思温燕山逢故人》："思厚依從，選日，同蘇、許二人到土星觀來訪劉金壇時，你説怎生打扮，但見：頂天青巾，執象牙簡，穿白羅袍，著翡翠履。"《醒世姻緣傳》第七五回："只見一個婦人，身穿舊羅褂子，下穿舊白羅裙，高底砂綠潞紬鞋兒，年可四十光景。"

素羅

羅的一種。呈素色。此稱晉代已行用。晉郭璞《建木贊》："皮如蛇纓，葉有素羅。"此指如素羅之紋痕。《西廂記》第四本第三折："猛然見了把頭低，長吁氣，推整素羅衣。"明宋應星《天工開物·乃服·花機式》："其素羅不起花紋，與軟紗、綾絹踏成浪梅小花者，視素羅只加枊二扇，一人踏織自成。"《花月痕》第一五回："荷生也不曉得是什麼，接過手輕飄飄，將手一捏，覺鬆鬆的，便拆封皮，見是一塊素羅，像是帕子。"

皂羅

羅的一種。呈黑色。此稱唐代已行用。唐姚合《對月》詩："一片黑雲何處起，皂羅籠却水精球。"此"皂羅"喻指烟霧。宋蘇軾《李鈐轄坐上分題戴花》詩："綠珠吹笛何時見，欲把斜紅插皂羅。"宋吴自牧《夢粱録》卷五："御座華裀織百花，十六金龍齊夾轂，皂羅麾上綉龜蛇。"《明史·輿服志二》："皂羅額子一，描金龍文，用珠二十一。"清王初桐《奩史》卷四九引《見雙編》："然名捕病甚，其妻一短小婦人，以皂羅覆面，手抱嬰兒。"

丹羅

羅的一種。呈朱紅色。丹，朱紅色。此稱晉代已行用。晉陸翽《鄴中記》："夏用紗羅或縠文丹羅或紫文縠爲單帳。"南朝宋鮑照《代別鶴操》詩："青繳凌瑤臺，丹羅籠紫烟。"唐張文成《游仙窟詩·咏崔五嫂》："傍人一一丹羅襪，侍婢三三綠綫鞋。"

緋羅

羅的一種。呈緋紅色。此稱隋代已行用。《隋書·禮儀志七》："朱衣，緋羅爲之制如青衣，宴見賓客則服之。"《舊唐書·東夷列傳》："官之貴者，則青羅爲冠，次以緋羅，插二鳥羽，及金銀爲飾。"明陶宗儀《説郛》卷一二上："隋大業末，煬帝宫人百官母妻等，緋羅蹙金飛鳳背子以爲朝服及禮見賓客舅姑之常服。"《宋史·輿服志三》："革帶，博二寸，革爲裏，緋羅爲表，飾以玉銙，鈕以玉鈎鰈。"

紅羅

羅的一種。呈紅色，多用以製作婦女衣裙。此稱漢代已行用。漢班固《西都賦》："紅羅颯纚，綺組繽紛。"漢辛延年《羽林郎》："不意金吾子，娉娉過我廬……貽我青銅鏡，結我紅羅裙。不惜紅羅裂，何論輕賤軀！"唐王建《宫詞》："纏得紅羅手帕子，中心細畫一雙蟬。"宋孟元老《東京夢華録·公主出降》卷四："公主出降，亦設儀仗、行幕、步障、水路……前後用紅羅銷金掌扇遮簇。"

大紅羅

紅羅的一種。以呈大紅色而得名。此稱元代已行用。元關漢卿《救風塵》第三折："〔正旦〕云：'休買紅，我箱子裏有一對大紅羅。'"《明史·輿服志三》："歌章女樂，黑漆唐巾，大紅羅銷金裙襖，胸帶，大紅羅抹額，青綠羅彩畫雲肩，描金牡丹花皂靴。"清黄遵憲《日本國志·鄰交志上二》："皇帝特賜日本國王並王妃朱紅漆彩妝餙金轎一乘……大紅羅銷金梧桐葉傘二把。"

梅紅羅

紅羅的一種。呈梅紅色。此稱宋代已行用。《宋史·輿服志一》："凉車，赤質，金塗銀裝，龍鳳五采明金，織以紅黃藤，油壁，緋絲條龍頭，梅紅羅褥，銀螭頭，穗毯，雲朵踏頭，蓮花坐。"《西廂記》第三本第二折："絳臺高，金荷小，銀紅猶燦。比及將暖帳輕彈，先揭起這梅紅羅軟簾偷看。"張燕瑾注："梅紅羅軟簾，梅紅色綾羅做的床帳。"清沈謙《清平樂·私語》："小欄西畔，私語春情亂，彷彿有人花外喚，故卷梅紅羅幔。"

殷羅

羅的一種。呈深紅色或赤黑色。此稱唐代已行用。《藝文類聚·帝王部四》："南洽侯衛，北暢遐荒，殷羅自解，周圍無傷。"宋梅堯臣《馮子都》詩："殷羅縫輕襦，明珠攢緇巾。"宋毛滂《武陵春》詞："插帽殷羅金縷細，燕燕早隨人。"

黃羅

羅的一種。呈黃色。此稱隋代已行用。《隋書·禮儀志七》："鞠衣，黃羅爲之。"《元史·輿服志二》："金節，制如麾，八層，韜以黃羅雲龍袋。"《宋史·輿服志三》："朱襪，赤舄，緣以黃羅。"宋孟元老《東京夢華錄》卷六："簾中一位，乃御座，用黃羅設一彩棚，御龍直執黃蓋，掌扇列於簾外。"清阮恩瀠《夏夜》："冰綃霧縠却袢暑，披襟懶揳黃羅扇。"

赭黃羅

黃羅的一種。呈赭黃色。此稱唐代已行用。唐花蕊夫人《宮詞》："端午生衣進御床，赭黃羅帕覆金箱。"五代馬縞《中華古今注·宮人披襖子》："〔武〕則天以赭黃羅上銀泥襖子以燕居。"

綠羅

羅的一種。呈綠色。此稱五代時期已行用。五代李珣《南鄉子》："攏雲髻，背犀梳，焦紅衫映綠羅裾。"《金瓶梅詞話》第二回："〔那人〕長腰身，穿綠羅褶兒。"清許光治《醉太平·江山風月譜》曲："紫綿深海棠梨暈纈，綠羅輕露芭蕉破摺。"

黑綠羅

羅的一種。呈黑綠色。此稱明代已行用。《明史·輿服志三》："凡教坊司官常服冠帶，與百官同；至御前供奉，執粉漆笏，服黑漆幞頭，黑綠羅大袖襴袍，黑角偏帶，皂靴。"《水滸全傳》第二〇回："只見一個大漢，頭戴白范陽氈笠兒，身穿一領黑綠羅襖，下面腿絣護膝。"

青羅

羅的一種。呈青色。此稱隋代已行用。《隋書·禮儀志七》："應服者皆以助祭青衣，青羅爲之，制與鞠衣同。去花、大帶及佩綬。"唐白居易《春題湖上》："碧毯線頭抽早稻，青羅裙帶展新蒲。"《宋史·樂志十七》："六曰兒童感聖樂隊，衣青羅生色衫，繫勒帛，總兩角。"

碧羅

羅的一種。呈綠色。古時多用以裝飾頭冠等。此稱唐代已行用。唐祖咏《古意》詩："碧羅象天閣，坐輦乘芳春。"《東周列國志》第五二回："乃自解所穿碧羅襦爲贈。"

單絲碧羅

碧羅的一種。用單絲織成。此稱唐代已行

用。《舊唐書·五行志》："安樂初出降武延秀，蜀川獻單絲碧羅籠裙，縷金爲花鳥，細如絲髮，鳥子大如黍米，眼鼻嘴甲俱成，明目者方見之。"

紫羅

羅的一種。呈紫色。此稱晋代已行用。《晋書·謝玄傳》："玄少好佩紫羅香囊，患之，而不欲傷其意，因戲賭取，即焚之。"《隋書·禮儀志七》："其乘輿黑介幘之服，紫羅褶，南布袴，玉梁帶，紫絲鞋，長勒靴。"宋莊季裕《雞肋編》卷中："時以其居尚露土木，賜紫羅萬匹，使製帝幕。"《喻世明言·簡帖僧巧騙皇甫妻》："〔皇甫松〕只得勉强著一領紫羅衫，手裏把著銀香盒，來大相國寺裏燒香。"《韓湘子全傳》第四回："紫羅袍，煞强如傀儡棚中喧鬧，榮華的似瑞雪湯澆。"

絳羅

羅的一種。呈深紅色。此稱隋代已行用。《隋書·禮儀志七》："鹿皮弁，九琪，服絳羅襦，白羅裙。"唐羅隱《牡丹花》詩："似共東風別有因，絳羅高卷不勝春。"《宋史·輿服志三》："乾道九年，又用履袍，袍以絳羅爲之，折上巾，通犀金玉帶。"

綺羅

華貴絲織品的泛稱。此稱三國時期已行用。三國魏徐幹《情詩》："綺羅失常色，金翠暗無精。"南朝宋鮑照《代堂上歌行》："雖謝侍君閑，明妝帶綺羅。"《隋書·張奫傳》："其後賜綺羅千匹，緑沉甲、獸文具裝。"唐秦韜玉《貧女》詩："蓬門未識綺羅香，擬托良媒益自傷。"元白樸《墙頭馬上》："滿腹詩書七步才，綺羅衫袖拂香埃。"清唐孫華《戲爲友人代憶》詩之

四："生小調絲竹，由來足綺羅。"

【羅綺】

即綺羅。此稱唐代已行用。唐白居易《霓裳羽衣舞歌》："娉婷似不任羅綺，顧聽樂懸行復止。"宋柳永《望海潮》詞："市列珠璣，户盈羅綺，競豪奢。"

縟[2]

羅的一種。其質細密。《玉篇·糸部》："縟，細密之羅也。"此稱晋代已行用。晋葛洪《抱朴子·疾謬》："舉足不離綺縟紈袴之側，游步不去勢利酒客之門。"

生羅

羅的一種。此稱宋代已行用。宋毛滂《玉樓春〔紅梅〕》："生羅衣褪爲誰羞，香冷熏爐都不覷。"《三寶太監西洋記通俗演義》第七二回："元帥接單視之，只見單上計開：方美玉一塊……滿者提一百匹（布名，薑黄色，闊四尺餘，長五丈有餘，最緊密壯實），沙納巴一百匹（布名，即布羅是也；闊五尺餘，長三丈餘，如生羅一樣）。"明李昱《王昭君歌》："誰知閨門跬步地，年年草色生羅裙。"

宮羅

羅的一種。以多爲宮廷之物而得名。此稱宋代已行用。宋周密《武林舊事·大禮》："弁陽老人有詩云：'黄道宮羅瑞腦香，袞龍升降佩鏘鏘。'"元袁桷《次韵繼學竹枝宛轉詞》："宮羅疊雪捻金龍，郎去香奩手自封。"清王初桐《奩史》卷一一引《豫章詩話》："嘉靖庚戌宮人張氏卒，身畔羅巾有詩：'悶倚雕欄强笑歌，嬌姿無力怯宮羅。欲將舊恨題紅葉，只恐新愁上翠蛾。'"

輕羅

羅的一種。其質輕軟細薄。此稱晋代已行用。晋葛洪《抱朴子·博喻》："故輕羅霧縠，冶服之麗也，而不可以禦流鏑。"南朝宋鮑照《懷遠人》詩："馳風掃遥路，輕羅含夕塵。"唐杜牧《秋夕》："銀燭秋光冷畫屏，輕羅小扇撲流螢。"

畫羅

有畫飾的羅。此稱唐代已行用。唐温庭筠《和友人悼亡》詩："玉貌潘郎淚滿衣，畫羅輕鬢雨霏微。"宋周邦彦《過秦樓》詞："閑依露井，笑撲流螢，惹破畫羅輕扇。"元馬祖常《上京效李長吉》詩："龍沙秋淺雲光薄，畫羅宮衣侵曉著。"

春羅

亦稱"春衣羅"。一種多作春衣面料的羅。自唐代即爲地方貢品，以鎮州常山郡（今河北正定）所產爲上。此稱晋代已行用。晋陸雲《失題》："德馥秋蘭，容茂春羅。"唐韋應物《雜體詩》："春羅雙鴛鴦，出自寒夜女。"唐李賀《神仙曲》："春羅書字邀王母，共宴紅樓最深處。"《金史·百官志四》："百官俸給：正一品……三公，錢粟二百五十貫石，麴米麥各四十稱石，春衣羅四十匹，秋衣綾四十匹，春秋絹各一百五十匹，綿七百兩。"元薩都剌《題壽監司所藏美人織錦圖》詩："纖纖玉指柔且和，香鈎小襪裁春羅。"明劉侗、于奕正《帝京景物略·春場》："唐制，立春日，郎宮御史長貳以上，賜春羅幡勝。"

【春衣羅】

即春羅。此稱金代已行用。見該文。

白春羅

春羅的一種。呈白色。此稱明代已行用。《醒世姻緣傳》第七三回："又鑽出一個妖精程大姐來……身穿出爐銀春羅衫子，白春羅灑綫連裙，大紅高底又小又窄的弓鞋。"《風流悟》第一回："只見那船中那個婦人，牡丹頭，白春羅細堆紗花的襖兒，臂上金鐲露出，兩個丫環扶著，欲起船來。"

銀春羅

春羅的一種。其質呈銀白色。此稱明代已行用。《醒世姻緣傳》第七三回："又鑽出一個妖精程大姐來……身穿出爐銀春羅衫子，白春羅灑綫連裙，大紅高底又小又窄的弓鞋。"

秋羅

羅的一種。薄而輕，有條紋。以其多用於製作秋裝而得名。主要產於吳江一帶（今江蘇蘇州昆山、上海青浦等境内）。此稱唐代已行用。唐温庭筠《張静婉采蓮歌》："秋羅拂水碎光動，露重花多香不銷。"宋蔣捷《絳都春·春愁怎畫》："幾擬情人，付與蘭香秋羅帕。"清朱彝尊《鴛鴦湖棹歌》之七五："春絹秋羅軟勝綿，折枝花小樣争傳。"

白秋羅

秋羅的一種。呈白色。此稱明代已行用。《醒世姻緣傳》第六八回："素姐起來梳洗完備，穿了一件白絲綢小褂，一件水紅綾小夾襖，一件天藍綾機小綢衫，白秋羅素裙，白灑綫秋羅膝褲。"《金屋夢》第二四回："上穿一件月白透地春羅，襯底是桃紅縐紗女襖，繫一條素白秋羅鑲裙，剛露那絳瓣弓鞋，一點凌波，扶著跳板，做出那一種嬌態，輕輕過去。"

月白秋羅

秋羅的一種。呈月白色。此稱明代已行用。《醒世姻緣傳》第七一回："〔童奶奶〕穿著油綠紬對衿襖兒，月白秋羅裙子，沙藍潞紬羊皮金雲頭鞋兒……雇上了個驢，騎到陳公外宅。"《楊乃武與小白菜》第二一回："梳洗完後，穿一件月白秋羅長衫，罩一件玄青平紗馬褂，手上帶著一個祖母綠的戒指，一個平指玉的班指。"

瑩白秋羅

秋羅的一種。呈銀白色。此稱明代已行用。《醒世姻緣傳》第七二回："連裙綽約，軟農農瑩白秋羅；綉履輕盈，短窄窄猩紅春段。"

白灑綫秋羅

秋羅的一種。爲灑綫所織，呈白色。此稱明代已行用。《醒世姻緣傳》第六八回："素姐起來梳洗完備，穿了一件白絲綢小褂，一件水紅綾小夾襖，一件天藍綾機小綢衫，白秋羅素裙，白灑綫秋羅膝褲。"

冰羅

羅的一種。其質光潔如冰，常用以製作手帕。此稱南北朝時期已行用。南朝梁吳均《行路難》："君不見上林苑中客，冰羅霧縠象牙席。"元張可久《滿庭芳·次韻雪竹》："金絲柳枝，冰羅帕子，玉靶刀兒。"《西游補》第六回："行者登時把身子一搖，似前變做美人模樣，竟上高閣，袖中取出一尺冰羅，不住的掩淚。"

霜羅

羅的一種。以色潔如霜而得名。此稱唐代已行用。唐崔融《嵩山啓母廟碑》："霜羅曳曳，雲錦披披。"宋范成大《綠萼梅》詩："朝罷東皇放玉鸞，霜羅薄袖緣裙單。"明李昱《田家苦》："霜羅扇，霧縠衣，冰盤味甜紅荔枝。"

金鳳羅

羅的一種。以其上綉有金色鳳凰圖案而得名。此稱唐代已行用。唐韋莊《丙辰年鄜州遇寒食城外醉吟五首》："雕陰寒食足游人，金鳳羅衣濕麝薰。"宋邢居實《明妃引》："金鳳羅衣爲誰縷，長袖弓彎不堪舞。"《金史·百官志四》："二品，翔鳳褾，金鳳羅十六幅，犀軸。三品、四品，盤鳳褾，金鳳羅十五幅。"

鳳尾羅

羅的一種。以織有鳳尾圖案而得名。此稱宋代已行用。宋劉天迪《蝶戀花》："鳳尾羅衾寒尚怯，却悔當時，容易成分別。"《紅樓夢》第二八回："紅麝香珠二串，鳳尾羅二端，芙蓉簟一領。"

金鸞羅

羅的一種。以其上綉有金色鸞鳥圖案而得名。此稱金代已行用。《金史·百官志四》："五品，翔鸞錦褾，金鸞羅十四幅。"

五色羅

羅的一種。以織有五色而得名。此稱唐代已行用。唐李白《獻從叔當塗宰陽冰》："吐辭又炳煥，五色羅華星。"五代馬縞《中華古今注·冠子朵子扇子》："冠子者，秦始皇之制也……令宮人當暑戴黃羅髻，蟬冠子，五花朵子，披淺黃銀泥飛雲帔，把五色羅小扇子，靸金泥飛頭鞋。"明岑徵《無題》其二："章臺傳下楚宮妝，五色羅裙匝地長。"

金鸞五色羅

羅的一種。以織有五色花紋和金色鸞鳥圖案而得名。此稱金代已行用。《金史·百官志

四》："官誥。親王，紅遍地雲氣翔鷺錦褾，金
鸞五色羅十五幅，寶裝犀軸。"

金雲鶴五色羅

羅的一種。以其質地織有五色花紋和雲翔
金鶴圖案而得名。此稱金代已行用。《金史·百
官志四》："官誥……一品，紅遍地雲鶴錦褾，
金雲鶴五色羅一四幅，犀軸。"

金蓮鸂鶒五色羅

羅的一種。以織有金色蓮花鸂鶒并五色花
紋而得名。此稱金代已行用。《金史·百官志
四》："郡主、縣主、夫人，紅遍地瑞蓮鸂鶒錦
褾，金蓮鸂鶒五色羅十五幅。"

軟烟羅[2]

羅的一種。以其輕軟如烟而得名。此稱清
代已行用。《紅樓夢》第四○回："那個軟烟羅
只有四樣顏色：一樣雨過天晴，一樣秋香色，
一樣松綠的，一樣就是銀紅的，若是做了帳子，
糊了窗屜，遠遠的看著，就似烟霧一樣，所以
叫作'軟烟羅'。"《泣紅亭》第一六回："畫眉
跟著姑娘特別義氣，給了蔆蘆綠的軟烟羅兩身，
銀鐲子一對，手帕一匣。"

霞影紗

軟烟羅的一種。以似霞，呈銀紅色而得名。
此稱清代已行用。《紅樓夢》第四○回："那個
軟烟羅只有四樣顏色：一樣雨過天晴，一樣秋
香色，一樣松綠的，一樣就是銀紅的……那銀
紅的又叫作'霞影紗'。"

蟬翼羅

羅的一種。以質輕薄，狀似蟬翼而得名。
此稱唐代已行用。唐李賀《石城曉》詩："春帳
依微蟬翼羅，橫茵突金隱體花。"王琦彙解引
《白氏六帖》："蟬翼，羅名，謂羅之輕薄狀似蟬

翼者。"元吾丘衍《十二月樂辭十三首》："紫絲
步障芳草陌，薄露春香蟬翼羅。"

孔雀羅

花紋複雜的羅紋絲織品。唐、宋時期名貴
品種。此稱唐代已行用。《新唐書·地理志三》：
"土貢：孔雀羅、瓜子羅、春羅、梨。"明沈德
符《萬曆野獲編》卷二一："子爲尚寶司丞，賞
賜至銀十萬兩，錦綉蟒龍斗牛鶴麟飛魚孔雀羅
緞數百襲。"清吳偉業《浣溪紗·閨情》其二：
"一斛明珠孔雀羅，湘裙窄地錦文靴。紅兒進酒
雪兒歌。"

銷金綾羅

鑲入金綫的羅織品。此稱元代已行用。《元
史·刑法志三》："諸市舶金銀銅錢鐵貨、男女
人口、絲綿段匹、銷金綾羅、米糧軍器等，不
得私販下海，違者舶商、船主、綱首、事頭、
火長各杖一百七，船物没官。"

泥金紗羅

貼有金箔的羅織物。此稱清代已行用。清
李斗《揚州畫舫録·工段營造録》卷一七："其
餘各色洋縐堆花、耿絹畫各舊稿、各色紗堆花、
白雲紗、銀條紗、刮絨堆花、紅金綫、泥金紗
羅，上覆朱纓，角垂風帶者，謂之宮燈。"

織金羅

有金絲織入的羅。此稱宋代已行用。宋張
斛《閨思》："芳夢已離雕玉被，餘香猶在織金
羅。"《大明會典·經筵》卷一一一："日講官，
各大紅織金羅衣一襲。"

熟羅

羅的一種。與生羅相對而言。此稱清代已
行用。《官場現形記》第三二回："好容易捱到
三點半鐘，到了這時候，熟羅長衫也有些不合

景了。"《二十年目睹之怪現狀》第九五回："再
到房裏看時，紅木大床，流蘇熟羅帳子，妝奩
器具，應有盡有。"《孽海花》第一九回："只見
純客穿著件半舊熟羅半截衫，踏著草鞋，本來
好好兒一手扲短鬚，坐在一張舊竹榻上看書。"

棕紫熟羅

熟羅的一種。以呈棕紫色而得名。此稱清
代已行用。《老殘游記》第三回："只見那公館
門口站了一個瘦長臉的人，穿了件棕紫熟羅棉
大襖。"

湖色熟羅

熟羅的一種。呈淡綠色。此稱清代已行用。
《二十年目睹之怪現狀》第二回："我看那人時，
身上穿的是湖色熟羅長衫，鐵綫紗夾馬褂。"張
友鶴校注："湖色，淡綠色。"

花羅

羅的一種。其質稀疏，有花紋，常用於製
作夏衣。宋時曾爲貢品。此稱唐代已行用。唐
杜甫《奉和嚴中丞西城晚眺十韵》："花羅封蛺
蝶，瑞錦送麒麟。"宋王十朋《會稽三賦·會
稽風俗賦》："龍精儵儵，吐絲滿室；萬草千
華，機軸中出；綾紗繒縠，雪積縑匹。"宋周世
則注："《注圖經》：'越貢花紗、白編綾、交梭
綾……大花綾、編文紗花羅。'"《宋史·地理志
五》："〔成都府〕貢花羅、錦、高紵布、牋紙。"
《三寶太監西洋記通俗演義》第七二回："元帥
接單視之，只見單上計開：方美玉一塊……紅
錦百匹，花羅百匹，絨球百床。"

五色花羅

花羅的一種。以呈五色而得名。此稱五
代時期已行用。五代馬縞《中華古今注·裙襯
裙》："始皇元年，宮人令服五色花羅裙，至今
禮席有短裙焉。"

五色夾纈花羅

花羅的一種。以質飾五色并雜有花紋而得
名。此稱五代時期已行用。五代馬縞《中華古
今注·裙襯裙》："襯裙，隋大業中，煬帝製五
色夾纈花羅裙，以賜宮人及百僚母妻。"

寶花羅

羅的一種。以織有珍奇花卉圖案而得名。
《新唐書·地理志五》："越州會稽郡，中都督
府。土貢：寶花、花紋等羅、白編、交梭、十
樣、花紋等綾。"

花紋羅

羅的一種。以織有各種花紋而得名。唐代
已作貢品。《新唐書·地理志五》："越州會稽郡，
中都督府。土貢：寶花、花紋等羅，白編、交
梭、十樣、花紋等綾。"

妝花羅

羅的一種。其質羅地，花紋複雜，色彩豐
富，爲運用挖梭技法、妝花工藝織造。《金瓶梅
詞話》第七回："四季衣服、妝花袍兒，插不下
手去，也有四五隻廂子。"白維國等校注："妝
花：運用挖梭技法多彩顯花的紡織工藝。用妝
花工藝織出的絲織品花紋複雜，色彩豐富。最
少四色，多至十八色，一般用六色到九色。構
成方法是在地緯之外用彩綉形成花紋，絹地稱
妝花絹，羅地稱妝花羅，緞地稱妝花緞。通常
單說妝花多指妝花緞。"

玉羅

羅的一種。其質瑩白似玉而得名。此稱三
國時期已行用。魏晉之際《太上黃庭内景玉
經·心部》："丹錦飛裳披玉羅，金鈴朱帶坐婆
娑。"宋楊萬里《和張功父送黃薔薇並酒之韻》：

"海外薔薇水，中州未得方。旋偷金掌露，淺染玉羅裳。"清陳維崧《水龍吟·春夜聽鄰閨擊鼓》："玉羅窗亞紅墻，飄來腰鼓黃昏鬧。"

紗羅

羅的一種。其質輕軟稀疏似紗而得名。宋時爲宮廷貢品。此稱南北朝時期已行用。南朝宋劉義慶《世說新語·任誕》："七月七日，北阮盛曬衣，皆紗羅錦綺。"《宋史·南唐李氏世家》："遺户部尚書馮謐來貢金器二千兩、銀器二萬兩、紗羅繒彩三萬匹。"明宋應星《天工開物·過糊》："凡糊，用麵筋、小粉爲質，紗羅所必用，綾綢或用或不用。"《紅樓夢》第四〇回："紗羅也見過幾百樣，從没聽見過這個名色。"

紫紗羅

紗羅的一種。呈紫色。此稱宋代已行用。宋米芾《畫史》："其後舉人始以紫紗羅爲長頂頭巾垂至背，以別庶人黔首。"

綉羅

泛指有文飾之羅。此稱唐代已行用。唐杜甫《麗人行》："新帖綉羅襦，雙雙金鷓鴣。"宋王觀《天香》："綉羅衣、瑞雲芝草。伴我語時同語，笑時同笑。"清蔣敦復《九張機》："滿身香汗嬌無力，近來消瘦，教誰知得，自解綉羅衣。"

五色綉羅

綉羅的一種。呈五色。此稱五代時期已行用。五代馬縞《中華古今注·宫人披襖子》："漢文帝以立冬日賜宫侍承恩者及百官披襖子，多以五色綉羅爲之，或以錦爲之，始有其名。"《宋史·樂志十七》："小兒隊凡七十二人：一曰柘枝隊，衣五色綉羅寬袍，戴胡帽，繫銀帶。"

《三刻拍案驚奇》卷二三："真人略略有些叱咤之聲，只見空中已閃一天神：頭戴束髮金冠，光耀日；身穿綉羅袍，彩色飄霞。"

檖羅

羅的一種。以織紋如檖木而得名。此稱明代已行用。明楊慎《升菴集·藝林伐山·杉錦棟綾》："檖木之文如羅，杉木之文如綾也。初則木文如織，後則織文如木，故有檖羅、杉錦、棟綾之號。"

芝麻羅

羅的一種。以織有孔眼狀花紋，宛如粒粒芝麻而得名。此稱金代已行用。《金史·輿服志上》："六品、七品服緋芝麻羅，八品、九品服緑無紋羅。"元孫仲章《雜劇·河南府張鼎勘頭巾》："我要兩件信物：芝麻羅頭巾，減銀環子。"《水滸傳》第三回："頭裹芝麻羅萬字頂頭巾，腦後兩個太原府紐絲金環。"

緋芝麻羅

芝麻羅的一種。色緋紅。此稱金代已行用。《金史·輿服志上》："六品、七品服緋芝麻羅，八品、九品服緑無紋羅。"

方羅

羅的一種。呈方形。此稱南北朝時期已行用。南北朝謝朓《咏邯鄲故才人嫁爲厮養卒婦》："開箧方羅縠，窺鏡比蛾眉。"《金史·輿服志下》："巾之制，以皂羅若紗爲之，上結方頂，折垂於後。頂之下際兩角各綴方羅徑二寸許，方羅之下各附帶長六七寸。"

砑羅

羅的一種。經碾軋加工，質地密實平滑而有光澤。此稱唐代已行用。唐崔懷寶《憶江南》："平生願，願作樂中箏。得近玉人纖手子，研羅裙上放嬌聲。便死也爲榮。"宋辛棄疾《江城子·留仙初試研羅裙》:"留仙初試研羅裙,小腰身,可憐人。"明高啓《秦箏曲》:"嬌弦細語發研羅,臂動玉釧鳴相和。"明唐寅《和沈石田落花詩》之二八:"拾向研羅方帕裹,鴛鴦一對正當中。"清吳偉業《臨江仙·逢舊》:"落拓江湖常載酒,十年重見雲英。依然綽約掌中輕。燈前才一笑,偷解研羅裙。"

透額羅

羅的一種。以質薄輕透可見額而得名。唐時多產於常州等地。此稱唐代已行用。唐元稹《贈劉采春》詩:"新妝巧樣畫雙蛾,謾裹常州透額羅。"《隋唐演義》第七四回:"悄裹常州透額羅,畫床綺枕皺凌波。"

無紋羅

羅的一種。以没有花紋而得名。此稱金代已行用。《金史·輿服志上》:"六品、七品服緋芝麻羅,八品、九品服綠無紋羅。"

番羅

亦作"蕃羅"。遼所產一種羅。北宋曾以團茶與遼進行易貨貿易來換取。其質輕柔細軟,常用以製上衣或巾帕。此稱宋代已行用。宋黄庭堅《謝王開府番羅襖》詩:"叠送香羅淺色衣,著來春色入書帷。到家慈母驚相問,爲説王孫脱贈時。"元瞿佑《鮫綃帕》:"吳綾輕薄番羅俗,出袖宜同掌上珍。"元吳萊《大食瓶》詩:"漢玉堆檳笥,蕃羅塞鞍韉。"

【蕃羅】

同"番羅"。此體元代已行用。見該文。

絲羅

羅的一種。其爲絲織紗羅,質地輕軟,呈椒眼紋,透氣透光。此稱唐代已行用。唐羅隱

《綉》:"一片絲羅輕似水,洞房西室女工勞。"瞿秋白《俄鄉紀程》一一:"融融的燈光,映著絲羅的帷幕。"

單絲羅

省稱"單羅"。絲羅的一種。因用單絲織成而得名。古時蜀郡常用作貢品。此稱唐代已行用。唐王建《織綿曲》:"錦江水涸貢轉多,宫中盡著單絲羅。"唐李賀《惱公》詩:"醉纈抛紅網,單羅挂綠蒙。"王琦彙解:"醉纈即醉眼纈,單羅即單絲羅,皆當時采色繒帛之名。"宋許琮《憶遠曲》:"露下花寒香不起,單羅輕薄如秋水。"清蔣薰《八月一四夜與劉蘭心玩月貞元閣》:"曰歸匪興盡,怯此單羅衣。"

【單羅】

"單絲羅"之省稱。此稱唐代已行用。見該文。

鞓羅

羅的一種。其紋巧織,製衣多無縫。此稱唐代已行用。唐蘇鶚《杜陽雜編》卷中:"鞓羅衣無縫而成,其紋巧織,人未之識焉。"清王初桐《奩史》卷六二引《孔帖》:"〔唐敬宗〕寶曆二年,浙東國貢舞女二人,飛鸞輕鳳,衣鞓羅之衣,無縫而成。"

綖羅

羅的一種。其質遍布小方勝紋。此稱宋代已行用。宋范成大《桂海虞衡志·志器》:"綖,亦出兩江州峒,如中國綖羅,上有遍地小方勝文。"宋洪皓《松漠紀聞》:"又善結金綖相瑟瑟爲珥及巾環,織熟錦、熟綾、注絲、綖羅等物。"《明史·輿服志一》:"亭後樹太常旗二,以黄綖羅爲之,皆十有二斿,每斿内外綉升龍一。"

叢羅

羅的一種。此稱五代時期已行用。五代馬縞《中華古今注・冠子朵子扇子》："冠子者，秦始皇之制也。令三妃九嬪，當暑戴芙蓉冠子，以碧羅爲之，插五色通草蘇朵子，披淺黃叢羅衫，把雲母小扇子，靸蹲鳳頭履，以侍從。"宋無名氏《點絳唇・公子歸來》："公子歸來，畫堂深院叢羅綺。"

纖羅

羅的一種。其質細薄透氣。此稱漢代已行用。《史記・司馬相如列傳》："於是鄭女曼姬，被阿錫，揄紵縞，襍纖羅，垂霧縠。"《文選・傅毅〈舞賦〉》："珠翠的皪而炤燿兮，華袿飛髾而雜纖羅。"南朝梁何遜《和劉諮議守風》："纖羅若不禦，跂予中上澤。"唐王勃《秋夜長》詩："纖羅對鳳凰，丹綺雙鴛鴦。"

吳羅

古代吳地所產羅。以輕透柔軟著稱。此稱元代已行用。元胡奎《暮春病起》："綠窗剪刀金兩股，剪吳羅，對花舞。對花舞，爲花歌，百年歡樂能幾何。"明張時徹《采葛篇》："吳羅五文采，蜀錦雙鴛鴦。"清龔翔麟《淒涼犯・爲質叔咏枕》："蕈苗滑膩，並刀冷、吳羅斫了才剪。"

越羅

古越地所產羅。以輕柔精緻著稱。此稱唐代已行用。唐杜甫《白絲行》："繰絲須長不須白，越羅蜀錦金粟尺，象床玉手亂殷紅，萬草千花動凝碧。"宋趙次公注："'萬草千花'，言錦上羅上之繁紋也。"南唐張泌《浣溪沙》詞："越人不見時還暫語，令才拋後愛微嚬，越羅巴錦不勝春。"宋陸游《初夏》詩："越羅蜀錦吾

何用，且備幽人卒歲衣。"

蜀羅

古蜀地所織之羅。此稱唐代已行用。唐杜牧《江上雨寄崔碣》詩："春半平江雨，圓紋破蜀羅。"《宋史・食貨志下六》："一日，內出蜀羅一端，爲印朱所漬者數重。因詔天下稅務，毋輒污壞商人物帛。"清陸求可《孤鸞》："並坐蜀羅帳底，說年來、別離長久。"

綾羅

綾與羅的合稱。亦泛指綾羅類絲織品。此稱晉代已行用。晉張華《輕薄篇》："童僕餘粱肉，婢妾蹈綾羅。"南朝徐陵《玉臺新咏・古詩爲焦仲卿妻作》："左手持刀尺，右手執綾羅。"宋洪邁《容齋三筆・納紬絹尺度》："周顯德三年。敕，舊制織造絁紬、絹布、綾羅、錦綺、紗縠等，幅闊二尺起，來年後並須及二尺五分。"《水滸傳》第八二回："發庫內珍珠、寶貝、彩緞、綾羅、紗絹等項……另選一分，爲上國進奉。"《醒世姻緣傳》第一回："日費萬錢，俱是發票向各錢桌支用……買綾羅，製器皿。"

羅帛

泛指羅類絲織品。此稱五代時期已行用。《舊五代史・周書・世宗紀三》："江南國主李景遣其臣僞司空孫晟、僞禮部尚書王崇質等奉表來上，仍進金一千兩、銀十萬兩、羅綺二千匹，又進賞給將士茶絹金銀羅帛等。"宋周密《武林舊事・燈品》卷二："羅帛燈之類尤多，或爲百花，或爲細眼，間以紅白，號萬眼羅者，此種最奇。"《水滸傳》第五回："頭戴撮尖乾紅凹面巾，鬢傍邊插一枝羅帛像生花。"

羅紈 [2]

亦稱"紈羅"。泛指紈羅類絲織品。此稱先秦時期已行用。《戰國策·齊策四》:"下宮糅羅紈,曳綺縠,而士不得以爲緣。"漢劉安等《淮南子·主術訓》:"故民至於焦脣沸肝,有今無儲,而乃始撞大鍾,擊鳴鼓,吹竽笙,彈琴瑟,

是猶貫甲冑而入宗廟,被羅紈而從軍旅,失樂之所由生矣。"南朝梁蕭綱《筝賦》:"命麗人於玉席,陳寶器於紈羅。"

【紈羅】

即羅紈 [2]。此稱南北朝時期已行用。見該文。

第七節 緞 考

綢緞,亦稱"紬緞兒",元明以來泛指質地較滑潤的絲織品,常見於通俗小説或雜著中。綢緞雖連稱,但綢與緞實爲兩種不同的絲織品,不可混淆。這節我們重點考察緞。緞是一種質地厚密而有光澤、采用緞紋組織的絲織物。緞的用途因品種而异,較輕薄的可做襯衣、裙子、頭巾、戲劇服裝;較厚重的可做高級外衣、襖面、臺毯、床罩、被面和其他裝飾品。

"緞"起源於中國。《説文》未收該字,漢代文獻中出現"段"字。張衡《四愁詩》:"美人貽我錦綉段,何以報之青玉案。"學界或認爲當時"段"僅是絲織品的泛稱。到唐代,緞已成爲絲織物一個大類,與羅、絹、紬、錦、綾、紗、縠、絁并列,并有錦緞(見唐李商隱《鸞鳳》詩)、綉緞(見唐施肩吾《酬張明府》詩)、素緞等品種。兩宋遼金時期緞的品種增加很快,如五絲(五枚緞)、閑道(條紋緞)、透背緞、拈金番緞、銷金彩緞、細色北緞等。元代出土實物中有正反五枚暗花緞。明清時期緞十分流行,其中包括中國著名傳統品種妝花緞(見清《紅樓夢》第五六回)、閃緞(見《清史稿·樂志八》)、宋錦緞、浣花緞、摹本緞(見徐珂《清稗類鈔·物品類》)。明代以前多五枚緞和六枚緞,清代密度較高的八枚緞應用較多。在明代織物加金已不限於錦,而擴展至了織錦妝花緞,大大突破了元代的水準。庫緞(見《老殘游記續集》第五回)是清代官營織造生產的,進貢入庫以供皇室選用,故名,亦稱貢緞;晚清至民國初年,一般士紳常用作袍服、馬褂的面料;主要產地是南京、蘇州,尤以南京生產的聞名於世,被列爲南京雲錦的三大品種之一。庫緞有花、素之分,花、地异色的亦稱彩庫緞。

緞的品種很多,可分爲經緞和緯緞;根據組織循環數,還可分爲五枚緞、七枚緞、八

枚緞等；根據提花與否，又可分爲素緞和花緞。素緞如素庫緞，花緞如花累緞、花廣陵、花軟緞和克利緞。緯多重的花緞色彩絢麗，紋樣複雜，也可稱作錦。

緞[1]

亦作“段”。絲織品的一種。染絲而後織，質地厚密，一面平滑光亮，爲我國特産之一，種類繁多。《正字通・糸部》：“緞，今厚繒曰緞。”《説文・韋部》：“鞭，履後帖也。從韋段聲。”清段玉裁注：“今俗以爲錦綉段之段。”清翟灝《通俗編・服飾》：“緞，《康熙字典》：‘今以爲紬緞字，非是。’按：今所呼緞者，宋時謂之紵絲。咸淳《臨安志》‘染絲所織’是也。《三朝北盟會編》雖有‘索猪肉、段子’之文，所云乃段匹之段。《説文》：‘帛分而未麗曰匹，既麗曰段。’並非其一種名也。此字之誤用，似直起於明季。”按：《三朝北盟會編》中之“段子”，當是錦綉段之段。宋周密《武林舊事・乾淳奉親》：“上〔宋孝宗〕於閣子庫取賜五兩數珠子一號，細色北段各十匹。”明宋應星《天工開物・乃服》：“先染絲而後織者曰緞。”鍾廣言注：“緞，質地厚密，一面光滑的絲織品，是我國的特産之一，一般稱爲織錦，亦稱熟織物。”郭廉夫《紡織古今談》：“緞，如真絲緞，花軟緞等，是經常看到的絲綢大類品種。它是應用緞紋組織織成的一種平滑光亮的織物。”

【段】

同“緞[1]”。此體漢代已行用。見該文。

【緞】

同“緞[1]”。此體清代已行用。《清朝文獻通考・兵考一五》：“康熙年定……騸馬群每百匹止倒斃一匹至四匹者，賞牧長蟒緞緣領袖袍一件，緞一匹。”

【緞子】

即緞[1]。此稱宋代已行用。宋吳自牧《夢粱録・觀湖》：“一等無賴不惜性命之徒……各繫綉色緞子滿竿，伺潮出海門。”《紅樓夢》第六三回：“當時芳官滿口嚷熱，只穿著一件玉色紅青駝〔絨〕三色緞子拼的水田小夾襖。”

【段子】

“緞[1]”之俗稱。此稱元代已行用。元岳伯川《呂洞賓度鐵拐李嶽》第一折：“他不賣糧食，開個段子鋪兒，你怎生禁他？”《水滸傳》第四一四回：“戴宗、楊林立在街上看時，前面兩個小牢子，一個馱著許多禮物花紅，一個捧著若干段子采繒之物。”《金瓶梅詞話》第二回：“過了數日，武松取出一匹彩色段子，與嫂嫂做衣服。”

白緞

緞的一種。呈白色。此稱清代已行用。《清史稿・輿服志一》：“白緞垂幨三層，繫帶四，亦白緞爲之，屬於軫。”《孽海花》第二五回：“忽聽裏面一片聲的嚷著大帥出來了，就見珏齋頭戴珊瑚頂的貂皮帽，身穿曲襟藍綢獺袖青狐皮箭衣，罩上天青綢天馬出風馬褂，腰垂兩條白緞忠孝帶，仰著頭，緩步出來。”

【白段子】

即白緞。此稱明代已行用。《水滸傳》第

二一回：“宋江戴著白范陽氈笠兒，上穿白段子衫，繫一條梅紅縱縧條。”《京本通俗小説·碾玉觀音》：“正行間，只見一個漢子，頭上帶個竹絲笠兒，穿著一領白段子兩上領布衫，青白行纏扎著褲子口，著一雙多耳麻鞋。”

【白緞子】

即白緞。此稱明代已行用。《水浒傳》第一一回：“撒着一把紅纓，穿一領白緞子征衫。”《小五義》第六四回：“但見這位相公，戴一頂白緞子一字卧雲武生公子中，走金邊，卡金綫，綉的是串枝蓮。”老舍《駱駝祥子》二一：“她穿著件粉紅的衛生衣，下面襯著條青褲子，脚上趿拉著雙白緞子綉花的拖鞋。”周而復《上海的早晨》第一部一一：“她穿著蘋果綠的凡立丁旗袍……脚上穿的是綉一對紅鳳凰的白緞子淺口軟底鞋。”

玉色緞

緞的一種。呈玉色。此稱清代已行用。《儒林外史》第五三回：“陳四老爺出來，頭戴方巾，身穿玉色緞直裰。”張愛玲《沉香屑·第一爐香》：“那時天色已經暗了，月亮才上來。黄黄的，像玉色緞子上，刺綉時彈落了一點香灰，燒糊了一小片。”

黑緞

亦稱“烏緞”。緞的一種。呈黑色。此稱清代已行用。《清史稿·輿服志一》：“黑緞垂幨三層，繫帶四，亦黑緞爲之，屬於軫。”《二十年目睹之怪現狀》第六八回：“只見隔壁房裏坐了一個五十多歲的頒白婦人，穿了一件三寸寬、黑緞滾邊的半舊藍熟羅衫，藍竹布扎腿褲。”《蕩寇志》卷一：“脚下踏一雙烏緞方頭朝靴。”

【烏緞】

即黑緞。此稱清代已行用。見該文。

玄色段子

緞的一種。呈赤黑色。此稱明代已行用。《金瓶梅詞話》第八回：“一雙玄色段子鞋；一雙挑綫香草邊闌、松竹梅花歲寒三友醬色段子護膝。”

黑綠段

緞的一種。以呈深綠色而得名。段，同“緞”。此稱明代已行用。明戚繼光《紀效新書·旗鼓》：“此不可用於行陳，重大也。杆高一丈六尺，旗大一丈。黑綠段爲之，白綾爲邊，纓頭飾以珠絡，極其華麗。”

紅緞

亦稱“紅緞子”。緞的一種。呈紅色。此稱清代已行用。《清史稿·輿服志二》：“朝裙片金緣，冬加海龍緣，上用紅緞，下石青行龍妝緞，皆正幅，有襞積。”《紅樓夢》第五二回：“便去找了一塊紅緞子角兒，鉸了兩塊指頂大的圓式，將那藥烤和了，用簪挺攤上。”

【紅段子】

即紅緞。此稱清代已行用。見該文。

大紅段子

亦作“大紅緞子”。紅緞的一種。以呈大紅色而得名。此稱明代已行用。《金瓶梅詞話》第一四回：“下著一尺寬海馬潮雲羊皮金沿邊挑綫裙子，大紅段子白綾高底鞋，妝花膝褲，青寶石墜子，珠子箍。”《儒林外史》第二五回：“王老爹極其歡喜鮑廷璽，拿出一個大紅緞子釘金綫的鈔袋來，裏頭裝著一錠銀子，送與他。”《二十年目睹之怪現狀》第六八回：“頭上掛了一堂大紅緞子紅木宮燈，地下鋪了五彩地氈；

當上加了一條大紅拜氈。"《上海的早晨》第一部四九:"八仙桌前面挂的是繡著彩鳳的大紅緞子桌圍。"

【大紅緞子】

即大紅緞子。此體清代已行用。見該文。

金段

亦作"金緞",緞的一種。呈金色。此稱元代已行用。《元史·張榮傳》:"火炮焚城中民舍幾盡,遂破之,賜以良馬、金鞍、金段。"《清史稿·宣宗本紀一》:"貢金緞,賜敕嘉賚之。"《金瓶梅詞語》第七一回:"何千戶隨即也具一分賀禮,一匹金段,差人送去。"

【金緞】

同"金段"。此體清代已行用。見該文。

黃緞

緞的一種。呈黃色。此稱清代已行用。《紅樓夢》第一〇〇回:"見賈政同司員登記物件,一人報説:'赤金首飾共一百二十三件,珠寶俱全……宮妝衣裙八套,脂玉圈帶一條,黃緞十二卷。'"《二十年目睹之怪現狀》第三一回:"通過了誠,才用一個金漆盤子,托了一方黃緞,緞上面畫了一道符,叫舍親把金簪、碎銀放在上面。"

大黃緞子

黃緞的一種。以呈大黃色而得名。此稱清代已行用。《儒林外史》第四二回:"湯六爺道:'怎麼没有?前日還打發人來,在南京做了二十首大紅緞子繡龍的旗,一首大黃緞子的坐褥。'"

鵝黃緞子

黃緞的一種。以呈嬌嫩的鵝黃色而得名。此稱清代已行用。《紅樓夢》第二九回:"前

兒虧你還有那麼大臉,打發人和我要鵝黃緞子去!"

明黃緞

黃緞的一種。色黃而鮮明。此稱清代已行用。《清會典圖·武備一》:"皇帝大閲甲,明黃緞表月白裏,青倭緞緣,中敷棉,外布金釘。"徐珂《清稗類鈔·服飾類·皇帝服飾》:"端罩,紫貂爲之,十一月朔至上元,用黑狐,明黃緞裏,左右垂帶各二,下廣而鋭,色與裏同。"

紅雲緞

緞的一種。以繡有紅色雲紋圖案而得名。此稱清代已行用。《清史稿·樂志八》:"喀爾喀部樂舞,司舞八人,服紅雲緞鑲妝緞花補袍,狐皮大帽,在丹陛西邊立。"

雲龍緞

緞的一種。繡有雲龍圖案。此稱清代已行用。《後紅樓夢》第九回:"林黛玉滿頭珠翠,身穿大紅二色金滿妝雲龍緞紫貂披風,十分燦爛。"

雲鶴金段

緞的一種。呈金黃色,且繡有雲鶴圖案。此稱明代已行用。《金瓶梅詞話》第七〇回:"夏提刑先遞上禮帖:兩匹雲鶴金段,兩匹色段。"

青緞

緞的一種。呈黑色。此稱清代已行用。《紅樓夢》第三回:"靠東壁面西設著半舊的青緞靠背引枕。"《清會典圖·武備一》:"皇帝大閲胄,制革……當耳處爲鏤空金圓花以達聰,上繡金行龍各一,下繡金正龍各三,俱中敷綿,外布金釘,繫青緞帶六。"徐珂《清稗類鈔·服飾

類》："冠後護領垂明黄絲二，末綴寶石，青緞爲帶。"

【青段子】

即青緞。亦作"青緞子"。此稱明代已行用。《喻世明言·陳御史巧勘金釵鈿》："梁尚賓道：'有一雙青段子鞋在司壁皮匠家允底，今晚催來，明日早奉穿去。'"《紅樓夢》第二四回："〔寶玉〕回頭見鴛鴦穿著水紅綾子襖兒，青緞子背心。"

【青緞子】

同"青段子"。此體明代已行用。

天青緞

緞的一種。呈深黑而微紅色。此稱清代已行用。《二十年目睹之怪現狀》第四四回："轎子裏走出一個人來，身穿湖色縐紗密行棉袍，天青緞對襟馬褂，臉上架了一副茶碗口大的墨晶眼鏡，頭上戴著瓜皮紗小帽。"《海上花列傳》第八回："子富見他穿著銀紅小袖襖，蜜綠散脚褲，外面罩一件寶藍緞心天青緞滾滿身灑綉的馬甲。"

水田青緞

緞的一種。呈水田青色。此稱清代已行用。《紅樓夢》第一○九回："只見妙玉頭帶妙常髻，身上穿一件月白素紬襖兒，外罩一件水田青緞鑲邊長背心，拴著秋香色的絲縧。"

紫緞

緞的一種。呈紫色。此稱清代已行用。清《皇朝通志·器服略六》："紫芝蓋二，紫緞爲之通綉五色芝二十四旁無影帶。"《金甌缺》："她纈眼生春，薄暈含花，那麼無力地斜倚在紫緞的引枕上。"

醬色段子

緞的一種。呈深紅色。此稱明代已行用。《金瓶梅詞話》第八回："〔婦人〕用盤托盛著，擺在面前，與西門慶觀看：一雙玄色段子鞋，挑綫密約深盟、隨君膝下、香草邊蘭、松竹梅花歲寒三友、醬色段子護膝。"白維國等校注："醬色：絳色；大紅色。《說文·糸部》：'絳，大赤也。'"

雜色緞

緞的一種。以呈多種花色而得名。此稱清代已行用。《紅樓夢》第五六回："上用妝緞蟒緞十二匹，上用雜色緞十二匹。"

花軟緞

緞的一種。用緞紋組織織成，平滑光亮。此稱近代行用。郭廉夫《紡織古今談》："緞，如真絲緞、花軟緞等，是經常看到的絲綢大類品種。它是應用緞紋組織織成的一種平滑光亮的織物。"

真絲緞

緞的一種。用緞紋組織織成，平滑光亮。此稱近代行用。郭廉夫《紡織古今談》："緞，如真絲緞、花軟緞等，是經常看到的絲綢大類品種。它是應用緞紋組織織成的一種平滑光亮的織物。"

閃緞

一種具有閃色效果的緞地提花傳統絲織物。此稱清代已行用。《紅樓夢》第六回："只見門外鏨銅鈎上懸著大紅撒花軟簾，南窗下是炕，炕上大紅氈條，靠東邊板壁立著一個鎖子錦靠背與一個引枕，鋪著金心綠閃緞大坐褥，旁邊有雕漆痰盒。"《清史稿·樂志八》："司舞四人，衣閃緞短衣，皆雜色裙，以洋錦束腰，戴扎巾。"

宮緞

專用於宮廷的緞。此稱清代已行用。《紅樓夢》第一七至一八回:"原來賈母的是金、玉如意各一柄,沉香拐拄一根……'富貴長春'宮緞四匹,'福壽綿長'宮綢四匹。"清吕熊《女仙外史》第五四回:"其各蠻國正使,每員賞宮緞、宮紗各二十四端;副使二員,分領亦如其數。"

杭緞

緞的一種。因產於浙江杭州而得名。此稱清代已行用。《青樓夢》第五四回:"他是性急的人,立刻修書十幾封,又買些杭緞及土產諸物,寄至吴中。"鄭觀應《盛世危言·商戰上》:"寧綢、杭緞及舊磁器,彼族零星販去,飾爲玩好而已。"

庫緞

緞的一種。產於浙江杭州、江蘇蘇州等地。清代常用爲貢物。因納入户部緞匹庫而得名。此稱清代已行用。《老殘游記續集》第五回:"年紀十五六歲光景,穿一件出爐銀顏色的庫緞袍子。"《三俠五義》第五三回:"包公又派人查買了一頃田,紋銀百兩,庫緞四匹,賞給寧婆,以爲養老之資。"

猩紅春段

緞的一種。猩紅色,多用於製作春衣。此稱明代已行用。《醒世姻緣傳》第七二回:"連裙綽約,軟農農瑩白秋羅;繡履輕盈,短窄窄猩紅春段。"

妝緞

緞的一種。其質緞地,花紋複雜,色彩豐富,爲運用挖梭技法、妝花工藝織造。產於江寧府(今江蘇南京)。明清時常用作貢品。此稱清代已行用。《紅樓夢》第五六回:"探春接了,看道是:'上用的妝緞蟒緞十二匹,上用雜色緞十二匹,上用各色紗十二匹,上用宮綢十二匹,官用各色緞紗綢綾二十四匹。'"《清史稿·樂志八》:"司舞八人,均服紅雲緞鑲妝緞花補袍,狐皮大帽。"參閲清孫佩《蘇州織造局志》卷七。

【裝緞】

同"妝緞"。裝,通"妝"。此體清代已行用。《紅樓夢》第四九回:"〔湘雲〕脱了褂子……裏面短短的一件水紅裝緞狐腋褶子,腰裏緊緊束著一條蝴蝶結子長穗五色宮絛。"中國藝術研究院、紅樓夢研究院校注:"'裝'應作'妝',是織緞技法的術語。'妝緞':又叫'妝花緞',是江寧府的産品,有點像錦。"

【粧緞】

同"妝緞"。粧,同"妝"。此體清代已行用。徐珂《清稗類鈔·服飾類》:"冬朝裙,片金加海龍緣,上用紅織金壽字緞,下石青行龍粧緞,皆正幅,有襞積。"

【妝花緞】

即妝緞。《金瓶梅詞話》第七回:"四季衣服、妝花袍兒,插不下手去,也有四五隻廂子。"白維國等校注:"妝花:運用挖梭技法多彩顯花的紡織工藝。用妝花工藝織出的絲織品花紋複雜,色彩豐富。最少四色,多至十八色,一般用六色到九色。構成方法是在地緯之外用彩綉形成花紋,絹地稱妝花絹,羅地稱妝花羅,緞地稱妝花緞。通常單説妝花多指粧花緞。"此稱清代已行用。清梁廷枏《海國四説·西洋諸國》:"又,加賜國王龍緞四,妝緞十二,妝花緞、綫緞各八，綾、紡絲各二十二，羅十三。"

【粧花緞】

即妝緞。同"妝花緞"。此稱清代已行用。《清朝文獻通考》卷一四四："黄雙龍扇六，紅單龍扇四，五色粧花緞幟各二。"《欽定八旗通志》卷八四："坐褥冬用猞猁猻皮，夏用藍粧花緞。"

大紅妝緞

妝緞的一種。呈大紅色。此稱清代已行用。《紅樓夢》第二八回："大紅妝緞四十匹，蟒緞四十匹，上用紗各色一百匹。"

水紅裝緞

妝緞的一種，以呈水紅色而得名。此稱清代已行用。《紅樓夢》第四九回："〔湘雲〕裏面短短的一件水紅裝緞狐腋褶子，腰裏緊緊束著一條蝴蝶結子長穗五色宮縧。"中國藝術研究院紅樓夢研究所校注："'裝'應作'妝'。"

蟒緞

緞的一種。以織有龍紋圖案而得名。此稱清代已行用。《清史稿·輿服志二》："其側妃冠頂嵌東珠七，服用蟒緞、妝緞，各色花、表緞。"《紅樓夢》第二八回："大紅妝緞四十匹，蟒緞四十匹，上用紗各色一百匹。"

【蟒緞】

即蟒緞。此體清代已行用。《清朝文獻通考·兵一五》："康熙年間定……騸馬群每百匹止倒斃一匹至四匹者，賞牧長蟒緞緣領袖袍一件，緞一匹。"

妝蟒

妝緞和蟒緞的合稱。此稱清代已行用。清黄叔璥《臺海使槎録》卷五："男女俱衣雜色綢紵紅襖，曰包練；或妝蟒錦綉爲之。"《紅樓夢》第九七回："這是妝蟒四十匹。"

錦段[1]

緞的一種。以其似錦，色彩鮮艷，花紋絢麗而得名。初產於江寧（今江蘇南京），唐代已有，爲江南貢品。可用於製作服裝和裝飾品等。此稱唐代已行用。唐李商隱《鸞鳳》詩："金錢饒孔雀，錦段落山雞。"唐温庭筠《博山》詩："博山香重欲成雲，錦段機絲妒鄂君。"唐釋貫休《酷吏詞》："韓娥唱一曲，錦段鮮照屋。"宋柳永《木蘭花·海棠》詞："霏微雨罷殘陽院，洗出都城新錦段。"清唐甄《潛書·七十》："非貂狐之温不以爲裘，非錦段之華不以爲茵。"

【錦緞】[1]

同"錦段[1]"。此體明代已行用。《水滸傳》第八二回："更有御酒金銀牌面，紅綠錦緞表裏，前來招安。"《清史稿·暹羅傳》："二十二年，入貢，特賜其王蟒緞、錦緞各二，閃緞、片金緞各一，絲緞四，玉器、瑪瑙各一，松花石硯二，琺瑯器十有三，瓷器百有四。"

綉段

緞的一種。綉有五彩花紋。段，同"緞"。此稱唐代已行用。唐施肩吾《酬張明府》詩："潘令新詩忽寄來，分明綉段對花開。"唐釋貫休《寄馮使君》詩："清吟綉段句，默念芙蓉章。"

錦綉段

錦緞與綉緞的合稱。段，同"緞"。此稱漢代已行用。漢張衡《四愁詩》："美人贈我錦綉段。何以報之青玉案。"唐杜甫《戲爲韋偃〈雙松圖〉歌》："韋侯韋侯數相見，我有一匹好東絹，重之不減錦綉段。已令拂拭光凌亂，請公放筆爲直幹。"按，東，一作素。幹，一作榦。宋文天祥《題周山甫錦綉段》："客從西北來，遺我錦綉段。上有雙鳳凰，文彩何燦燦。"

綵緞

省稱 "綵"。緞的一種。具彩色花紋。此稱宋代已行用。宋孟元老《東京夢華錄》卷五："新人門額，用綵一段，碎裂其下，橫抹挂之。"《遼史·道宗紀二》："詔南京不得私造御用綵緞。"《三遂平妖傳》第三二回："知州還坐衙，見換到鮮色綵緞，歡喜自不必説。"

【綵】

"綵緞" 之省稱。此體宋代已行用。見該文。

【綵段】

同 "綵緞"。此體宋代已行用。宋吳自牧《夢粱錄》卷二○："細雜色綵段匹帛，加以花茶果物團圓餅羊酒等物。"

【采緞】

同 "綵緞"。此體清代已行用。清汪楫《崇禎長編》卷三六："中書舍人仍賚白金五十兩、采緞二端，餘官如故。"清王初桐《奩史》卷三八引《蓼花洲閑錄》："烈祖大加獎嘆，以采緞賞之。"

【彩緞】

同 "綵緞"。此體宋代已行用。《喻世明言·羊角哀捨命全交》："元王大喜，設御宴以待之，拜爲中大夫，賜黃金百兩，彩緞百匹。"《紅樓夢》第五三回："按時到節不過是些彩緞、古董頑意兒。"清王初桐《奩史》卷八引宋孟元老《東京夢華錄》："凡娶媳婦，先相媳婦。相中即以釵子插女鬢中，謂之 '插釵'，或不入意，但留彩緞與之，爲之 '壓驚'。"

【采段】

同 "綵緞"。此體明代已行用。明沈德符《萬曆野獲編》卷三○："可汗妃二人白澤虎豹朵雲細花等段十六匹，采段十六匹。"

【彩段】

同 "綵緞"。此體宋代已行用。宋孟元老《東京夢華錄》卷五："婿於床前請新婦出，二家各出彩段，綰一同心，謂之 '牽巾'。"又："七日，則取女歸，或送彩段頭面與之，謂之 '洗頭'。"明沈榜《宛署雜記》卷二○："十年駕幸此山，欽賜香金彩段，大造佛殿，賜今名。"

遍地密花透背采段

綵緞的一種。以遍織透背密花而得名。此稱宋代已行用。《宋史·輿服志五》："景祐元年，詔禁錦背、綉背、遍地密花透背采段，其稀花團窠、斜窠雜花不相連者非。"

色段

緞的一種。單一色調，没有花紋圖案，古代常用作饋贈禮品。此稱明代已行用。《金瓶梅詞語》第七五回："又叫陳敬濟封了一匹金段，一匹色段，教琴童用氈包拿著。"明呂毖《明朝小史·崇禎紀》："用金錢、銅錢、青花白磁器、色段、色絹之屬。"

摹本

亦稱 "花累"。俗稱 "花緞"。緞的一種。常於織物本色面料上，織以適當花紋。此稱清代已行用。徐珂《清稗類鈔·物品類》："摹本，絲織物也。一名花累，俗稱花緞。"李劼人《死水微瀾》第三部分五："繫了條雪青湖縐腰帶，套了件茶青舊摹本的領架。"

【花累】

即摹本。此稱清代已行用。見該文。

【花緞】

即摹本。此稱清代已行用。見該文。

元色摹本

摹本的一種。呈黑色。元色，即玄色，黑色。此稱清代已行用。《十尾龜》第三回："阿根換了一身衣裳，元色泰西緞棉袍子，元色摹本緞馬甲。"《老殘游記續集遺稿》第二回："只見門簾開處，進來了兩個人，一色打扮：穿著二藍摹本緞羊皮袍子，元色摹本皮坎肩。"

二藍摹本緞

摹本的一種。呈淺藍色。二藍，即淺藍色。此稱清代已行用。《花月痕》第八回："一個十四五歲的，身穿一件白紡綢大衫，二藍摹本緞的半臂，頭上挽了麻姑髻，當頭插一朵芍藥花。"《老殘游記續集遺稿》第二回："只見門簾開處，進來了兩個人，一色打扮：穿著二藍摹本緞羊皮袍子，元色摹本皮坎肩。"

棗紅摹本緞

摹本的一種。呈棗紅色。此稱清代已行用。《二十年目睹之怪現狀》第六五回："他愛穿紅色的，到了新年裏團拜，一色的都是棗紅摹本緞袍子。"《負曝閑談》第四回："見他穿的是竹根青寧綢夾袍子，棗紅摹本緞馬褂，腳下一雙三套雲的鑲鞋。"

紅束

一束紅色錦緞類絲織物。常用作腰帶。此稱唐代已行用。唐釋貫休《酷吏詞》："吳姬唱一曲，等閑破紅束；韓娥唱一曲，錦段鮮照屋。"《宋史·輿服志三》："唐因隋制……宋因之，有赭黃、淡黃袍衫，玉裝紅束帶，皂文鞸，大宴則服之。"

段匹

泛指緞類絲織品。此稱唐代已行用。《舊唐書·德宗紀下》："見禁囚徒減罪一等，立仗將士及諸軍兵賜十八萬段匹。"《元史·食貨志三》："世祖次子鎮南王脫歡位：歲賜，銀五十錠；段匹物料，折鈔一千六百五十六錠。"《竇娥冤》第二折："說甚一家一計，又無羊酒段匹，又無花紅財禮。"《明史·食貨志六》："又罷天下有司歲織緞匹。"《水滸傳》第五五回："三個將軍各賞了金銀段匹，三軍盡關了糧賞。"

羅緞

羅與緞的合稱。亦泛指羅緞類絲織品。此稱明代已行用。《水滸傳》第八〇回："便取過羅緞新鮮衣服，與高太尉從新換了。"《邯鄲記·度世》："我穿的細軟羅緞，吃的細料茶食。"《海上塵天影》第八回："范文玉到了，穿著銀紅羅緞灑金百壽鑲邊灰鼠襖，石綠百鳥朝王洋邊散管褲，七寶堆雲髻，帶著兩枝金鳳翹，四朵翡翠蘭花，小珠荷包圈。"

絨緞

緞的一種。其質面有絨感。此稱清代已行用。《皇清職貢圖》卷一："〔暹羅國官制〕五等以下則以絨緞爲之，衣錦綉及織金，或花布短衣，繫錦帶。"徐忠明《老乞大樸通事》："這南京來的清水織金絨緞子却賣多少？"

羽緞[1]

棉織品的一種。表面光滑似緞，常用於製作外衣和大衣的裏子，以防雨雪水濕。此稱清代已行用。《紅樓夢》第五一回："平兒笑道：'你拿這猩猩氈的……昨兒那麼大雪，人人都是有的，不是猩猩氈，就是羽緞羽紗的，十來件大紅衣裳映著大雪，好不齊整。'"清潘榮陛《帝京歲時紀勝·皇都品彙》："羽緞毧氈，伍少西大洋青水。"徐珂《清稗類鈔·服飾類·皇帝服飾》："乾隆辛未，欽定雨冠之制二。其一，

頂崇而前檐深；其二，頂平而前檐敞，皆用明
黃色。氈及羽緞、油綢，惟其時。"

【羽毛緞】

即羽緞[1]。此稱清代已行用。《紅樓夢》第
四九回："都是一色大紅猩猩氈與羽毛緞斗篷，
獨李紈穿一件哆囉呢對襟褂子。"《蜃樓志》第
六回："這十月中旬，天氣漸冷，穿著羽毛緞錦
袍，外罩珍珠皮馬褂，意欲從園中一路轉至惜
花樓，再到上房頑耍。"

大紅羽緞[1]

羽緞的一種。以呈大紅色而得名。此稱清
代已行用。《紅樓夢》第八回："寶玉因見他
外面罩著大紅羽緞對襟褂子，因問：'下雪了
麼？'"中國藝術研究院紅樓夢研究所校注：
"羽緞：亦稱羽毛緞，一種毛織品，疏細者稱
羽紗，厚密者稱羽緞，著水不濕，可禦雨雪。"
清梁廷枏《海國四說·西洋諸國》："火漆八包、
大紅羽緞四、周天球一、鼻烟五十罐、照字鏡
二架。"

青羽緞

羽緞的一種。呈青色。此稱清代已行用。
徐珂《清稗類鈔·服飾類·皇帝服飾》："雨衣
之制六，皆明黃色……一如常服袍而加領，長
與坐齊，以油綢爲之，不加裏，袖端平，前加
掩襠，領用青羽緞，紐約亦青色。"沈從文《邊
城》第一章："終日大門敞開著，常有穿青羽緞
馬褂的船主與毛手毛脚的水手進出。"

織金緞

加入金綫織就的緞織品。此稱明代已行用。
《金瓶梅》第四五回："李瓶兒早尋下一套上色
織金緞子衣服、兩方銷金汗巾兒、一兩銀子。"
《清史稿·暹羅傳》："王妃緞、織金緞、紗、織

金紗、羅、織金羅各二。"

洋緞

産自國外的一種絲緞。明清時已傳入中國。
此稱清代已行用。《清朝文獻通考·土貢考》：
"西洋博爾都葛爾國貢珊瑚、珠寶……洋緞、羽
毛緞。"清梁廷枏《海國四說·西洋諸國》："五
年，其國又遣使貢方物：……銀鍍金鑲玳瑁盒、
玻璃瓶貯各品藥露、金絲緞、金銀絲緞、金花
緞、洋緞、大紅羽毛緞……"

大紅洋緞

洋緞的一種。以産自國外，且呈大紅色而
得名。此稱清代已行用。《紅樓夢》第三回：
"這個人打扮與衆姑娘不同：……身上穿著縷金
百蝶穿花大紅洋緞窄褃襖，外罩五彩刻絲石青
銀鼠褂。"中國藝術研究院紅樓夢研究院校記：
"'洋緞'，原作'萍緞'，己卯、夢稿、甲辰、
舒序本均同。從甲戌、蒙府、戚序本改。"

倭緞

亦稱"東洋緞""倭股""日本緞"。緞的一
種。古代日本産的絲緞。此稱明代已行用。明
宋應星《天工開物·倭緞》："凡倭緞，制起東
夷，漳、泉海濱效法爲之。絲質來自川蜀，商
人萬里販來，以易胡椒歸里。"《紅樓夢》第三
回：〔寶玉〕穿一件二色金百蝶穿花大紅箭
袖……外罩石青起花八團倭緞排穗褂。"中國
藝術研究院紅樓夢研究所校注："倭緞：亦稱
東洋緞。"又第一〇五回："倭股十二度，綢緞
一百三十卷。"中國藝術研究院紅樓夢研究所校
注："倭股：日本緞。"

【倭股】

即倭緞。此稱清代已行用。見該文。校注：
"倭股：日本緞。"

【東洋緞】

即倭緞。此稱清代已行用。見該文。

【日本緞】

即倭緞。此稱清代已行用。見該文。

【倭段】

同"倭緞"。此體明代已行用。《醒世姻緣傳》第七二回："〔周龍皋〕頭戴倭段龍王帽，身穿京紵土地袍。"

青倭緞

倭緞的一種。呈黑色。此稱清代已行用。《清史稿·輿服志》："朝服色用石青雲緞，無蟒。領、袖冬、夏皆青倭緞，中有襞積。"

青織金綾紵

絲織品的一種。青色緞，其上以金綫提織出綾紋。此稱明代已行用。《金瓶梅詞語》第七一回："西門慶令玳安拿上賀禮，青織金綾紵一端，色段一端。"白維國、卜鍵校注："青織金綾紵，一種在青色緞地上以金綫提織出綾紋的絲織物。"

紵絲

緞的古稱。此稱唐代已行用。唐元稹有《酬樂天得積所寄紵絲布白輕庸製成衣服以詩報三》詩。《水滸傳》第一〇回："將次席終，王倫叫小嘍囉把一個盤子，托出五十兩白銀，兩匹紵絲來。"《清平山堂話本·董永遇仙傳》："果然一日一夜，織成十匹紵絲。"清翟灝《通俗編·服飾》："今所呼緞者，宋時謂之紵絲。"

按，唐代已有"紵絲"之稱。

白紵絲

紵絲的一種。呈白色。此稱明代已行用。《水滸傳》第二回："身穿一領白紵絲兩上領戰袍，腰繫一條查五指梅紅攢綫搭膊。"

大紅紵絲

紵絲的一種。以呈大紅色而得名。此稱明代已行用。《大明會典·文武官冠服》："其大紅紵絲紗羅服、惟四品以上官及在京九卿、翰林院、詹事府、春坊、司經局、尚寶司、光禄寺、鴻臚寺、五品堂上官、經筵講官方許穿用。"《金瓶梅詞話》第三四回："西門慶拿出兩匹尺頭來，一匹大紅紵絲，一匹鸚哥綠潞紬，教李瓶兒替官哥裁毛衫兒、披襖、背心兒、護頂之類。"

鸚哥綠紵絲

紵絲的一種。鸚哥，鸚鵡的俗稱。以呈鸚哥綠色而得名。此稱明代已行用。《匯評全本金瓶梅》第二回："解了腰裏纏袋，脱了身上鸚哥綠紵絲衲襖，入房裏搭了。"

天青紵絲

紵絲的一種。呈淡青色。此稱明代已行用。《金瓶梅詞語》第七一回："管待了酒飯，因見王經身上穿的單薄，與了一件天青紵絲貂鼠氅衣兒，又與了五兩銀子。"白維國等校注："天青紵絲貂鼠氅衣兒，以淡青色紵絲爲面料的貂鼠氅衣。"

第八節　錦　考

錦是以彩綫織出具有各種圖案花紋的絲織品，是中國傳統高級多彩提花絲織物。古代有"織采爲文""其價如金"之説，故名錦。《釋名·釋彩帛》："錦，金也，作之用功重於，其價如金，故其制字帛與金也。"錦以精練染色的桑蠶絲爲經緯原料織成，還常使用各種金銀綫織就。現代也有用人造絲等化學纖維原料織就的錦，主要用作裝飾用料。

錦的發展已有三千年以上的歷史。《書·禹貢》："島夷卉服，厥篚織貝。"唐孔穎達疏引漢鄭玄曰："'貝'，錦名。《詩》云：萋兮斐兮，成是貝錦。凡爲織者，先染其絲，乃織之，則文成矣。"這是文獻上錦名的初次出現，説明早在原始社會就有錦這種需要複雜紡織技術的絲織物。在《詩》中，還可以找到"錦衣"（《詩·秦風·終南》）、"錦衾"（《詩·唐風·葛生》）、"衣錦"（《詩·鄭風·豐》《衛風·碩人》）的記載。《左傳》中有關錦的記載也不罕見，閔公二年，"歸夫人魚軒，重錦三十兩"；襄公二十六年，"夫人使饋之錦與馬"；襄公三十一年，"子有美錦"；昭公十三年，"衛人使屠伯饋叔向羹，與一篋錦"。可知錦已在貴族中大量服用，但由於貴重而量少。《周禮·天官·大宰之職》："金玉曰貨，布帛曰賄。"唐賈公彦注曰："錦文珠玉不鬻於市。"春秋時代，除齊魯地區外，另一紡織中心是以陳留、襄邑（皆在今河南境内）爲中心的平原地區。此地出産的美錦，可與齊魯的羅等絲織品齊名，亦是當時的名産。1957 年在長沙左家塘戰國墓中出土的結構和飾紋複雜的錦，有深棕地紅黄色菱紋錦、褐地矩紋錦、褐地紅黄矩紋綿、朱條暗花對龍對鳳紋錦、褐地雙色方格紋錦、褐地幾何填花燕紋錦。戰國至西漢以前流行以二色或三色經絲輪流顯花的經錦，包括局部飾以挂經錦、具有立體效果的凸花錦和絨圈錦，如荆州馬山戰國墓與長沙馬王堆西漢墓出土的實物，紋樣多爲以幾何形爲基礎的禽獸、雲氣等。

漢代出現了綵錦，是一種經綫起花的彩色提花織物，不僅花紋生動，而且錦上織綉文字。在長沙馬王堆一號墓中還發現幾種起毛錦、起絨錦，織成花紋，層次分明，有立體感。蜀錦亦興起於漢代，以工藝精麗著稱，在中國絲織精品中長期居於重要地位。蜀錦比臨淄錦、襄邑錦知名稍晚，但發展很快，到東漢末，已與臨淄錦、襄邑錦并駕齊驅，甚至有後來居上之勢。漢代，襄邑出産的錦以工藝精美而著名。《説文·金部》："錦，襄邑織文也。"據《西京雜記》卷一、卷三載，漢初蒲桃（葡萄）甫一傳入中國，其形象就被當作錦綉的最新圖案，稱爲蒲桃錦。以彩色經緯綫作出圖案花紋的，稱爲織錦，如從新疆民豐出土的漢錦。《穆天子傳》中有"天子使嬖人贈用文錦"的記載，可見錦在當時并不罕見。

三國時，蜀錦名聲大振，暢銷各地，魏、吳、蜀人争相購之。《太平御覽》卷八一五引《丹陽記》曰："江東歷代尚未有錦，而成都獨稱妙。故三國時魏則市於蜀，而吳亦資西道。"不僅如此，吳地所産吳錦還遠輸日本。《淵鑑類函》卷三六五引《魏志》曰："景初中賜倭女王絳地交龍錦五匹，紺地句文錦三匹，倭獻暴文雜錦二十匹。"

南朝時丹陽有鬥場錦署，錦的産量很高。《梁書·侯景傳》載："又啓求錦萬匹，爲軍人袍。"《淵鑑類函》卷三七八引《陳書》曰："高宗時豫州獻織成羅文錦被，詔於雲龍門外焚之。"石趙絲織業發達，在鄴城有織錦署。鄴錦在當時和蜀錦一樣特别有名，其錦名目極多，據《鄴中記》載："織綿署在中尚方，錦有大登高、小登高、大明光、小明光、大博山、小博山、大茱萸、小茱萸、大交龍、小交龍，蒲桃文錦、斑文錦、鳳皇朱雀錦、韜文錦、桃核文錦，或青綈，或白綈，或黃綈，或綠綈，或紫綈，或蜀綈，工巧百數，不可盡名也。"

北朝至初唐出現一種經綫分表經、裏經，緯綫分夾緯和交織緯的斜紋經錦。如新疆吐魯番阿斯塔那出土的一批隋代絲織品，有連珠花錦、采條錦、棋間錦、對馬紋錦和團花紋錦，反映出隋時織造工藝的成就；還有新疆出土的猪頭紋錦和立鳥紋錦。至唐朝末期，河北定州仍是貢奉綾錦最多的地方。唐代蜀錦保存到現代的有團花紋錦、赤獅鳳紋蜀江錦等多種，其圖案有團花、龜甲、格子、蓮花、對禽、對獸、鬥羊、翔鳳、游鱗等。唐代著名的錦樣多出自唐初在益州作行臺的竇師綸。中唐時揚州廣陵郡所貢客袍錦、被錦、半臂錦尤負盛名，但其錦爲何樣，迄今不得而知。土貢情況，新、舊唐書《地理志》另有記載。唐張彦《歷代名畫記》中記載，他創製瑞綾、宮綾，有天馬麒麟、花樹對粗、對雉等十餘種紋樣；這些織錦色彩華麗，直至中唐以後百餘年仍在流行。

宋錦另有特點，創造出在一區内采用兩種或更多的彩緯，并以"分區换色"的方法增加織物色彩的緯錦，其紋樣風格秀麗，配色典雅和諧；相傳在宋高宗南渡後，爲滿足當時宮廷服裝和書畫裝飾的需要而開始生産。南宋時，已有紫鸞鵲錦、青樓臺錦、衲錦、皂方團百花錦、球路錦、柿紅色背錦、天下樂、練鵲、綬帶、瑞草、八達景、翠色柿子、銀鈎暈、倒仙牡丹、白蛇龜紋、水藻戲魚、紅遍地芙蓉、紅七寶金龍、黃地碧牡丹、紅遍地雜花、方勝等四十多種。宋周密《齊東野語》《宋史·輿服志》及明陶宗儀《南村輟耕録》中所記錦的名色還有雲雁、真紅、大窠獅子、雙窠雲雁、宜男百花等。蘇州織造的宋錦和南京的雲錦、四川的蜀錦，都是聞名全國的織品。在四川曾特設錦坊，織造西北和西南少數民族喜愛的宜男百子、大纏枝青紅被面錦、寶照錦、球路錦等。四川博物院收藏的一塊宋代八達暈錦，紋樣風格秀麗謹嚴，色彩淡雅。

金元之際流行以加金藝術爲主體表現的織金錦，亦稱"納石失"，是統治階級專用的衣料，在新疆地區設專局織造。元代蜀錦依然有名，其中有長安竹、雕團、象眼、宜男、寶界地、天下樂、方勝、獅團、八搭韵、鐵梗衰荷等十樣錦，大致因襲宋人遺制。元時錦花紋多種多樣，見於文獻的有克絲作樓閣、克絲作龍水、克絲作百花攢龍、克絲作龍鳳、紫寶陛地、紫大花、五色簟文、紫小滴珠、方勝鸞鵲、青綠簟文、紫鸞鵲等。蜀錦仍然品種繁多，十分精美，可從元費著《蜀錦譜》中窺見一斑。

明清以後盛行以挖花回緯爲主要顯花手段的重緯織物"妝花緞"。妝花緞的彩緯顏色多達三四十種，錦面的經緯方嚮都有逐花異色的效果，是中國古代織錦最高水準的代表。歷史上曾用多綜多躡機和束綜花樓機織錦。明末全國性的大動亂對蜀錦生產的摧殘嚴重。但是，晚清以來生產的月華、雨絲、方方和浣花錦等品種，在創新中仍然保持了蜀錦的傳統。另外，明代西南少數民族出產夾棉麻織成絨錦的絲織品；絨錦用麻綾作經、絲作緯，挑織成五色，花樣極多。清代西南苗、黎族人善織苗錦、黎錦。

錦

絲織品的一種。以彩綾織出各種圖案花紋，因此品類繁多。據傳唐堯時已有製作。此稱先秦時期已行用。《詩·秦風·終南》："君子至止，錦衣狐裘。"《毛傳》："錦衣，采色也。"唐孔穎達疏："錦者，雜采爲文，故云采衣也。"又《鄭風·豐》："衣錦絅衣，裳錦絅裳。"唐孔穎達疏："言已衣則用錦爲之，其上復有禪衣矣；裳亦用錦爲之，其上復有禪裳矣。"《左傳·襄公二十六年》："夫人使饋之錦與馬。"《禮記·喪大記》："君錦衾，大夫縞衾，士緇衾皆一。"《史記·匈奴列傳》："服綉袷綺衣，綉袷長襦、錦袷袍各一……綉十匹，錦三十匹，赤綈、綠繒各四十匹，使中大夫意、謁者令肩遺單于。"《後漢書·東夷傳》："東夷率皆土著，喜飲酒歌舞，或冠弁衣錦，器用俎豆。"唐王勃《銅雀妓》："錦衾不復襞，羅衣誰再縫。"宋高承《事物紀原·布帛雜事·錦》："《拾遺》曰：員嶠山環丘有冰蠶，霜雪覆之，然後成繭，其色五采。唐堯之時，海人織錦以獻。後代效之，染五色絲，織以爲錦。"宋山謙之《丹陽記》："歷代尚未有錦而成都獨稱妙，蓋始於蜀地也。蜀自秦昭王時通中國，而三代已有錦，見於《禮》多矣。王嘉所記爲近之。"清俞正燮《癸巳存稿·錦也》："錦爲織采絲。"《皇清職貢圖》卷八："〔黎平府羅漢苗人〕婦人散髮，綰插木梳，數日必以水沃之……能養蠶，織錦。"

【錦布】[1]

即錦。此稱三國時期已行用。《三國志·蜀書·先主傳》："永綏四海。"晋裴松之注引三國魏魚豢《典略》："備遣軍謀掾韓冉齎書吊，並貢錦布。"《北史·百濟傳》："又詔曰：'……所獻錦布海物，雖不悉達，明卿至心。今賜雜物如別。'"

宮錦

宮中特製或仿造宮樣所製的華麗錦緞。此稱唐代已行用。唐岑參《胡歌》："黑姓蕃王貂鼠裘，葡萄宮錦醉纏頭。"唐李商隱《隋宮》詩："春風舉國裁宮錦，半作障泥半作帆。"《新唐書·文藝傳·李白》："白浮游四方，嘗乘舟與崔宗之自采石至金陵，著宮錦袍，坐腹舟中，旁若無人。"前蜀毛文錫《虞美人》詞："寶檀金縷鴛鴦枕，綬帶盤宮錦。"明袁宏道《貞壽詩爲馮太史母》："宮錦到地紅，霜心與頭白。"《江貞女傳》："崔君至嶽洲，遂以宮錦團扇，水晶連環授江氏幼女，以爲訂。"

萬喜大紅宮錦

宮錦的一種。質地大紅色，并織有"萬喜"字樣。此稱明代已行用。《醒世姻緣傳》第九〇回："一個李照，舍了一床萬喜大紅錦帳幔。"

大錦

錦的一種。此稱唐代已行用。唐温庭筠《漢皇迎春詞》："春草芊芊晴掃烟，宮城大錦紅殷鮮。"宋宋敏求《春明退朝録》卷中："白綾大紙七張，大錦褾，牙軸，青帶。"明黃衷《讀坡山詩集》："衝垣決棟遍城邑，不道大錦蒙官商。"

文錦

文彩斑斕之錦。此稱先秦時期已行用。《穆天子傳》卷六："盛姬之喪，天子使嬖人贈用文錦。"《管子·霸形》："於是以虎豹皮文錦使諸侯，諸侯以縵帛鹿皮報。"又《小匡》："諸侯以縵帛，鹿皮四介以爲幣，齊以文錦虎豹皮報。"《漢書·貨殖列傳序》："富者木土被文錦，犬馬餘肉粟，而貧者短褐不完，含菽飲水。"宋周密《齊東野語·紹興御府書畫式》卷六："六朝名畫横卷。用克絲作樓臺錦褾。青綠簟文錦裏〔次等用碧鸞綾裏〕。白大鸞綾引首。高麗紙贉。出等白玉碾花軸。"《警世通言·莊子休鼓盆成大道》："楚威王聞莊生之賢，遣使持黄金百鎰，文錦千端，安車駟馬，聘爲上相。"明張岱《夜航船·寶玩部》："東海員嶠山有冰蠶，長七寸，黑色，有鱗角。以霜雪覆之，然後作繭。繭長尺一，其色五彩，織爲文錦，入水不濡，入火不燎，暑月置座一，室清凉。"明張岱《陶庵夢憶·龍山放燈》："萬曆辛丑年，父叔輩張燈龍山，剡木爲架者百，塗以丹艧，悦以文錦，一燈三之。"

【紋錦】

即文錦。此稱宋代已行用。宋秦觀《望海潮·星分鬥牛》："紋錦製帆，明珠濺雨，寧論爵馬魚龍。"元辛文房《蘇小小歌》："東流水底西飛魚，銜得錢唐紋錦書。"清董天工《織布》："摻摻巧織戈紋錦，斑駁争綺柿蒂鮮。"

六破錦

錦的一種。此稱唐代已行用。《新唐書·代宗本紀》：“四月戊寅，藍田西原地陷。禁大綢，竭鑿六破錦及文紗吳綾爲龍、鳳、麒麟、天馬、辟邪者。”

虎紋錦

錦的一種。以其上呈虎紋圖案而得名。此稱漢代已行用。《太平御覽》卷六九五引漢應劭《漢官儀》：“虎賁中郎將衣紗縠單衣，虎紋錦袴。”《紅樓夢》第九二回：“大家打開看時，原來匣內襯著虎紋錦，錦上叠著一束藍紗。”

夔紋錦

北朝時期的一種絲錦。1967年新疆吐魯番阿斯塔那北區第八十八號墓出土。該錦長30厘米、寬16.5厘米，用藍、黃、紅、綠、白五色經緯與單緯綾織成。錦邊乃經緯顯花，在綠條和黃條的地上，用藍色白邊顯出夔獸紋，用紅色和黃色顯出獅形獸和四瓣菱形花，整個花紋圖案色調絢麗燦爛。

花錦

錦的一種。以質呈花色而得名。此稱宋代已行用。宋陳暘《樂書·景雲舞》：“景雲舞八人，花錦爲袍，五綾爲袴，綠雲冠，黑皮鞾。”《宋史·外國傳六·大食國》：“雍熙元年，國人花茶來獻花錦、越諾、揀香、白龍腦、白沙糖、薔薇水、琉璃器。”

花兜錦

花錦的一種。花飾呈聚集包圍狀。此稱清代已行用。《皇清職貢圖》卷四：“〔廣東省龍勝苗人〕女挽髻，遍插銀簪，復以長簪，綴紅絨短衣，緣錦，花兜錦裙。”

奇錦

奇异之錦。此稱唐代已行用。《舊唐書·崔寧列傳》：“武至劍南，遺獻誠奇錦珍貝，價兼百金。”《宋史·唐介傳》：“介遂劾宰相文彥博守蜀日造間金奇錦，緣閽侍通宮掖，以得執政。”清汪琠《粵秀山觀晚霞歌》：“仙人佩裳紛五色，天孫奇錦開七襄。”

美錦

有華麗文彩之錦。此稱先秦時期已行用。《左傳·襄公三十一年》：“子產曰：‘……子有美錦，不使人學製焉。大官大邑，身之所庇也，而使學者製焉。其爲美錦，不亦多乎？僑聞學而後入政，未聞以政學者也。’”《晉書·張載傳》：“嶽藻如江，濯美錦而繢絢。”《南齊書·張岱傳》：“恕未閑從政，美錦不宜濫裁。”唐徐寅《醉題邑宰南塘屋壁》詩：“閩王美錦求賢製，未許陶公解印還。”清王初桐《奩史》卷七七引清鈕琇《觚賸》：“嘉興項墨林，名元汴，游金陵，昵院中一妓，久而欲別，妓執手雪涕，意殊戀戀。項歸，乃廣購沉水香，斬爲臥床，玲瓏工巧。復以名紈美錦製衣數篋，裝巨艦訪之。”

艷錦

質地鮮艷之錦。此稱南北朝時期已行用。北周庾信《春賦》：“艷錦安天鹿，新綾織鳳凰。”唐溫庭筠《織錦詞》：“簇簇金梭萬縷紅，鴛鴦艷錦初成匹。”宋吳文英《又荷和趙修全韻》：“橫塘棹穿艷錦，引鴛鴦弄水。斷霞晚、笑折花歸，紺紗低護燈蕊。”

色錦

錦的一種。織有彩色花飾。此稱南北朝時期已行用。《南齊書·東昏侯紀》：“帝有膂力，

能擔白虎幢。自製雜色錦伎衣，綴以金花玉鏡
衆寶，逞諸意態。"唐徐堅《初學記》卷二七引
《西京雜記》："武帝時得貳師天馬，以玫瑰石爲
鞍韉，鏤以金銀，以綠地五色錦爲蔽泥。"《皇
清職貢圖》卷八："〔黎平古州等處黑苗人〕衣
短，尚黑，女綰長簪，垂大環，衣裙緣以色錦，
皆跣足……頗勤耕織。"

月色錦

錦的一種。以呈月白色而得名。此稱清代
已行用。《聊齋志異·連瑣》："則見月色錦襪，
約彩線一縷。"

玉錦

彩飾繁密似玉之錦。此稱漢代已行用。《儀
禮·聘禮》："公降立，擯者出請，上介奉束錦。
士介四人皆奉玉錦束，請覿。"鄭玄注："玉錦，
錦之文纖縟者也。《禮》有以少文爲貴者。"賈
公彦疏："是玉有密緻，錦之纖縟似玉之密緻
者。"宋王質《水調歌頭·細數十年夢》："星漢
淡無色，玉錦倚空浮。"明黃佐《嘉靖丙戌元宵
燕集分得銀字賦二十韵》："弄芳珠作佩，步玉
錦爲茵。"

素錦

錦的一種。以呈素白色而得名。此稱漢代
已行用。《爾雅·釋天》："素錦綢杠。"晋郭璞
注："以白地錦韜旗之竿。"《禮記·雜記上》：
"其輤有裧，緇布裳帷，素錦以爲屋而行。"唐
孔穎達疏："'素錦以爲屋'者，於此裳帷之中
又用素錦以爲屋，小帳以覆棺。"

【白地錦】

即素錦。此稱晋代已行用。《爾雅·釋天》：
"素錦綢杠。"晋郭璞注："以白地錦韜旗之竿。"
明文震亨《長物志》卷四："古帖宜以文木薄一

分許爲板面，上刻碑額卷數，次則用厚紙五分
許，以古色錦或青花白地錦爲面。"

丹錦

錦的一種。呈朱紅色。此稱至遲晋代已行
用。晋王羲之書《黃庭内景經·心部》："丹錦
飛裳披玉羅，金鈴朱帶坐婆娑。"宋蘇軾《讀道
藏》："盛以丹錦囊，冒以青霞裾。"

朱錦

錦的一種。呈大紅色。一説呈朱紅色。此
稱漢代已行用。《禮記·玉藻》："童子之節也，
緇布衣錦緣，錦紳並紐，錦束髮，皆朱錦也。"
南朝梁蕭子範《冠子箴》："朱錦辮髮，青絇在
履。"《明史·輿服志二》："大帶素表朱裏，兩
邊用緣。上以朱錦，下以綠錦。"

紅錦

錦的一種。其質呈淺紅色或粉紅色。也
泛指紅色錦。此稱南北朝時期已行用。《南齊
書·東昏侯紀》："翳中帷帳及步障，皆袷以綠
紅錦、金銀鏤弩牙、瑇瑁帖箭。"宋孟元老《東
京夢華録·一四日車駕幸五嶽觀》："親從官司
皆頂毬大帽，簪花，紅錦團答戲獅子衫，金鍍
天五腰帶，數重骨朵。"《喻世明言·臨安異錢
婆留發迹》："賊先鋒身穿紅錦袍，手執方天畫
戟，領插令字旗，跨一匹瓜黃戰馬，正揚威耀
武而來。"《三寶太監西洋記通俗演義》第七二
回："元帥接單視之，只見單上計開：方美玉一
塊……紅錦百匹，花羅百匹，絨球百床。"

紅纈錦

錦的一種。以染有紅色彩紋而得名。宋代
多用作衣料。此稱宋代已行用。宋吳自牧《夢
粱録·車駕詣景靈宮孟饗》卷一："駕還内，其
親從官皆頂毬頭大帽，紅纈錦團搭，戲獅子衫，

鍍金大玉腰帶，各執骨朵。"

紅方勝錦

錦的一種。開頭像由兩個菱形部分重疊相連而成方勝形，呈紅色。此稱宋代已行用。宋孟元老《東京夢華錄·一四日車駕幸五嶽觀》："御龍直頂一脚指天，一脚圈曲幞頭，著紅方勝錦襖子，著束帶，執御從物。"

紅遍地草錦

錦的一種。以其質地呈紅色，并織有鮮草圖案而得名。此稱金代已行用。《金史·百官志四》："官誥……六品、七品，紅遍地草錦褾，小白綾八幅，角軸，大安加銀縷。"

紅遍地雲鶴錦

錦的一種。以其質地遍呈紅色，且有祥雲仙鶴圖案而得名。此稱金代已行用。《金史·百官志四》："官誥……一品，紅遍地雲鶴錦褾，金雲鶴五色羅一四幅，犀軸。"

紅遍地龜蓮錦

錦的一種。以其質地遍呈紅色，且織有寶龜蓮花圖案而得名。此稱金代已行用。《金史·百官志四》："官誥……一品、三品，紅遍地龜蓮錦褾，素五色綾十二幅，玳瑁軸。"

紅遍地水藻戲鱗錦

錦的一種。以其質地遍地呈紅色，并織有魚戲水藻圖案而得名。此稱金代已行用。《金史·百官志四》："官誥……四品、五品，紅遍地水藻戲鱗錦褾，大白綾十幅，銀裹間鍍軸。"

紅遍地雲氣翔鷺錦

錦的一種。以其質地遍呈紅色，且織有鷺鳥翔於雲中圖案而得名。此稱金代已行用。《金史·百官志四》："官誥：親王，紅遍地雲氣翔鷺錦褾，金鷺五色羅十五幅，寶裝犀軸。"

紅遍地瑞蓮鸂鶒錦

錦的一種。以其質地遍呈紅色，且織有蓮花、鸂鶒水鳥圖案而得名。鸂鶒，水鳥名，似鴛鴦而稍大，雌雄偶游，多紫色。此稱金代已行用。《金史·百官志四》："郡主、縣主、夫人，紅遍地瑞蓮鸂鶒錦褾，金蓮鸂鶒五色羅十五幅。"

紅綠連理錦

錦的一種。質地紅綠二色相連。多用於婚禮，新人牽持，稱之爲"通心錦"。此稱宋代已行用。宋無名氏《戊辰雜鈔》："女初至門，婿去丈許逆之，相者授以紅綠連理之錦，各持一頭，然後入，俗謂之通心錦。又謂之合歡梁。"

紺地句文錦

錦的一種。以質地呈紅青色，且有彎曲紋飾而得名。句，同"勾"。此稱三國時期已行用。《三國志·魏書·倭傳》："詔書報倭女王曰：'……又特賜汝紺地句文錦三匹、細班華罽五張、白絹五十匹、金八兩、五尺刀二口、銅鏡百枚、真珠、鉛丹各五十斤，皆裝封付難升米、牛利還到録受。'"

絳地交龍錦

錦的一種。以其質地呈深紅色，且織有龍紋而得名。此稱三國時期已行用。《三國志·魏書·倭傳》："今以絳地交龍錦五匹、絳地縐粟罽十張、蒨絳五十匹、紺青五十匹，答汝所獻貢直。"

黄花錦

錦的一種。以其織有黄花圖案而得名。此稱宋代已行用。《宋史·職官志三·官告院》："小綾紙二等。一等五張，黄花錦褾，角軸，青帶。"

黄地小團花錦

錦的一種。1973年新疆吐魯番出土。黄色地，藍白色連珠小團花紋。色彩素淡，花紋規整，爲唐錦代表品類。

綠錦

錦的一種。質地呈綠色。此稱唐代已行用。唐杜牧《少年行》："連環覊玉聲光碎，綠錦蔽泥虬卷高。"《三國演義》第二五回："一日，操見關公所穿綠錦戰袍已舊，即度其身品，取異錦作戰袍一領相贈。"《喻世明言·臨安里錢婆留發迹》："爲頭一個好漢，生得如何？怎生打扮？頭裹金綫唐巾，身穿綠錦衲襖。"

綠紅錦

錦的一種。以其呈綠紅二色而得名。此稱南北朝時期已行用。《南齊書·東昏侯紀》："置射雉場二百九十六處，翳中帷帳及步障，皆袷以綠紅錦，金銀鏤弩牙，瑇瑁帖箭。"梁蕭繹《金樓子》卷二："宋蒼梧王昱，嘗置射雉場二百處，翳中帷帳，皆綠紅錦爲之。金銀鏤弩牙，玳瑁帖箭。"

青錦

青色之錦。此稱晋代已行用。晋干寶《搜神記》卷二："〔兩巫〕見一女人，年可三十餘，上著青錦束頭，紫白袷裳，丹綈絲履。"《舊唐書·百濟傳》："其王服大袖紫袍，青錦袴，烏羅冠金花爲飾，素皮帶，烏帶履。"前蜀花蕊夫人《宮詞》之七二："青錦地衣紅綉毯，盡鋪龍腦金香。"宋孟元老《東京夢華録·賀登寶津樓諸軍呈百戲》："有花裝男子百餘人，皆裹角子，向後拳曲花幞頭，半著紅半著青錦襖子。"《宋史·禮志二五》："其皇堂贈玉、鎮圭、劍佩、旒冕、玉寶，並以瑁玉、蘂玉、綏以青錦。"明姚士粦《見只編》卷上："〔婦人〕上穿青錦半臂、下著絳裙，襪而不鞋。"

青遍地錦

錦的一種。其質遍呈青色。此稱明代已行用。《醒世姻緣傳》第七一回："〔童奶奶〕自己兩隻袖子袖著兩封銀子，穿著油綠紬對衿襖兒，月白秋羅裙子……青遍地錦箍兒，雇上了個驢，騎到陳公外宅。"

紫錦

紫色之錦。此稱漢代已行用。《漢武帝内傳》："帝又見王母巾笈中有一卷書，盛以紫錦之囊。"《後紅樓夢》第六回："〔晴雯〕陡然見一挂紫錦灰鼠玻璃窗的軟簾，又觸起了得病根源，只因要嚇麝月，不聽寶玉言語，被窩裏起來冒了風寒，心裏頭益發怪難過的。"

纁錦

淺絳色錦。此稱清代已行用。《大清會典·禮部·冠服》："皇帝冠制……夏秋凉冠，素表，朱裏，緣以纁錦，均覆朱緯青組纓，施金龍。"

一團嬌

錦的一種。以其呈團花紋，甚嬌美而得名。此稱唐代已行用。唐段成式《柔卿解籍戲呈飛卿》詩之二："未有長錢求鄴錦，且令裁取一團嬌。"

十様錦

十様錦類絲織物。傳爲孟昶治蜀時所製。此稱元代已行用。元戚輔之《佩楚軒客談》："〔後蜀〕孟氏在蜀時製十様錦，名長安竹、天下樂、雕團、宜男、寶界地、方勝、獅團、象眼、八搭韵、鐵梗衰荷。"《喻世明言·史弘肇龍虎君臣會》："這日郭大郎脱膊，露出花頂，

衆人喝采。正是：近覷四川十樣錦，遠觀洛内
一團花。"

七成錦

錦的一種。清王初桐《奩史》卷七七引
《飛燕外傳》："帝謝之，詔益州留三年輸，爲婕
好作七成錦帳，以沉水香飾。"

大綢錦[1]

唐錦的一種。呈大紋。此稱唐代已行用。
《集韻·去禡》："綢，錦文也。唐有大綢錦。"
《新唐書·代宗紀六》："四月戊寅，藍田西原地
陷。禁大綢，竭鑿六破錦及文紗吳綾爲龍、鳳、
麒麟、天馬、辟邪者。"

中錦

中幅錦。宋代用於裝裱中綾紙官誥，錦幅
窄於大錦。《宋史·職官志三》："一等六張，中
錦褾，中牙軸，青帶。"

方錦

錦的一種，方形紋綫。此稱唐代已行用。
唐韓偓《已涼》詩之二："八尺龍鬚方錦褥，已
涼天氣未寒時。"清王初桐《奩史》卷五一四引
《洞簫記》："後一美人可十八九，瑤冠鳳服，文
犀帶，著方錦紗色，袖廣幾二尺，若世所圖宮
妝之狀，玉色瑩然，月光交映，真天人也。"

古錦

錦的一種。其質地較古舊。此稱宋代已行
用。宋孔平仲《子明棋戰兩敗輸張寓墨並蒙見
許夏間出篋中所藏以相示詩索所負且堅元約》
詩："古錦綴爲囊，香羅裁作帕。"

半臂錦

錦的一種。此稱唐代已行用。《新唐書·地
理志五》："揚州廣陵郡……土貢：金、銀、銅
器、青銅鏡、綿、蕃客袍錦、被錦、半臂錦、

獨窠綾。"

吉光錦

錦的一種。質地光鮮，多用以纏頭。稱
"吉光"，取吉利呈祥之意。此稱元代已行用。
清王初桐《奩史》卷六一四引元李材《解酲
語》："諸嬪衣碧鸞朱綃半袖衫，頭纏吉光錦，
臂繫秋雲紫條帕，著白氈褲。"

神錦

名錦之一。爲冰蠶絲所織。其上織有龍紋
鳳彩，五色煥爛。此稱唐代已行用。唐蘇鶚
《杜陽雜編》卷中："唐元和八年，大軫國貢重
明枕、神錦衾、碧麥、紫米……神錦衾，冰蠶
絲所織也，方二丈，厚一寸，其上龍紋鳳彩，
殆非人工。"清谷應泰《博物要覽·志錦》："歷
代名錦：神錦衾。唐元和八年，大軫國貢神錦
衾，錦乃冰蠶絲所織也，方二丈，厚一寸，其
上龍紋鳳彩，殆非人工。"

綈錦

名錦之一。質地粗厚。此稱晉代已行用。
晉葛洪《西京雜記》卷一："漢制，天子玉几，
冬則加綈錦其上，謂之綈几。以象牙爲火籠。
籠上皆散華文。"清谷應泰《博物要覽·志錦》：
"歷代名錦。冬則加綈錦。其上謂之綈幾，以象
牙爲火籠，籠上皆散華文，後宮則五色綾文。"

文龍錦

名錦之一。質地呈絳色，織有龍紋。此稱
唐代已行用。唐徐堅《初學記·寶器部》："《魏
志》曰：景初中，賜倭女王絳地文龍錦五匹。"
清谷應泰《博物要覽·志錦》："歷代名錦：文
龍錦。魏景初中，賜倭女王絳地文龍錦五匹。"

冰蠶錦

名錦之一。因以冰蠶絲織就而得名。此稱

宋代已行用。宋葉廷珪《海録碎事·衣冠服用部·裌褥門》：“冰蠶錦：康老子常買一舊錦褥，有波斯見之，乃曰：‘此冰蠶絲錦，暑日陳於座則滿室清凉。’”清谷應泰《博物要覽·志錦》：“歷代名錦：冰蠶錦。康老子常以錢半千買得舊錦褥一方，後波斯胡見之，求售，以數百千買去，曰：此冰蠶絲所織也，暑日陳於座上，滿座清凉，此奇物也。”

明霞錦

名錦之一。光耀芬馥，五色相間，以似明霞而得名。明霞，燦爛的雲霞。此稱唐代已行用。唐蘇鶚《杜陽雜編》卷下：“大中初，女蠻國貢雙龍犀，有二龍，鱗鬣爪角悉備。明霞錦，云鍊水香麻以爲之也，光耀芬馥著人，五色相間，而美麗於中國之錦。”清谷應泰《博物要覽·志錦》：“歷代名錦：明霞錦。唐大中初，女蠻國貢明霞錦。錦鍊水香麻以爲地，光耀芬馥著人，五色相間，而美麗於中國之錦。”

神絲綉

名錦之一。綉三千鴛鴦，間以奇花异葉，絡以珍珠靈粟，五色絢爛，精巧華麗。此稱唐代已行用。唐蘇鶚《杜陽雜編》：“神絲綉被，綉三千鴛鴦，仍間以奇花異葉，其精巧華麗絶比。”清谷應泰《博物要覽·志錦》：“歷代名錦：神絲綉。唐同昌公主有神絲錦綉被，上綉三千鴛鴦，間以奇花異葉，其精巧華麗絶比；其上絡以靈粟之采，珠粟粒，五色焕爛，希世之寶也。”

浮光錦

名錦之一。以五彩絲織成龍鳳，絡以珍珠，爲朝日所照，光動搖而得名。此錦唐代已有。唐蘇鶚《杜陽雜編》：“浮光裘，即海水染其色

也。”清谷應泰《博物要覽·志錦》：“歷代名錦：浮光錦。唐敬宗寶曆元年，高昌國獻浮光錦裘，浮光錦絲以紫海之水染其色也。以五采蹙成龍鳳各一千二百，絡以真珠。上衣之以獵北苑，爲朝日所照，而光彩動搖，觀者皆眩其目，上亦不爲之貴，一日，馳馬從禽，忽值暴雨，而浮光裘略無霑濕，上方嘆爲異物也。”

連烟錦

名錦之一。以其質地花紋呈連綿霧烟狀而得名。此錦漢代已有。清谷應泰《博物要覽·志錦》：“歷代名錦：連烟錦。漢武帝元鼎元年，起仙靈閣。編翠羽麈毫爲簾，有連烟之錦、走龍之綉。”朱啓鈐《絲綉筆記》：“郭子恒《洞冥記》：漢武帝元鼎元年，起仙靈閣編翠羽麟毫爲簾，有連烟之錦，走龍之綉。”

斜文錦

錦的一種。以質地花紋呈傾斜狀而得名。此錦漢代已有。漢劉歆《西京雜記》：“緘以戚裏織成錦，一曰斜文錦。”清谷應泰《博物要覽·志錦》：“歷代名錦：斜文錦。漢宣帝有身毒國寶鏡一枚，大如八銖錢。舊傳此鏡照見妖魅，得佩之者爲天神所福，故帝盛以琥珀笥，緘以戚裏織成錦，名曰斜文錦。”

魚油錦

名錦之一。文彩特異，入水不濕，云有魚油而得名。此稱唐代已行用。唐蘇鶚《杜陽雜編》：“更有女王國，貢龍油綾、魚油錦。”清谷應泰《博物要覽·志錦》：“歷代名錦：魚油錦。唐會昌中，女王國貢魚油錦，紋彩尤異，入水不濡，云有魚油故也。”

紫鸞錦

名錦之一。以織有紫色鸞圖案而得名。此

錦漢代已有。清谷應泰《博物要覽·志錦》：
"歷代名錦：紫鸞錦。漢明帝宮中藉地以紫鸞之
錦、翠鴛之綉。"

蒲桃錦

名錦之一。以織有葡萄形花紋而得名。蒲
桃，同"葡萄"。此稱漢代已行用。清谷應泰
《博物要覽·志錦》："歷代名錦：蒲桃錦。霍光
妻遺淳于衍蒲桃錦二十四匹，散花綾二十五匹。
綾出鉅鹿陳寶光家，寶光妻傳其法，霍顯召入
其第。使作之，機用一百二十躡，六十日成一
匹，值萬錢。又與走珠一琲，綠綾百端。"

鸞章錦

名錦之一。以織有鸞鳥花紋而得名。此稱
晉代已行用。《太平御覽》卷六九九引《拾遺錄》
曰："周穆王時鸞章錦幔者，摩連國獻焉，錦文
如鸞翔。"清谷應泰《博物要覽·志錦》："歷代
名錦：鸞章錦。周靈王起昆昭之臺，以享群臣，
張鸞章錦，文如鸞翔。"

五色雲錦

名錦之一。以質地呈五顏六色而得名。此
稱宋代已行用。清谷應泰《博物要覽·志錦》：
"歷代名錦：五色雲錦帳。趙飛燕遺女弟昭儀以
五色雲錦帳，沉水香玉壺。"

蛟文萬金錦

名錦之一。以織有蛟龍紋飾而得名。萬金，
喻貴重。此稱漢代已行用。清谷應泰《博物要
覽·志錦》："歷代名錦：蛟文萬金錦。漢成帝
賜樊嫕蛟文萬金錦二十四匹。"

綠地五色錦

名錦之一。以質地呈綠色，且用五色絲
綾織有花紋而得名。此稱晉代已行用。晉葛
洪《西京雜記》卷二："武帝時身毒國獻連環
羈……後得貳師天馬，帝以玫瑰石為鞍，鏤以
金銀石，以綠地五色錦為蔽泥。"清谷應泰《博
物要覽·志錦》："歷代名錦：綠地五色錦。漢
武帝得貳師天馬，以玫瑰石為鞍，鏤以金銀鍮
石，以綠地五色錦為蔽泥。"

鴛鴦萬金錦

名錦之一。以織有鴛鴦圖案而得名。萬金，
喻貴重。清谷應泰《博物要覽·志錦》："歷代
名錦：鴛鴦萬金錦。"

竹葉錦

錦的一種。以其上呈竹葉紋圖案而得名。
此稱南北朝時期已行用。南朝陳徐陵《梅花落》
詩："倡家怨思妾，樓上獨徘徊。啼看竹葉錦，
篸罷未成裁。"

杉錦

錦的一種。織紋如杉木之紋。此稱宋代已
行用。宋陸佃《埤雅·釋木二》："楝謂之綾，
杉謂之紗，檖謂之羅，羅亦有華者，俗謂之羅
錦。羅錦猶言杉錦、楝綾也，羅錦明，杉錦
暗。"明楊慎《升菴集·藝林伐山·杉錦楝綾》：
"檖木之文如羅，杉木之文如綾也。初則木文如
織，後則織文如木，故有檖羅、杉錦、楝綾之
號。"

束錦

錦的一種。五匹錦。古代用作禮物。此稱
先秦時期已行用。《左傳·襄公十九年》："賄荀
偃束錦，加璧，乘馬，先吳壽夢之鼎。"唐杜預
注："五匹為束。"《儀禮·聘禮》："公降立，擯
者出，請上介奉束錦。"又《士昏禮》："舅饗送
者以一獻之禮，酬以束錦。姑饗婦人送者，酬
以束錦。若異邦，則贈丈夫送者以束錦。"漢鄭
玄注："古文錦皆為帛。"《皇清職貢圖》卷二：

"〔伊犁塔勒察罕烏蘇等處〕男戴紅頂貂帽，著金絲織錦，衣束錦帶，穿嵌花革鞾。"

宋錦

宋代所織之錦。清谷應泰《博物要覽·志錦》列出"宋錦名目"凡紫大花錦、紫龜紋錦、青樓閣錦、青櫻桃錦、球露錦、寶照錦、龜蓮錦、綬帶錦、瑞草錦等五十餘種。紋樣圖案繁多，色調典雅沉重，除製作衣物外，亦用於裝裱書畫。

衲錦

宋錦的一種。此稱宋代已行用。宋周密《齊東野語·紹興御府書畫式》卷六："御府臨書六朝、羲、獻、唐人法帖，並雜詩賦等（內長篇不用邊道，衣古厚紙，不揭不背。）用氈路錦。衲錦。柿紅龜背錦。紫百花龍錦。皂鸞綾褾等。碧鸞綾裏。白鸞綾引首。玉軸或瑪瑙軸臨時取旨。內趙世元鈎摹者亦用衲錦褾。"

皂木錦

宋錦的一種。以質地呈黑色木紋狀而得名。此稱宋代已行用。宋周密《齊東野語·紹興御府書畫式》卷六："趙世元鈎摹下等諸雜法帖。用皂木錦褾。瑪瑙軸。或牙軸。前引首用機暇清賞印，縫用內府書記印，後用紹興印。"

宜男錦

宋錦的一種。"宜男"爲舊時祝頌婦人多子之辭。此稱宋代已行用。《宋史·輿服志四》："六梁冠，方勝宜男錦綬，爲第三等，左右僕射至龍圖、天章、寶文閣直學士服之。"清谷應泰《博物要覽·志錦》宋錦名目："撲蒲錦，宜男錦。"

球路錦

亦稱"球門錦"。錦的一種，以其上織有圓球形花紋，故名。可用以裝裱書畫。此稱宋代已行用。宋周密《齊東野語·紹興御府書畫式》："御府臨書六朝、羲、獻、唐人法帖，並雜詩賦等（內長篇不用邊道，衣古厚紙，不揭不背。）用球路錦。衲錦。柿紅龜背錦。紫百花龍錦。皂鸞綾褾等。碧鸞綾裏。白鸞綾引首。玉軸或瑪瑙軸臨時取旨。內趙世元鈎摹者亦用衲錦褾。"清方以智《通雅·衣服》："升庵言，宋有樓臺錦、撲蒲錦、球路錦。球路，即今球門錦，費著所列不全。"清谷應泰《博物要覽·志錦》："宋錦名目：球路錦、衲錦。"

【球門錦】

即球路錦。此稱清代已行用。見該文。

瑞草錦

宋錦的一種。以其織有象徵祥瑞的香草而得名。此稱宋代已行用。清谷應泰《博物要覽·志錦》："宋錦名目：瑞草錦。"

樗蒲錦

亦作"摴蒲錦"。宋錦的一種。蜀地織錦，兩尾尖削，中間寬闊，以織有樗蒲戲圖案而得名。宋代常用於裝裱書畫。樗蒲，古代一種博戲。此稱宋代已行用。宋周密《齊東野語·紹興御府書畫式》："僧梵隆雜畫橫軸，樗蒲錦褾，碧鸞綾裏，白鸞綾引首，瑪瑙軸。"明曹昭、王佐《新增格古要論·古錦》："古有樓閣錦、樗蒲錦……此錦裝背古畫尤佳。"清谷應泰《博物要覽·志錦》後附："宋錦名目：樗蒲錦、宜男錦。"

【摴蒲錦】

同"樗蒲錦"。此體宋代已行用。見該文。

【撲蒲錦】

同"樗蒲錦"。此體明代已行用。明方以智

《通雅·衣服》："升庵言，宋有樓臺錦，挎蒱錦、球路錦。"

綬帶錦

宋錦的一種。以其用於製作綬帶而得名。清谷應泰《博物要覽·志錦》："宋錦名目：方勝練雀錦、綬帶錦。"

盤球錦

宋錦的一種。以織有圓球狀花紋而得名。多用以裝裱書畫。此稱宋代已行用。《宋史·職官志三·官告院》："大綾紙四等……一等八張，盤球錦襟，大牙軸，色帶。"元費著《蜀錦譜》："盤球錦……真紅雪花球露錦。"

練雀錦

宋錦的一種。以織有白色雀鳥圖案而得名。練，白色。此稱宋代已行用。清谷應泰《博物要覽·志錦》："宋錦名目：練雀錦、方勝練雀錦。"

方勝練雀錦

宋錦的一種。以織有方勝紋飾和白色雀鳥圖案而得名。此稱宋代已行用。清谷應泰《博物要覽·志錦》："宋錦名目：練雀錦、方勝練雀錦。"

龜蓮錦

宋錦的一種。以織有烏龜、蓮花圖案而得名。此稱宋代已行用。清谷應泰《博物要覽·志錦》："宋錦名目：寶照錦、龜蓮錦。"

寶照錦

宋錦的一種。以織有日照大地圖案而得名。此稱宋代已行用。清谷應泰《博物要覽·志錦》："宋錦名目：挎蒱錦、寶照錦、龜蓮錦。"

八花暈

宋代暈錦的一種。以色澤中濃四周漸淡，且織有八朵鮮花圖案而得名。此稱宋代已行用。清谷應泰《博物要鑒·志錦》："宋錦名目：瑞草錦、八花暈錦。"

銀鈎暈錦

宋代暈錦的一種。以色澤中心濃四周漸淡，且吸引人有一鈎彎月圖案而得名。此稱宋代已行用。清徐松《宋會要輯稿·職官一一》："凡降制追贈者用白背五色綾紙，銀鈎暈錦紅裏褾，大牙軸。"

天下樂錦

宋錦的一種。此稱宋代已行用。《宋史·職官志三·官告院》："一等一十七張，滴粉縷金花中犀軸，天下樂錦褾犀軸，色帶。"元費著《蜀錦記》："臣僚襖子錦八十七匹花樣：簇四金雕錦、八答暈錦、天下樂錦。"

曲水紫錦

宋錦的一種。呈紫色，并織有曲水圖案。此稱宋代已行用。宋周密《齊東野語·紹興御府書畫式》卷六："唐、五代畫橫卷（皇朝名畫同。），用曲水紫錦褾，碧鸞綾裏，白鸞綾引首，玉軸，或瑪瑙軸。"

【紫曲水錦】

即曲水紫錦。此稱宋代已行用。清谷應泰《博物要覽·志錦》："宋錦名目：紫曲水錦，紫湯荷錦。"

青樓臺錦

樓臺錦的一種。呈青色。此稱宋代已行用。宋周密《齊東野語·紹興御府書畫式》卷六："鈎摹六朝真迹（並係米友仁跋。），用青樓臺錦褾，碧鸞綾裏，白鸞綾引首。"

【青樓閣錦】

即青樓臺錦。此稱宋代已行用。清谷應泰《博物要覽·志錦》："宋錦名目：青樓閣錦、青藻花錦。"

青藻花錦

宋錦的一種。呈青色，且織有藻花圖案。此稱宋代已行用。宋米芾《畫史》："棗木大軸，古青藻花錦作褾。"清谷應泰《博物要覽·志錦》："青樓閣錦、青藻花錦。"

青櫻桃錦

宋錦的一種。因織有櫻桃圖案而得名。此稱宋代已行用。清谷應泰《博物要覽·志錦》："宋錦名目：紫滴珠龍圖錦、青櫻桃錦。"清陳元龍《格致鏡原》卷二七："團錦、青櫻桃錦、皂方圓白花錦、褐方圓白花錦。"

青綠簟文錦

宋錦的一種。呈青綠色，且織有簟竹紋飾而得名。此稱宋代已行用。宋周密《齊東野語·紹興御府書畫式》："用克絲作樓臺錦褾，青綠簟文錦裏。"

紫火花錦

宋錦的一種。以其上有紫色火花圖案而得名。此稱宋代已行用。清谷應泰《博物要覽·志錦》："宋錦名目：紫火花錦、五色簟文錦。"

紫珠焰錦

宋錦的一種。呈紫色，且織有紅色火焰圖案。珠，通"朱"。此稱宋代已行用。清谷應泰《博物要覽·志錦》："宋錦名目：紫珠焰錦、紫曲水錦。"

紫湯荷錦

宋錦的一種。以其質地呈紫色，且織有溫泉荷花圖案而得名。湯，溫泉。此稱宋代已行用。清谷應泰《博物要覽·志錦》："宋錦名目：紫曲水錦、紫湯荷錦。"

紫鸞鵲錦

宋錦的一種。以其質地呈紫色，且織有鸞鳥、喜鵲圖案而得名。此稱宋代已行用。宋周密《齊東野語·紹興御府書畫式》卷六："次等晉唐真迹並石刻晉唐名帖，用紫鸞鵲錦褾，碧鸞綾裏，白鸞綾引首。"又："米芾臨晉、唐雜書上等。用紫鸞鵲錦褾，紫馳尼裏。楷光紙罩，次等簪頂玉軸。"清谷應泰《博物要覽·志錦》："宋錦名目：紫鸞鵲錦、紫百花龍錦。"

紫龜紋錦

宋錦的一種。以其質地呈紫色，且織有龜紋而得名。此稱宋代已行用。清谷應泰《博物要覽·志錦》："宋錦名目：紫龜紋錦、紫珠焰錦。"

紫百花龍錦

宋錦的一種。以其質地呈紫色，且織有百花與飛龍圖案而得名。古代用於裝裱書畫。此稱宋代已行用。宋周密《齊東野語·紹興御府書畫式》："御府臨書六朝、羲、獻、唐人法帖，並雜詩賦等（内長篇不用邊道，衣古厚紙，不揭不背。），用氈路錦，衲錦，柿紅龜背錦，紫百花龍錦，皂鸞綾褾等。"清谷應泰《博物要覽·志錦》："宋錦名目：紫百花龍錦，紫龜紋錦。"

紫寶階地錦

宋錦的一種。呈紫色，有階梯狀紋飾。此稱宋代已行用。清谷應泰《博物要覽·志錦》："宋錦名目：紫寶階地錦、紫大花錦。"

紅霞雲鸞錦

亦稱"紅雲霞鸞錦"。宋錦的一種。以織有紅霞和雲中翔鸞圖案而得名。此稱宋代已行用。宋周密《齊東野語·紹興御府書畫式》卷六："上、中、下等唐真迹（内上、中等，並降付米友仁跋。），用紅霞雲鸞錦褾，碧鸞綾裏，白鸞綾引首。"清谷應泰《博物要覽·志錦》："宋錦名目：紅雲霞鸞錦、黃霞雲鸞錦。"

【紅雲霞鸞錦】

即紅霞雲鸞錦。此稱宋代已行用。見該文。

褐方圓白花錦

宋錦的一種。以質地呈褐色，且織有方圓白花圖案而得名。此稱宋代已行用。清谷應泰《博物要覽·志錦》："宋錦名目：皂方圓白花錦、褐方圓白花錦。"

明光錦

錦的一種。以白底有光彩而得名。十六國時後趙設專織綿署，織有大登高、小登高、大明光、小明光諸類錦。後亦泛指明潔閃光之錦。此稱宋代已行用。宋劉國鈞《從並游俠行》："相歡一揮盡千金，纏頭不惜明光錦。"

大明光

明光錦的一種。異於小明光錦。此稱晋代已行用。晋陸翽《鄴中記》："錦有大登高、小登高、大明光、小明光、大博山、小博山、大茱萸、小茱萸、大交龍、小交龍、蒲桃文錦、斑文錦、鳳皇朱雀錦、韜文錦、桃核文錦，或青綈，或白綈，或黃綈，或綠綈，或紫綈，或蜀綈，工巧百數，不可盡名也。"

小明光

明光錦的一種。異於大明光錦。此稱晋代已行用。《太平御覽》卷八一五引晋陸翽《鄴中記》："石虎冬月施熟錦流蘇斗帳，四角安純金龍頭銜五色流蘇，或用黃地博山文錦，或用紫綈小明光錦。"

白地明光錦

明光錦的一種。以其色潔白而得名。此稱南北朝時期已行用。南朝宋劉義慶《世說新語·文學》："孫興公道：'曹輔佐才如白地明光錦，裁爲負版絝，非無文采，酷無裁制。'"

織錦迴文

用五色絲織成的迴文詩圖。此稱晋代已行用。《晋書·列女傳·竇滔妻蘇氏》："竇滔妻蘇氏，始平人也，名蕙，字若蘭，善屬文。滔，苻堅時爲秦州刺史，被徙流沙，蘇氏思之，織錦爲迴文旋圖詩以贈滔。宛轉循環以讀之，詞甚悽惋。"相傳其錦縱橫八寸，題詩二百餘首，計八百餘言，縱橫反復，皆成章句。後遂以"織錦迴文"藉指妻子的書信詩簡，亦用以贊揚婦女的絕妙才思。《西廂記》第二本第一折："吟得句兒匀，念得字兒真，咏月新詩，煞强似織錦迴文。"

【織錦回文】

同"織錦迴文"。此體宋代已行用。宋張孝祥《虞美人·無爲作》詞："織錦回文空在，寄它誰？"

【織錦】

"織錦迴文"之省稱。此稱南北朝時期已行用。南朝陳徐陵《〈玉臺新咏〉序》："纖腰無力，怯南陽之擣衣；生長深宮，笑扶風之織錦。"宋柳永《燕歸梁》詞："織錦裁編寫意深，字值千金。"明陳汝元《金蓮記·彈絲》："金牋玉管，偏超織錦之才。"

蜀錦

蜀地所産的錦。元費著撰有《蜀錦譜》一書，收録"真紅天馬錦""真紅飛魚錦""真紅櫻桃錦"等十多種細色錦名目。此稱唐代已行用。唐元稹《驚蟄二月節》："桃花開蜀錦，鷹老化春鳩。"宋晏殊《山亭柳·贈歌者》："蜀錦纏頭無數，不負辛勤。"明夏原吉《蘆花被》詩："蜀錦吴綾慙艷麗，純綿氄毳讓輕柔。"

葱白蜀錦

蜀錦的一種。以呈葱白色而得名。此稱明代已行用。《西游記》第一八回："那老者戴一頂烏綾巾，穿一領葱白蜀錦衣……出來笑語相迎。"

巴錦

蜀錦的一種。以其爲巴地所産而得名。古蜀錦産地亦包括巴地（今重慶一帶）。此稱五代時期已行用。南唐張泌《浣溪沙》詞："人不見時還暫語，令纔抛後愛微嚬，越羅巴錦不勝春。"宋釋德洪《瑞香花》："色深捲肉淺巴錦，香濃入骨生秦梅。"清李符《掃地游·咏草》："望中遠。點老樹舞紅，巴錦新浣。"

細色錦

細密色錦。蜀地多産。此稱元代已行用。元費著撰有《蜀錦譜》一書，列舉"細色錦名目"，有"真紅宜男百花錦""真紅湖州大百花孔雀錦""青絲如意牡丹錦""青綠瑞草雲鶴錦"等十九種。

真紅天馬錦

蜀錦的一種。以呈正紅色，且織有天馬圖案而得名。此稱元代已行用。元費著《蜀錦譜》："細色錦名色：真紅天馬錦。"

真紅飛魚錦

蜀錦的一種。以質地呈正紅色，且織有飛魚圖案而得名。此稱元代已行用。元費著《蜀錦譜》："細色錦名色：真紅飛魚錦。"

真紅櫻桃錦

蜀錦的一種。以質地呈正紅色，且織有櫻桃圖案而得名。此稱元代已行用。元費著《蜀錦譜》："細色錦名色：真紅櫻桃錦。"

真紅水林檎錦

蜀錦的一種。以質地呈正紅色，且織有水紋和林檎樹果圖案而得名。此稱元代已行用。元費著《蜀錦譜》："細色錦名色：真紅水林檎錦。"

鵝黄水林檎錦

蜀錦的一種。以質地呈鵝黄色，且織有水紋和林檎樹果圖案而得名。此稱元代已行用。元費著《蜀錦譜》："細色錦名色：鵝黄水林檎錦。"

真紅六金魚錦

蜀錦的一種。以其地呈正紅色，且織有六條金魚圖案而得名。此稱元代已行用。元費著《蜀錦譜》："細色錦名色：真紅六金魚錦。"

真紅穿花鳳錦

蜀錦的一種。以質地呈正紅色，且織有穿花鳳鳥圖案而得名。此稱元代已行用。元費著《蜀錦譜》："細色錦名色：真紅穿花鳳錦。"

真紅聚八仙錦

蜀錦的一種。以質地呈正紅色，且織有八仙聚圖案而得名。此稱元代已行用。元費著《蜀錦譜》："細色錦名色：真紅聚八仙錦。"

真紅宜男百花錦

蜀錦的一種。以質地呈正紅色，且織有百花圖案而得名。宜男，舊時祝頌婦人多子之辭。此稱元代已行用。元費著《蜀錦譜》："細色錦名色：真紅宜男百花錦。"

真紅雪花球露錦

蜀錦的一種。以質地呈正紅色，且織有雪花紋飾而得名。此稱元代已行用。元費著《蜀錦譜》："細色錦名色：真紅雪花球露錦。"

真紅湖州大百花孔雀錦

蜀錦的一種。以質地呈正紅色，且織有湖州大百花和孔雀圖案而得名。此稱元代已行用。元費著《蜀錦譜》："細色錦名色：真紅湖州大百花孔雀錦。"

青綠如意牡丹錦

蜀錦的一種。質地呈青綠色，且織有如意牡丹圖案。此稱元代已行用。元費著《蜀錦譜》："細色錦名色：青綠如意牡丹錦。"

青綠瑞草雲鶴錦

蜀錦的一種。質地呈青綠色，且有瑞草、雲鶴圖案。此稱元代已行用。元費著《蜀錦譜》："細色錦名色：青綠瑞草雲鶴錦。"

秦州中法真紅錦

蜀錦的一種。質地呈正紅色，織紋精細、適中。此稱元代已行用。元費著《蜀錦譜》："細色錦名色：秦州中法真紅錦。"

秦州細法真紅錦

蜀錦的一種。質地呈正紅色，織紋較細。此稱元代已行用。元費著《蜀錦譜》："細色錦名色：秦州細法真紅錦。"

秦州粗法真紅錦

蜀錦的一種。質地呈正紅色，織紋較粗。此稱元代已行用。元費著《蜀錦譜》："細色錦名色：秦州粗法真紅錦。"

四色湖州百花孔雀錦

蜀錦的一種。質地呈四色，且織有湖州百花和孔雀圖案。此稱元代已行用。元費著《蜀錦譜》："細色錦名色：四色湖州百花孔雀錦。"

二色湖州大百花孔雀錦

蜀錦的一種。質地呈二色，且織有湖州大百花和孔雀圖案。此稱元代已行用。元費著《蜀錦譜》："細色錦名色：二色湖州大百花孔雀錦。"

紫皂段子

蜀錦的一種。以質地呈紫黑色，順滑似緞而得名。此稱元代已行用。元費著《蜀錦譜》："細色錦名色：紫皂段子。"

魯錦

魯地所出產的錦。此稱宋代已行用。宋劉敞《入山》詩："齊纑紓九世，魯錦輕百兩。"

茱萸錦

錦的一種。以其上織有茱萸圖案而得名。有大小之分。晋陸翽《鄴中記》："錦有大登高、小登高、大明光、小明光、大博山、小博山、大茱萸、小茱萸、大交龍、小交龍、蒲桃文錦、斑文錦、鳳皇朱雀錦、韜文錦、桃核文錦，或青綈，或白綈，或黃綈，或綠綈，或紫綈，或蜀綈，工巧百數，不可盡名也。"此稱南北朝時期已行用。南朝梁吳筠《贈柳貞陽》詩："朝衣茱萸錦，夜覆葡萄屆。"

大茱萸錦

省稱"大茱萸"。茱萸錦的一種。在等第上或异於小茱萸錦。晋陸翽《鄴中記》："錦有大登高、小登高、大明光、小明光、大博山、小博山、大茱萸、小茱萸、大交龍、小交龍、蒲桃文錦、斑文錦、鳳皇朱雀錦、韜文錦、桃核文錦，或青綈，或白綈，或黃綈，或綠綈，或紫綈，或蜀綈，工巧百數，不可盡名也。"

【大茱萸】

"大茱萸錦"之省稱。此稱晋代已行用。見該文。

小茱萸錦

省稱"小茱萸"。茱萸錦的一種。在等第上或异於大茱萸錦。晋陸翽《鄴中記》："錦有大登高、小登高、大明光、小明光、大博山、小博山、大茱萸、小茱萸、大交龍、小交龍、蒲桃文錦、斑文錦、鳳皇朱雀錦、韜文錦、桃核文錦，或青綈，或白綈，或黄綈，或緑綈，或紫綈，或蜀綈，工巧百數，不可盡名也。"

【小茱萸】

"小茱萸錦"之省稱。此稱晋代已行用。見該文。

重錦

錦的一種。質地熟細。此稱先秦時期已行用。《左傳·閔公二年》："歸夫人魚軒，重錦三十兩。"杜預注："重錦，錦之熟細者。以二丈雙行，故曰兩。三十兩，三十匹也。"晋孫楚《爲石仲容與孫皓書》："球琳重錦，充於府庫。"南朝梁蕭子顯《日出東南隅行》："逶迤梁家髻，冉弱楚宫腰。輕紈拂重錦，薄縠間飛綃。"唐李賀《惱公》詩："蜀烟飛重錦，峽雨濺輕容。"

被錦

錦的一種。主要用於製作被褥。此稱唐代已行用。《新唐書·地理志五》："揚州廣陵部……土貢：金、銀、銅器、青銅鏡、綿、蕃客袍錦、被錦、半臂錦、獨窠綾。"

通心錦

亦稱"合歡梁"。一種彩錦。質地紅、緑二色相連。用於婚禮，新人各持一端，取二心相通之意，又取夫婦自此合歡，相通如橋梁之意。此稱清代已行用。清王初桐《奩史》卷八引《戊辰雜抄》："女初至門，婿去丈許，逆之，相者授以紅緑連理之錦，各持一頭，然後入俗，謂之'通心錦'。又謂之'合歡梁'，言夫婦自此相通如橋梁也。三日後，命工分作二袴，婿、女各穿其一，謂之'永諧袴'。"

【合歡梁】

即通心錦。此稱清代已行用。見該文。

純錦

熟錦的一種。此稱宋代已行用。《宋史·輿服志五》："凡帳幔、繳壁、承塵、柱衣、額道、項帕、覆旌、床裙，毋得用純錦遍綉。"《皇清職貢圖》卷四："〔廣東省馬平縣狩人〕婦短衫，緣錦。袖連彩帛三四重，裙則純錦，常刺額爲花草蛾蝶狀，所謂雕題漆齒也。"又："〔廣東省羅城縣苗人〕苗婦椎髻長簪，著鑲錦敞衣，胸露花兜，裳則純錦，以示靚麗。"

紗錦

一種摻紗織成，輕薄稀疏的錦。此稱明代已行用。《三國演義》第二五回："公曰：'約數百根。每秋月約退三五根，冬月多以皂紗囊裹之，恐其斷也。'操以紗錦作囊，與關公護髯。"清周凱《廈門志》卷七："廈關加徵二分五厘，紗錦裙例二分八厘，背身例三分五厘，綉金紗裙例七分。"

納錦

錦的一種。此稱明代已行用。《西游記》第一六回："行者一一觀之，都是些穿花納錦，刺綉銷金之物。"

納石失

亦稱"納失失"。蒙古語音譯。此稱宋代

已行用。蒙古王公貴族用的一種金錦，用金綫織成。宋周密《雲烟過眼録·三十八代天師張廣徵與材所藏》："法衣一，領納失失者，皆織雲鳳，下闌皆升龍。"《元史·世祖紀六》："賞拜答兒等千三百五十五人戰功，金百兩，銀萬五千一百兩，鈔百三十錠及納失失，金素幣帛、貂鼠豹裘、衣帽有差。"又《輿服志一》："玉環綏，制以納石失。金錦也。上有三小玉環，下有青絲織網。"明陶宗儀《南村輟耕録·金靈馬》："凡宫車晏駕……輿車用白氈青緣納失失爲簾，覆棺亦以納失失爲之。"

【納失失】

即納石失。此稱宋代已行用。見該文。

紐錦

紐扣、紐帶所用之錦。《禮記·玉藻》："童子之節也，緇布衣，錦緣，錦紳並紐錦束髮，皆朱錦也。"

异錦

奇異之錦；上等好錦。此稱元代已行用。元佚名《冤家債主》第一折："這等人動則是忘人恩、背人義、昧人心，管甚麽敗風俗、殺風景、傷風化！怎能够長享著肥羊法酒，異錦的這輕紗。"元佚名《紫雲庭》第三折："俺這外路打扮，其實没這異錦輕羅。"《三國演義》第二五回："一日，操見關公所穿綠錦戰袍已舊，即度其身品取異錦作戰袍一領相贈。"清吳偉業《偶成》詩之三："異錦文繒歌者，黄金白璧蒼頭。"

异色錦

花色奇異的織錦。此稱宋代已行用。宋梅堯臣《碧雲騢》："彦博知成都，貴妃以近上元，令織異色錦。"

跮

五代時期南方少數民族所織的一種錦。清吳任臣《字彙補·毛部》："跮，越跮，錦類。"《舊五代史·梁書·太祖紀六》："〔安南〕又進南蠻通好金器六物、銀器十二，並乾陁綾、花縵、越跮等雜織奇巧者各三十件。"

博山錦

錦的一種。以織有重叠山形之紋飾而得名。有大小之分。博山，傳説中的海中名山。晋陸翽《鄴中記》："錦有大登高、小登高、大明光、小明光、大博山、小博山、大茱萸、小茱萸、大交龍、小交龍、蒲桃文錦、斑文錦、鳳皇朱雀錦、韜文錦、桃核文錦，或青綈，或白綈，或黄綈，或綠綈，或紫綈，或蜀綈，工巧百數，不可盡名也。"

大博山錦

省稱"大博山"。博山錦的一種。在品質上或異於小博山錦。晋陸翽《鄴中記》："錦有大登高、小登高、大明光、小明光、大博山、小博山、大茱萸、小茱萸、大交龍、小交龍、蒲桃文錦、斑文錦、鳳皇朱雀錦、韜文錦、桃核文錦，或青綈，或白綈，或黄綈，或綠綈，或紫綈，或蜀綈，工巧百數，不可盡名也。"

【大博山】

"大博山錦"之省稱。此稱晋代已行用。見該文。

小博山錦

省稱"小博山"。博山錦的一種。在品質上或異於大博山錦。晋陸翽《鄴中記》："錦有大登高、小登高、大明光、小明光、大博山、小博山、大茱萸、小茱萸、大交龍、小交龍、蒲桃文錦、斑文錦、鳳皇朱雀錦、韜文錦、桃核文錦，或青綈，或白綈，或黄綈，或緑綈，或紫綈，或蜀綈，工巧百數，不可盡名也。"

【小博山】

"小博山錦"之省稱。此稱晋代已行用。見該文。

黄地博山文錦

博山錦的一種。質地呈黄色，織有彩紋。此稱晋代已行用。《太平御覽》卷八一五引晋陸翽《鄴中記》："石虎冬月施熟錦流蘇斗帳，四角安純金龍頭銜五色流蘇，或用黄地博山文錦，或用紫綈及小明光錦。"

葵錦

錦的一種。以織有葵花圖案而得名。此稱明代已行用。明虞堪《午日訪沈元圭席上次黄舜臣所賦詩韻》詩："一簾葵錦爛晴霞，五色絲虹映臂紗。"清二石生《十洲春語》卷下："製椒蘭爲舟，蟬紗葵錦，籠頭擷腰，明眸皓齒，含笑蕩槳，謂之紗船。"

雲錦

錦的一種。我國古代傳統絲織品，産於南京，始於漢代，盛於明清。因色彩鮮艷，花紋瑰麗如彩雲而得名。用緞紋提花組織，多以金綫顯花或紋邊，有庫緞、庫錦與妝花三大類。圖案多爲花草、鳥獸、蟲魚、雲彩等，常用以製作服裝飾物。此稱漢代已行用。漢伶玄《趙飛燕外傳》："遺女弟昭儀物……雲錦五色帳。"晋木華《海賦》："若乃雲錦散文於沙汭之際，綾羅被光於螺蚌之節。"唐元稹《陰山道》詩："從騎愛奴絲布衫，臂鷹小兒雲錦韜。"宋陸游《九月一日夜讀詩稿有感走筆作歌》："天機雲錦用在我，剪裁妙處非刀尺。"《喻世名言·游艷都胡母迪吟詩》第三二卷："殿上坐者百餘人，

頭戴通天之冠，身穿雲錦之衣，足躡朱霓之履，玉珂瓊珮，光彩射人。"

盤球雲錦

雲錦的一種。以織有雲朵花紋而得名。此稱宋代已行用。《宋史·外國傳六·于闐國》："每賜以暈錦旋襴衣、金帶、器幣，宰相則盤球雲錦夾襴。"

雲雁錦

一種織有雲中飛雁圖案的錦。此稱宋代已行用。《宋史·職官志三·官告院》："銷金大花五色羅紙一等。七張，雲雁錦褾韜，色帶，紫絲網子，銀粉鐍，滴粉縷金玳瑁軸。"

雲霞龍鳳錦

亦稱"雲龍虬鳳錦"。一種織有雲霞龍鳳圖案的錦。此錦晋代已有。清王初桐《奩史》卷四〇引《拾遺記》："趙夫人能於指間以彩絲織雲霞龍鳳之錦，大則盈尺，小則方寸。宮中謂之機絶。"卷八七又引《拾遺記》："吳趙達之妹，巧妙無雙，能於指間以彩絲爲雲龍虬鳳之錦，大則盈尺，小則方寸。"

【雲龍虬鳳錦】

即雲霞龍鳳錦。此稱晋代已行用。見該文。

霞錦

錦的一種。以織有彩霞而得名。此稱唐代已行用。唐張祜《騣栗》詩："雪藤新換束，霞錦旋抽囊。"宋姜特立《木芙蓉》："安得蠻户千張機，爲我織此明霞錦。"明夏良勝《晚泊都昌》："霞錦一機天自織，波文萬頃水成章。"

幅錦

整幅之錦。此稱南北朝時期已行用。南北朝劉緩《雜咏和湘東王詩·冬宵》："無憐四幅錦，何須辟惡香。"元曾瑞卿《般涉調·麈腰》：

"一幅錦或挑或綉，金妝錦砌，翠繞珠圍。"《皇清職貢圖》卷一："〔蘇禄國〕民率食魚蝦……女椎髻，跣足，短衣長裙，以幅錦披肩，能織竹爲布。"

【錦幅】

即幅錦。此稱明代已行用。《徐霞客游記·滇游日記》："半里，有洞連裂三門，倚崖東向，洞深丈餘，高亦如之，三門各峙，中不相通，而石色殷紅，前則桃花點綴，頗有霞痕錦幅之意，但其洞不中透，爲可惜耳。"《皇清職貢圖》卷一："〔緬甸國〕婦人束髮，穿耳，短衣，圍以錦幅長裙，……性愛花卉。"《老殘游記續集》第一回："道士引到裏間，一個半桌上放著，還有個錦幅子蓋著，道士將錦幅揭開，原來是一塊青玉，有三尺多長，六七寸寬，一寸多厚，上半截深青，下半截淡青。"

無縫錦

錦的一種。以其作被材幅寬無縫而得名。此稱宋代已行用。宋陶穀《清異録·衣服門·六合被》卷下："莊宗滅梁平蜀，志頗自逸，命蜀匠旋織十幅無縫錦爲被材，被成賜名'六合被'。"元尚仲賢《雜劇·漢高皇濯足氣英布》第四折："西川新十樣無縫錦征袍，繫一條拆不開、紐不斷、裏香綿、攢彩綫、緊緊妝束的八寶獅蠻帶。"

翔鸞錦

錦的一種。以織有鸞鳥飛翔圖案而得名。此稱金代已行用。《金史·百官志四》："五品，翔鸞錦褾，金鸞羅一四幅。"

登高錦

錦的一種。始見於晉代。其花紋間隙織有"登高名望四海"字樣，故名。晉陸翽《鄴中記》："錦有大登高、小登高、大明光、小明光、大博山、小博山、大茱萸、小茱萸、大交龍、小交龍、蒲桃文錦、斑文錦、鳳皇朱雀錦、韜文錦、桃核文錦，或青綈，或白綈，或黃綈，或綠綈，或紫綈，或蜀綈，工巧百數，不可盡名也。"

大登高錦

省稱"大登高"。登高錦的一種。在品質上异於小登高錦。晉陸翽《鄴中記》："錦有大登高、小登高、大明光、小明光、大博山、小博山、大茱萸、小茱萸、大交龍、小交龍、蒲桃文錦、斑文錦、鳳皇朱雀錦、韜文錦、桃核文錦，或青綈，或白綈，或黃綈，或綠綈，或紫綈，或蜀綈，工巧百數，不可盡名也。"

【大登高】

"大登高錦"之省稱。此稱晉代已行用。見該文。

小登高錦

省稱"小登高"。登高錦的一種。在品質上异於大登高錦。晉陸翽《鄴中記》："錦有大登高、小登高、大明光、小明光、大博山、小博山、大茱萸、小茱萸、大交龍、小交龍、蒲桃文錦、斑文錦、鳳皇朱雀錦、韜文錦、桃核文錦，或青綈，或白綈，或黃綈，或綠綈，或紫綈，或蜀綈，工巧百數，不可盡名也。"

【小登高】

"小登高錦"之省稱。此稱晉代已行用。見該文。

絲錦

絲織之錦。此稱明代已行用。明倪元璐《病請至三不得許在任調治既小愈作》："乍似蛾穿出繭關，慚人絲錦索癡頑。"《皇清職貢圖》

卷八："〔青苗人〕衣尚青，婦椎髻，以藍布纏之，繫絲錦，細摺裙。"清毛奇齡《天仙子》其八："誰家白苧夜歌來，人未寢。霜又凛。誤剪葡萄紫絲錦。"

瑞錦

亦稱"陵陽公樣"。唐代陵陽公竇師綸創繪織造的一種色彩綺麗的錦，以其綉有龍鳳等瑞物，故名。唐張彥遠《歷代名畫記·唐朝下》："〔陵陽公竇師綸〕凡創瑞錦宮綾，章彩奇麗，蜀人至今謂之陵陽公樣。"唐杜甫《奉和嚴中丞西城晚眺十韻》："花羅封蛺蝶，瑞錦送麒麟。"宋陸游《月上海棠》詞："傷心處，獨展團窠瑞錦。"朱孝臧《漢宮春·真茹張氏園歌和榆生》詞："新敕賜，一窠瑞錦，昭陽臨鏡猶慵。"

【陵陽公樣】

即瑞錦。此稱唐代已行用。見該文。

八答暈錦

一種傳統的裝飾紋樣。以八邊形爲中心，向外延展，圖案中心爲主花，周邊以各種幾何紋作裝飾。因綫與綫之間互相溝通，向八方輻射，故寓有"八路相通"之意。這種紋樣最早出現在唐代，稱爲"大䌷錦"。元費著《蜀錦譜》："官告錦四百匹花樣：盤球錦、簇四金雕錦、葵花錦、八答暈錦、六答暈錦、翠池獅子錦、天下樂錦、雲雁錦。"明徐應秋《玉芝堂談薈》卷二八："誥錦四百匹，其花樣則盤球錦、簇四鵰錦、葵花錦、八答暈錦、六答暈錦、翠池獅子錦。"

【八答暈錦】

同"八答暈錦"。此體宋代已行用。《宋史·職官志三》："凡文武官綾紙五種，分十二

等：色背銷金花綾紙二等。一等一十八張，滴粉縷金花大犀軸，八答暈錦褾韜，色帶。"

【大䌷錦】[2]

即八答暈錦。此稱宋代已行用。《太平御覽》卷八一五："在外所織造大張錦、軟錦、瑞錦、透背，及大䌷錦、碣䃺六硬已上錦，獨窠文紗四尺幅，及獨窠吳綾、獨窠司馬綾等，並宜禁斷。"

【暈錦】

即八答暈錦。此稱宋代已行用。《宋史·職官志三》："大綾紙四等。一等一十五張，暈錦褾，兩面撥花穗草大牙軸，色帶。"又《輿服志六》："寶用玉，篆文，廣四寸九分，厚一寸二分，填以金盤龍鈕，係以暈錦大綬，赤小綬，連玉環。"元袁桷《翰林故事莫盛於唐宋聊述舊聞擬宮詞》其九："盤雕暈錦是冬衣，鴝炭初生酒力微。"清朱祖謀《六醜·吳門聽楓園僦舍，十年來三易主人矣》："夢繞秋千地，卧枝紅嫵，暈錦圍成幄。嬌多叵耐金鈴索。"

鳳錦

錦的一種。以織有鳳凰圖案而得名。此稱唐代已行用。唐張鷟《鴻盧寺中土蕃使人素知物情慕此處綾錦及弓箭等物請市未知可否》："觀鶴綾之絢爛，彩映冰霜；睹鳳錦之紛葩，光含日月。"宋陳允平《倦尋芳》："杏檐轉午。清漏沈沈，春夢無據。鳳錦龜紗，空閉酒塵香霧。"元張可久《雙調·沉醉東風·客維揚》："鳳錦箋，鮫綃帕。金盤露玉手琵琶，雪滿長街未到家，翠兒唱宜歌且把。"

鳳毛金錦

錦的一種。以質地金色鮮亮，且織有鳳凰羽毛圖案而得名。宮中多用於製作衣帳。此稱

唐代已行用。清王初桐《奩史》卷七七引《林下時談》："唐明皇時，外國貢鳳毛金錦，宮人多飾衣，夜中有光。惟貴妃所賜最多，裁以爲帳，燦若白日。"

鴛錦

織有鴛鴦圖案的絲錦。此稱漢代已行用。晋葛洪《西京雜記》卷六引漢劉勝《文木賦》："蜀綉鴛錦，蓮藻芰文，色比金而有裕，質參玉而無分。"宋高觀國《夜行船》："小約梅英，教吟柳絮，春在綉紅鴛錦。"清朱彝尊《洞仙歌·東風幾日》："只合并頭眠，有限春宵，切莫負暖香鴛錦。"

鴛鴦并頭蓮錦

錦的一種。以織有并頭戲水鴛鴦和蓮花圖案而得名。此稱宋代已行用。宋佚名《致虛雜俎》："太真著鴛鴦並頭蓮錦袴襪，上戲曰：'貴妃袴襪上，乃真鴛鴦蓮花也。'太真問：'何得有此稱？'上笑曰：'不然，其間安得有此白藕手？'貴妃由是名袴襪爲藕覆。"

盤錦

錦的一種。以用金綫在絲織物上盤出圖案而得名。此稱五代時期已行用。五代鹿虔扆《思越人》："翠屏欹，銀燭背，漏殘清夜迢迢。雙帶綉窠盤錦薦，淚侵花暗香銷。"宋李呂《投贈錢侍郎端禮三篇》詩："落筆雲烟盤錦綉，滿腔星斗絶塵囂。"《紅樓夢》第九〇回："〔鳳姐〕到了自己房中，叫平兒取了一件大紅洋縐的小襖兒，……一條寶藍盤錦鑲花綿裙，一件佛青銀鼠褂子，包好叫人送去。"

熟錦

精製之錦。此稱晋代已行用。《晋書·石季龍傳上》："季龍常以女騎一千爲鹵簿，皆著紫綸巾、熟錦褲、金銀鏤帶、五文織成靴，游於戲馬觀。"《元史·安南傳》："帝封光昺爲安南國王，賜西錦三、金熟錦六，並授虎符。"《太平御覽》卷八一五引三國張温表："劉禪送臣温熟錦五端。"又引晋陸翽《鄴中記》："石虎冬月施熟錦流蘇斗帳，四角安純金龍頭銜五色流蘇，或用黃地博山文錦，或用紫綈及小明光錦。"

機錦

機織之錦。此稱宋代已行用。《册府元龜·帝王部·納貢獻》："家機錦百匹，白羅三百匹，綾三千匹，絹三千匹。"宋梅窗《菩薩蠻·題錦機小軸》："機錦纖情絲，絲情纖錦機。"清葉小鸞《艷體連珠·手》："故春日迴文，逞掺掺於機錦；秋風搗練，鄉皎於砧聲。"

錦文

織有彩色花紋的絲織品。此稱漢代已行用。《禮記·王制》："錦文珠玉成器，不鬻於市。"唐蘇味道《咏石》："濟北甄神貺，河西濯錦文。"清吳偉業《浣溪沙·閨情》其二："一斛明珠孔雀羅。湘裙窄地錦文靴。紅兒進酒雪兒歌。"

錦物 [2]

泛指錦類織品。此稱晋代已行用。《晋書·陶璜傳》："以前所得寶船上錦物數千匹，遣扶嚴賊帥梁奇，奇將萬餘人助璜。"宋晃公遡《費子範以予銘其父墓持錦物相餉盡歸之姑留洮》："大費家聲星斗垂，乃翁名迹世人知。平生於此辭無愧，不减東京有道碑。"《太平御覽》卷一七："至梁武帝普通初，其王厭帶夷粟陁始遣使獻黃師子、白貂裘、波斯錦物等。"

錦緞

泛指錦緞類絲織品。此稱唐代已行用。唐

項斯《欲别》："錦緞裁衣贈，麒麟落剪刀。"元馬致遠《雜劇·邯鄲道省悟黄粱夢》第一折："俺爲官的，身穿錦緞輕紗，口食香甜美味。你出家人草履麻條，餐松啖柏，有甚麽好處？"清董以寧《蘇幕遮·燈下聽剪刀聲》："紫紋綾，紅錦緞。裁向燈前，響雜黄金釧。應恐鴛鴦分背面。"

【錦段】

即錦緞[2]。此體唐代已行用。唐釋貫休《酷吏詞》："吳姬唱一曲，等閑破紅束；韓娥唱一曲，錦段鮮照屋。"宋陸游《羅江驛翠望亭讀宋景文公詩》："宋公出牧曾題壁，錦段雖殘試剪裁。"清錢謙益《嫁女詞》："鄰女贈錦段，雙雙繡鴛鴦。"

錦紈[2]

織錦和紈素。泛指貴重的絲織品。此稱晋代已行用。晋葛洪《抱樸子·廣譬》："葉金璧於塗路，則行人止足；委錦紈於泥濘，則見者驚咄。"唐韓愈《司徒兼侍中中書令贈太尉許國公神道碑銘》："既至，獻馬三千匹，絹五十萬匹，他錦紈綺纈又三萬。"明唐順之《海上凱歌贈湯將軍》其七："錦紈愛子亦從軍，長鬚蒼頭總策勳。"

錦繢

色彩艷麗的織錦。此稱漢代已行用。《孔叢子·居衛》："夫錦繢紛華，所服不過温體；三牲大牢，所食不過充腹。"漢蔡邕《彈棋賦》："設兹矢石，其夷如砥，采若錦繢，平若停水。"砥，一作破。唐宋之問《初至崖口》詩："錦繢織苔蘚，丹青畫松石。"

錦繪

花紋色彩絢麗的絲織品。文學作品中常用來喻指華麗的辭采。此稱南北朝時期已行用。南朝梁劉勰《文心雕龍·總術》："視之則錦繪，聽之則絲簧。"范文瀾注："'視之則錦繪'，辭采也。"

罽錦[1]

摻有毛織物的絲錦。色美質堅。罽，氈毹之屬。此稱晋代已行用。晋葛洪《抱樸子·鈞世》："至於罽錦麗而且堅，未可謂之減於蓑衣。"《宋史·外國傳三·高麗》："十一月，元信等入見，貢罽錦衣褲、烏漆甲、金飾長刀匕首、罽錦鞍馬、紵布、藥物等。"

織貝

織有貝殻紋之錦。此稱先秦時期已行用。《書·禹貢》："厥篚織貝。"唐孔穎達疏引漢鄭玄曰："貝，錦名。《詩》云：'萋兮斐兮，成是貝錦。'"宋蔡沈集傳："織貝，錦名，織爲貝文。《詩》曰'貝錦'是也。"按，孔傳以"織貝"爲二物。織，細紵；貝，水物。疑非是。明胡應麟《挽王元美先生二百四十韻》："千機同織貝，百足漫扶蚿。"清弘曆《惇叙殿柏梁體聯句》："醉酒飽德歡無央，上方織貝承以筐。"

【貝錦】

即織貝。此稱先秦時期已行用。《詩·小雅·巷伯》："萋兮斐兮，成是貝錦。"《文選·左思〈蜀都賦〉》："貝錦斐成，濯色江波。"劉逵注："貝錦，錦文也。譙周《益州志》云：'成都織錦既成，濯於江水，其文分明，勝於初成，他水濯之，不如江水也。'"唐李德裕《斑竹管賦》："始裁截以成管，因天資而具美；疑貝錦之濯波，似餘霞之散綺。"清顧汧《桃源賦》："若貝錦之澄鮮，而濯色於江渚。"

繒錦

錦的一種。織有彩色花紋。此稱唐代已行用。唐段成式《酉陽雜俎續集·支諾皋下》："朱道士者，太和八年，常游廬山，憩於澗石，忽見蟠蛇如堆繒錦，俄變爲巨黿。訪之山叟，云是元武。"《舊唐書·崔寧傳》："會旰使至，卑辭厚禮，送繒錦數千匹。"《新唐書·崔寧傳》："會寧遣史至，獻繒錦數萬，辭卑約甚，鴻漸貪其利，遂入成都。"

【錦繒】

即繒錦。此稱漢代已行用。《後漢書·輿服志》："特進、列侯以上錦繒，采十二色。"明鄭潛《連江舟行》其九："環佩鳴綃幌，珠璣絡錦繒。"《皇清職貢圖》卷一："〔柔佛國〕婦垂髻，跣足，短衣長裙，披錦繒於肩，與蘇祿相似，善織席。"

獸錦

錦的一種。以織有獸形圖案而得名。此稱南北朝時期已行用。南朝梁劉邈《秋閨》詩："燈前量獸錦，檐下織花紋。"唐杜甫《寄李十二白二十韵》："龍舟移棹晚，獸錦奪袍新。"清朱彝尊、周篔《竹爐聯句》："羊脂鏤躞玉，獸錦束腰縈。"

羅錦

有花紋的絲錦。亦指精美的絲織品。此稱唐代已行用。唐薛調《無雙傳》："〔劉震〕乃裝金銀羅錦二十馱。"《資治通鑑·後梁太祖開平四年》："五月，吳徐溫母周氏卒，將吏致祭，爲偶人，高數尺，衣以羅錦。"宋陸佃《埤雅·釋木二》："棟謂之綾，杉謂之紗，檖謂之羅，羅亦有華者，俗謂之羅錦。羅錦猶言杉錦、棟綾也，羅錦明，杉錦暗。"

繡錦

錦的一種。繡紋似花。此稱漢代已行用。《周禮·天官·玉府》："凡王之獻金玉、兵器、文織、良貨賄之物，受而藏之。"漢鄭玄注："文織，畫及繡錦。"唐李冘《獨異老》卷中：《武陵記》曰：後漢馬融勤學，夢見一林，花如繡錦，夢中摘此花食之。及寤，見天下文詞，無所不知，時人號爲'繡囊'。"宋吳文英《玉京謠·蝶夢迷清曉》："爛繡錦、人海花場，任客燕、飄零誰計。"

褐錦

一種質地較粗糙的黃黑色絲錦。多用作冬衣衣料。此稱唐代已行用。唐白居易《題小橋前新竹招客》詩："皮開坼褐錦，節露抽青玉。"宋楊萬里《壬子正月四日後圃行散》："勃姑偶下小梅枝，要看渠儂褐錦衣。"《元史·輿服志》："汗胯，制以青錦，緣以銀褐錦，或繡撲獸，間以雲氣。"

碎錦

一種質地呈細碎小花紋的錦。此稱晉代已行用。晉潘岳《射雉賦》："毛體摧落，霍若碎錦。"北周庾信《奉和趙王游仙》詩："石紋如碎錦，藤苗似亂絲。"清陳維崧《丁香結·咏竹菇》："碎錦成斑，餘霞弄點，小團胭脂隱隱。正叢篁搖粉。"

樓臺錦

錦的一種。以織有樓臺圖案而得名。此稱宋代已行用。宋周密《齊東野語·紹興御府書畫式》卷六："出等真迹法書兩漢三國二王六朝隋唐君臣墨迹：用克絲作樓臺錦褾，青綠簟文錦裏，大薑牙雲鸞白綾引首，高麗紙贉。"明方以智《通雅·衣服》："升庵言，宋有樓臺錦、撏捕錦、球路錦。"

樓閣錦

錦的一種。以織有樓閣圖案而得名。此稱明代已行用。明曹昭、王佐《新增格古要論·古錦》："古有樓閣錦、樗蒲錦……此錦裝背古書畫尤佳。"

醉仙錦

錦的一種。以織有醉仙圖案而得名。此稱宋代已行用。宋孟元老《東京夢華錄·中秋》卷八："中秋節前，諸店皆賣新酒，重新結絡門面，彩樓、花頭、畫竿、醉仙錦旗。"

龍虎錦

一種織有龍虎圖案的錦。清谷應泰《博物要覽·龍虎玉》："唐憲宗時，西域進美玉者二，一圓一方，徑各五寸，光彩凝冷，可鑒毛髮。時伊祈元解方坐於上前，熟視曰：'此一龍玉，此一虎玉。'……上因命取龍虎錦囊之，藏於內府庫中。"

龍鱗錦

錦的一種。以織有龍鱗花紋而得名。此稱宋代已行用。《宋史·輿服志三》："冕版以龍鱗錦表，上綴玉爲七星，旁施琥珀瓶、犀瓶各二十四，周綴金絲網，鈿以真珠、雜寶玉，加紫雲白鶴錦裏。"

燈籠錦

錦的一種。以織有燈籠圖案而得名。此稱宋代已行用。宋邵伯溫《邵氏聞見錄》卷二："〔張貴妃〕又嘗侍上元宴於端門，服所謂燈籠錦者，上亦怪，問妃，曰：'文彥博以陛下眷妾，故有此獻。'上終不樂。"明張岱《夜航船·選舉部·御史》卷六："劾燈籠錦。宋唐介爲御史，劾文彥博知益州州日以燈籠錦媚貴妃，致位宰相，請逐彥博。仁宗怒，謫介英州別駕。"

氈路錦

氈類絲錦。宋代用於裝裱書畫。宋周密《齊東野語·紹興御府書畫式》："御府臨書六朝、羲、獻、唐人法帖，並雜詩賦等〔內長篇不用邊道，衣古厚紙，不揭不背〕。用氈路錦、衲錦、柿紅龜背錦、紫百花龍錦。……今依真本紙色及印記對樣裝造。"

鎖子錦

用金色絲綫織成，呈鎖鏈形圖案的錦緞。此稱清代已行用。《紅樓夢》第六回："靠東邊板壁立著一個鎖子錦靠背與一個引枕。"中國藝術研究院紅樓夢研究所校注："鎖子錦：用金色絲綫織成鎖鏈形圖案的錦緞。"

纏頭錦

古代歌舞藝人表演時纏在頭上的錦帛。演畢，客人以錦帛爲贈，稱纏頭。後泛指贈送女妓的錢物。此稱宋代已行用。宋陸游《樊江觀海》詩："誰知携客芳華日，曾費纏頭錦百端。"元徐再思《滿庭芳·贈歌者》："風流消得纏頭錦，一笑千金。"《金瓶梅詞話》第一一回："買俏金，哥哥休攪；纏頭錦，婆婆自接；賣花錢，姐姐不奈。"清弘曆《秦淮歌》："千金買笑輕一擲，纏頭錦是寒女織。"

苗錦

苗族人所織之錦。此稱清代已行用。《皇清職貢圖》卷七："〔雲南曲靖等府苗人〕婦女束髮，戴五色花冠，耳綴銀環，著紫布短衣，繫繡花布裙，跣足，能織苗錦。"《儒林外史》第四三回："湯總鎮叫把收留的苗婆內中，揀會唱歌的，都梳好了椎髻，穿好了苗錦，赤著腳，到中軍帳房裏歌舞作樂。”

峒錦

侗族人所織之錦。峒，同“侗”。此稱清代已行用。《皇清職貢圖》卷八：“峒人亦西南夷之一種，散處下游各屬山谷中……冬采茅花裝衣以禦寒，飲食避鹽醬，性多忌，夫婦出入必偶，能織峒錦。”清郭則澐《十朝詩乘》卷一四：“男襖長，女裙短，峒錦新裁春服暖。”

獞錦

壯族人所織之錦。獞，亦作“僮”，今作“壯”。此稱清代已行用。《皇清職貢圖》卷四：“〔廣東賀縣獞人〕女環髻，遍插銀簪，衣錦邊短衫，繫純錦裙，華飾自喜，能織獞錦及巾帕。”又：“〔廣東省融縣獞人〕男花布纏頭，女項飾銀圈，衣緣以錦，花褶綉履，時攜所織獞錦出售，必帶竹笠而行。”

法錦

古代西南少數民族地區產的一種絲錦。此稱宋代已行用。宋宋敏求《春明退朝錄》卷中：“宗室婦常使，金花羅紙七張，法錦褾袋。宗室女，素羅紙七張，法錦褾袋。”《宋史·職官志三·官司告院》：“大綾紙四等……一等十二張，法錦褾，兩面撥花細牙軸，色帶。”明沈德符《萬曆野獲編》卷二六：“有吳人盧姓者，取泉州之最佳本重刻之，而稍更其波畫，用極薄舊紙蟬翼拓之，裝以法錦。”

蠻錦

古時南方少數民族所織的錦。此稱唐代已行用。唐張碧《游春引》之二：“五陵年少輕薄客，蠻錦花多春袖窄。”宋周紫芝《謁梅公墓》：“當年蠻錦織梅花，此日蒼藤立暝鴉。”《皇清職貢圖》卷三：“〔湖南省靖州通道等處青苗〕婦髻插木梳，不著裙袴，能綉蠻錦花巾，所居多在深山密箐中。”又卷四：“〔廣東省臨桂縣大良〕蓋猺婦以銀簪遍插髻間，耳綴大銀環，以蠻錦刺綉爲衣，時攜竹籃赴墟。”

番錦

舊時泛指外國或外族之錦。此稱唐代已行用。唐王英《阿魯臺受封後遣其幼子入侍》：“舊垂鬒髻纏番錦，新賜珠纓珥漢貂。”宋吳自牧《夢粱錄·駕詣景靈宮》：“建物旗者，其制有黃龍負圖，君王萬歲，天文彩綉，日月合璧，五星連珠，重輪慶雲，五嶽四瀆，四方祥物，祥光瑞氣，雙蓮秀芝，嘉禾瑞爪，金牛赤豹，鸞鳳龍麟，白狼鸚鵡，鸜鵒番錦，幟劇犀祥，鶴扈君王。”《皇清職貢圖》卷四：“〔廣東省羅城縣苗人〕苗婦椎髻，長簪，著鑲錦敞衣，胸露花兜，裳則純錦，以示靚麗，能織番錦。”

蕃客袍錦

製作番客袍所用之錦。蕃客，指客居中國的外族人或外國人。蕃，通“番”。此稱唐代已行用。《新唐書·地理志五》：“揚州廣陵郡……土貢：金、銀、銅器、青銅鏡、綿、蕃客袍錦、被錦、半臂錦、獨窠綾。”

回子錦

番錦的一種。舊時爲回族婦女所織。此稱清代已行用。《皇清職貢圖》卷二：“〔伊犁塔勒奇察罕烏蘇等處回人〕婦辮髮雙垂，約以紅帛，綴珠爲飾，其冠服則與男子相同，能織番錦，俗稱‘回子錦’。每錦一端可易馬十餘匹，或羊數十隻。”

西錦

錦的一種。因爲自西域傳來而得名。此稱宋代已行用。《宋史·外國傳六·於國》：“熙寧以來，遠不踰一二歲，近則歲再至。所貢珠玉、珊瑚、翡翠、象牙、乳香、木香、琥珀、花蕊布、硇砂、龍鹽、西錦……"《元史·世祖紀二》："己丑，以平陽縣尹馬欽發私粟六百石贍饑民，又給民粟種四百餘石，詔獎諭，特賜西錦一端以旌其義。"元王士熙《上都柳枝詞七首》其一："西錦纏頭急催酒，舞到秋來人去時。"

洋錦

來自外國的織錦。此稱清代已行用。《清史稿·樂志》："司舞四人，衣閃緞短衣，皆雜色裙，以洋錦束腰，戴扎巾。"《紅樓夢》第五二回："〔真真圓的女孩子〕身上穿著金絲織的鎖子甲，洋錦襖袖。帶著倭刀，也是鑲金嵌寶的。"

五彩洋錦

織錦的一種。來自西方，其上織有五彩花紋。此稱清代已行用。《孽海花》第一二回："到了樓上，彩雲有氣没力的，全身都靠在阿福的身上，連喘帶笑的邁到了自己卧房一張五彩洋錦的軟榻上，就倒下了！"

越跕

錦類絲織品。清吳任臣《字彙補·毛部》："跕，越跕，錦類。"此稱五代時期已行用。《舊五代史·梁書·太祖紀六》："〔安南〕又進南蠻通好金器六物、銀器十二，並乾陁綾、花緤、越跕等雜織奇巧者各三十件。"

錦綺

錦綺類絲織品。此稱唐代已行用。唐戴叔倫《贈康老人洽》："不脱弊裘輕錦綺，長吟佳句掩笙歌。"宋洪邁《容齋三筆·納紬絹尺度》："周顯德三年。敕，舊制織造紬綢、絹布、綾羅、錦綺、紗縠等，幅闊二尺起，來年後並須及二尺五分。"元元淮《昭君出塞》："絨帽貂裘同錦綺，翠眉蟬鬢怯風霜。"

錦綉

泛指錦緞文綉等華貴絲織品。此稱漢代已行用。《漢書·王嘉傳》："初即位，易帷帳，去錦綉，乘輿席緣綈繒而已。"《後漢書·皇后紀上》："又御府、尚方、織室錦綉、冰紈、綺縠、金銀、珠玉、犀象、瑇瑁、彫鏤玩弄之物，皆絶不作。"宋林栗《周易經傳集解·象卦》："膏粱芻豢必求口體之充，金玉錦綉必飽妻子之欲。"《宋史·禮志十六》："殿上陳錦綉帷帟，垂香球，設銀香獸前檻内，藉以文茵，設御茶床、酒器於殿東北楹，群臣盞斝於殿下幕屋。"

庫錦

一種傳統織錦，其紋均爲用綾織出，花滿地少，呈金色。清代織造局織之庫錦，其錦頭部織有"真金庫金"字樣。其花紋若以金銀兩種綾法者，稱"貳色金庫錦"，若以諸彩色絨綾裝飾局部花紋者，則稱"彩花庫錦"。此稱宋代已行用。《續資治通鑑長編·宋仁宗寶元元年》："九月，乙未，出左藏庫錦綺綾羅一百萬，下陝西路市糴軍儲。"《老殘游記續集》第五回："年紀十五歲光景穿一件出爐銀顔色的庫緞袍子，品藍坎肩，庫錦鑲邊有一寸多寬。"

織金

用金綾織出具有圖案的珍貴織物。古代多用作朝服。此稱元代已行用。《元典章·工部一·雜造》："民間製造銷金、織金及打造金箔，並行禁止。"明沈德符《萬曆野獲編·叛賊·武定府改流》："萬里來歸，誠可嘉尚，可特授中順大夫武定軍民府知府，並賜朝服、織金衣、紗帽、金帶。"清王士禎《池北偶談·談故二·賜衣》:"永樂中,賜內閣七人二品織金紵絲衣。"《皇清職貢圖》卷一:"〔暹羅國官制〕五等以下則以絨緞爲之,衣錦綉及織金,或花布短衣,繫錦帶。婦人以金銀爲簪,釧約指,上衣披五色花縵,下衣五彩織金花縵,拖地長二三寸,足履紅革靸鞋。"

緙絲

我國特有的一種絲織手工藝品。織緯綫時,留下要補織圖畫的地方,然後用各色絲綫補上,織出後好像是刻出的圖畫。此稱遼代已行用。《遼史·儀衛志二》:"小祀,皇帝硬帽,紅緙絲龜文袍。"《欽定平定臺灣紀略》卷三〇:"所辦尤爲公當,可嘉之。至藍元枚者,即賞給緙絲蟒袍一件,御用大小荷包,以示獎勵。"《紅樓夢》第七一回:"鳳姐兒道:'……內中只有江南甄家一架大屏十二扇,大紅緞子緙絲"滿床笏",一面是泥金"百壽圖"的,是頭等的。'"中國藝術研究院紅樓夢研究所校注:"緙絲:即刻絲。我國特有的一種絲織工藝。織造時,以細絲爲經,彩色作緯,各色緯絲僅於圖案花紋需要處與經絲交織,緯絲不貫串全幅,而經絲則縱貫織品。《雞肋篇》:'以熟色經於木杼上,隨所欲作花草禽獸狀,收以小梭織緯時,先留其處,方以雜色綫綴於經緯之上,合以成文,若不相連,承空視之,如雕鏤之象,故名刻絲。'《廣韻》:'緙,織緯也。'"

【刻絲】

即緙絲。此稱宋代已行用。宋魏泰《東軒筆錄》卷二:"太后始入掖廷,纔十幾歲。惟有一弟七歲,太后臨別,手結刻絲鞶囊與之。"明李東陽《刻絲牡丹》二絶之一:"組織兼成刻畫功,好花芳蝶共春風。"《紅樓夢》第三回:"頭上戴著金絲八寶攢珠髻,綰著朝陽五鳳挂珠釵……身上穿著縷金百蝶穿花大紅洋緞窄褃襖,外罩五彩刻絲石青銀鼠褂。"中國藝術研究院紅樓夢研究所校注:"刻絲:在絲織品上用絲平織成的圖案,與凸出的綉花不同。"

第四章　麻、毛、棉織物説

第一節　麻、葛織物考

　　布是用絲、麻、葛、毛及棉等纖維織成的可製作衣物的材料。《説文・巾部》:"布,枲織也。"《小爾雅・廣服》:"麻、苧、葛曰布。布,通名也。"葛布省稱"葛",指用葛的纖維製成的布,質地稀疏透風,多用於製作夏裝。傳説遠古時堯"冬日麑裘,夏日葛衣"(《韓非子・五蠹》)。《儀禮・聘禮》:"寒暑之服,冬則裘,夏則葛。"我國上古無棉花,所用織布纖維主要來自苧麻、大麻和葛,周代初年均已經開始種植。所謂布,一般就麻布而言,而穿布的人多數爲庶民,故稱"布衣"。與麻同等的葛布,還分爲細葛布和粗葛布。細葛布有"纖葛"(唐柳宗元《饒娥碑》)、"絺"(《詩・周南・葛覃》)、"絟"(《漢書・江都易王劉非傳》)、"絺素"(漢趙曄《吳越春秋・勾踐歸國外傳》)、"縐絺"(《詩・鄘風・君子偕老》)、"纖絺"(晋潘岳《秋興賦》)、"絺紵"(《書・禹貢》)等,精葛布有"練"(《晋書・王導傳》)、"綌"(《詩・周南・葛覃》)等。春秋戰國,是葛布生産的黄金時期。

　　我國人工種植大麻并用其纖維編織大約始於新石器時代,普及於商周之時。早在兩千多年前,我國人民就對大麻雌雄异株的現象以及雌雄纖維的紡織性能有了較深認識,稱其雄株爲"枲"或"牡麻"，雌株爲"苴"或"子麻"；常用枲麻織較細的布，用苴麻織較粗的布。春秋時期，吳越地區以生產麻織物著名。兩漢時，越地的會稽郡更是成了著名的麻紡織中心。漢代的布以麻布、葛布爲代表，也有絺、綌、緆、紵、總、絟等許多品種，據《說文·系部》解釋，絺爲細葛，綌爲粗葛，緆爲絺之細者，紵爲枲類布而細者，總爲細疏布，絟爲細布。漢代布，有七稯、八稯、九稯、十稯等對織物組織規格的分類；麻布的品質也是很好的，特別是一些產地（吳、越）出品的麻布，品質上甚至可以和絲織羅、綺相仿。漢代的布和帛都有一定的規格品質，通常用縷的多少作爲布的分類標準，布八十縷爲稯。布的產地以西蜀爲上等。《說文》："緤，蜀細布也。"《鹽鐵論·本議》云："吏之所入，非獨齊、阿之縑，蜀、漢之布也，亦民間之所爲耳。"晋左思《蜀都賦》云："黄潤比筒，濯色江波。"劉洲林注解："黄潤，謂筒中細布也。"

　　唐代麻布的產品種類名目繁多，有細白苧布、班布、蕉布、細布、絲布、紵布、彌布、白苧布、竹布、葛布、麻眮布、紫紵布、麻布、青紵布、楚布等。此外，越地產細葛，唐鮑溶《采葛行》"織成一尺無一兩"，可見其細。宋代麻織品的產地集中在南方，尤以廣西爲最，"觸處富有苧麻，觸處善織布"（宋周去非《嶺外代答·服用門·布》），生產柳布、象布；宋代麻布名品有明州象山女兒布、平江府昆山藥班布、紹興府諸暨山後布（亦稱皺布）等。宋代布帛名色繁多，據《宋會要輯稿·職官四四》記載，紹興三年（1133）時，戶部所裁定留舶司發運及不發運的服物材料有大布、番青斑布、白熟布、袴布、鞋面布、青花番布、粗黑小布、單青番棋盤小布、番頭布、海南青花布、襪面布、小布、青苧布、粗小布、白細布、白苧布、生苧布、海南白布、毛施布、海南棋盤布等二十餘種。明代福建莆田盛產青麻布，特別是惠安的北鎮之布行天下。江西贛州出產一種極細的苧麻布，爲"苧之精者五逾比"，極其耗費工時，稱爲"女兒布"（清吳其濬《植物名實圖考·苧麻》）。明代開始，苧麻布織造工藝中開始加入蠶絲、棉紗等，使得織品更加精細，而且花樣繁多，廣受歡迎。當時最爲流行的是廣東的魚凍布，由苧麻紗與蠶絲交織而成，因"色若魚凍"而得名；曅布由苧麻紗和棉紗交織而成，柔軟色白，爲夏衣的上好材料；產於福建的"假布"由棉、絲、苧麻交織而成，其織品與沙羅無異，也被稱爲"假羅"。清代麻、葛作爲主要紡織原料被棉逐漸取代，但在一些地區，麻、葛布仍舊作爲特產而聞名。如江西贛州的"女兒布"仍是精品；廣東增城生產的"女兒葛"，采葛每日"只得數兩，細入毫芒，視若無有"，所織葛布"捲其一端〔六尺〕，可以出入筆管"（清李調元《南越筆記》卷五），其精細如此。此外，雷州葛布也聞名於世。雷葛爲正葛，産自博羅的曰善政葛，出潮陽的曰鳳葛，出王山、澄邁、臨登、樂會者名美人葛，出陽春者曰春葛，皆是當時名品。

布

亦作“帗”。絲、麻、葛、毛及棉等纖維經紡紗後的織成物。《説文·巾部》：“布，枲織也。”清段玉裁注：“古者無今之木棉布，但有麻布及葛布而已。”《小爾雅·廣服》：“麻、苧、葛曰布。布，通名也。”《字彙·巾部》：“帗，同布。”此稱先秦時期已行用。《論語·鄉黨》：“齊，必有明衣，布。”《左傳·襄公十年》：“主人縣布。”《孟子·滕文公上》：“〔孟子曰〕：‘許子必織布而後衣乎？’”《周禮·天官·幕人》：“幕人掌帷、幕、幄、帟、綬之事。”漢鄭玄注：“在旁曰帷，在上曰幕。幕或在地，展陳於上。帷、幕，皆以布爲之。”《史記·淮南衡山列傳》：“孝文十二年，民有作歌，歌淮南厲王曰：‘一尺布，尚可縫；一斗粟，尚可舂，兄弟二人不能相容。’”《後漢書·殤帝紀》：“壬子，賜博士員弟子在太學者布，人三匹。”宋洪适《隸釋·溧陽長潘乾校官碑》：“帗政優優。”清顧靄吉注：“帗，即布字。”按《帝堯碑》《華山亭碑》，“布”皆作“帗”。明宋應星《天工開物·乃服》：“承藉卵生者，或紙或布，隨方所用。”《聊齋志異·布客》：“長清某，販布爲業，客於泰安。”清王夫之《四書稗疏》：“古之言布者，兼絲枲葛而言之。”

【帗】

同“布”。此體宋代已行用。見該文。

布帛

古代一般以麻、葛織品爲布，絲織品爲帛，故以“布帛”通稱裁製織物所用的材料。此稱先秦時期已行用。《左傳·襄公二十八年》：“且夫富，如布帛之有幅焉。”《禮記·禮運》：“昔者衣羽皮，後聖治其麻絲以爲布帛。”《孟子·滕文公上》：“布帛長短同，則賈相若。”《史記·貨殖列傳》：“齊帶山海，膏壤千里，宜桑麻，人民多文彩、布帛、魚鹽。”漢晁錯《論貴粟疏》：“粟米布帛生於地，長於時，聚於力，非可一時成也。”《漢書·食貨志下》：“布帛廣二尺二寸爲幅，長四丈爲匹。”漢王逸《機賦》：“帝軒龍躍，庶業是昌。俯覃聖思，仰覽三光。悟彼織女，終日七襄。爰製布帛，始垂衣裳。”《三國志·吳書·華覈傳》：“使四疆之內同心戮力，數年之間，布帛必積。”唐白居易《重賦》詩：“生民理布帛，所求活一身。”明張岱《夜航船·衣裳》：“軒轅妃嫘祖始興機杼，成布帛。”

織

泛指所織之布。此稱漢代已行用。《後漢書·列女傳》：“妻乃引刀趨機而言曰：‘此織生自蠶繭，成於機杼。一絲而累，以至於寸，累寸不已，遂成丈匹。今若斷斯織也，則捐失成功，稽廢時月。’”

白布

布的一種。其質色白。此稱先秦時期已行

用。《管子·輕重戊》："民被白布。"《禮記·喪服大記》："漢禮，翣以木爲筐，廣三尺，高二尺四寸，方兩角高，衣以白布，畫雲氣，柄長五尺。"《居延漢簡甲乙編》401："大奴馮宣，年廿七八歲，中壯，髮長五六寸，青黑色，毋鬚，衣皂袍，白布絝，履白。"《宋書·竟陵王誕傳》："又五音士忽狂易見鬼，驚怖啼哭曰：'外軍圍城，城上張白布帆。'"《資治通鑑·齊明帝永明九年》："帝易祭服，縞冠素紕，白布深衣，麻繩履。"《喻世明言·陳御史巧勘金釵鈿》："只見一個賣布的客人，頭上帶一頂新孝頭巾，身穿舊白布道袍，口內打江西鄉談，説是南昌府人，在此販布買賣。"《醒世姻緣傳》第九〇回："看著叫人做白綾孝幔，白布幃；又叫人買的平機孝布。"《聊齋志異·咬鬼》："見一女子搴簾入，以白布裹首，縗服麻裙，向內室去，疑鄰婦訪内人者。"徐珂《清稗類鈔·服飾類·布魯特人之服飾》："阿渾之帽，上鋭而檐高，以白布綄之，厚二三寸。"

緇布

布的一種。其質色黑。此稱先秦時期已行用。《晏子春秋·雜下》："今子衣緇布之衣，麋鹿之裘，棧軫之車，而駕駑馬以朝，則是隱君之賜也。"《禮記·玉藻》："緇布衣，錦緣。"《戰國策·楚策一》："昔令尹子文，緇布之衣以朝，鹿裘以處。"《後漢書·禮儀志上》："乘輿初〔加〕緇布進賢。"五代馬縞《中華古今注》卷上："武官冠惠文冠，古緇布冠之遺象也。緇布冠，上古之法，武人質木，故須法焉。"《皇清職貢圖》卷八："〔貴州普定永寧等處馬鐙龍字苗〕男子束髮，婦人以緇布製冠若馬鐙然，故以爲名。"

【緇】[2]

"緇布"之省稱。此稱漢代已行用。《爾雅·釋天》："緇廣充幅，長尋曰旐。"宋邢昺疏："緇，黑色也，以黑色之帛廣全幅長八尺，屬於杠名旐。"《周禮·序官·弁師》："委貌緇曰冠。"《儀禮·士喪禮》："幎同用緇，方尺二寸。"漢鄭玄注："貼補目，覆面者也。"《禮記·喪大記》："君錦衾，大夫縞衾，士緇衾皆一。"

【皁布】

即緇布。此稱漢代已行用。《史記·五宗世家》："是以每相、二千石至，彭祖衣皁布衣，自行迎，除二千石舍。"《居延漢簡甲乙編》49.10："第卌四卒吕護買布復袍一領直四百，又以鄣卒李忠買皁布。"《居延漢簡乙編》記有"皁時布"，疑即皁布。《後漢書·輿服志上》："景帝中元五年，始詔六百石以上施車轓……三百石以上皁布蓋，千石以上皁繒覆蓋，二百石以下白布蓋，皆有四維杠衣。"《皇清職貢圖》卷七："〔雲南武定等府摩察蠻〕婦女皁布裹頭，飾以砗磲，短衣長裙跣足，亦習射獵。"

【皂布】

即緇布。同"皁布"。此稱宋代已行用。宋江少虞《宋朝事實類苑·廣知博識·乇羅島》："船中有三十餘人，皆衣冠如唐人，繫紅鞓角帶，短皂布衫，見人皆慟哭，語言不可曉。"明高濂《遵生八箋》中説："〔道服〕不必立異，以布爲佳，色白爲上，如中衣，四邊緣以緇色布。亦可次用茶褐布爲袍，緣以皂布，或絹亦可。"

【黑布】

即緇布。此稱宋代已行用。宋范成大《攬轡録》："門内至幕次，黑布拂庐，待班有頃，入宣明門。"《孽海花》第三三回："兩人頭上都繞著黑布，身上穿著黑布短衣，黑纏腰。"《老殘游記》第二回："簾子裏面出來一個姑娘，約有十六七歲，長長鴨蛋臉兒……穿了一件藍布外褂兒，一條藍布褲子，都是黑布鑲滾的。"朱自清《背影》："我讀到此處，在晶瑩的淚光中，又看見那肥胖的，青衣棉袍，黑布馬褂的背影。"

【墨布】

即緇布。此稱宋代已行用。《宋書·禮志五》："衛士墨布褲，却敵冠。"

灰布

灰色布。此稱明代已行用。明茅元儀《武備志·軍資乘·火十二》："對馬燒人葫蘆，用凹腰葫蘆爲之，外以黃泥、紫土、監水和護一指厚，曬乾，再以灰布一層，外用生漆漆之，聽用。"周而復《上海的早晨》第一部："張科長穿著一身灰布人民裝……脚上穿了一雙圓口黑布鞋子。"

紅布

紅色布。此稱明代已行用。《喻世明言·楊謙之客舫遇俠僧》："只見階下有個穿紅布圓領，戴頂方頭巾的土人，走到楊知縣面前，也不下跪，口裏說道：'請起來，老人作揖。'"明鄭瑄《昨非庵日纂》卷九："大廟紅紵絲拜褥，立脚處乃紅布，其品節又如此。"《皇清職貢圖》卷四："〔廣東省瓊州府黎人〕男椎髻在前，首纏紅布，耳垂銅環，短衣至膝，下體則以布兩幅掩其前後而已，射獵耕樵爲生。"

紅綠布

紅綠顏色的布。此稱明代已行用。《三寶太監西洋記通俗演義》第一八回："萬歲爺又傳出一道旨意，著兵部官點齊十萬雄兵……寶船水手，每名給賞紅綠布十匹，花銀八兩。"《皇清職貢圖》卷六："〔四川省建昌鎮屬會川永寧營轄披沙等處〕苗婦梳高髻，以紅綠布裹頭，著長領衣花褐緣邊裙，勤于力作。"

黃布

黃色布。此稱南北朝時期已行用。《魏書·蠕蠕傳》："阿那瓌等拜辭，詔賜阿那瓌細明光人馬鎧二具，鐵人馬鎧六具……百子帳十八具，黃布幕六張。"《清會典圖·武備三》："漢軍藤牌營兵虎帽，制革，形如虎頭，後垂護項，下爲護耳，皆用黃布爲之，通繪斑文。"

赤黃布

暗紅黃布。此稱宋代已行用。宋葉夢得《石林燕語》卷六："節度使旌節：門旗二，龍虎旌一，節一，麾槍二，豹尾二，凡八物……豹尾以赤黃布畫豹文。"《宋史·輿服志二》："豹尾，制以赤黃布，畫豹文，並緊杠。"

綠布

綠色布。此稱宋代已行用。舊題宋蘇軾《格物麤談·器用》："細氈綠布包猪牙皂角，揩玉器光潤。"《二十年目睹之怪現狀》第一〇七回："忽然外面來了一個女人，穿著一件舊到泛白的青蓮色繭綢老羊皮襖，穿一條舊到泛黃的綠布紫腿棉褲。"

油綠布

油綠色布。此稱明代已行用。《醒世姻緣傳》第一回："每個人都是一頂狐皮卧兔，天藍布夾坐馬，油綠布夾挂肩，悶青布皮裏皮鞋，軟帶腰刀，左盛三插。"《玉樓春》第一九回："文新走到後面，因要解手，忽撞見一個穿油綠布衫的先在東廁裏走出來。"

青布

深青絳黑的布。一說黑布。此稱漢代已行

用。《儀禮 · 既夕》："池者，象宮室之承霤，以竹爲之，如小車笭，衣以青布。"《梁書 · 侯景傳》："領軍朱異議以御府錦署止充頒賞遠近，不容以供邊城戎服，請送青布以給之。"唐段成式《酉陽雜俎 · 禮異》："北朝婚禮，青布幔爲屋，在門內外，謂之青廬，於此交拜。"唐白居易《王夫子》詩："紫綬朱紱青布衫，顏色不同而已矣。"五代馬縞《中華古今注》卷上："青布囊，所以盛印也。刻奏之曰，則以青布囊盛印於前，示奉王法而行也。"宋孟元老《東京夢華錄 · 娶婦》："新人下車檐，踏青布條或氈席，不得踏地。"《三國演義》第四六回："船上皆用青布爲幔。"《水滸傳》第九〇回："〔許貫忠〕繫一條雜彩呂公絛，著一雙方頭青布履。"《紅樓夢》第九二回："忽見有一個人，頭上戴著氈帽，身上穿一身青布衣裳。"《孽海花》第六回："那時江知縣就走到雯青面前，獻上一本青布面的小手摺，面上粘著一條紅色簽紙，寫著'花哥曲'三字。"徐珂《清稗類鈔 · 服飾類》："雲南維西廳布麼些族，男皆剃頭辮髮，不冠，多以青布纏頭。"

毛青布

青布的一種。此稱明代已行用。《金瓶梅詞話》第二回："且看他怎生打扮？但見……毛青布大袖衫兒，褶兒又短，襯湘裙碾絹綾紗。"《醒世姻緣傳》第一九回："到第二日，買了一匹洗白夏布，一匹青夏布，四匹藍梭布，兩匹毛青布。"又《清朝文獻通考 · 兵十五》："雍正元年定，協領所管之馬如十二群至十四群，得賞者賞毛青布十匹；十五群以上，得賞者賞毛青布二十匹。"

【毛青】[1]

"毛青布"之省稱。此稱明代已行用。《醒世姻緣傳》第七〇回："〔童奶奶〕拿過個首帕來趔了趔頭，換上了件毛青衫，脫了白綾裙子……僱了個驢，馬到太僕車街四眼井旁邊管東廠陳公外宅。"

石青布

青布的一種。色如石青顏料而得名。此稱清代已行用。徐珂《清稗類鈔 · 服飾類 · 皇帝服飾》："雨裳之制二，皆明黃色。一左右幅相交。上斂下遞博，上前加淺帷爲襞積，兩旁綴以紐約，青色，腰爲橫幅，用石青布，兩末削爲帶以繫之。"《清會典圖 · 武備三》："前鋒及護軍頂周垂朱氂，護項、護耳，皆綢表，布裏，外布白銅釘，胄襯石青布表以別之。"

玄青布

深黑色布。此稱清代已行用。《天雨花》第一回："上罩合衫玄青布，足下麻鞋孝滿身。"

明青布

青布的一種，色明净。此稱明代已行用。《醒世姻緣傳》第七七回："〔再冬〕穿了一領明青布大袖夾襖，綴了條粉糨白絹護領，一雙長臉深跟明青布鞋……哭喪著個狄臉，走到人跟前。"又第七九回："走到故衣鋪內，用四錢五分銀買了一件明青布夾襖，三錢二分銀買了一條綽藍布夾褲，四錢八分銀子稱了三斤棉花，……夾襖夾褲從新拆洗，絮了棉套。"

悶青布

青布的一種。色暗青。此稱明代已行用。《醒世姻緣傳》第一回："每個人都是一頂狐皮臥兔，天藍布夾坐馬，油綠布夾挂肩，悶青布皮裏靮鞋，鞓帶腰刀，左盛右插。"

夏青布

青布的一種。製夏衣所用之布。此稱明代已行用。《三寶太監西洋記通俗演義》第一八回："萬歲爺又傳出一道旨意，禮部官點齊神樂觀道士、樂舞生、朝天宮道官道士，每名給賞夏青布四匹，冬青布四匹，花銀五兩。"《清史稿·輿服志二》："五品冬用青羊，夏青布。六品冬用黑羊，夏棕色布。"

冬青布

青布的一種。製冬衣所用之布。此稱明代已行用。《三寶太監西洋記通俗演義》第一八回："萬歲爺又傳出一道旨意，禮部官點齊神樂觀道士、樂舞生，朝天宮道官道士，每名給賞夏青布四匹，冬青布四匹，花銀五兩。"

插青布

摻雜青色的一種布。此稱明代已行用。《醒世姻緣傳》第五一回："惟是冬年的時候，他戴一頂絨帽、一頂狐狸皮帽套、一領插青布藍布裏綿道袍、一雙皂靴，撞了人，趾高氣揚，作揖拱手，絕無上下。"又第六七回："狄周道：'放著，由他！我到冬裏換個藍布邊，吊上個插青布面子，做出來我穿。"

大海青

青布的一種。此稱明代已行用。《金瓶梅詞話》第六回："婆子道：'我不是賴精，大官人少不得賠我一匹大海青。'"

青布條

青布做的布條。此稱宋代已行用。宋周煇《清波雜志》卷二："迨京之殁，無棺木，乃以青布條裹屍，茲其識也。"清王初桐《奩史》卷八引《東京夢華錄》："新人下車檐，踏青布條或氈席，不得踏地。"清王士禎《居易錄》："蔡

京死潭州，數日不得殮，槁葬漏澤園，以青布條裹屍。"

藍布

藍色布。此稱明代已行用。《醒世姻緣傳》第七三回："只見素姐披著一條藍布裙子，蹲在地下。"《皇清職貢圖》卷四："〔廣東省西隆州土人〕男人以藍布纏頭，藍衣花帶，手銀鐲，足鶹鞋，時肩絲綢袋以藏什物。"《二十年目睹之怪現狀》上："還有兩個人，都穿著藍布長衫，像是個底下人光景。"

天藍布

天藍色布。此稱明代已行用。《醒世姻緣傳》第一回："每人都是一頂狐皮臥兔，天藍布夾坐馬，油綠布夾挂肩，悶青布皮裏靪鞋，鞓帶腰刀，左盛右插。"

老藍布

土藍布；舊藍布。此稱清代已行用。《二十年目睹之怪現狀》第六七回："這箱子本來是小人的東西，裏面只有一床花布被窩，一床老藍布褥子。"《綠牡丹》第二回："老的約有六十内外，年紀小的不過十六七歲的光景，俱是老藍布褂子。"又："只見那個幼年女子站起身來，將上邊老藍布褂子脱去，裏邊現出杏黃短綾襖，青緞子背心。"

青藍布

藍布的一種。此稱清代已行用。《皇清職貢圖》卷七："〔雲南等府白玀玀〕女椎髻，蒙以青藍布，綴海巴錫鈴爲飾，纏足，著履。"又："〔雲南曲靖府魯屋玀玀〕男子束髮，蒙以青藍布，綴海巴錫鈴爲飾，纏足，著履。"

漂藍布

經過漂染的藍布。此稱明代已行用。《醒世

姻緣傳》第七〇回："〔童奶奶〕問對門吳嫂兒借了條漂藍布裙子穿上，腰裏扁著幾百錢，雇了個驢，騎到太僕寺街四眼井旁邊管東廠陳公外宅。"

紫布

紫色布。此稱清代已行用。《皇清職貢圖》卷七："〔雲南曲靖等府苗人〕婦女束髮，戴五色花冠，耳綴銀環，著紫布短衣，繫綉花布裙。"《姑妄言》第一九回："穿了一件紫布棉襖，青布背心，白布裙子，比昨日體面了許多。"《儒林外史》第二回："做了一件緑布棉襖、紅布棉裙子、青布上蓋、紫布褲子，共是四件暖衣。"

細麻

亦稱"綌"。一種可供刺綉用的細麻綫。此稱明代已行用。明徐光啓《農政全書》卷三六："凡麻絲之細者爲綌，粗者爲紵。"清李調元《南越筆記》卷五："古時爲木綿，皆以細麻爲布，惟粤之苧，則自上古已有。"冰心《姑姑·三年》："中間一張小藤桌子，罩著細麻綉白花的桌布。"

【綌】[1]

即細麻。此稱明代已行用。見該文。

縷[3]

亦稱"纑"。泛指麻之纖維。《説文·糸部》："縷，綫也。"清段玉裁注："此本謂布縷，引申之絲亦名縷。"又《糸部》："纑，布縷也。"清段玉裁注："言布縷者以別乎絲縷也。績之而成縷，可以爲布，是曰纑。"此稱先秦時期已行用。《周禮·天官·典枲》："典枲，掌布緦縷紵之麻草之物。"

【纑】[2]

即縷[3]。此稱漢代已行用。見該文。

【布縷】

即縷[3]。此稱宋代已行用。宋謝翱《白紵歌》："田家歲績供布縷，獨夜詎如妾愁苦。"明朱之蕃《紡織婆》："漚麻曝絮歲功成，蟲語潛催布縷征。"

【纑縷】

即縷[3]。此稱漢代已行用。《周禮注疏》卷三九："廬讀爲纑者纑縷之纑，取細長之義也。"《康熙字典》："《急就篇》注：謂紡切麻絲之屬爲纑縷也。"

【麻縷】

即縷[3]。此稱先秦時期已行用。《孟子·滕文公上》："麻縷絲絮輕重同，則賈相若。"《續資治通鑑·宋太祖乾德四年》："〔太祖〕嘗出麻縷布裳賜左右曰：'此吾舊所服用也。'"

細布[1]

細麻布。此稱漢代已行用。《史記·貨殖列傳》第六九："筋角丹沙千斤，其帛絮細布千鈞，文采千匹，榻布皮革千石，漆千斗。"元王禎《農書》卷二二引《氾勝之書》曰："夏至後二十日漚枲，枲和如絲大。凡北方治麻刈倒，即策之。臥置池內，水要寒暖得宜，麻亦生熟有節，須人體測得法，則麻皮潔白柔韌，可績細布。南方但連拔麻，遇用則旋浸旋剝。其麻片黃皮粗厚，不任細績。"

貢布

古代臣民或屬國向君主所進獻的布。此稱唐代已行用。《後漢書·王符傳》："葛子升越，筒中女布。"唐李賢注："盛弘之《荆州記》曰：'秭歸縣室多幽閑，其女盡織布，至數十升。'今永州俗猶呼貢布，爲女子布也。"又《南蠻西南夷傳》："其冬澧中、潕中蠻果争貢布非舊約，遂殺鄉吏，舉衆反叛。"

素布

没有染色的布。此稱清代已行用。《周禮·天官·幕人》："祭祀，以疏布巾幕八尊。"清孫詒讓正義："疏布巾，蓋用素布一幅爲之。"徐珂《清稗類鈔·服飾類》："行帶，佩紛素布，視常服帶紛微闊而短，版飾惟宜，緣皆圓結，帶色金黄、石青，各隨其所得用。"

帛布

無文飾之布。此稱漢代已行用。《後漢書·明德馬皇后紀》："吾爲天下母，而身服大練，食不求甘，左右但著帛布，無香薰之飾者，欲身率下也。"《資治通鑑·漢章帝建初二年》："太后詔曰：'……吾爲天下之母，而身服大練，食不求甘，左右但著帛布，無香薰之飾者，欲身率下也。'"

五色布

亦稱"五色帛布"。五種顏色的帛布。五色，指青、赤、白、黑、黄。古代以此五種色爲正色。此稱宋代已行用。宋樂史《太平寰宇記·嶺南道十三·風俗》："女人以五色布爲帽，以班布爲裙。"元汪大淵《島夷志略·曼陀郎》："貿易之貨，用丁香、荳蔻、良薑、蓽茇、五色布。"《皇清職貢圖》卷四："〔廣東省羅城縣猺人〕男五色布裹頭，領緣花絨，帶綴制錢。"

【五色帛布】

即五色布。此稱清代已行用。見該文。

文布

亦作"紋布"。織有花紋的布。此稱唐代已行用。《新唐書·東夷傳·日本》："至煬帝，賜其民錦綫冠，飾以金玉，文布爲衣，左右佩銀蘤，長八寸，以多少明貴賤。"《全宋文·胡銓〈楊君文卿墓誌銘〉》："有一罽紋布袋，以姚氏手紩，寶藏之，踰五十年如新。"清王初桐《奩史》卷七二引《杜陽雜編》："同昌公主有紋布巾，即手巾也。潔白如雪，光軟特異，拭水不濡，用之彌年，未生垢膩。"

【紋布】

同"文布"。此體宋代已行用。見該文。

花布

有花紋或花樣圖案之布。此稱唐代已行用。《新唐書·地理志六》："越巂郡，中都督府。……土貢：蜀馬、絲布、花布……"明宋濂《渤泥入貢記》："王縮髻裸跣，腰纏花布，無輿馬，出入徒行。"《二十年目睹之怪現狀》第六七回："這箱子本來是小人的東西，裏面只有一床花布被窩，一床老藍布褥子。"《皇清職貢圖》卷三："〔福建省神州府屬羅源等縣畲民〕婦挽髻，蒙以花布，間有戴小冠者，貫綠石如數珠，垂兩鬢間。"又卷六："〔四川省威茂協轄瓦寺宣慰司番民〕婦女挽髻，裹花布巾，長衣摺裙。"

青花布

花布的一種。此稱宋代已行用。宋孟元老《東京夢華錄·飲食果子》："更有街坊婦人，腰繫青花布手巾，綰危髻，爲酒客換湯斟酒，俗謂之'焌糟'。"宋趙汝適《諸蕃志》卷上："以其呈青色而得名。其人肌理甚黑，鬢髮皆虬；以青花布纏身，以兩金串鈴手。"

紫花布

一種呈紫色的花布。此稱明代已行用。《醒世姻緣傳》第六七回："那回回婆從裏頭提溜著艾前川一領紫花布表月白綾吊邊的一領羊皮襖子，丢給那覓漢。"姚雪垠《李自成》："他停住馬，把香客打量一眼，看到他穿一件破的紫花布短尾巴棉襖。"

花蕊布

花布的一種。以織有花蕊圖形而得名。此稱宋代已行用。《宋史·外國傳六·于闐國》："〔熙寧以來〕所貢珠玉，珊瑚、翡翠、象牙、乳香、木香、琥珀、花蕊布、硇砂……有所持無表章。"明范景文《文忠集·居士集》卷一四："恩賜宰臣已下于闐所獻花蕊布，柔韌潔白如凝脂，而禦風甚溫，不減駝褐也。"

綉文花蕊布

花蕊布的一種。此稱宋代已行用。宋王明清《揮麈錄》卷四："〔高昌〕出貂鼠、白氎、綉文花蕊布。"

美布

精美細布的泛稱。此稱宋代已行用。清桂馥《札樸·覽古》："《後漢書》：'公孫述更爲馬援製都布單衣。'案：《通鑑》：'漢明帝行養老禮，三老皆服都紵大袍。'注云：續紵爲美布，故曰都紵。"

綵布

亦稱"彩色布"。織有彩色花紋的布。此稱漢代已行用。《後漢書·南匈奴傳》："賜青蓋駕駟、鼓車、安車、駙馬騎、玉具刀劍、什物，給綵布二千匹。"清檀萃《說蠻》："独家以帛束首，躧履，好栖居，婦多織，好而勤於織，青布蒙髻若帽絮，長裙褶積，多者二十餘幅，挖腰綵布一幅……衣飾多與漢同，不盡用苗飾也。狆本作仲。"《皇清職貢圖》卷一："〔大西洋國黑鬼奴〕婦項繫彩色布，袒胸露背，短裙無褲，手足帶釧。"

【彩色布】

即綵布。此稱清代已行用。見該文。

【彩布】

同"綵布"。此體唐代已行用。唐杜光庭《廣成集》："彩布循垣，燦若星陳。"明慎《南詔野史》："女青布纏頭，略如僧帽，綴以海貝，彩布衣裙，著大尖鞋。"

錦布 [2]

錦類布。此稱三國時期已行用。《三國志·魏書·東夷傳》："馬韓在西。其民土著，種植，知蠶桑，作錦布。"又《蜀書·先主傳》："永綏四海。"南朝宋裴松之注引三國魏魚豢《典略》："備遣軍謀掾韓冉齎書吊，並貢錦布。"《北史·百濟傳》："又詔曰：'……所獻錦布海物，雖不悉達，明卿至心。今賜雜物如別。'"

色布

泛指有花色的布。此稱清代已行用。《皇清職貢圖》卷二："〔肅州金塔寺魯克察克等族回民〕婦人髮垂兩絡，戴紅帽，斜插沙鷄翎，衣用紅綠等色布，足靴以布帶縱橫繫之。"又卷五："〔甘洋洮州土指揮楊聲所連轄卓泥多等族香民〕婦人或以色布抹額，雜綴珠石。"

黃草布

用黃草心織的布。此稱宋代已行用。宋周密《癸辛雜織續集·白蠟》："每以芒種前，以黃草布作小囊，貯蟲子十枚，遍挂之樹間。"《古今小說·趙伯昇茶肆遇仁宗》："爭奈身上衣衫藍縷，著一領黃草布衫，被西風一吹，趙旭心中苦悶。"許政楊校注："宋代蘇州以黃草心織布，色白而細，極薄，稱爲黃草布。湖州等處世有出産。"

緆

細麻布。此稱漢代已行用。《説文·糸部》："緆，細布也。"清段玉裁注："布，一本作麻……古亦呼布爲麻也。"《儀禮·燕禮》："冪用綌若錫。"漢鄭玄注："今文錫爲緆。"又《喪服》："錫者何也？麻之有錫者也。錫者，十五升抽其半，無事其縷，有事其布，曰錫。"漢鄭玄注："謂之錫者，治者其布使之滑易也。"《文選·司馬相如〈子虛賦〉》："鄭女曼姬，被阿緆，揄紵縞。"唐李善注引張揖曰："阿，細繒也；緆，細布也。"

【錫】

同"緆"。此體漢代已行用。《儀禮·大射》："用錫若絺，綴諸箭蓋。"漢鄭玄注："錫，細布也。"《淮南子·脩務訓》："衣阿錫，曳齊紈。"漢高誘注："阿，細縠；錫，細布。"《急就篇》第二："服瑣緰胇與繒連。"唐顏師古注："緰、胇、錫布之顧惜。"

元緆

緆布的一種。其質精美。此稱先秦時期已行用。《慎子·威德》："毛嬙、西施，天下之至姣也，衣之以皮倛，則見者皆走；易之以元緆，則行者皆止。"

玄緆

緆布的一種。呈黑色。此稱先秦時期已行用。《慎子·威德》："毛嬙、西施，天下之至姣也，衣之以皮倛，則見者皆走；易之以元緆，則行者皆止。"

阿緆

亦作"阿錫"。緆布的一種。其質精細。此稱漢代已行用。《漢書·禮樂志》："被華文，厠霧縠，曳阿錫，細布也。"《文選·司馬相如〈子虛賦〉》："於是鄭女曼姬，被阿緆，揄紵縞。"唐李善注："張揖曰：'阿，細繒也，緆，細布也。緆與錫古字通。'"《史記·司馬相如列傳》

《漢書·司馬相如傳上》作"阿錫"。一說爲齊東阿出產的細布。參閱明楊慎《藝林伐山·阿錫》。

【阿錫】

同"阿緆"。此體漢代已行用。見該文。

弱緆

亦作"弱錫""弱析"。緆之一種，細而輕。此稱漢代已行用。漢劉安等《淮南子·齊俗訓》："有詭文繁繡，弱緆羅紈。"漢高誘注："弱緆，細布也。"《古文苑·揚雄〈蜀都賦〉》："其布則細都弱析，綿繭成衽。"宋章樵注："〔細都弱析〕皆布名。"清厲荃《事物異名錄》卷二〇五引明陳懋仁《庶物異名疏·淮南子》云："弱緆，細布也。"

【弱析】

同"弱緆"。此體漢代已行用。見該文。

【弱錫】

同"弱緆"。此體明代已行用。見該文。

胇

緆布的一種。其質精美。此稱漢代已行用。《急就篇》第二："服瑣緰胇與繒連。"唐顏師古注："緰胇，緆布之尤精者也。言此二種雖曰布類，其質精好，與繒相連次也。"《廣韻·平支》："胇，布名。"《集韻·平支》："胇，《埤倉》：'布名。'"

【眥】

同"胇"。此體漢代已行用。《急就篇》第二："服瑣緰眥與繒連。"唐顏師古注："緰、眥，緆布之尤精者也。言此二種雖曰布類，其質精好，與繒相連次也。"

【眥布】

即胇。此稱唐代已行用。《新唐書·地理志

二》："泗州監淮郡……土貢：錦、貲布。"又《地理志五》："申州義陽郡……土貢：緋葛、紵布、貲布、茶、麢蟲。"《新唐書・藩鎮傳・劉稹》："王釗守洺州，給士帋布一端，積楡代歲稟。"

繪

精美緆布的一種。此稱漢代已行用。《急就篇》第二："服瑣繪帋貲與緰連。"唐顏師古注："繪、帋，緆布之尤精者也。言此二種雖曰布類，其質精好，與緰相連次也。"

繪帋

亦作"繪貲""繪此"。精細麻布。此稱漢代已行用。《説文・糸部》："繪，繪貲，布也。"漢王符《潛夫論・浮侈》："衣布細緻，履必麗麂，組必文采，飾襪必繪此。"汪繼培箋："王先生云：'此當作貲。'《急就篇》'服瑣繪帋與緰連'，顏注：'繪帋，緆布之尤粗者也。'"明朱謀㙔《駢雅・釋服飾》："服瑣，繪貲、黃潤、升越、花練、細布也。"

【繪貲】

即繪帋。此體漢代已行用。見該文。

【繪此】

即繪帋。此體漢代已行用。見該文。

成布

質地較細的布。此稱漢代已行用。《禮記・間傳》："斬衰三升，既虞卒哭，受以成布六升，冠七升；爲母疏衰四升，受以成布七升，冠八升，去麻服葛，葛帶三重。"唐孔穎達疏："三升、四升、五升之布，縷既麤疏，未爲成布也；六升以上，其縷漸細，與吉布相參而得名成布也。"

服瑣

細布的一種。織紋呈連鎖狀。瑣，通"鎖"。此稱漢代已行用。《急就篇》第二："服瑣繪貲與緰連。"唐顏師古注："服瑣，細布織爲連瑣之文也。"明朱謀㙔《駢雅・釋服食》："服瑣、繪貲、黃潤、升越、花練，細布也。"

南布

細布的一種。此稱南北朝時期已行用。《南史・姚察傳》："嘗有私門生不敢厚餉，送南布一端，花練一匹……察屬色驅出，自是莫敢饋遺。"隋灌頂《國清百錄》："今覩烏紗蚊幬一張，鬱泥南布袈裟一緣。"《隋書・禮儀志》："其乘輿黑介幘之服，紫羅褶，南布褲，玉梁帶，紫絲鞋，長靿靴。"

都布

一種質地粗厚的布。類白疊布。此稱漢代已行用。《後漢書・馬援傳》："交拜禮畢，使出就館，更爲援制都布單衣、交讓冠，會百官於宗廟中。"唐李賢注："《東觀記》'都'作'荅'。《史記》曰：'荅布千匹。'《前書音義》曰：'荅布，白疊布也。'"《後漢書・禮儀志》："皇帝近臣喪服如禮。醳大紅，服小紅，十一升都布練冠。醳小紅，服纖。"

【荅布】[1]

即都布。此稱漢代已行用。《漢書・貨殖列傳》："文采千匹，荅布皮革千石，棃千大斗，藥麴鹽豉千合。"

細都

精美細布的一種。都，"都布"之省稱。此稱漢代已行用。《古文苑・揚雄〈蜀都賦〉》："其布則細都弱析，綿繭成衽。"章樵注："〔細都弱析〕皆布名。"

都紵

都布和紵布的合稱。泛指精美的細布。此稱漢代已行用。《後漢書·禮儀志上》："皆服都紵大袍單衣，皁緣領袖中衣，冠進賢。"清桂馥《札樸·覽古》："《後漢書》：'公孫述馬援製都布單衣。'案《通鑑》：'漢明帝行養老禮，三老服都紵大袍。'注云："績紵爲美布，故曰都紵。"

細緤

省稱"緤"。細布名。此稱唐代已行用。《太平廣記》卷四八一引唐段成式《酉陽雜俎》："乾陀國，昔有王神勇多謀，號伽當，討襲諸國，所向悉降，至五天竺國，得上細緤二條，自留一，一與妃。妃因衣其緤謁王。緤當妃乳上，有鬱金香手印迹。王見驚恐，謂妃曰：'爾忽衣此手迹衣服何也？'妃言向王所賜之緤，王怒。"

【緤】

"細緤"之省稱。此稱唐代已行用。見該文。

黃潤

細布的一種。類筒中布。質地纖美，價昂貴。此稱漢代已行用。《古文苑·揚雄〈蜀都賦〉》："筒中黃潤，一端數金。"《文選·左思〈蜀都賦〉》："黃潤比筒，籯金所過。"唐李善注："黃潤，謂筒中細布也。司馬相如《凡將篇》曰：'黃潤纖美，宜制褌。'"晋常璩《華陽國志·巴志》卷一："桑、蠶、麻、紵……黃潤、鮮粉，皆納貢之。"明朱謀㙔《駢雅·釋服食》："服瑣、綸貲、黃潤、升越、花練，細布也。"清吳偉業《木棉吟》："哀牢白叠貢南朝，黃潤筒中價並高。"

靡潤

細布的一種。此稱漢代已行用。《急就篇》第二："青綺綾縠靡潤鮮。"唐顏師古注："靡潤，輕燙也。"宋王應麟補注："潤，謂筒中細布也。"

絟[2]

亦作"荃"。細布的一種。一説指細葛布。此稱漢代已行用。《説文·系部》："絟，細布也。"《集韻·入薛》："絟，細布也。或作荃。"《漢書·江都易王劉非傳》："縣王閩侯亦遺建荃、葛。"唐顏師古注："蘇林曰：'荃音詮，細布屬也。'服虔曰：'音蓀，細葛也。'臣瓚曰：'荃，香草也。'師古曰：'服、瓚二説皆非也。'許慎云：'荃，細布也。'字本作絟……蓋今南方箇布這屬皆爲荃也。"唐慧琳等《一切經音義》卷五九："絟，音七泉反，細葛布也。"

【荃】

同"絟[2]"。此體漢代已行用。見該文。

筒中布

省稱"筒布"。亦稱"筒竹布"。古代一種名貴細布。因多捲作竹筒形而得名。此稱唐代已行用。唐白居易《寄蘄州簟與元九因題六韵》："捲作筒中布，舒爲席上珍。"唐劉禹錫《插田歌》："昨來補衛士，唯用筒竹布。"唐韓翃《送故人歸蜀》詩："客衣筒布潤山舍荔支繁。"宋張敦頤《六朝事迹編類·宋武帝》："高祖武帝劉裕……都建康，傳世凡八帝，以儉德先天下，碎虎魄枕，施直脚床，却入筒布，用葛燈籠。"

【筒竹布】

即筒中布。此稱唐代已行用。見該文。

【筒布】

即筒中布。此稱唐代已行用。見該文。

【筩布】

即筒中布。筩，同“筒”。此稱漢代已行用。《漢書·江都易王劉非傳》：“遺王閩侯亦遺建筩、葛。”唐顏師古注：“許慎云‘荃，細布也’。字本作絟……蓋今南方筩布之屬。”

【筩中女布】

即筒中布。筩，同“筒”。此稱漢代已行用。漢王符《潛夫論·浮侈》：“從奴僕妾，皆服葛子升越，筩中女布。”《後漢書·王符傳》：“且其徒御僕妾，皆服文組彩牒，錦繡綺紈，葛子升越，筩中女布。”唐李賢注：“楊雄《蜀都賦》曰：‘布則蜘蛛作絲，不可見風，筩中黃潤，一端數金。’”

箋布

筒中布的一種。因可作信箋而得名。此稱南北朝時期已行用。南朝宋劉義慶《世說新語·雅量》：“王戎爲侍中，南郡太守劉肇遺筒中箋布五端，戎雖不受，厚報其書。”按，《晋書·王戎傳》作“筒中細布五十端”。唐釋道世《法苑珠林》卷上七引南朝齊王琰《冥祥記》：“〔道同〕俄而至郡後沈橋，見一貴人，著帢，被箋布，單衣坐床纛緤，形似華蓋，鹵簿從衞可數百人，悉服黃衣。”

褐布

粗布的一種。以粗麻或獸毛織成。此稱金代已行用。金元好問《題邢公達寒梅凍雀圖》：“褐衣相媚不勝情，只許乾暉畫得成。”《皇清職貢圖》卷二：“〔西藏所屬門巴番人〕婦女披髮，約以金箍，綴珠鈿，褐衣，跣足，亦有著革鞻者。”《皇清職貢圖》卷二：“〔西藏巴哷喀

木等處番人〕婦女盤髻，戴紅綠布冠，額綴珠鈿，領圍綉巾，肩披紅單，衣用各色褐布，外繫緣邊褐裙，束以錦帶，跣足不履，亦有著革鞻者。”又卷二：“〔肅州金塔寺魯克察克等族回民〕男子戴綠頂皮帽，衣褐布長領衣。”

紅褐

褐布的一種。呈紅色。此稱清代已行用。《皇清職貢圖》卷二：“〔西藏巴哷喀木等處番人〕男子戴白氈銳頂帽，上插鳥羽三枝，著紅褐長領衣，皂襪，朱履，胸佩護心小鏡，時負番錦等物，赴藏貿易。”徐珂《清稗類鈔·服飾類》：“一品，冬用狼皮，夏用全紅褐，襯紅氈。二品，冬用獾皮，夏用紅褐，鑲青褐，襯紅氈。”

疏布

一種粗布。多用於祭祀。此稱先秦時期已行用。《周禮·天官·冪人》：“祭祀，以疏布巾冪八尊。”漢鄭玄注：“以疏布者，天地之神尚質。”清孫詒讓正義：“疏布巾，蓋用素布一同爲之。”《後漢書·禮儀志下》：“載以木桁，覆以疏布。”唐杜甫《逃難》詩：“疏布纏枯骨，奔走苦不暖。”《明史·循吏傳·湯紹恩》：“爲人寬厚長者，性儉素，內服疏布，外以父所遺故袍襲之。”清劉大櫆《胡母謝太孺人傳》：“太孺人身所禦者，疏布縞衣，補紉至再三，而瀚濯必使其半鮮潔。”

【粗布】

即疏布。此稱唐代已行用。《荀子·賦》：“雜布與錦，不知異也。”唐楊倞注：“雜布，粗布。”《禮記·禮器》：“犧尊疏而屔。”唐孔穎達疏：“疏，粗也。屔，覆也。謂郊天時以粗布爲巾以覆尊也。”《老殘游記》第二回：“雖是粗布

衣裳，到十分潔净。"

緵

亦作"稯"。古代指二尺二寸幅度布帛所含的經綫。一般八十根爲一緵。亦指古代一種粗布。《説文·禾部》："布之八十縷爲稯。"《玉篇·系部》："緵，縷也。"此稱漢代已行用。《史記·孝景本紀》："令徒隸衣七緵布。"張守節正義："緵，八十縷也，與布相似。"漢鄒長倩《遺公孫弘書》："倍升爲緎，倍緎爲紀，倍紀爲緵。"《漢書·王莽傳》："自公卿以下，一月之禄十緵布二匹，或帛一匹。"唐顔師古注引三國孟康曰："緵，八十縷也。"

【稯】

即緵。此體漢代已行用。見該文。

七升布

亦稱"七緵布""七緵"。古代粗布的一種。幅寬二尺二寸，含絲縷七升（五百六十縷）。多用於徒隸之衣。此稱唐代已行用。《國語·魯語上》："子服之妾衣，不過七升之布。"三國吳韋昭注："八十縷爲升。"《史記·孝景本紀》："令徒隸衣七緵布。"唐司馬貞索隱："七緵，蓋今七升布，言其粗，故令衣之也。"唐張守節正義："緵，八十縷也，與布相似。七升布用五百六十縷。"按，古代朝服十五升，七升之布，縷數不及其半，故爲粗布。

【七緵布】

即七升布。此稱漢代已行用。見該文。

【七緵】

即七升布。此稱唐代已行用。見該文。

八稯布

粗布的一種。稯，通"緵"。此稱漢代已行用。《居延漢簡甲乙編》90.56、303.30："出廣

漢八稯布十九匹八寸大半寸。"《居延漢簡釋文合校》287.13："鷩虜隧卒東郡臨邑吕里王廣卷上，字次君，貰賣八稯布一匹，直二百九十，糅得定安里隨方子惠所。"

十緵布

亦作"十總布"。古代粗麻布的一種。此稱漢代已行用。《晏子春秋·内篇雜下》："夫十總之布，一豆之食，足於中，免矣。"張純一校注："孫星衍云：'總即緵假音字。'《説文》：'布之八十縷爲稯。'"按，稯，通"總"。《漢書·王莽傳中》："國用不足，民人騷動，自公卿以下，一月之禄十緵布二匹，可帛一匹。"唐顔師古注引三國孟康曰："緵，八十縷也。"

【十總布】

同"十緵布"。此體漢代已行用。見該文。

細布[2]

亦稱"水羊毳"。細軟的織物。此稱漢代已行用。《後漢書·西域傳》："又有細布，或言水羊毳，野蠶繭所作也。"亦稱細麻布。元王禎《農書》卷二〇二引《氾勝之書》曰："夏至後二十日漚枲，枲和如絲大。凡北方治麻刈倒，即束之。卧置池内，水要寒暖得宜，麻亦生熟有節，須人體測得法，則麻皮潔白柔韌，可績細布。南方但連拔麻，遇用則旋浸旋剥。其麻片黄皮粗厚，不任細績。"

【水羊毳】[1]

即細布[2]。此稱漢代已行用。見該文。

蘭干細布

細布的一種。此稱漢代已行用。《後漢書·南蠻西南夷傳》："〔哀牢夷〕知染采文綉，罽毲帛叠、蘭干細布，織成文章如綾錦。"唐李賢注引《華陽國志》曰："蘭干，獠言紵。"宋

孟元老《東京夢華錄》卷一："旁午乃有帛氎闟毺毛，蘭干細布，水精琉璃，軻蟲蚌珠，寶鑒洞膽，神犀照浦。《山經》所不記，《齊諧》所不睹者，如糞如壤，輇積乎内府。"

綿布

絲織物和麻布。此稱三國時期已行用。《三國志·魏書·韓傳》："馬韓在西，其民土著，種植，知蠶桑，作綿布。"《宋史·職官志十一》："自都虞侯以下至軍士，皆歲給春冬服，自絹三十匹至油絹五匹，又加綿布錢有差。"《金瓶梅詞話》第一回："武松按在坑裏，騰出右手，提起拳頭來，只顧狠打，盡平生氣力，不消半歇兒時辰，把那大蟲打死。躺卧著。却似一個綿布袋，動不得了。"

【絲布】

同"綿布"。此體漢代已行用。《後漢書·東夷傳》："知種麻，養蠶，作絲布。"晋葛洪《抱朴子·廣譬》："物貴濟事而飾其末，化俗以德而言非其本，故綿布可以禦寒，不必貂狐；淳素可以匠物，不在文辯。"

㲲

亦稱"叠布"。細布的一種。此稱漢代已行用。《後漢書·王符傳》："且其徒御僕妾，皆服文組彩㲲，錦繡綺紈，葛子升越，筒中女布。"唐李賢注："㲲，即今叠布也。"

【叠布】

即㲲。此稱唐代已行用。見該文。

麻布

亦作"蔴布"。布的一種。用麻纖維織成。此稱漢代已行用。《後漢書·東夷傳》："有五穀、麻布，出赤玉、好貂。"《南史·姚察傳》："察自居顯要。一不交通。當有私門生不敢厚餉，送南布一端，花練一匹。察謂曰：'吾所衣著，止是麻布蒲練，此物於吾無用。既欲相款接，幸不煩爾。'此人遜請，察屬色驅出。"舊題唐劉恂《嶺表錄異》卷下："經流虬國，其國人么麼一概，皆服麻布而有禮，競將食物易釘鐵。"元賈仲名《對玉梳》第一折："休想我繫一條麻布孝腰裙。"《秦併六國平話》卷上："有那陷馬坑，使麻布繃了，將土撒上。"《儒林外史》第三回："廣東雖是地氣溫暖，這時已是十二月上旬，那童生還穿著麻布直裰，凍得乞乞縮縮，接了卷子，下去歸號。"《皇清職貢圖》卷七："〔雲南鶴慶等府求人〕男子披髮，著麻布短衣袴，跣足。婦耳綴大銅環，衣亦麻布。"

【蔴布】

同"麻布"。此體清代已行用。見該文。

【麻】[1]

"麻布"之省稱。此稱清代已行用。《皇清職貢圖》卷六："〔四川省建昌右營轄蘇州白露等處西番〕婦挽髻，束以紅布，又別綴幅布於髻上，飾以珠石，短衣，麻襦，肩披用五色帛布緣之，亦能紡織。"《施公案》第三〇〇回："忽旋風吹其紙錢四散，又將麻裙捲起，那紅褲露了出來。"

【吉布】

即麻布。此稱漢代已行用。《禮記·檀弓上》："司寇惠子之喪，子游爲之麻衰，牡麻絰。"楊文宇注："麻衰，用麻布做的吊服。案麻布被稱爲吉布，非喪事所當用。"元王禎《木棉圖譜序》："木棉，產自海南，至南北混一之後，商販于此，服被漸廣，名曰吉布，又曰棉布。"

火麻布

麻布的一種。此稱唐代已行用。《新唐書·地理志五》："潤州丹陽郡，望。武德三年以江都郡之延陵縣地置，取潤浦爲州名。土貢：衫羅……火麻布，竹根，黃粟，伏牛山銅器，鱘，鮓。"又："武德元年析梁州之西鄉、黃金、興勢置，天寶十五載徙治興道。土貢：白交梭、火麻布、野苧麻、蠟、白膠香、麝香。"《元和郡縣圖志》卷二二："開元貢：白交棕，火麻布，野布。賦：綿，絹。"

大布[1]

亦稱"誇布"。麻製粗布。此稱先秦時期已行用。《左傳·閔公二年》："衛文公大布之衣，大帛之冠。"唐杜預注："大布，粗布。"《漢書·外戚傳下》："皇后乃上疏曰：'妾誇布服，糲食……'"唐顏師古注引三國孟康曰："誇，大也。大布之衣也。"晋陶潛《雜詩》之八："禦冬足大布，粗絺以應陽。"宋蘇軾《和董傳留別》："粗繒大布裹生涯，腹有詩書氣自華。"明張岱《夜航船·衣裳》："晋國苦奢，文公儉矯之，乃衣不重帛，食不兼肉。未幾時，國人皆大布之衣，脫粟之飯。"

【誇布】

即大布[1]。此稱漢代已行用。見該文。

生麻布

麻布的一種。用生麻纖維織成，較粗硬。此稱明代已行用。明張岱《夜航船·衣服》："紅莧菜煮生麻布，則色白如苧。"《顏元集》："婦人大袖長裙。大袖用極粗生麻布爲之，其長至膝，袖長一尺二寸。"宋林靈真《靈寶領教濟度金書》："切不宜著生麻布。七七追修，百日除几筵，心喪三年，不受人之請赴。"

粗麻布

麻布的一種。其質較粗疏。多用作素服。此稱明代已行用。《二刻拍案驚奇》卷七："我如今只要拿一匹粗麻布，做件衰衣，與他家小厮穿了，叫他竟到莫家去做孝子。"清顏元《禮文手鈔·喪禮》："麻葛爲家常易得之物，故喪服用粗麻布，練用稍粗熟麻布。"

女布

亦稱"女子布"。精細麻布。因多出巧女之手而得名。此稱漢代已行用。《後漢書·王符傳》："今京師貴戚……且其徒御僕妾，皆服文組彩牒，錦繡綺紈，葛子升越，筒中女布。"唐李賢注："盛弘之《荊州記》曰：'秭歸縣室多幽閑，其女盡織布至數十升。'今永州俗猶呼貢布爲女子布也。"

【女子布】

即女布。此稱唐代已行用。見該文。

緦

細而稀疏的麻布。製作喪服用。凡疏遠的親屬服緦麻布。《説文·糸部》："緦，十五升抽其半布也。"清段玉裁注："朝服用十五升，其布密。緦用其半，其布疏。謂之緦者，鄭曰：'治其縷細如絲也。'"《釋名·釋喪制》："緦，絲也，積麻細如絲也。"此稱先秦時期已行用。《周禮·天官·典枲》："掌布、緦、縷、紵之麻草之物，以待時頒功而授齎。"漢鄭玄注："緦，十五升布抽其半者"。《儀禮·喪服》："傳曰：緦者，十五升抽其半，有事其縷，無事其布，曰緦。"漢鄭玄注："謂之緦者，治其縷，細如絲也。"南朝梁何佟之《毀墓服議》："改葬服緦，見柩不可無服故也。"《資治通鑑·晋穆帝永和十二年》："帝及群臣皆服緦，臨於太極殿三日。"

【緦】

即繐。亦稱"緦布"。此稱漢代已行用。《説文·糸部》:"緦,細疏布也。"《儀禮·喪服》傳曰:"緦衰者何?以小功之緦也。"漢鄭玄注:"凡面細而疏者謂之緦。"《禮記·檀弓上》:"給衰當裳。"唐孔穎達疏:"疏葛爲衰,緦布爲裳。"唐李賀《漢唐姬飲酒歌》:"無處張緦帷,如何望松柏。"

【緦布】

即緦。此稱唐代已行用。見該文。

【稅】

即緦。同"緦"。此稱先秦時期已行用。《左傳·襄公二十七年》:"公喪之,如稅服,終身。"唐杜預注:"稅,即緦也。喪服緦繅裳,緦細而希。"

菲緦

緦布的一種。此稱先秦時期已行用。《荀子·禮論》:"卑絻、黼黻、文織、資粗、衰絰、菲緦、菅屨,是吉凶憂愉之情發於衣服者也。"

鄧緦

緦布的一種。漢代南明陽郡鄧氏織造。此稱漢代已行用。《儀禮·喪服》:"傳曰:'緦衰者何?以小功之緦也。'"漢鄭玄注:"凡布細而疏者謂之緦。今南陽有鄧緦。"唐孔穎達疏:"今南陽有鄧緦者,謂漢時南陽郡鄧氏造布,有名緦。此者證凡布細而疏即是緦之義。"

象布

麻布的一種。産於廣西觸處。此稱宋代已行用。宋周去非《嶺外代答》卷六:"廣西觸處富有苧麻。觸處善織布,柳布、象布,商人貿遷而聞於四方者也。"

夏布

用苧麻以純手工紡織而成的平紋布、羅紋布。在棉布廣泛使用之前,除却絲織品,夏布一直是我國人民服裝衣料的主要來源。因其透氣、輕薄的特性,適合製作夏衣,從而稱爲夏布。爲我國特産,多産於湖南、江西、廣東、四川等地。此稱元代已行用。《元史·英宗紀一》:"給通、潯二州蒙古户夏布。"《孽海花》第四回:"公坊披著件夏布小衫,趿著鞋在卧室裏懶懶散散的迎出來。"《醒世姻緣傳》第七四回:"就是小玉蘭的床上,也有一頂夏布帳幔。"清李調元《南越筆記》卷五:"史稱粤多果布之湊,然亦夏布,若蕉葛苧麻之屬耳。"周而復《上海的早晨》第一部三六:"譚招弟馬上走到床邊坐下,把那頂灰黑灰黑的夏布帳子吊高一點。"

白夏布

夏布的一種。色白。此稱明代已行用。《金瓶梅詞話》第三回:"西門慶睜眼看著那婦人:雲鬢叠翠,粉面生春。上穿白夏布衫兒,桃紅裙子藍比甲,正在房裏做衣服。"《儒林外傳》第一二回:"敲門進去,權勿用穿著一身白,頭上戴著高白夏布孝帽。"

黑夏布

夏布的一種。其質色黑。此稱清代已行用。《二十年目睹之怪現狀》第三三回:"只見裏面一個濃眉大眼的黑面肥胖婦人,穿著一件黑夏布小衣。"

青夏布

夏布的一種。其質色青。此稱明代已行用。《醒世姻緣傳》第一九回:"到第二日,買了一匹洗白夏布,一匹青夏布,四匹藍梭布,兩匹毛青布。"又第九二回："穿著汗塌透的衫褲，青夏布上雪白的鋪著一層蟻虱；床上齷齷齪齪，差不多些成了狗窩。"

藍夏布

夏布的一種。其質色藍。此稱明代已行用。《醒世姻緣傳》第二九回："待一兩日新貨到了，送師傅兩匹藍夏布做道衣，還涼快些。"《二十年目睹之怪現狀》第三九回："蓬著頭，赤著腳，鞋襪都沒有，一件藍夏布袴子，也扯破了。"

多羅麻

一種朱黃色的細麻布。此稱清代已行用。《二十年目睹之怪現狀》第三九回："蓬著頭，赤著腳，鞋襪都沒有……只穿得一件破多羅麻的短衫。"

麤布

粗麻布。此稱秦代已行用。《呂氏春秋·貴生》："顏闔守閭，麤布之衣，而自飯牛。"許維遹集釋引清洪頤煊曰："麤，即'粗'之字之省。"按，"麤布"，《莊子·讓王》作"苴布"。

【苴布】

即麤布。麻布的一種，爲子麻所織。此稱先秦時期已行用。《莊子·讓王》："顏闔守陋閭，苴布之衣，而自飯牛。"漢賈誼《新書·先醒》："於是革心易行，衣苴布，食艷餕，晝學道而夕講之。"

榻布

亦作"荅布"。粗質厚重之麻布。一說榻布爲"都布""白疊"。此稱漢代已行用。《史記·貨殖列傳》："榻布皮革千石。"南朝裴駰集解引《漢書音義》曰："榻布，白疊也。"唐司馬貞索隱："荅布……案：以爲粗厚之布，與皮革同以

石而秤，非白疊布也。《吳錄》云：'有九真郡布，名曰白疊。'《廣志》云，'疊，毛織也'。"唐張守節正義引唐顏師古曰：'粗厚之布也。其價賤，故與皮革同重耳，非白疊也。荅者，厚之貌也。案：白疊，木綿所織，非中國有也。"《漢書·貨殖列傳》："荅布皮革千石。"唐顏師古注引三國孟康曰："荅布，白疊也。師古曰：'粗厚之布也，其價賤，故與皮革同其量耳，非白疊也。荅者，厚重之貌，而爲榻者，讀者妄爲榻音，非也。"《後漢書·馬援傳》："〔公孫述〕更爲援制都布單衣。"唐李賢注："《東觀記》〔曰〕'都'作'荅'。《史記》曰：'荅布千匹。'《前書音義》曰：'荅布，白疊布也。'"

【荅布】

同"榻布"。此體漢代已行用。見該文。

納布

亦作"衲布"。粗麻布的一種。納，通"衲"。此稱南北朝時期代已行用。《宋書·徐湛之傳》："初，高祖微時，貧陋過甚，嘗自往新洲伐荻，有納布衫襖等衣，皆敬皇后手自作。"《資治通鑑·宋文帝元嘉十七年》引此文，胡三省注曰："納，與衲同。"唐金地藏《酬惠米詩》："棄却金鑾衲布衣，修身浮海到華西。"

【衲布】

同"納布"。此體唐代已行用。見該文。

疏惡布

劣質麻布。以質地稀疏、粗糙而得名。此稱明代已行用。明宋應星《天工開物·乃粒·麻》："火麻子粒壓油無多，皮爲疏惡布，其值幾何？"

葛[1]

粗布的一種。一說葛或爲"褐"。此稱先秦

時期已行用。《穀梁傳·昭公八年》："置旃以爲
轅門，以葛覆質以爲槷。"晋范寧注："葛或爲
褐。"

葛布[1]

用葛的纖維製成的布。質地稀疏透風，多
做夏裝用。此稱漢代已行用。《儀禮·聘禮》：
"寒暑之服，冬則裘，夏則葛。"漢趙曄《吳越
春秋·勾踐歸國外傳》："越王乃使大夫種索葛
布十萬，甘蜜九甔，文笥七枚，狐皮五雙，晋
竹十廋，以復封禮。"漢袁康《越絕書·外傳
記越地傳》："使越女織治葛布，獻於吳王夫
差。"《漢書·江都易王劉非傳》："餂王閩侯亦
遺建荃、葛。"唐顏師古注："葛即今之葛布
也。"《新唐書·地理志六》："普州安嶽郡……
土貢：雙紃、葛布、柑、天門冬煎。"明張岱
《夜航船·衣冠》："葛巾，葛布冠也，居士野人
所服。"清龔自珍《農宗》："米斗直葛布匹，絹
三之，木棉之布視絹，皆不得以濟泉貨。"

【葛】[2]

即葛布。此稱先秦時期已行用。《公羊
傳·桓公八年》："冬不裘，夏不葛。"漢何休
注："裘葛者，禦寒暑之美服。"《莊子·讓王》：
"冬日衣皮毛，夏日衣葛絺。"《漢書·江都易王
劉非傳》："餂王閩侯亦遺建荃、葛。"唐顏師古
注："葛，即今之葛布也。"唐韓愈《送石處士
序》："先生居嵩、邙、瀍、穀之間，冬一裘，
夏一葛，食朝夕，飯一盂，蔬一盤。"清夏炘
《學禮管釋·釋喪服昆弟兄弟》："大夫有私喪之
葛，則於其兄弟之輕喪則弁絰，指小功以下言
之。"

葛子

省稱"葛"。細蕉布。此稱漢代已行用。《後

漢書·王符傳》："且其徒御僕妾，皆服文組彩
牒，錦綉綺紈，葛子升越，筒中女布。"唐李
賢注："子，細稱也。南朝宋沈懷遠《南越志》
曰：'蕉布之品有三，有蕉布，有竹子布，又有
葛焉。雖精粗之殊，皆同出而異名。'"

【葛】[3]

"葛子"之省稱。此稱南北朝時期已行用。
見該文。

葛越

亦稱"葛布""草布"。用葛或草木纖維
織成的一種布。宜製夏服。此稱漢代已行用。
《書·禹貢》："島夷卉服。"漢孔安國傳："南
海島夷，草服葛越。"唐孔穎達疏："葛越，南
方布名，用葛爲之。"《資治通鑑·漢獻帝建安
四年》："且以珠寶，葛越賂勖。"元胡三省注：
"《文選》注曰：'葛越，草布也。'今葛布謂之
葛越。"清唐孫華《東山即事》詩之一："晚涼
欲試蒲葵扇，暑汗頻嫌葛越衫。"

【葛布】[2]

即葛越。此稱元代已行用。見該文。

【草布】

即葛越。此稱元代已行用。見該文。

【越葛】

即葛越。此稱南北朝時期已行用。北魏楊
衒之《洛陽伽藍記》："綉纈、紬綾、絲彩、越
葛、錢絹等，不可數計。"

【葛】[4]

"葛越"之省稱。《資治通鑑·陳宣帝太建
九年》："九月，戊寅，周制'庶人已上，唯聽
衣綢、綿綢、絲布、圓綾、紗、絹、綃、葛、
布等九種，餘悉禁之。"元胡三省注："葛，葛
越，宜夏服。"

白葛

葛布的一種。呈白色。此稱唐代已行用。唐杜甫《送段功曹歸廣州》詩："交趾丹砂重，韶州白葛輕。"唐譚用之《貽費道人》記："誰如南浦傲烟霞，白葛衣輕稱帽紗。"宋蘇軾《病中游祖塔院》詩："紫李黃瓜村路香，烏紗白葛道衣涼。"宋陸游《春盡遺懷》詩："青饑旋搗通鄰好，白葛新裁製暑衣。"

烏葛

葛布的一種。呈黑色。此稱元代已行用。元白珽《酒邊贈朱處士》詩："烏葛唐巾白苧裘，掃庭終夕共淹留。"元王冕《竹齋集》："勾鐮插腰背負薪，白頭半岸烏葛巾。喜渠胸次無經綸，白石爛煮空山春。"

緋葛

葛布的一種。呈紅色。此稱唐代已行用。《新唐書·地理志五》："申州義陽郡……土貢：緋葛、紵布、貲布、茶、蚱蟲。"

細葛布

省稱"細葛"。葛布的一種。其質較細。此稱唐代已行用。唐杜甫《端午日賜衣》詩："細葛含風軟，香羅叠雪輕。"唐慧琳等《一切經音義》卷五九："綌，音七泉反，細葛布也。"《新唐書·地理志六》："陵州仁壽郡……土貢：麩金、鵝溪絹、細葛、續髓、苦藥。"

【細葛】[1]

即細葛布。此稱唐代已行用。見該文。

絲葛

葛布的一種。此稱唐代已行用。《新唐書·地理志五》："蘇州吳郡……土貢：絲葛、絲綿、八蠶絲、緋綾、布、白角簟、草席。"又："吉州廬陵郡……土貢：絲葛、紵布、陟

厘、斑竹。"宋趙彥衛《雲麓漫鈔》卷三："證聖二年則天臨朝，以絲葛爲之，以賜百官，呼爲'武家樣'；又有高頭巾子，亦呼爲'武家諸王樣巾子'。"

纖葛

亦稱"纖綌"。細葛布的一種。此稱唐代已行用。唐柳宗元《饒娥碑》："纖葛絺綌。"明何景明《西郊秋興》詩之八："西風怯纖綌，細雨戀重裯。"清曹寅《六月十日竹村大理南洲修勿莽徵君過訪真州寓樓有作》詩："纖綌不堪禦，六月滄江湄。"

【纖綌】

即纖葛。此稱明代已行用。見該文。

女兒葛

細葛布的一種。因多出自巧女之手而得名。產於廣東雷城一帶。質地精細，捲起可入筆管。但日曬則縐，水浸則縮，貴而不實用。舊時織者多爲未婚女子。參閱清屈大均《廣東新語·貨語·葛布》。

羝翅

亦作"羝廷"。細葛布的一種。此稱明代已行用。明方以智《通雅》卷三七："羝翅，細葛也。見《通俗文》。"《太平御覽》卷八一九："《通俗文》曰：細葛謂之羝廷。"

【羝廷】

同"羝翅"。此體漢代已行用。見該文。

練

粗絲或粗葛織成之布。質地稀疏，略似苧布。《説文新附·糸部》："練，布屬。"此稱晉代已行用。《晉書·王導傳》："時帑藏空竭，庫中惟有練數千端。"《南史·任昉傳》："西華冬月著葛帔練裙，道逢平原劉孝標，泫然衿之。"

宋周邦彥《齊天樂·秋思》詞："尚有練囊，露螢清夜照書卷。"宋陸游《幽居》詩："薄飯頻蒩韭，單衣旋製練。"

【疏】

同"練"。此體漢代已行用。《後漢書·逸民傳》："初，良五女並賢，每有求姻，輒便許嫁，疏裳布被，竹笥木屐以遣之。"

【練布】

即練。此稱晉代已行用。《晉書·王導傳》："導患之，乃與朝賢俱製練布單衣，於是士人翕然競服之，練遂踊貴。"宋陸游《出近村晚歸》詩："松枝代如意，練布製單衣。"宋洪邁《夷堅甲志·蔣寧祖》："既受命，即丐致仕，自是不御朝衣，常著練布道服。"

【練子】

即練。此稱宋代已行用。宋范成大《桂海虞衡志·志器》："練子，出兩江州峒，大略似苧布，有花紋者謂之花練，士人亦自貴重。"

花練

織有花紋之練。細布的一種，練布類。以質地織有花紋而得名。此稱南北朝時期已行用。《陳書·姚察傳》："察自居顯要……嘗有私門生不敢厚餉，止送南布一端，花練一匹。"按，"花練"本或作"花綀"，今據中華書局校點本改。宋范成大《桂海虞衡志·志器》："練子出兩江州峒，大略似苧布，有花紋者謂之花練，士人亦自貴重。"明朱謀㙔《駢雅·釋服食》："服瑣、緰貲、黃潤、升越、花練，細布也。"

蒲練

用蒲草纖維織成的粗布織物。此稱南北朝時期已行用。《南史·姚察傳》："察自居顯要一不交通。嘗有私門生不敢厚餉，止送南布一端，

花練一匹。察謂曰：'吾所衣著，止是麻布蒲練，此物於吾無用。既欲相款接，幸不煩爾。'此人遜請，猶冀受納，察厲色驅出。"

絺

亦稱"細葛"。精細的葛布。用葛纖維織成，多供夏天穿用。《說文·糸部》："絺，細葛也。"《小爾雅·廣服》："葛之精者曰絺。"此稱先秦時期已行用。《書·禹貢》："厥貢漆絺。"漢孔安國傳："絺，細葛。"《詩·周南·葛覃》："爲絺爲綌，服之無斁。"漢毛亨傳："精曰絺，粗曰綌。"《國語·越語上》："賈人夏則資皮，冬則資絺。"《莊子·讓王》："余立於宇宙之中，冬日衣皮毛，夏日衣葛絺。"《史記·五帝本紀》："堯乃賜舜絺衣。"唐張守節正義："絺，敕遲反，細葛布衣也。"《漢書·高帝紀下》："賈人毋得衣錦、綉、綺、縠、絺、紵、罽，操兵，乘騎馬。"唐顏師古注："絺，細葛也。"唐李紳《聞里謠效古歌》："冬有襤褕夏有絺，兄鋤弟耨妻在機。"清紀昀《閱微草堂筆記·如是我聞四》："老儒故善治生，冬不裘，夏不絺，食不肴，飲不舜，妻子不宿飽。"

【細葛】[2]

即絺。此稱漢代已行用。見該文。

【希】

同"絺"。此體先秦時期已行用。《周禮·春官·司服》："祭社稷、五祀則希冕。"漢鄭玄注："希，讀爲絺。"唐陸德明釋文："希，本又作絺。"

【絺素】

即絺。細白葛布。此稱漢代已行用。漢趙曄《吳越春秋·勾踐歸國外傳》："今我采葛以作絲，女工織兮不敢遲，弱於羅兮輕霏霏，號

絺素兮將獻之。”清弘曆《靈岩雜咏再疊沈德潛韻八首其七采香徑》：“句踐用心苦，陰謀藏弗露。采葛不連蔓，作絲織絺素。”

【絺葛】

即絺。亦指葛布衣。此稱先秦時期已行用。《周禮·地官·泉府》：“凡民之貸者……以國服爲之息。”鄭玄注引漢鄭司農曰：“假令其國出綫絮，則以絲絮償，其國出絺葛，則以絺葛償。”唐柳宗元《饒娥碑》：“治絺葛，供女事修整，鄉閭敬式。”宋黃庭堅《再和答爲之》：“君勿嘲廣文，沍寒被絺葛。”

【絺綌】

即絺。此稱先秦時期已行用。《書·禹貢》：“厥貢漆、枲、絺綌。”《穆天子傳》卷五：“〔天子〕賜之駿馬十六，絺綌三十篋。”晋郭璞注：“絺綌，葛精者。”唐陸贄《請減京東水運收脚價於緣邊州鎮儲蓄軍糧事宜狀》：“每至和糴之時，多支絺綌充直，窮邊寒沍，不任衣裘，絶野蕭條，無所貨鬻。”唐柳宗元《饒娥碑》：“纖葛絺綌。”

絺布

麻布和葛布的合稱。此稱漢代已行用。《儀禮·士虞禮》：“冪用絺布。”漢鄭玄注：“絺布，葛屬。”唐孔穎達疏：“‘絺布，葛屬’者，絺綌以葛爲之，布則以麻爲之。今絺布並言，則此麻葛雜，故有兩號，是以鄭云‘葛屬’也。”

絺綌

細葛布與粗葛布。引申指葛服。此稱先秦時期已行用。《論語·鄉黨》：“當暑，袗絺綌，必表而出之。”三國何晏集解：“孔曰：‘暑則單服。絺綌，葛也。’”《周禮·地官·掌葛》：“掌葛，掌以時徵絺綌之材於山農。”晋陶潛《自祭文》：“簞瓢屢罄，絺綌冬陳。”

【絺紘】

同“絺綌”。此體漢代已行用。《韓詩外傳》卷一：“吾北鄙之人也，將南之楚，於此有絺紘五兩，吾不敢以當子峰，敢置之水浦。”《舊唐書·后妃傳上·玄宗貞順皇后武氏》：“法度在己，靡資珩珮，躬儉化人，率先絺紘。”

【綌絺】

即絺綌。此稱清代已行用。清孫枝蔚《苦雨》詩：“綌絺雖賤人不買，鸜鵒將典吾須審。”王毓岱《乙卯自述一百四十韻》：“蠶熟温綿帛，軀便綌絺。”

絺纊

葛布與絲綿。亦指夏衣與冬衣。此稱唐代已行用。唐張説《登九臺是樊姬墓》詩：“《詩》《書》將變俗，絺纊忽彌年。”唐張説《張燕公集》卷二一：“非手樹桑麻，不以薦絺纊。年逾一紀，勤不知勞，既極安親之心，方展事君之節。”

縐絺

省稱“縐”。絺布的一種。其質比絺更細。《説文·糸部》：“縐，絺之細也。”此稱漢代已行用。《詩·鄘風·君子偕老》：“蒙彼縐絺，是紲袢也。”漢毛亨傳：“絺之靡者爲縐。”唐孔穎達疏：“絺者，以葛爲之……其精尤細靡者縐也。”高亨注：“縐、絺，都是細葛布。縐比絺更細。”宋葉適《張氏東園送王茶父得殿字》詩：“楚熱宜縐絺，峽漲難短牽。”

【縐】[3]

“縐絺”之省稱。此稱漢代已行用。見該文。

纖絺

絺布的一種。其質輕細。此稱晋代已行用。

晋潘岳《秋興賦》："於是乃屏輕簟，釋纖絺。"唐杜甫《大雨》詩："執熱乃沸鼎，纖絺成緼袍。"明楊慎《彩扇賦》："纖絺在御，輕羽重尋。"清金農《題青林溝所居》詩："鮮花活水山中路，輕簟纖絺林下風。"

綌

精葛布。《説文·糸部》："綌，粗葛也。"《小爾雅·廣服》："葛之精者曰絺，粗者曰綌。"此稱先秦時期已行用。《詩·周南·葛覃》："爲絺爲綌，服之無斁。"漢毛亨傳："精曰絺，粗曰綌。"《儀禮·士昏禮》："綌冪。"漢鄭玄注："綌，粗葛。"《禮記·玉藻》："浴用二巾，上絺下綌。"《韓詩外傳》卷一："〔孔子〕抽絺綌五兩以授子貢。"宋范成大《吴船録》卷上："以卯初登山，至此已申後，初衣暑綌，漸高漸寒，到四十八盤，則驟寒。"清姚鼐《賈生明申商論》："冬必裘而夏必綌者，時也。"清厲荃《事物異名録》卷二五引《財貨源流》："絺、綌皆葛爲之，精曰絺，粗曰綌。"

蕉布

用芭蕉纖維織的布。多產於江浙兩廣一帶。此稱南北朝時期已行用。《後漢書·王符傳》："葛子升越，筒中女布。"唐李賢注引南朝宋沈懷遠《南越志》："蕉布之品有三：有蕉布，有竹子布，又有葛焉。雖精粗之殊，皆同出而異名。"清李調元《南越筆記》卷五："蕉類不一，其可爲蕉布者曰蕉麻，山生成或田種。"清屈大均《廣東新語·貨語葛布》："廣人頗重蕉布，出高要，寶查廣利等村者尤養。"

【蕉葛】

即蕉布。此稱晋代已行用。晋嵇含《南方草木狀·甘蕉》："一種大如藕，子長六七寸，形正方，少甘，最下也，其莖解散如絲，以灰練之，可紡織爲絺綌，謂之蕉葛。"北魏賈思勰《齊民要術》卷一〇引晋郭義恭《廣志》："芭蕉，一名芭菹，或曰甘蕉。其莖解散如絲，織以爲葛，謂之蕉葛。"

玄色芭蕉布

蕉布的一種。其質呈黑色。此稱明代已行用。《金瓶梅詞話》第二五回："只少兩匹玄色芭蕉布和大紅紗蟒衣，一地裏拿銀子尋不出來。"

筒中蕉

蕉布的一種。以其捲作竹筒形而得名。此稱五代時期已行用。《舊五代史·梁書·太祖紀六》："安南兩使留後曲美進筒中蕉五百匹，龍腦、鬱金各五瓶，他海貨等有差。"

交阯葛

古代交阯一帶所產的芭蕉布。交阯，同"交趾"，古地名，泛指今五嶺以南；一説指今長江下游一帶。漢置交趾郡，轄境相當今廣東、廣西大部和越南的北部、中部。此稱清代已行用。清王初桐《奩史》卷四〇引《異物志》："芭蕉葉煮之爲絲，女工紡織成布，今交阯葛也。"

紵

用苧麻爲原料織成的布。《説文·糸部》："紵，麻屬。細者爲絟，布白而細曰紵。"此稱先秦時期已行用。《周禮·天官·典枲》："典枲，掌布緦縷紵之麻草之物，以待時頒功受齎。"漢鄭玄注："白而細疏曰紵。"《史記·司馬相如列傳》："於是鄭女曼姬，被阿錫，揄紵縞。"唐張守節正義："顏云：'紵，織紵也。'"《漢書·高帝紀下》："賈人毋得衣錦、綉、綺、縠、絺、絞、矙，操兵，乘騎馬。”唐顔師古注：“絞，織絞爲布及疏也。”漢劉安《淮南子·説林訓》：“布之新，不如絞；絞之獘不如布。”

【苧】[1]

同“絞”。此體宋代已行用。宋蘇頌《蜀本圖經》云：“樹生，高四尺，葉似苧，花黄，實殼如蜀葵，子黑。”明張岱《夜航船·衣服》：“紅莧菜煮生麻布，則色白如苧。”

【緒】

同“絞”。此體漢代已行用。《文選·任昉〈齊竟陵文宣王行狀〉》：“華衮與緼緒同歸，山藻與蓬茨俱逸。”唐李善注：“《韓詩》子路曰：‘曾子褐衣緼未嘗完。’”按，今本《韓詩外傳》卷二作“緒”。

【緒】

同“絞”。此體清代已行用。清吳任臣《字彙補·系部》：“緒，與絞同。白絞也。”

【絞布】

即絞。亦作“苧布”。亦稱“絨”。《廣韻·入聲月》：“絨，絞布。”《禮記·喪服大記》：“絺、綌、絞不入。”唐孔穎達疏：“絞是絞布。”此稱南北朝時期已行用。《南史·夷貊傳上·林邑國》：“古貝者，樹名也，其華成時如鵝毛，抽其緒紡之以作布，布與絞布不殊。”《新唐書·地理志五》：“吉州廬陵郡……土貢：絲葛、絞布、陟厘、斑竹。”宋范成大《桂海虞衡志·志器》：“練子，出雷江州峒，大略似苧布。”

【絨】

即絞。此稱宋代已行用。見該文。

【苧布】

同“絞布”。此體宋代已行用。見該文。

白絞布

亦作“白苧布”。亦稱“白絞”。絞布的一種。其質細而潔白。此稱唐代已行用。唐元稹有《冬白絞歌》。《新唐書·地理志四》：“開州盛山郡……土貢：白絞布、柑、芣莒寶。”宋王禹偁《寄碭山主簿朱九齡》詩：“閑思蓬島會神仙，三百同學最少年。利市襯衫拋白絞，風流名紙寫綾箋。”《金瓶梅詞話》第一四回：“李瓶兒打聽是潘金蓮生日，未曾過子虛五七，就賣禮坐轎子，穿白綾襖兒，藍織金裙，白苧布鬏髻，珠子箍兒，一來與金蓮做生日。”清俞兆晟《吳宮曲》：“自裁白絞六銖衣，回雪流風侍君側。”

【白絞】

即白絞布。此稱唐代已行用。見該文。

【白苧布】

同“白絞布”。此體明代已行用。見該文。

【白苧】

即白絞布。同“白絞”。此稱元代已行用。元白珽《酒邊贈朱處士》詩：“烏葛唐巾白苧裘，掃庭終夕共淹留。”《大明會典》卷四二：“白苧布三萬匹、准小麥二萬一千石。”

【雪絞】

“白絞布”之美稱。因其質白似雪而得名。此稱唐代已行用。唐元稹《冬白絞歌》：“西施自舞王自管，雪絞翻翻鶴翎散，促節牽繁舞腰懶。”《金瓶梅詞語》第七一回：“於是拿帖來，宛紅帖兒，上寫著：謹具金段一端，雪絞一端，鮮猪一口，北羊一腔，内酒二罈，點心二盒。”

玄絞

絞布的一種。呈黑色。此稱明代已行用。《醒世姻緣傳》第七〇回：“他是個做貂鼠的匠人，連年貂鼠甚貴，他凡做帽套，揀那貂鼠的脊梁至美的所在，偷大指闊的一條，積的多了，拼成帽套，用玄紵吊了裏，人只看外面毛深色紫，誰知裏邊是千補萬納的碎皮，成二三十兩的賣銀，漸漸的也成了家事。"《三刻拍案驚奇》第五回："姊妹正在那邊做針指，見一個先蓋進來：玄紵巾垂玉結，白紗襪襯紅鞋。"

大紅官紵

官府織造的一種紵布。以色大紅而得名。此稱明代已行用。《金瓶梅詞話》第六三回："應伯爵與溫秀才相陪，鋪大紅官紵題旌。"

高紵布

紵布的一種。此稱宋代已行用。《宋史・地理志五》："〔成都府〕貢花羅、錦、高紵布、牋紙。"宋趙與時《賓退錄》卷一〇："白紵布一百六十五匹，高紵布一十匹，細紵二十匹，斑布一十匹。"

京紵

京城出產的一種紵布。此稱明代已行用。《醒世姻緣傳》第七二回："〔周龍皋〕頭戴倭段龍王帽，身穿京紵土地袍。"

徽紵

古代荊州、揚州之間出產的一種紵布。《小爾雅・廣服》："麻、苧、葛曰布。"清葛其仁疏證："紵，荊、揚之間謂之徽紵。"此稱三國時期已行用。清厲荃《事物異名錄》卷二五引三國吳陸璣《詩疏》："苧亦麻也，剝取皮以竹刮其表，得裏韌如筋者，煮之用緝布，謂之徽紵。"

三梭布

苧布的一種。產於江蘇松江。其質細密，幅寬。織造時須三人運梭而得名。此稱明代已行用。明鄭瑄《昨非庵日纂》卷九："嘗聞尚衣縫人云：'上近體衣，俱松江三梭布所製。'本朝家法如此。大廟紅紵絲拜裯，玄脚處乃紅布，其品節又如此。今富貴家佻達子弟，乃有以紵絲綾緞爲昆者，其暴殄過分，亦已甚矣。"《金瓶梅詞話》第七回："好三梭布，也有三二伯筒。"白維國等校注："三梭布：明代松江所產的細密棉布。幅寬，織造時三人運梭而得名。"明陸容《菽園雜記》卷一："嘗聞尚衣縫人云，上近體衣，俱松江三梭布所製。"

竹疏布 [1]

亦作"竹練布"。亦稱"竹布"。以竹子纖維爲原料的布。此稱晉代已行用。晉嵇含《南方草木狀・篁竹》："篁竹，葉疏而大，一節相去六七尺，出九真。彼人取嫩者硾浸紡織爲布，謂之竹疏布。"疏，一本作"練"。《新唐書・地理志七上》："韶州始興郡……土貢竹布、鍾乳、石斛。"

【竹練布】

同"竹疏布 [1]"。此體晉代已行用。見該文。

【竹布】 [1]

即竹疏布 [1]。此稱唐代已行用。見該文。

竹子布

用嫩竹或蕉麻纖維織成的布。此稱唐代已行用。《後漢書・王符傳》："葛子升越，筒中女布。"唐李賢注："沈懷遠《南越志》曰：蕉布之品有三：有蕉布，有竹子布，又有葛焉。雖精粗之殊，皆同出而異名。"

火浣布

用石棉織造的布。今稱"石棉布"。以用火燃法除垢，垢落如浣，故名。古人不明石棉之性，誤以爲其爲用草木皮或火鼠毛織成。《列子·湯問》："周穆王大征西戎，西戎獻錕鋙之劍，火浣之布。……火浣之布，浣之必投於火，布則火色，垢則布色；出火而振之，皓然疑乎雪。"此稱漢代已行用。《後漢書·西域傳》："作黃金塗、火浣布……凡外國諸珍異皆出焉。"舊題漢東方朔《海内十洲記·炎洲》："炎洲，在南海中……有火林山，山中有火光獸，大如鼠，毛長三四寸，或赤或白……取其獸毛，以緝爲布，時爲號爲火浣布。"晋張勃《吴錄》："日南比景縣有火鼠，取毛爲布，燒之而精，名火浣布。"晋張華《博物志》卷二："《周書》曰：西域獻火浣布，昆吾氏獻切玉刀。火浣布污則燒之，則潔，刀切玉如脂布。"宋蔡絛《鐵圍山叢談》卷五："及哲家朝，始得火浣布七寸……大抵若今之木棉布。色微青黌，投之火中則潔白，非鼠毛也。"明張岱《夜航船·珍寶》："火浣布。外國有火林山，山中有火光，獸大如鼠……外國人取其獸毛織布，衣服垢穢，以火燒之，垢落如浣，故滑之火浣布。"《金瓶梅詞話》第五五回："火浣布二十匹。"

【火澣布】

同"火浣布"。此體漢代已行用。《山海經》："火山國，其山雖霖，雨火常燃，火中白鼠，時出山邊求食，人捕得之，以毛作布，名火澣布。"晋干寶《搜神記》卷一三："山（炎火之山）上有鳥獸之草木，皆生育滋長於炎火之中，故有火澣布。非此山草木皮枲，則其鳥獸之毛也。"

【火浣】

"火浣布"之省稱。此稱先秦時期已行用。《列子·湯問》："周穆王大舉征伐西戎，西戎人進獻錕鋙劍，火浣之布。"清杜文瀾《古謠諺·猺人爲猺女韠雲娘諺》："鳳裘無冬，蝶綃無夏。"注："蝶綃，冰蠶所珥，織作蝶紋，輕逾火浣，服之辟暑。"

【火毳】

即火浣布。此稱漢代已行用。《後漢書·南蠻西南夷傳》："又其寶嫁火毳、馴禽封獸之賦，軿積於内府。"唐李賢注："火毳、即火浣布也。……《神異經》曰：'南方有火山，長四十里，廣四五里。生不燼之木，晝夜火燃，得烈風不猛，暴雨不滅。火中有鼠，重百斤，毛長二尺餘，細如絲，恒居火中，時時出外，而色白，以水逐沃之即死。績其毛，織以作布。用之若污，以火燒之，則清潔也。'《傅子》曰：'長老説漢桓時，梁冀作火浣布單衣，會賓客，行酒公卿朝臣前，佯争酒失杯而污之，冀僞怒，解衣而燒之，布得火，爆然而熾，如燒凡布。垢盡火滅，粲然潔白，如水澣'也。"唐張説《開元正曆頌》："織皮火毳，蠍炎山，污熱海，向風來王。"

【火布】

即火浣布。此稱南北朝時期已行用。《宋書·夷蠻傳論》："通犀、翠羽之珍，蛇珠、火布之異。"北齊顔之推《顔氏家訓·歸心》："漢武不信弦膠，魏文不信火布。"唐元稹《送嶺南崔侍御》詩："火布垢塵須火浣，木綿温軟當綿衣。"

【火鼠布】

即火浣布。此稱南北朝時期已行用。南北朝徐陵《玉臺新咏箋注》："西域有火鼠布。"唐徐堅《初學記》卷二九引晋束皙《發蒙記》："西域有火鼠之布，東海有不灰之木。"明陶宗儀《南村輟耕録·鎖鎖》："回紇野馬川有木曰鎖鎖，燒之，其火經年不滅，且不作灰。彼處女取根製帽，入火不焚，如火鼠布云。"

【鼠布】

即火浣布。"火鼠布"之省稱。此稱南北朝時期已行用。南朝梁劉孝威《謝東宮賚炭啓》："爐生烽烟，室滿紅光，雉裘八而識奢，鼠布焚而無污。"

春蕪布

亦稱"香荃布"。用香荃草纖維織成的布。此稱漢代已行用。漢郭憲《漢武帝別國洞冥記》："弋國獻神精香草，亦名荃糜，一名春蕪。一根百條，其間如竹節柔軟，其皮如絲，可爲布，所謂春蕪布，亦名香荃布，堅密如冰紈也。"

【香荃布】

即春蕪布。此稱漢代已行用。見該文。

冬布

製作冬衣用的布。此稱明代已行用。《三寶太監西洋記通俗演義》第一八回："萬歲爺又傳出一道旨意，著兵部官點齊十萬雄兵，每名給賞夏絹四匹，冬布八匹，花銀十兩。"《明實録·太祖實録》："是月命兵部遣官給賜遼東軍士冬布三十四萬四千餘匹敵。"清李調元《南越筆記》卷五："冬布多至自吳楚，松江之梭布、咸寧之大布，估人絡繹而來，與綿花皆爲正貨。"

沾布

擦手用布。此稱清代已行用。清李伯元《官場現形記》第一回："當下忍著氣，不説別的，先拿過一條沾布，替兒子擦手，説要同他前面去見王鄉紳。"

桌布

一種或鋪或罩在桌子上用的布。此稱清代已行用。《海上塵天影》第四七回："場上設著一張大長桌，桌上白桌布毯，放了幾十副刀，又臺布、磁碟、鹽、醋、玻璃瓶、時鮮供花之類。"冰心《姑姑·三年》："中間一張小藤桌子，罩著細麻綉白花的桌布。"

茶布

吃茶時墊在腿上以防沾濕的布。此稱清代已行用。《老殘游記》第一〇回："子平靠窗臺甚近，璵姑取茶布與二人，大家静坐吃茶。"

堂布

亦稱"紛帨""帉帨"。擦拭用布。《禮記·内則》："左佩紛帨。"漢鄭玄注："紛帨，拭物之佩巾也。"唐陸德明釋文："紛，或作帉，同。"此稱清代已行用。《兒女英雄傳》第二八回："姑娘一看，只見方盤裏擺的是一條堂布手巾。"又："這塊堂布叫做紛，乾著用擦傢伙的。"

【紛帨】

即堂布。此稱漢代已行用。見該文。

【帉帨】

即堂布。此體唐代已行用。見該文。

抹布

亦稱"帨""水布"。擦拭器物用布。《廣雅·釋器》："帨，巾也。"清王念孫疏證："巾者，所以覆物，亦所以拭物。"此稱明代已行用。《水滸傳》第二五回："預先燒下一鍋湯，煮著一條抹布。"《醒世姻緣傳》第九回："説話未了，天已漸明，晁夫人還打了個盹，方才起來，也没等晁梁料理，叫人將打就的杉木壽器抬到手邊，用水布擦洗乾净。"《兒女英雄傳》第二八回："這方粗布便叫作'帨'，濕了用洗傢伙的。"

【帨】

即抹布。此稱三國時期已行用。見該文。

【水布】

即抹布。此稱明代已行用。見該文。

梭布

家用木機所織之布。此稱清代已行用。清華廣生《白雪遺音·貨郎兒》："還有那，桃花宫粉胭脂片，軟翠花冠，紅綠梭布。"《清實録·順治朝實録》："銀盆一，銀桶一，緞一千匹，毛青梭布二千匹，馬二十匹，玲瓏鞍二十副。"

大梭布

寬幅梭布。此稱明代已行用。明陳羆齋《躍鯉記》第一〇折："那一日買一匹大梭布，我問他與那一個做衣服？也説與婆婆慶壽。"《醒世姻緣傳》第一三回："送你冰光細絲三十兩、十匹大梭布、兩匹綾機絲綢、六吊黄邊錢。"

藍梭布

藍色梭布。此稱明代已行用。《醒世姻緣傳》第一九回："到第二日，買了一匹洗白夏布，一匹青夏布，四匹藍梭布，兩匹毛青布。"

幉

裹嬰兒所用的布。此稱宋代已行用。《集韻·上獮》："幉，褓也。"清桂馥《説文解字義證·巾部》："幉，裹小兒之褓也。"

尺布

泛指一尺左右的布。此稱漢代已行用。《後漢書·東夷傳》："夏則裸袒，以尺布蔽其前後。"《重修臺灣府志》："那得盈寧畜妻子！鹿革爲衣不貼身，尺布爲裳露雙髀。"

匹布

一匹布。此稱宋代已行用。宋蘇軾《游靈隱高峰塔》："心知不復來，欲歸更彷徨。贈別留匹布，今歲天早霜。"《皇清職貢圖》卷一："〔南掌國老撾〕男子披髮，帶黑漆帽，著青衣，以匹布繞下體。"

匹頭

泛指布匹。此稱清代已行用。清王韜《興利》："西人貿易於中土者，不過以匹頭爲大宗。若我自織，則物賤而工省，且無需早船之轉運，其價必賤，西人又何能獨專其利與？"《臺灣番事物産與商務》："淡水及奎隆馬頭進口貨物最多者，磚及棉布匹頭、羊毛匹頭、磁器、栲皮、五金、各類洋鐵並兩號鴉片，大抵由廈門運來。"

幅布

省稱"幅"。整幅之布。亦泛指布帛。《晋書·四夷傳·倭人》："其男子衣以横幅，但結束相連，略無縫綴。"宋周煇《清波别志》卷中："某之文如野嫗織機，雖能成幅而終非錦綉。"此稱清代已行用。《皇清職貢圖》卷六："〔四川省威茂協轄小金川番民〕又有孫克宗石南壩等處男女，身纏幅布，蔽以羊皮，婚配後始著衣裙，俗愈樸陋。"又卷七："〔雲南開化府普貧蠻〕男女皆著青白長領短衣，披幅布，緣邊如火焰。"

【幅】[1]

"幅布"之省稱。此稱晋代已行用。見該文。

【布幅】

即幅布。此稱清代已行用。《皇清職貢圖》卷一："〔咖喇吧國〕夷人花帛纏頭，短衣束腰，繞布幅爲裙，跣足，手持木棒，有爵者，鐫字

於上以爲別。"《海國聞見録·南洋記》:"番係
'白頭無來由',裸體居多。以布幅圍下身,名
曰'水幔'(讀平聲)。"

狹布

窄幅布。此稱元代已行用。《元典章·工部
一·緞匹》:"私家貪圖厚利,減尅絲料,添加粉
飾……織造稀疏狹布,不堪用度。"《續資治通鑑
長編·宋神宗熙寧十年》:"即便擘畫却于彭、漢
二州逐年收買狹布各十萬匹,名爲折當脚錢。"

短布

幅度窄而短的布。此稱漢代已行用。《後漢
書·逸民傳》:"後被徵,不得已,乃著短布單
衣,穀皮綃頭,待見尚書。"又《史記·魯仲連
鄒陽列傳》載寧戚《飯牛歌》:"南山矸,白石
爛,生不遭堯與舜禪。短布單衣適至骭,從昏
飯牛薄夜半,長夜漫漫何時旦?"

斜幅

亦作"邪幅"。省稱"幅"。亦稱"縢""徽"
"敠""敠脛布""行縢""衰幅"。斜纏於小腿的
布帛。自足至膝,似之綁腿布。《説文·糸部》:
"徽,衺幅也。"清段玉裁注:"即《詩》之'邪
幅'也。傳曰:'邪幅,如今行縢也,隔束其
脛,自足至膝。'"《玉篇·巾部》:"敠,敠脛布
也。"《詩·小雅·采菽》:"赤帶在股,邪幅在
下。"《左傳·桓公二年》:"帶、裳、幅、舄。"
《戰國策·秦策一》:"贏縢履蹻負擔囊。"唐李
賀《黃家洞》詩:"彩布纏蹻幅半斜,溪頭簇
隊映葛花。"宋梅堯臣《寧酬發運許主客》詩:
"斜幅纏蹻兵吏至,濃金灑紙領珠頒。"

【幅】[2]

"斜幅"之省稱。此稱先秦時期已行用。見
該文。

【邪幅】

即斜幅。此體先秦時期已行用。見該文。

【縢】

即斜幅。此稱先秦時期已行用。見該文。

【徽】

即斜幅。此稱漢代已行用。見該文。

【衰幅】

即斜幅。此稱漢代已行用。見該文。

【敠】[2]

即斜幅。此稱南北朝時期已行用。見該文。

【敠脛布】

即斜幅。此稱南北朝時期已行用。見該文。

【行縢】

即斜幅。此稱漢代已行用。見該文。

漆布[1]

亦作"鬃布""㯂布"。亦稱"幣"。用漆或
其他塗料塗過的布。多用花布或色布作底。多
用來禦雨雪或遮蓋他物以防潮。《説文·巾部》:
"幣、帑,鬃布也。"《集韻·入屋》:"幣,㯂
布。"此稱漢代已行用。《後漢書·輿服志上》:
"非公會,不得乘朝車,得乘漆布輨軨車,銅五
末。"明劉若愚《酌中志·內臣職掌紀略》:"御
前作掌作官一員,散官十餘員,亦是監工,年
老資深挨轉,專管營造龍床、龍桌、箱櫃之類,
合用漆布、桐油、銀硃等件。"李英儒《野火清
風鬥古城》第九章一:"東休息室的屋子很寬
敞,耀眼的燈光下,一塊發亮的漆布罩著八仙
桌。"

【鬃布】

同"漆布[1]"。此體漢代已行用。見該文。

【㯂布】

同"漆布[1]"。此體宋代已行用。見該文。

【帤】

即漆布[1]。此稱漢代已行用。見該文。

【油布】[1]

即漆布[1]。此稱明代已行用。《醒世姻緣傳》第七八回：“相大妗子果然再三攛掇，與素姐整頓衣裳，收拾行李，雇閨四名轎夫，買了兩人小轎，做了油布重圍，撥了一個家人倪奇同著再冬護送，擇日起身。”《八賢傳》第六回：“郭公見此人頭戴草帽，身穿寶藍長衫，外披油布雨衣，青布雲鞋。”

襀布

用破襀與紗綾織成的布。多爲舊時廣東貧困漁家所用。此稱清代已行用。清屈大均《廣東新語·貨語·葛布》：“襀布出新安南頭。襀本苧麻所治，漁婦以其破敝者劚之爲絛，縷之緯，以綿紗綾經之。煮以石灰，漂以溪水……使瑩然雪白。”

帆布

亦作“颿布”。用葛、麻等纖維製成的一種粗厚之布。質韌硬。以其常用製作船帆而得名。此稱隋代已行用。《隋書·楊玄感傳》：“玄感遂入黎陽縣，閉城大索男夫。於是取帆布爲牟甲，署官屬，皆準開皇之舊。”沈從文《鴨窠圍的夜》：“於是仿佛看到個床鋪，下面是草盧，上面攤了一床用舊帆布或別的舊貨做成的臟而又硬的棉被。”

【颿布】

同“帆布”。此體南北朝時期已行用。見該文。

篷布

布的一種。多爲粗厚帆布所製，用以苫蓋貨物等，防水防潮。此稱清代已行用。《二十年目睹之怪現狀》第二回：“只見那人走到一堆篷布旁邊，站定說道：‘東西在這個裏面。’”張煒《古船》：“在一個窄窄的小巷裏邊，是用篷布圍起的一塊空地。”

羅縢

用絲羅做的綁腿布。此稱明代已行用。明楊慎《藝林伐山·文縶》：“文縶，彩縺，綸襪，羅縢。”

纏

用來包裹的布或巾。此稱宋代已行用。宋趙汝適《諸蕃志·記施國》：“國人白淨，身長八尺，披髮打纏，纏長八尺，半纏於頭，半垂於背。”《碧岩録》卷八：“是則也是，只是前不構村，後不迭店，不見道：‘語不離窠臼，焉能出蓋纏。白雲橫谷口，迷却幾人源。’”

纚[2]

亦作“縰”。亦稱“斯”。古代用來束髮的帛。此稱漢代已行用。《説文·糸部》：“纚，冠織也。”清段玉裁注：“冠織者，爲冠而設之織成也。凡繒布不須剪裁而成者，謂之織成。”《集韻·上紙》：“纚，謂以緇帛韜髮。或作縰、斯。”《漢書·江光傳》：“冠禪纚步搖冠，飛翮之纓。”唐顔師古注：“纚，織絲爲之，即今方目紗是也。”《宋書·禮志五》：“古者有冠無幘於冠，因裁纚爲帽。”

【縰】

同“纚[2]”。此體宋代已行用。見該文。

【斯】

即纚[2]。此稱宋代已行用。見該文。

緇纚

古代用來束髮的黑布。此稱漢代已行用。《儀禮·士冠禮》：“緇纚，廣終幅，長六尺。”

漢鄭玄注：“纚，今之幘梁也……纚一幅長六尺，足以韜髮而結之矣。”《新唐書・禮樂志》：“殿中監陳袞服於內席，東領，緇纚、玉簪及櫛三物同箱，在服南。”

褡連布

一種粗厚耐用的布。以其常用以做褡褳而得名。此稱清代已行用。《官場現形記》第一八回：“幾個管家，一個個都是灰色搭連布袍子，天青哈喇呢馬褂。”《老殘游記續集遺稿》第二回：“一少年穿庫灰搭連布棉袍，青布坎肩。”

杠刀布

舊時理髮師摩拭剃刀所用的布條。此稱清代已行用。《兒女英雄傳》第三七回：“眾人一看那個藍布口袋，先惡心了一陣。且不必問他是怎的個式樣，就講那上頭的油泥，假如給了剃頭的，便是使熟了的絕好一條杠刀布。”

鞋面布

省稱“鞋面”。做鞋用的表布。多堅實、平滑、耐用。此稱明代已行用。《金瓶梅詞話》第七回：“當初有過世的官人，在鋪子裏一日，不算銀子，銅錢兩大笸籮。毛青鞋面布，俺每問他買，定要三分一尺。”《風箏誤》：“五兩錦繩、六錢絲綫、七寸花綾、八寸光絹、九幅裙拖、十尺鞋面，樣樣要揀十全。”

【鞋面】

“鞋面布”之省稱。此稱清代已行用。見該文。

瀘藥布

用於過瀘藥渣的布。此稱宋代已行用。《太平聖惠方》卷六七：“產婦雜要物，小石子三五十顆，楮床頭摶八口，盛衣瓶、洗兒盆、乾柴竹、雜席蒲合各一領，雜用盆，砂盆，瀘藥布，絞地黃汁布，雜柳木磓，暖水釜。”清王初桐《奩史》卷八七引宋周密《武林舊事》：“宮中有娠，賜銀、絹等物，內有瀘藥布二條，金漆箱兒金鈕地黃汗巾二條。”

帾

亦作“褚”。覆棺木的赤色布。此稱先秦時期已行用。《荀子・禮論》：“無帾絲歶縷翣，其貌以象菲帷幬尉也。”唐楊倞注：“帾，與褚同。《禮記》曰‘素錦褚’，又曰‘褚幕丹質’，鄭云‘所以覆棺也’。”

【褚】

同“帾”。此體唐代已行用。見該文。

功布

亦稱“巾”。古代出喪引柩所用的布。以三尺長的白布懸於竿頭，居柩前，似旗旛。此稱先秦時期已行用。《禮記・喪大禮》：“御棺用功布。”《儀禮・士喪禮》：“巾待於阼階下。”漢鄭玄注：“巾，功布。”還指古代喪禮用於接神的布。《儀禮・既夕禮》：“商祝免袒，執功布，入，升自西階。”《後漢書・禮儀志下》：“載以木桁，覆以功布。”

【巾】

即功布。此稱漢代已行用。見該文。

孝布

製作孝服、喪服所用的布。此稱明代已行用。《醒世姻緣傳》第七四回：“素姐將息的身子漸好起來，將兩樣孝布裁了兩件孝袍，兩條孝裙。”又第九〇回：“又叫人買的平機孝布，叫了四五個裁縫，七手八腳忙做孝衣。”陳忠實《白鹿原》第二五章：“孝武找了一塊白孝布戴在頭上，問了問母親病亡的經過。”

平機孝布

孝布的一種。因爲用平機織成而得名。此稱明代已行用。《醒世姻緣傳》第九〇回："又叫人買的平機孝布，叫了四五個裁縫，七手八腳忙做孝衣。"

斬衰孝布

孝布的一種。以其用於製作斬衰孝服而得名。斬衰，是舊時五種喪服中最重要的一種。此稱明代已行用。《醒世姻緣傳》第七四回："〔素姐〕住了數日，要回家去，出到門前布鋪裏面，取出二兩銀子遞與薛三省，問他要三匹斬衰孝布，三匹期服順昌。"

負板

亦作"負版"。古代喪禮披在肩上的粗麻片。後也指製作衣服用的粗麻布。此稱漢代已行用。《儀禮·喪服》："衰長六寸。"漢鄭玄注："前有衰，後有負板，左右有群領，孝子哀戚無所不在。"宋陳造《祭奠景望龍圖文》："負版之人，執手大慟。"清李業嗣《集〈世說〉詩》："譬如明光錦，裁爲負版綺。"

【負版】

同"負板"。此體宋代已行用。見該文。

幏

亦稱"幏布""賨""賨幏""賦布"。古代西南一帶少數民族所織布名。從漢代起，多用作貢賦。此稱漢代已行用。《說文·巾部》："幏，南郡蠻夷賨布。"南唐徐鍇傳："漢制名賦布爲幏，幏猶中國言稅也。"清段玉裁注："《貝部》曰：'賨者，南蠻賦也。'幏亦賨也。"《後漢書·南蠻西南夷傳》："其民戶出幏布八丈二尺。"唐李賢注引《說文》曰："幏，南郡蠻夷布也。"晉左思《魏都賦》："賨幏積帶，琛弊充

牣。"

【幏布】

即幏。此稱漢代已行用。見該文。

【賨】

即幏。此稱漢代已行用。見該文。

【賨幏】

即幏。此稱晉代已行用。見該文。

【賦布】

即幏。此稱五代時期已行用。見該文。

【賨布】

即幏。此稱漢代已行用。《說文·巾部》："幏，南郡蠻夷賨布。"《後漢書·南蠻西南夷傳序》："歲令大人輸布一匹，小口二丈，是謂賨布。"唐李賢注引《說文》曰："〔賨布，〕南蠻賦也。"唐李商隱《爲滎陽公謝賜冬衣狀》："賨布少溫，蠻綿乏暖。"清宋琬《機道平歌爲膠侯尚書作》："僰童巴舞貢天府，桃笙賨布輸邛崍。"

絣

古代氐族人用雜色縷織成的布。此稱漢代已行用。《說文·系部》："絣，氐人殊縷布也。"清段玉裁注："《華陽國志》曰：武都郡有氐傁，殊縷布者，蓋殊其縷色而相間織之也。絣之言駢也。"一說爲無文綺的綫織布，或似今之褡連布。

柳布

麻布的一種。產於廣西觸處。此稱宋代已行用。宋周去非《嶺外代答》卷六："廣西觸處富有苧麻。觸處善織布，柳布、象布，商人貿遷而聞於四方者也。"

越布

古代越地（今浙江紹興一帶）所產之布。質地白細。此稱漢代已行用。《後漢書·獨行

傳》：“〔陸續〕美姿貌，喜著越布單衣，光武見而好之，自是常敕會稽郡獻越布。”《藝文類聚》卷八五引南朝梁劉孝綽《謝越布啓》：“此納方絢，既輕見麗。珍邁龍水，妙越島夷。”

【白越】

即越布。此稱漢代已行用。《後漢書·皇后紀上》：“太后感析別之懷，各賜王赤綬，加安車駟馬，白越三千端。”唐李賢注：“白越，越布。”晉干寶《搜神記·火浣衫》卷一〇：“吳選曹令史劉卓，病篤，夢見一人，以白越單衫與之。”清吳偉業《送曹秋嶽以少司農遷廣東左轄》詩：“五月蠻村供白越，十年仙竇方丹砂。”清高士奇《天禄識餘白越荃葛》：“白越、荃葛，皆細布名。《吳都賦》所謂‘蕉葛升越，弱於羅紈’者也。”

升越

細布的一種。產於古越地。明朱謀㙔《駢雅·釋服食》：“服瑣、繡貲、黃潤、升越、花練，細布也。”此稱漢代已行用。漢王符《潛夫論·浮侈》：《文選·左思〈吳都賦〉》：蕉葛升越，弱於羅紈。”漢劉良注：“升越，越之細者。”《後漢書·王符傳》：“且其徒御僕妾，皆服文組彩牒，錦綉綺紈，葛子升越，筒中女布。”

蛟布

傳說鮫人所織的布。蛟，同“鮫”。南朝梁任昉《述異記》卷上：“揚州有地市，市人鬻珠玉，而雜貨蛟布。蛟人，即泉先也，又名泉客。”

楚布

古楚地所產之布。此稱唐代已行用。《新唐書·地理志二》：“海州東海郡……土貢：綾、

楚布、紫菜。”《太平寰宇記·河南道二十二·海州》：“土產：綾、絹、海味、鹽、楚布，以其地當楚分，其布精好，故名。”

蜀布

亦稱“土蘆布”。蜀地所產之布。此稱漢代已行用。《史記·大宛列傳》：“騫曰：‘臣右大夏時，見邛竹杖、蜀布。’”唐張守節正義：“蜀布，土蘆布。”晉常璩《華陽國志·南中志》：“武帝使張騫至大夏國，見邛竹、蜀布，問所從來，曰：‘吾賈人從身毒國得之。’”

【土蘆布】

即蜀布。此稱唐代已行用。見該文。

綀

蜀地所產細布。此稱漢代已行用。《説文·系部》：“綀，蜀細布也。”清桂馥義證：“《一切經音義》卷八引作‘蜀白細布也’。”《類篇·系部》：“綀，蜀細布。”

火草布

布的一種。多為舊時雲南武定、元江一帶少數民族所織。以其用火草絲織成而得名。其布，多用於製作衣服。此稱明代已行用。明楊慎《南詔野史》：“男披髮貫耳，披氈佩刀，穿火草布衣；女辮髮垂肩，飾以海貝硨磲，穿火草布裙。”《皇清職貢圖》卷七：“〔雲南元江待窩泥蠻人〕居深山中，性樸魯，面黧黑，編麥稭為帽，以火草布及麻布為衣。”

穀藺布

布的一種。為古代貴州谷藺苗人所織。其質細密，人多爭購。此稱清代已行用。《皇清職貢圖》卷八：“〔貴州省定番州谷藺苗人〕婦以青布蒙髻，勤紡織，其布最為細密，有谷藺布之名，人多爭購。”

胡女布

亦稱“胡布”。泛指古代北方邊地與西域一帶少數民族婦女所織之布。此稱唐代已行用。《新唐書·地理志一》：“勝州榆林郡……土貢：胡布。”又：“單于大都護府……土貢：胡女布、野馬胯革。”又《地理志三》：“陽州大寧郡……土貢：胡女布、密蠟燭。”又：“石州昌代郡……土貢：胡女布、龍鬚席、蜜、蠟燭、蓯蓉。”

【胡布】

即胡女布。此稱唐代已行用。見該文。

娘子布

宋時西南少數民族所織的一種細白苧麻布。此稱宋代已行用。清厲荃《事物異名錄》卷二五引宋朱輔《溪蠻叢笑》：“今有績織細白苧麻，以旬月而成，名娘子布。”

猺斑布

瑤族人織染的一種藍色斑布。其紋極細，斑花鮮明可觀。猺，今作“瑤”。此稱宋代已行用。宋周去非《嶺外代答·猺斑布》：“猺人以藍染布爲斑，其紋極細。其法：以木板二片，鏤成細花，用以夾布，而鎔蠟灌於鏤中，而後乃釋板取布，投諸藍中，布既受藍則煮布以去其蠟，故能受成極細，斑花炳然可觀，故夫染斑之法莫猺人若也。”

紺

布名。此稱漢代已行用。《説文·糸部》：“紺，布也。”清段玉裁注：“謂布名。”

絧

布名。此稱宋代已行用。《廣韻·平東》：“絧，布名。”《增修校正押韻釋疑》第一部分：“絧（布名釋布之細者）。”《欽定葉韵彙輯》第三部分：“偬（作弄切倥偬）絧（徒弄切絧）絧（徒弄切相通之貌）。”

布草

布的一種。此稱清代已行用。《儒林外史》第二一回：“你我愛親做親，我不爭你的財禮，你也不爭我的妝奩，只要做幾件布草衣服。”《活地獄》第一五回：“且説邢興這天奉派下鄉，偶然打從朱家門口走過，陡然看見這朱禮榮的妻子，雖然是鄉下人打扮，不施脂粉，身上亦只穿得一套布草衣服。”又第二五回：“這一番吵鬧，周子玉家裏不特細軟的東西一件不存，就是粗重的布草衣裳，已都是不翼而飛。”

都致

布名。此稱南北朝時期已行用。《後漢書·馬援傳》：“〔公孫述〕更爲援制都布單衣。”唐李賢注引南朝宋何承天《纂文》曰：“都致、錯履、無極，皆布名。”

無極

布名。此稱南北朝時期已行用。《後漢書·馬援傳》：“〔公孫述〕更爲援製都布單衣。”唐李賢注引南朝宋何承天《纂文》：“都致、錯履、無極，皆布名。”宋洪适《隸釋·漢國三老表良碑》：“今特賜錢十萬雜繒三十匹，玉具劍、佩書刀、繡文印衣、無極手巾各一。”

錯履

布名。此稱南北朝時期已行用。《後漢書·馬援傳》：“〔公孫述〕更爲援制都布單衣。”唐李賢注引南朝宋何承天《纂文》曰：“都致、錯履、無極，皆布名。”宋陸游《眉州驛舍睡起》：“雨餘古驛涼，晝寐無錯履。澹然得高卧，睡思極清美。”

女稽布

布的一種。此稱唐代已行用。《新唐書·地

理志一》："銀州銀川郡……土貢：女稽布。"明顧起元《客座贅語》："其綌布之類，則勝、銀等州女稽布，齊州絲葛，泗水貲布，海州楚布。"

莎羅布

布的一種。雲南等地少數民族婦女服飾所用布。此稱清代已行用。《皇清職貢圖》卷七："〔雲南省永昌府西南界縹人〕婦人當頂作高髻，裏似白布，衣短衫，繫長裙，其裙以莎羅布爲之，緣錦，綴珠爲飾。"清顧炎武《天下郡國利病書》四五："婦女以白布裹頭，短衫露其腹，以紅藤纏之，莎羅布爲裙，上短下長，男女同耕。"

達戈文

布的一種。少數民族婦女以犬毛、苧麻所織。此稱清代已行用。清王初桐《奩史》卷四〇引《瀛壖百咏》："番婦自織布，以狗毛、苧麻爲主，名達戈文。"清范咸《重修臺灣府志》："後乃漸易幅布，或以'達戈紋'（番自織布名）爲之。"

袦

亦稱"衣袦""袦塞"。破布，舊絮。多用於堵塞漏舟、擦拭器物。此稱漢代已行用。《玉篇·衣部》："袦，所以塞舟漏也。"《易·既濟》："繻有衣袦，終曰戒。"王弼注："繻宜曰濡。衣袦所以寒舟漏也。"程頤傳："繻當作濡，謂滲漏也。舟有罅漏，則塞以衣袦。"李鼎祚集解引虞翻曰："袦，敗衣也。"唐劉禹錫《儆舟》："予聞言若厲。蹂是袦以窒之，灰以墐之，爽以乾之。"《新唐書·百官志三》："凡舟渠以之備，皆先疑其半，袦塞、竹篾，所在供焉。"

【衣袦】

即袦。此稱先秦時期已行用。見該文。

【袦塞】

即袦。此稱唐代已行用。見該文。

綸

裁剪所剩的廢布。此稱宋代已行用。《廣韻·去遇》："綸，裁殘帛也。"《集韻·去遇》："綸，殘帛也。"

隔布

窗隔布。此稱唐代已行用。《新唐書·地理志三》："相州鄴郡……土貢：紗、絹、隔布、鳳翎席、花口瓟、知母、胡粉。"

第二節　毛織物、毛皮考

毛織品，指以羊毛或其他動物毛髮爲原料的紡織品。早在新石器時代，我國新疆、陝西、甘肅諸地，手工毛紡織生產已萌芽。陝西半坡遺址出土的大量骨器、彩陶花紋形象及部分動物遺骨可證，約公元前3000年，半坡人已會馴養羊；據新疆羅豐淖爾地區出土的紡錘、紡輪之類的生產工具，及皮毛織品、遺物斷定，約公元前2000年，已將羊毛用於編織。自周代開始，上述邊陲地區、東北草原、陝西、四川、青海，已能生產精細彩色毛織品。《詩·豳風·七月》："無衣無褐，何以卒歲？"此處的褐就是一種粗製的毛編織品，多用於貧民的服裝和氈毯，與權貴之精細彩色織品相對而言。豳，屬陝西地區，此地區至遲在先秦時已出現了氈毯之類家居毛織品，秦漢時已十分盛行。其時將毛織成或擀成氈褥，鋪在地上，叫作氍毹。《三輔皇圖·未央宮》："温室以椒塗壁，被之文綉……規地以罽賓氍毹。"《太平御覽·服用部》引東漢服虔《通俗文》："織毛褥謂之氍毹。"另有毾，爲氍毹之細者。漢史游《急就篇》載："自離雲爵以下至氎翁濯，其義皆同今時錦綉綾羅及氍毹毾㲪之屬。"

漢末至三國時期，統治者重視農業，促進紡織生産。毛紡織在這一時期也得到發展，出現了許多新的毛紡織品，有鈴耗、海西布（見《魏略·西戎》）、細班華罽（見《三國志·魏書·倭傳》）等，製作也更加精細，成爲饋贈賞賜品。漢曹操《與太尉楊彪書》："今贈足下：……赤戎金裝鞍轡十副，鈴耗一具。"唐代毛紡織品種類繁多，有氈毻（見唐玄奘《大唐西域記》）、大氈（見唐段成式《酉陽雜俎》）、青氈（見唐白居易《青氈帳二十韵》）、白氈（見《新唐書·回鶻傳》）、池氈（見唐顔師古《匡謬正俗》卷七）等。少數民族在這一時期也以氈爲貢品，貢者有貝、夏、原、會、凉、寧、靈、宥、蒲、汾等州。另外還有安西的緋氈，洮、凉州的毛褐、褐布，蘭州的絨。

宋代用山羊絨紡織絨褐。明宋應星《天工開物·乃服》："喬芳羊（番語），唐末始自西域傳來，外毛不甚蓑長，氄細軟，取織絨褐，秦人名曰山羊，以別於綿羊。此種先自西域傳入臨洮，今蘭州獨盛，故褐之細者皆出蘭州。一曰蘭絨，番語謂之孤古絨。"這一時期有氈條（見宋宋敏求《春明退朝録》卷中）、北氈、南氈（見宋周去非《嶺外代答器用門》）、蠻氈（見宋蘇軾《郭綸》詩）、紫茸氈（見宋蘇軾《次韵柳子玉紙張》）、烏氈（見宋孟元老《東京夢華録》卷一）等毛織品，種類比前代更多。毛織品在元代是貴族生活的必需品，故元代的毛紡織業較前代有新的發展。其時設有掌管製氈工業的專門機構，据《馬可·波羅游記》記載，元代掌管製氈工業的有剪毛花毯蠟布局，"大都氈局……管人近一百二十有五户"。中統三年（1262）又在和林設局織造毛織品，另外還有隆興氈局掌管製氈業。當時無花紋的叫剪毛氈、毛裁氈；有花紋的叫絨毛氈或稱羊毛氈，又叫毯。大同元墓出土的氈帽、氈靴質地細緻，保存完好，説明元代毛織業不但有着較高的工藝水準，且曾大量生産。

明代毛紡織業集中在西北蘭州、西安等地。明代的毛紡織品質料細密，顔色鮮明，圖案美麗,有哆羅呢(見《明史·外國傳六》)、氆氌(見明夏原吉《忠靖集》)、絨單(見明文震亨《長物志》卷八)、絨毻(見《明史·孝宗本紀》)等。明代亦設有專門管理毛紡業的機構,永樂年間設陝西駝毻織造局,朝廷屢令陝、甘織造駝毻。這一時期少數民族的毛紡織業也很發達,西南地區水西(貴州西部)彝族,以羊毛織成"氈衫"貢輸朝廷,《明史·四川土司傳》載洪武時"烏撒歲輸二萬石,氈衫一千五百領;烏蒙、東川、芒部皆歲輸八千石,氈衫八百領",并且通過商業途徑大批輸入中原地區。明馮夢龍《情史·情俠類·馮蝶翠》:"洞庭葉某,商於大梁……葉將金去,買布入陝,換褐,利倍。"清代毛紡織業十分發達,織造衙門設置了專門從事毛紡織的毾㲪匠。毛織品的種類進一步增多,出現了紅氈、大紅氈、大紅狸氈、猩紅氈子、紅毾㲪、羽緞、黑普羅、猩紅洋羢、呢、軟呢、紅呢、綠呢等。毛織品的用途也進一步擴大,大紅猩氈、紅氈、大紅氈用於製作服飾、裝飾品。《皇清職貢圖》卷五:"女盤髻,戴紅氈尖頂帽。"《紅樓夢》第五○回:"一語未了,見寶琴背後轉出一個披大紅猩氈的人來。"清文康《兒女英雄傳》第二四回:"正中當地又設著一張八仙桌,上面鋪著猩紅氈子。"這些都是例證。羽緞用於製防雨用具。《清會典事例》:"凡雨冠雨衣,以氈或羽緞油紬為之。"呢類除用於製作服飾外,還用於製作傘、轎等日常生活用品。《孽海花》第二三回:"只見門外齊臻臻的排列著紅呢傘……只等鳳孫掀簾進轎。"《官場現形記》第三回:"黃道臺坐在綠呢大轎裏。"清代後期,許多外國毛織品傳入中國,如洋藍花、猩紅洋羢等。

古代毛紡織品的原料主要是羊毛、牦牛毛、駱駝毛、兔毛、羽毛,大量應用的則是羊毛。毛紡織工業化生產始於19世紀70年代末。清朝大臣左宗棠為供應軍需,創辦蘭州織呢總局,生產軍服用料,此乃中國首家毛紡廠。

此外,我國還是世界上最早使用皮製品的國家之一。舊石器時代的周口店山頂洞人就已經會使用各種獸骨磨製成的骨針、骨錐縫製皮衣。稍晚的西安半坡遺址中亦出土大量骨針,這說明在距今一萬年左右,中國先民已經普遍掌握了縫製皮衣的技術。我國古代文獻資料對此也有記載。《孔子家語·相魯第一》:"昔者……未有火化,食草木之實,鳥獸之肉,飲其血,茹其毛;未有絲麻,衣其羽皮。"《墨子·辭過》:"古之民未知為衣服時,衣皮帶茭。"《後漢書·輿服志》亦稱古人"衣毛而冒皮"。另外,甲骨文、金文中多次出現"裘"字,清末出土的銅鼎上也刻有"革"字,說明商周時期人們已掌握了熟皮的製法,能將獸皮製成"裘""革"。《禮記·藻》載:"君衣狐白裘,錦衣以裼之。"

　　隨着皮製品工藝的不斷發展、成熟，皮製品的種類、名稱不斷增多。晋葛洪《西京雜記》卷二載，漢武帝以熊羆皮爲蔽泥。"狐掖"這一名稱在漢代開始使用，《史記·商君列傳》："千羊之皮，不如一狐之掖。"魏晋時期出現了犬皮（見《魏書·勿吉國傳》）、紫皮（見《晋書·輿服志》）等。隋代"以豬皮爲席"（《隋書·契丹傳》）。唐時稱羊皮爲"羊韂"（唐李嶠《豹》詩），另有"野馬胯革"（《新唐書·地理志》），即野馬胯股間的皮革，用於製作皮褲。宋元時期用皂皮製造靴帽，用羊臑皮縫製地毯等。皂皮，多指馬皮或牛皮。皂，黑色。《宋史·輿服志四》："白綾韈，皂皮履。"《元史·后妃傳》："宣徽院羊臑皮置不用，后取之，合縫爲地毯。"明代用牛皮製衣物、甲冑。《明史·輿服志三》："惟北地苦寒，許用牛皮直縫靴。"另外還有麝皮（見《明史·外國列傳·文郎馬神》）、貉皮（見明李時珍《本草綱目·獸二·貉》）等，用於製裘服。

　　清代皮製品工藝更加發達，皮製品的花色、款式、用料紛繁複雜，達到相當高的水準。清曹雪芹在《紅樓夢》中對此做了大量描述。《紅樓夢》第一〇五回："見賈政同司員登記物件，一人報説：……黑狐皮十八張，青狐六張，貂皮三址六張，黃狐三十張，猞猁孫皮十二張，麻葉皮三張，洋灰皮六十張，灰狐腿皮四十張，……獺子皮二張，貓皮三十五張。黑狐皮十八張。貉皮五十六張。黃白狐皮各四十四張。"共計三十一種皮革。另外，文中還對眷屬們所穿之皮製品進行了描寫，如林黛玉"換上掐金挖雲紅香羊皮小靴，罩了一件大紅羽縐面白狐狸的鶴氅"，史湘雲"穿著賈母給他的一件貂鼠腦袋面子，大毛黑灰鼠裏子，裏外發燒大褂子……又圍著大貂鼠風領"。這反映了清代皮製品工藝的發展已達到了新的高度。

　　應當指出的是，我國古代因生態、人文環境與今時迥別，尚未形成保護珍稀瀕危動物之理念，一任所需所愛，無論何種動物，盡可獵殺，剝皮爲用，實不足稱是。作爲現代人，我們在學習傳統文化、贊嘆古人之工藝精妙絕倫之時，也不要忘記自己的時代使命。

氈

　　用羊毛或其他動物毛經濕、熱等作用，壓製而成的塊片狀材料。有良好的保暖、回彈、吸震等性能。多用於鋪墊及製作禦寒的衣帽、帳篷等物品。《玉篇·毛部》："氈，毛爲席。"《廣韻·平仙》："氈，席也。"《説文·毛部》："氈，捻毛也。"清段玉裁注："捻毛者，蹂毛成氈也。"此稱先秦時期已行用。《周禮·天官·掌皮》："掌秋斂皮，冬斂革，春獻之……共其毳毛爲氈，以待邦事。"晉干寶《搜神記》卷上："太康中，天下以氈爲絈頭，及絡帶褌口。"《梁書·江革傳》："朓嘗宿衛，還過候革，時大雪，見革弊絮單席，而耽學不倦，嗟嘆久之，乃脫所著襦，並手割半氈與革充卧具而去。"宋李石《續博物志》卷二："塵尾能留紅，掃氈，氈不蠹。"《喻世明言·金玉奴棒打薄情郎》："是夜，轉運司鋪氈結彩，大吹大擂，等候新婿上門。"

【毡】

同"氈"。此體清代已行用。《皇朝文獻通考·王禮考》："皇帝雨冠、雨衣、雨裳之制皆用明黄色。毡及羽緞、油防，惟其時。"《欽定皇輿西域圖志》卷四二："疏勒王戴金師子冠、鉢和國服毡裘。"

【旃】

同"氈"。此體漢代已行用。《史記·匈奴列傳》："自君王以下，鹹食畜肉，衣其皮革，被旃裘。"又："其得漢繒絮，以馳草棘中，衣袴皆裂敝，以示不如旃裘之完善也。"《漢書·西域傳下》："〔烏孫公主作歌曰〕穹廬爲室兮旃爲墻，以肉爲食兮酪爲漿。"宋高承《事物紀原·舟車帷幄氈》："《周官》掌皮供毳毛爲氈，則周制也。或曰黄帝作旃，旃古'氈'字也。"清朱駿聲《説文通訓定聲·乾部》："旃，假借爲氈。"

氈席

亦作"毡席"。毛織物的一種，多作鋪墊用具。此稱晉代已行用。《晉書·良吏傳·吳隱之》："以竹篷爲屏風，坐無氈席。"宋孟元老《東京夢華錄·娶婦》："新人下車檐，踏青布條或氈席，不得踏地。"《紅樓夢》第一四回："又搬家

夥：桌圍、椅答、生褥、氈席、痰盒、脚踏之類。"《皇清職貢圖·地理類三》："暹羅地卑濕，民皆樓，居坐卧即以樓板上籍以毡席。"

【毡席】

同"氈席"。此體清代已行用。見該文。

【旃席】

同"氈席"。此體漢代已行用。漢桓寬《鹽鐵論·論功》："織柳爲室，旃席爲蓋。"又《鹽鐵論·取下》："匡床旃席、侍御滿側者，不知負輅挽船、登高絶流者之難也。"《史記·貨殖列傳》："通色大都……旃席千具，佗果菜千鍾。"

氈毲

我國古代北方及西南地區少數民族所製的毛織品。亦指用這種毛織品所做的服裝。多爲用綿羊毛製作而成，較精細。此稱隋代已行用。《隋書·西域傳·高昌》："葉彼氈毲，還爲冠帶之國。"宋周去非《嶺外代答·氈》："西南蠻地産綿羊，固宜多氈毲。"宋陸游《老學庵筆記》卷三："時方五月中，〔蠻人〕皆披氈毲，臭不可邇。"清魏源《聖武記》卷五："至其衣氈毲，食重酪，仰茶忌痘，則藏民所同。"嚴復《原强》："旃毲肉酪，養生之具。"

【旃毲】

同"氈毲"。此體宋代已行用。宋田況《儒林公議》卷下："其民雖瘵墮寒列，非旃毲不禦，然有衣服染績矣。"宋陸游《十月暄甚人多疾十六日風雨作寒氣候方少正作短歌以記之》："入冬即大雪，人馬有僕僵。土床熾薪炭，旃毲如胡羌。"

氈毺

泛指用動物毛織成的布。亦指用此布所製

之衣。此稱晋代已行用。南朝宋裴松之注引晋王沈《魏書》：'鳥丸者，東胡也⋯⋯能刺韋作文綉，織縷氈毭。'"唐玄奘《大唐西域記·阿耆尼國》："文字取則印度，微有增損。服飾氈毭，斷髪無巾。"又《跋初迦國》："氣序風寒，人衣氈毭。"

【氈毷】

同"氈毭"。此體清代已行用。清蟲天子《香艷叢書·元氏掖庭記》："璅里，夷名，産撒哈剌，蒙茸如氈毷，但輕薄耳，宜於秋時著之。"

氈皮

亦作"氊皮"。氈與皮。此稱南北朝時期已行用。《魏書·蠕蠕傳》："乘高車，逐水草，畜牧蕃息，數年之後，漸知粒食，歲致獻貢，由是國家馬及牛羊遂至於賤，氈皮委積。"《宋史·輿服志二》："民庶止許以氊皮純紬爲韉。"

【氊皮】

同"氈皮"。此體宋代已行用。見該文。

氈條

成張、成條的氈。可用於製作屏擋或鋪墊。此稱宋代已行用。宋宋敏求《春明退朝録》卷中："其四仲吉祭，當用平面氈條屏風而已。"《宋史·禮志一六》："自朵殿而下，皆緋緣氈條席。"《喻世明言·金玉奴棒打薄情郎》："〔金癩子〕叫起五六十個丐户，一齊奔到金老大家裏來。但見：開花帽子，打結衫兒，舊席片對著破氈條，短竹根配著缺糙碗。"《醒世姻緣傳》第六九回："那可壓的情狀，就如北京東江米巷那些賣褐子氈條的陝西人一般。"《儒林外史》第四二回："兩人並排在一個氈條上站著磕頭。"

氈罽

氈、毯一類毛織品。晋王嘉《拾遺記·蜀》："錦綉氈罽，積如丘壠。"此稱南北朝時期已行用。《北齊書·後主幼主紀》："御馬則藉以氈剡。"《舊唐書·張柬之傳》："漢置永昌郡以統理之，乃收其鹽布氈罽之税，以利中土。"《續資治通鑑·宋太宗雍熙三年》："代北苦寒，人多服氈罽。"《皇清職貢圖》卷一："〔俄羅斯〕其民聚處城堡，居止有廬舍，水陸有舟車。服氈罽，喜飲酒。"

【旃罽】

同"氈罽"。旃，同"氈"。此體漢代已行用。漢桓寬《鹽鐵論·通有》："若各居其處，食其食，則是橘柚不鬻，胸鹵之監不出，旃罽不市，而吴唐之材不用也。"明田藝蘅《留青日札·禽獸衣冠》："北齊後主馬犬有儀同、郡公之號，藉以旃罽，食物十餘種。"

大氈

大塊氈布。此稱唐代已行用。唐段成式《酉陽雜俎·境異》："〔昆吾國〕以近葬爲至孝。集大氈，居中懸衣服彩繒，哭祀之。"《舊唐書·列傳·西戎》："男女並衣裘褐，仍被大氈。畜牦牛、馬、驢、羊，以供其食。"

北氈

古代北方少數民族地區所產的一種氈。質厚而堅。此稱宋代已行用。宋周去非《嶺外代答·氈》："西南蠻地産綿羊，固宜多氈毳。自蠻王而下至小蠻，無不披氈者。但蠻王中錦衫披氈，小蠻袒裼披氈爾。北氈厚而堅，南氈之長，至三丈餘，其闊亦一丈六七尺，摺其闊而夾縫之，猶闊八九尺許。"

南氈

古代西南少數民族地區所產的一種氈。長至三丈餘，寬至一丈六七尺，常製披氈。此稱宋代已行用。宋周去非《嶺外代答·氈》："西南蠻地產綿羊，固宜多氈毲……南氈之長至三丈餘，其闊亦一丈六七尺，摺其闊而夾縫之猶闊八九尺許，以一長氈帶貫其摺處乃披氈，而繫帶於腰婆娑然也。晝則披，夜則臥，雨晴寒暑未始離身。其上有核桃紋長大而輕者爲妙，大理國所產也，佳者緣以皂。"

細氈

細毛氈。㲪，同"氈"。此稱唐代已行用。唐玄奘《大唐西域記·瞿薩旦那國》："出氈㲪細氈，工紡績絁紬，又產白玉、黳玉。"明于慎行《夏日進講和張洪陽年丈韻》："非材慚獻納，鵠立細㲪前。"

【細㲪】

同"細氈"。此體漢代已行用。《漢書·王吉傳》："夫廣廈之下，細㲪之上，明師居前，勸誦在後，上論唐虞之際，下及殷周之盛。"

白氈

氈的一種。其質呈白色，多爲羊毛壓製而成。此稱唐代已行用。《新唐書·回鶻傳下》："諸下皆帽白氈，喜佩刀礪。"宋趙與時《賓退錄》卷一〇："綿一千一百兩，氈三十領，白氈三十領，紫茸氈四領，靴氈一十領。"

【白氀】

同"白氈"。此體清代已行用。《皇清職貢圖》卷二："〔西藏巴呼喀木等處〕男子戴白氀銳頂帽，上插鳥羽三枝，著紅褐長領衣，皂襪，朱履，胸佩護心小鏡，時負番錦等物，赴藏貿易。"又卷六："山谷番民薙髮留辮，戴白氀纓帽，衣用羊皮以布緣之。"

【白㲲】

同"白氈"。此體漢代已行用。漢劉安等《淮南子·脩務訓》："及其粉以玄錫，摩以白㲲，鬢眉微毫，可得而察。"南朝劉義慶《甄冲拒婚記》："社公下，隱膝幾，坐白㲲坐褥，玉唾壺，以玳瑁爲手巾籠，捉白塵尾。"

烏氈

黑色氈。此稱唐代已行用。唐馮贄《雲仙雜記》："凌倚隱衡山，往來自負書劍，削竹爲擔，裹以烏氈。倚既死，山僧取以供事。"宋孟元老《東京夢華錄·元旦朝會》："又有南蠻五姓番，皆椎髻，烏氈，並如僧人。"

【黑氈】

即烏氈。此稱南北朝時期已行用。《北史·魏本紀第五》："用代都舊制，以黑氈蒙七人，歡居其一。"《皇清職貢圖》卷六："〔建昌中右營轄阿史審札等處〕男子椎髻，裹青布帕，耳綴銅環，短衣草履，背披黑氈，常繫布囊於腰。"

采㲲

彩色的毛織物。此稱漢代已行用。漢桓寬《鹽鐵論·力耕》："騾、貂、狐、貉、采㲲、文罽，充於內府。"唐楊凝《從軍行》："漢卒悲簫鼓，胡姬濕采㲲。如今意氣盡，流淚挹流泉。"

紅氈

氈的一種。其質色紅。此稱明代已行用。《喻世明言·裴晉公還原配》："養娘鋪下紅氈，黃小娥和唐璧做一時兒立了，朝上拜了四拜。"《皇清職貢圖》卷二："〔西藏所屬衛藏阿爾喀木諸地〕女披髮垂肩，亦有辮髮者，或時戴紅氈涼帽，富家則多綴珠璣以相炫耀。"又卷五："〔莊浪土千戶王國相等所轄華藏上札爾的等族〕女盤髻，戴紅氈尖頂帽，綴以碑碌，後插金銀鳳釵，衣裙類民婦，而足履革靴，亦有披髮長衣者。"清王初桐《奩史》卷二七引《郡志》："彎甸州婦人以紅氈束臂。"

【紅毪】

同"紅氈"。此體明代已行用。《明史·輿服志一》："頂用丹漆，上冒紅毪，四垂以黃毪爲如意雲。"《欽定八旗通志》卷九二："司香婦人等鋪叩頭黃花紅毪，皇帝皇后親詣行禮入坤寧宮。"

大紅氈

紅氈的一種。其色大紅。此稱明代已行用。《醒世姻緣傳》第七五回："次日，周嫂兒老早的合馬嫂兒都到了狄希陳下處，等送定禮。使大紅氈包盛著，小選子拿了，同兩個媒人一同送到童家。"《金瓶梅詞話》第六二回："比及黃昏時分，只見許多閑漢，用大紅氈條裹著，攬板進門，放在前廳天井内。"

大紅猩氈

大紅色猩猩氈。此稱清代已行用。《紅樓夢》第八回："那丫頭便將著大紅猩氈斗笠一抖，才往寶玉頭上一合，寶玉便説："罷，罷！……讓我自己戴罷。"又第五〇回："一語未了，只見寶琴背後轉出一個披大紅猩氈的人來。"

猩猩氈

亦稱"猩紅氈子"。氈的一種。深紅色。因古謂猩猩血可作紅顔料而得名。此稱清代已行用。《紅樓夢》第四九回："正説著，只見他屋裏的小丫頭子送了猩猩氈斗篷來。"又五一回："平兒笑道：'……昨兒那麼大雪，人人都是有的，不是猩猩氈，就是羽緞羽紗的，十來件大紅衣裳映著大雪，好不齊整。'"《兒女英雄傳》第二四回："正中當地又設著一張八仙桌，上面鋪著猩紅氈子。"

【猩紅氈子】

即猩猩氈。此稱清代已行用。見該文。

青氈

氈的一種。色青。可做帳篷、冠帽、床褥、坐墊等。此稱唐代已行用。唐于鵠《過凌霄洞天謁張先生祠》詩："醉臥枕敧樹，寒坐展青氈。"《明史·輿服志一》："油絹雨衣、青氈衣及紅油合扇梯、紅油托叉各一。"《清史稿·輿服志一》："門高四尺八寸，冬施青氈門幃，夏易以硃帘，黑緞緣，四面各三。"

【青毪】

同"青氈"。此體漢代已行用。漢曹操《與太尉楊彪書》："今贈足下錦裘二領……青毪床褥三具。"宋陸游《漢宮春·初自南鄭來成都作》："吹笳暮歸，野帳雪壓青毪。"唐白居易《偶眠》詩："妻教卸烏帽，婢與展青毪。"宋彭大雅《黑韃事略》："用四五尺長柳枝，或銀打成枝，包以青毪。"清查慎行《雪中戴青毪大防，上顧見大笑，口占紀之》："大于暖耳覆雙肩，冰雪騎驢二十年。今日重蒙天一笑，白頭還戀舊青毪。"

紫茸氈

紫色絨氈。此稱宋代已行用。宋蘇軾《次韵柳子玉·紙帳》："潔似僧巾白氎布，暖於蠻帳紫茸氈。"宋趙與時《賓退録》卷一〇："綿一千一百兩，氈三十領，白氈三十領，紫茸氈四領，靴氈一十領，靴皮二十張。"

氁氈

用氁牛毛製成的毛織品。此稱漢代已行用。《後漢書·西南蠻夷傳》："其人能作氁氈、班罽、青頓、毲㲝、羊羧之屬。"晉常璩《華陽國志》卷三："羌胡、羌虜、白蘭峒、九種之戎，牛馬、旄氈、班罽、青頓、毻毲、羊毲之屬。"

池氈

一種有邊緣綴飾的毛氈。此稱宋代已行用。宋趙令畤《侯鯖錄》卷一:"《正俗》云:或問:'今以卧氈著裹施緣者,何以呼池氈?'答曰:'《禮》云:魚躍拂池,池者,緣飾之名,謂其形象水池耳……今人被頭別施帛爲緣者,猶爲被池。此氈亦爲有緣,故得名池耳。'"

卧氈

供睡卧的毛氈。此稱南北朝時期已行用。《北史・裴寬列傳》:"寬乃裁所卧氈,夜縋而出,因得遁還,見於周文帝。"《四分律》卷五〇:"若褥垢膩,應作重褥。若重膩,應作卧氈覆上。"

針氈

亦作"鍼氈"。置針於氈,令人坐於其上,片刻難安。語出《晋書・杜錫傳》:"〔杜錫〕屢諫愍懷太子,言辭懇切,太子患之。後置針著錫常所坐處氈中,刺之流血。"宋蘇軾《遷居臨臯亭》詩:"劍米有危炊,鍼氈無穩坐。"明曹履泰《靖海紀略》卷之三:"今日李寇大讎在側,如坐鍼氈。"《金瓶梅詞話》第三五回:"那賁四在席上終是坐不住,去又不好去,如坐針氈相似。"

【鍼氈】

同"針氈"。此體宋代已行用。見該文。

蠻氈

我國西南和南方少數民族地區産的毛氈。此稱宋代已行用。宋蘇軾《郭綸》詩:"我當憑軾與寓目,看君飛矢射蠻氈。"宋李石《沉黎四首》:"號風吹客袖,落雪舞蠻氈。"宋范成大《桂海虞衡志・志器》:"蠻氈出西南諸蕃,以

大理者爲最。蠻人晝披夜卧,無貴賤,人有一氈。"宋陸游《醉眠曲》:"一杯一杯意忽倦,徑撥紙帳投蠻氈。"

太華氈

氈的一種。質地精細。此稱南北朝時期已行用。南朝梁蕭綱《和徐錄事見内人作卧具詩》:"已入琉璃帳,兼雜太華氈。"清王初桐《奩史》卷二九引元克龍輔《女紅餘志》:"光武後陰麗華,步處皆鋪太華精細之氈,故足底織滑,與手掌同。"

托羅氈

氈的一種。其物質劣價廉。此稱宋代已行用。宋陶穀《清異錄・蒸黃透繡襖子》:"明宗天資恭儉,嘗因苦寒,左右進蒸黃透繡襖子,不肯服,索托羅氈襖衣之。"《全史宮詞》卷一四:"百爾冬衣賜帛錦,御袍只進托羅氈。春回會節園中日,偏費臣工買宴錢。"

金山氈

氈的一種。此稱清代已行用。《二十年目睹之怪現狀》第五七回:"一夜睡的龍鬚席,蓋的金山氈,只喜得個心癢難撓,算是享盡了平生未有之福。"

繡鵝毛氈

氈的一種。繡有鵝毛的毛氈,此氈滑軟而富彈性。此稱唐代已行用。唐段成式《酉陽雜俎・忠志》:"安禄山恩寵莫此,錫賚無數,其所賜品目有桑落酒……繡鵝毛氈。"

鞾氈

氈的一種。主要做鞋靴用。鞾,同"靴"。此稱唐代已行用。《新唐書・地理志一》:"京兆府京兆郡,本雍州,開元元年爲府。厥貢:水上稻、麥、犛紫、秆粟、隔紗、粲席、鞾氈、

蠟、酸棗人、地骨皮、櫻桃、藕粉。"

覆鞍氈

氈的一種。主要供覆蓋馬鞍用。此稱唐代已行用。《新唐書·地理志一》:"廣明後覆沒吐蕃，又僑治臨涇。土貢:氈、覆鞍氈、龍鬚席。"又:"本治清河，武德六年徙治歷亭，八年復故治。土貢:絹、氈、覆鞍氈。"

氈毯

毛氈製成的毯子。此稱唐代已行用。唐白居易《青氈帳二十韻》:"軟暖圍氈毯，槍橯束管弦。"明沈德符《萬曆野獲編·外國·西域記》:"地鋪氈毯，無君臣上下，男女相聚皆席地趺坐。"《紅樓夢》第七六回:"賈母又命將氈毯鋪在階上。"

旃蒻

用皮毛、蒲草之類製成的墊子。此稱漢代已行用。漢桓寬《鹽鐵論·散不足》:"古者，皮毛草蓐，無茵席之加，旃蒻之美。"

氄

氈類毛織品。《字彙補·毛部》:"氄，罽也。"此稱先秦時期已行用。《黃帝內經太素·九針》:"氄，毛也。毛形且員且兑，中身微大也。"

毨

氈類毛織品。此稱宋代已行用。《集韻·平虞》:"鳥解毛曰毨，一曰罽也。"

罽

亦作"緝"。一種毛織品。《説文》:"以毳爲緝，色如薙。故謂之罽。"清段玉裁注:"毳，獸細毛也。緝，西胡毳布也。"此稱漢代已行用。《漢書·高帝紀下》:"賈人毋得衣錦繡、綺穀、絺紵、罽。"唐顔師古注:"罽，織毛，若

今毭及氍毹之類也。"《後漢書·西南蠻夷列傳》:"其人能作旄氈、班罽、青頓、毲毦、羊羉之屬。"唐李賢注:"《周書》伊尹爲四方獻令曰:'正西昆侖、狗國、鬼親、枳已、闟耳、貫匈、雕題、離丘、漆齒，請令以丹青、白旄、紕罽、龍角、神龜爲獻。'湯曰:'善。'何承天纂文曰:'紕，氐罽也。'"唐柳宗元《同劉二十八院長述舊言懷感時書奉寄灃州張員外使君》:"禦寒衾用罽，挹水勺仍椰。"元柳貫《次伯長待制韵送王繼學修撰馬伯庸應奉扈從上京》其二:"賦成特賜麒麟罽，宴出初擎碼磂盤。"明李夢陽《上元訪杜煉師》詩:"玉杯瀲灔赤瑪瑙，織罽四角銀麒麟。"

【緝】

同"罽"。此體清代已行用。見該文。

罽茵

毛毯。茵，以細草喻毯。此稱唐代已行用。唐張説《安樂郡主花燭行》:"罽茵飾地承雕履，花燭分階移錦帳。"清毛奇齡《西堂宴畢仍用前韵擬宮怨詩益都師相詩先成命予援筆立和其後》:"春花秋月如等閑，暮雨朝雲總翁忽。茀服華袿拜罽茵，何須繡繻提章鉞。"

【罽毯】

即罽茵。此稱宋代已行用。《宋史·禮志一六》:"凡大宴，宰相、使相坐以繡墩;參知政事以下用二蒲墩，加罽毯。"清蒲松齡《聊齋志異·蓮香》:"及歸則自門達堂，悉以罽毯貼地，百千籠燭，燦列如錦。"

【緝毯】

即罽茵。此體元代已行用。元吳澂《別趙子昂序》:"其間有能自拔者矣，則不絲麻不穀粟，而緝毯是衣，蜆蛤是食。"

罽毦

省稱“毦”。氈類毛織品。《康熙字典·毛字部》：“《廣雅》：‘毦，罽也。’”此稱漢代已行用。《後漢書·宦者傳》：“皆競起第宅，樓觀壯麗，窮極伎巧。金銀罽毦，施於犬馬。”唐李賢注：“毦，以毛羽爲飾。”

【毦】[1]

“罽毦”之省稱。此稱三國時期已行用。見該文。

罽毲

質地粗之罽。此稱唐代已行用。《藝文類聚》卷五九：“黼錦繢組，罽毲皮服。”清厲荃《事物異名録》卷二五：“罽毲《名義考》：‘毛布，罽也，亦謂之毲。’”。

罽緦

用染色絲毛編織而成的花紋飾物。此稱南北朝時期已行用。北齊顔之推《顔氏家訓·書證》：“又問‘《東宫舊事》六色罽緦是何等物？當作何音？’答曰：‘案：《説文》云：莙，牛藻也，讀若威，音隱（疑是“限”字）。……又寸斷五色絲，横著綫股間，繩之以象莙草，用以飾物，即名爲莙。於時當紺六色罽，作此莙以飾緄帶，張敞因造糸旁畏耳，宜作隈。’”

罽錦[2]

有錦紋之罽。此稱晋代已行用。晋葛洪《抱朴子·鈞世》：“至於罽錦麗而且堅，未可謂之減於蓑衣。”《宋史·外國傳三·高麗》：“高麗進奉使禮賓卿崔元信等入見，貢罽錦衣褥。”

毛罽

罽的一種。毛氈類。《集韻·入末》：“𦇴，蠻夷織毛罽也。”此稱唐代已行用。《舊唐書·吐蕃傳下》：“夜皆蹈於地，以髮繩各繫一橛，又以毛罽都覆之，守衛者卧其上，以防其亡逸也。”《新五代史·四夷附録三》：“〔党項〕有地三千餘里，無城邑而有室屋，以毛罽覆之。”宋王明清《揮麈前録》卷四：“嶺上有積雪，行人皆服毛罽。”《皇清職貢圖》卷二：“〔西藏所屬衛藏阿爾喀木諸地〕女披髮垂肩，亦有辮髮者，或時戴紅氈凉帽，富家則多綴珠璣以相炫耀；衣外短内長，以五色褐布爲之，能織番錦、毛罽，足皆履革鞮。”

毳罽

毛織品。此稱遼代已行用。《遼史·食貨志下》：“靺鞨伊濟等部以蛤珠、青鼠、貂鼠、膠魚之皮，牛羊、駞馬、毳罽等物來於遼者，道路繦屬。”元周伯琦《院考試鄉貢進士紀事》詩：“環廬帷毳罽，侍史服貂貉。”

文罽

紋飾華美的毛織品。此稱漢代已行用。漢桓寬《監鐵論·力耕》：“鼲、貂、狐、貉、采旃、文罽，充於内府。”《後漢書·祭祀志中》：“〔延熹〕九年，親祠老子於濯龍。文罽爲壇，飾淳金釦器，設華蓋之坐，用郊天樂也。”《資治通鑑·漢桓帝延熹九年》：“庚午，上親祠老子於濯龍宫，以文罽爲壇飾，淳金扣器，設華蓋之坐，用郊天樂。”元胡三省注：“西夷織毛爲布曰罽。”徐珂《清稗類鈔·服飾類·猓猔之服飾》：“裙或文罽，或采色布，單革軟底。”

花罽

提花工藝製成的毛織品。此稱唐代已行用。唐張讀《宣室志·鄭德懋》：“堂上悉以花罽薦地。”《元史·輿服志·儀仗》：“駝鼓，設金裝鉸具，花罽鞍褥槖篋。”《聊齋志異·西湖主》：“陛上悉踐花罽，門堂藩溷，處處皆龍燭。”《皇清職貢圖》卷一：“〔馬辰國〕男剪髮，勒以紅帛，腰圍花罽，出入必佩刀劍，常負竹筐以盛椒。”

香罽

華麗之罽。香，美稱，或謂有香氣之罽。此稱漢代已行用。《後漢書·李恂傳》：“西域殷富，多珍寶，諸國侍子及督使賈胡數遺恂奴婢、宛馬、金銀、香罽之屬，一無所受。”唐李賢注：“罽，織毛爲布者。”《北堂書鈔·武功部》：“諸梁時西城胡來獻香罽、腰帶、割玉刀，悔不取也。”

錦罽

華美之罽。此稱漢代已行用。《後漢書·東夷傳》：“不貴金寶錦罽，不知騎乘牛馬，唯重瓔珠，以綴衣爲飾，及縣頸垂耳。”《北史·裴佗傳》：“皆令佩金玉，被錦罽。”明屠隆《曇花記·定興開宴》：“雅稱的華堂錦罽，寶埒香塵。”《紅樓夢》第二三回：“梅魂竹夢已三更，錦罽鸘衾睡未成。”又第五〇回：“湘雲喊道：石樓閑睡鶴，黛玉笑的握著胸口，高聲嚷道：錦罽暖親猫。”《古今譚概·汰侈部》：“尚書王天華取媚世蕃，用錦罽織成點位，曰‘雙陸圖’；別飾美人三十二，衣裝緇素各半，曰‘肉雙陸’，以進。”

繢罽

罽的一種。呈五彩色。此稱漢代已行用。《漢書·東方朔傳》：“木土衣綺綉，狗馬被繢罽。”唐顏師古注：“繢，五彩也。罽，織毛也，即氈毹之屬。”清弘曆《咏玉人牧駝》：“金鈴繢罽何須渠，配以司牧事例朱。”

紕罽

古代氐族人所製之罽，甚奇美。此稱先秦時期已行用。《逸周書·王會》：“請令以丹青、白旄、紕罽、江曆、龍角、神龜爲獻。”《後漢書·南蠻西南夷傳》：“其人能作旄氈、班罽、青頓、毞毲、羊羧之屬。”唐李賢注：“《周書》伊尹爲四方獻令曰：‘正西昆侖、狗國、鬼親、枳己、闒耳、貫匈、雕題、離丘、漆齒，請令以丹青、白旄、紕罽、龍角、神龜爲獻。’湯曰：‘善。’何承天《纂文》曰：‘紕，氐罽也。’音卑疑反。毞即紕也。”章炳麟《訄書·序種姓下》：“上世戎狄，有樹惇者，其享觀共主，白鵒之血以飲之……白旄、紕罽以蔗之。”

蠻罽

古代西南和南方少數民族所製之罽，甚奇美。此稱唐代已行用。唐高彥休《唐闕史·賤買古畫馬》：“外郎奇之，命取以視，則古絲烟晦，幅聯三四，蠻罽裁標。”

五采罽

罽的一種。質地呈五彩色而得名。此稱漢代已行用。《周禮·春官·巾車》：“王之五路，一曰玉路，錫樊纓，十有再就。”漢鄭玄注：“王路之樊及纓，皆以五采罽飾之十二就。”

五色罽

具五種顏色之罽。此稱漢代已行用。《後漢書·輿服志下》：“佩刀，乘輿黃金通身貂錯，半鮫魚麟，金漆錯，雌黃室，五色罽隱室華。”《太平御覽》卷八一六：“《扶南傳》曰：‘妥息國出五色罽。’”

六色罽

具六種顏色之罽。此稱南北朝時期已行用。北齊顏之推《顏氏家訓·書證》：“又問‘《東宮舊事》六色罽緀是何等物？當作何音？’答曰：‘案：《説文》云：緀，牛藻也，讀若威，音隱（疑是“限”字）。……又寸斷五色絲，橫著緉股間，繩之以象箬草，用以飾物，即名爲箬。
於時當紺六色罽，作此箬以飾緄帶，張敝因造
糸旁畏耳，宜作限。'"

赤罽

罽的一種。呈赤色。《廣韻·平魂》："毢，
赤色罽名。"此稱漢代已行用。《後漢書·輿服
志上》："乘輿、金根、安車、立車……朱兼樊
纓，赤罽易茸。"又："長公主赤罽軿車。"《三
國志·吳書·孫堅傳》："堅常著赤罽幘，乃脫幘
令親近將祖茂著之。"《晉書·輿服志》："長公
主乘赤罽軿車，駕兩馬。"

猩紅洋罽

一種猩紅色罽。此稱清代已行用。《紅樓夢》
第三回："臨窗大炕上鋪著猩紅洋罽，正面設著
大紅金錢蟒靠背，石青金錢蟒引枕，秋香色金
錢蟒大條褥。"

絳地縐粟罽

罽的一種。呈深紅色，起褶縐，有粟粒
狀紋飾。此稱三國時期已行用。《三國志·魏
書·倭傳》："今以絳地交龍錦五匹，絳地縐粟
罽十張，蒨絳五十疋，紺青五址匹，答汝所獻
貢直。"

金罽

罽的一種。其質金色。此稱漢代已行用。
《書·禹貢》："厥貢璆、鐵、銀、鏤、砮磬、
熊、羆、狐、狸、織皮。"漢孔安國傳："貢四
獸之皮，織金罽。"《南史·夷貊列傳上·海南
諸國》："土出犀、象、貂鼠、玳瑁、火齊、金
銀銅鐵、金縷織成金罽、細靡白疊、好裘、氍
毹。"

金縷罽

罽的一種。用金絲綾織就。此稱漢代已行

用。《後漢書·西域傳》："刺金縷繡，織成金縷
罽、雜色綾。"

緹罽

罽的一種。呈赤黃色。此稱南北朝時期已
行用。南朝梁元帝《金樓子·雜記》："雖制控
堅嚴，而金玉滿室，土木緹罽，不可勝云。"

綠罽

罽的一種。此稱唐代已行用。唐皮日休
《酬魯望見迎綠罽次韻》："輕裁鴨綠任金刀，
不怕西風斷野蒿。酬贈既無青玉案，織華猶
欠赤霜袍。烟披怪石難同逸，竹映仙禽未勝
高。成後料君無別事，只應酣飲咏離騷。"唐
陸龜蒙《襲美將以綠罽爲贈因成四韻》："三徑
風霜利若刀，褦襶吹斷罥蓬蒿。病中只自悲龍
具，世上何人識羽袍。狐貉近懷珠履貴，薜蘿
遙羡白巾高。陳王輕暖如相遺，免致衰荷效廣
騷。"

紫罽

罽的一種。呈紫色。此稱漢代已行用。《後
漢書·輿服志上》："太皇太后、皇太后……其
非法駕，則乘紫罽軿車。"清王初桐《奩史》卷
八六引《吳書》："太后法駕，御金根車。非法
駕，則乘紫罽軿車。"

紫絳罽

罽的一種。呈紫紅色。此稱晉代已行用。
《晉書·輿服志》："金薄石山軿、紫絳罽軿車，
皆駕三驪馬，爲副。"《宋書·禮志五》："三夫
人青交絡安車，駕三。皆以紫絳罽軿車，駕三
爲副。"

白罽

罽的一種。呈白色。此稱唐代已行用。唐
杜牧《偶見黃州作》詩："朔風高緊掠河樓，白

鼻騎郎白氎裘。"唐陸龜蒙《奉和襲美送李明府之任南海》："知君不戀南枝久，抛却經冬白氎裘。"徐珂《清稗類鈔·服飾類》："雲南維西廳布麼些族，男皆剃頭辮髮，不冠，多以青布纏頭，衣盤領白氎，不襲不裹，棉布袴不掩膝。"

麒麟氎

氎的一種。織有麒麟圖案。此稱元代已行用。元柳貫《次伯常待制韻送王繼學等扈從上京》："賦成特賜麒麟氎，宴出初擎瑪瑙盤。"明陳廣野《麒麟氎·轅門邂逅》："這漢子英雄豪傑……與那麒麟織在毯子上一般，虎變露形，定非凡品。"

班氎

亦作"斑氎"。亦稱"細班華氎"。氎的一種。有細緻斑斕花紋。班，通"斑"。此稱漢代已行用。《後漢書·南蠻西南夷傳》："其人能作旄氈、班氎、青頓、毦毲、羊羧之屬。"《三國志·魏書·倭傳》："詔書報倭女王曰：'……又物賜汝紺地句文錦三匹、細班華氎五張、白絹五十匹、金八兩、五尺刀二口、銅鏡百枚。'"清厲荃《事物異名錄》卷二五引明楊慎《丹鉛總錄》："斑氎，今之雜色氍。"

【細班華氎】

即班氎。此稱三國時期已行用。見該文。

【斑氎】

同"班氎"。此體清代已行用。見該文。

地衣

即地毯。此稱唐代已行用。唐白居易《紅綫毯》詩："一丈毯，千兩絲，地不知寒人要暖，少奪人衣作地衣。"唐王建《宮詞》之四〇："連夜宮中修別院，地衣簾額一時新。"《舊唐書·曹確傳》："畫魚龍地衣，用官絁五千匹。"《新唐書·曹確傳》："刻畫魚龍地衣，度用繒五千。"

氎

亦稱"氎氀"。古代西南少數民族所織之氎。此稱宋代已行用。《集韻·入末》："氎，蠻夷織毛氎也。"《後漢書·南蠻西南夷傳》："〔哀牢人〕知染采文綉，氎氀帛叠，蘭干細布，織成文章如綾錦。"清姜宸英《江防總論》："以故比年以來，滇黔兩廣，外曁九真、日南，珠璣孔翠，異香文犀，氎氀寶幪之貢，浮江而入河者，若過於枕席之上。"

【氎氀】

即氎。此稱漢代已行用。見該文。

織皮

亦稱"毛布"。氎的一種。初指帶皮之毛，後泛指用獸毛所織的呢、氈等。其製衣多爲地位低下的人所服。此稱先秦時期已行用。《書·禹貢》："厥貢……熊羆、狐狸、織皮。"漢孔安國傳："貢四獸之皮，織金氎。"唐孔穎達疏："《釋言》云：'氂，氎也'。舍人曰：'氂，謂毛氎。'胡人績羊毛作衣。孫炎曰：'毛氂爲氎，織毛而言皮者，毛附於皮，故以皮表毛耳。'"《詩·豳風·七月》："無衣無褐。"漢鄭玄箋："褐，毛布也。"唐孔穎達疏："毛布，用毛爲布。今夷狄作褐，皆織毛爲之，賤者所服。"《史記·夏本紀》："華陽黑水惟梁州……貢：璆、鐵、銀、鏤、砮、磬，熊、羆、狐、狸、織皮。"南朝裴駰集解引漢孔安國曰："織皮，今氎也。"又《夏本紀》："黑水西河惟雍州……織皮昆侖、析支、渠搜，西戎即序。"南朝裴駰集解引漢孔安國曰："織皮，毛布。"唐張說《開元正曆握乾符頌》:"織皮火毳,暍炎山,污熱海,向風來王。"宋蘇軾《賜于闐國黑灃王進奉示諭敕書》之二:"璧馬充庭,尚識漢儀之舊;織皮在筐,聊觀《禹貢》之餘。"清厲荃《事物異名錄》卷二〇五引《庶物異名疏》:"《書》曰:'熊、羆、狐狸、織皮。'孔安國云:'織皮,罽。'"

【毛布】[1]

即織皮。此稱漢代已行用。見該文。

毾布

亦作"毲布"。一種細軟的毛織布。此稱晉代已行用。《晉書·張軌傳》:"光祿傅祇、太常摰虞遺軌書,告京師饑匱,軌即遣參軍杜勳獻馬五百匹、毾布三萬匹。"清吳任臣《字彙補·毛部》:"毲,與毾同。"北魏崔鴻《前涼錄》:"軌即遣參軍杜動獻馬五百匹,毲布三萬匹。"《康熙字典·毛部》:"此字當從炎,改從焱無義。當即毾字爲文。"

【毲布】

同"毾布"。此體魏晋時期已行用。見該文。

毷布

古代少數民族所織的毛布。此稱唐代已行用。唐皇甫冉《怨回紇歌》之一:"毷布腥羶久,穹廬歲月多。"《戒因緣經》:"時此賈客以毷布施比丘僧。"

毛段

亦稱"子毝"。毛織品的一種。厚實,有光澤。此稱宋代已行用。宋俞琰《席上腐談》卷上:"北方毛段細軟者曰子毝,子謂毛之細者。"《元朝秘史》卷一三:"俺本是城郭内住的百姓,若有緊急徵進,卒急不能別,蒙恩賜時,將俺地面所產的駱駝、毛段子、鷹鶻,常進貢皇

帝。"

【子毝】

即毛段。此稱宋代已行用。見該文。

毝

毛緞的一種。明梅膺祚《字彙·毛部》:"毝,毛段也。"此稱元代已行用。元文宗《自建康之京都途中作》詩:"穿了毝衫便著鞭,一鈎殘月柳梢邊。"明陶宗儀《南村輟耕錄》卷二八:"毝絲脫兮塵土昏,頭袖碎兮珠翠黯。"元佚名《漁樵記》第二折:"有甚麼大綾大羅,洗白復生高麗毝絲布。"

毿

細氈類毛織品。多爲赤色。此稱漢代已行用。《說文·毛部》:"毿,以毳爲纑,色如虋。故謂之毿。"清段玉裁注:"毳,獸細毛也。纑,西胡毳布也。……引《詩》曰:毳衣如毿。"按,《詩·王風·大車》作"毳衣如璊。"《廣韻·平魂》:"毿,赤色罽名。"蘇曼殊《斷鴻零雁記》第一七章:"〔静子〕餘髮散垂右肩,束以毿帶,迴絕時世之裝。"

青毿

毿的一種。其質色青。此稱南北朝時期已行用。《北史·契丹傳》:"熙平中,契丹使人初真等三十人還,靈太后以其俗嫁娶之際以青毿爲上服,人給青毿兩匹,賞其誠歡之心。"

細毝

毝的一種。細毛緞。此稱宋代已行用。舊題宋蘇軾《格物麤談·器用》:"細毝綠布包猪牙,皂角揩玉器光潤。"

羽緞[2]

一種光滑像緞子的毛織衣料。其質厚密,着水不濕,可禦雨雪。此稱清代已行用。《清會

典事例·禮部·冠服》："凡雨冠雨衣，以氈或羽緞油紬爲之。"清王士禛《香祖筆記》卷一："羽紗羽緞，出海外荷蘭、暹羅諸國，康熙初入貢止一二匹，今閩廣多有之。蓋緝百鳥氄毛織成。"又第五一回："平兒笑道：'……昨兒那麼大雪，人人都是有的，不是猩猩氈就是羽緞羽紗的，十來件大紅衣裳映著大雪，好不齊整。'"

大紅羽緞 [2]

羽緞的一種。呈大紅色。《紅樓夢》第八回："寶玉因見他外面罩著大紅羽緞對衿褂子，因問：'下雪了麼？'"中國藝術研究院紅樓夢研究所校注："羽緞：亦稱羽毛緞，一種毛織品，疏細者稱羽紗，厚密者稱羽緞，著水不濕，可禦雨雪。"

羽紗

羽緞的一種。其質疏細。此稱清代已行用。《紅樓夢》第五一回："平兒笑道：'……昨兒那麼大雪，人人都是有的，不是猩猩氈就是羽緞羽紗的，十來件大紅衣裳映著大雪，好不齊整。'"

毛錦

毛織品的一種。以金縷和孔雀毛搓綫紡織而成。質地光耀華麗似錦而得名。此稱五代時期已行用。《新五代史·四夷附錄二》："其地多銅、鐵、金、銀，其人工巧，銅鐵諸器皆精好，善織毛錦。"清葉夢珠《閲世篇》卷八："昔年花緞惟絲織成華者加以錦綉，而所織之錦大率皆金縷爲之，取其光耀而已。今有孔雀毛織入緞內，名曰'毛錦'，花更華麗，每匹不過十二尺，値銀五十餘兩。"據周肇祥《故宫陳列所紀略》載，故宫曾展出乾隆時用孔雀毛織成的蟒衣。

毳錦

毛織品的一種。其質華美似錦而得名。此稱宋代已行用。宋無名氏《李師師外傳》："嗣後師師生辰，又賜珠鈿，金條脱各二事，璣琲一篋，毳錦數端。"元楊雲鵬《送殷獻臣北上》詩："毳錦模糊覆橐駝，駪駪征騎度沙陀。"

氀毻 [1]

呢絨等精美毛織物品。此稱明代已行用。明夏原吉《忠靖集·蘆花被》："蜀錦吳綾斬艷麗，純綿氀毻讓輕柔。"清龔自珍《乞糴保陽》詩之四："昨日林尚書銜命下海濱。方當杜海物，氀毻拒其珍。"

毾

毛織布。《康熙字典》引《博雅》："氀毾，罽也。"此稱漢代已行用。《後漢書·烏桓傳》："婦人能刺韋，作文綉，織氀毾。"唐李賢注："《廣雅》曰：氀毾，罽也，氀，力于反。毾，胡葛反。"漢陳琳《神武賦》："緂錦績組。罽毾皮服。"《周書·西域傳下·波斯》："又出白象、師子、大鳥卵、珍珠、離珠、頗黎……毾，氍毺。"

【毛毾】

即毾。此稱隋代已行用。《隋書·漕國列傳》："衣多毛毾皮裘，全剝牛脚皮爲靴。"宋趙與時《賓退錄》卷一〇："毛毾一十五段，紫茸毛毾一十段。"清許容《甘肅通志·風俗》："民俗質樸，風土壯猛，人性堅剛慷慨，穴居野處，采獵爲生，以織毛毾爲業。"

紫茸毛毾

毛毾的一種。以織有細軟的絨毛而得名。茸，通"絨"。此稱宋代已行用。宋趙與時《賓退錄》卷一〇："毛毾一十五段，紫茸毛毾一十段。"

毛毼段

毛毼的一種。粗而光亮，多用以製作大衣。此稱宋代已行用。《宋史·地理志三》："熙州，上，臨洮郡……貢毛毼段、麝香。"

兔褐

用兔毛織成的布。此稱唐代已行用。唐李肇《唐國史補》卷下："宣州以兔毛爲褐，亞於錦綺，復有染絲織者尤妙，故時人以爲兔褐真不如假也。"唐白居易《病偶吟所懷》詩："裘新青兔褐，褥軟白猿皮。"宋陸游《新裁短褐接客以代戎服或以爲慢戲作》詩："雖云裁兔褐，不擬坐漁扉。"

毳毼

古代一種質粗較細之毼。此稱唐代已行用。《新唐書·突厥列傳》："牧馬之童，乘羊之隸，齎毳毼邀利者，相錯於路。"《新唐書·回鶻列傳》："賤者衣皮不帽，女衣毳毼、錦、罽、綾，蓋安西、北庭、大食所貿售也。"

氀毼

毼的一種，質地較細密。此稱明代已行用。明余繼登《典故紀聞》卷一一："正統初，陝西右參政年富奏本司，原造綾絹氀毼百餘匹，復加造駝毼五十匹，民力不堪，乞免造，從之。"

【氀毼】

同"氀毼"。此體明代已行用。《明史·年富傳》："陝西歲織綾、絹、氀毼九百餘匹。"

馲毼

駝毛織品。馲，同"駝"。此稱明代已行用。《明史·年富傳》："永樂中，加織駝毼五十匹，富請罷之。"

氈毼

古代一種質料較粗之毼。此稱漢代已行用。《後漢書·烏桓傳》："婦人能刺韋作文綉，織氈毼。"唐李賢注引《廣雅》："氈毼，罽也。"《百喻經·賊偷錦綉用裹氈褐喻》："昔有賊人入富家室，偷得錦綉，即持用裹故弊氈褐種種財物，爲智人所笑。"

氈

毛布的一種。此稱三國時期已行用。《廣雅·釋器》："氈，罽也。"《玉篇·毛部》："氈，毛布也。"《廣韻·平虞》："氈，毛布。"

毲

氈類方紋或斜紋織品。此稱三國時期已行用。《廣雅·釋器》："毲，罽也。"唐玄應等《一切經音義》卷一："《字林》：'罽之方文者曰毲。'《通俗文》：'織毛曰罽，邪文曰毲，經文作毲，非也。'"

絨

毛織物的一種。以其面有纖細絨毛而得名。此稱漢代已行用。漢史游《急就篇》第三："繢，亦繻組之屬也，似纂而色赤，總以絲縷爲之，所以束髮也，一曰絨屬也，所以緣飾衣裳也。"據此，絨原當爲絲織品。明宋應星《天工開物·乃服》："凡綿羊剪毳，粗者爲氈，細者爲絨。"

粗絨

絨的一種。其質較粗。此稱清代已行用。《皇清職貢圖》卷一："〔大西洋國黑鬼奴〕戴紅絨帽，衣雜色粗絨短衫，常握木棒。"

紅絨[2]

絨的一種。其質色紅。此稱清代已行用。《金史·儀衛志》："金花大劍六十，俱垂紅絨結子。"《醒世姻緣傳》第七二回："雲鬢緊束紅絨，腦背後懸五梁珠髻。"《皇清職貢圖》卷一："〔大西洋國黑鬼奴〕戴紅絨帽，衣雜色粗絨短衫，常握木棒。"

姑絨

外國產的一種絨布。此稱清代已行用。《紅樓夢》第一〇五回："〔賈璉〕見賈政同司員登記物件，一人報説：'赤金首飾共一百二十三件……姑絨十二度，香鼠筒子十件。'"中國藝術研究院、紅樓夢研究院校注："姑絨，洋絨的一種。"

羊絨

絨的一種。因用羊毛所製而得名。此稱明代已行用。《明史·食貨志六》："陝西織造羊絨七萬四千有奇。"《清稗類鈔·服飾類》："如達賴、班禪之冬帽，均以氆氌或羊絨製成，上尖下大，色黃，夏帽如竹笠，以金色……以氆氌製造，形如内地之坎肩。"

哆囉絨[1]

即哆囉呢。多產自外國。此稱清代已行用。《皇清職貢圖》卷一："〔英吉利國〕男子多著哆囉絨，喜飲酒。"清王士禛《池北偶談·談故四·荷蘭貢物》："貢物大珊瑚珠一串，照身大鏡二面，奇秀琥珀二十四塊，大哆囉絨十五匹。"

絨單

罽毯之一種。猶地毯。此稱明代已行用。明文震亨《長物志》卷九："絨單，出陝西、甘肅。"徐珂《清稗類鈔·服飾類》："蒙長臥處，有被褥，或用絨單，或用羊毛氈。"

絨氍

毛織布的一種。此稱明代已行用。《明史·孝宗紀》："庚辰，停甘肅織造絨氍。"清陳鶴《明紀·孝宗紀一》："庚年，減陝西織造絨氍之半。"

駝茸

即駝絨。此稱宋代已行用。宋范成大《吳船録》卷上："比及山頂，亟挾纊兩重，又加毳衲駝茸之裘。"宋陸游《辛丑正月三日雪》詩："龍圖笑羔酒，狐腋襲駝茸。"明劉基《過閩關》詩之四："江花巧似駝茸白，山果渾如碼碯般。"《金瓶梅詞話》第七二回："駝茸氈斗帳，龜甲錦屏風。"

蒙茸

毛織布的一種。質輕薄，宜製作秋服。此稱宋代已行用。宋黃庚《醉時歌》："月邊天孫織雲錦，製成五色蒙茸裘。披裘把酒踏月窟，長揖北斗相勸酬。"明陶宗儀《元氏掖庭記》："凝香兒，本部下官妓也……香兒著瑣里綠蒙之衫。瑣里，夷名，產撒哈刺，蒙茸如氍氌，但輕薄耳。"

綠蒙

毛織布的一種。質輕薄且呈綠色，宜於製作秋服。此稱明代已行用。明陶宗儀《元氏掖庭記》："凝香兒，本部下官妓也……香兒著瑣里綠蒙之衫。"

青頓

毛織物的一種。此稱漢代已行用。《後漢書·南蠻西南夷傳》："其人能作旄氈、班罽、青頓、毲氀、羊羧之屬。"

毲氀

古代西南地區冉駹族所織的一種獸毛布。此稱漢代已行用。《後漢書·南蠻西南夷傳》："其人能作旄氈、班罽、青頓、毲氀、羊羧之屬。"

羊羧

古代西南地區冉駹族所織的一種羊毛織品。此稱漢代已行用。《後漢書·南蠻西南夷傳》："其人能作旄氈、班罽、青頓、毞罽、羊羧之屬。"明楊慎《藝林伐山》卷一四："羊羧，今寶裝羊皮，酋長婦女以爲背飾。"

毦²

氈類毛製品。多以禽獸毛羽製作。《廣雅·釋器》："毦，罽也。"此稱漢代已行用。《後漢書·南蠻西南夷傳》："有旄牛，無角，一名童牛，肉重千斤，毛可爲毦。"宋司馬光《資治通鑑·隋煬帝大業二年》："課州縣送羽毛，民求捕之，網羅被水陸，禽獸有堪氅毦之用者，殆無遺類。"

白毦

毦的一種。其質呈白色。此稱三國時期已行用。三國蜀諸葛亮《又與孫權書》："所送白毦薄少，重見辭謝，益以增慚。"《遼史·國語解·儀衛志》："白毦，音餌，以白鷺羽爲網，又罽也。"

翠毦

毦的一種。呈翠綠色。此稱南北朝時期已行用。南朝梁武帝《襄陽蹋銅鞮歌》："龍馬紫金鞍，翠毦白玉羈。"按，鞮，一作"蹄"。《太平御覽》三五四："梁簡文帝《馬槊譜序》曰：'馬槊爲用，雖非遠法，……鏤衢與白刃爭暉，翠毦與紅塵俱動。'"《全史宮詞·南朝》："承恩獨有江無畏，翠毦珠羈控紫騮。"

鈴毦

一種毛羽結成的織物，四周綴鈴。此稱漢代已行用。漢曹操《與太尉楊彪書》："今贈足下……赤戎金裝鞍彎十副，鈴毦一具。"一本作"鈴眊"。

金花鈴毦

鈴毦的一種。以飾有金花而得名。此稱南北朝時期已行用。《北史·赤土傳》："每門圖畫菩薩飛仙之象，懸金花鈴毦，婦人數十人，或奏樂，或捧金花。"

旄牛毦

一種以犛牛毛結成的飾物。此稱漢代已行用。《後漢書·南蠻西南夷傳》："青衣道夷邑長令田，與徼外三種夷三十一萬口，齎黃金、旄牛毦，舉土內屬。"唐李賢注引南朝陳顧野王曰："毦，結毛爲飾也，即今馬及弓槊上纓毦也。"

孔雀毦

一種以孔雀羽毛織成的飾物。此稱南北朝時期已行用。《南齊書·扶南國傳》："叔獻聞之，遣使願更申數年，獻十二隊純銀兜鍪及孔雀毦，世祖不許。"《資治通鑑·齊武帝永明三年》："叔獻耳之，遣使乞更申數年，獻十二隊純銀兜鍪及孔雀毦，上不許。"元胡三省注："毦，仍吏翻，以孔雀毛爲飾也。"

纓毦

用毛製成的穗狀飾物，多用在鞍馬、弓槊上。此稱南北朝時期已行用。《後漢書·西南夷傳》："青衣道夷邑長令田，與徼外三種夷三十一萬口，齎黃金、旄牛毦，舉土內屬。"唐李賢注引南朝陳顧野王曰："毦，結毛爲飾也，即今馬及弓槊上纓毦也。"

氍毹

即氍毹。一種羊毛織品。此稱清代已行用。《康熙字典·毛部》："毦，《博雅》：氍，毹罽也。《集韻》：氍屬，极細，可以禦雨。”清黃遵憲《紀事》詩：“斜紋黑普羅，雜俎紅氍毷。”

氍毹

氍毹一類毛織物。純毛或毛與其他材料混織而成。可用於製作地毯、壁毯、床毯、簾幕等。此稱漢代已行用。《説文·毛部》：“氍毹、毦氉，皆氍毲之屬，蓋方言也。”《廣韻·平虞》：“氍，《聲類》曰：氍毹，毛席也。《風俗通》云：織毛褥謂之氍毹。”《三輔黃圖·未央宮》：“温室以椒塗壁，被之文繡……規地以罽賓氍毹。”南朝宋裴松之注引《魏略·西戎傳》：“〔大秦國〕六畜皆出水，或云非獨用羊毛也，亦用木皮或野繭絲作，織成氍毹、毦氉、罽帳之屬皆好，其色又鮮於海東諸國所作也。”北魏楊衒之《洛陽伽藍記·聞義里》：“王張大氍帳，方四十步，周迴以氍毹爲壁。”唐李賀《秦宮詩並序》：“鸞籠奪得不還人，醉睡氍毹滿堂月。”宋毛滂《調笑令·美人賦》詞序詩：“上宮烟娥笑迎客，綉屏六曲紅氍毹。”《金瓶梅詞話》第六五回：“廳正面，屏開孔雀，地匝氍毹，都是錦綉桌幃，妝花椅甸。”清富察敦崇《燕京歲時記·燈節》：“樓設氍毹簾幕，爲宴飲地。”《孽海花》第三〇回：“東首便是卧房，地敷氍毹，屏圍紗綉，一色朱紅細工雕漆的桌椅。”

【氍毹】

同“氍毹”。此體金代已行用。金劉仲尹《不出》詩：“天气稍寒吾不出，氍毹分坐與狸奴。”

【氍氍毹】

即氍毹。此稱漢代已行用。《樂府詩集·相和歌辭十二·隴西行》：“請客北堂上，坐客氍毹。”

【毛氍毹】

即氍毹。此稱宋代已行用。《爾雅·釋言》：“氂，氉也。”宋邢昺疏：“然則氉者，織毛爲之，若今之毛氍毹，以衣馬之帶鞅也。”

【氍氉】

即氍毹。此稱三國時期已行用。三國蜀諸葛亮《答李恢書》：“行當離別，以爲惆悵，今致氍氉一，以達心也。”清陳元龍《格致鏡原·居處器物·氍毯》引明陳仁錫《潛確居類書》：“氍氉亦曰氍毹，毛席也，即今之氍毯。”

【毹】

“氍毹”之省稱。此稱漢代已行用。《説文·毛部》：“毹，氍毹也。”《廣韻·平虞》：“氍，《聲類》曰：氍毹，毛席也。《風俗通》云：織毛褥謂之氍毹。”《封神演義》第七六回：“只見懸花結彩，叠錦鋪毹。”

【氍毹】

即氍毹。此稱明代已行用。明郎瑛《七修類稿·詩文類》卷三五：“珊瑚錯落明月珠，被服美錦紅氍毹。紫泥函封載玉璽，萬樂争擁群龍趨。”徐珂《清稗類鈔·方伎類》：“於是僉持香伏氍毹，震恐屏息。”

花氍毹

氍毹的一種。以其織有花朵或花紋而得名。此稱唐代已行用。唐岑參《玉門關蓋將軍歌》：“暖屋綉簾紅地爐，織成壁衣花氍毹。”明劉養晦《王氏招飲席中有感》：“曉吹龍管迎香風，晚酌金叠邀夜月。珠簾綉幕花氍毹，畫閣朱樓紅地爐。”

紅氍毹

省稱“紅毹”。氍毹的一種。呈紅色。此稱

宋代已行用。宋毛滂《調笑令·美人賦》詞序詩：“上宮烟娥笑迎春，綉屏六曲紅氍毹。”《孽海花》第六回：“雪白的賞銀，雨點般在紅氍毹上，越顯出紅白分明。”又第二二回：“東邊一間，鋪設得尤爲華麗，地蓋紅毹，窗圍錦幕，畫屏重叠，花氣氤氲。”

【紅毹】

“紅氍毹”之省稱。此稱清代已行用。見該文。

氍毹

一種有彩紋的細毛氈。《集韻·平登》：“毹，氍毹，氌也。”此稱漢代已行用。唐玄應等《一切經音義》卷一四引漢服虔《通俗文》曰：“織毛蓐曰㲲㲣，細者曰氍毹。”又引《廣蒼》曰：“氍毹，毛有文章也。”《後漢書·西域傳》：“〔天竺國〕又有細布，好氍毹。”唐李賢注：“毹，音登。《埤倉》曰：‘氍毹，毛席也。’《釋名》曰：‘施之承大床前小榻上，登以上床也。’”清黃遵憲《罷美國留學生感賦》：“千花紅氍毹，四窗碧琉璃。”

【氍毺】

同“氍毹”。此體唐代已行用。唐段公路《北户録·香皮紙》：“無名詩集《武舍之中行》云：‘胡從何等來，氍毺氍毺五木香。’”注：“《通俗》云：織毛褥也。《魏略》云：大秦國以野蠒織成，出黃、白、黑、緑、紫、絳、紺、金、黃縹、留黃十種氍毺。又，《通俗》云：白氍毺，細者謂之氍毺。又，《書》云：氍毺施大床之前小榻之上也。又，《異苑》云：《沙門支法》存有八尺沉香板床，有八尺氍毺，作百種形象。”

【多羅㲲】

即氍毹。此稱明代已行用。明方以智《通雅》卷三七：“中天竺有氍毹，今曰氆氌。秦蜀之邊多有之，似褐，五色方錦，從外徼來，廣中洋舶亦有至者，又名多羅㲲。”

牦

本指牦牛尾，後指各類毛，猶屬。《康熙字典·毛部》：“又屬也。《爾雅·釋言》：牦，屬也。郭注：毛牦，所以爲屬。邢疏：織毛爲之。若今之毛氍毹，以衣馬之帶鞦也。”此稱先秦時期已行用。《列子·湯問》：“昌（紀昌）以牦懸蝨於牖，南面而望之。”

緢

牦牛尾的細毛。此稱漢代已行用。《説文·糸部》：“緢，旄絲也。”清段玉裁注：“牦絲也。牦各本作旄。俗所改也。牦者，牦牛尾也。凡羽旄古當作羽牦。牦絲者，牦牛尾之絲至細者也。”

氊

亦作“氈”。一種硬而捲曲的毛。可用於鋪套禦寒的衣被。此稱南北朝時期已行用。《玉篇·糸部》：“氊，强毛也。”又《集韻·平聲二》：“氊，《説文》：‘强曲毛，可以箸（按：箸，小徐本作“著”）起衣。’”

【氈】

同“氊”。此體宋代已行用。見該文。

氆氌

藏語音譯詞。我國西藏和西北地區少數民族手工生産的羊毛織品。品種繁多，可以做床毯、衣服等。實則爲毛呢的一種。《康熙字典·毛字部》引《字彙》：“氆氌，西番㲲毛織者。吐蕃貢霞氊，即今紅氆氌。”此稱明代已行用。《明史·西域傳》："所貢物有畫佛、銅佛、銅塔、珊瑚、犀角、氆氌、左髻毛纓、足力麻、鐵力麻、刀劍、明甲胄之屬。"明楊慎《南詔野史》："皆辮髮百緌，男戴紅纓，穿氆氌，挂銅鈴佩刀。"《紅樓夢》第一○五回："氆氌三十卷。"《皇清職貢圖》卷二："伊犁等處臺吉之下名置宰桑，以轄民……男戴紅纓高頂篛邊皮帽，左耳亦飾珠環，衣長領衣，或以錦綉，或以紵絲，氆氌。"

【氌氇】

同"氆氌"。此體明代已行用。明湯顯祖《邯鄲記·大捷》："氌氇登臺，綉帽獅蠻帶，與中華鬥將材。"

【普羅】

同"氆氌"。此體明代已行用。清陳元龍《格致鏡原》卷二七引明曹昭《格古要論》："普羅出西蕃及陝西、甘肅，亦用絨毛織者，闊一尺許。"

【氆氌】

即氆氌。此稱明代已行用。明吾邱瑞《運甓記》第二○出："用的是篛醬異馬、班布氆氌，種種盡土產殊珍。"

黑普羅

氆氌的一種。其質呈黑色。此稱清代已行用。清黃遵憲《紀事》詩："斜紋黑普羅，雜俎紅氍毹。"

五色氆氌

氆氌的一種。呈五色。氆氌，同"氆氌"。此稱明代已行用。明文震亨《長物志·衣飾》："被，以五色氆氌爲之，亦出西蕃，闊僅尺許。"

氎[1]

亦作"叠"。精細毛織布。《廣韻·入聲·怗韻》："氎，細毛布。"此稱唐代已行用。《魏書·西域傳》："出馬、駝、驢、犎牛、黃金、岡沙、賦香、阿薛那香、瑟瑟、麞皮、氎毧、錦、叠。"唐王維《與蘇盧二員外期游方丈寺而蘇不至因有是作》詩："手巾花氎净，香帔稻畦成。"

【叠】[1]

同"氎[1]"。此體南北朝時期已行用。見該文。

霞氎

亦稱"紅氆氌"。藏族地區所產的一種紅色毛織品。《正字通·毛部》："吐蕃貢霞叠，即今紅氆氌。"此稱唐代已行用。《新唐書·吐蕃傳下》："所貢有玉帶、金皿、獺褐、牦牛尾、霞氎、馬、羊、橐它。"明彭大翼《山堂肆考·服飾》："霞氎，吐蕃貢霞氎，即今之紅氆氌。"徐珂《清稗類鈔·服飾類》："其袍以絳色布或紅氆氌爲之，長幅闊袖，亦披袒右肩。"

【紅氆氌】

即霞氎。此稱明代已行用。見該文。

海西布

一種水羊毛織物，甚精細。西，謂西域一帶或位於我國西方諸國。此稱三國時期已行用。《三國志·魏書·烏丸鮮卑東夷傳評》三國裴松之注引《魏略·西戎傳》："〔大秦國〕有織成細布，言用水羊毳，名曰海西布。"《新唐書·西域傳下·拂菻》："織水羊毛爲布，曰海西布。"唐白居易《白孔六帖》卷八："海西布，波西織水羊毛爲布，曰海西布。"

頦鉢羅

梵文kanbala的音譯，意爲羊毛。一種細羊毛織品。此稱唐代已行用。唐玄奘《大唐西域記·印度總述》："頦鉢羅衣，織細羊毛也。"

灑海剌

亦稱"璅哈剌"。古代西域所產的一種毛織物。緊厚如氈，其用耐久。此稱元代已行用。元伊世珍《琅嬛記》卷上："姚月華贈楊達灑海剌二尺作履，履霜，霜應履而解，謂是真西蕃物也。"明文震亨《長物志·衣飾》："〔禪衣〕以灑海剌爲之，俗名璅哈剌，蓋番語不易辨也。其形似胡羊毛片，縷縷下垂，緊厚如氈，其用耐久，來自西域，聞彼中亦甚貴。"

【璅哈剌】

"灑海剌"之俗稱。此稱明代已行用。見該文。

蓑毯

一種用蓑草編製的地毯。此稱清代已行用。《老殘游記》第一〇回："山地多潮濕，所以先用雲母鋪了，再加上這蓑毯，人就不受病了。"

凡立丁

毛織品的一種。其質平紋單色，常用綫作經、紗作緯織成，薄而挺括，宜製夏季服裝。此稱近代已行用。周而復《上海的早晨》第一部一一："她穿著蘋果綠的凡立丁旗袍……脚上穿的是綉一對紅鳳凰的白緞子淺口軟底鞋。"

呢

亦作"毧"。亦稱"呢子"。一種較密的毛織品。此稱清代已行用。《清史稿·屬國傳·緬甸》："丁酉，陳錦布、毧毯百餘端，獻經略將軍。"《老殘游記》第三回："本日在大街上買了一匹繭綢，又買了一件大呢馬褂面子。"曹靖華《飛花集·往事温憶——懷周恩來同志》："在重慶時期，有一次，總理著人送了一塊延安織的呢子。"

【毧】

同"呢"。此體清代已行用。見該文。

【呢子】

即呢。此稱多行用於近代行用。見該文。

大呢

呢的一種。此稱清代已行用。《老殘游記》第三回："本日在大街上買了一匹繭綢，又買了一件大呢馬褂面子，拿回寓去，叫個成衣做一身棉袍子馬褂。"《孽海花》第一五回："見少年穿著深灰色細氈大襖，水墨色大呢背褂，乳貂爪泥的衣領，金鵝絨頭的手套，金鈕璀璨，硬領雪清，越顯得氣雄而秀，神清而瘦。"

軟呢

柔軟之呢。此稱清代已行用。《後紅樓夢》第三回："這晴雯連忙趕進去，將天鵝絨大紅綉金縐紗搭護，並紫紅軟呢兜與黛玉披上了，方叫紫鵑打窗。"

紅呢

呢的一種。呈紅色。此稱清代已行用。《孽海花》第二三回："只見門外齊臻臻的排列著紅呢傘、金字牌、旗鑼轎馬，一隊一隊長蛇似的立等在當街，只等鳳孫掀簾進轎。"《清稗類鈔·農商類》："時售估衣者，有大紅呢夾衣一領，公主悅之，適和入直，上因語公主曰：'可索之于汝丈人。'"

綠呢

呢的一種。呈綠色。此稱清代已行用。《官場現形記》第三回："黃道臺坐在綠呢大轎裏，鼻子上架著一副又大又圓測黑的墨晶眼鏡，嘴裏含著一枝旱烟袋。"《孽海花》第八回："不一時，門前簫鼓聲喧，接連鞭炮之聲、人聲、脚步聲，但見四名轎班，披著紅，簇擁一肩綠呢挖雲四垂流蘇的官轎，直入中堂停下。"

藍呢

呢的一種。呈藍色。此稱清代已行用。《二十年目睹之怪現狀》第四四回："剛剛走到電報局門口，只見一乘紅轎圍的藍呢中轎，在局門口憩下。"《孽海花》第三一回："忙了一陣，就見那庭園中旋風也似的涌進兩乘四角流蘇、黑蝶堆花藍呢轎。"

紫駝尼

亦作"紫陀尼""紫馳尼"。用駱駝毛織成的呢。此稱元代已行用。宋黄庭堅《陳榮緒惠示之字韻詩推獎過實非所當輒次高韻》之三："饑蒙青糝飯，寒贈紫陀尼。"宋周密《齊東野語·紹興御府書畫式》："米芾臨晋唐雜書，上等用紫鸑鵲錦褾，紫馳尼裏。"元顧瑛《草堂雅集》："童子飢偷青糝飯，故人寒解紫駝尼。"明陳懋仁《庶物異名疏·章服》："紫駝尼，番褐也。"

【紫陀尼】

同"紫駝尼"。此體宋代已行用。見該文。

【紫馳尼】

同"紫駝尼"。此體宋代已行用。見該文。

黑呢

呢的一種。呈黑色。此稱清代已行用。《孽海花》第二九回："他年紀不過二十左右，面目英秀，辯才無礙，穿著一身黑呢衣服，腦後還拖根辮子。"《俠義英雄傳》第七一回："一個年約五十來歲、身穿藍色湖縐棉袍、黑呢馬褂、鼻架加光眼鏡、蓄八字小鬍鬚的人。"錢鍾書《圍城》："禮堂裏雖然有冷氣，曹元朗穿了黑呢禮服，忙得滿頭是汗，我看他帶的白硬領圈，給汗浸得又黄又軟。"

哈喇呢

呢之一種。此稱清代已行用。《官場現形記》第一八回："幾個管家，一個個都是灰色搭連布袍子，天青哈喇呢馬褂。"

洋呢

外國所產的呢料。此稱清代已行用。《清朝文獻通考·四裔考》："兹差頭目二人，呈送洋錦洋呢洋布等物。"《紅樓夢》第一〇五回："〔賈璉〕見賈政同司員登記物件，一人報說：'赤金首飾共一百二十三件……小白狐皮二十塊，洋呢三十度。"

洋藍呢

洋呢的一種。呈藍色。此稱清代已行用。《二十年目睹之怪現狀》第一三回："忽見有兩名督轅的親兵，叱喝而來；後面跟著一頂洋藍呢中轎，上著轎簾。"

哆羅呢

省稱"哆囉"。亦作"哆囉呢"。亦稱"哆囉嗹""哆囉絨"。洋呢的一種。寬幅，質厚，多用作禦寒冬衣。至遲明代已傳入我國。此稱清代已行用。清嵆璜《欽定續文獻通考·四夷考·和蘭》："所產有金、銀、琥珀、瑪瑙、玻璃、天鵝絨、瑣服、哆囉嗹。"清王士禎《池北偶談·談故四·荷蘭貢物》："貢物大珊瑚珠一串，照身大鏡二面，奇秀琥珀二十四塊，大哆囉絨十五匹，中哆囉絨十匹。"《紅樓夢》第五一回："鳳姐又命平兒把一個玉色綢裏的哆羅呢包袱拿出來。"清黄遵憲《櫻花歌》："纖張胡蝶衣哆囉，此呼奥姑彼檀那。"錢仲聯箋注："哆囉呢為毛織物，即呢之闊幅者。"清華廣生《白雪遺音·玉蜻蜓·戲芳》："身穿羊皮大襖，青蓮色外罩一件，紫色哆囉呢小嵌肩。"清《寧海將軍固山貝子功績錄》："至則有少年健兒五百人跪之，喚曰兒子，皆服大紅哆羅呢短甲。"

【哆囉嗹】

即哆羅呢。此稱清代已行用。見該文。

【哆囉絨】[2]

即哆羅呢。此稱清代已行用。見該文。

【哆囉呢】

同"哆羅呢"。此體清代已行用。見該文。

【哆囉】

"哆羅呢"之省稱。此稱清代已行用。見該文。

青哆羅呢

哆羅呢的一種。呈青色。此稱清代已行用。《紅樓夢》第四九回："獨李紈穿一件青哆羅呢對襟褂子。"

紫色哆羅呢

哆羅呢的一種。呈紫色。此稱清代已行用。清華廣生《白雪遺音·玉蜻蜓·戲考》："身穿羊皮大襖，青蓮色外罩一件，紫色哆囉呢小嵌肩。"

茄色哆羅呢

哆羅呢的一種。呈茄皮色。此稱清代已行用。《紅樓夢》第四九回："〔寶玉〕只穿一件茄色哆羅呢狐皮襖子，罩一件海龍皮小小鷹膀褂。"

荔支色哆羅呢

哆羅呢的一種。呈荔枝色。支，通"枝"。此稱清代已行用。《紅樓夢》第五二回："賈母見寶玉身上穿著荔支色哆羅呢的天馬箭袖。"

燕尾青哆羅呢

哆羅呢的一種。呈燕尾青色。此稱清代已行用。《後紅樓夢》第三〇回："李紈、探春一樣的燕尾青哆羅呢褂子。"

雀金呢

洋呢之一種。其用孔雀毛織成，故質地金翠輝煌，碧彩閃耀。此稱清代已行用。《紅樓夢》第五二回："寶玉看時，金翠輝煌，碧彩閃灼，又不似寶琴所披之鳧靨裘。只聽賈母笑道：'這叫做"雀金呢"，這是哦囉斯國拿孔雀毛拈了綫織的。'"又第一〇一回："寶玉道：'我只是嫌我這衣裳不大好，不如前年穿著老太太給的那件雀金呢好。'"

嗶嘰

亦稱"嗶嘰緞"。外國毛織品的一種。其質密度較小且爲斜紋。此稱清代已行用。《紅樓夢》第一〇五回："洋呢三十度，嗶嘰二十三度。"清黃叔璥《臺海使槎錄·進貢》："貢物：大珊瑚珠一串、照身大鏡二面、奇秀琥珀二十四塊、哆囉絨二十五匹、織金絨毯四領、烏羽緞四匹、綠倭緞一匹、嗶嘰緞二十四匹、織金花緞五匹……"按，現代另有一種斜紋的棉織品，叫充嗶嘰或綫嗶嘰，簡稱嗶嘰。

【嗶嘰緞】

即嗶嘰。此稱清代已行用。見該文。

皮

動物之皮。爲製作衣帽等的材料。皮與革，分言之，有毛曰皮，無毛曰革；泛言之，二者無別。此稱先秦時期已行用。《書·禹貢》："島夷皮服。"唐孔穎達疏："此居島之夷，常衣鳥獸之皮，爲遭洪水衣食不足，今還得衣其皮服，以明水害除也。"《周禮・天官・掌皮》："掌秋斂皮，冬斂革，春獻之，遂以式灋。"又《考工記・序》："攻皮之工，函、鮑、韗、韋、裘。"《後漢書・馬援傳》："乃盡散以班昆弟故舊，身衣羊裘皮絝。"清顧炎武《日知錄》："古人之韤，大抵以皮爲之。"《皇清職貢圖》卷一："〔大西洋波羅泥亞國〕其地寒冷，初秋至初夏皆衣皮裘，如狐貉貂鼠之裘，長蔽足，首用皮冠。"又卷二："〔伊犁等處宰桑〕男戴紅纓高頂捲邊皮帽，左耳亦飾珠環，衣長領衣。"

獸皮

野獸之皮毛。爲製作衣物的重要材料。此稱漢代已行用。《說文・韋部》："韋，相背也……獸皮之韋，可以束枉戾相韋背，故借以爲皮韋。"《晉書・禮志下》："江左以來，太子婚，納徵禮用玉璧一，獸皮二，未詳何所準況。"

猛獸皮

泛指虎豹等猛獸之皮毛。《史記・禮書一》："寢兕持虎，鮫韅彌龍，所以養威也。"此稱唐代已行用。唐司馬貞索隱："持虎者，以猛獸皮文飾倚較及伏軾，故云持虎。"

紫皮

皮的一種。呈紫色。爲製作衣物等的材料。此稱南北朝時期已行用。《宋書・禮志五》："尚書令、僕射、尚書手板頭復有白筆，以紫皮裹之，名笏。"《南齊書・高帝紀下》："内殿施黃紗帳，宮人皆著紫皮履。"

皂皮

亦稱"黑皮"。皮的一種。其質呈黑色。爲製作靴帽等的材料。此稱宋代已行用。《宋史・輿服志四》："白綾韤，皂皮履。"《元史・輿服志一》："五品以下……靴，以皂皮爲之。"《皇清職貢圖》卷七："〔雲南永北等府西番〕男子辮髮，戴黑皮帽，麻布短衣，外披氈單，以藤纏左肘，跣足，佩刀。"

【黑皮】

即皂皮。此稱清代已行用。見該文。

熏皮[1]

皮的一種。黃黑色。爲普通獸皮熏製而成，以製帽用。此稱清代已行用。《二十年目睹之怪現狀》第二八回："兩個手裏都拿著一頂熏皮小帽。"張友鶴校注："熏皮小帽，清朝制度：三品以上的官員才能戴貂皮帽，平民不許濫用。於是有一些好出風頭的人，就把普通獸皮熏成貂皮色（黃黑色），冒充貂皮帽子戴，叫做熏皮帽。"

牛皮

牛之皮。爲製作衣物、甲冑的重要材料。此稱先秦時期已行用。《墨子》《莊子》中均有"牛皮"一詞。宋樂史《太平寰宇記・四夷八・南蠻四》："衣多毛褐，全剝牛脚皮爲靴。"《明史・輿服志三》："惟北地苦寒，許用牛皮直縫革華。"《皇清職貢圖》卷六："〔泰寧協標右營松坪夷民〕其俗習强悍，能自造牛皮甲冑、木弓、竹箭。"李英儒《野火春風鬥古城》第一章："老梁穿一身青色粗布棉衣，腰間繫著紅色牛皮帶，上面斜插著金鷄圓眼大機頭的盒子。"韓北屏《酋長的故事》："他坐在'客廳'正當中的一張木躺椅上，椅子的上端有一個牛皮做的菱形枕頭。"

香牛皮

牛皮的一種。其質經香料熏製。此稱清代已行用。《皇清職貢圖》卷五："〔西寧縣纏頭民〕

衣綾絹山繭，長領齊袖衣，靴用香牛皮。"徐珂《清稗類鈔・服飾類》："行帶，色用明黃，左右佩繫以紅香牛皮爲之，飾金花文金銀環各三。"

牛脚皮

牛的脚皮。可以製靴等。此稱宋代已行用。宋樂史《太平寰宇記・四夷八・南蠻四》："衣多毛褐，全剥牛脚皮爲靴。"

兕牛皮

省稱"兕"。犀牛皮的一種。兕，雌犀牛。此稱唐代已行用。《史記・禮書一》："寢兕持虎，鮫韅彌龍，所以養威也。"唐司馬貞索隱："按：以兕牛皮爲席。"宋邢昺《孝經注疏・喪親章》："最在内者水牛皮，次外兕牛皮，各厚三寸爲一重，合厚六寸。"

【兕】

"兕牛皮"之省稱。此稱漢代已行用。見該文。

牦牛皮

牦牛之皮。可以製靴等。此稱明代已行用。《三寶太監西洋記通俗演義》第八回："頭上包一幅白氈的長布，身上披一領左衽的衣服，脚下穿一雙牦牛皮的皮靴。"《僧伽羅刹所集經》："著師子皮，著象皮，著牦牛皮，大華鬘如大火炎，手執刀劍撞地而行。"

羊皮

羊之皮。爲製作衣帽等的重要材料。此稱漢代已行用。《史記・秦本紀》："吾勝臣百里奚在焉，請以五羖羊皮贖之。"《後漢書・李恂傳》："以清約率下，常席羊皮，服布被。"《新唐書・西域傳》："俗無衣服，以羊皮自蔽。"明楊慎《藝林伐山》卷一四："羊羖，今寶裝羊皮，酋長婦女以爲背飾。"《皇清職貢圖》卷六：

"〔四川省威茂協轄金川〕番民椎髻，帽用羊皮染黃色，以紅帛緣之，耳綴銅環，布褐，短衣，麻布裙，出入必佩兵械。"又卷七："〔雲南等府〕男子束髮，纏頭，耳綴圈環，衣花布短衣，披羊皮，用麻布裹脛，著草履。"《老殘游記續集遺稿》第二回："只見門簾開處，進來了兩個人，一色打扮：穿著二藍摹本緞羊皮袍子，元色摹本皮坎肩。"

【羊鞹】[1]

即羊皮。此稱唐代已行用。唐李嶠《豹》詩："委質超羊鞹，飛名列虎侯。"元王逢《奉謝楊山居宣慰寄遺繭紙》："吾元本恭儉，世祖膺聖德。羊鞹代白麻，遂爾混區域。"

老羊皮

羊皮的一種。因爲羊老，故毛皮較粗硬。此稱清代已行用。《大清會典則例・内務府》："六年奏准甕山剗草内監等，每年春季各給粗藍布袷襖一件，單褲一條，冬季各給粗藍布棉襖一件，棉褲一條，棉襪一雙。三年一次，冬給老羊皮袍一件，均呈堂移咨廣儲司支領。"《二十年目睹之怪現狀》第一〇七回："忽然外面來了一個女人，穿一件舊到泛白的青蓮色繭綢老羊皮襖……手裏拿了一根四尺來長的旱烟袋。"

羊臑皮

羊前肢的皮。此稱元代已行用。《元史・后妃傳》："宣徽院舊羊臑皮置不用，后取之緝爲地毯。"

五色羊皮

羊皮的一種。染作五色，可裁製衣料。此稱唐代已行用。《莊子・庚桑楚》："秦穆公以五羊之皮籠百里奚。"唐成玄英疏："狄人愛羊皮，秦穆公以五色羊皮而贖之。"《皇清職貢圖》卷八："〔平遠州民人〕女衣領間綴海巴纍纍以爲飾，裙以五色羊皮織成。"

白羊皮

羊皮的一種。呈白色，爲製作衣帽的材料。此稱清代已行用。《皇清職貢圖》卷二："〔伊犁等處民人〕男帶黃頂白羊皮帽，左耳飾以銅環，著無面羊皮衣，腰繫布帶，穿黃黑革鞾。"又卷五："〔西寧縣土指揮祁憲邦等所轄東溝等族〕男戴白羊皮帽，著長領褐衣。"

黑色羊皮

羊皮的一種。呈黑色，爲製作衣帽等的材料。此稱清代已行用。《紅樓夢》第一〇五回："〔賈璉〕見賈政同司員登記物件，一人報説：'赤金首飾共一百二十三件……灰色羊四十把，黑色羊皮六十三張。'"

灰色羊

羊皮的一種。呈灰色。灰色羊，即灰色羊皮。此稱清代已行用。《紅樓夢》第一〇五回："〔賈璉〕見賈政同司員登記物件，一人報説：'赤金首飾共一百二十三件……灰色羊四十把，黑色羊皮六十三張。'"

醬色羊皮

羊皮的一種。呈醬紫色。此稱清代已行用。《紅樓夢》第一〇五回："〔賈璉見賈政同司員登記物件，一人報説：'赤金首飾共一百二十三件……灰狐腿皮四十張，醬色羊皮二十張。'"

青羊皮

羊皮的一種。呈青色。一説黑色。此稱清代已行用。《皇清職貢圖》卷八："〔平越黔西等處〕女織青羊皮爲長桶裙，緣以層錦。"徐珂《清稗類鈔·服飾類》："五品，冬用青羊皮，夏用藍布，襯白氈。六品，冬用黑羊皮，夏用黑醬色。"

羔皮

亦稱"羔羊皮"。羔羊之毛皮。此稱漢代已行用。漢毛亨《周禮注疏》："古之君子服羔皮爲裘。"《詩·鄭風·羔裘》："羔裘豹飾，孔武有力。"又《召南·羔羊》："羔羊之皮，素絲五紽。"漢毛亨傳："小曰羔，大曰羊。素，白也。紽，數也。古者素絲以英裘，不失其制。"唐孔穎達疏引孫炎曰："緎之爲界域，然則縫合羔羊皮爲裘，縫即皮之界域。"《禮記·檀弓上》："夫子曰：'始死，羔裘玄冠者，易之而已。'"《二十年目睹之怪現狀》第二八回："兩個手裏都拿着一頂熏皮小帽，一個穿的是京醬色寧綢狐皮袍子，天青緞天馬出風馬褂，一個是二藍寧綢羔皮袍子，白灰色寧綢羔皮馬褂。"

【羔羊皮】

即羔皮。此稱唐代已行用。見該文。

黑紫羔皮

羔皮的一種。其呈黑紫色。尤以青海所產名貴。青海黑紫羔主要分布在青海省的貴南、貴德、同德、澤庫、尖扎等縣。其皮色澤黑艷，皮毛捲曲美觀，皮板輕軟，保暖性好，經久耐穿，爲享譽國內外的羔裘品種。

五羊皮

亦稱五羖皮。羖，公羊。五張公羊毛皮。常用以爲以啟賢之典。此稱漢代已行用。漢韓嬰《韓詩外傳》："夫百里奚齊之乞者也，逐於齊西無以進，自賣五羊皮爲一軛車具秦繆之。"《晉書·祖納傳》："百里奚何必輕於五羖皮邪！"唐李白《鞠歌行》："秦穆五羊皮，買死百里奚。"唐劉禹錫《説驥》:"繇是而言,方之於土,則八十其緡也,不猶愈於五羖皮乎?"宋蘇軾《送程之邵簽判赴闕》詩:"從來一狐腋,或出五羖皮。"

【五羖皮】

即五羊皮。此稱晋代已行用。見該文。

【五羖羊皮】

即五羊皮。此稱漢代已行用。《史記·秦本紀》:"繆公聞百里奚賢,欲重贖之,恐楚人不與,乃使人謂楚曰:'吾媵臣百里奚在焉,請以五羖羊皮贖之。'楚人遂許與之。"《七十二朝人物演義》卷三一:"公孫枝道:'我囊中雖剩無餘銀,我有五羖羊皮在此,你可拿去還他便了。'"

璧羔

玉璧與羔皮。古代多用作貢物、禮品。此稱漢代已行用。漢張衡《東京賦》:"璧羔皮帛之贄既奠,天子乃以三揖之禮禮之。"唐謝觀《朝呼韓邪賦》:"然後差行列,辨尊卑。序璧羔皮帛之等第,示要荒守衛之威儀。"

牛羊皮

牛皮和羊皮的合稱。此稱唐代已行用。《新唐書·南蠻傳》:"男子鬌髻,女人被髮,皆衣牛羊皮。"唐樊綽《蠻書》卷四:"其本俗皆衣長褌曳地,更無衣服,惟牛羊皮。"徐珂《清稗類鈔·服飾類》:"貧者及野番無氈,但服牛羊皮。"

馬皮

馬之皮。爲製作衣物的材料。此稱晋代已行用。晋干寶《搜神記》:"後經數日,得於大樹枝間,女與馬皮,盡化爲蠶。"清王初桐《奩史》卷四〇引《蜀圖經》:"旬日,皮復栖於桑上,女化爲蠶,食桑葉,吐絲成繭,以衣被於人間……至今,蜀之風俗,宮觀皆塑女像,披馬皮,謂之'馬頭娘',以祈蠶焉。"

天馬皮

狐狸腋下之皮毛,可製皮裘。此稱清代已行用。《大清一統志·奉天府五》:"沙狐生沙磧中,身小色白,皮集爲裘,在腹下者名天馬皮,領下者名烏雲豹,皆貴重。"《紅樓夢》第五一回:"只見鳳姐兒命平兒將昨日那件石青刻絲八團天馬皮褂子拿出來,與了襲人。"徐珂《清稗類鈔·服飾類》:"古所謂狐白裘者,即集狐之白腋也,後名天馬皮。"

狗皮

亦稱"犬皮"。犬之皮毛。爲製作衣物的材料。此稱南北朝時期已行用。北魏酈道元《水經注》卷三七:"其狗皮毛,嫡孫世寶録之。"《魏書·勿吉國傳》:"婦人則布裙,男子猪犬皮裘。"《隋書·靺鞨傳》:"婦人服布,男子衣猪狗皮。"《皇清職貢圖》卷三:"〔關東省費雅喀〕男女俱衣犬皮,夏日則用魚皮爲之。"

【犬皮】

即狗皮。此稱南北朝時期已行用。見該文。

狼皮

狼之皮毛。爲製作皮褥等的材料。《紅樓夢》第五〇回:"説著,李紈早命拿了一個大狼皮褥來鋪在當中。"又第五三回:"賈珍……命人在廳柱下石磯上太陽中鋪了一個大狼皮褥子,負暄閑看各子弟們來領取年物。"洪深《趙閻王》第一節第一幕:"床上有白狼皮褥子,西式枕頭,粉紅湖綢的被。"

猪皮

猪之皮。爲製作衣帽鞋靴的材料。此稱南

北朝時期已行用。《後漢書·東夷傳》："好養豕，食其肉，衣其皮。"《北史·百濟傳》："婚嫁，婦人服布裙，男子衣猪皮裘。"《隋書·契丹傳》："以猪皮爲席，編木爲藉。婦女皆抱膝而坐。"李英儒《野火春風鬥古城》第一六章："四千多條穿著猪皮鞋的大腿，胡翹亂躁，辟里啪啦象煮餃子一樣。"

虎皮

虎之毛皮。爲製作貴重衣物的材料。古代常作重禮、貢品。此稱南北朝時期已行用。《宋書·禮志》："唯納徵羊一頭，玄纁用帛三匹，絳二匹，絹二百匹，虎皮二枚，錢二百萬，玉一枚，馬六頭，酒米各十二斛，鄭玄所謂五雁六禮也。"《南史·裴松之傳》："有司奏太子婚，納徵用玉璧、虎皮。"《紅樓夢》第一〇五回："〔賈璉〕見賈政同司員登記物件，一人報說：'赤金首飾共一百二十三件……獲子皮八張，虎皮六張。"

【皋比】

即虎皮。此稱先秦時期已行用。《左傳·莊公十年》"〔公子偃〕自雩門竊出，蒙皋比而先犯之。"晋杜預注："皋比，虎皮。"唐孔穎達疏："《樂記》云：倒載干戈，包之以虎皮，名之曰建橐。鄭玄以爲兵甲之衣曰橐。橐，韜也。而其字或作建皋。"宋范成大《次韻姜堯章雪中見贈》："玉龍陣長空，皋比忽先犯。鱗甲塞天飛，戰逐三百萬。"明劉基《賣柑者言》："今夫佩虎符、坐皋比者，洸洸乎干城之具也。"

豹皮

豹之毛皮。爲製作衣物的珍貴材料。此稱先秦時期已行用。《管子·大匡》："諸侯之禮，令齊以豹皮往，小侯以鹿皮報。"《詩·鄭風·羔裘》："羔裘豹飾，孔武有力。"漢毛亨傳："豹飾，緣以豹皮也。"宋李石《續博物志》卷一〇："管子曰：'武王爲侈靡。令曰：豹襜、豹裘，方得入廟，故豹皮百金。功臣之家裘千鍾而未得一豹皮。'"明謝肇淛《五雜俎·物部四》："古人養墨，以豹皮囊，欲遠其濕。"姚雪垠《李自成》第三卷第二九章："這一天，降將祖大壽等獻出了許多珍貴物品……皮裘一類有紫貂、猞猁猻、豹、天馬皮等。"

虎豹皮

虎豹毛皮的合稱。爲製作衣物的珍貴材料。此稱先秦時期已行用。《管子·霸形》："於是以虎豹皮、文錦使諸侯，諸侯以縵帛、鹿皮報。"又《小匡》："使諸侯以縵帛布、鹿皮四分以爲幣，齊以文錦虎豹皮報。"《周禮·春官·大宗伯》："孤執皮帛。"漢鄭玄注："皮帛者，束帛而表以皮爲之飾。皮，虎豹皮；帛，如今璧色繒也。"《皇清職貢圖》卷六："〔漳臘營轄口外三郭羅克〕番民戴狐帽，著褐衣，以虎豹皮緣之，革帶，革履。"

海豹皮

海豹之毛皮。爲製作衣物的珍貴材料。此稱清代已行用。《紅樓夢》第一〇五回："〔賈璉〕見賈政同司員登記物件，一人報說：'赤金首飾共一百二十三件……虎皮六張，海豹三張。'"《清朝秘史》第四四回："白狐桶子十件，洋灰皮三百張，灰狐腿皮一百八十張，海虎皮三十張，海豹皮十六張。"

熊皮

熊之毛皮。爲製作衣物的珍貴材料。《史記·夏本紀》："華陽黑水惟梁州……貢璆、鐵、銀、鏤、砮、磬，熊、羆、狐、狸、織皮。"裴駰集解引漢孔安國曰："貢四獸之皮也。"

熊羆皮

泛指熊皮。羆，棕熊。爲製作衣物的珍貴材料。此稱晉代已行用。晉葛洪《西京雜記》卷二："武帝時身毒國獻連環羈……後得貳師天馬，帝以玫瑰石爲鞍，鏤以金銀鍮石，以綠地五色錦爲蔽泥，後稍以熊羆皮爲之。"《明集禮》卷二六："東晉用玉璧一，獸皮二，宋文帝用珪璋各一，熊羆皮各二。"

【羆皮】

即羆皮。爲製作衣物的珍貴材料。《史記·夏本紀》："華陽黑水惟梁州……貢璆、鐵、銀、鏤、砮、磬，熊、羆、狐、狸、織皮。"南朝裴駰集解引漢孔安國曰："貢四獸之皮也。"

鹿皮

鹿之皮。爲製作衣物、冠巾等的重要材料。此稱先秦時期已行用。《管子·霸形》："於是以虎豹皮、文錦使諸侯，諸侯以縵帛，鹿皮報。"又《小匡》："使諸侯以縷帛布、鹿皮四分以爲幣，齊以文錦虎豹皮報。"《後漢書·楊震傳》："乃授光禄大夫，賜几杖衣袍，因朝會引見，令彪著布單衣、鹿皮冠，杖而入，待以賓客之禮。"《宋書·禮志五》："魏文帝黃初三年，詔賜漢太尉楊彪几杖，待以客禮……又令著鹿皮冠。"又《何尚之傳》："尚之在家常著鹿皮帽。"《梁書·處士傳·何點》："今賜卿鹿皮巾等，後數日，望能入也。"《隋書·禮儀志七》："鹿皮弁，九琪，服絳羅襦，白羅裙。"宋葉廷珪《海録碎事·人事·隱逸》："梁武帝賜陶隱居鹿皮巾。"明謝肇淛《五雜組·物部四》："鹿皮，張欣泰冠也。"《皇清職貢圖》卷三："〔奇楞〕男女衣服皆鹿皮、魚皮爲之。"

白鹿皮

鹿皮的一種。呈白色，爲製作衣冠等的材料。此稱漢代已行用。《儀禮·士冠禮》："皮弁。"漢鄭玄注："皮弁者，以白鹿皮爲冠，象上古也。"《魏書·失韋傳》："夏則城居，冬逐水草……男女悉衣白鹿皮襦袴。"

梅鹿皮

鹿皮的一種。梅鹿，即梅花鹿，其夏季呈栗紅色，背部有白斑，狀似梅花而得名。其皮爲製革的珍貴材料。此稱清代已行用。《紅樓夢》第一〇五回："〔賈璉〕見賈政同司員登記物件，一人報說：'赤金首飾共一百二十三件……梅鹿皮一方，雲狐筒子二件，貉鼠皮一卷。'"

儷皮

成對的鹿皮。古代常用爲聘問、酬謝或訂婚的禮物。此稱漢代已行用。《儀禮·士冠禮》："禮賓以一獻之禮，主人酬賓束帛、儷皮。"漢鄭玄注："儷皮，兩鹿皮也。"又《士昏禮》："納徵，玄纁、束帛、儷皮，如納吉禮。"三國蜀譙周《古史考》："伏羲制嫁娶，以儷皮爲禮。"《晉書·禮志下》："王肅納徵辭云：'玄纁束帛，儷皮雁羊。'"清葉燮《原詩·内篇上》："古者儷皮爲禮，後世易以玉帛，遂有千純百璧之侈。"清康有爲《大同書》己部第一章："凡兩家判合者以儷皮通其儀，爲酒食召其親友而號告之。"

麅皮

麅的毛皮。麅，狀似鹿而小，雄者有長牙和短角。腿細而有力，善跳躍，毛棕色，皮柔軟，製革宜於縫製靴鞋、手套等物。此稱元代已行用。元馬端臨《文獻通考·田賦考》："曰象牙，麃皮，鹿皮，牛皮。"明李東陽《大明會典·采捕·皮張》：“惟麂皮、狐狸皮，照舊不折外。”明林有年《安溪縣志·地輿類》：“弘治五年至正德、嘉靖年間同，每年鹿皮一張，銀九錢；麂皮四十張，每張徵銀五錢五分。”徐珂《清稗類鈔·動物類》：“麂，與獐同亦名麖，又謂之麕，似鹿而小，無角，毛褐色。其革細軟，用與麂皮同。”

麞皮

麞之毛皮。麞，又名水鹿、馬鹿，古稱大麃。狀似鹿而高大，毛栗棕色，耳大直立，四肢細長，善奔跑，性機警。尾毛密而蓬鬆，黑棕色。雄者有角，爲名貴藥材。產於四川、雲南、廣東、海南、臺灣等地。此稱南北朝時期已行用。《魏書·龜兹傳》：“又出細氈、饒銅、鐵、鉛、麞皮、氍毹、沙、鹽綠、雌黃……等。”清黃叔璥《臺海使槎録》卷八：“麞皮大而重，鄭氏照勅給價。”

麝皮

麝子的毛皮。麝，同“獐”。狀似鹿而小，無角，雄者有牙出口外，黄黑色，皮細軟，可製革。此稱南北朝時期已行用。《北史·波斯國傳》：“出金、銀……赤麝皮，及薰六、鬱金、蘇合、青木等香……”宋鄭望之《膳夫録》：“衣冠家名食有：涼胡突、膾鱧魚、連蒸麝麝皮、索餅、上牢丸。”明李時珍《本草綱目·獸二·麝》：“麝，秋冬居山，春夏居澤。似鹿而小，無角，黄黑色，大者不過二三十斤。雄者有牙出口外，俗稱牙麝。其皮細軟，勝於鹿皮，夏月毛〔選〕而皮厚，冬月毛多而皮薄也。”

赤麝皮

麝皮的一種。呈赤色。此稱南北朝時期已行用。《魏書·西域傳·波斯國》：“土地平正，出金、銀、鍮石、珊瑚、琥珀、車渠、馬腦……綾、錦、叠、氍、氍毹、氍毹、赤麝皮及薰陸。”《周書·異域傳下·波斯》：“又出白象、師子、大鳥卵……氍毹、氍毹、赤麝皮。”

狐皮

狐狸之毛皮。爲製作裘衣的珍貴材料。此稱南北朝時期已行用。《宋書·沈慶之傳》：“慶之患頭風，好著狐皮帽，群蠻惡之，號曰‘蒼頭公。’”《詩·秦風·終南》：“君子至止，錦衣狐裘。”漢毛亨傳：“狐裘，朝廷之服。”唐孔穎達疏：“‘狐裘，朝廷之服’，謂狐白裘也。白狐皮爲裘。”《史記·夏本紀》：“華陽黑水惟梁州……貢璆、鐵、銀、鏤、砮、磬，熊、羆、狐、狸、織皮。”裴駰集解引孔安國曰：“貢四獸之皮也。”《紅樓夢》第四九回：“〔寶玉〕只穿一件茄色哆羅呢狐皮襖子，罩一件海龍皮小小鷹膀褂。”

【狐狸皮】

即狐皮。亦作“狐狸皮”。狐，通“狐”。此稱漢代已行用。《毛詩注疏》卷一五：“一之曰於貉，取彼狐狸，爲公子裘。”漢毛亨傳：“於貉，謂取狐狸皮也。”《封神演義》第二六回：“且説比干將狐狸皮硝熟，造成一件袍襖，只候嚴冬進袍。”《紅樓夢》第一○五回：“〔賈璉〕見賈政同司員登記物件，一人報説：‘赤金首飾共一百二十三件……狐狸皮二張，黄狐腿二把。’”

【狐狸皮】

同“狐狸皮”。此體清代已行用。見該文。

小狐皮

幼小狐狸的毛皮。其毛柔軟，通常赤黄色。爲製作衣物珍貴材料。此稱清代已行用。《紅樓夢》第一〇五回："〔賈璉〕見賈政同司員登記物件，一人報說：'赤金首飾共一百二十三件……小狐皮十六張，江貂皮二張。'"《海上塵天影》第五〇回："只見文玉披著鵝黃皺紗粉紅邊小狐皮斗篷，後面跟了金姐走過來。"

白狐皮

狐皮的一種。毛皮柔軟，且呈雪白色，爲製作衣物珍貴材料。此稱唐代已行用。《詩·秦風·終南》："君子至止，錦衣狐裘。"唐孔穎達疏："〔狐裘，〕謂狐白裘也。白狐皮爲裘。"《紅樓夢》第一〇五回："羊皮二十張，猁狸皮二張，黃狐腿二把，小白狐皮二十塊，洋呢三十度，畢嘰二十三度。"

小白狐皮

白狐皮的一種。爲幼小狐狸之毛皮。其毛尤柔軟，雪白。此稱清代已行用。《紅樓夢》第一〇五回："〔賈璉〕見賈政同司員登記物件，一人報說：'赤金首飾共一百二十三件……猁狸皮二張，黃狐腿二把，小白狐皮二十塊。'"

黃狐皮

狐皮的一種。呈黃色。清《日講論語解義·鄉黨》："黑羊之裘服以朝覲，則裼以緇衣，白麑之裘服於聘享，則裼以素衣，黃狐之裘服於蜡祭，則裼以黃衣。"《紅樓夢》第一〇五回："〔賈璉〕見賈政同司員登記物件，一人報說：'赤金首飾共一百二十三件……貂皮三十六張，黃狐三十張，猞猁猻皮十二張。'"

黃狐腿皮

黃狐皮的一種。《紅樓夢》第一〇五回："〔賈璉〕見賈政同司員登記物件，一人報說：'赤金首飾共一百二十三件……猁狸皮二張，黃狐腿二把，小白狐皮二十塊。'"

青狐皮

狐皮的一種。呈青色。此稱清代已行用。《紅樓夢》第一〇五回："〔賈璉〕見賈政同司員登記物件，一人報說：'赤金首飾共一百二十三件……黑狐皮十八張，青狐六張，貂皮三十六張。'"《孽海花》第二五回："忽聽裏面一片聲的嚷著大帥出來了，就見珏齋頭戴珊瑚頂的貂皮帽，身穿曲襟藍綢獺袖青狐皮箭衣，罩上天青綢天馬出風馬褂……緩步出來。"《清朝秘史》第四四回："貂皮二百六十張，青狐皮三十八張，黑狐皮一百二十張，玄狐桶帶十件。"徐珂《清稗類鈔·服飾類》："凡宗室有爵者之冠服，親王朝冠，與皇子同，端罩，青狐爲之，月白緞裏，若賜金黃色者，亦得用之。"

黑狐皮

狐皮的一種。呈黑色。此稱清代已行用。《紅樓夢》第一〇五回："〔賈璉〕見賈政同司員登記物件，一人報說：'赤金首飾共一百二十三件，珠寶俱全……黑狐皮十八張，青狐六張，貂皮三十六張。'"《清朝秘史》第四四回："貂皮二百六十張，青狐皮三十八張，黑狐皮一百二十張，玄狐桶帶十件。"徐珂《清稗類鈔·服飾類》："皇帝冬朝冠，薰貂爲之，十一月朔至上元，用黑狐，上綴朱緯，頂三層，貫東珠各一，皆承金龍各四，飾東珠如其數，上銜大珍珠一。"《滿文老檔·太宗皇帝天聰六年十二月》："至黑狐大帽，凡係屬大臣等自製者，均不許戴，令禁止之。惟上賜者許戴。"

雲狐

用狐狸腦門和大腿兩處毛皮拼成的皮衣料。因毛色呈雲紋而得名。此稱清代已行用。《紅樓夢》第一〇五回："〔賈璉〕見賈政同司員登記物件，一人報説：'赤金首飾共一百二十三件……梅鹿皮一方，雲狐筒子二件。'"中國藝術研究院、紅樓夢研究所校注："雲狐，用狐腦門和狐股兩處皮毛拼成的皮毛料，毛色呈雲紋，故名。"

狐腋

狐狸腋下的毛皮。爲製作衣物珍貴材料。語本《史記·趙世家》："吾聞千羊之皮，不如一狐之腋。"又《商君列傳》："千羊之皮，不如一狐之掖；千人之諾諾，不如一士之諤諤。"此稱南北朝時期已行用。南朝梁劉勰《文心雕龍·事類》："是以將贍才力，務在博見，狐腋非一皮能温，雞蹠必數千而飽矣。"唐白居易《醉後狂言》詩："吳綿細軟桂布密，柔如狐腋白似雲。"

【狐掖】

同"狐腋"。掖，通"腋"。此體清代已行用。清吳玉搢《別雅》卷五："狐掖，狐腋也。《史記·商君傳》：'千羊之皮，不如一狐之掖。'掖與腋同。按《説文·手部》：'掖，以手持人臂，投地也。'又曰：'臂下也。'《肉部》無腋字，前一訓爲持掖之掖，第二訓即繫臂掖之掖，一字二義也。後人乃分爲二字二義耳，《史記》猶用古字，今人見以爲別字矣。"

【狐白】

即狐腋。狐狸腋下的白色毛皮。此稱先秦時期已行用。《管子·輕重戊》："代之出狐白之皮，公其貴買之。"《禮記·玉藻》："君衣狐白裘，錦衣以裼之。"《史記·孟嘗君列傳》："此時孟嘗君有一狐白裘，直千金，天下無雙。"南朝裴駰集解引三國吳韋昭曰："以狐之白毛皮爲

裘，謂集狐腋之毛，言美而難得者。"漢劉向《説苑·反質》："今君之食也，必桂之漿，衣練紫之衣、狐白之裘，此群臣之所奢太也。"《漢書·匡衡傳》："夫富貴在身而列士不譽，是有狐白之裘而反衣之也。"唐顏師古注："狐白，謂狐腋下之皮，其色純白，集以爲裘，輕柔難得，故貴也。"三國魏曹植《贈丁儀》詩："狐白足禦冬，焉念無衣客。"唐杜甫《錦樹行》："王陵豪貴反顛倒，鄉里小兒狐白裘。"宋陸游《暖閣》詩："裘軟勝狐白，爐温等鴿青。"明何景明《咏裘》："豹袪未稱美，狐白安足云。"

狐臁

亦作"狐肷"。狐狸腋部和胸腹部的毛皮。爲製作衣物的珍貴材料。此稱清代已行用。《清實録·順治朝實録·順治十五年》："大蟒緞狐臁裏水獺鑲邊朝衣一。"《紅樓夢》第四九回："只見他……裏面短短的一件水紅妝緞狐肷褶子，腰裏緊緊束著一條蝴蝶結子長穗五色宮縧。"中國藝術研究院、紅樓夢研究所校注："狐肷：指狐腋部腹部的皮毛。"又："'狐臁'，原作'狐腋'，從各本改。"二月河《雍正皇帝》第四回："雍正依案而坐，穿一件醬色紅綢面染狐臁袍，套著貂皮黃面褂。"

【狐肷】

同"狐臁"。此體清代已行用。見該文。

青肷

亦作"青臁"。狐狸腋部腹部的毛皮。以呈青色而得名。爲製作衣物的珍貴材料。此稱清代已行用。《紅樓夢》第二〇回："就拿今日天氣比，分明今兒冷的這樣，你怎麼反倒把個青肷披風脱了呢？"清王掞《萬壽盛典初集》卷五四："萬壽團龍元狐皮挂，萬壽團龍青臁皮

袍，綉龍捧壽銀鼠皮挂。"

【青膁】

同"青肷"。此體清代已行用。見該文。

狸皮

狸猫之毛皮。其質柔軟，有豹斑，可製裘衣、皮帽等。此稱晉代已行用。《左傳·定公九年》晉杜預正義："衣狸製，謂著狸皮也。"《詩·豳風·七月》："一之日於貉，取彼狐狸，爲公子裘。"唐孔穎達疏："一之日往捕貉，取皮，庶人自以爲裘；又取狐與狸之皮爲公子之裘。"五代馬縞《中華古今注·狸頭白首》："昔秦始皇東巡狩，有猛獸突於帝前，有武士戴狸皮白首，獸畏而遁。遂軍仗儀服皆戴作狸頭白首，以威不虞也。"清洪亮吉《寧國府志·食貨志·物產》："《洪武志》：寧國縣歲貢獐麂狸皮。"

緑毛狸

狸皮的一種。毛呈緑色。此稱清代已行用。清王初桐《奩史》卷七七引《飛燕外傳》："後始加大號，婕妤上二十六物以賀，内有含香緑毛狸藉一鋪。"

麻葉皮

亦稱"麻葉子"。狐狸大腿内側黄黑雜色之毛皮。以其似枯麻葉而得名。此稱清代已行用。《紅樓夢》第一〇五回："見賈政同司員登記物件，一人報説：'赤金首飾共一百二十三件……猞猁猻皮十二張，麻葉皮三張。'"徐珂《清稗類鈔·服飾類》："其股裏黄黑雜色者，集以成裘，名麻葉子。"

【麻葉子】

即麻葉皮。此稱清代已行用。見該文。

灰狐腿皮

灰色狐狸腿上之毛皮。此稱清代已行用。《紅樓夢》第一〇五回："見賈政同司員登記物件，一人報説：'赤金首飾共一百二十三件……洋灰皮六十張，灰狐腿皮四十張，醬色羊皮二十張。'"陸士諤《清朝秘史》第四四回："白狐桶子十件，洋灰皮三百張，灰狐腿皮一百八十張，海虎皮三十張，海豹皮十六張。"

貉皮

貉之毛皮。其質深厚溫滑，爲製裘衣的珍貴材料。《詩·豳風·七月》："一之日於貉，取彼狐狸，爲公子裘。"唐孔穎達疏："一之日往捕貉，取皮，庶人自以爲裘；又取狐與狸之皮爲公子之裘。"漢桓寬《鹽鐵論·力耕》："驒騱狐貉，采旃文罽，充於内府。"此稱至遲宋代已行用。宋嚴粲《詩緝》卷一六："故至隙臘之時，則往取貉皮，以爲自用之。"明李時珍《本草綱目·獸二·貉》："貉生山野間。狀如狸，頭鋭鼻尖，斑色。其毛深厚溫滑，可爲裘服。"徐珂《清稗類鈔·動物類》："貉，又作狢，似狸，鋭頭尖鼻。性好睡，日伏夜出，捕食蟲類。毛色斑駁，其文上圓下方，質深厚溫滑，可爲裘。"

【貉崽皮】

幼貉之毛皮。此稱清代已行用。《紅樓夢》第一〇五回："見賈政同司員登記物件，一人報説：'赤金首飾共一百二十三件……雲狐筒子二件，貉崽皮一卷。'"

貉皮

貉鼠之毛皮。可製作裘衣等。《説文·鼠部》："貉鼠。出胡地，皮可作裘。"《玉篇·鼠部》："貉鼠，出胡地，皮可爲裘也。"

貂皮

貂鼠之毛皮。柔暖光亮，是製作高檔裘衣的材料，爲珍貴毛皮之一。此稱漢代已行用。《後漢書·烏桓傳》："遼西烏桓大人郝旦……獻奴婢牛馬及弓虎豹貂皮。"《太平御覽》卷九一二《獸部·貂》引《江表傳》："遼東太守遣使詣孫權，送貂皮千枚，欲舉國歸吳。"《紅樓夢》第一〇五回："見賈政同司員登記物件，一人報說：'赤金首飾共一百二十三件……黑狐皮十八張，青狐六張，貂皮三十六張。'"清劉大櫆《潁州府通判呂君墓表》："值皇輿南幸，檄治芻餉，恩賜貂皮緞匹。"清王初桐《奩史》卷六七引《環佩餘韵》："貂皮鞋必用高底，使趾尖向下，得其暖而不受緊束之累。"

黑貂皮

貂皮的一種。其毛呈黑色，可做衣裘等。此稱清代已行用。清曹庭棟《養生隨筆》："《輟耕録》云：'宮閣制，有銀鼠皮壁帳、黑貂皮暖帳。'"金庸《射雕英雄傳》："後來鐵木真去娶了幼年時父親給他定下的妻子蒲兒帖。蒲兒帖帶來一件名貴的黑貂皮襖做嫁妝。"

白貂皮

貂皮的一種。毛色潔白。此稱唐代已行用。《新唐書·定安公主傳》："主次太原，詔使勞問係涂，以黠戛斯所獻白貂皮、玉指環往賜。"《查抄和珅家產清單》記載："白狐皮五十二張，元狐皮五百張，白貂皮五十張，紫貂皮八百張。"

紫貂皮

貂皮的一種。毛呈棕黑色，皮質細密，毛絨豐足，且有均匀的白色針毛，輕軟柔韌而光滑，在貂皮中最爲名貴，素有"裘皮之王"和"軟黃金"的美稱，爲我國東北特產之一。南朝梁元帝《謝東宮賚貂蟬啓》："東平紫貂之賜，非聞暖額；中山黃金之錫，豈曰附蟬。"《皇朝禮器圖式·冠服》："皇帝御冬朝服，色用明黃，惟南郊祈穀用藍，披領及裳俱表以紫貂。"鈕琇《觚賸·姜郎》："蓮池月鹿以青狐之裘至，柏府雲鷗以紫貂之冠至。"《查抄和珅家產清單》："元狐皮五百張，白貂皮五十張，紫貂皮八百張。"徐珂《清稗類鈔·服飾類》："端罩，紫貂爲之。"

江貂皮

貂皮的一種。其毛短色深。可做帽檐、袖頭等用。此稱清代已行用。《紅樓夢》第一〇五回："見賈政同司員登記物件，一人報說：'赤金首飾共一百二十三件……小狐皮十六張，江貂皮二張。'"中國藝術研究院、紅樓夢研究所校注："江貂皮，毛短色深，做帽檐或袖頭用。"

薰貂皮

貂皮的一種。以經過薰製加工而得名。此稱清代已行用。徐珂《清稗類鈔·服飾類》："皇帝冬朝冠，薰貂爲之。"《皇朝禮器圖式·冠服》："皇帝冬吉服冠，御用之期與朝冠同，海龍爲之。立冬後易薰貂或紫貂，各惟其時。"《滿文老檔·太宗皇帝崇德元年正月》："時額爾克孔果爾獻雕鞍馬二、空馬六、金酒海一、貂皮暖帽二、黃妝緞面鑲沿薰貂皮一。"

東北貂皮

我國東北地區產的貂皮。種類有紫貂、白貂、水貂等。其皮質細密，毛絨豐足，爲製作高檔皮裘的材料。其與人參、鹿茸，素稱"東北三寶"。

薰皮

亦作"熏皮"。皮的一種。以經過薰製而得名。此稱明代已行用。《明史·張漢卿傳》："御史樊繼祖、主事張希尹勘上涿州薰皮廠、安州鷹房草場，詔旨留用。"《二十年目睹之怪現狀》上："兩個手裏都拿著一頂薰皮小帽，一個穿的是京醬色寧綢狐皮袍子。"

【熏皮】 2

同"薰皮"。此體清代已行用。見該文。

貂鼢皮

貂皮與鼢皮的合稱。鼢鼠，似豹而有斑紋。其皮可製衣物。《說文·鼠部》："鼢，豹文鼠也。"《玉篇·鼠部》："鼢，豹文鼠。"元周伯琦《院考試鄉貢進士紀事》詩："環廬帷毳闈，侍史服貂鼢。"

狐貉

狐皮和貉皮的合稱。漢揚雄《太玄經》下："次八：翡翠於飛，離其翼，狐貉之毛，躬之賊。"清馬驌《繹史·食貨志》："狐貉裘千皮，羔羊裘千石。"

貀皮

貀之毛皮。其質柔軟，可製名裘。《後漢書·鮮卑傳》："又有貂、貀、羱子，皮毛柔蝡，故天下以爲名裘。"唐李賢注："貂、羱並鼠屬。貀，猴屬也。"《魏書·蠕蠕傳》："車鹿會既爲部帥，歲貢馬畜、貂貀皮，冬則徙度漠南，夏則還居漠北。"

猫皮

猫之毛皮。其質柔軟，有黑、白、黄、灰褐等色，可做裘衣料。此稱南北朝時期已行用。南北朝弗若多羅《十誦律》卷三九："師子皮、虎皮、豹皮、獺皮、猫皮。"清道光《廈門志·關賦略》："猫皮每百張三錢，猫皮布馬褂例一分二釐。"《紅樓夢》第一〇五回："見賈政同司員登記物件，一人報說：'赤金首飾共一百二十三件……獺子皮二張，猫皮二十五張。'"

黄猫皮

猫皮的一種。呈黄色。此稱明代已行用。明陶宗儀《南村輟耕録·宮闕制度》："至冬月，大殿則黄猫皮，壁幛黑貂褥。"

貛皮

貛之毛皮。貛，一説狗貛。獸名。形似小猪，山野穴居，體肥喙尖，矮足短尾，毛褐色，晝伏夜出，食蟲蟻瓜果。皮可爲裘衣領。此稱南北朝時期已行用。《太平御覽》卷三五〇引《魏百官名》曰："三公，拜賜魚皮步叉一，貛皮鞬一，琢菔金校步叉一，金校豹皮鞬一。"明李時珍《本草綱目·獸二·貛》："貒，猪貛也；貛，狗貛也，二種相似而略殊。狗貛似小狗而肥，尖喙矮足，短尾深毛，褐色。皮可爲裘領，亦食蟲蟻瓜果。又遼東女真地面有海貛，皮可供衣裘，亦此類也。"

海貛皮

貛皮的一種。其皮可供製衣裘。此稱明代已行用。明張萱《西園聞見録》中有"海貛皮"一詞。

猞猁猻皮

猞猁猻之皮。猞猁猻，獸名。似猫而大，尾短。兩耳尖端有兩撮長毛，兩頰的毛亦長。全身淡黄色，有灰褐色斑點，尾端黑色。四肢粗長，善於爬樹，行動敏捷，性凶猛。其毛厚而軟，爲珍貴之毛皮。此稱清代已行用。《皇清開國方略》卷八："賜田宅、金銀、貂皮、猞猁

猻皮、緞疋器用及耕作之具。"《紅樓夢》第一
〇五回："見賈政同司員登記物件，一人報説：
'赤金首飾共一百二十三件……黃狐三十張，猺
猁猻皮十二張，麻葉皮三張。'"清魏源《聖
武記》卷一："國土産東珠、人葠、紫貂、元
狐、猺猁猻。"姚雪垠《李自成》第三卷第二九
章："這一天，降將祖大壽等獻出了許多珍貴物
品……皮裘一類有紫貂、猺猁猻、豹、天馬皮
等。"

獺皮

亦稱"獺子皮"。獺之毛皮。可製作大衣、
帽子等。獺子，即獺，獸名。狀似小狗，四
足，長尾，有水獺、旱獺、海獺等類。此稱漢
代已行用。《後漢書·南蠻西南夷列傳》："有邑
君長，皆賜印綬，冠用獺皮。"《梁書·陳伯之
傳》："〔陳伯之〕年十三四，好著獺皮冠，帶
刺刀。"明宋應星《天工開物·裘》："西戎尚獺
皮，以爲毳衣領飾。"《紅樓夢》第一〇五回：
"見賈政同司員登記物件，一人報説：'赤金首
飾共一百二十三件……江貂皮二張，獺子皮二
張。'"徐珂《清稗類鈔·動物類》："旱獺，形
狀略似獺而不入水，好穴居，東三省及青海之
北柴達木多産之。""山獺，性淫毒，粵東山中
有之。牝獸皆避去，無偶，則抱木而枯。骨能
解藥箭毒。""水獺，長二三尺，毛色青黑，尾
尖長如錐，四足短，趾間有蹼，穴居河岸池沼
之旁。"《孽海花》第二五回："忽聽裏面一片聲
的嚷著大帥出來了，就見玨齋頭戴珊瑚頂的貂
皮帽，身穿曲襟藍綢獺袖青狐皮箭衣，罩上天
青綢天馬出風馬褂……緩步出來。"

【獺子皮】

即獺皮。此稱清代已行用。見該文。

海龍皮

一種類似水獺皮的皮毛。其色深於獺，更
有光澤。多用作翻毛皮衣。此稱清代已行用。
《紅樓夢》第四九回："〔寶玉〕只穿一件茄色哆
羅呢狐皮襖子，罩一件海龍皮小小鷹膀褂。"中
國藝術研究院紅樓夢研究所校注："海龍皮：是
一種類似水獺皮的皮毛，色深於獺，更有光澤。
多用作翻毛皮衣。"《皇朝禮器圖式·冠服》："皇
帝冬吉服冠，御用之期與朝冠同，海龍爲之。"
《紅樓夢》第一〇五回："見賈政同司員登記物
件，一人報説：'赤金首飾共一百二十三件……
海豹三張，海龍十六張。'"

鼰鼠皮

灰鼠的毛皮。柔軟如絨，可製名裘。鼰，
鼰鼠，通稱灰鼠。體小，背部毛灰色，頸下、
腹下毛白色。《説文·鼠部》："鼰鼠，出丁零
胡，皮可作裘。"清段玉裁注："《魏志》注引
《魏略》云：'丁零國出名鼠皮：青昆子，白昆
子皮。'王氏引之云：'昆子即鼰子也。'《後漢
書·鮮卑傳》云：'鮮卑有貂、豽、鼰子。皮
毛柔軟。天下以爲名裘。'按：今俗語通曰灰
鼠，聲之轉也，如揮翬皆本軍聲。"《玉篇·鼠
部》："鼰，鼠名，可以爲裘也。"漢桓寬《鹽
鐵論·力耕》："鼰鼦狐貉，采旄文罽，充於内
府。"宋樂史《太平寰宇記·四夷·北狄·鮮
卑》："又有貂、豽、鼰子，皮毛柔蝡，故天下
以爲名裘。"

【灰鼠皮】

即鼰鼠皮。此稱清代已行用。《大清會典則
例·采捕》："上好灰鼠皮每二十張折貂皮一張，
小毛灰鼠皮每二十五張折貂皮一張。"《紅樓夢》
第一〇五回："見賈政同司員登記物件，一人報

說：'赤金首飾共一百二十三件……灰鼠〔皮〕一百六十張，獾子皮八張，虎皮六張。'"

白昆子皮

貔子皮的一種。其皮毛色潔白。昆，通"貔"。《說文·鼠部》："貔鼠，出丁零胡，皮可作裘。"清段玉裁注："《魏志》注引《魏略》云：'丁零國出名鼠皮：青昆子，白昆子皮。'王氏引之云：'昆子，即貔子也。'"

青昆子皮

貔子皮的一種。其皮毛呈青色。昆，通"貔"。《說文·鼠部》："貔鼠，出丁零胡，皮可作裘。"清段玉裁注："《魏志》注引《魏略》云：'丁零國出名鼠皮：青昆子，白昆子皮。'王氏引之云：'昆子即貔子也。'"

小毛灰鼠皮

灰鼠皮的一種。其毛較短。此稱清代已行用。《大清會典則例·采捕》："上好灰鼠皮每二十張折貂皮一張，小毛灰鼠皮每二十五張折貂皮一張。"

貔貂皮

亦稱"貂貔"。貔與貂毛皮的合稱。貔、貂，均爲鼠屬，其毛皮極爲珍貴，可製衣裘等。三國魏曹丕《大墻上蒿行》："冬被貂貔溫暖，夏當服綺羅輕凉。"《北史·魏任城王澄傳》："高祖、世宗皆有女侍中官，未見綴金蟬於象珥，極貔貂於鬢髮。"清錢澄之《典裘歌》："過市貔貂殊足羞，不衷妖服迹如掃。"

【貂貔】

即貔貂皮。此稱三國時期已行用。見該文。

豆鼠皮

豆鼠之毛皮。柔軟貴重，可製衣領等物。豆鼠，背灰色，頸下、腹尾和四肢白色。身長

約二寸，尾短。以其體形圓小似豆而得名。此稱清代已行用。《紅樓夢》第一〇五回："見賈政同司員登記物件，一人報說：'赤金首飾共一百二十三件……香鼠筒子十件，豆鼠皮四方。'"

香鼠皮

香鼠之毛皮。可做衣帽等。香鼠，即香鼬，體細長，四肢短，耳圓小，尾長大，以其分泌液有香氣而得名。《紅樓夢》第一〇五回："見賈政同司員登記物件，一人報說：'赤金首飾共一百二十三件……姑絨十二度，香鼠筒子十件。'"

鼬鼠皮

鼬鼠之毛皮。可做衣帽等。鼬鼠，即黃鼬，俗稱黃鼠狼，尾長，四肢短，尾毛可製筆。《玉篇·鼠部》："鼬，鼠名。郭璞云：'今鼬似貂，赤黃色，大尾，啖鼠，江東呼爲鼪。'"清王士禎《香祖筆記》卷四："〔元人張進中〕善製筆，管用堅竹，毫用鼬鼠，精銳宜書。"

鼴鼠皮

鼴鼠之毛皮。可製衣物。鼴鼠，有袋囊，尾細長，主要產於非洲。《玉篇·鼠部》："鼴，音兒，鼠也。"此稱近代已行用。聞一多《說舞》："每人在兩膝間綳著一塊整齊的鼴鼠皮。舞師呢，他站在女人們和野火之間，穿的是通常的鼠兒皮圍裙。"

鴨皮

用野鴨頭部綠色皮毛拼成的毛皮。此稱清代已行用。《紅樓夢》第一〇五回："見賈政同司員登記物件，一人報說：'赤金首飾共一百二十三件……貂崽皮一卷，鴨皮七把。'"

魚皮

魚之皮。製作箭袋等的材料之一。此稱漢代已行用。《詩·小雅·采薇》：“四牡翼翼，象弭魚服。”漢毛亨傳：“魚服，魚皮也。”唐孔穎達疏：“閑習其弓，則以象骨爲之弭；其矢則以魚皮爲服。”唐韓翊《送巴州楊使君》詩：“前驅錦帶魚皮鞬，側佩金璋虎頭綬。”

鮫魚皮

亦稱“鮫革”“沙魚皮”。鮫魚之皮。可飾服裝、器物。《説文·魚部》：“鮫，海魚，皮可飾刀。”清段玉裁注：“今所謂沙魚，所謂沙魚皮也。”《荀子·議兵》：“楚人鮫革、犀兕以爲甲，鞈如金石。”此稱晋代已行用。《史記·禮書一》：“寢兕持虎，鮫韅彌龍，所以養威也。”南朝裴駰集解引晋徐廣曰：“鮫魚皮可以飾服器，音交。韅者，當馬腋之革。”唐司馬貞索隱：“以鮫魚皮飾韅。韅，馬腹帶也。”《續資治通鑑·宋高宗紹興五年》：“是冬，金主以鮫魚皮爲甲，可捍流矢。”

【鮫革】

即鮫魚皮。此稱先秦時期已行用。見該文。

【沙魚皮】

即鮫魚皮。此稱清代已行用。見該文。

皮絲

細皮條。此稱唐代已行用。唐慧琳等《一切經音義》卷一五引《證俗音》：“鞦，今内國唯以麻作，南土諸夷雜以皮絲及革諸物作之。”

碎皮

散碎的皮子。可拼製帽套等。此稱明代已行用。《醒世姻緣傳》第七〇回：“他是個做貂鼠的匠人，連年貂鼠甚貴，他凡做帽套，揀那貂鼠的脊梁至美的所在，偷大指闊的一條，積

的多了，拼成帽套，用玄紵吊了裏，人只看外面毛深色紫，誰知裏邊是千補萬納的碎皮，成二三十兩的賣銀，漸漸的也成了家事。”

洋灰皮

外國皮的一種。其質呈灰色，可製裘衣等。此稱清代已行用。《紅樓夢》第一〇五回：“見賈政同司員登記物件，一人報説：‘赤金首飾共一百二十三件……洋灰皮六十張，灰狐腿皮四十張。’”陸士諤《清朝秘史》第四四回：“玄狐桶帶十件，白狐桶子十件，洋灰皮三百張，灰狐腿皮一百八十張。”

革

特指已去毛的動物之皮。爲製作衣物、鎧甲等的重要材料。也常用作貢物。《字彙·尸部》：“屨，革履。”此稱先秦時期已行用。《書·禹貢》：“厥貢羽毛齒革。”唐孔穎達疏：“正義曰與揚州同，而揚州先齒革此州先羽毛者，蓋以善者爲先。由此而言之，諸州貢物多種，其次第皆以當州貴者爲先也。”《詩·召南·羔羊》：“羔羊之革，素絲五緎。”漢毛亨傳：“革猶皮也。”《左傳·僖公二十三年》：“羽毛齒革，則君地生焉。”《周禮·天官·掌皮》：“掌秋斂皮，冬斂革，春獻之，遂以式灋。”漢桓寬《鹽鐵論·散不足》：“古者庶人賤騎繩控，革鞮皮廇而已。”漢劉安《淮南子·原道訓》：“是故革堅則兵利，城成則衝生，若以湯沃沸，亂乃逾甚。”《漢書·藝文志》：“後世燿金爲刃，割革爲甲，器械甚備。”《皇清職貢圖》卷六：“〔漳臘營轄口外三郭羅克〕番民戴狐帽，著褐衣，以虎豹皮緣之，革帶，革履。”

獸革

泛指野獸皮去毛後加工製成的熟革。此稱

清代已行用。徐珂《清稗類鈔·服飾類》："惟未嫁女子無裙褲，上衣尤短窄，用麻枲、羊毛雜組若貫錢索數百條，長近尺許，束腰際……取獸革裹其尻，股髀以下赤露無纖縷。"

生革

革的一種。未經鞣製加工。《説文·革部》："韗，革生鞮也。"按，段玉裁、王筠等改"革生"爲"生革"。此稱明代已行用。《大明會典·營造三上·儀仗二》："各有襯鉤紅皮、硃紅生革、描金龍束子八個，懸以綠絨區緣。"

皂革

亦稱"黑革"。革的一種。其質色黑。此稱清代已行用。《皇清職貢圖》卷一："〔安南國〕其夷目冠帶朝服多仍唐制，皂革爲靴，惟武官平頂紗帽，靴尖雙出以爲別。"又："〔大西洋國黑鬼奴〕男女俱結黑革條爲履，以便奔走。"

【黑革】

即皂革。此稱清代已行用。見該文。

朱革

革的一種。其質呈紅色。爲製作鞋靴等的材料。此稱元代已行用。《元史·輿服志一》："五品以下用烏犀，並八胯，鞓用朱革。"《皇清職貢圖》卷一："〔荷蘭國〕夷婦青帕蒙頭，領圍珠石，肩披巾縵，敞衣露胸，繫長裙，以朱革爲履。"

【紅革】

即朱革。此稱清代已行用。《皇清職貢圖》卷一："〔暹羅國〕婦人以金銀爲簪，釧約指，上衣披五色花縵，下衣五彩織金花縵，拖地長二三寸，足履紅革皽鞋。"又卷二："〔布嚕特〕男戴長頂高沿帽，約以白縧四道，衣長領錦衣，腰繫紅帶，足履紅革鞮。"

黃黑革

革的一種。呈黃黑色。爲製作鞋靴等的材料。此稱清代已行用。《皇清職貢圖》卷二："〔伊犁等處民人〕男帶黃頂白羊皮帽，左耳飾以銅環，著無面羊皮衣，腰繫布帶，穿黃黑革鞮。"

紅牛革

牛革的一種。呈紅色，爲製作鞋靴等的材料。此稱清代已行用。《皇清職貢圖》卷二："〔伊犁等處臺吉〕戴紅纓高頂平邊氈帽，左耳飾以珠環，錦衣，錦帶，腰插小刀，佩帨巾，穿紅牛革鞮。"又："伊犁等處臺吉之下各置宰桑，以轄民人……男戴紅纓高頂捲邊皮帽，左耳亦飾珠環，衣長領衣，或以錦綉，或以紵絲、氆氌，腰插小刀，佩帨巾，穿紅牛革鞮。"

野馬胯革

製作皮褲所用的野馬胯股間的革。此稱唐代已行用。《新唐書·地理志一》："豐州九原郡……土貢：白麥、印鹽、野馬胯革、駝毛褐、氈。"嘉靖《陝西通志·物産》："同州土貢韗，豐州土貢野馬胯革，安北大都護府貢野馬胯革。"

韗

去毛的獸皮。爲製作皮衣等的材料。一説泛指獸皮。此稱先秦時期已行用。《説文·革部》："韗，去毛皮也。《論語》曰：'虎豹之韗。'從革，郭聲。"清段玉裁注："韗、革也。"《吕氏春秋·不苟》："魯君許諾，乃使吏韗其拳，膠其目，盛之以鴟夷，置之車中。"漢高誘注："韗，革也，以革囊其手也。"漢《韓詩外傳》："南苗異獸之韗，猶犬羊也。"《新唐書·地理志一》："同州馮翊郡，上輔。……土貢：靴韗二物、皺紋吉莫、麝、芑茨、龍莎、凝水石。"

【韎】

同"韐"。此體漢代已行用。《論語注疏·顏淵第十二》："虎豹之韐，猶犬羊之韐。"宋邢昺疏："皮去毛曰韐。"

羊韐[2]

去毛的羊皮。此稱唐代已行用。唐李嶠《豹》詩："委質超羊韐，飛名列虎侯。"元王逢《奉謝楊山居宣慰寄遺繭紙》："吾元本恭儉，世祖膺聖德。羊韐代白麻，遂爾混區域。"

朱鞞

亦作"朱韠"。韠的一種。其質色朱。此稱先秦時期已行用。《詩·齊風·載驅》："載驅薄薄，簟茀朱鞞。"《玉篇·竹部》引《詩》："簟第朱鞞。"

【朱韠】

同"朱鞞"。此體南北朝時期已行用。見該文。

韋

熟皮。此稱漢代已行用。《説文·韋部》："韋，相背也……獸皮之韋可以束，枉戾相韋背，故藉以爲皮韋。"商承祚《説文中之古文考》："〔甲骨文〕像兩人相背行，又像兩足有挨隔，乃違之本字也。後借爲皮韋字。"唐玄應等《一切經音義》卷一四引《字林》："韋，柔皮也。"明張自烈《正字通·韋部》："韋，柔皮。熟曰韋，生曰革。"此稱漢代已行用。《儀禮·聘禮》："君使卿韋弁。"唐賈公彥疏："有毛則曰皮，去毛熟治則曰韋。"《漢書·霍光傳》："韋絮薦輪，侍婢以五采絲挽顯，游戲第中。"唐顏師古注："晋灼曰：'御輦以韋緣輪，著之以絮。'師古曰：'取其行安，不搖動也。'"漢揚雄《方言》卷四："自關而東，複履其庳者謂之

庳者謂之靸下，禪者謂之鞮。"晋郭璞注："今韋鞮也。"宋沈括《夢溪筆談·譏謔》："挽車者皆衣韋袴。"魯迅《科學史教篇》："柔皮術亦不日竟成，製履之韋，因以不匱。"

皮韋

泛指皮革。此稱漢代已行用。《説文·韋部》："韋，相背也……獸皮之韋可以束，枉戾相韋背，故藉以爲皮韋。"商承祚《説文中之古文考》："〔甲骨文〕像兩人相背行，又像兩足有挨隔，乃違之本字也。後借爲皮韋字。"

皮革

泛指動物之皮。可用以製作衣物等。此稱先秦時期已行用。《周禮·天官·掌皮》："掌秋斂皮，冬斂革，春獻之，遂以式灋，頒皮革於百工，共其毳毛爲氈，以待邦事。"《史記·匈奴列傳》："自君王以下，鹹食畜肉，衣其皮革，被旃裘。"又《貨殖列傳》："而合肥受南北潮，皮革、鮑、木輸會也。"《淮南子·時則訓》："命五庫，令百工審金鐵、皮革、筋角、箭幹、脂膠、丹漆，無有不良。"《三寶太監西洋記通俗演義》第五回："既這等説，却是疲敝之疲，不是皮革之皮。"

緞[2]

亦作"鞎"。鞋跟上幫貼的皮革。此稱漢代已行用。《説文·韋部》："鞎，履後帖也。從韋，段聲。鞎，或從糸。"清段玉裁注："帖……引伸爲今俗語幫貼之字。凡履跟必幫貼之，令堅厚，不則易敝。"《急就篇》第二："履舄鞜鞋裒越緞紃。"唐顏師古注："緞，履跟之帖也。"

【鞎】

同"緞[2]"。此體漢代已行用。見該文。

韐

　　有文綉的皮革。此稱漢代已行用。《説文·革部》："韐，革綉也。"明宋濂《篇海類編·人事類·韋部》："䪜，同韛。"《國語·齊語》："輕罪贖以韐盾一戟。"韋昭注："韐盾，綴革，有文如纈。"清章炳麟《訄書·經武》："商鞅闖戟而出，齊桓以犀甲韐盾而立國也。"

【韛】

　　同"韐"。此體宋代已行用。《集韻·去至》："韛，《説文》：'革綉也。'或從韋。亦作䪜。"《正字通》："韛，俗韐字。"

【䪜】

　　同"韐"。此體遼代已行用。遼僧行鈞《龍龕手鑑·韋部》："䪜，綉韋也。或作韛。"

第三節　棉織物考

　　我國的棉花品種有一年生和多年生兩種（見陳維稷主編《中國紡織科學技術史（古代部分）》，第 146 頁）。現在我們常見的棉花是一年生的，古時稱爲"白氎"，用其纖維所織布叫"榻布"或"白氎布"。多年生的棉花是原産於南方的木棉。我國很早就有利用木棉纖維織布的歷史。1979 年福建崇安武夷山船棺中發現的木棉布是現存最早的棉織物。木棉是多年生植物，分布在我國南方，稱爲"吉貝"。元王禎《農書》卷二一引《南州異物志》："班布，吉貝木所生，熟時狀如鵝毳，細過絲綿，中有核如珠珣，用之則治出其核。"清趙翼《陔餘叢考·木棉布行於宋末元初》引三國時魏人孟康《漢書》注云："閩人以棉花爲吉貝，而《正字通》及《通雅》俱云：吉貝，木棉樹也。"木棉有多種，李時珍在《本草綱目·木部》中有所闡述："木棉有草、木二種。交廣木棉，樹大如抱。其枝似桐。其葉大，如胡桃葉。入秋開花，紅如山茶花，黃蕊，花片極濃，爲房甚繁，逼側相比。結實大如拳，實中有白棉，棉中有子。今人謂之斑枝花，訛爲攀枝花。李延壽《南史》所謂林邑諸國出古貝花，中如鵝毳，抽其緒，紡爲布。張勃《吴録》所謂交州、永昌木棉樹高過屋，有十餘年不換者，實大如杯，花中棉軟白，可爲絮及毛布者，皆指似木之木棉也。江南、淮北所種木棉，四月下種，莖弱如蔓，高者四、五尺，葉有三尖如楓葉，入秋開花黃色，如葵花而小。亦有紅紫者，結實大如桃，中有白棉，棉中有子，大如梧子。亦有紫棉者，八月采，謂之棉花。李延壽《南史》所謂高昌國有草，實如繭，中絲爲細，名曰白疊，取以爲帛，甚軟白。沈懷遠《南越志》所謂桂州出古終藤，結實如鵝毳，核如珠，治出其核，紡如絲綿，染爲斑布者，皆指似草之木棉也。此種出南番，宋末始入江南，今則遍及江北與中州矣。不蠶而棉，不麻而布，利被天下，其益大哉。又《南越志》言：南詔諸蠻不養蠶，惟收娑羅木子中白絮，紉爲絲，織爲幅，名娑羅籠段。祝穆《方輿志》言：平緬出娑羅樹，大者高三、五丈，結子有棉，紉棉織爲白氎兜羅錦。此亦斑枝花之類，各方稱呼不同耳。"可見，木棉指的是生長於我國南方的植物，其纖維可以織布。大約在漢代，福建已最早種植棉花。南朝時人以麻衣爲常服，南北朝時吐魯番一帶已普遍種植棉花，并用以織布。棉布在南北朝已廣泛流行，當時稱棉花曰"木棉"或"吉貝"。棉布作爲貢品，或用於交易，南朝帝王、士大夫多服用這種棉布。

自元朝開始，政府大力推廣棉花的種植。《元史·食貨志一》載："世祖即位之初，首詔天下，國以民爲本，民以衣食爲本，衣食以農桑爲本，於是頒《農桑輯要》之書於民……中統元年，命各路宣撫司擇通曉農事者充隨處勸農官。二年，立勸農司，以陳邃、崔斌等八人爲使。"其後屢頒農桑之法及雜令，故而棉花種植遍及全國。棉布也爲廣大人民所喜愛。到了明代，棉花的種植已經遍布大江南北，棉織品開始漸漸取代麻葛織品，成爲百姓日常的穿着來源。明代棉紡織品品種繁多，葉夢珠《閲世編》卷七"松江之飛花、龍墩、眉織"，諸布皆有名。凡布密而狹者爲小布，郡城謂之和布，疏而闊者爲稀布，産邑中極細者爲飛花布，即丁娘子布。另還出有標布、漿紗布等。標布出三林塘者最精，周浦次之，邑城者爲下。漿紗布産於松江邑城。蘇州府出有藥斑布、刮白布、官機布、縑絲布、棋花布、斜紋布等。藥斑布産於嘉定及安亭鎮，刮白布産於太倉，官機布産於徐王廟。明正德以前，太倉以苧布聞名於時，并織作以輸官。正德以後，太倉棉布生產發達，遠超過麻布銷路。清代，松江仍是全國重要的棉紡織產地，所出精綾綾、三棱布、漆紗、方巾、剪絨毯，皆爲天下第一；名目繁多，有木棉花、飛花布、紫花布、絲布（俗稱云布）等。

棉花綫

亦稱"棉綫"。此稱清代已行用。《老殘游記》第一〇回："原來是個珠殼，裏面是很深的油池，當中用棉花綫捲的個燈心外面用千層紙做的個燈筒。"《劉公案》第三五回："打腰裏掏出了有一百多錢，原來是一根棉花綫的錢串穿著，忙忙擼下六個老錢來。"《清史稿·禮志四》："前期數日，選無事故滿洲九家，攢取棉綫綢片，捻綫索二組，小方戒綢三。"《兒女英雄傳》第二二回："有些村莊婦女趕到岸邊，提個籃兒，裝些零星東西來賣，如麻繩、棉綫、零布、帶子，以至鷄蛋、燒酒、豆腐乾、小魚子之類都有，也爲圖些微利。"

【棉緣】

即棉花緣。此稱清代已行用。見該文。

棉布

棉紗織成的布。各類棉紡織品的總稱。此稱明代已行用。《明史·輿服志三》：“琉球舞四人，皆棉布花手巾，青羅大袖襖子。”清褚人獲《隋唐演義》第四回：“有一名人與他棉布二匹，銀子一錠。”清姚燮《醉後書城南酒肆壁三章》其二：“鮫人之綃玉光硏，不抵村人棉布價。”清趙翼《陔餘叢考》：“古時未有棉布，凡布皆麻爲之。”姚雪垠《李自成》第一部下：“把禮單呈上，上邊開列著紋銀二百兩、大紅彩緞八匹、本色山綢二十匹、松江棉布二十匹。”

市布

一種質地比較細密的平紋棉布。此稱元代已行用。元汪大淵《島夷志略》：“貨用塘頭市布、占城布、青盤、花碗、紅綠硝珠。”明丘濬《大學衍義補》卷二三：“關市之賦如司市關之地使廛人斂市布、廛布皮角、筋骨。”清劉廷槐《來安縣志》：“冬衣市布甚貴，思遍以教之，未遑也。”

府綢

由棉、滌、毛、棉滌混紡紗織成的質地細密、平滑而有光澤的平紋棉織品。山東地區傳統手工藝品之一，其手感和外觀類似於絲綢，故稱府綢。此稱清代已行用。《爭春園》第二〇回：“上寫‘閃緞綾緞貢緞，頂重的府綢西紗洋縐大紅天青杏黃各樣顏色。’”林語堂《京華烟雲》第三章：“在炎熱的七月天，還買了一塊山東府綢。”老舍《四世同堂》第三部分：“下面，白地細藍道的府綢褲子，散著褲角。”

麻紗

一種純棉或者混紡的輕薄棉織物。此稱近代已行用。平襟亞《人海潮》第三九回：“好容易花言巧語，説得她换了一打麻紗巾。”張愛玲《半生緣》：“穿著一件白底子紅黃小花麻紗旗袍，原來是阿寶。”亦舒《喜寶》：“白色的瑞士點麻紗裙子，燈籠袖，我看得一呆。”

絨布

經過拉絨後表面呈現豐潤絨毛狀的棉織物。此稱清代已行用。《皇清職貢圖》卷六：“〔四川省兒那達〕番民披髮，耳綴銅環，著絨布短衣。”清李調元《南越筆記》卷五：“潮陽産絨布，極重密，足蔽風雨，俗稱潮布，行用遠近。”

平絨

采用優質棉紗綫織成，表面具有稠密、平齊、聳立而富有光澤的絨毛，故稱。平絨質地厚實，手感柔軟，光澤柔和，耐磨耐用，保暖性好，富有彈性，不易起皺。此稱清代已行用。清周凱《廈門志》卷七：“剪絨每匹例六分，平絨、漳絨、虎皮絨每匹七分。”王安憶《長恨歌》第二章：“周遭的窗上依然是扣紗窗簾，還有一層平絨帶流蘇的厚窗幔則束起著。”

蘭絨

蘭州出的一種絨布。此稱明代已行用。明宋應星《天工開物·乃服》：“今蘭州獨盛，故褐之細者皆出蘭州，一曰蘭絨。”

縐布

表面具有縱嚮均勻皺紋的薄型平紋棉織物。此稱清代已行用。清《福建通志·臺灣府》第一部分：“縐布，以内地棉花織成。”清邗上蒙人《風月夢》第五回：“束了一條元色洋布裙，白水縐布襪套。”

斑布[2]

亦作“班布”。因用斑枝花纖維織成而得名。此稱三國時期已行用。《三國志·魏書·烏丸鮮卑東夷傳》：“詔書報倭文王曰：‘……〔所獻〕男生口四人，女生口六人、斑布二匹二丈，以到。’”《新唐書·地理志五》：“南州南川郡……土貢斑布。”又《地理志六》：“富州開江郡……土貢銀、斑布。”又：“榮州和義郡……土貢紬；斑布、葛。”明吾邱瑞《運甓記·平蠻奏愷》：“用的是篛醬異馬。班布氌氌。種種盡土産殊珍。”又指抽取古貝樹的花緒紡織而成的布。《南史·夷貊傳上》：“古貝者，樹名也。其華成時如鵝毳。抽其緒，紡之以作布，布與紵布不殊。亦染成五色，織爲斑布。”

【班布】

同“斑布[2]”。此體三國時期已行用。見該文。

青花斑布

斑布的一種。以其織有青色花紋而得名。此稱宋代已行用。宋范成大《桂海虞衡志·志蠻》：“宜州有西南蕃、大小張，大小王、龍、石、滕、謝諸蕃。地與牂牁接，人椎髻，跣足，或著木履，衣青花斑布，以射獵仇殺爲事。”

班絲布

省稱“斑絲”。亦稱“班絲貝”。一種染以雜色的木棉布。斑，同“班”。此稱南北朝時期已行用。《梁書·諸夷傳·婆利》：“王乃用班絲布，以瓔珞繞身，頭著金冠，高尺餘，形如弁，綴以七寶之飾。”《新唐書·南蠻傳下·環王》：“王姓刹利邪伽，名護路那婆，世居位。繚班絲貝，綴珠爲飾。”《皇清職貢圖》卷八：“衣用自織斑絲，男椎髻，約以紅帛。”

【斑絲】

“班絲布”之省稱。此稱清代已行用。見該文。

【斑絲貝】

即班絲布。此稱唐代已行用。見該文。

大布[2]

古代指粗製麻布，後亦指寬幅的棉製土布。此稱先秦已行用。《左傳·閔公二年》：“衛文公大布之衣，大帛之冠。”《金瓶梅詞話》第七回：“你老人家去年買春梅，許我幾匹大布，還沒與我。”《皇清職貢圖》卷一：“〔蘇喇國夷人〕婦披髮不笄，領下胸前多飾金珠，家居常喜現體，跣足，出行仍以大布蒙首至踵。”《兒女英雄傳》第三八回：“又往下看去，見是孔陵蓍草，尼山石硯……其餘便是山東棉綢、大布。”

灰色大布

大布的一種。其質呈灰色。此稱清代已行用。《二十年目睹之怪現狀》第四回：“裏面走出一個客來，生得粗眉大目；身上穿了一件灰色大布的長衫，罩上一件天青羽毛的對襟馬褂……大踏步走出來。”

土布

家織粗布，相對“洋布”而言。此稱清代已行用。清何良棟《皇朝經世文四編》：“且前聞設局立議織洋布兼織土布，則人工之土布愈無人售矣。”劉大白《賣布謠》之一：“土布粗，洋布細。洋布便宜，財主歡喜。土布没人要，餓倒哥哥嫂嫂。”

卉布

粗布的一種。也指土布。此稱清代已行用。清顧炎武《送張山人應鼎還江陰》詩：“卉布家鄉多已作，此行須換芰荷衣。”清毛奇齡《神告記》：“安西佑魏丙貿卉布上海市中……失囊所藏金三百兩盡。”

斜紋布

亦作“斜文布”。省稱“斜文”。棉布的一種，其質呈斜紋。此稱清代已行用。《二十年目睹之怪現狀》第二六回：“恰好看見一家門首，有人送客出來；那送客的只穿了一件灰斜紋布布袍子，並沒有穿馬褂。”《皇清職貢圖》卷八：〔平遠州有族〕男以葛織斜文爲衣。”清屈大均《廣東新語·貨語》：“斜謂斜文布，其文或作象眼，或蔈字，或大小方勝，文皆側理，故曰斜。”

【斜文布】

同“斜紋布”。此體清代已行用。見該文。

【斜文】

即斜紋布。“斜文布”之省稱。此稱清代已行用。見該文。

紗布

棉織品的一種。質輕薄稀疏。可以做蚊帳，或用以作醫療用品等。此稱清代已行用。清薛福成《海關出入貨類敘略》：“而紗布呢羽等幾居進口貨價之半。”《清史稿·食貨志六》：“華洋各商在内地用機器紡織之紗布，只納出場稅，餘概豁免。”柳青《創業史》一：“他撕破急救包裹的一個小紙口袋，把消炎粉倒在原來已經叠好的四方塊紗布上。”

冷布

紗布的一種。其質稀疏透氣。夏秋多用以糊窗，以防蚊蠅。此稱清代已行用。《紅樓夢》第六七回：“你倒是告訴買辦，叫他多多做些小冷布口袋兒，一嘟嚕套上一個，又透風，又

不糟蹋。”中國藝術研究院紅樓夢研究所校注：“冷布，稀疏透氣的紗布。”清朱彝尊有《冷布》聯句詩。

器紗片子

器具上所用的片狀紗布。此稱明代已行用。《金瓶梅詞話》第三五回：“我就去不成，也不要那器紗片子，拿出去倒没的教人笑話。”

細布

特指平紋細密的棉布。此稱清代已行用。清錢澄之《讀曲歌》：“吳出細布，匹短幅闊。”《儒林外史》第五回：“妹子替姐姐只帶一年孝，穿細布孝衫，用白布孝箍。”周而復《上海的早晨》第一部三八：“她……下邊穿的是一條鐵灰色的細布長褲，打扮得樸素大方，整潔和諧。”

丁娘子布

亦稱“飛花布”。明朝松江府東門外雙廟橋丁氏所織的布，向以質地精軟著稱，號“丁娘子”。康熙《松江府志》卷四：松江“東門外雙廟橋有丁氏者，彈木棉極純熟，花皆飛起，收以織布，尤爲精軟，號丁娘子布，一名飛花布”。

【飛花布】

即丁娘子布。此稱清代已行用。見該文。

標布

棉布的一種。品質佳，紗支勻細、布身堅密、結實耐穿。染色或漂白後，可做成外套、馬褂、靴面、纏脚帶等。此稱清代已行用。《兒女英雄傳》第二九回：“張老是足登緞靴，裏面襯著魚白標布，上身兒油綠綢綢。”清葉夢珠《閱世編》：“上闊尖細者，曰標布，出於三林塘者爲最精，周浦次之，邑城爲下。”沈從文《邊城》第一章：“穿了假洋綢的衣服，印花標布的

褲子。”

藍印花布

俗稱“藥斑布”“澆花布”“豆染布”。中國傳統工藝印染品，已有一千三百年歷史。以植物藍草爲染料，用黃豆粉和石灰粉爲染漿，刻紙爲版，濾漿漏印成灰染藍白花布，亦稱靛藍花布。有白底藍花和藍底白花兩种形式。此稱近代已行用。聶華苓《桑青與桃紅》：“他穿著桃花衫子，藍印花布褲子，頭上扎着藍印花布的包袱。”

【藥斑布】

即藍印花布。此稱明代已行用。明王鏊《姑蘇志》卷一四：“藥斑布，亦出嘉定縣。”清趙田恩《江南通志》卷八六：“藥斑布，州邑皆出。”

印花布

印有花色的棉布。用坯布印花紙，高溫加工而成，明清時非常盛行。手工印花布包括蠟染、扎染、扎花、手繪、手工臺板印花，等等。此稱明代已行用。明呂毖《明朝小史·崇禎紀》：“貨用青白花磁器，印花布色絹色段，金、銀、銅、鐵、水銀、燒珠、雨傘之屬。”清李斗《揚州畫舫錄》卷五：“紫花海衿、青箭衣、青布褂、印花布棉襖、敞衣、青衣、號衣、藍布袍。”

青綿布

青色木棉布。此稱明代已行用。《明會典·工部十二·軍器軍裝一》：“今兵仗局造：紅滌穿齊腰甲，青綿布，火漆丁釘齊腰甲。”又：“行兵仗局照數兌領，三年一次，大漢將軍二百十六員，朱紅漆皮盔、青綿布吊綫甲，各如數。”

扣布

土製棉布。此稱清代已行用。徐珂《清稗類鈔·物品類》：“蓋以金仁山《論麻冕》云：‘三十升布則爲筘一千二百目。’筘，布筘也。所以扣布經者。扣布之得名當以此。”鄭觀應《盛世危言·紡織》：“扣布每匹值洋三元一角五者，須納稅一元三角，是值百抽四十矣。”

漂布

漂白過的棉布。漂白乃近代世界先進技術。此稱近代已行用。鄭觀應《盛世危言·紡織》：“設洋布廠，西貢進口布稅，漂布每匹值洋三元半者，須納稅一元三角。”《金門志》卷二：“湖畔釣磯，揚先垂釣於此；前俯漂布石，鐫‘董子垂釣’四字。”

氍[2]

亦作“氎”“叠”。棉織品的一種。其質精細。南朝梁蕭統《僧正》：“學徒均染氍，游士譬春英。”《百喻經·估客駝死喻》：“駝既死已，即剥其皮……其後天雨，二人頑癡，盡以好氍覆此皮上，氍盡濕爛壞。”《新唐書·南蠻傳下·環王》：“古貝，草也，緝花爲布，粗曰貝，精曰氍。”《太平御覽》卷八二〇引《南史》：“高昌國有草，實如繭，繭中絲如細纑，名曰白叠子，國以取織以爲布，甚軟白，今文氍作叠。”

【氎】

同“氍[2]”。此體南北朝時期已行用。見該文。

【叠】[2]

同“氍[2]”。此體南北朝時期已行用。見該文。

【氍布】

即氍[2]。唐張祜《贈貞周上人》詩：“律儀精氍布，真行正吞針。”《新唐書·地理志四》：“西州交河郡……土貢：絲、氍布、氍、刺密、蒲萄。"《元史·世祖紀九》："乙丑，高麗國王王睶遣使兀剌帶貢氎布、綫綢等物四百段。"

白叠

亦作"白氎"。古代用棉花所織之布。漢代由印度傳入我國珠江一帶，至宋代長江流域已多見種植。白叠異名甚多，究爲何物，衆說紛雜，莫衷一是，自魏晉南北朝以來，時見誤釋。叠，疑爲梵語音譯，因其色白，合成爲詞。此稱南北朝時期已行用。《史記·貨殖列傳》："榻布皮革千石。"南朝裴駰集解引《漢書音義》："榻布，白叠也。"唐司馬貞索隱："與皮革同以石而稱，非白叠布也。《吳録》云：有九真郡布，名曰白叠。《廣志》云：叠，毛織也。"唐張守節正義："白叠，木棉所織，非中國有也。"按《音義》誤釋，張說爲是。《新唐書·西域傳上·高昌》："有草名白叠，擷花可織爲布。"宋方勺《泊宅編》卷三："閩廣多種木棉……海南蠻人織爲巾，上出細字，雜花卉，尤工巧，即古所謂白叠巾。"清黃遵憲《番客篇》："單衫纏白叠，尖履拖紅幫。"按，古代木棉亦作"木綿"，分草本與木本兩種。草本木棉花多淡黃色，果實如桃，內有白色纖維及黑褐色種子。漢代由印度傳入我國。宋范成大《桂海虞衡志·志器》："黎單，亦黎人所織。青紅間道，木棉布也。桂林人悉買以爲臥具。"元耶律楚材《贈高善長一百韻》："西文好風土，大率無蠶桑。家家植木綿，是爲墾種羊。"清趙翼《華峒》詩："染衣刈藍草，織布種木綿。"《說文·巾部》："布，枲織也。"清段玉裁："古者無今之木綿布，但有麻布及葛布而已。"按，枲爲大麻的雄株，祇開花不結子，纖維可織麻布。另有落葉喬木，其種子裏面有纖維，質柔軟，

所織之布也稱"木綿布"。魏晉時由東南亞一帶引進。木本，落葉喬木。先葉開花，大而紅，結卵形蒴果。五裂，種子表皮裏有白色纖維，質柔軟，所織之布又稱白叠。魏晉時由東南亞一帶引進。《賢愚經·檀膩䩭品》："復有二人，共諍白氎，詣王紛紜，王復以智，如上斷之。"《新唐書·南蠻傳下》："自交州行九十日乃至。王姓察失利，名婆那，字婆末。無蠶桑，有稻、麥、麻、豆，畜有白象、牛、羊、猪，俗喜樓居，謂爲干欄，以白氎、朝霞布爲衣。"宋陸游《閑居》詩："净巾裁白氎，柱杖采紅藤。"

【白氎】

同"白叠"。此體魏晉時期已行用。見該文。

【白氎】

同"白叠"。此體唐代已行用。見該文。

【白叠布】

即白叠。亦作"白氎布"。此稱漢代已行用。《後漢書·馬援傳》："〔公孫述〕更爲援制都布單衣。"唐李賢注："《東觀記》〔曰〕'都'作'荅'。《史記》曰：'荅布千匹。'《前書音義》曰：'荅布，白叠布也。'"清桂馥《札樸·覽古》引《魏略》："文帝詔曰：'代郡黃布爲細，樂浪練爲精，江東太末布爲白，故不如白叠布鮮潔也。'"《隋書·南蠻傳·赤土》："先遣人送金盤……白叠布四條，以擬供使者盥洗。"宋蘇軾《次韻柳子玉紙帳》："潔似僧巾白氎布，暖於蠻帳紫茸氎。"

【白氎布】

同"白叠布"。此體宋代已行用。見該文。

白緤

亦稱"毛布"。白色木棉布。此稱晉代已行用。北魏賈思勰《齊民要術·木緜》引晉張勃

《吳錄·地理志》：“交趾定安縣，有木緜，樹高大，實如酒杯口；有緜，如蠶之緜也。又可作布，名曰白緤，一名毛布。”清厲荃《事物異名錄》卷二五：“白緤，即白氎也。”

【毛布】[2]

即白緤。此稱晋代已行用。見該文。

【雪氎】

即白緤。白色細毛布；白色細棉布。常用來製僧衣。此稱唐代已行用。唐公乘億《魏州故禪大德獎公塔碑》：“雪氎如故，其儀宛然，捧一履以徒悲，仰雙林而莫見。”

白氎朝霞布

唐時西南地區一種以木棉花紡織成的淺紅色之布。以其質地飾有朝霞圖案而得名。此稱唐代已行用。《舊唐書·南蠻西南夷傳·墮和羅》：“土無蠶桑，以白氎朝霞布爲衣。”

花氎

彩色氎布。此稱唐代已行用。唐王維《與蘇盧二員外期游方丈寺而蘇不至因有是作》詩：“手巾花氎净，香帔稻畦成。”

白叠子

原爲非洲棉。公元 2 世紀傳入今新疆地區，南北朝時普遍種植。此稱南北朝時期已行用。《梁書·高昌傳》：高昌國“多草木，草實如蠒，蠒中絲如細纑，名爲白叠子，國人多取織以爲布。布甚軟白，交市用焉。”唐龍樹菩薩《般若燈論釋·觀六根品》：“如紫鑛汁染白叠子，以熏習故，次第相續。”

帛叠

古代少數民族地區織作的一種白叠花布。此稱唐代已行用。《後漢書·南蠻西南夷傳》：“〔哀牢夷〕知染采文綉，罽㲲帛叠、蘭干細布，織成文章如綾錦。”唐李賢注引《外國傳》曰：“諸薄國女子織作白叠花布。”

細氎

亦作“細叠”。精細之氎布。此稱唐代已行用。唐劉言史《王中丞宅夜觀舞胡騰》詩：“織成蕃帽虛頂尖，細氎胡衫雙袖小。”清桂馥《札樸·覽古》引宋《元嘉起居》注：“昆加黎國奉細叠兩張。”

【細叠】

同“細氎”。此體宋代已行用。見該文。

屈眴布

省稱“屈眴”。亦稱“大細布”。多用於製作佛家衣物。以木棉花心織成，類白氎布。此稱宋代已行用。宋釋法雲《翻譯名義集》卷七：“屈眴，此云大細布，緝木帛華心織成，其色青黑，即‘達摩’所傳袈裟。”宋贊寧等《宋高僧傳·習禪·慧能》：“其塔下葆藏屈眴布鬱多羅僧，其色青黑碧縑複裕。”元耶律楚材《戲作》詩之一：“屈眴輕衫裁鴨綠，葡萄新酒汎鵝黃。”明張萱《疑耀·木棉》：“曹溪六祖所傳信衣曰屈眴布，即白氎布，乃西域木棉心所織者，餘當見之。”清俞正燮《癸巳類稿·釋迦文佛生日生年決定俱足論》：“又梁時，竺達摩至中國，有迦葉傳衣，乃西域屈眴布，木棉花心織成者。”

【屈眴】

“屈眴布”之省稱。此稱宋代已行用。見該文。

【大細布】

即屈眴布。此稱宋代已行用。見該文。

古貝

亦稱“吉貝”。梵語或馬來語的音譯。中國古代指草本或木本之木棉。木本者俗稱“斑枝花”“英雄樹”。前者今訛作“攀枝花”。高達

30—40米之大喬木。木棉科。大枝輪生，幼枝有刺。掌狀複葉，有長柄，小葉五至七片，全綠。早春先葉開花，花多數簇生於上部葉腋間或單生，白色或淡紅色。蒴果木質，長橢圓形，五裂，果瓣內密生絲狀棉毛。分布於亞洲、非洲及美洲熱帶地區，東南亞廣泛栽培，中國海南島、雲南南部和廣西南部引種栽培。棉毛可爲紡織原料，亦有纖維粗糙衹可作填充物者。另有古稱“古終籐”者，錦葵科，一年生或多年生草本或木本，種類頗多，其中陸地棉在中國栽培最廣。其纖維可紡織或做棉絮。中國古代通常又作布名，稱“白疊”。詳加區別，粗纖維織成者即古貝，細者稱“白疊”，或作“白氎”。此稱南北朝時期已行用。《宋書·夷蠻傳·呵羅單國》：“元嘉七年，遣使獻金剛指環、赤鸚鵡鳥、天竺國白疊、古貝、葉波國古貝等物。”《梁書·諸夷傳·林邑國》：“吉貝者，樹名也。其華成時如鵝氎，抽其緒紡之以作布，潔白與紵布不殊。”按《南史·夷貊傳上·林邑國》引此文，吉貝作“古貝”。《舊唐書·南蠻西南蠻傳》：“有古貝草，緝其花以作布，粗者名古貝，細者名白氎。”清桂馥《札樸·覽古》：“方夕曰：閩廣多種木棉，紡織爲布，名曰吉貝。海南蠻人織爲巾，即古所謂白疊布。”

【吉貝】

即古貝。此稱南北朝時期已行用。見該文。

竹布[2]

布紋緻密的棉布，常用來做夏季服裝。色主要有淡藍色、月白等。此稱清代已行用。《二十年目睹之怪現狀》第六八回：“他前面却跪了一個二十來歲的年輕小子，穿一件補了兩塊的竹布長衫。”魯迅《風波》：“伊透過烏桕葉，看見又矮又胖的趙七爺正從獨木橋上走來，而且穿著寶藍色竹布的長衫。”

竹布[3]

以竹子纖維爲原料的布。此稱唐代已行用。《新唐書·地理志七上》：“韶州始興郡……土貢竹布、鐘乳、石斛。”

【竹疏布】[2]

即竹布[3]。此稱晉代已行用。晉嵇含《南方草木狀·筆竹》：“筆竹，葉疏而大，一節相去六七尺，出九真。彼人取嫩者䃺浸，紡織爲布，謂之竹疏布。”疏，一本作“練”。

藍竹布

藍色竹布。此稱清代已行用。《二十年目睹之怪現狀》第八六回：“只見隔壁房裏坐了一個五十多歲的頒白婦人，穿一件三寸寬、黑緞滾邊的半舊藍熟羅衫，藍竹布扎腿褲，伸長兩腿，交放起一雙四寸來長的小脚。”

桂布

亦稱“桂管布”。古代廣西桂林一帶所產的木棉布。質密厚重，色白似雪。此稱唐代已行用。唐白居易《新製布裘》詩：“桂布白似雪，吳棉軟於雲。布重棉且厚，爲裘有餘溫。”又《醉後狂言酬贈蕭殷二協律》詩：“因命染人與剗女，先製二裘贈二君。吳棉細軟桂布密，柔如狐腋白似雲。”清俞樾《茶香室叢鈔·桂管布衫》：“《玉泉子》云：‘夏侯子父爲左拾遺，常著桂管布衫朝謁。文宗問：孜衫何太粗止？具言：桂管產此布，厚可以禦寒。他日上問宰相：朕察拾遺夏侯孜必貞介之士。宰相曰：其行，今之顏冉。上嗟嘆，亦效著桂管布。滿朝皆仿之，此布爲之驟貴。’按此即今之木棉布也，唐時已盛行。”

【桂管布】

即桂布。此稱清代已行用。見該文。

黎單

黎族人所織的一種青紅相間的木棉布。常用以做卧具飾布。此稱宋代已行用。宋范成大《桂海虞衡志·志器》：“黎單，亦黎人所織，青紅間道，木棉布也。桂林人悉買以爲卧具。”宋周去非《嶺外代答·服用·吉貝》：“海南所織，則多品矣。幅極闊，不成端匹，聯二幅可爲卧單，名曰黎單；間以五采，異紋炳然，聯四幅可以爲幕者，名曰黎飾。”

黎幕

海南黎族人所織的一種布。拆取内地織錦色絲，間用木棉挑織而成。因每以四連成一幕而得名。此稱宋代已行用。宋范成大《桂海虞衡志·志器》：“黎幕，出海南黎峒。黎人得中國錦彩，拆取色絲間所織木棉，挑織而成，每以四副聯成一幕。”宋代趙汝適《諸蕃志·卷下》：“是婦人不事蠶桑，惟織吉貝花被、縵布、黎幕。”

藏布

藏族人所織的布。此稱清代已行用。《皇清職貢圖》卷一：“西寧縣哆吧番民即係西藏之人，男子戴黄邊紅纓帽……婦人披髮，約以青褐分垂之，綴水石鏡爲飾，衣藏布盤襖，足履革靴，夏月亦或跣足。”

蠻布

舊指南方少數民族所織的布。此稱南北朝時期已行用。《玉篇·巾部》：“幏，蠻布也。”按，用於貢賦謂之幏。宋歐陽修《六一詩話》：“蘇子瞻學士，蜀人也。嘗於清井監得西南夷人所賣蠻布弓衣，其文織成梅聖俞《春雪》詩。此詩在《聖俞集》中，未爲絶唱。蓋其名重天下，一篇一咏，傳落夷狄，而異域之人貴重之如此耳。”

零布

不成匹的布。此稱清代已行用。《兒女英雄傳》第二二回：“有些村莊婦女趕到岸邊，提個籃兒，裝些零星東西來賣，如麻繩、棉綫、零布、帶子，以至雞蛋、燒酒、豆腐乾、小魚子之類都有，也爲圖些微利。”清陳恒慶《諫書稀庵筆記》：“乃有林兒之族兄，以賣針綫零布爲生，俗名貨郎，搖鼓走賣。”

鋪襯

舊布片或破碎布頭。以其常作鋪放襯墊之用而得名。此稱清代已行用。《增補幸雲曲》俚曲第七段：“萬歲下馬進去，他没見那好姐兒，都是些蒼顔白髮，有紡棉花的……洗鋪襯的。”

布粟

布匹和穀物。此稱漢代已行用。《後漢書·安帝紀》：“又賜民爵及布粟各有差。”《後漢書·王望傳》：“道見飢者，裸行草食，五百餘人，愍然哀之，因以便宜出所在布粟，給其廩糧，爲作褐衣。”

錢布

錢和布。此稱漢代已行用。《後漢書·殤帝紀》：“賜所過二千石長吏以下、三老、官屬及民百年者錢布，各有差。……十一月甲申，車駕還宫，賜從臣及留者公卿以下錢布，各有差。”宋蘇轍《制置三司條例司論事狀》：“而况錢布於外，凶荒水旱有不可知，斂之則結怨於民，捨之則官將何賴。”

鹽布

鹽和布。古代常用作賦税。此稱唐代已行用。《舊唐書·張柬之傳》：“漢置永昌郡以統理之，乃收其鹽布氈罽之稅，以利中土。"宋蘇轍《論蜀茶五害狀》："而稷等又益以販鹽布，乃能增額及六十萬貫。"

緬布

古代緬甸所產的貢布。此稱清代已行用。《皇清職貢圖》卷一："乾隆十五年，〔緬甸國〕其王莽達喇製金銀二釵，篆刻表文，並貢塗金寶塔、馴象、緬布等物。"

番布

外國或外族產的布。此稱明代已行用。《三寶太監西洋記通俗演義》第七二回："元帥接單視之，只見單上計開：方美玉一塊……絨球百床，卑伯一百匹（番布名，又名畢布，闊二尺餘，長五七丈，白細如粉箋紙一般）。"又第七八回："〔國王〕頭上纏的細白番布，身上穿的是青花細袖絹，外面罩的是金絲大紅袍，腳穿的是烏靴襪襪。"

波羅婆

番布的一種。其質似羅錦之狀，五色成文，鮮潔細巧絕倫。此稱明代已行用。《三寶太監西洋記通俗演義》第七二回："元帥接單視之，只見單上計開：方美玉一塊……波羅婆步障一副（波羅婆，如羅錦之狀，五色成文，鮮潔細巧絕倫，步障約有數十里之遠）。"又第九九回："元帥奉上進貢禮單，黃門官宣讀吸葛剌國進貢：方美玉一塊，圓美玉一塊，波羅婆步障一幅。"

卑伯

番布的一種。其質闊二尺餘，白細如粉箋紙一般。此稱明代已行用。《三寶太監西洋記通俗演義》第七二回："元帥接單視之，只見單上計開：方美玉一塊……花羅百匹，絨球百床，卑伯一百匹（番布名，又名畢布，闊二尺餘，

長五七丈，白細如粉箋紙一般）。"又第九九回："元帥奉上進貢禮單，黃門官宣讀吸葛剌國進貢：方美玉一塊，圓美玉一塊……絨毯百床，卑伯一百匹，滿者提一百匹，沙納巴一百匹，忻白勒搭黎一百匹，紗塌兒一百匹，名馬十匹，橐駝十隻，花福祿十隻。獻上龍眼觀看。萬歲爺道：'卑伯以下四件是甚麼？'元帥奏道：'俱番布名色。'"

沙納巴

番布的一種。其質闊五尺餘，似生羅。此稱明代已行用。《三寶太監西洋記通俗演義》第七二回："元帥接單視之，只見單上計開：方美玉一塊……滿者提一百匹（布名，薑黃色，闊四尺餘，長五丈有餘，最緊密壯實），沙納巴一百匹（布名，即布羅是也；闊五尺餘，長三丈餘，如生羅一樣）。"

滿者提

番布的一種。其質薑黃色，闊四尺餘，緊密結實。此稱明代已行用。《三寶太監西洋記通俗演義》第七二回："元帥接單視之，只見單上計開：方美玉一塊……花羅百匹，絨球百床，卑伯一百匹（番布名，又名畢布，闊二尺餘，長五七丈，白細如粉箋紙一般），滿者提一百匹（布名，薑黃色，闊四尺餘，長五丈有餘，最緊密壯實）。"

忻白勒搭黎

番布的一種。其質闊三丈餘，布眼稀勻可佳，可用於纏頭。此稱明代已行用。《三寶太監西洋記通俗演義》第七二回："元帥接單視之，只見單上計開：方美玉一塊……滿者提一百匹（布名，薑黃色，闊四尺餘，長五丈有餘，最緊密壯實），沙納巴一百匹（布名，即布羅是也；

闊五尺餘，長三丈餘，如生羅一樣），忻白勒搭黎一百匹（布名，即布絡是也；闊三丈餘，長六丈餘，布眼稀勻可佳，番人用之纏頭）。"又第九九回："元帥奉上進貢禮單，黃門官宣讀吸葛刺國進貢：方美玉一塊，圓美玉一塊……絨毯百牀，卑伯一百匹，滿者提一百匹，沙納巴一百匹，忻白勒搭黎一百匹，紗塌兒一百匹，名馬十匹，橐駝十隻，花福禄十隻。獻上龍眼觀看。"萬歲爺道：'卑伯以下四件是甚麼？'元帥奏道：'俱番布名色。'"

紗塌兒

番布的一種。兩面皆起絨頭，闊五尺五六寸，厚四五分。此稱明代已行用。《三寶太監西洋記通俗演義》第七二回："元帥接單視之，只見單上計開：方美玉一塊……沙納巴一百匹（布名，即布羅是也；闊五尺餘，長三丈餘，如生羅一樣），忻白勒搭黎一百匹（布名，即布絡是也；闊三丈餘，長六丈餘，布眼稀勻可佳，番人用之纏頭），紗塌兒一百匹（布名，即兜羅是也；闊五尺五六寸，長二丈餘，兩面皆起絨頭，厚四五分）。"

洋布

泛指外國的布。此稱明代已行用。明方以智《物理小識·衣服類》："蘭絨洋布……入夜發光。"《紅樓夢》第五九回："〔紫鵑〕一面說，一面便將黛玉的匙箸用一塊洋布包了，交與藕官道：'你先帶了這個去，也算一趟差了。'"《二十年目睹之怪現狀》第三二回："入到房裏，只見安設著一張板床，高高的挂了一頂洋布帳子。"鄭觀應《盛世危言·紡織》："設洋布廠，西貢進口布稅，漂布每匹值洋三元半者，須納稅一元三角。"劉大白《賣布謠》之一："土布

粗，洋布細。洋布便宜，財主歡喜。土布没人要，餓倒哥哥嫂嫂。"

西洋布

從西洋各國傳入中國的布匹。南宋始將今南海以西海洋及沿海各地稱爲"西洋"。後亦指歐美各國。此稱元代已行用。元汪文淵《島夷志略·無枝拔》："貨用西洋布、青白處州磁器、瓦坛鐵鼎之屬。"《明史·外國傳六·浡泥》："乃遣使奉表箋，貢鶴頂、生玳瑁、孔雀、梅花大片龍腦、米龍腦、西洋布。"《紅樓夢》第四〇回："鳳姐手裏拿著西洋布手巾，裹著一把烏木三鑲銀著，按席擺下。"清王初桐《奩史》卷六三引《瑩芝集》："董姬登金焦，著西洋布退紅輕衫，觀競渡於江山深處。"又引《影梅庵憶語》："夏西洋布，薄如蟬紗，潔比雪艷。董姬以退紅爲裏製輕衫，不減張麗華桂宮霓裳也。"

月白洋布

洋布的一種。其質呈月白色。此稱清代已行用。《兒女英雄傳》第四回："那一個梳著一個大歪抓髻，穿著件半截子的月白洋布衫兒，還套着件油脂模糊破破爛爛的天青緞子綉三藍花兒的緊身兒。"

藍洋布

洋布的一種。其質呈藍色。此稱清代已行用。《二十年目睹之怪現狀》第六回："那堂上抖開來一看，是一塊方方的藍洋布，上頭齷齪的了不得。"

布葛

布和葛的合稱。此稱宋代已行用。《宋史·食貨志上二》："帛之品十：一曰羅，二曰綾，三曰絹，四曰紗，五曰絁，六曰紬，七曰雜折，八曰絲綿，九曰綿，十曰布葛。"

第五章　染、整諸説

　　紡織品的染整加工是通過物理或化學的方法，對紡織品進行處理的過程，主要内容包括練漂、染色、印花和整理。練漂即通過化學方法去除紡織品上的雜質，改善織物纖維的性能，以方便之後的染色、印花和整理工作；染色就是將染料與織物纖維混合在一起，使之產生物理或者化學反應，以改變織物的色澤；印花就是使用工具將染料印製在紡織品上，以獲得各種花紋圖案，增加美感的工藝；整理是根據織物纖維的特性，通過化學或者物理作用，改進織物的外觀和形態，提高織物服用性的工藝。

第一節　練、染考

　　在對絲、麻等天染植物纖維進行染色之前，需要將雜質除去，這道工序稱爲“練”或“湅”。《周禮·天官·染人》：“凡染，春暴練，夏纁玄，秋染夏，冬獻功。”可見，周朝的時候，人們已經認爲練是染的必要工序。

　　蠶絲分爲生絲和熟絲。繅絲時，將一部分包裹在絲綫外的膠去除，就是生絲。用生絲所織成的都是比較粗重的織品，若要得到精細的絲織品，則需要通過精練，將絲膠和雜質全部去除得到熟絲，再由熟絲織就。因而“練”是絲織業的一道重要工序。早在周代的時候，我國的匠人已經摸索出了一套完整的練絲工藝。《周禮·考工記》載：“幀氏湅絲，以涗水漚其絲七日。去地尺暴之。晝暴諸日，夜宿諸井，七日七夜，是謂水凍。凍帛，以欄爲灰，渥淳其帛，實諸澤器，淫之以蜃。清其灰而盝之，而揮之，而沃之，而盝之，而塗之，而宿之。明日，沃而盝之。晝暴諸日，夜宿諸井。七日七夜，是謂水凍。”清戴震《考工記圖》解釋爲：“凡凍絲、凍帛，灰凍、水凍各七日。”這是我國關於練絲工藝最早的記載。可見，當時的絲織品已經有生絲和熟絲、經過精練和未經精練之分。陝西岐山賀家西周墓出土的絲織品可以證明，當時的練絲、練帛已經達到很高的水平。到了秦漢時期，除了傳統的草木灰漚練，還出現了搗練工藝（見漢班婕妤《搗素賦》），即通過錘練，使得絲織品更加柔軟。唐代織染署下設有六個練染作坊，其中的“白作”便是專門從事練漂的作坊。除了草木灰漚漬之外，砧杵搗練已經成爲練漂的基本工藝，宋徽宗趙佶所臨摹唐人張萱的《搗練圖》可以證明。明代時，精練絲綢，除却用草木灰漚絲，還增加了猪胰。猪胰极大地減少了草木灰的碱性對絲織品的傷害，用其脱膠精練的絲綢，色澤更加明亮，手感更加柔軟，因而這一工藝一直持續至清代。

除却蠶絲，麻亦是古代織物的主要來源之一，因而麻織物的精練與絲織物精練同等的普及。雖然關於練麻工藝的起源未有明確的文獻記載，但從繁多的麻織品種類（疏布、緦、絰、錫、繐、貲等）來看，我國的練麻技術在很早之前就已經成熟。如，錫，《儀禮·喪服》：“錫者何也？麻之有錫者也。錫者，十五升抽其半，無事其縷，有事其布，曰錫。”鄭玄注：“治其布使之滑易也。”唐孔穎達疏：“‘加灰錫者’也，取緦以爲布，又加灰治之，則曰錫，言錫然滑易也。”顯然，錫是經過加碱精練的麻織物，比緦更爲精細，接近絲織物。而“繐”的精細就與絲織物無異了。《急就篇》第二：“服瑣繐貲與繒連。”唐顏師古注：“繐、貲，錫布之尤精者也。言此二種雖曰布類，其質精好，與繒相連次也。”元代《農桑輯要》完整地記載了麻的精練工藝：“其績既成，纏作纓子，於水甕内浸一宿。紡車紡訖，用桑柴灰淋下水内浸，一宿撈出。每纊五兩，可用净水一盞，細石灰拌匀，置於器物内，停放一宿。至來日澤去石灰，却用黍稭灰淋水煮過，自然白頓。曬乾再用清水煮一度。別用水擺拔極净，曬乾逗成纏，鋪經胤織造，與常法同。”用桑柴灰、石灰、黍灰反復處理，然後再用石灰漂白，才能得到精細的麻織品。

與練漂技術一同發展的是染色工藝。在舊石器時代晚期，先民已發現染料并初步發明了染色技術。周口店山頂洞遺址出土赭石粉末及塗成赤色的石珠、魚骨等裝飾品。新石器時代染料更多，染色範圍更廣。餘姚河姆渡遺址出土的酒器及西安半坡遺址出土的彩陶上，有紅、白、黑、褐、橙等多種顏色。青海樂都的柳灣墓地還出土了硃砂。山西夏縣西陰村遺址發現彩繪和研磨礦石的工具。這些礦石粉末即曾用於紡織品的着色。其後歷經夏商兩代，我國先民至西周已熟練地掌握了染料及染色技術，《詩·小雅·采綠》："終朝采綠，不盈一匊，……終朝采藍，不盈一襜。"漢鄭玄箋："綠，王芻也。易得之菜也。"宋朱熹集傳同鄭箋。"綠"指"王芻"，一名"蓋"，是禾本科越年生植物，有黃色汁液，也可提煉染料（見宋唐慎微《政類本草·草部》引唐蘇敬《唐本草》）。"藍"，屬蓼科，其葉可以提煉靛青染料（見《荀子·勸學》）。《詩·鄭風·東門》記載了另一種染料"茜素"的生產情況："東門之墠，茹藘在阪。"朱熹集注："茹藘，茅蒐也，一名茜，可以染絳。"從茜草根提煉得到的茜素可以染紅色。"綠""藍""茜"所染就的，即黃、藍、紅三種最基本顏色。

我國古代染色用的染料，大都是植物染料或天然礦物染料。古代原色有青、赤、黃、白、黑五種顏色，將原色混合可以得到間色。青色主要是從藍草中提取靛藍染成的。能提取靛藍的藍草有多種，"終朝采藍"之"藍"即爲其中一種，又《說文·艸部》云："藍染青草也。"我國古代染赤色最初用赤鐵礦粉末，後來又用硃砂。周代開始使用茜草，即茹藘、茅蒐，它的根含有茜素，以明礬爲媒的染劑可染出紅色。漢代起，我國開始大規模種植茜草。《史記·貨殖列傳》有"千畝巵茜，千畦薑韭：此其人皆與千户侯等"的記載，"茜"即茜草。另外還有紅花、蘇方木等，也可提取紅色染料。黃色染料早期主要從梔子中提取，其果實含有被稱爲"藏花酸"的黃色素，是一種直接染料。南北朝以後，黃色染料又有地黃、黃蘗、柘黃等，并開始用赭黃染皇帝袍服等。《新唐書·車服志》："至唐高祖，以赭黃袍、巾帶爲常服……既而天子袍衫稍用赤、黃，遂禁臣民服。"白色以天然礦物雲母塗染，但主要是通過漂白的方法獲得的。我國古代黑色染料主要從櫟實、橡實、五倍子、赭魁等植物中提取。宋沈括《夢溪筆談·藥議》："今赭魁南中極多，膚黑肌赤，似何首烏。切破，其中赤白理如檳榔。有汁赤如赭，南人以染皮製靴。"

隨着印染技術的發展，印染行業染出的顏色也不斷豐富。新疆吐魯番出土的唐代絲織物中，紅色有銀紅、水紅、猩紅、絳紫等；黃色有鵝黃、菊黃、杏黃、金黃、土黃等；綠色有胡綠、豆綠、葉綠、墨綠等；基本包含了今天的大部分顏色。明清時期，印染技術已達到了相當高的水準，染坊有了專業分工。清褚華《木棉譜》記載"染工有藍坊，染天青、淡青、月上白；紅坊，染大紅、露桃紅；漂坊，染黃糙爲白；染色坊，染黃、綠、黑、紫、古銅、水墨、血牙、駝絨、蝦青、佛面金等”，并能染出更加豐富的顔色。清李斗《揚州畫舫録》卷一：“如紅有淮安紅……桃紅、銀紅、靠紅、粉紅、肉紅……紫有大紫、玫瑰紫、茄花紫，即古之油紫、北紫之屬。白有漂白、月白。黃有嫩黃，如桑初生，杏黃、江黃即丹黃，亦曰緹，爲古兵服，蛾黃如蠶欲老。……黃黑色則曰茶褐，古父老褐衣，今誤作茶葉。深黃赤色曰駝茸，深青紫色曰古銅，紫黑色曰火薰，白綠色曰餘白，淺紅白色曰出爐銀，淺黃白色曰密合，深紫綠色曰藕合，紅多黑少曰紅綜，黑多紅少曰黑綜，二者皆紫類。紫綠色曰枯灰，淺者曰朱墨，外此如茄花、蘭花、栗色、絨色，其類不一。”1834 年法國的佩羅印花機發明以前，我國一直擁有世界上最發達的手工印染技術。據《天工開物》記載，當時已能染製的顔色近三十種，有大紅、蓮紅、桃紅、銀紅、水紅、木紅、紫色、赭黃、鵝黃、金黃、茶褐、大紅官綠、豆綠、油綠、天青、葡萄青、蛋青、翠藍、天藍、玄色、月白、草白、象牙色、藕褐、包頭青、毛青等。

繅絲

將蠶繭抽出蠶絲的工藝。相傳黃帝時期，其妻嫘祖開始教民育蠶治絲繭，以供衣服。距今約七千年至五千年前的仰韶文化遺址中已經出土紡輪，用來紡絲和麻。原始的繅絲方法，是將蠶繭浸在熱盆湯中，用手抽絲，捲繞於絲筐上。盆、筐就是最初的繅絲器具。此稱唐代已行用。唐李白《白田馬上聞鶯》：“蠶老客未歸，白田已繅絲。”五代蔣貽恭《咏蠶》：“辛勤得繭不盈筐，燈下繅絲恨更長。”《明史·禮志三》：“四月，蠶事告成，行治繭禮。選蠶婦善繅絲及織者各十人。”

絡絲[2]

將多根絲縷并在一起成爲絲縷的紡織工藝。此稱宋代已行用。《太平廣記·狐一》：“講罷歸舍，見妹坐絡絲。”宋蘇軾《浣溪沙·麻葉層層檾葉光》：“隔籬嬌語絡絲娘。”《太平御覽》卷三七九：“〔陳〕豐與村中數女共聚絡絲。”

湅絲

即練絲。去除蠶絲中膠質和雜質的過程。此稱先秦時期已行用。《周禮·考工記》記載了帓氏練絲的工藝：“帓氏湅絲，以涗水漚其絲七日。去地尺暴之。畫暴諸日，夜宿諸井，七日七夜，是謂水湅。”清戴震《考工記圖》解釋爲：“凡湅絲、湅帛，灰湅、水湅各七日。”即利用土木灰的碱性，去除蠶絲中的膠質和雜質。

湅帛

即練帛。去除絲織品中膠質和雜質的工藝。此稱先秦時期已行用。《周禮·考工記》記載了帓氏練帛的工藝：“帓氏……湅帛，以欄爲灰，渥淳其帛，實諸澤器，淫之以蜃。清其灰而盝之，而揮之，而沃之，而盝之，而塗之，而宿之。明日，沃而盝之。畫暴諸日，夜宿諸井。七日七夜，是謂水湅。”清戴震《考工記圖》解釋爲："凡湅絲、湅帛，灰湅、水湅各七日。"即利用土木灰的碱性，去除蠶絲中的膠質和雜質。

水湅

古代湅絲、湅帛的工藝。此稱先秦時期已行用。《周禮·考工記》記載了幌氏湅帛的工藝："幌氏湅絲，以涗水漚其絲七日。去地尺暴之。畫暴諸日，夜宿諸井，七日七夜，是謂水湅。湅帛，以欄爲灰，渥淳其帛，實諸澤器，淫之以蜃。清其灰而盝之，而揮之，而沃之，而盝之，而塗之，而宿之。明日，沃而盝之。畫暴諸日，夜宿諸井。七日七夜，是謂水湅。"清戴震《考工記圖》解釋爲："凡湅絲、湅帛，灰湅、水湅各七日。"即利用土木灰的鹼性，去除蠶絲中的膠質和雜質。

涗水

用草木灰水過濾後的清水，呈鹼性，用以湅絲。此稱先秦時期已行用。《周禮·考工記》："幌氏湅絲，以涗水漚其絲七日。去地尺暴之。畫暴諸日，夜宿諸井，七日七夜，是謂水湅。"

掌炭

周時專門徵集草木灰的官員。此稱先秦時期已行用。《周禮·地官》："掌炭，掌灰物、炭物之徵令，以時入之。"漢鄭玄注："灰、炭，皆山澤之農所出也。灰給浣湅。炭之所共多。"

苦楝

楝科植物，其葉可以湅物。此稱明代已行用。明李時珍《本草綱目·木部》引《爾雅翼》云："楝葉可以湅物，故謂之楝。"明張介賓《景岳全書》："苦楝，根味大苦。殺諸蟲，尤善逐蛔。"

漚麻

將麻莖或已剝下的麻皮浸泡在水中，使之自然發酵，達到部分脱膠的目的。此稱先秦時期已行用。《詩·陳風·東門之池》："東門之池，可以漚麻。"《資治通鑑·晋元帝太興四年》："初，勒微時，與李陽鄰居，數爭漚麻池，相毆，陽由是獨不敢來。"宋柴元彪《漚麻》："金鞍玉勒綺羅茵，夢寐何緣到老身。辛苦漚麻補衮鐵，誰知布縷又頻徵。"

治麻

古代麻絲或者麻織物脱膠的工藝。此稱元代已行用。元張仲深《我生》："治麻貿書欲教汝，織紝爲衣仍衣汝。"清劉文嘉《初夏即事》："閑與鄰娃共治麻，茅檐晴日響繅車。"

漂練

把生絲、麻或布帛煮熟，使柔軟潔白。此稱清代已行用。清李漁《閑情偶記·聲容部·選姿第一》："反不同於染匠，未施漂練之力。"清集芙主人《生綃剪》第一〇回："紫霧籠雲，帝女磯邊看漂練。"

搗練

絲織品經過沸煮、漂白，再用杵搗，使之變得柔軟潔白。此稱唐代已行用。漢班婕妤有《搗素賦》，唐魏璀有《搗練賦》，唐杜甫《暮歸》："客子入門月皎皎，誰家搗練風凄凄。"

白土

亦稱"白堊""白善土""白土子"。能够漂白絲綿或絲帛的一種土。此稱魏晋時期已行用。宋王應麟《困學紀聞》引北魏酈道元《水經注》："房子城西出白土，可以濯縑。"宋寇宗奭《本草衍義》："白堊，即白善土，京師謂之白土子。方寸許切成段，鬻於市，人得以浣衣。"

【白堊】

即白土。此稱宋代已行用。見該文。

【白善土】

即白土。此稱宋代已行用。見該文。

【白土子】

即白土。此稱宋代已行用。見該文。

染

把紡織纖維或者織品放入染料中上色的過程。此稱先秦時期已行用。《周禮·天官·染人》："染人掌染絲帛。凡染，春暴練，夏纁玄，秋染夏，冬獻功。掌凡染事。"《墨子·所染》："非獨染絲然也，國亦有染。"《唐六典·少府軍器監》："凡染大抵以草木而成，有以花、葉，有以莖、實，有以根、皮，出有方土，采以時月。"

草染

古代用植物染料染色稱爲草染。主要的染草有藍、茜、芷和梔等，多爲人工種植。染青色主要用藍草。染紅色，主要用茜草。染黄色，用梔子、地黄。染紫色，用紫草。染綠色，用艾草。染皂褐色，用皂斗。《詩·小雅·采綠》："終朝采綠，不盈一匊。"《詩·鄭風·東門》記載了一種染料"茜素"的生産情況："東門之墠，茹藘在阪。"綠和茹藘是當時染黄、染紅的主要染料來源。據《周禮》載，西周初年國家設置染人一職，掌管染料的徵集、加工和漂染的工作。秦代設有染色司，唐宋設有染院，明清則設有藍靛所等管理漂染機構。《晉書·輿服志》："韋弁，制似皮弁，頂上尖，靺草染之，色如淺絳。"宋李覯《送宜黄柳尉》："舊業橡爲筆，新官草染袍。"

石染

用硃砂、礬石等礦物染料，亦指用這類染料染衣服的工藝。石染是我國最早出現的染色方式，北京周口店山頂洞遺址中發現的石珠、魚骨等裝飾品就是用赤鐵礦塗染而成的。此稱漢代已行用。《周禮·天官·染人》"夏纁玄"漢鄭玄注："玄纁者，天地之色，以爲祭服。石染當及盛暑熟潤，浸湛研之，三月而後可用。"石染的主要染料有染赤色的硃砂、朱標、赭石、黄丹；染黄色的石黄、雌黄、土黄；染青色的空青、扁青、曾青、白青、沙青；染綠色的銅綠、石綠、沙綠、孔雀石；染白色的白堊、鉛粉、蛤粉；染黑色的黑石脂等。由於草染染料更豐富，製作更簡便，且着色度和持久度都高於石染，植物染料盛行之後，石染慢慢退出紡織品染色工藝，祇作爲繪畫的顏料而存在。石染是最早使用的染料，水色是用自然界中的植物的汁液製成的，呈膏狀或塊狀。

丹沙

亦稱"朱砂"。一種紅色或棕紅色顏料。此稱漢代已行用。《史記·貨殖列傳》："巴蜀亦沃野，地饒巵、薑、丹沙、石、銅、鐵、竹、木之器。"《漢書·董賢傳》："賢自殺伏辜，死後父恭等不悔過，乃復以沙畫棺。"唐顏師古曰："以朱砂塗之，而又雕畫也。"《魏書·西域傳》："〔波斯國〕土地平正，出金、銀、鍮石、珊瑚、琥珀、車渠、馬腦，多大真珠、頗梨、瑠璃、水精、瑟瑟、金剛、火齊、鑌鐵、銅、錫、朱砂、水銀、綾、錦、疊、氍、䩃毺、氍毹、赤麖皮，及薰陸、鬱金、蘇合、青木等香……"《醒世姻緣傳》第一回："他處心不善，久有迷戀晁大舍的心腸。只因晁大舍莊内佛閣内供養一本朱砂印的梵字《金剛經》却有無數諸神護衛，所以不敢進他家去。"

【朱砂】

即丹沙。此稱魏晉時期已行用。見該文。

【辰砂】

即丹沙。此稱元代已行用。《元史·曹鑑傳》:"鑑任湖廣員外時,有故掾顧淵伯,以辰砂一包饋鑑,鑑漫爾置篋笥中。"明孔尚任《桃花扇》第三四齣:"想是中惡,快取辰砂灌下。"

銀朱

亦稱"猩紅""紫粉霜"。即硫化汞。粉末鮮紅色,有毒,用作顏料、染料。此稱明代已行用。明宋應星《天工開物·丹青》:"凡朱砂、水銀、銀朱,原同一物。所以異名者,由精粗老嫩而分也。"明李時珍《本草綱目·石三·銀朱》:"銀朱乃硫黃同汞升煉而成,其性燥烈,亦能爛齦攣筋,其功過與輕粉同也。"又《金石部》:"銀朱,〔釋名〕亦名猩紅、紫粉霜。"

【猩紅】

即銀朱。此稱明代已行用。見該文。

【紫粉霜】

即銀朱。此稱明代已行用。見該文。

胡粉

鉛的化合物,白色顏料、染料,可入藥。此稱漢代已行用。《釋名·釋首飾》:"胡粉,胡,翻也,脂合以塗面也。"《後漢書·李固傳》:"固獨胡粉飾貌,搔首弄姿。"晋張華《博物志》卷四:"胡粉、白石灰等,以水和之,塗鬢鬚不白。"晋葛洪《抱朴子·論仙》:"愚人乃不信黃丹及胡粉乃化鉛所作。"清曹寅《題馬湘蘭畫蘭長卷》詩:"月窟玄卿螺子筆,麝煤胡粉輕無迹。"明宋應星《天工開物·五金》中記載了製造胡粉的過程:"凡造胡粉,每鉛百斤,熔化,削成薄片,捲作筒,安木甑内。甑下、甑中各安醋一瓶,外以鹽泥固濟,紙糊甑縫。安火四兩,養之七日。期足啓開,鉛片皆生霜粉,掃入水缸内。未生霜者,入甑依舊再養七日,再掃,以質盡爲度,其不盡者留作黃丹料。每掃下霜一斤,入豆粉二兩、蛤粉四兩,缸内攪勻,澄去清水,用細灰按成溝,紙隔數層,置粉於上。將乾,截成瓦形定形,或如磊塊,待乾收貨。此物古因辰、韶諸郡專造,故曰韶粉(俗誤朝粉)。今則各省直饒爲之矣。其質入丹青,則白不減。揸婦人頰,能使本色轉青。胡粉投入炭爐中,仍還熔化爲鉛,所謂色盡歸皂者。"

松烟

松木燃燒後所凝之黑灰,是製松烟墨的原料,也用作黑色顏料或染料,也代指墨。此稱三國時期已行用。三國魏曹植《樂府》:"墨出青松烟,筆出狡兔翰。"晋衞鑠《筆陣圖》:"其墨取廬山之松烟、代郡之鹿膠十年以上强如石者爲之。"明宋應星《天工開物·丹青》:"凡墨燒烟凝質而爲之。取桐油、清油、豬油烟爲者居十之一,取松烟爲者居十之九。"

皂斗

亦作"皁斗"。亦稱"橡斗"。柞實,黑色染料。此稱漢代已行用。《周禮·地官·大司徒》:"其植物宜皁物。"漢鄭玄注:"皁物,柞栗之屬,今世間謂柞實爲皁斗。"三國吳陸璣撰《毛詩草木鳥獸蟲魚疏》"集於苞栩"疏曰:"栩,今柞櫟也,徐州謂櫟爲杼,或謂之爲栩。其子爲皂或言皂斗,其殼爲汁可以染皂。今京洛及河内多言杼斗或言橡斗。"明李時珍《本草綱目·果二·橡實》引蘇頌曰:"橡實,櫟木子也,所在山谷皆有。木高二三丈,三四月開花黃色,八九月結實爲皂斗。"

【皁斗】

同"皂斗"。此體漢代已行用。見該文。

【橡斗】

即皂斗。此稱三國時期已行用。見該文。

金泥

以水銀和金粉爲泥，作封印之用。此稱漢代已行用。漢班固《白虎通義》卷五："或曰：封者，金泥銀繩。"唐李賀《咏懷》之一："惟留一簡書，金泥泰山頂。"王琦彙解："金泥，以水銀和金爲泥，以封玉牒者。"宋張君房《雲笈七籤·方藥》："用鹽花三斤，與金泥同研，唯細。"也指用於飾物的金屑。唐牛嶠《菩薩蠻·舞裙香暖金泥鳳》："舞裙香暖金泥鳳，畫梁語燕驚殘夢。"宋歐陽修《南歌子·鳳髻金泥帶》："鳳髻金泥帶，龍紋玉掌梳。"清納蘭性德《沁園春·代悼亡》："恨蘭膏漬粉，尚留犀合；金泥蹙綉，空掩蟬紗。"

空青

孔雀石的一種，可做綠色染料，可入藥。此稱漢代已行用。《周禮·秋官·司寇》："職金，掌凡金、玉、錫、石、丹、青之戒令。"漢鄭玄注："青，空青也。"《新唐書·韋堅傳》："宣城空青、石綠。"

青膗

一種青色礦物顏料，今石青、白青之屬。此稱先秦時期已行用。《山海經·中山經》："驕山，其上多玉，其下多青膗，其木多松柏，多桃枝鈎端。"漢張衡《南山賦》："綠碧紫英，青膗烏郭丹粟。"

石黄

一種礦物，可作黄色染料。清程樹勳《壬占彙選》卷六："范大服，開簡視之，是石黄二塊，每塊約重四分七八厘。"《紅樓夢》第四二回："南赭四兩，石黄四兩，石青四兩，石綠四兩。"

茹藘

亦稱"茹蕒""地血""牛蔓"。染草的一種——茜草。多年生攀緣草本植物，莖有倒生刺，葉子輪生，心臟形或長卵形。秋季開黄色小花，果實球形，紅色或黑色。根圓錐形，黄赤色，可做絳紅色或赤黄色染料，也可入藥。此稱先秦時期已行用。《詩·鄭風·東門之墠》："東門之墠，茹藘在阪。"漢毛亨傳："茹藘，茅蒐也。"漢鄭玄箋："城東門之外有墠，墠邊有阪，茅蒐生焉。"唐孔穎達疏："鄭以爲……'茹藘，茅蒐'，《釋草》文。李巡曰：'茅蒐，一名茜，可以染絳。'陸機疏云：'一名地血，齊人謂之茜，徐州人謂之牛蔓。然則今之蒨草是也。'"唐陸德明釋文："茹藘，茅蒐，蒨草也。"

【茹蕒】

即茹藘。此稱漢代已行用。見該文。

【地血】

即茹藘。此稱晋代已行用。見該文。

【牛蔓】

即茹藘。此稱晋代已行用。見該文。

【茹蘆】

同"茹藘"。此體清代已行用。《說文·艸部》："蒐，茅蒐，茹藘。"清段玉裁注作"茹蘆"，並云："蘆音閭，鉉本作藘……陸機云：茹藘，茅蒐，蒨草也，一名地血，齊人謂之茜，徐州人謂之牛蔓。"又云："茅蒐、茹蘆，皆叠韵也。"

【茅蒐】

即茹藘。單稱"蒐"。亦稱"韎韐"。此稱漢代已行用。《說文·艸部》："蒐，茅蒐，茹藘。人血所生，可以染絳。"《山海經·中山經》："厘山其陽多玉，其陰多蒐。"晋郭璞注："茅蒐，今之蒨草也。"《詩·小雅·瞻彼洛矣》："韎韐有爽，以作六師。”漢毛亨傳：“韎韐者，茅蒐，染草也，一曰韎韐，所以代韠也。”唐孔穎達疏：“《傳》言‘韎韐，茅蒐染’，故解之云：‘茅蒐，韎韐聲也。’言古人之道茅蒐，其聲如韎韐，故名此衣爲韎韐也。《士冠禮》注云：‘韎韐者，緼韍而黝珩，合韋爲之。士染以茅蒐，因以名焉。今齊人名蒨爲韎韐。’又《駁異義》云：‘韎，草名。齊、魯之間言韎韐聲如茅蒐，字當作韎。陳留人謂之蒨。’是古人謂蒨爲茅蒐，讀茅蒐其聲爲韎韐，故云‘茅蒐，韎韐聲也’。”

【蒐】

“茅蒐”之單稱。此稱先秦時期已行用。見該文。

【韎韐】

即茅蒐。此稱先秦時期已行用。見該文。

【茜】

即茹藘。亦稱“紅藍”“紅藍花”“紅花”。此稱漢代已行用。《史記·貨殖列傳》：“若千畞卮茜，千畦薑韭。”南朝裴駰集解引晉徐廣曰：“茜音倩，一名紅藍，其花染繒赤黃也。”唐司馬貞索隱：“卮音支，鮮支也。茜音倩，一名紅藍花，染繒赤黃也。”《説文·艸部》：“蒐，茅蒐，茹藘。”清段玉裁注引晉徐廣注《史記》曰：“‘茜，一名紅藍，其花染繒赤黃。’此即今之紅花。”

【紅藍】

即茜。此稱魏晉時期已行用。見該文。

【紅藍花】

即茜。此稱唐代已行用。見該文。

【紅花】

即茜。此稱晉代已行用。見該文。

【蒨】

即茹藘。此稱漢代已行用。《禮記·雜記上》：“其輤有裧。”漢鄭玄注：“輤，載柩將殯之車飾也。輤，取名於襯，與蒨讀如蒨旆之蒨。襯，棺也。蒨，染赤色者也。”《爾雅·釋草》：“茹藘，茅蒐。”晉郭璞注：“今之蒨也，可以染絳。”宋邢昺疏：“今染絳蒨也。一名茹藘，一名茅蒐。《詩·鄭風》云‘茹藘在阪’，陸機云：‘一名地血，齊人謂之茜，徐州人謂之牛蔓，即今之蒨草是也。’”南朝梁劉勰《文心雕龍·通變》：“夫青生於藍，絳生於蒨，雖踰本色，不能復化。”

【蒨草】

即茹藘。此稱晉代已行用。《説文·艸部》：“蒐，茅蒐，茹藘。”清段玉裁注作“茹蘆”，並云：“蘆音閭，鉉本作藘……陸機云：茹藘，茅蒐，蒨草也，一名地血，齊人謂之茜，徐州人謂之牛蔓。”

【茜根】

茜草之根。圓錐形，黃赤色。可做絳紅色或赤黃色染料，也可入藥。此稱漢代已行用。《説文·艸部》：“蒐，茅蒐，茹藘。”清段玉裁注：“按《本草經》有茜根。蜀本《圖經》、蘇頌《圖經》言其狀甚悉。”《聊齋志異·餓鬼》：“〔朱馬兒〕年近七旬，臃腫聾瞶，每向人物色烏鬚藥。有某生素狂，剉茜根給之。天明共視，如廟中所塑靈官狀。”

蘇枋

亦稱“蘇木”。常綠小喬木，芯材浸液可製紅色染料，根可製黃色染料，亦可入藥。此稱晉代已行用。晉嵇含《南方草木狀·蘇枋》：“蘇枋：樹類槐花，黑子。出九真。南人以染絳，漬以大庚之水，則色愈深。”晋崔豹《古今注》：“蘇枋木，出扶南林邑外國。取細破煮之以染色。”《全遼文·妙行大師行狀碑》：“織輕霞爲縷，斫蘇枋爲函。”明宋應星《天工開物·彰施》：“木紅色，用蘇木煎水，入明礬、梧子。紫色蘇木爲地，青礬尚之。”《明史·食貨志三》：“丁字形檔，貯銅鐵、獸皮、蘇木。”

【蘇木】

即蘇枋。此稱明代已行用。見該文。

綪

染草的一種。此稱先秦時期已行用。《玉篇·系部》：“綪，染草名。”《左傳·定公四年》：“分康叔以大路、少帛、綪茷、旃旌、大吕。”杜預注：“綪茷，大赤，取染草名也。”孔穎達疏：“《釋草》云：‘茹藘，茅蒐。’郭璞曰：‘今之蒨也，可以染絳。’則綪是染赤之草，茷即斾也……知綪茷是大赤，大赤即今之紅旗，取染赤之草爲名也。”

赭黄[1]

古代常用的土黄色染料。用以染皇帝袍服等。此稱南北朝時期已行用。《北史·綦母懷文傳》：“懷文言於高祖曰：‘赤，火色；黑，水色。水能滅火，不宜以赤對黑。土勝水，宜改爲黄。’高祖遂改爲赭黄。”唐和凝《宫詞》之一：“紫燎光銷大駕歸，御樓初見赭黄衣。”《新唐書·與服志》：“至唐高祖，以赭黄袍、巾帶爲常服……既而天子袍衫稍用赤、黄，遂禁臣民服。”明宋應星《天工開物·乃服》：“凡上供龍袍，我朝局在蘇、杭。其花樓高一丈五尺，能手兩人，扳提花本，織過數寸即换。龍形各房斗合，不出一手。赭黄亦先染絲，工器原無殊異，但人工慎重與資本皆數十倍，以效忠敬之誼。”

赭魁[1]

染草的一種。其莖皮黑肌赤，中有汁如赭，可用染色。此稱宋代已行用。宋沈括《夢溪筆談·藥議》：“今赭魁南中極多，膚黑肌赤，似何首烏。切破，其中赤白理如檳榔。有汁赤如赭，南人以染皮製靴。”明李時珍《本草綱目·草部》：“赭魁大者如斗，小者如升。蔓生草木上，葉似杜衡。陶所説乃土卵也。土卵不堪藥用。”

梔

亦作“卮”。茜草科植物，果實可以作爲黄色染料，可入藥。《説文新附》：“梔，木，實可染。從木，卮聲。”《史記·貨殖列傳》：“若千畝卮茜，千畦薑韭。”南朝裴駰集解引晋徐廣曰：“茜音倩，一名紅藍，其花染繒赤黄也。”唐司馬貞索隱：“卮音支，鮮支也。茜音倩，一名紅藍花，染繒赤黄也。”

【卮】

同“梔”。此體漢代已行用。見該文。

芐

亦稱“地黄”。可入藥，可做黄色染料。此稱漢代已行用。《説文·艸部》：“芐，地黄也。”漢許慎注：“地黄也。見《釋草》，《本草經》謂之乾地黄。”北魏賈思勰《齊民要術》卷三：“大率三升地黄，染得一匹御黄，地黄多則好。”唐白居易《采地黄者》：“麥死春不雨，禾損秋早霜。歲晏無口食，田中采地黄。”

【地黄】

即芐。此稱漢代已行用。見該文。

苕

亦稱“陵苕”。紫葳科落葉攀緣蔓性木本，秋天開赤黄色花，可供入藥或製作黑色染料。

此稱漢代已行用。《爾雅·釋草》："苕，陵苕。"清陳啓源《毛詩稽古編》卷一六："苕華者……陸疏言陵苕可染皂，沐髮即黑，《本草經》所言亦合。"《康熙字典·艸部》："《詩·小雅·苕之華》芸其黃矣。注：陵苕，一名尾，生下濕水中，七八月中花紫，似今紫草花，可染皂，煮以沐髮即黑。"

【陵苕】

即苕。此稱漢代已行用。見該文。

菉

古通"綠"。亦稱"王芻""菉蓐草""白腳莎"。漢代後多稱"藎""藎草"。染草的一種。一年生，葉互生卵狀披針形，秋季開紫褐色或灰綠色花，小穗對生，穎果纖細，莖葉汁可作黃色染料。此稱漢代已行用。《爾雅·釋草》："菉，王芻。"晉郭璞注："即菉蓐草也。"《詩·衛風·淇奧》："瞻彼淇奧，綠竹猗猗。"漢毛亨傳："綠，王芻。"唐陸德明釋文："郭璞云：今呼白腳莎……一云即菉蓐草也。"《神農本草經·下品·藎草》："生川谷。"《急就篇》第四："雷矢雚菌藎兔盧。"唐顏師古注："藎草，治久咳，殺皮膚小蟲，又可以染黃而作金色。"明李時珍《本草綱目·草五·藎草》："此草綠色，可染黃，故曰黃曰綠也……古者貢草入染人，故謂之王芻，而進忠者謂之藎臣也。"又，《爾雅》："菉，王芻。"孫炎注云：即綠蓐草也。今呼爲鴟腳莎。"

【綠】[1]

同"菉"。此體先秦時期已行用。見該文。

【王芻】

即菉。此稱至遲漢代已行用。見該文。

【菉蓐草】

即菉。此稱晉代已行用。見該文。

【白腳莎】

即菉。此稱晉代已行用。見該文。

【藎】

即菉。此稱漢代已行用。見該文。

【藎草】

即菉。此稱唐代已行用。見該文。

綟

亦作"綟"。染草的一種。綠色，一說紫青色，多用於染綬等。此稱漢代已行用。《漢書·百官公卿表》："諸侯王，高帝初置，金璽綟綬，掌治其國。"唐顏師古注："如淳曰：'綟，綠也。'晉灼曰：'綟，草名也……可染綠，因以爲綬名也。'"《後漢書·南匈奴傳》："詔賜單于冠帶、衣裳、黃金璽、綟綢綬，安車羽蓋，華藻駕駟。"唐李賢注："綟音戾，草名。以戾草染綬，因以爲名，則漢諸侯王制。戾，綠色。綢，古蛙反。又《說文》曰：'紫青色'也。"《廣韻·去屑》："綟，綬色也。"《說文·糸部》："綟，帛戾草染色。"清段玉裁注："莫各本譌戾。《韻會》譌艾。今正。《艸部》莫草可以染留黃。染成是爲綟。"《宋書·禮志五》："綟，草名也，其色綠。"

【綟】

即綟。此體漢代已行用。見該文。

藍[1]

亦稱"藍蓼""蓼藍"。染草的一種。一年生草本植物，莖紅紫色，葉長橢圓形，幹暗藍色，花小，淡紅色，穗狀花序，結瘦果，黑褐色。其葉含藍汁，可製作藍色染料。此稱先秦時期已行用。《說文·艸部》："藍，染青草也。"

《詩·小雅·采綠》："終朝采藍，不盈一襜。"漢鄭玄箋："藍，染草也。"唐孔穎達疏："以藍可以染青，故《淮南子》云'青出於藍'，《月令·仲夏》云'無刈藍'，是可以染之草。"《月令·仲夏》今本作"令民毋艾藍以染"。漢鄭玄注此文曰："爲傷長氣也，此月藍始可別。《夏小正》曰：'五月啓灌藍蓼。'"《荀子·勸學》："青，取之於藍，而青於藍。"宋唐慎微《證類本草·藍實》："按《經》所用，乃是蓼藍實也，其苗似蓼，而味不辛者。"明宋應星《天工開物·藍澱》："凡藍五種，皆可爲澱。茶藍即菘藍，插根活；蓼藍、馬藍、吳藍等皆撒子生。近又出蓼藍小葉者，俗名莧藍，種更佳。"

【藍蓼】

即藍[1]。此稱先秦時期已行用。見該文。

【蓼藍】

即藍[1]。此稱宋代已行用。見該文。

茶藍

藍之一種。二年生草本植物，莖直立，花黃色，其葉長橢圓形，可提取藍色染料。此稱明代已行用。明宋應星《天工開物·藍澱》："凡藍五種，皆可爲澱。茶藍即菘藍，插根活；蓼藍、馬藍、吳藍等皆撒子生。近又出蓼藍小葉者，俗名莧藍，種更佳。"

馬藍

藍之一種。常綠草本植物，呈灌木狀，其葉有柄，橢圓形，邊緣有鋸齒，暗綠色，花紫色，莖葉可提取藍色染料。此稱明代已行用。明宋應星《天工開物·藍澱》："凡藍五種，皆可爲澱。茶藍即菘藍，插根活；蓼藍、馬藍、吳藍等皆撒子生。近又出蓼藍小葉者，俗名莧藍，種更佳。"

吳藍

藍之一種。常綠草本植物，呈灌木狀，莖葉可提取藍色染料。此稱明代已行用。明宋應星《天工開物·藍澱》："凡藍五種，皆可爲澱。茶藍即菘藍，插根活；蓼藍、馬藍、吳藍等皆撒子生。近又出蓼藍小葉者，俗名莧藍，種更佳。"明徐光啓《農政全書》卷四〇："二藍花子並如蓼藍。吳藍長莖如蒿而花白。吳人種之。"

莧藍

藍之一種。一年生草本植物，莖紅紫色，花小，淡紅色，穗狀花序，結瘦果，黑褐色。其葉小，橢圓形，含藍汁，可做藍色染料。此稱明代已行用。明宋應星《天工開物·藍澱》："凡藍五種，皆可爲澱。茶藍即菘藍，插根活；蓼藍、馬藍、吳藍等皆撒子生。近又出蓼藍小葉者，俗名莧藍，種更佳。"

草實

草類之籽實。可用以染衣。此稱漢代已行用。《後漢書·南蠻西南夷傳序》："織績木皮，染以草實，好五色衣服，製裁皆有尾形。"

澱

亦作"靛"。亦稱"石殿"。古代常用藍色染料。明宋應星《天工開物·彰施》中有"藍澱"的分類。此稱明代已行用。明李時珍《本草綱目·草五·藍靛》："石殿也，其淬澄殿在下也。亦作澱，俗作靛。南人掘地作坑，以藍浸水一宿，入鍛石攪至千下，澄去水，則青黑色。亦可乾收，用染青碧。其攪起浮沫，掠出陰乾，謂之靛花，即青黛。"

【靛】

同"澱"。此體明代已行用。見該文。

【石殿】

即澱。此稱明代已行用。見該文。

【藍澱】

即澱。此稱宋代已行用。《太平廣記·韋訓》："走入大糞堆中，先生遍身已藍澱色，舌出長尺餘。"

【藍靛】

即澱。此稱清代已行用。徐珂《清稗類鈔·農商類》："藥材產南北各省，而吉林以人參著。藍靛產奉天、浙江、福建、廣西、雲南。"

【靛花】

即澱。染料，可入藥。此稱明代已行用。明李時珍《本草綱目·草五·藍靛》："石殿也，其澤澄殿在下也。亦作澱，俗作靛。南人掘地作坑，以藍浸水一宿，入鍛石攪至千下，澄去水，則青黑色。亦可乾收，用染青碧。其攪起浮沫，掠出陰乾，謂之靛花，即青黛。"清趙吉士《寄園寄所寄·驅睡寄》："陣形既定，各食靛花一丸於口。"

【青黛】

即靛花。此稱唐代已行用。唐孫思邈《千金翼方》中既有"青黛"一詞。

染缸

盛放染液、浸染織物的大缸，由陶土、木和金屬製作。此稱明代已行用。明李時珍《本草綱目·草部五》："今方士或以染缸水飲人治噎膈，皆取其殺蟲也。"徐珂《清稗類鈔·鑒賞類》："相鄰之松香、石灰以及各物有色者，皆隨之浸淫於中，如下染缸，遇紅即沾紅色，遇綠即沾綠色。"伊沛霞《內闈——宋代的婚姻與婦女生活·女紅》："所以在人口稠密地區，染布店或公共染缸給織戶提供了便利。"

暴室

原爲漢官署名，屬掖廷令，主織作染練，後泛指宮廷內織作之所。此稱漢代已行用。《漢書·外戚傳上》："廣漢坐論爲鬼薪，輸掖庭，後爲暴室嗇夫。"宋蘇轍《學士院端午帖子·皇太后閣》詩之三："蠶宮罷采擷，暴室獻朱黃。"

第二節　印、整考

周朝時無印花，紡織品上的花紋多是由手繪或者刺綉上去的，稱爲"畫繢"。《周禮·冬官·考工記》記載："畫繢之事，雜五色……後素功。"戰國時期，印花工藝開始出現，秦漢時廣爲流傳。長沙馬王堆一號漢墓出土的印花敷彩紗和金銀色印花紗顯示，當時的型版印花技術已比較成熟。印花的型版有兩種：一種是凸紋版，即在範本上雕刻花紋，這種印花形式俗稱"木版印花"；另一種是鏤空版，即將範本雕刻出鏤空花紋，印刷出類花色的花紋，這種印花技術稱爲"夾纈"。據宋高承《事物紀原》記載，夾纈在秦漢時期便已經出現。東漢時期，蠟纈技術也比較成熟。蠟纈，亦稱蠟染，即用熔化的蠟液在織物上繪出紋樣，待蠟液凝固後放入染缸，被蠟液浸染的地方無法被染色，去蠟後織物呈現的花紋別有韻味。東晉時，絞纈織物已經大批生產。絞纈，亦稱撮纈，今稱扎染，即先將布帛以綫縫扎出花紋，再入染液染色，晾乾後，拆去縫扎綫結，便產生褶皺紋理自然和深淺色暈不同的白花色地的花紋圖案。南北朝時期，鏤空防染工藝盛行，各種藍白花布成爲民間的常用服飾衣料。

隋唐是纈類服飾的興盛時期，此一時期的製版工藝和印製技術更加精湛，所印花形更爲複雜多樣，套色繁多。新疆吐魯番出土的唐代褐地綠白雙色印花絹和藏於日本正倉院的白地大團花夾纈、白地蓮花紋夾纈羅等都是此一時期的精品。唐代甚至用特定夾纈作爲行軍的符號和製作將士的衣服（見唐《開元禮》）。宋代禁止民間服用纈類服飾和販賣纈版，阻礙了纈類印花的發展，南宋始解禁。此一時期，印金、描金、貼金等工藝也有所發展，福州南宋墓出土的紡織品，衣袍上普遍鑲有絢麗多彩、金光閃爍的印花花邊。元金時期，印金技術廣爲流傳，西南少數民族地區的蠟纈技術也頗爲流行。明清時期印花版型更加精巧，維吾爾族還創製了印花木戳和木滾。20 世紀初，手工印花逐漸改用紙質或膠皮鏤空型版，極大地提高了生產效率。1920 年上海印染廠成立，印花織物開始大規模生產，傳統的手工印花逐漸退出人們的日常生活。

漢代之前，我國人民就開始對織物進行後加工，使之更具有服用性和美觀性。當時織物整理工藝主要有兩種。一是用熨斗熨燙，使織物表面光滑平整，更加美觀。古代的熨斗多爲銅製或鐵製，像一隻沒有腳的平底鍋，熨衣前，把燒紅的木炭放在熨斗裏，待底部熱得燙手了再使用，所以又叫“火斗”“北斗”“金斗”。1966 年在長沙楊家嶺西漢墓中出土的熨斗，是現在能看到的最古老的熨斗。這個熨斗口沿外折，淺腹，高 4.2 厘米，口徑 19.2 厘米，底徑 11.4 厘米，手柄向上翹起，長約 13 厘米，口沿及手柄上面刻有幾何圖案，熨斗底部有墨寫隸書“張端君熨斗一”字樣。《佩文韻府》引宋張掄《古器評》：“漢熨斗與今之所謂熨斗者無異，蓋伸帛之器耳。”晉杜預《奏事》曰：“藥杵臼、澡盤、熨斗、釜、甕、銚盤、鎢錥，皆亦民間之急用也。”由此可見，熨斗在晉代已經是百姓的日常家庭用品之一。時至今日，大部分家庭中都有熨斗。另一種是研光整理，即用光滑的石頭碾壓織物，使之緊密光亮。研光漢代已經出現，長沙馬王堆一號漢墓出土的一塊灰色麻布就是經過研光處理的。研光整理歷代沿用，明宋應星《天工開物·乃服》記載：“凡早絲爲經、晚絲爲緯者，練熟之時，每十兩輕去三兩。經緯皆美好早絲，輕化祇二兩。練後日乾張急，以大蚌殼磨使乖鈍，通身極力刮過，以成寶色。"清代研光整理發展爲端，有專業的端布坊或者踏布坊出現。清褚華《木棉譜》中記載了端布的工藝流程："有端布坊，下置磨光石版爲承，取五色布捲木軸上，上壓大石，如凹字形者，重可千斤。一人踏足其兩端，往來施轉運之，則布質緊薄而有光。"自近代染整機械發展後，研光整理工藝漸被淘汰。

髹漆，亦作"髤漆"，以漆塗物，即塗層整理，是防護性的整理方法之一。早在春秋時期，我國人民就已經利用漆樹的汁液在織物上塗層，製作車蓋、篷蓋。到了漢代，人們開始用刮塗和髹漆工藝製作漆布，用作防禦和遮日之用。西漢官吏所用的帽子就有一部分使用塗過漆的沙羅製作，稱爲"漆纚紗冠"。除却塗漆之外，我國勞動人民還發明了用荏子油、桐油塗於織物上，製成油布，用來防雨。《隋書·煬帝紀》記載："煬帝渡江遇雨，左右進油衣。"唐韓鄂《四時纂要·夏令》卷三記載了油衣油的製作方法："造法：油衣油。大麻油一斤，荏油半斤，不蚛皂角一挺（槌破去皮子），樸硝一兩，鹽花半兩。右取盛熱時，以瓷瓶盛油，以綿裹皂角、樸硝、鹽花等，同於瓶子中，日煎，取三分，耗去一分，即油堪使。如不是盛夏要油，即以油瓶子於鐺釜中重湯煮取，油耗一分即堪使用。"明清時期，塗層技術繼續發展，生產出了明黃色和紅色的油綢、油絹，用於製作各種防雨製品，是當時王公貴族所用的上等防雨用品。

薯莨整理，即將加工好的絲織品經過薯莨塊莖浸出的汁液染整加工。紗類織品經過薯莨整理之後稱爲"香雲紗"，平紋絲織品經過加工則稱爲"拷綢"，是南方夏季服裝的主要織物來源之一。我國薯莨整理歷史悠久，1931年廣東西郊大刀山古墓出土的西晉時期麻織物便經過薯莨汁液加工，這説明早在魏晉時期，薯莨整理工藝就已經比較成熟。薯莨，古代亦稱"赭魁"，明李時珍《本草綱目·草部七》："赭魁，閩人用入染青缸中，云易上色。"北宋沈括《夢溪筆談》有用赭魁汁染皮製鞋的記載。明方以智《物理小識》有用薯莨汁液染葛的記載，稱其"近膚而爽"。清屈大均《廣東新語》也記載，明代廣東沿海漁民使用薯莨汁液來染整漁網，以增加漁網的透水性，并用於製作罾布："罾本苧麻所治。漁婦以其破敝者翦之爲條，縷之爲緯，以綿紗綾經之，煮以石灰，漂以溪水，去其舊染薯莨之色，使瑩然雪白。布成，分爲雙單，雙者表裏有大小絮頭，單者一面有之。絮頭以長者爲貴，摩挲之久，葳蕤然若西氎起絨。更或染以薯莨，則其絲勁爽，可爲夏服。"紡織品經過薯莨處理之後，正面呈黑色，反面呈棕紅色，具有挺脱、透氣、速乾等優點，多用於夏季服裝的製作。直至今日，香雲紗和拷綢衣料仍爲人們夏季經常服用。

印染

對紡織品進行印花和染色的處理。此稱清代已行用。清王士禛《池北偶談》卷一七："《藝林伐山》云：'今之紫泥，古謂之芝泥，皆濡印染籀之具也。'姚説誤。"《皇朝經世文三編·工政·製造·紡織篇》："至於印染花色，亦有數法，或以顏料及濡料印於布面成花，再蒸汽令變各色花式；或先浸以顏料水再上藥料，令其花樣一新；或將鹽强水置錫若干，再和以顏料印染；或用阻色料漿將白布先印成花，再以顏料染之，則有漿處仍爲白色，極爲分明；或將濡料先印於白布後以顏料水染之。"

染纈

古代絲綢印染工藝的總稱。從工藝分類上看，染纈分爲灰纈、絞纈、蠟纈和夾纈四類。蠟纈、夾纈、絞纈是我國傳統的印花技術，并稱"三纈"。此稱唐代已行用。唐玄應等《一切經音義》中有"染纈"一詞，其注文有："纈，謂以絲縛繒染之，解絲成文曰纈也。"《大集虛空藏菩薩所問經》："譬如染纈，或處受色，或處不受。"部分用鏤空版印花或者防染印花的織物也稱爲纈，《資治通鑑·唐德宗貞元三年》："今吐蕃久居原、會之間，以牛運糧，糧盡，牛無所用，請發左藏惡繒染爲綵纈，因党項以市之。"《宋史·儀衛志一》："旁頭一十人，素帽、紫紬衫、纈衫、黄勒帛，執銅仗子。"清納蘭性德《疏影·芭蕉》："纈被初寒，宿酒全醒，攪碎亂蛩雙杵。"

夾纈 [2]

使用夾版入染的一種工藝方法。將木板鏤刻成兩塊有相同紋樣的鏤空花版，然後將織物等對摺，夾在兩塊花版中間，用繩捆緊，將染料注入花版空隙，在織物上印出對稱的彩色圖案。夾纈染色工藝最適用於棉、麻纖維。始於秦漢時期，盛行於唐宋。唐代的夾纈技術有了很大的改進，宋王讜《唐語林·賢媛》載："玄宗柳婕妤有才學，上甚重之。婕妤妹適趙氏，性巧慧，因使工鏤板爲雜花，象之而爲夾結。因婕妤生日，獻王皇后一匹。上見而賞之，因敕宮中依樣製之。當時甚秘，後漸出，遍於天下，乃爲至賤所服。"宋代曾爲宮廷專用，禁止民間生產出售。至元、明，夾纈向單藍色轉化，元、明以後，油紙鏤花印染逐漸代替版印，夾纈逐漸退出人們的日常生活，目前衹有少數地區保存着這種古老的傳統技藝。此稱唐代已行用。唐薛濤《春郊游眺寄孫處士二首》："今朝縱目玩芳菲，夾纈籠裙綉地衣。"五代王定保《唐摭言》卷一二："王璘舉日試萬言科，崔詹事觀察湖南，因遺之夾纈數匹。"

絞纈

我國傳統的防染印花工藝。即依據一定的花紋圖案，用針和綫將織物縫成一定形狀，或直接用綫捆扎，然後抽緊扎牢，使織物皺攏重叠，放入染料中；染色時摺叠處不易上染，而未扎結處則容易着色，花紋由深而淺，具有暈渲效果，別有韵味。絞纈在東晉時期已經出現，唐代最爲興盛，宋代禁止民間使用纈類織物。唐玄應等《一切經音義》："纈，謂以絲縛繒染之，解絲成文曰纈也。"《資治通鑑·唐德宗貞元三年》："請發左藏惡繒染爲彩纈。"元胡三省注記録了古代扎染過程："撮綵以綫結之，而後染色，既染則解其結，凡結處皆元色，餘則入染色矣，其色斑斕，謂之纈。"

蠟纈

一種古老的防染印花工藝。清鄂爾泰《貴州通志》卷七：“用蠟繪花於布，而後染之，既染，去蠟則花見。”即先把蜜蠟加溫熔化，再用蠟刀蘸上蠟液，在平整光潔的織物上繪出各種圖案。冷凝後，將織物放入染液中，然後用沸水煮去蠟質，織物則成爲色地白花的印染品。由於蠟凝結後的收縮以及織物的縐褶，蠟膜上往往會產生許多裂痕，入染後色料滲入裂縫，成品花紋就出現了一絲絲不規則的色紋，稱爲“冰紋”。冰紋不同，因而相同花紋所染的織物花紋亦不同，形成了蠟染織物獨特的美。蠟染紋樣多以花草樹木和幾何圖形爲主，兼有適量的蟲魚鳥獸紋。蠟纈有單色染和複色染兩種。複色染有套色到四五色的，色彩自然而豐富。唐張萱《搗練圖》中有幾名婦女的衣裙就是蠟染工藝製成的。施叔青《香港三部曲‧血色島嶼》：“我想像黎美秀離開爪哇前，一定是赤腳穿著蠟染的紗籠。”

灰纈

以石灰、豆粉、草木灰等碱劑原料爲媒染劑印花染色的一種工藝。灰纈在唐代與夾纈、絞纈、蠟纈同時流行，其工藝：按照設計的圖案，在木板或浸過油的硬紙上雕刻鏤空，製成漏板；然後把漏板鋪在織物上，將石灰、豆粉混合而成的碱性防染劑刮入花紋空隙，漏印於織物上；晾乾後浸染於靛藍染料之中，浸染十餘次，曬乾後除去防染漿粉，即顯現藍白花紋。染其他顏色，工藝程序不變，祇須將染料更換即可。灰纈在唐代開始流行。灰纈印花以木板或者紙板爲模型，版型輕便，易於移動和清洗，極大地降低了勞動強度，防染的灰藥材料也是平常物，價格低廉，因而唐代之後，藍印花布成爲普通百姓的日常喜愛織物。時至今日，我國湖南湘西地區、浙江蒼南地區和江蘇南通地區還有藍印花布的生產。現存於中國絲綢博物館的唐代綠地十樣花灰纈絹，綠地白花，圖案是由四朵小花組成的菱形十樣花，圖案工整、配色鮮艷，代表了當時的印花水準。

纈帛 [2]

染印彩帛。此稱宋代已行用。《宋史‧輿服志五》：“政和二年，詔後苑造纈帛。蓋自元豐初，置爲行軍之號，又爲衞士之衣，以辨姦詐，遂禁止民間打造。”宋陸游《老學庵筆記》卷九：“政和、宣和間，妖言至多。織文及纈帛，有遍地桃冠，有並桃香，有佩香曲，有賽兒，而道流爲公卿受錄。”

藍染

一種古老的印染工藝，最早出現於秦漢時期，即從藍草中提取藍靛來染色。《荀子‧勸學》中就有“青，取之於藍，而青於藍”的記載。北魏賈思勰《齊民要術‧種藍》記載了用藍草製作藍靛的過程：“七月中作坑，令受百許束，作麥秆泥泥之，令深五寸，以苫蔽四壁。刈藍倒豎於坑中，下水，以木石鎮壓令没。熱時一宿，冷時再宿，漉去荄，内汁於甕中。率十石甕，著石灰一斗五升，急手抨之。一食頃止，澄清瀉去水，別作小坑，貯藍澱著坑中。候如强粥，還出甕中盛之，藍澱成矣。”藍染最初爲木版印染，後來發展爲蠟纈、絞纈、夾纈、灰纈等複雜的工藝。棉花廣爲種植之後，經過藍染的藍印花布成爲人們日常服飾的主要織物來源之一。宋李若水《送李志全還鄉》：“之子北歸顏色好，黃紙寫敕藍染袍。”

畫繢

用顏料或者染料在織物或者衣服上繪畫的工藝。在印染工藝尚未出現之前，人們用繪畫來美化服裝，并以此區分等級尊卑。此稱先秦已行用。《周禮·考工記·畫繢》：“畫繢之事，雜五色。”周代時候，畫繢先用染料將織物或服裝染色，再用礦物顏料描繪圖案，就是畫繢，一般與刺繡同時應用。《書·益稷》：“予欲觀古人之象，日、月、星辰、山、龍、華蟲，作會（按，即繪）；宗彝、藻、火、粉米、黼、黻、絺繡。以五彩彰施於五色，作服汝明。”天子祭服上的日、月、星辰、山、龍、華蟲都是繪上的，而宗彝、藻、火、粉米、黼、黻、絺這些圖案則是繡上去的。畫繢印花因工藝複雜，耗時長，着色牢度差，逐漸被型版印花替代。《舊唐書·狄仁傑傳》：“今人伽藍，制過宮闕，窮奢極壯，畫繢盡工。”

【畫繪】

即畫繢。此體南北朝時期已行用。北齊顏之推《顏氏家訓·雜藝》：“畫繪之工，亦爲妙矣；自古名士，多或能之。”

木模版印花

中國古代印染技藝之一。指以凸紋木板在織物上印花。較成熟的木模印花版是用裝有手柄的整體硬質木塊，在平面上雕刻凸紋圖案而成，亦可用硬木板或金屬板刻成圖案後固定於普通木塊上。印花須在堅實的平臺上進行，臺面分層鋪設彈性襯墊與易去污材料。印花時，先用繪色工具於模版的凸紋上塗色，然後依部位壓印在織物上，再改用他色，逐次進行，即可成多色印花。商周時期，帝王權貴服飾是通以繪畫的方式增加花紋，不同花紋顯示其尊卑高下，代表不同的社會地位。產品不能批量生產，祇能單件製作，至戰國時漸有此技藝。秦漢時期，此技藝發展迅速，由長沙馬王堆漢墓出土的絲綢印花可以看出，木模版印花技藝已具頗高水準。歷經南北朝、隋唐五代，直至明清，一直處於不斷改進中，但始終是緩慢的手工操作，20世紀初被西方機械印染術取代。

鏤實印花

中國古代印染技藝之一。以防水薄片鏤刻空心花紋即成版型。薄片可用木板，亦可用銅板，印花色漿通過鏤空部位構成花形。戰國時期我國已掌握了這一工藝。由長沙馬王堆漢墓出土的絲綢印花紗可以看出，此種印染技藝已有頗高水準。南北朝時以鏤空版印染，已十分普遍。多種花色織物出現於民間，成爲無分貴賤的常服衣料，至隋唐達於全盛。新疆吐魯番出土的唐代褐地綠白雙色印花絹等，是具代表性的鏤空版製品。這一技藝歷代相承，宋代之後繼續發展爲印金、描金、貼金等工藝。福州南宋墓出土的紡織品中，衣袍上普遍鑲有絢麗多彩、金光閃閃的印花花邊。明清時期的版型製作尤爲精巧，維吾爾族還創製了印花戳和木滾。據清褚華《木棉譜》（按，木棉今稱“棉花”）載，乾隆年間版印技藝已分爲刷印花與刮印花兩種。20世紀初，手印花逐漸改用紙質或膠皮鏤空版型。灰印坊用灰漿防染法生產藍白印花製產品，彩印坊用浮水印法生產多色彩製品。1919年，中國第一家印染公司在上海成立，自此，大部棉花印花製品由連續運轉的滾筒印花機批量生產，最終取代了手工製品。

凸版印花

我國最爲古老的印花工藝之一。也稱模版印花或木版印花，即在模版上雕出陽紋花樣，然後塗抹染料或顏料蓋印到織物之上。或將棉織物蒙於版面，就其凸紋處砑光，再塗刷染料，印出各種色彩的印花織物。最初的凸版出現在新石器時代，用來印製陶紋。春秋戰國時期，凸版用於織物印花，到了西漢凸版印花技術已經有了很高的水平，長沙馬王堆漢墓出土的印花敷彩紗就是用凸版套印加彩繪而成。凸版印花可以反復操作，在同一織物上印出形同的花紋；使用多塊印版，還可以靈活地實行套印，從而豐富了織物印花的花紋和色澤。且使用範圍廣，棉、麻、絲、毛等纖維均能適應，因此成爲歷代服飾織物的主要印花方法。

雕版漏印

與凸版印花相對應。在不同材質的板材上按設計圖案挖空，雕刻成鏤空的漏版；將漏版置於織物上，用刮板或刷子蘸取染料對鏤空處進行染色，去掉型版，花紋顯現。用兩塊相同的範本相對塗色後，再將織物夾在中間所染的織物，便是夾纈。

防染印花

將織物放入染料之中，利用一定的工具或者原料，使部分織物不能着色，從而達到顯花的目的的工藝。比較常見的工具是範本、蠟或者豆粉、石灰等，根據操作方式的區別，使用不同的工具和材料。我國的防染印花技術主要有蠟纈、夾纈、絞纈和灰纈四種。

熨斗

亦稱"火斗""金斗"。燒熱後用來燙平衣物的金屬器具。熨斗在漢代已經出現。《佩文韵府》引宋張掄《古器評》："漢熨斗與今之所謂熨斗者無異，蓋伸帛之器耳。"此稱漢代已行用。1966年長沙楊家嶺漢墓出土的熨斗上有墨寫隸書"張端君熨斗一"字樣。晋杜預《奏事》曰："藥杵曰、澡盤、熨斗、釜、甕、銚盤、鎢錪皆亦民間之急用也。"由此可見，熨斗在晋代已經是百姓的日常家庭用品之一。古時的熨斗像一隻沒有脚的平底鍋，熨衣前，把燒紅的木炭放在熨斗裏，待底部熱得燙手了再使用，所以又叫"火斗"。清段玉裁注《説文·火部》"㷉"字引漢服虔《通俗文》："火斗曰尉。"《元史·禮樂志二》："金鐃二，制如火斗，有柄，以銅爲匡，疏其上如鈴，中有丸。"采用鎏金工藝精製的熨斗叫"金斗"。唐白居易《繚綾》："廣裁衫袖長製裙，金斗熨波刀剪紋。"宋秦觀《沁園春·宿靄迷空》："念小奩瑶鑒，重勻絳蠟；玉龍金斗，時熨沉香。"據考古學家考證，中國的熨斗比國外發明的熨斗早1600多年，是世界上第一个發明并使用熨斗的國家。

【火斗】

即熨斗。此稱漢代已行用。見該文。

【金斗】

即熨斗。此稱唐代已行用。見該文。

【熱斗】

即熨斗。此稱漢代已行用。漢劉安《淮南子·齊俗訓》："故槽丘生乎象，炮烙生乎熱斗。"唐虞世南《北堂書鈔·服飾部·熨斗》："始乎熱斗。"宋梅堯臣《西水門晚遇雨》詩："急雨射瓦瓦欲裂，猛吹驅熱熱斗歇。"

【㷉】

即熨斗。亦作"尉""尉""熨"。此稱漢代已行用。《説文·火部》："㷉，从上案下也。从尾。又持火，以尉申繒也。”清段玉裁注曰：“《通俗文》曰：火斗曰尉。”明張自烈《正字通·火部》：“尉，尉本字。”《玉篇·火部》：“尉，與熨同。”

【尉】

同“尉”。此體漢代已行用。見該文。

【尉】

同“尉”。此體南北朝時期已行用。見該文。

【熨】

同“尉”。此體南北朝時期已行用。見該文。

【鈷鉧】

即熨斗。此稱宋代已行用。宋范成大《驂鸞録》：“鈷鉧，熨斗也。”

【鈷鏌】

即熨斗。此稱宋代已行用。宋姚寬《西溪叢語》卷下：“《宜都山水記》：‘佷山溪有釜灘，其石大者如釜，小者如鈷鏌。’”

砑光

我國古代織物整理方法之一。即用光滑的石頭碾壓織物，使之緊密光亮。砑光在漢代已經出現，長沙馬王堆一號漢墓出土的一塊灰色麻布就是經過砑光處理的。砑光整理歷代沿用。此稱明代已行用。明宋應星《天工開物·乃服》記載：“凡早絲爲經、晚絲爲緯者，練熟之時，每十兩輕去三兩。經緯皆美好早絲，輕化衹二兩。練後日乾張急，以大蚌殼磨使乖鈍，通身極力刮過，以成寶色。”清代砑光整理發展爲踹，有專業的踹布坊或者踏布坊出現，自近代染整機械發展後，砑光整理工藝漸被淘汰。

【碇】

即砑光。用石具碾壓繒帛，使之平展有光澤。此稱漢代已行用。《説文·石部》：“碇，以石扞繒也。”清段玉裁注：“碇，以石輓繒。……今俗謂之砑。”明方以智《通雅》卷三七：“石輾之曰碇。”

踹布

用光滑的大石碾壓棉布使其光滑緊致。此稱清代已行用。清褚華《木棉譜》中記載了踹布的工藝流程：“有踹布坊，下置磨光石版爲承，取五色布捲木軸上，上壓大石，如凹字形者，重可千斤。一人踏足其兩端，往來施轉運之，則布質緊薄而有光。”踹布要求工匠站在大踹石上，用力轉動石塊，雙手扶住石頭上方平行擺放的木杆，雙脚不斷踩動，反復碾壓布軸，以達到平整、砑光的目的。

踹坊

專門進行棉布整理加工的手工業作坊。工人操作時，足踏凹字形大石，左右滾動，使石下漂染過的棉布緊密光滑。此稱清代已行用。清代時，踹布行業規模龐大，《皇朝文獻通考·職役考》載：“〔雍正〕九年，令江南蘇州踹坊設立坊總甲長，南北商販青藍布匹俱於蘇郡染造，踹坊多至四百餘處，踹匠不下萬有餘人。”南京的踹布行業極其發達，其中“公和坊”專營踹布，幾乎壟斷了全城的踹布業。

【踹布坊】

即踹坊。此稱清代已行用。清《世宗憲皇帝硃批諭旨》卷一七四：“上年因蘇州踹布坊匠樂爾集等聚衆結盟爲匪一案。”

碾石

踹坊用以碾壓棉布使其光澤緊密的石頭。此稱明代已行用。明宋應星《天工開物·乃服》：“碾石取江北性冷質膩者，〔每塊佳者值十餘金〕石不發燒，則縷緊不鬆泛。蕪湖巨店，首尚佳石。"

髹漆

以漆塗物。此稱明代已行用。《明史·魏忠賢列傳》："帝性機巧，好親斧鋸髹漆之事，積歲不倦。"徐珂《清稗類鈔·舟車類》："舟成，長四丈餘，廣一丈六尺，不加髹漆，香氣馥郁，名曰獨木舟。"朱自清《槳聲燈影裏的秦淮河》："我想像秦淮河的極盛時，在這樣宏闊的橋上，特地蓋了房子，必然是髹漆得富富麗麗的，晚間必然是燈火通明的。"

【髤漆】

同"髹漆"。此體唐代已行用。《周禮注疏》卷二七："髤飾。"唐賈公彥疏引杜子春云："漆垸之漆，直謂髤漆也。"《清史稿·樂志八》："其飾岳山焦尾用紫檀，徽用螺蚌，軫結黃絨紃，承以髤漆几。"

漆布[2]

用布做底，上塗漆或其他塗料，使之能够防水、隔潮等，可作爲桌布，北方用作炕罩，也稱爲"泊布"。此稱漢代已行用。《後漢書·輿服志上》："非公會，不得乘朝車，得乘漆布輈軿車，銅五末。"《南齊書·輿服志》："青油俠碧絹黃絞蓋，漆布裏。"《老殘游記》第一二回："堂屋門上挂了一個大呢夾板門簾，中間安放一張八仙桌子，桌子上鋪了一張漆布。"

油布[2]

用油浸過的布，一般用於防水或者防水物品的製作。隋唐時期我國人民發明了在油中加入染料浸染的方法，使得生產出的油布色彩繽紛，同時還發明了用兩種不同的油配製油衣油來製作油衣的方法。此稱宋代已行用。《宋會要輯稿·食貨·商稅四》："又以民間日用油布、席

紙細微等物置場榷賣，展轉增利。"徐珂《清稗類鈔·飲食類》："飲已，設油布於前，曰劃單，即以防穢也。"清夏敬渠《野叟曝言》："又一個油紙包内，裹著一個油布面宫錦裏的包袱，袱内都是些紙扎。"

油衣

用油布製作的衣服，主要用於防雨，其作用相當於今天的雨衣。此稱南北朝時期已行用。南北朝劉孝威《行還值雨又爲清道所駐詩》："油衣分競道，小蓋列成行。"北魏賈思勰《齊民要術》卷三："以竿挂油衣，勿辟藏。"《隋書·煬帝紀上》："嘗觀獵遇雨，左右進油衣。"清程盛修《咏史樂府十二章·從獵諷》："油衣則漏瓦不漏，諫議微詞規乃後。"

荏油

即荏子油。荏草籽所榨油，古時用作製作油布的原料。此稱南北朝時期已行用。北魏賈思勰《齊民要術》卷三："荏油色綠可愛，其氣香美，煮餅亞胡麻油，而勝麻子脂膏。"《農桑輯要》："荏油性淳，塗帛勝麻油。"徐珂《清稗類鈔·植物類》："白蘇莖、葉皆淡青，而花白，別名荏，專用爲香料。子榨油，以塗紙傘、雨衣，謂之荏油。"

【蘇子油】

即荏油。此稱明代已行用。明陶安《郯城客館晚宿》："掩關且擁重衾坐，蘇子油燈屢結花。"徐珂《清稗類鈔·工藝類》："寧古塔無燭，所燃爲糠燈。其製以麻梗爲本，蘇子油渣及小米糠拌匀，粘於麻梗，曬乾，長三四尺，横插木架，風吹不息，然此乃就順、康間而言也。"

桐油

油桐種子榨出的油，古時作爲製作油布的

原料，可入藥。此稱南北朝時期已行用。北魏賈思勰《齊民要術》卷四："正月，自朔暨晦，可移諸樹：竹、漆、桐、梓、松、柏、雜木。"宋王質《栗里華陽窩辭·栗里車及輿》："在我窩兮不可傷，竹竿溧溧桐油香，遮雨遮風遮夕陽。"明李時珍《本草綱目·土部·白瓷器》："湯火灼傷。用青瓷碗片爲末，水飛過，和桐油塗搽。"清曾廉《洞仙歌·咏筆》："年來無個事，蕎麥桐油，天與閑人一絲縫。"

油幢

挂於舟車上的油布帷幕，也指有油布帷幕的車子。此稱晋代已行用。《晋書·輿服志》："上起四夾杖，左右開四望，綠油幢，朱絲絡，青交路，其上形制事事如輦，其下猶如犢車耳。"《隋書·禮儀志五》："王公加禮者，給油幢絡車，駕牛。"明黎貞《衡窩吟》："把油幢設棹，神圖休罷。"

罾布

用破漁網和紗綫織成的布，産於廣東沿海。此稱清代已行用。清屈大均《廣東新語·貨語·葛布》："又有罾布，出新安南頭。罾本苧麻所治。漁婦以其破敝者翦之爲條，纑之爲緯，以綿紗綫經之，煮以石灰，漂以溪水，去其舊染薯莨之色，使瑩然雪白。布成，分爲雙單，雙者表裏有大小絮頭，單者一面有之。絮頭以長者爲貴，摩挲之久，葳蕤然若西氈起絨。更或染以薯莨，則其絲勁爽，可爲夏服。"屈大均《漁網》詩："都絡秋方熟，薯苓染未稀。家家製罾布，更有越人衣。"

香雲紗[2]

莨紗綢。以加工好的絲織品爲坯布，經過薯莨塊莖浸出的汁液反復浸漬、晾曬後，使織物附着一層黄棕色的膠狀物。是絲綢紡織品中唯一使用純植物染色而成的面料，被譽爲紡織界的"軟黄金"。主要産地在廣東順德和南海地區，已有近百年的歷史。莨紗綢表面烏黑發亮、細滑平挺，耐曬、耐洗、耐穿、乾後不需熨燙，具有挺爽柔滑、透凉舒適的特點，因而在亞熱帶地區多作爲夏季便服。其缺點是表面漆狀物耐磨性較差，揉搓後易脱落，因此，洗滌時宜用清水浸泡。莨紗綢有莨紗與莨綢之分。在平紋地上以絞紗組織提出滿地小花紋，并有均匀細密小孔眼，經上膠曬製而成的絲織物稱莨紗；用平紋組織製織綢坯，經上膠曬制而成的稱莨綢。《負曝閑談》第二一回："一件香雲紗長衫袖子，在烟燈上轟轟烈烈的著起來。"

【莨紗】[2]

即香雲紗[2]。一種提花絲織物，表面烏黑光滑、類似塗漆且有透孔小花。主要産地在廣東順德和南海地區，已有近百年的歷史。莨紗以桑蠶吐絲織成的提花絲織物爲坯，用薯莨莖塊的汁液經過染色程式，成爲正面呈烏黑色而背面是黄棕色的産品。莨紗手感挺爽柔潤，易洗易乾，是我國南方常用的夏季服裝面料，由於穿着用之製作的衣物走路會發出"沙沙"的聲音，所以最初叫"響雲紗"，後人以諧音叫作"香雲紗"。是國家級非物質文化遺產。施叔青《香港三部曲》："屈亞炳穿著簇新的莨紗綢大襟衫褲，回到上環敏如茶樓。"

【薯莨綢】

即香雲紗[2]。原產自中國廣東省南海地區。以精練平紋白綢爲坯布，經過傳統的薯莨整理，使織物附着一層黄棕色的膠狀物，再用含有高價鐵離子的塘泥均勻塗覆於織物表面，反覆多次晾曬、水洗後製成正面黑色、底面咖啡色的面料，是中國絲綢的上等佳品。相比於莨紗，莨綢更加柔軟，雖透氣性差些，但色彩多樣，多爲女性穿着，莨紗則在古代多爲男子穿着。此稱清代已行用。徐珂《清稗類鈔·植物類》："薯莨，蔓草也，產閩、廣諸山，葉尖長，節節有小刺。根圓如芋，大小不一，有鬚叢生，皮紫黑色，肉紅黃色，煮汁以染紗絹之屬，爲暑月之衣，謂之薯莨綢，亦曰拷綢。粵人並以之染罛罾，因其使苧麻爽勁而利水，又耐鹹潮，不易腐也。"

【拷綢】 [2]

即香雲紗 [2]。此稱清代已行用。《二十年目睹之怪現狀》卷三二："便有兩上女子上來招呼，一般的都是生就一張黃面，穿了一套拷綢衫褲，腳下沒有穿襪，拖了一雙皮鞋，一個眼皮上還長了一個大疤，都前來問貴姓。"茅盾《子夜》："黑大衫或是黑拷綢短衫褲的'白相人'也是三三兩兩地在這草棚區域女工堆裏穿來穿去，像些黑殼的甲蟲。"

薯莨

亦稱"赭魁""薯榔"。多年生草本植物，地下塊莖含有膠質，可用來染棉、麻織品，也可入藥。宋沈括《夢溪筆談·藥議》："《本草》所論赭魁，皆未詳審，今赭魁南中極多，膚黑肌赤，似何首烏。切破，其中赤白理如檳榔。有汁赤如赭，南人以染皮製靴，閩、嶺人謂之餘糧。《本草》（注：此《本草》指漢代《神農本草經》）禹餘糧注中所引，乃此物也。"明黃仲昭《八閩通志》卷二六："薯榔，莖蔓如薯，根似何首烏，色黑肉紅，染皂用。"清屈大均《廣東新語·草語》："薯莨，產北江者良。其白者不中用，用必以紅，紅者多膠液，漁人以染罛罾，使苧麻爽勁，既利水又耐鹹潮不易腐。而薯莨膠液本紅，見水則黑，諸魚屬火而喜水，水之色黑，故與魚性相得，染罛罾使黑，則諸魚望之而聚雲。"徐珂《清稗類鈔·植物類》："薯莨，蔓草也，產閩、廣諸山，葉尖長，節節有小刺。根圓如芋，大小不一，有鬚叢生，皮紫黑色，肉紅黃色，煮汁以染紗絹之屬，爲暑月之衣，謂之薯莨綢，亦曰拷綢。粵人並以之染罛罾，因其使苧麻爽勁而利水，又耐鹹潮，不易腐也。"

【赭魁】 [2]

即薯莨。此稱漢代已行用。見該文。

【薯榔】

即薯莨。此稱明代已行用。見該文。

第三節　色紋剪裁考

何謂"色紋"？本卷指稱的"色"專指紡織物的色彩；"紋"，則指紡織物的紋樣。在中國古代，紡織物色紋主要體現於服飾方面。

約在舊石器時代晚期，先民已學會利用天然染色材料作裝飾。中國山頂洞人遺址出土的獸牙、魚骨、貝殻、石珠等，就是以赤鐵礦粉塗染而成的。赤鐵礦粉的使用，距今已約有兩萬年的歷史。及至公元前3300—前2050年，中國又迎來馬家窑彩陶文化時代。這一時期彩陶具有三大特點：一是色彩豐富，且有變化；二是繪彩部位較其他文化多樣；三是色彩使用廣泛。在今所見該時期隨葬品中，彩陶達80%以上。這些色彩何時用於紡織物上，今已難確考。不過可以斷言，至商周時期，紡織物的色彩已遍行天下。《書·益稷》："予欲觀古人之象，日、月、星辰、山、龍、華蟲作會；宗彝、藻、火、粉米、黼、黻，絺繡。以五彩彰施於五色，作服汝明。"古代天子祭服上繪繡的十二種紋樣，代表了天子的權威和審美。"彰施"即染色。五色則指青、赤、白、黑、黄五種顏色。其取法於大自然，古人謂之五正色（見後文"五色"）。據《周禮》記載，西周王室在"天官"之下設有"染人"一職，專司絲綿的染色，在"地官"之下又設有"掌染草"，專司染色植物的收割與保管（見《周禮·天官·冢宰》），可證染彩已成爲朝廷與社會生活中的一項大事。據《説文》《釋名》等典籍記載，秦漢時期中國的絲帛色彩已有四十餘種，及至明清達數百種之多。

紡織物的紋樣起源當晚於色彩起源。在公元前5000—公元前3000年的仰韶文化時期，已出現了魚紋彩陶盒、人面魚紋盤、水鳥啄魚蒜頭壺、魚鳥紋彩陶葫蘆瓶、鯢魚紋彩陶瓶、鸛魚石斧圖形陶瓷等，同時也出現了植物紋彩陶盆與天文圖彩陶鉢等。上面所提到的馬家窑彩陶文化，其色彩也是與紋樣相交融、相結合，或者説彩陶文化之色彩是憑藉紋樣而展現出來的，其中最爲著名的有漩渦紋彩陶光底瓶、葉脉水波紋彩陶瓶、蛙紋彩陶鉢、舞蹈紋彩陶盆等。可見人類早期所用紋樣多是模擬大自然中的草木蟲魚、日月星象，進而模擬人類自己而形成的。及至商周時期，這些紋樣或被沿用或被淘汰，形象更具想象力，并漸次具有了尊卑高下之列，如日月樣、龍鳳紋樣漸爲帝王專用。據《書》記載，周天子之禮服上已繪有大量紋樣，祭服所用尤多，如祭昊天、五帝、先王時，用十二章文，即日、月、星辰、山、龍、華蟲、宗彝、火、藻、粉米、黼、黻十二種形象（見《書·益稷》）。六服指周天子的六種冕服，即大裘、袞衣、鷩衣、毳衣、絺衣、玄衣。六服是在重要的祭祀場合穿的，也指周代王后所用服裝，其色紋分爲六種。《周禮·天官·内司服》："掌王后之六服，褘衣、揄狄、闕狄、鞠衣、展衣、緣衣，素沙。"賈公彦疏："此素沙與上六服爲裏，使之張顯。"在莊重時刻與場所，色彩與紋樣總是相互爲用，成爲彩繪，古稱"畫繢"。僅就紋樣的種類而言，唐宋時已是數以百計。明清之後，更難以統計。紋樣製作技術，已由"畫繢"發展爲印染、刺繡等多種形式。有關服飾的紋樣，因本書《冠服卷》有詳備考釋，本卷不再重複，祇作些許舉證而已。

色紋自出現之日始，一直處於發展變化之中。所謂"五正色"，也常因時代不同而有所改變，即所謂"改朝代，易服色"。本卷所考釋的"色紋"，多是在中國歷史上具有傳統典型代表性者。

裁縫，最初指的是對服裝的剪裁和縫製，後來亦指從事服裝製造行業的人。清顧張思《土風錄》卷六："成衣人曰裁縫……蓋本爲裁翦縫綴之事，後遂以名其人。"早在舊石器時代，我國的先民就已經開始用骨針將獸皮縫製在一起，穿在身上禦寒，這是最初的裁縫工作。《周禮・天官・縫人》："女工八十人。"表明最遲到周代的時候，裁縫已經成爲一項專門的技藝，當時爲周王室服務的從事服裝縫紉的人數已經達到八十人之多。古代裁縫叫"縫衣匠""成衣匠""縫人""縫子""縫工""成衣人"等，是傳統的手工匠人。後代隨着機械工業的興起，製衣、家紡行業發展成爲高度機械化產業，但很多高端的成衣仍是由裁縫藝人手工縫製的。

五色

青、赤、白、黑、黃五種顏色。中國古代以此爲正色。以五色與五方、五行相配。此稱先秦時期已行用。《書・益稷》："以五采彰施於五色，作服汝明。"清孫星衍疏："五色，東方謂之青，南方謂之赤，西方謂之白，北方謂之黑，天謂之玄，地謂之黃，玄出於黑，故六者有黃無玄爲五也。"《老子》第一二章："五色令人目盲，五音令人耳聾，五味令人口爽。"《周書・宣帝紀》："詔天臺侍衛之官，皆著五色及紅紫綠衣，以雜色爲緣，名曰品色衣。"

服色

古代車馬和祭祀犧牲的顏色，各朝皆有所尚，常關乎朝代的更迭。此稱先秦時期已行用。《禮記・大傳》："改正朔，易服色。"漢鄭玄注："服色，車馬也。"唐孔穎達疏："謂夏尚黑，殷尚白，周尚赤，車之與馬，各用從所尚之正色也。"清孫希旦集解："服，如服牛乘馬之服，謂戎事所乘；若夏乘驪，殷乘翰，周乘騵是也。色，謂祭牲所用之牲色；若夏玄牡，殷白牡，周騂犅是也。"又指各朝百官品服和百姓衣服的顏色。宋高承《事物紀原・官爵封建・服色》："《隋禮儀志》曰：大業元年，煬帝詔牛弘、宇文愷等創造章服差等：五品已上通著紫袍，六品已下兼用緋綠，胥吏以青，庶人以白，屠商以皂，士卒以黃……《筆談》曰：中國衣冠，自北齊全用胡服，窄袖緋綠。此蓋其始也。"《三國志・魏書・烏丸鮮卑東夷傳》："魏世匈奴遂衰，更有烏丸、鮮卑，爰及東夷，使譯時通，記述隨事，豈常也哉。"南朝宋裴松之注引《魏略・西戎傳》："氐人有王，所從來久矣。自漢開益州，置武都郡，排其種人，分竄山谷間，或在福禄，或在汧、隴左右。其種非一，稱榮瓠之後，或號青氏，或號白氏，或號蚺氏，此蓋蟲之類而處中國，人即其服色而名之也。"又指衣服的樣式顏色。明甄偉《西漢演義》第四七回："〔樊噲〕即時點健卒一百名，同柴武雜在亂軍卒中，變其尋常服色，徑從櫟陽僻路來。"清萬維翰《幕學舉要·逃人》："開具年貌、服色，詳請通緝。"《二度梅》第三五回："自己換了儒巾服色，帶了兩個家人，星夜趲出京城去了。"

白²

古五正色之一。也指樸實無華的裝飾。此稱先秦時期已行用。《易·賁》："上九，白賁，無咎。"三國魏王弼注："處飾之終，飾終反素，故在其質素，不勞文飾而'無咎'也。以白爲飾，而無患憂，得志者也。"《管子·幼官》："九和時節，君服白色。"《舊唐書·西戎傳·天竺》："其王與大臣多服錦罽。上爲螺髻於頂，餘髮剪之使拳。俗皆徒跣。衣重白色。"《皇清職貢圖》卷八："〔貴定龍里等處白苗〕男科頭赤足，婦盤髻長簪，衣尚白，短僅及膝。"

月白

淡藍色服飾，其色似月色。此稱漢代已行用。《史記·孝武本紀》："祭日以牛，祭月以羊彘特。泰一祝宰則衣紫及繡。五帝各如其色，日赤，月白。"明文震亨《長物志·裝褫定式》："上下天地須用皂綾，龍鳳雲鶴等樣不可用團花及葱白、月白二色。"《紅樓夢》第一〇九回："只見妙玉頭帶妙常髻，身上穿一件月白素綢襖兒。"《三俠五義》第三七回："只見該值的頭目陪著一人進來，頭帶武生巾，身穿月白花氅，內襯一件桃紅襯袍，足登官鞋，另有一番英雄

氣概。"

葱白

葱白色，服色的一種。此稱明代已行用。明文震亨《長物志·裝褫定式》："上下天地須用皂綾，龍鳳雲鶴等樣不可用團花及葱白、月白二色。"《西游記》第一八回："那老者戴一頂烏綾巾，穿一領葱白蜀錦衣。"

象牙色

服色的一種。呈象牙之色。此稱清代已行用。《女仙外史》第二九回："一個個羽衣淺淡，都用的水墨色，鷹背色，象牙色，魚肚色，灰白色，駝絨色，藕合色，東方亮色，色色鮮妍。"

黑

古五正色之一。似墨或煤的顏色。此稱漢代已行用。《史記·始皇本紀》："衣服旄旌節旗皆上黑。"《晉書·輿服志》："其拜陵，黑介幘，單衣。其雜服，有青赤黃白緗黑色，介幘，五色紗袍。"《明會要·嘉禮七》："文武百官各服淺淡服、黑色帶，於奉天門朝參。"《皇清職貢圖》卷八："〔黎平等處黑苗〕其人衣短尚黑，女綰長簪，垂大環，衣裙緣以色錦，皆跣足。"

玄²

亦稱"玄色"。黑帶微赤，亦泛指黑色。此稱先秦時期已行用。《書·禹貢》："厥篚玄纁璣組。"唐孔穎達疏："《考工記》云：'三入爲纁，五入爲緅，七入爲緇。'鄭云：'纁者三入而成，又再染以黑則爲緅，又再染以黑則爲緇。玄色在緅、緇之間，其六入者是染玄纁之法也。'"《論語·鄉黨》："羔裘玄冠不以弔。"《三刻拍案驚奇》卷九："只見他掀起一領玄色絹道袍，裏

面穿的是白綾襖、白綾褲，華華麗麗，又是可愛。"

【玄色】

即玄²。此稱漢代已行用。見該文。

【元色】

即玄²。元，通"玄"，清代因避"玄燁"之諱而改作"元"。此稱清代已行用。《儒林外史》第一回："那邊走過三個人來，頭帶方巾，一個穿寶藍夾紗直裰，兩人穿元色直裰，都有四五十歲光景，手搖白紙扇，緩步而來。那穿寶藍直裰的是個胖子，來到樹下，尊那穿元色的一個鬍子坐在上面，那一個瘦子坐在對席。"張慧劍校注："元色：就是黑色。古稱玄色，清朝時因避諱玄燁（清聖祖）的名字改稱。"

緅²

服色的一種。呈黑裏帶紅的顏色。此稱先秦時期已行用。《書·禹貢》："厥篚玄纁璣組。"唐孔穎達疏："《考工記》云：'三入爲纁，五入爲緅，七入爲緇。'鄭云：'纁者三入而成，又再染以黑則爲緅，又再染以黑則爲緇。玄色在緅、緇之間，其六人者是染玄纁之法也。'"唐柳宗元《故襄陽丞趙君墓志》："辛亥，啓土，有木焉；發之，緋衣緅衾，凡自家之物皆在。"

緇³

服色的一種。呈黑色。緇，古稱黑。此稱先秦時期已行用。《書·禹貢》："厥篚玄纁璣組。"唐孔穎達疏："《考工記》云：'三入爲纁，五入爲緅，七入爲緇。'鄭云：'纁者三入而成，又再染以黑則爲緅，又再染以黑則爲緇。玄色在緅、緇之間，其六人者是染玄纁之法也。'"《詩·鄭風·緇衣》："緇衣之宜兮，敝予又改爲兮。"

【紂】

同"緇³"。《玉篇·糸部》："緇，黑色也。紂，同緇。"此體先秦時期已行用。《禮記·檀弓上》："天子之哭諸侯也，爵弁絰紂衣。"陸德明釋文："紂，本又作緇。"

玄纁²

省稱"纁"。黑色和淺紅色的布帛服色的一種。此稱先秦時期已行用。《書·禹貢》："厥篚玄纁璣組。"唐孔穎達疏："《考工記》云：'三入爲纁，五入爲緅，七入爲緇。'鄭云：'纁者三入而成，又再染以黑則爲緅，又再染以黑則爲緇。玄色在緅、緇之間，其六人者是染玄纁之法也。'"《左傳·哀公十一年》："公使大史固歸國子之元，置之新篋，襲之以玄纁，加組帶焉。"楊伯峻注："此謂以紅黑色與淺紅色之帛作墊。"後指帝王用作延聘賢士的禮品。《後漢書·隱逸傳》："桓帝乃備玄纁之禮，以安車聘之。"

【纁】²

"玄纁²"之省稱。此稱先秦時期已行用。見該文。

赤

古五正色之一。其質呈淺朱色。此稱先秦時期已行用。《詩·豳風·狼跋》："公孫碩膚，赤舄幾幾。"唐孔穎達疏："《天官·屨人》：'掌王之服屨，爲赤舄、黑舄。'注云：'王吉服有九，舄有三等。赤舄爲上，冕服之舄。下有白舄、黑舄。'然則赤舄是舄之上，故云'人君之盛屨也'。"

紅³

亦稱"紅色"。服色的一種。淺赤色。此稱先秦時期已行用。《楚辭·招魂》："紅壁沙版，玄玉梁些。"漢王逸注:"紅,淺赤白也。"《史記·孝文本紀》:"已下,服大紅十五日,小紅十四日,纖七日,釋服。"南朝裴駰集解引漢應劭曰:"紅者,中祥、大祥以紅爲領緣。"《南齊書·高帝紀上》:"道路不得著錦履,不得用紅色爲幡蓋。"《紅樓夢》第七〇回:"那晴雯只穿葱綠院綢小襖,紅小衣紅睡鞋,披著頭髮,騎在雄奴身上。"《皇清職貢圖》卷九:"〔整欠頭目先邁岩第〕被紅褐錦衣,革鞡,不冠,以紅帕抹首。"徐珂《清稗類鈔·服飾類》:"朝服,色用明黃,惟祀天用藍,朝日用紅,夕月用月白,披領及袖皆石青。"徐珂《清稗類鈔·服飾類》:"袈裟紅色,袒右肩,惟禮佛升座説法用之。"

【紅色】

即紅[3]。此稱南北朝時期已行用。見該文。

朱

服色的一種。其比絳色淺,比赤色深。先秦時與赤同爲五正色之一。此稱先秦時期已行用。《詩·豳風·七月》:"我朱孔陽,爲公子裳。"孔傳:"朱,深纁也。"《論語·陽貨》:"子曰:'惡紫之奪朱也。'"三國魏何晏集解引漢孔安國曰:"朱,正色;紫,間色。"《禮記·月令》:"〔孟夏之月〕乘朱路,駕赤騮,載赤旂,衣朱衣。"唐孔穎達疏:"色淺曰赤,色深曰朱。"《宋史·職官志二》:"後妃之服,一曰褘衣,二曰朱衣,三曰禮衣,四曰鞠衣。"《前漢紀·孝昭帝一》:"〔元平元年二月〕乙丑,有雲如狗,朱色,尾長三丈。"《南齊書·魏虜傳》:"〔賊寇〕衆號百萬,其諸王軍,朱色鼓,公侯綠色鼓,伯子男黑色鼓。"《皇清職貢圖》卷一:"〔日本國〕婦挽髻插簪,寬衣長裙,朱履,能織絹布。"

緋

服色的一種。呈淺紅色。此稱南北朝時期已行用。《魏書·蠕蠕傳》:"阿那瓌等拜辭,詔賜阿那瓌細明光人馬鎧二具,鐵人馬鎧六具……緋袍二十領並帽,内者雜彩千段。"《新唐書·薛苹傳》:"所衣綠袍更十年,至緋衣乃易。"

大紅

亦稱"大紅色"。服色的一種。呈深紅色。此稱清代已行用。明宋應星《天工開物·彰施》:"大紅色:其質紅花餅一味,用烏梅水煎出,又用鹼水澄數次。或稻稿灰代鹼,功用亦同。"《醒世姻緣傳》第六八回:"素姐起來梳洗完備,穿了一件白絲綢小褂,一件水紅綾小夾襖,一件天藍綾機小綢衫,白秋羅素裙,白灑綾秋羅膝褲,大紅連面的緞子鞡鞋。"

【大紅色】

即大紅。此稱明代已行用。見該文。

粉紅

服色的一種。紅中透白。此稱宋代已行用。《爾雅翼·釋草》:"謝氏曰:'荍,小草,多華又翹起也花似五銖錢大,色粉紅,有紫文縷之,一名錦葵。'"《宋史·拂菻國傳》:"貴臣如王之服,或青綠、緋白、粉紅、褐紫,並纏頭跨馬。"明徐光啓《農政全書》卷五一:"萱子根,俗名打碗花……開花,狀似牽牛花,微短而圓,粉紅色。"老舍《駱駝祥子》二一:"她穿着件粉紅的衛生衣,下面襯着條青褲子,脚上趿拉着白緞子綉花的拖鞋。"

桃紅

服色的一種。呈熟桃色。此稱明代已行

用。明陳耀文《天中記》卷五："貴妃每至夏月，常衣輕絹，使侍兒交扇鼓風，猶不解其熱，每有汗出，紅膩而多香。或拭之於巾帕之上，其色如桃紅也。"《紅樓夢》第三五回："寶玉道：'松花色配什麼？'鶯兒道：'松花配桃紅。'寶玉笑道：'這才嬌艷。再要雅淡之中帶些嬌艷。'鶯兒道：'葱綠柳黃是我最愛的。'寶玉道：'也罷了，也打一條桃紅，再打一條葱綠。'"

水紅

服色的一種。呈淺紅色。水紅，比紅色淡而比粉色略深。此稱明代已行用。《明史·輿服志三》："樂人衣服止用明綠、桃紅、玉色、水紅、茶褐色。"《紅樓夢》第二四回："寶玉坐在床沿上，褪了鞋等靴子穿的工夫，回頭見鴛鴦穿著水紅綾子襖兒，青緞子背心，束著白縐綢汗巾兒。"

木紅

服色的一種。呈木紅色。此稱明代已行用。明王世貞《親王祿賜考》："〔永樂八年，賜花銀六百兩〕大紅三匹、福青五匹、藍青三匹、黑綠五匹、深桃紅二匹……木紅五十匹。"《三刻拍案驚奇》卷四："其餘裙襖，鄉間最喜的大紅大綠，如今把淺色的染木紅、官綠，染來就是簇新，就得價錢。"清李漁《閑情偶寄·聲容部·治服第三》："時花之色，白爲上，黃次之，淡紅次之，最忌大紅，尤忌木紅。"

棗紅

服色的一種。似熟棗色。此稱元代已行用。元袁桷《延祐四明志》卷一二："絎絲一千七百二十六段……棗紅六百一十五段，鴉青三百九十六段，明綠一百一十八段。"徐珂

《清稗類鈔·服飾類》："福晉衣色杏黃，貴家多棗紅及紫色。"

銀紅

服色的一種。紅中呈銀色。此稱宋代已行用。《宋史·輿服志五》："禮畢回鑾，臣僚及扈從並簪花，恭謝日亦如之。大羅花以紅、黃、銀紅三色，欒枝以雜色羅，大絹花以紅、銀紅二色。羅花以賜百官，欒枝，卿監以上有之。"《紅樓夢》第四〇回："那個軟烟羅只有四樣顏色：一樣雨過天晴，一樣秋香色，一樣松綠的，一樣就是銀紅的。"

【霞影】

即銀紅。此稱清代已行用。《紅樓夢》第四〇回："那個軟烟羅只有四樣顏色：一樣雨過天晴，一樣秋香色，一樣松綠的，一樣就是銀紅的……那銀紅的又叫作'霞影紗'。"

海棠紅

服色的一種。呈海棠紅色。此稱清代已行用。《清史稿·唐英傳》："其釉色，有白粉青、大綠、米色、玫瑰紫、海棠紅、茄花紫、梅子青、驄肝、馬肺、天藍、霽紅、霽青、鱔魚黃、蛇皮綠、油綠、歐紅、歐藍、月白、翡翠、烏金、紫金諸種。又有澆黃、澆紫、澆綠、填白、描金、青花、水墨、五彩、錐花、拱花、抹金、抹銀諸名。"《紅樓夢》第五八回："那芳官只穿著海棠紅的小棉襖，底下絲綢撒花裌褲，敞著褲腿……哭的淚人一般。"

絳

服色的一種。呈赤色或深紅色。此稱三國時期已行用。《三國志·魏書·烏丸鮮卑東夷傳》："魏世匈奴遂衰，更有烏丸、鮮卑，爰及東夷，使譯時通，記述隨事，豈常也哉。"南朝

宋裴松之注引《魏略·西戎傳》："氐人其種非一，稱槃瓠之後，或號青氐，或號白氐，或號蚺氐，此蓋蟲之類而處中國，人即其服色而名之也。……其衣服尚青絳。"《皇清職貢圖》卷八："銅仁府屬紅苗人女戴紫笠，短衣，絳裙，緣以錦垂帶如佩。"

駝絨

服色的一種。呈微帶赭色的淡紅。此稱清代已行用。《紅樓夢》第六三回："當時芳官滿口嚷熱，只穿著一件玉色紅青駝絨三色緞子拼的水田小夾襖。"中國藝術研究院紅樓夢研究所校注："意謂用玉色、紅青、駝絨三種顏色的緞子小塊拼到一起做成的小夾襖。駝絨：微帶赭色的淡紅。"

紅青

服色的一種。呈略泛微紅的黑色。此稱清代已行用。《紅樓夢》第六三回："當時芳官滿口嚷熱，只穿著一件玉色紅青駝絨三色緞子拼的水田小夾襖。"中國藝術研究院紅樓夢研究所校注："意謂用玉色、紅青、駝絨三種顏色的緞子小塊拼到一起做成的小夾襖。……紅青：略泛微紅的黑色。"

黃 2

古五正色之一。似金子或熟杏之色。此稱先秦時期已行用。《易·坤》："天玄而地黃。"《墨子·所染》："染於蒼則蒼，染於黃則黃。"《後漢書·輿服志下》："黃帝、堯、舜垂衣裳而天下治……故上衣玄，下裳黃。"《管子·幼官》："五和時節，君服黃色，味甘味，聽宮聲，治和氣，用五數。"《宋書·符瑞志上》："凡三星，皆黃色。"唐白居易《賣炭翁》："翩翩兩騎來是誰？黃衣使者白衫兒。"《明史·輿服志四》：

"洪武十五年，製使節，黃色，三檐寶蓋，長二尺。"

金黃

亦稱"金黃色"。服色的一種。黃而微紅，略帶金色。此稱晉代已行用。晉傅玄《鬱金賦》："葉萋萋兮翠青，英蘊蘊而金黃。"宋王稱《東都事略·王黼傳》："黼美風姿，面如傅粉，鬢髮與目中精色盡金黃。"明徐光啓《農政全書》卷四七："金盞兒花，人家園中多種，苗高四五寸……莖端開金黃色盞子樣花。"

【金黃色】

即金黃。此稱明代已行用。見該文。

明黃色

省稱"明黃"。服色的一種。呈淺亮之黃色。此稱清代已行用。徐珂《清稗類鈔·服飾類》："朝服，色用明黃。"又："縧皆用明黃色。朝帶之制二，皆明黃色。"

【明黃】

"明黃色"之省稱。此稱清代已行用。見該文。

赭黃 2

服色的一種。質呈土黃色。古代皇帝袍服常用此色。此稱南北朝時期已行用。《北史·綦母懷文傳》："懷文言於高祖曰：'赤，火色；黑，水色。水能滅火，不宜以赤對黑。土勝水，宜改爲黃。'高祖遂改爲赭黃。"明宋應星《天工開物·乃服》："凡上供龍袍，我朝局在蘇、杭。其花樓高一丈五尺，能手兩人，扳提花本，織過數寸即換，龍形各房斗合，不出一手。赭黃亦先染絲。"清錢彩《説岳全傳》第八〇回："巍峨金闕珠簾捲，緋烟簇擁赭黃袍。"

鵝黃

服色的一種。淡黃，似小鵝之絨毛色。此

稱唐代已行用。唐李涉《黃葵花》詩：“此花
莫遣俗人看，新染鵝黃色未乾。”明楊一清《關
中奏議》卷四：“染造各色……柘黃、玄色、大
紅、深青、福青、明黃、鵝黃、鸚哥綠、柳青、
翠藍、柳黃、桃紅、天青、明綠、墨綠。”

杏黃

服色的一種。似熟杏之黃色。此稱宋代已
行用。宋劉過《沁園春·蘇州黃尚書全夫人眷
聚游報恩寺》：“縱轡徐驅，兒童聚觀，神仙畫
圖。……見杏黃衫薄，穿來香路，藕絲裙軟，
扶上籃輿。”明陶宗儀《説郛》卷一一〇下：
“皇后亦著紫金百鳳衫，杏黃金縷裙。上戴百寶
花髻，下穿紅鳳花韡。”徐珂《清稗類鈔·服飾
類》：“福晉衣色杏黃，貴家多棗紅及紫色。”

柳黃

服色的一種。呈柳黃色。此稱明代已行用。
明楊一清《關中奏議》卷四：“染造各色……柘
黃、玄色、真紫、大紅、深青、福青、明黃、
鵝黃、鸚哥綠、柳青、翠藍、柳黃、桃紅、天
青、明綠、墨綠。”《紅樓夢》第三五回：“鶯兒
道：‘葱綠柳黃是我最愛的。’寶玉道：‘也罷
了，也打一條桃紅，再打一條葱綠。’”

茶褐色

服色的一種。呈暗黃色。此稱明代已行
用。《明史·輿服志三》：“樂人衣服止用明綠、
桃紅、玉色、水紅、茶褐色。”徐珂《清稗類
鈔·動物類》：“壯時毛茶褐色，有白星斑紋，
俗稱梅花鹿。”

玉色

服色的一種。介乎淡青和綠色之間。一説
爲最淺嫩的藍色。此稱南北朝時期已行用。北
魏賈思勰《齊民要術·荏蓼》：“以冷水和煮肫

麵漿，使暖暖，於盆中浸之，然後擘食，皮如
玉色，滑而且美。”《宋史·樂志十三》：“塗山
之德，渭涘之祥，圖徽寶册，玉色金相。”《明
會典·工部三·大駕鹵簿》：“紅紗燈籠二對……
外以紅紗蒙之，玉色紗爲蓋，朱漆竿貼金鳳
頭尾。”

綠 [2]

服色的一種。呈青黃色。此稱先秦時期已
行用。《釋名·釋綵帛》：“綠，瀏也。荊泉之
水，於上觀之，瀏然綠色，此似之也。”《詩·邶
風·綠衣》：“綠兮衣兮，綠衣黃裳。”唐孔穎達
疏：“綠，蒼黃之間色。”南朝梁劉勰《文心雕
龍·隱秀》：“朱綠染繒，深而繁鮮。”北周庾信
《王昭君》詩：“綠衫承馬污，紅袖拂秋霜。”唐
李白《古風》之八：“綠幘誰家子，賣珠輕薄
兒。”元周伯琦有《至正二年歲壬午正月明仁殿
進講〈易·恒卦〉賜金織綠色對衣一襲作》詩：
“匪頒異數待殊勳，閣下鮞生亦與分。壤奠色絲
雲霧質，天機金縷鳳蛟文。一時光彩生蓬蓽，
千載恩榮媲典墳。佩服終身傳世世，羮墻旦夕
對吾君。”

官綠

正綠色，純綠色，中國傳統色彩之一。此
稱宋代已行用。宋陸游《遣興》詩：“風來弱柳
搖官綠，雲破奇峰涌帝青。”明陶宗儀《南村輟
耕錄·寫象秘訣》：“官綠，即枝條綠是。”《三
刻拍案驚奇》卷四：“其餘裙襖，鄉間最喜的大
紅大綠，如今把淺色的染木紅、官綠，染來就
是簇新，就得價錢。”

大紅官綠色

此稱明代已行用。明宋應星《天工開
物·彰施》：“大紅官綠色：槐花煎水染，藍靛

蓋，淺深皆用明礬。"這裏的大紅不是指紅色，而是"大功"（喪服）；紅通"功"，大功是喪服名。中國古代五等喪服制第三等。喪服用熟麻布做成，較齊衰稍細，較小功略粗，故名。服孝期爲九個月。凡本宗爲堂兄弟、未嫁的堂姊妹、已嫁的姑姊妹等，又已嫁女爲伯叔父，兄弟等均服之（見《儀禮·喪服》）。因此，大紅官綠色是帶點麻本色的綠色，類似灰綠。

豆緑色

服色的一種。其質呈綠豆之色。此稱明代已行用。明宋應星《天工開物·彰施》："豆綠色，黃檗水染，靛水蓋。今用小葉莧藍煎水蓋者名'草豆綠'，色甚鮮。"《紅樓夢》第三回："頭上戴著金絲八寶攢珠髻，綰著朝陽五鳳挂珠釵，項上戴著赤金盤螭瓔珞圈，裙邊繫著豆綠宮縧、雙衡比目玫瑰佩，身上穿著縷金百蝶穿花大紅洋緞窄褃襖，外罩五彩刻絲石青銀鼠褂，下著翡翠撒花洋縐裙。"

油緑色

省稱"油綠"。服色的一種。較豆綠色深，較墨綠色淺，呈油之光澤。此稱明代已行用。明宋應星《天工開物·彰施》："油綠色：槐花薄染，青礬蓋。"明田汝成《西湖游覽志餘·藝文賞鑒》："凡合用顏色……花葉綠、枝條綠、南綠、油綠、漆綠。"明劉若愚《酌中志》卷一九："而冬則天青、竹綠、油綠懷素紗，光耀射目，爭相誇尚，以艷麗爲美。"清鄂爾泰、張廷玉《欽定授時通考》卷二九："昌平州物産綠豆，有官綠、油綠、摘綠、拔綠四種。"

【油緑】

"油綠色"之省稱。此稱明代已行用。見該文。

墨緑色

省稱"墨綠"。服色的一種。呈墨黑而綠色。此稱遼代已行用。《遼史·營衞志中》："皇帝每至，侍御皆服墨綠色衣，各備連鎚一柄。"清沈壽《雪宧綉譜·配色》："老葉用墨綠色，中葉用俏綠色，嫩葉則俏綠、中紅合穿一針，焦葉用深綠、深赭合穿一針。"宋黃機《浣溪沙》："墨綠衫兒窄窄裁，翠荷斜顫領雲堆，幾時蹤迹下陽臺。歌罷櫻桃和露小，舞餘楊柳趁風回。喚人休訴十分杯。"谷斯範《新桃花扇》："苏老頭兒見香君穿一件玄色綢棉襖，繫一條貞孃慣常穿的墨綠洋縐裙。"

【墨緑】

"墨綠色"之省稱。此稱宋代已行用。見該文。

葱緑

服色的一種。呈葱綠色。此稱清代已行用。《紅樓夢》第三五回："鶯兒道：'葱綠柳黃是我最愛的。'寶玉道：'也罷了，也打一條桃紅，再打一條葱綠。'"又《紅樓夢》第七〇回："那晴雯只穿葱綠院綢小襖，紅小衣紅睡鞋，披著頭髮，騎在雄奴身上。"

松緑

服色的一種。呈松綠色。此稱清代已行用。《紅樓夢》第四〇回："那個軟烟羅只有四樣顏色：一樣雨過天晴，一樣秋香色，一樣松綠的，一樣就是銀紅的。"

松花色

省稱"松花"。服色的一種。呈松樹之花色。此稱清代已行用。《紅樓夢》第三五回："寶玉道：'松花色配什麼？'鶯兒道：'松花配桃紅。'寶玉笑道：'這才嬌艷。再要雅淡之中帶些嬌艷。'"《紅樓夢》第二八回:"寶玉聽說,喜不自禁,連忙接了,將自己一條松花汗巾解了下來,遞與琪官。"《紅樓復夢》第六〇回:"剛走過一帶小迴廊,見彩芝穿著件松花色素洋縐,出自來風的灰鼠皮襖,下繫著水紅綢的棉裙,手中拿著白汗巾。"

【松花】

"松花色"之省稱。此稱清代已行用。見該文。

秋香色

服色的一種。呈黃綠色。此稱清代已行用。《紅樓夢》第四〇回:"那個軟烟羅只有四樣顏色:一樣雨過天晴,一樣秋香色,一樣松綠的,一樣就是銀紅的。"又《紅樓夢》第四九回:"只見他裏頭穿著一件半新的靠色三鑲領袖秋香色盤金五色繡龍窄褙小袖掩衿銀鼠短襖。"中國藝術研究院紅樓夢研究所校注:"秋香色:黃綠色。"

蘋果綠

服色的一種。呈蘋果綠色。此稱近代行用。周而復《上海的早晨》第一部一一:"她穿著蘋果綠的凡立丁旗袍。"

鸚哥綠

服色的一種。呈鸚哥綠色。此稱明代已行用。明楊一清《關中奏議》卷四:"染造各色……柘黃、玄色、真紫、大紅、深青、福青、明黃、鵝黃、鸚哥綠、柳青、翠藍、柳黃、桃紅、天青、明綠、墨綠、出爐銀等。"《後紅樓夢》第五回:"只見黛玉:滿頭珠翠圍著紫貂……身穿一領楊妃色縐綢、三藍繡牡丹青䙰披風,下繫一條鸚哥綠百蝶狐䙰裙。"

青

亦稱"蒼"。古五正色之一。呈靛青色。此稱先秦時期已行用。《荀子·勸學》:"青,取之於藍而青於藍。"《墨子·所染》:"染於蒼則蒼,染於黃則黃。"《三國志·魏書·烏丸鮮卑東夷傳》:"魏世匈奴遂衰,更有烏丸、鮮卑,爰及東夷,使譯時通,記述隨事,豈常也哉。"南朝宋裴松之注引《魏略·西戎傳》:"氐人其種非一,稱槃瓠之後,或號青氏,或號白氏,或號蚺氏,此蓋蟲之類而處中國,人即其服色而名之也。……其衣服尚青絳。"《皇清職貢圖》卷八:"青苗……衣尚青,出入必佩刀、携弩;婦人以青布蒙首,綴以珠石,短衣短裙。"老舍《駱駝祥子》二一:"她穿着件粉紅的衛生衣,下面襯着條青褲子,腳上趿拉著白緞子绣花的拖鞋。"

【蒼】

即青。此稱先秦時期已行用。見該文。

【天青色】

即青。省稱"天青"。此稱明代已行用。明宋應星《天工開物·彰施》:"天青色:入靛缸淺染,蘇木水蓋。"明徐弘祖《徐霞客游記·滇游日記》:"其亭東對層級,架木橋以登,西瞰洞底,瀦水環其下,沉紺天青色映碧,光怪甚異。"《小五義》第三五回:"一個是銀紅色武生巾,銀紅箭袖,鵝黃絲鸞帶,薄底快靴,天青色的跨馬服,腰懸寶劍,翠藍挽手飄垂。"《明史·輿服志一》:"三十五年,官民人等馬頷下纓並鞦轡俱用黑色,不許紅纓及描金、嵌金、天青、朱紅裝飾。"《明宮史》卷三:"有大紅直身袍……凡見尊長則不穿,其色止有天青、黑綠、玄青,不敢做大紅者。"清袁枚《隨園詩話》卷六："見憶娘戴烏紗髻，著天青羅裙，眉目秀媚，以左手簪花而笑，爲當時楊子鶴筆也。"

【天青】

"天青色"之省稱。此稱明代已行用。見該文。

毛青[2]

靛藍色中帶有微微紅色。此稱清代已行用。《醒世姻緣傳》第七〇回："〔童奶奶〕拿過個首帕來揸了揸頭，換上了件毛青布衫，脱了白綾裙子。"《滿文老檔·太祖皇帝天命九年二月》："以禮相待，並賞賜許多緞、蟒緞、毛青布、翠藍布、金、銀、人口、甲胄等遣回。"

石青

服色的一種。呈淺緑之青色。此稱清代已行用。徐珂《清稗類鈔·服飾類》："衮服，色用石青，綉五爪正面金龍四團，兩肩前後各一。"《紅樓夢》第一九回："當下寶玉穿著大紅金蟒狐腋箭袖，外罩石青貂裘排穗褂。"

蛋青色

服色的一種。呈鴨蛋殼之青色。此稱明代已行用。明宋應星《天工開物·彰施》："蛋青色：黄檗水染，然後入靛缸。"《近世社會齷齪史》第一九回："魯太太舉目看時，只見驪珠擁了一床蛋青色熟羅秋被，背靠著一個平金紅緞大靠枕，斜欹著身子，靠在床上。"蕭紅《呼蘭河傳》第二章："有的還把衣服的邊上壓了條，有的蛋青色的衣裳壓了黑條，有的水紅洋紗的衣裳壓了藍條，脚上穿了藍緞鞋，或是黑緞綉花鞋。"

【鴨蛋青】

即蛋青色。此稱明代已行用。明徐應秋《玉芝堂談薈》卷三六："今牡丹种類有緑蝴蝶，南人呼爲佛頭青，西人謂之鴨蛋青。"《兒女英雄傳》第三七回："師老爺也就'居移氣，養移體'起來，置了一頂鴨蛋青八絲羅胎平鼓窪沂崈緯帽，買了一副自來舊的八品鵪鶉補子，一雙腦滿頭肥的轉底皂靴。"

【佛頭青】

即蛋青色。此稱元代已行用。元張可久《南吕·一枝花·湖上歸》："花如人面紅，山似佛頭青。"明徐應秋《玉芝堂談薈》卷三六："今牡丹種類有緑蝴蝶，南人呼爲佛頭青，西人謂之鴨蛋青。"《滿文老檔·太宗皇帝天聰五年十二月》："賞賜使臣緞一、佛頭青布八、銀碗一、鑾花鞍轡、米二金斗。"

葡萄青色

服色的一種。質似葡萄之青色。此稱明代已行用。明宋應星《天工開物·彰施》："蒲萄青色：入靛缸深染，蘇木水深蓋。"

橄欖青

服色的一種。其質呈淺青色。橄欖青，即橄欖緑。此稱近代行用。谷斯範《新桃花扇》："玉京見香君穿一件菱花白紡綢衫，著一條橄欖青紗裙，依然小小巧巧身材。"

藍[2]

亦稱"藍色"。服色的一種。呈淺青色。此稱先秦時期已行用。《爾雅·釋鳥》："秋扈竊藍。"晋郭璞注："竊藍，青色。"宋鄭樵注："竊，古'淺'字，言其色之淺。"《荀子·勸學》："青，取之於藍而青於藍。"《新唐書·盧杞傳》："杞有口才，體陋甚，鬼貌藍色，不耻惡衣菲食。"徐珂《清稗類鈔·服飾類》："朝服，色用明黄，惟祀天用藍，朝日用紅，夕月用月白，披領及袖俱石青。”

【藍色】

即藍[2]。此稱唐代已行用。見該文。

天藍

服色的一種。呈晴空之藍色。此稱明代已行用。明宋應星《天工開物·彰施》：“翠藍、天藍二色俱靛水，分深淺。”《醒世姻緣傳》第六八回：“素姐起來梳洗完備，穿了一件白絲綢小褂，一件水紅綾小夾襖，一件天藍綾機小綢衫，白秋羅素裙，白灑綾秋羅膝褲。”

青藍色

服色的一種。呈深藍色。此稱清代已行用。《皇清職貢圖》卷一：“〔朝鮮國〕民婦辮髮盤頂，衣用青藍色，外繫長裙，布襪，花履。”

翠藍

服色的一種。呈青綠之藍。此稱晉代已行用。晉郭璞《爾雅圖贊·釋木·柚》：“厥苞橘柚，精者曰甘。實染繁霜，葉鮮翠藍。”明宋應星《天工開物·彰施》：“翠藍、天藍二色俱靛水，分深淺。”

寶藍

服色的一種。呈寶藍色。此稱清代已行用。《儒林外史》第一回：“那邊走過三個人來，頭帶方巾，一個穿寶藍夾紗直裰，兩人穿元色直裰，都有四五十歲光景，手搖白紙扇，緩步而來。那穿寶藍直裰的是個胖子，來到樹下，尊那穿元色的一個鬍子坐在上面，那一個瘦子坐在對席。”張慧劍校注：“寶藍：帶翠色的藍色。”

藕褐

服色的一種。色如藕而略深。此稱明代已行用。《禪真逸史》第二二回：“身上披一領闊領大袖柳青道袍，腰邊繫一條八寶綴成藕褐縧，赤著一雙紅脚，高高坐在上面。”李劼人《死水微瀾》：“她的衣裳，也有風致，藕褐色的大脚褲子，滾了一道青洋緞寬邊。”

紫色

服色的一種。紅與藍的混合色。紫色在古代是尊貴的顏色，常用於官服和祭祀時所穿祭服。此稱先秦已行用。《論語·鄉黨》：“子曰：‘君子不以紺緅飾。紅紫不以爲褻服。’”《史記·孝武本紀》：“泰一祝宰則衣紫及綉。”《漢書·王莽傳》：“紫色蛙聲，餘分閏位。”唐顏師古注引漢應劭曰：“紫，間色。”宋沈括《夢溪筆談·補筆談》：“黃鐶，即今之朱藤也，天下皆有。葉如槐，其花穗懸，紫色，如葛花。”

雨過天晴

服色的一種。呈雨過天晴時的天色。此稱清代已行用。《紅樓夢》第四〇回：“那個軟烟羅衹有四樣顏色：一樣雨過天晴，一樣秋香色，一樣松綠的，一樣就是銀紅的。”《劉墉傳奇》：“〔吳舉人〕身穿一件二截公綢，紅青綿褂裏邊襯，寧綢綿袍是雨過天晴。”葉聖陶《倪煥之》：“對面是一張玲瓏的琴桌；雨過天晴的花瓶裏，插幾枝尚未全開的臘梅。”

纖[2]

精美細緻的絲織品。其質黑經白緯，後亦指古時喪家除服的祭祀祭服。此稱漢代已行用。《禮記·間傳》：“禪而纖。”漢鄭玄注：“黑經白緯曰纖。”《史記·孝文本紀》：“已下，服大紅十五日，小紅十四日，纖七日，釋服。”南朝宋裴駰集解引漢應劭曰：“纖者，禪也。凡三十六日而釋服。”《後漢書·禮儀志下》：“醳小紅，服纁。釋纁，服留黃，冠常冠。"《新唐書·李德裕傳》："昔漢文身衣弋綈，元帝罷輕纁服，故仁德慈儉，至今稱之。"清毛奇齡《喪禮吾說篇·三年之喪不折月說》："禫服是纁服，學禮之儒皆所不曉，幸《間傳》有'禫而纁'語，而漢文遺詔適有'纁七日'之文，始知纁者是禫服之色。"

十二章

十二種紋樣。古代天子祭服上的繪繡。其衣繪日、月、星辰、山、龍、華蟲，稱上六章；其裳繪宗彝、藻、火、粉米、黼、黻，稱下六章。此稱漢代已行用。《書·益稷》："予欲觀古人之象，日、月、星辰、山、龍、華蟲，作會；宗彝、藻、火、粉米、黼、黻，絺繡。以五彩彰施於五色，作服。"《周禮·春官·司服》："王之吉服，祀昊天上帝，則服大裘而冕。"漢鄭玄注：《書》曰：'予欲觀古人之象，日、月、星辰、山、龍、華蟲作繪；宗彝、藻、火、粉米、黼、黻希繡。'此古天子冕服十二章。"清孫詒讓正義："日也，月也，星也，山也，龍也，華蟲也，六者畫以作繪，施於衣也；宗彝也，藻也，火也，粉米也，黼也，黻也，此六者紩以爲繡，施之於裳也。"宋蔡沈《書經集傳》："日也，月也，星辰也，山也，龍也，華蟲也，六者繪之於衣；宗彝也，藻也，火也，粉米也，黼也，黻也，六者繡之於裳。"

日月星辰

象徵天子的權勢如同日、月、星辰普照四方。此稱先秦時期已行用。《書·益稷》："予欲觀古人之象，日、月、星辰、山、龍、華蟲，作會（即繪）；宗彝、藻、火、粉米、黻、黼、絺繡。以五彩彰施於五色，作服汝明。"宋蔡沈

《書經集傳》："日、月、星辰，取其照臨也。"服章中一般日爲圓形，月爲或圓或缺，日中常常有三足烏，月中繪有蟾蜍或者兔的形象。星辰一般位於禮服的背面，爲三星連綴圖案。

山

山的形象高大威嚴，用來形容天子政權的穩固和強大。此稱先秦時期已行用。《書·益稷》："予欲觀古人之象，日、月、星辰、山、龍、華蟲，作會（即繪）；宗彝、藻、火、粉米、黻、黼、絺繡。以五彩彰施於五色，作服汝明。"宋蔡沈《書經集傳》："山，取其鎮也。"

龍

龍變化多端，形容天子可以像龍一樣靈活多變地處理政事。還有一種說法是，龍是神獸，象徵天子是受天命而治理天下。此稱先秦時期已行用。《書·益稷》："予欲觀古人之象，日、月、星辰、山、龍、華蟲，作會（即繪）；宗彝、藻、火、粉米、黻、黼、絺繡。以五彩彰施於五色，作服汝明。"宋蔡沈《書經集傳》："龍取其變也。"

華蟲

通常指錦雞，繪在天子禮服之上，象徵天子文采昭著。此稱先秦時期已行用。《書·益稷》："予欲觀古人之象，日、月、星辰、山、龍、華蟲，作會（即繪）；宗彝、藻、火、粉米、黻、黼、絺繡。以五彩彰施於五色，作服汝明。"孔傳："華，象草華；蟲，雉也。"唐孔穎達疏："草木雖皆有華，而草華爲美……雉五色，象草華也。《月令》五時皆云其蟲，蟲是鳥獸之摠名也。"宋蔡沈《書經集傳》："華蟲，雉，取其文也。"唐楊炯《公卿以下冕服議》："華蟲者，雉也，雉身被五彩，象聖王體兼文明

也。"漢王充《論衡·量知》:"加五采之巧,施針縷之飾,文章炫耀,黼黻華蟲,山龍日月。"元凌雲翰《鄭生畫卷》:"華蟲宗彝堯舜服,龍馬神龜河洛文。"

宗彝

古代祭祀時使用的器物,一共兩件爲一對,上分別繪有虎、蜼的形象。蜼,一種長尾猿猴,古人傳說其性孝。此稱先秦時期已行用。《書·益稷》:"予欲觀古人之象,日、月、星辰、山、龍、華蟲,作會(即繪);宗彝、藻、火、粉米、黼、黻、絺繡。以五彩彰施於五色,作服汝明。"宋蔡沈《書經集傳》:"宗彝,虎蜼,取其孝也。"周秉鈞注:"宗彝,虎蜼也,宗廟彝器有虎彝蜼彝,故以宗彝名虎蜼也。"《舊唐書·文苑傳上·楊炯》:"宗彝者,武蜼也,以剛猛制物,象聖王神武定亂。"元凌雲翰《鄭生畫卷》:"華蟲宗彝堯舜服,龍馬神龜河洛文。"

藻

水藻,取其潔净之意,象徵帝王品行高潔。此稱先秦時期已行用。《書·益稷》:"予欲觀古人之象,日、月、星辰、山、龍、華蟲,作會(即繪);宗彝、藻、火、粉米、黼、黻、絺繡。以五彩彰施於五色,作服汝明。"漢孔安國傳:"華,象草華;蟲,雉也。"宋蔡沈《書經集傳》:"藻,水草,取其潔也。"

火

火代表光明,象徵天子的光明磊落。此稱先秦時期已行用。《書·益稷》:"予欲觀古人之象,日、月、星辰、山、龍、華蟲,作會(即繪);宗彝、藻、火、粉米、黼、黻、絺繡。以五彩彰施於五色,作服汝明。"漢孔安國傳:

"華,象草華;蟲,雉也。"宋蔡沈《書經集傳》:"火,取其明也。"

粉米

古代貴族禮服上的白色米形綉文。白米養人,象徵帝王給養人民。此稱先秦時期已行用。《書·益稷》:"予欲觀古人之象,日、月、星辰、山、龍、華蟲,作會(即繪);宗彝、藻、火、粉米、黻、黼、絺繡。以五彩彰施於五色,作服汝明。"唐孔穎達疏引漢鄭玄曰:"粉米,白米也。"宋蔡沈《書經集傳》:"粉米,白米,取其養也。"一說粉米爲二物。孔傳:"粉若粟冰;米若聚米。"元丁復《贈縫人》:"山龍七政繪,藻火粉米絺。"

黼

黼,白刃黑身的斧頭形狀器物,取其"割斷"(果斷)之意,象徵帝王幹練果敢和皇權的威儀。此稱先秦時期已行用。《書·益稷》:"予欲觀古人之象,日、月、星辰、山、龍、華蟲,作會(即繪);宗彝、藻、火、粉米、黻、黼、絺繡。以五彩彰施於五色,作服汝明。"唐孔穎達正義:"〔黼〕蓋半白半黑似斧,刃白而身黑。"宋蔡沈《書經集傳》:"黼,若斧形,取其斷也。"

黻

黻,古代禮服上所刺綉的花紋,青黑相間,如兩己相背之形,或兩弓相背之形。此稱先秦時期已行用。《書·益稷》:"予欲觀古人之象,日、月、星辰、山、龍、華蟲,作會(即繪);宗彝、藻、火、粉米、黻、黼、絺繡。以五彩彰施於五色,作服汝明。"漢孔安國傳:"黻爲兩己相背。黻音弗,黑與青謂之黻。"宋蔡沈《書經集傳》:"黻爲兩已相背取其辨也。"

六服

周天子的六種冕服。即大裘、袞衣、褘衣、襌衣、絺衣、玄衣。也指周代王后所用服裝，其色紋分爲六種。此稱先秦時期已行用。《周禮·天官·内司服》："掌王后之六服，褘衣、揄狄、闕狄、鞠衣、展衣、緣衣，素沙。"唐賈公彦疏："此素沙與上六服爲裏，使之張顯。"

大裘

古時天子祭天的禮服，用黑色羔羊皮製成。此稱先秦時期已行用。《周禮·天官·司裘》："司裘掌爲大裘，以共王祀天之服。"漢鄭玄注引漢鄭司農云："大裘，黑羔裘，服以祀天，示質。"《周禮·春官·司服》："祀昊天上帝，則服大裘而冕，祀五帝亦如之。"《孔子家語·郊問》："天子大裘以黼之，被袞象天，乘素車，貴其質也。"唐賀知章《壽和》詩："穆穆天子，告成岱宗。大裘如濡，執珽有顒。"

袞衣

古代天子及王公所穿的繪有龍的禮服，天子在祭祀天地、宗廟、社稷、先農、册拜、聖節和舉行大典時所穿。天子袞衣所繪爲升龍，公之袞衣所繪爲降龍。此稱先秦時期已行用。《詩·豳風·九罭》："我覯之子，袞衣綉裳。"漢毛亨傳："袞衣，捲龍也。"唐陸德明釋文："天子畫升龍於衣上，公但畫降龍。"《舊唐書·代宗睿真皇后傳》："上太皇太后謚册，造神主，擇日祔於代宗廟。其褘衣備法駕奉迎於元陵祠，復置於代宗皇帝袞衣之右。"宋文天祥《金陵驛二首》："萬里金甌失壯圖，袞衣顛倒落泥塗。"

襌衣

無襯裏的單層衣，爲古代天子祭祀禮服之一。此稱漢代已行用。《説文·衣部》："襌，衣不重也。"《釋名·釋衣服》："襌衣，言無裏。"襌衣一般是夏衣，質料爲布帛或爲薄絲綢。《漢書·蓋寬饒傳》："寬饒初拜爲司馬，未出殿門，斷其襌衣，令短離地。"顏師古注揚雄《方言》"襌衣"曰："襌衣，似深衣而褒大，亦以其無裏，故呼爲襌衣。"清王先謙補注引清沈欽韓曰："《方言》：襌衣，江、淮、南楚之間謂之裧。古謂之深衣。"

罽衣

毛織物衣服，爲古代天子祭祀禮服之一。此稱漢代已行用。《周禮·春官·司服》："祀四望山川，則毳冕。"漢鄭玄注引漢鄭司農曰："毳，罽衣也。"漢王充《論衡·恢國》："唐、虞國界，吳爲荒服，越在九夷，罽衣關頭，今皆夏服、褒衣、履舄。"元張翥《水墨達摩像班惟志筆》："鞿履露雙脚，罽衣披半肩。"清吳存楷《阿都行》："繡金之裳錦罽衣，豐貂一尺圍蜥蟀。"

絺衣

飾以刺綉的天子、王公禮服，爲古代天子祭祀禮服之一。此稱晉代已行用。晉皇甫謐《帝王世紀·自皇古至五帝第一》："南面而間政，然後賜以絺衣琴瑟，必築宮室，封之於虞。"清鳳韶《鳳氏經説·終南》："孤卿三章者曰絺衣。絺，紩以爲綉也。三章者，衣綉粉米，裳綉黼黻，衣裳皆綉，故曰絺衣。"

玄衣

古代祭祀穿的赤黑色禮服，爲古代天子祭祀禮服之一。此稱漢代已行用。《周禮·春官·司服》："祭群小祀則玄冕。"漢鄭玄注："玄者，衣無文、裳刺黻而已……凡冕服皆玄衣纁裳。"也指卿大夫的制服。《禮記·王制》："周人冕服而祭，玄衣而養老。"唐孔穎達疏："《儀禮》：
'朝服緇布衣素裳。'緇則玄，故爲玄衣素裳。"

深衣

上衣下裳連在一起謂之深衣。此稱漢代已
行用。《禮記·深衣》："古者深衣，蓋有制度，
以應規、矩、繩、權、衡。"唐孔穎達正義曰：
"所以稱深衣者，以餘服則上衣下裳不相連，此
深衣衣裳相連，被體深邃，故謂之深衣。"《魏
書·文成五王傳》："諸將大殮，高祖素服深衣
哭之，入室，哀慟，撫尸而出。"《紅樓夢》第
八六回："若必要撫琴，先須衣冠整齊，或鶴
氅，或深衣，要如古人的儀表，那才能稱聖人
之器。"

花樣

衣物上編織、刺綉或印染的各種花紋、圖
案。此稱唐代已行用。唐李肇《唐國史補》卷
下："初，趙人不工機杼，薛兼訓爲江東節制，
乃募軍中未有室者，厚給貨幣，密令北地娶織
婦以歸，歲得數百人，由是越俗大化，競添花
樣，綾紗妙稱江左矣。"《紅樓夢》第三五回：
"寶玉道：'也罷了，也打一條桃紅，再打一條
蔥綠。'鶯兒道：'什麽花樣呢？'寶玉道：'共
有幾樣花樣？'"包公毅《上海竹枝詞》之二：
"半臂輕裁蟬翼紗，褾兒一字盡盤花。"原注：
"蟬翼紗，古有是名，惟黑色尚焉，邇來又新翻
花樣，各色均有。"

絖

紋飾的一種。像細米聚集似的綉紋。此稱
漢代已行用。《説文·糸部》："絖，綉文如聚
細米也。"《玉篇·糸部》："絖，畫文若聚米。"
《書·益稷》："藻、火、粉米。"唐陸德明釋文
引三國魏徐邈曰："米作絖。"

虎文

紋飾的一種。如老虎斑紋。文，同"紋"。
此稱漢代已行用。《漢書·王莽傳》："是月，杜
陵便殿乘輿虎文衣廢臧在室匣中者出，自樹立
外堂上，良久乃委地。"《後漢書·輿服志下》：
"虎賁將虎文綺，白虎文劍佩刀。虎賁武騎皆鶡
冠，虎文單衣。襄邑歲獻織成虎文云。"

豹文

紋飾的一種。其紋如豹斑。文，同"紋"。
此稱先秦時期已行用。《山海經·西山經》："有
獸焉，其狀如犬而豹文。"《舊唐書·王毛仲傳》：
"令騎豹文韉，著畫獸文衫。"

遍地金

亦稱"金寶地"。紋飾的一種。用金綫在緞
地上織出大團如滿地鋪金的花紋。此稱明代已
行用。《金瓶梅詞話》第七回："裙邊露出一對
剛三寸恰半扠，一對尖尖趫趫金蓮脚來，穿著
大紅遍地金雲頭白綾高底鞋兒。"白維國等校
注："遍地金：用金綫在緞地上織出大團的花
紋，如滿地鋪金，故名遍地金。也稱金寶地。"

【金寶地】

即遍地金。此稱近代已行用。見該文。

萬字

亦作"卍字"。花樣的一種。多指衣物帽巾
上織或綉有"萬"字或"卍"字圖樣。此稱明
代已行用。《水滸傳》第三回："頭裹芝麻羅萬
字頭巾。"《醒世恒言·賣油郎獨占花魁》："〔秦
重〕又將幾錢銀子，置下鑲鞋净襪，新褶了一
頂萬字頭巾。"《明史·輿服志三》："教坊司冠
服。洪武三年定。教坊司樂藝，青卍字頂巾，
繫紅緑褡。"

【卍字】

同“萬字”。此體明代已行用。見該文。

百蝶

花樣的一種。織有百蝶圖案。此稱清代已行用。《後紅樓夢》第五回：“〔黛玉〕圍著紫貂，耳帶寶串，挂了個金魚兒，身穿一領楊妃色縐綢，三藍綉牡丹狐披風，下繫一條鸚哥綠百蝶狐肷裙。”《兒女英雄傳》第二七回：“因是上妝，不穿皮衣，外面罩件大紅綉並蒂百花的披風，砂綠綉喜相逢百蝶的裙兒，套上四合如意雲肩，然後才帶上瓔珞項圈，金鐲玉釧。”

一炷香

花樣的一種。多指衣物上編織的直綫形圖案。此稱清代已行用。《紅樓夢》第三五回：“鴛兒道：‘什麼花樣呢？’寶玉道：‘共有幾樣花樣？’鴛兒道：‘一炷香、朝天凳、象眼塊、方勝、連環、梅花、柳葉。’”中國藝術研究院紅樓夢研究所校注：“一炷香……柳葉：這裏是各種編織圖案的名稱。一炷香：直綫形。”

朝天凳

花樣的一種。多指衣物上編織的梯形圖案。此稱清代已行用。《紅樓夢》第三五回：“鴛兒道：‘什麼花樣呢？’寶玉道：‘共有幾樣花樣？’鴛兒道：‘一炷香、朝天凳、象眼塊、方勝、連環、梅花、柳葉。’”中國藝術研究院紅樓夢研究所校注：“一炷香……柳葉：這裏是各種編織圖案的名稱。朝天凳：梯形。”

象眼塊

花樣的一種。多指衣物上編織的菱形圖案。此稱清代已行用。《紅樓夢》第三五回：“鴛兒道：‘什麼花樣呢？’寶玉道：‘共有幾樣花樣？’鴛兒道：‘一炷香、朝天凳、象眼塊、方勝、連環、梅花、柳葉。’”中國藝術研究院紅樓夢研究所校注：“一炷香……柳葉：這裏是各種編織圖案的名稱。象眼塊：菱形。”

方勝

花樣的一種。多指衣物上編織的兩個斜方形一部分重叠相連而成的圖案。此稱清代已行用。《紅樓夢》第三五回：“鴛兒道：‘什麼花樣呢？’寶玉道：‘共有幾樣花樣？’鴛兒道：‘一炷香、朝天凳、象眼塊、方勝、連環、梅花、柳葉。’”中國藝術研究院紅樓夢研究所校注：“一炷香……柳葉：這裏是各種編織圖案的名稱。方勝：一角相叠的兩個菱形。”

連環

花樣的一種。多指衣物上編織的兩個套連的圓環形圖案。此稱清代已行用。《紅樓夢》第三五回：“鴛兒道：‘什麼花樣呢？’寶玉道：‘共有幾樣花樣？’鴛兒道：‘一炷香、朝天凳、象眼塊、方勝、連環、梅花、柳葉。’”中國藝術研究院紅樓夢研究所校注：“一炷香……柳葉：這裏是各種編織圖案的名稱。連環：兩個套連的圓環。”

梅花

花樣的一種。多指衣物上編織的梅花形圖案。此稱清代已行用。《紅樓夢》第三五回：“鴛兒道：‘什麼花樣呢？’寶玉道：‘共有幾樣花樣？’鴛兒道：‘一炷香、朝天凳、象眼塊、方勝、連環、梅花、柳葉。’”中國藝術研究院紅樓夢研究所校注：“一炷香……柳葉：這裏是各種編織圖案的名稱。梅花、柳葉：梅花形、柳葉形的圖案。”

攢心梅花

花樣的一種。多指衣物上編織的梅花向心

聚集形圖案。此稱清代已行用。《紅樓夢》第三五回："鶯兒道：'什麼花樣呢？'寶玉道：'共有幾樣花樣？'鶯兒道：'一炷香、朝天凳、象眼塊、方勝、連環、梅花、柳葉。'寶玉道：'前兒你替三姑娘打的那花樣是什麼？'鶯兒道：'那是攢心梅花。'寶玉道：'就是那樣好。'"

撒花

花樣的一種。多指衣物上織綉的散落小花圖案。此稱清代已行用。《紅樓夢》第五八回："那芳官只穿著海棠紅的小棉襖，底下絲綢撒花裌褲，敞著褲腳，一頭烏油似的頭髮披在腦後，哭的淚人一般。"《婆羅岸全傳》第二○："穿的是燈紅四面花的綉鞋，魚白撒花的褶袴，密合拖鬚的帶子，微露著片金大鑲的紫綢。"

柳葉

花樣的一種。多指衣物上編織的柳葉形圖案。此稱清代已行用。《紅樓夢》第三五回："鶯兒道：'什麼花樣呢？'寶玉道：'共有幾樣花樣？'鶯兒道：'一炷香、朝天凳、象眼塊、方勝、連環、梅花、柳葉。'"中國藝術研究院紅樓夢研究所校注："一炷香……柳葉：這裏是各種編織圖案的名稱。梅花、柳葉：梅花形、柳葉形的圖案。"

百蝶穿花

花樣的一種。多指衣物上織或綉有百蝶穿行花枝的圖案。此稱清代已行用。《紅樓夢》第四○回："鳳姐兒忙道：'昨兒我開庫房，看見大板箱裏還有好些匹銀紅蟬翼紗，也有各樣折枝花樣的，也有流雲卍福花樣的，也有百蝶穿花花樣的，顏色又鮮，紗又輕軟，我竟没見過這樣的。'"

折枝

花樣的一種。多指衣物上織或綉有多樣花枝圖案。此稱清代已行用。《紅樓夢》第四○回："鳳姐兒忙道：'昨兒我開庫房，看見大板箱裏還有好些匹銀紅蟬翼紗，也有各樣折枝花樣的，也有流雲卍福花樣的，也有百蝶穿花花樣的，顏色又鮮，紗又輕軟，我竟没見過這樣的。'"

紅鳳凰

花樣的一種。綉有紅鳳凰圖案。此稱近代行用。周而復《上海的早晨》第一部一一："她穿著蘋果綠的凡立丁旗袍……腳上穿的是綉一對紅鳳凰的白緞子淺口軟底鞋。"

金鳳

花樣的一種。多指衣物上綉有金鳳圖案。此稱清代已行用。《紅樓夢》第一七至一八回："抱衾婢至舒金鳳，倚檻人歸落翠花。"中國藝術研究院紅樓夢研究所校注："金鳳：綉有金鳳圖案的被褥。"

流雲卍福

花樣的一種。多指衣物上織有或綉有流動的雲朵花紋和"卍"福字樣。此稱清代已行用。《紅樓夢》第四○回："鳳姐兒忙道：'昨兒我開庫房，看見大板箱裏還有好些匹銀紅蟬翼紗，也有各樣折枝花樣的，也有流雲卍福花樣的，也有百蝶穿花花樣的，顏色又鮮，紗又輕軟，我竟没見過這樣的。'"

剪裁

縫製衣服之法。剪斷，裁齊。此稱明代已行用。明胡廣《周易傳義大全》卷九："'戔戔'，剪裁分裂之狀。帛未用則束之，故謂之'束帛'。及其製爲衣服，必剪分裂戔戔然。"

《醒世姻緣傳》第八七回：“苦哉，苦哉！你若早説如此，我在南京尚可添買。哄得我離了南京，將這有數禮物，都把我剪裁壞了，我却再往那裏去買？”《兒女英雄傳》第二二回：“描畫剪裁，扎拉釘扣，是個活計兒他没有不會的。”

剪

亦作“翦”。鉸切，使物斷開。《説文·刀部》：“前（按：即剪），齊斷也。”《玉篇·羽部》：“翦，俗作剪。”此稱先秦時期已行用。《左傳·宣公二十年》：“其翦以賜諸侯。”宋吴文英《醉落魄·題藕花洲尼扇》：“春温紅玉，纖衣學剪嬌鴉緑。”清紀昀《閲微草堂筆記·如是我聞》：“今幸逢君子，倘取數翻彩楮，剪作裙襦，焚之寺門，使幽魂蔽體，便可訴諸地府，再入轉輪。”《鏡花緣》第八九回：“道姑道：‘吐絨閑潑墨，翦絹愛和脂。邃谷馨彌潔，層崖影自垂。蜻蜓蘆繞籬，絡緯荳纏籬。團扇矜揮翰，齊紈羨折枝。’”

【翦】

同“剪”。此體先秦時期已行用。見該文。

裁

分割剪製。此稱漢代已行用。《説文·衣部》：“裁，製衣也。”《玉篇·衣部》：“製衣也，裂也，截斷也。”《漢書·叔孫通傳》：“通儒服，漢王憎之，乃變其服，服短衣，楚制。”唐顔師古曰：“制謂裁衣之形制。”

【裁切】

即裁。此稱漢代已行用。《後漢書·王符傳》：“或裁切綺縠，縫紩成幡。”

裁縫

剪裁縫製衣服等。此稱漢代已行用。《周禮·天官·縫人》：“女工八十人。”漢鄭玄注：“女工，女奴曉裁縫者。”《北史·后妃傳》：“管：司製三人，掌衣服裁縫；典會三人，掌財帛出入。”南朝宋鮑照《代陳思王》：“僑裝多闕絶，旅服少裁縫。”《金史·百官志》：“司製二人、典製二人、掌製二人、女史二人，掌裁縫衣服纂組之事。”後指以剪裁服裝爲職業之人。《笑林廣記·貪吝部》：“落後一裁縫曰：‘只須三尺足矣。’其人大喜，買布與之，乃縫一脚管，令穿兩足在内。”《紅樓夢》第五二回：“婆子去了半日，仍舊拿回來，説：‘不但能幹織補匠人，就連裁縫綉匠並作女工的問了，都不認得這是什麼，都不敢攬。’”

縫人

即裁縫。先秦時期爲職官名稱，掌王宫内縫紉之事，後指製作成衣的匠人。此稱唐代已行用。《通典·沿革·凶禮八》：“縫人縫棺飾。孝子既啓見棺，猶見親之身也。”徐珂《清稗類鈔·孝友類》：“陳永勝，衡陽人。爲縫人，性奇孝。”

【縫工】

即裁縫。此稱唐代已行用。《通典·職官二十一》“正三命·天官”下有“縫工”一職。徐珂《清稗類鈔·獄訟類》：“三人急，命搜得戲衣一箱，使營中七縫工稍補治之，即以爲據。”

【縫衣匠】

即裁縫。此稱清代已行用。《痛史》：“弘範聽了，回去便叫縫衣匠，做了一件宋制的宰相袍送來。”

【成衣匠】

即裁縫。此稱清代已行用。《官場現形記》第二〇回：“成衣匠忙的做夜工都來不及。”夏敬觀《學山詩話》："汪穰卿似龍國太，文芸閣似屠戶，陳伯嚴似尼姑，江建霞似理髮師，袁叔輿似成衣匠。"

【成衣人】

即裁縫。此稱清代已行用。《再生緣》第一〇回："又喚成衣人幾個，相幫趙壽不留停。側廳之內裁縫做，日夜兼工未少停。"

縫紉

裁剪製作服裝、鞋帽等。此稱漢代已行用。《東觀漢紀·和熹鄧皇后傳》："后重違母意，晝則縫紉，夜私買脂燭讀經傳，宗族外內皆號曰'諸生'。"《皇清職貢圖》卷一："〔嘛六甲國〕男以色布纏頭，長衣短袴，露脛，曳履。女椎髻，跣足，垂珠於項，短衣長裙，頗工縫紉。"

【縫】

即縫紉。此稱漢代已行用。《說文·糸部》："紩，縫也。"清段玉裁注："凡針功曰紩。"南北朝謝朓《玉階怨》："長夜縫羅衣，思君此何極。"唐白居易《寒閨怨》："秋霜欲下手先知，燈底裁縫剪刀冷。"宋李清照《蝶戀花》："乍試夾衫金縷縫，山枕斜欹，枕損釵頭鳳。"

【紩】

即縫紉。此稱漢代已行用。《說文·糸部》："紩，縫也。"清段玉裁注："凡針功曰紩。"《晏子春秋·內篇·諫下》："身服不雜彩，首服不鏤刻，且古者，嘗有紩衣攣領而王天下者。"漢揚雄《方言》卷四："以布而無緣，敝而紩之，謂之襤褸。"宋梅堯臣《巧婦》詩："莳茶時補紩，風雨畏漂搖。"

【縫紩】

即縫紉。此稱漢代已行用。《後漢書·王符傳》："或裁切綺縠，縫紩成幡。"漢王符《潛夫論·浮侈》："或尅削綺縠，寸竊八采，以成榆葉無窮水波之紋，碎刺縫紩，作爲裙褕衣被，費繒百縑，用工十倍。"清姚燮《冬日月湖寓樓寫懷呈黃明府維同一百韻》："棄棉錯敝襦，橫箁促縫紩。"

鬥

縫紉法的一種。指兩種以上的色彩或衣料拼接一起組成圖案。此稱清代已行用。《紅樓夢》第六三回："當時芳官滿口嚷熱，只穿著一件玉色紅青駝絨三色緞子鬥的水田小夾襖，束著一條柳綠汗巾，底下是水紅撒花夾褲，也散著褲腳。"中國藝術研究院紅樓夢研究所校注："意謂用玉色、紅青、駝絨三種顏色的緞子小塊拼到一起做成的小夾襖。鬥：又作'逗'，這裏指兩種以上的色彩或衣料拼接一起組成圖案。"

三鑲

縫紉法的一種。多指衣服領袖上的三道鑲邊。此稱清代已行用。《紅樓夢》第四九回："只見他裏頭穿著一件半新的靠色三鑲領袖秋香色盤金五色繡龍窄褃小袖掩衿銀鼠短襖。"中國藝術研究院紅樓夢研究所校注："三鑲：衣服的領袖有三道鑲邊叫做三鑲。"

盤金

縫紉法的一種。多指用金綫在繡花上再加工織物花樣。此稱清代已行用。《紅樓夢》第四九回："只見他裏頭穿著一件半新的靠色三鑲領袖秋香色盤金五色繡龍窄褃小袖掩衿銀鼠短襖。"中國藝術研究院紅樓夢研究所校注："盤金：用金綫在繡花上再加工。"

針

縫補衣物用的用具。細長而小，一端尖銳，

另一端有孔或鈎，可以引綫，多用金屬材料製成。北京周口店山頂洞人遺址已見骨針，針身圓滑而略彎，針尖鋭利，尾部有針眼。此稱漢代已行用。《説文·金部》："針，所以縫也。"《广雅·釋詁》："鍼、針，刺也。"唐張祐《贈貞周上人》詩："律儀精氈布，真行正吞針。"南朝梁宗懍《荆楚歲時記》："〔七月七日〕是夕，人家婦女結采縷，穿七孔針，或以金銀鍮石爲針，陳瓜果於庭中，以乞巧。"《紅樓夢》第三八回："湘雲便取了詩題，用針綰在墙上。"《老殘游記》第二回："就這一眼，滿園子裏便鴉雀無聲，比皇帝出來還要静悄得多呢，連一根針吊在地下都聽得見響。"吴强《紅日》第一〇章："你的衣肘子壞了，棉花綻到外頭，我給你縫兩針。"

【箴】

同"針"。《説文·竹部》："箴，綴衣箴也。"清段玉裁注："綴衣，聯綴之也，謂箴之使不散；若用以縫，則从金之鍼也。"清阮元《經籍纂詁·下平聲·十二侵》："鍼，亦作針，通作箴。所以縫也。"此體先秦時期已行用。《荀子·賦篇》："簪以爲父，管以爲母，既以縫表，又以連裏，夫是之謂箴理。"《禮記·内則》："衣裳綻裂，紉箴請補綴。"

【鍼】

同"針"。《説文·金部》："鍼，所以縫也。"清阮元《經籍纂詁·下平聲·十二侵》："鍼，亦作針，通作箴。所以縫也。"此體先秦時期已行用。《左傳·成公二年》："楚侵及陽橋，孟孫請往賂之，以執斲、執鍼、織紝皆百人，公衡爲質，以請盟。"晋杜預注："執鍼，女工。"《莊子·人間世》："挫鍼治繲，足以餬口。"成玄英疏："挫鍼，縫衣也。"漢劉安等《淮南子·道應訓》："灃水之深千仞，而不受塵垢，投金鐵鍼焉，則形見於外，非不深且清也，魚鱉龍蛇莫之肯歸也。"明何景明《擣衣》詩："裁以金剪刀，縫以素絲鍼。"

七孔針

針的一種。有七個引綫孔。此稱明代已行用。明王跂《七夕》詩："九枝燈焰侵微月，七孔針囊解暗香。"清繆公恩《七夕詞》："年來不乞天孫巧，閑却朱絲七孔針。"

骨針

原始縫綴工具。1930年北京房山周口店龍骨山山頂洞人遺址出土。針光圓鋭，針孔窄小，刮磨光滑，製作精巧。爲舊石器時代縫紉編織工具。周天《中國服飾簡史》載有内蒙古包頭阿拉善遺址出土的"骨針"和"針筒"彩圖。

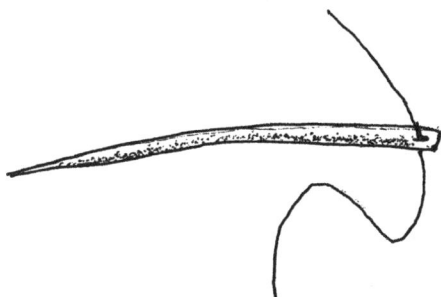

骨　針
（北京周口店山頂洞遺址出土）

綉針

針的一種。主要用於綉花等。此稱元代已行用。《道法會元》卷二四四："取水洗目，光明還初。取綉針以綫度之，有侍婢曰三娘子者久在左右。"《醒世姻緣傳》第一回："若肯把他陶熔訓誨，這鐵杵也可以磨成綉針。"

【繡針】

同"綉針"。此稱宋代已行用。宋文天祥

《貧女吟四首》之一："柴門寒自閉,不識賞花心。春笋粹如玉,爲人拈繡針。"清潘永因《宋稗類鈔》卷五:"頻邀壽花插,時乞繡針穿。"

【綉花針】

即綉針。此稱明代已行用。《西游記》第三回:"〔那寶貝〕即時就小做一個綉花針兒相似,可以揑在耳朵裏面藏下。"《水滸後傳》第三一回:"我有個魔鬼法:結下一個法壇,畫了八卦,中間太极圈兒用一木人,長六寸三分,取本人年甲安在木人腹内,把七隻綉花針將木人的七竅釘住了,每日清晨燒一道符,晚上奠一分羹飯,再持秘咒,若是平人,七日必死。"

針綫

針與綫縷的合稱。此稱唐代已行用。唐姚如能等《一切經音義》中即有"針綫"一詞。清金埴《不下帶編》卷二:"其中以東京才子侯朝宗方域、南京名妓李香君爲一部針綫,而南朝興亡遂繫之。"徐珂《清稗類鈔·情感類》:"嘗宿錢塘酒家,見燈下老嫗方縫裳,蟹筐貯有針綫簿,丹鉛燦然,取觀之,所鈔《夢中緣》稿本也。"

【針線】

同"針綫"。此體唐代已行用。唐喬知之《從軍行》:"曲房理針線,平砧擣文練。"宋孟元老《東京夢華錄》卷六:"羅列盤琖於地,盛果木、飲食、官誥、筆硯、算秤等,經卷、針線,應用之物,觀其所先拈者,以爲徵兆,謂之試晬。"《金瓶梅詞話》第三回:"……虧殺鄰家這位娘子,出手與老身做成全了。真個是布機也似針線,縫的又好又密,真個難得!"《紅樓夢》第三〇回:"只見幾個丫頭子手裏拿著針線,却打盹兒呢。"

【針縷】

即針綫。此稱漢代已行用。漢劉向《說苑·政理》:"順針縷者成帷幕,合升斗者實倉廩,并小流而成江海。"元仇遠《葛雄女子舞劍歌》:"葛家女兒十四五,不向深閨學針縷。"清劉大櫆《鄭氏節母傳》:"間則辟纑,或爲諸孫補紉,針縷不去手。"

【鍼縷】

即針綫。鍼,同"針"。此稱漢代已行用。《藝文類聚》卷六五:"漢曹大家《鍼縷賦》曰:鎔秋金之剛精,形微妙而直端。性通遠而漸進,博庶物而一貫。惟鍼縷之列迹,信廣博而無原。退逶迤以補過,似素絲之羔羊。何斗筲之足算,咸勒石而升堂。"北齊顔之推《顔氏家訓·風操》:"男則用弓矢紙筆,女則用刀尺鍼縷。"《說文·糸部》:"綉,五采備也。"清段玉裁注:"按,今人以鍼縷所紩者,謂之綉,與畫爲二事,如《考工記》則綉亦繫之畫繪,同爲設色之工也。"

針神

裁縫技藝高超的人。此稱魏晋時期已行用。晋王嘉《拾遺記》:"文帝所愛美人,姓薛名靈芸,常山人也。……改靈芸之名曰'夜來'……夜來妙於針工,雖處於深帷之内,不用燈燭之光,裁製立成。非夜來縫製,帝則不服。宮中號爲'針神'也。"明許經《奉和牧翁催妝詞四首》其三:"更將補衮彌天綫,問取針神薛夜來。"清董元愷《清平樂·綾包角黍》:"紫絲楚粽。巧借針神縫。雜俎輕鏤花影動。却比菰蒲鄭重。"

針黹

古代女紅的統稱,指刺綉、縫紉等工作。

此稱明代已行用。《明史·列女傳》："俄寇至，俾縫衣，吕投剪破賊面，罵曰：'賊敢辱我針綫乎！手可斷，衣不可縫。'"明江源《宫詞次邵汝學韵八首》其五："翟衣初賜帶天香，隆寵難酬襪綫長。補得山龍新御衮，十年針綫敢辭忙。"《紅樓夢》第四回："因此這李紈雖青春喪偶，居家處膏粱錦繡之中，竟如槁木死灰一般，一概無見無聞，唯知侍親養子，外則陪侍小姑等針綫誦讀而已。"

針筒

盛針之筒形器具。此稱唐代已行用。唐元稹《酬翰林白學士代書一百韵》："葦笋針筒束，鰷魚箭羽鬐。"宋釋心月《懶衲》詩："寒涕垂頤懶不收，肯將佛法挂心頭。針筒綫袋也拈却，古錐從教爛壞休。"

頂針

做針綫活時套在中指上的用具。其上有許多小淺窩兒，用來抵住針鼻，使針容易穿過衣物而手指不易被刺傷。多用金屬材料製成。此稱清代已行用。《春阿氏謀夫案》第一〇回："額氏站在身后，一手拿了頂針兒，替他刮脊梁。"

尺

量長度的器具。甲骨文中已出現"尺"字，實則夏代已實有其物。早期的尺多用木或骨料製作，因而很少保存到後世。保存下來的多是銅尺或鐵尺。尺的長度歷代不盡相同。目前所見最早的銅尺是長沙和洛陽出土的戰國時期銅尺，長度約爲 23 厘米。以後尺的長度漸見增大。《説文·尺部》："尺，十寸也。……所以指尺規榘事也。"此稱先秦時期已行用。《詩·魯頌·閟宫》："徂來之松，新甫之柏，是斷是度，是尋是尺。"唐孔穎達疏："於是用八尺之尋，於是用十寸之尺，既量其材，乃用松爲桷。"漢蔡邕《獨斷》卷上："周以十一月爲正，八寸爲尺。"《古詩爲焦仲卿妻作》："左手持刀尺，右手執綾羅。"

【尺子】

即尺。此稱宋代已行用。宋釋咸傑《贊繡寶公》："針鋒上直入，綫縫裏跳出。剪刀尺子自隨身，號令乾坤齊萬物。"明語風圓信《先覺宗乘》卷一："一日松山與居士話次，條拈起案上尺子曰：'還見這個麽？'居士曰：'見。'松山曰：'見個甚麽？'居士曰：'松山松山。'"

剪刀

剪裁之刀。西漢前期即有剪刀實物出土，其物先秦當已有之。其字作"翦"。此稱漢代已行用。《釋名·釋兵》："剪刀，剪進也。所剪稍進前也。"《南史·范雲傳》："酒酣，巾箱中取翦與雲。"《新唐書·地理志一》："邠州新平郡，緊。……土貢：剪刀、火筯、蕈豆、澡豆、白蜜、地膽。"明何景明《擣衣》詩："裁以金剪刀，縫以素絲針。"

【剪子】

"剪刀"之俗稱。此稱清代已行用。《紅樓夢》第六五回："那尤三姐……或不稱心，連桌一推；衣裳不如意，不論綾緞新整，使用剪子鉸碎。"《紅樓夢》第七〇回："〔紫鵑〕説著便向雪雁手中接過一把西洋小銀剪子來，齊蠶子根下寸絲不留，咯登一聲鉸斷。"《二十年目睹之怪現狀》第五六回："〔李壯〕説罷，叫婆娘拿剪子來，走向夏作人身後，提起辮子。"

鸞剪

剪刀的美稱。此稱明代已行用。明皇甫汸

《咏贈髮》："寶髻斜安墮馬妝，偷將鸞剪試分香。"

篍籬

亦作"簸羅"。用竹篾或柳條類細枝編成的一種盛器。其大小、方圓、深淺等形制因用途而各异。此稱明代已行用。《金瓶梅詞話》第七回："當初有過世的他老公在，鋪子裏一日不算銀子，搭錢兩大篍籬。"白維國等校注："盛器。圓形或長圓形，以柳條或篾條編成。大小與深淺隨用途而各異。"又第九回："這武二竟走來街坊前去尋鄆哥，只見那小猴子手裏擎着個柳籠篍籬兒，正耀采回來。"白維國等校注："篍籬兒，柳條編的圓口盛器。底部半球形，敞口，斗較深。"按，篍籬兒，一本作"篍籬兒"。

【簸羅】

同"篍籬"。此體清代已行用。見該文。

【笸籬】

即篍籬。此體清代已行用。《紅樓夢》第五三回："早有三個媳婦已經手下預備下笸籬。"又第七一回："捧過一升豆子來。兩個姑子先念了佛偈，然後一個一個的揀在一個笸籬内，每揀一個，念一聲佛。"按，笸籬，一本作"篍籬"。

帖

亦作"貼"。舊時婦女放置縫紉用品的器物。此稱唐代已行用。唐孟郊《古意》詩："啓帖理針綫，非獨學裁縫。"一本作"貼"。

【貼】

同"帖"。此體唐代已行用。見該文。

布架子

搭布的架子。此稱明代已行用。《金瓶梅詞話》第七回："剛纔你老人家看見門首那兩座布架子，當初楊大叔在時，街道上不知使了多少錢。"張恨水《啼笑因緣》第一五回："李丹荔心裏原是極煩悶的，心想看看月亮，也可以解解悶。於是也不告訴人，就拿了一張帆布架子床，架在走廊下來看月。"

布刀[1]

裁布之刀。此稱唐代已行用。《漢書·文翁傳》："買刀布，蜀物。"唐顔師古注引晋晋灼曰："刀，書刀；布，布刀……布刀，謂婦人割裂財布刀也。"

布刀[2]

舊時我國西南少數民族的一種織布工具。此稱清代已行用。清陸次雲《峒溪纖志·志餘》："布刀者，峒人織具也。峒人不用高機，無箸無枝，以布刀兼之。刀用山木，形如刀，長於布之闊，銳其兩端，背厚而橢，如弓之弧，刃如弦而薄，剡其背之腹以納緯，而窓其銳而吐之，以當梭。緯既吐，則兩手扳其兩端，以當箸也。"

刀尺

縫紉用具。泛指剪刀和尺子。此稱南北朝時期已行用。北齊顔之推《顔氏家訓·風操》："男則用弓矢紙筆，女則用刀尺針縷。"宋陸游《新製道衣示衣工》詩："良工刀尺製黄絁，天遣家居樂聖時。"清劉大櫆《程孺人傳》："始吾父爲諸生，甚貧，攻苦夜讀，吾母刺綉文佐之。漏四下，猶刀尺與書聲和答也。"

織室[1]

漢代宫中掌管絲帛禮服等織造的機構。織室在未央宫，分設東、西織，織作文綉郊廟之服，有令、史，屬少府。成帝時省東織，西織更名爲織室。此稱漢代已行用。《漢書·惠帝紀》：“秋七月乙亥，未央宫凌室灾；丙子，織室灾。”唐顔師古注：“主織作繒帛之處。”又《史記·外戚世家》：“漢使曹參等虜魏王豹，以其國爲郡，而薄姬輸織室。”《後漢書·皇后紀上》：“又御府、尚方、織室錦綉、冰紈、綺縠、金銀、珠玉、犀象、瑇瑁、彫鏤玩弄之物，皆絶不作。”又《後漢書·禮儀志上》：“祠先蠶，禮以少牢。”唐李賢注引漢衛宏《漢舊儀》：“凡蠶絲絮，織室以作祭服。祭服者，冕服也……置蠶官令、丞、諸天下官〔下法〕皆詣蠶室，（亦）〔與〕婦人從事，故舊有東西織室作（法）〔治〕。”

織室[2]

織女織作處。此稱唐代已行用。唐盧照鄰《七夕泛舟》詩之一：“水疑通織室，舟似泛仙潢。”宋陸游《出游》：“織室蹋機鳴軋軋，稻陂瀦水築登登。”清劉琬懷《鵲橋仙·七夕雨霽》：“年年織室此時開，羨風浪、銀河不起。”

段子鋪

賣綢緞的商鋪。段，同“緞”。此稱元代已行用。元岳伯川《吕洞賓度鐵拐李岳》第一折：“他不賣糧食，開個段子鋪兒，你怎生禁他？”《金瓶梅詞話》第九七回：“在大街上開段子鋪，走蘇杭、南京，無比好人家。”

【綢緞鋪子】

即段子鋪。此稱清代已行用。《二十年目睹之怪現狀》第九五回：“要是天下人都像了少奶奶的脾氣，只怕那開綢緞鋪子的人，都要餓死了。”

第四節　雜　考

我國的紡織業有着悠久的歷史和豐富的文化遺産，僅就紡織原料而言，亦是種類繁多，名稱各异。主要分爲兩大類：一種是植物原材料，如絲、棉、麻等；一種是動物類的紡織原料，主要是各類動物的毛，如常見的羊毛和各種禽鳥的羽毛。早在三國時期就已見使用水羊毳（見《魏略·西戎傳》）織布的記載。水羊毳亦稱水羊毛，是一種水羊的細毛，乃自域外引進之物。明彭大翼《山堂肆考》卷一八七：“波斯國織水羊毛爲布，曰海西布。”元馬端臨《文獻通考·四裔考》還記載了用狗毛織布的事情。狗毛多指家犬之體毛。清王初桐《奩史》卷四○引清張湄《瀛壖百咏》：“番婦自織布，以狗毛、苧麻爲之。”又有翠羽，亦稱翠毛，即翠鳥的羽毛，古代多用作飾物。《左傳·昭公十二年》：“雨雪，王皮冠，秦復陶，翠被，豹舄，執鞭以出。”唐杜預注：“翠被，以翠羽飾被。”楊伯峻注：“被當讀爲帔，蓋以翠毛爲之。”《文選·曹植·七啓》：“戴金摇之熠燿，揚翠羽之雙翹。”另外有毦毛，指鳥獸所生細密之毛。《周禮·天官·掌皮》：“共其毦毛爲氈，以待邦事。”漢鄭玄注：“毳毛，毛細縟者。”毿毳，亦指鳥獸身上的細毛，又用以藉指細軟而精緻的毛皮。明夏元吉《蘆花被》詩：“蜀錦吳綾慚艷麗，純綿毿毳讓輕柔。”

　　利用植物纖維織布是我國的偉大發明之一。葛、絟、黃草心、芭蕉皮、篔竹等植物的纖維均可用於織布。葛，多年生蔓草，莖皮纖維可製葛布。《書·禹貢》：“島夷卉服。”漢孔安國傳：“南海島夷，草服葛越。”唐孔穎達疏：“葛越，南方布名，用葛為之。”絟即葛，《玉篇·糸部》：“絟，葛也。”黃草心，一種植物纖維，產於蘇州。宋莊綽《雞肋編》卷上：“蘇州以黃草心織布，色白而細，幾若羅縠。”芭蕉皮，即芭蕉樹的皮，經浸泡，其纖維可用於紡紗織衣。明宋應星《天工開物·夏服》：“又有蕉紗，乃閩中取芭蕉皮析緝為之。”篔竹乃竹之一種，其嫩竹纖維可用於織布。晋稽含《南方草木狀·篔竹》：“葉疏而大，一節相去六七尺，出九真，彼人取嫩者硾浸，紡績為布，謂之竹疏布。”另外，還利用竹子、蒻等植物編織生活用品。如用竹絲編織竹絲帽等。明謝肇淛《滇略·夷略》：“男子光頭赤腳黑齒，著白布，戴竹絲帽。”又有篾絲，即竹篾劈成細絲，可用於編織竹籠等。《紅樓夢》第八八回：“忽見寶玉進來，手中提了兩個細篾絲的小籠子，籠內有幾個蟈蟈兒。”蒻，柔軟的蒲草，可用以編織席子等。《説文·艸部》：“蒻，蒲子。可以為平席。”蒻還作蒻席的簡稱，《楚辭·招魂》：“蒻阿拂壁，羅幬張些。”漢王逸注：“蒻，蒻席。”此外，蒻還可編織成蒻笠、蒻蓬。蒻笠，用蒲蒻編成的芨帽，可以防暑、禦雨。宋蘇軾《又書王晋卿畫西塞風雨》詩：“仰看雲天真蒻笠，旋收江海入蓑衣。”蒻蓬，用蒻草編織成的帆蓬。宋楊萬里《船過硯石步》：“雨中初厭蒻蓬遮，撑起蓬來景更佳。”蒻蓬又作“箬蓬”。《元史·世祖紀五》：“張弘範自上流繼至，趣焦山之北。大戰自辰至午，呼聲震天地，乘風以火箭射其箬蓬。”

綿[2]

絲之纖維。此稱晋代已行用。《晋書·盧志傳》：“帝悦，賜志絹二百匹、綿百斤、衣一襲、鶴綾袍一領。”《新唐書·地理志五》：“蘇州吳郡……土貢：絲葛，絲綿，八蠶絲，緋綾，布，白角簟，草席。”元王禎《農書》卷二一：“絮車，構木作架，上控鈎繩滑車；下置煮繭湯甕。絮者掣繩上轉滑車，下徹甕内，鈎繭出没灰湯，漸成絮段。莊子謂‘洴澼絖’者。（《疏》云：‘洴，浮也；澼，漂也；絖，絮也。’）古者纊、絮、綿一也。今以精者為綿，粗者為絮。因蠶家退繭造絮，故有此車煮之法。常民藉以禦寒，次於綿也。”

【絲綿】

即綿[2]。此稱宋代已行用。宋蘇轍《同孔常父作張夫人詩》：“汝身暖絲綿，汝口甘稻粱。”元張養浩《山坡羊·一頭犁牛半塊田》：“布衣得暖勝絲綿，長也可穿，短也可穿。”明李昌祺《昔年謠示七郡父老》：“勿爲盜，休賭錢，男子務稼穡，女子治絲綿。”

好綿

上等綿絮。此稱明代已行用。《金瓶梅詞話》第三回：“大官人如幹此事，便買一匹藍紬，一匹白紬，一匹白絹，再用十兩好綿，都把來與老身。”《古今圖書集成·醫部》卷三六五：“以杏仁投入，候杏仁色變黑，好綿濾去渣。”

純綿

純絲；絲綿。此稱南北朝時期已行用。《文選·王褒》：“夫荷旃被毳者，難與道純綿之麗密。”唐李善注：“瓊，以爲純絲。”宋陸游《家居》詩：“溪柴勝熾炭，黎布敵純綿。”清盛大士《畫學集成·溪山臥游録·畫有三到》：“故必於平中求奇，純綿裹鐵，虛實相生。”

黃綿

黃色綿絮。此稱漢代已行用。《後漢書·輿服志下》：“旁垂黈纊。”唐李賢注引吕忱曰：“黈，黃色也。黃綿爲之。”

春綿

春季之綿，最爲柔軟。此稱晋代已行用。晋束皙《餅賦》：“弱如春綿，白如秋練。”元張昱《宮中詞》其一二：“尋出塗金香墜子，安排衣綫捻春綿。”

鄭綿

古代鄭地産的絲綿。此稱先秦時期已行用。《楚辭·招魂》：“秦篝齊縷，鄭綿絡些。”唐韓羽《魯中送從事歸榮陽》詩：“輕橐歸時魯縞薄，寒衣縫處鄭綿多。”

綸

絲綿的一種。其質似絮而細。此稱先秦時期已行用。《墨子·節葬下》：“綸組節約，車馬藏乎壙。”清孫詒讓聞詁引漢許慎曰：“綸，絮也。”漢劉安等《淮南子·齊俗訓》：“含珠鱗施，綸組節束。”《後漢書·章帝紀》：“癸巳，詔齊相省冰紈，方空縠，吹綸絮。”唐李賢注：“綸，似絮而細。”

棉花

今長絨草棉的通稱，原産南美洲，元明期間傳入中國。棉桃中的纖維，可用來紡紗、絮衣服被褥等。此稱明代已行用。《明史·食貨志二》：“其議自〔洪武〕二十八年以前，天下逋租，咸許任土所産，折收布、絹、棉花及金、銀等物，著爲令。”又《輿服志三》：“〔洪武〕二十一年定旗手衞軍士、力士，俱紅袢襖，其餘衞所，袢襖如之。凡袢襖，長齊膝，窄袖，内實以棉花。”《老殘游記》第六回：“那雪越發下得大了，站在房門口朝外一看，只見大小樹枝，仿佛都用簇新的棉花裹著似的。”又第一〇回：“子平又看，壁上懸著一物，像似彈棉花的弓，却安了無數的弦，知道必是樂器。”吴强《紅日》第一〇章：“你的衣肘子壞了，棉花綻到外頭，我給你縫兩針。”

【棉】

“棉花”之省稱。此稱清代已行用。《老殘游記》第六回：“老殘道：‘毫不覺冷。我們從小兒不穿皮袍子的人，這棉袍子的力量恐怕比你們的狐皮還要暖和些呢。’”《楊乃武與小白菜》：“這血棉襖，給侄兒帶去做個見證。”

絮

絲絮；綿絮。此稱漢代已行用。《漢書・霍光傳》："韋絮薦輪，侍婢以五采絲輓顯，游戲第中。"唐顏師古注："晋灼曰：'御輦以韋緣輪，著之以絮。'師古曰：'取其行安，不搖動也。'"又指棉絮。明張次仲《周易玩辭困學記》卷一三："易得乾坤而成易，猶裘得絮而成裘。"

絲絮

繭絲的絮。此稱漢代已行用。《後漢書・禮儀志四》："凡蠶絲絮，織室以作祭服。祭服者，冕服也。"唐白居易《秦中吟・重賦》詩："繒帛如山積，絲絮似雲屯。"

棉絮

棉花的絮。此稱清代已行用。清鮑相璈《驗方新編》卷一八："《保生要方》云：小兒初生，水洗不得，且以舊棉絮包裹，大人懷中暖之，浴後仍當如此。"路翎《財主家底兒女們》："蔣少祖走到床前，彎腰拉起地上的棉絮，但即刻站直，他發現——馮家貴死了。"

絮綿

絲絮所製之綿。此稱元代已行用。元王禎《農書》卷二一："絮車，構木作架，上控鉤繩滑車；下置煮繭湯甕。絮者挈繩上轉滑車，下徹甕內，鉤繭出没灰湯，漸成絮段。《莊子》謂'洴澼絖'者。（《疏》云：'洴，浮也；澼，漂也；絖，絮也。'）古者纊、絮、綿一也。今以精者爲綿，粗者爲絮。因蠶家退繭造絮，故有此車煮之法。常民藉以禦寒，次於綿也。"

絮段

絲絮所製之綿段。此稱元代已行用。元王禎《農書》卷二一："絮車，構木作架，上控鉤繩滑車；下置煮繭湯甕。絮者挈繩上轉滑車，下徹甕內，鉤繭出没灰湯，漸成絮段。"

蔾

麻絮。此稱漢代已行用。《史記・張釋之馮唐列傳》："以北山石爲椁，用紵絮斮陳，蔾漆其間。"唐司馬貞索隱："斮陳絮以漆著其間也。"漢王逸《九思・憫上》："鬮蔾兮青葱，槁本兮萎落。覩斯兮偊惑，心爲兮隔錯。"

緼[1]

舊絮。《康熙字典・系部》："又《廣韻》：枲麻也。《禮・玉藻》：緼爲袍。注：緼謂今纊及舊絮也。又前漢《蒯通傳》：即束緼，請火於亡肉家。注：緼，亂麻。"此稱先秦時期已行用。《論語・子罕》："衣敝緼袍，與衣狐貉者立，而不耻者，其由也與。"漢孔安國注："緼，枲著也。"宋邢昺疏："今云枲著者，雜用緼麻以著袍也。"《明史・汪應蛟傳》："其出處辭受一軌於義，里居，謝絶塵事，常衣緼枲。"

纖絮

一種細的絲綿纖維。此稱漢代已行用。《史記・夏本紀》："荆河惟豫州……貢漆、絲、絺、紵，其篚纖絮。"裴駰集解引孔安國曰："細綿也。"

纊

亦作"絖"。細絲絮；細綿絮。《説文・系部》："纊，絮也。""絖，纊或從光。"《小爾雅・廣服》："纊，綿也。絮之細者曰纊。"《字彙・系部》："絖，同纊。"此稱先秦時期已行用。《左傳・宣公十二年》："王巡三軍，拊而勉之，三軍之士皆如挾纊。"《莊子・逍遥游》："宋人有善爲不龜手之藥者，世世以洴澼絖爲事。"陸德明釋文："絖，音曠。《小爾雅》云：'絮細者謂之絖。'李云：'洴澼絖者，漂絮於水上。'"

絖，絮也。"《列子·湯問》："不待五穀而食，不待繒纊而衣。"唐胡宿《次韻徐爽見寄》："侏儒自是長三尺，澼絖都來直數金。"

【絖】

同"纊"。此體先秦時期已行用。見該文。

【纊綿】

即纊。此稱漢代已行用。《後漢書·皇甫規傳》："但地底冥冥，長無曉期，而復纏以纊綿，牢以釘密，爲不喜耳。"

黈纊

黄色絲絮；黄色綿絮。此稱漢代已行用。《後漢書·輿服志下》："皆有前無後，各以其綬采色爲組纓，旁垂黈纊。"唐李賢注引吕忱曰："黈，黄色也。黄綿爲之。"《宋史·輿服志三》："朱絲組爲纓，黈纊充耳，金飾玉簪導。"

葛[5]

亦稱"絟"。多年生草本植物。莖蔓生。莖皮纖維可製葛布。塊根含澱粉，可食用，亦可入藥，有發汗解熱之效。《玉篇·糸部》："絟，細布也，葛也。"此稱先秦時期已行用。《詩·周南·葛覃》："葛之覃兮，施于中谷，維葉萋萋，是刈是濩。"《聊齋志異·水莽草》："蔓生似葛，花紫類扁豆。"《皇清職貢圖》卷八："〔平遠州鍋圈犵狫〕男以葛織斜文爲衣。"

【絟】[3]

即葛[5]。此稱南北朝時期已行用。見該文。

麻[2]

麻類植物的纖維，爲紡織等的重要原料。此稱先秦時期已行用。《左傳·宣公八年》："冬，葬敬嬴，旱，無麻，始用葛茀。"《孟子·滕文公下》："彼身織屨，妻辟纑。"漢趙岐注："緝績其麻曰辟，練其麻曰纑。"《後漢書·逸民傳》："女求作布衣、麻屨，織作筐緝績之具。"《京本通俗小説·碾玉觀音》："正行間，只見一個漢子，頭上帶個竹絲笠兒，穿著一領白段子兩上領布衫，青白行纏扎著褲子口，著一雙多耳麻鞋。"

【蔴】

同"麻"。此體清代已行用。《皇清職貢圖》卷八："青苗亦西南夷之一種……在平遠者名箐苗，不善治田，惟種莜麥稊稗，衣蔴衣，皆自織。"

麻絲

麻纖維和絲纖維的合稱。此稱漢代已行用。《禮記·禮運》："昔者衣羽皮，後聖治其麻絲以爲布帛。"唐韓愈《原道》："民者，出粟米麻絲，作器皿，通貨財，以事其上者也。"明朱誠泳《小鳴稿·邯鄲曲》："日午饁田助耕作，麻絲輸盡無衣著。"又指細麻。明徐光啓《農政全書》卷三六："凡麻絲之細者爲絟，粗者爲紵。"

緼[2]

亦稱"紼"。亂麻。此稱漢代已行用。《説文·糸部》："緼，紼也。"清王筠句讀："玄應引云：'緼、紼，亂麻也。'"又《糸部》："紼，亂系也。"清段玉裁改"系"爲"麻"，并注："枲，各本作系，不可通，今正。亂枲者，亂麻也，可以裝衣，可以然火，可以緝之爲索。"《玉篇·糸部》："紼，亂麻也。"《漢書·蒯通傳》："〔里母〕即束緼請火於亡肉家。"唐顔師古注："緼，亂麻也。"

【紼】

即緼[2]。此稱漢代已行用。見該文。

苧麻

苧之纖維，可用於織布。此稱明代已行用。

明李時珍《本草綱木・草部・苧麻》："苧性破血，將苧麻與產婦枕之，止血量。"清范咸《重修臺灣府志・物產》："番婦自織布，以狗毛、苧麻爲綫，染以茜草，錯雜成文，朱殷奪目；名達戈紋。"

苧皮

省稱"苧"。苧麻之皮。其纖維可用於紡織。此稱元代已行用。元王禎《農書》卷二二："苧刮刀，刮苧皮刃也。煆鐵爲之，長三寸許，捲成小槽，内插短柄，兩刃向上，以鎚爲用，仰置手中，將所剥苧皮，橫覆刃上，以大指就按刮之，苧膚即脫。《農桑輯要》云：'苧刈倒時，用手剥下皮，以刀刮之，其浮皴自去。'又曰：'苧，剥取其皮，以竹刮其表，厚處自脫，得裏如筋者，煮之，用績。'……詩云：刮苧由來要愈工，柄頭雙刃就爲鋊。形模外若無他伎，掌握中能效此功。捲去膚皴見精粹，退餘梗澀得輕鬆。作麻已付金釵績，更爲珍藏用不窮。"

【苧】[2]

"苧皮"之省稱。此稱元代已行用。見該文。

觜麻

細麻的一種。其緒可織觜布。此稱南北朝時期已行用。《魏書・食貨志》："計京西水次汾華二州、恒農、河北、河東、正平、平陽五郡年常綿絹及觜麻皆折公物，雇車牛送京。"

蕉麻

蕉類之麻。其纖維可織作蕉布。此稱南北朝時期已行用。《南史・夷貊傳上》："洲左近人剥取其皮，紡績作布，以爲手巾，與蕉麻無異而色微青黑。"清李調元《南越筆記》卷五："蕉類不一，其可爲布者曰蕉麻，山生或田種。"

麻皮

麻之皮。經漚製，其纖維可用於紡織。此稱漢代已行用。元王禎《農書》卷二二引漢《氾勝之書》曰："夏至後二十日漚枲，枲和如絲大。凡北方治麻，刈倒即策之。臥置池内，水要寒暖得宜，麻亦生熟有節，須人體測得法，則麻皮潔白柔韌，可績細布。南方但連拔麻，遇用則旋浸旋剥。其麻片黄皮粗厚，不任細績。"

芭蕉皮

芭蕉樹之皮。浸泡後析緝纖維可用以紡紗製衣。此稱明代已行用。明宋應星《天工開物・乃服》："又有蕉紗，乃閩中取芭蕉皮析緝爲之，輕細之甚，值賤而質枵，不可爲衣也。"《梧州府志・輿地志・物產》載："蕉布較絡布略粗而能經久，取芭蕉皮爲質，蒼梧村婦多漚治而織之，用代麻葛。"

山蕉

山蕉樹之皮。其纖維可緝紗製衣。此稱唐代已行用。唐劉言史《瀟湘游》詩："夷女采山蕉，緝紗浸江水。"明林弼《龍州》："山蕉木奈野葡萄，佛指香圓人面桃。"

毛

鳥獸之毛。可以織布或製氈罽。此稱先秦時期已行用。《左傳・僖公十四年》："皮之不存，毛將安傅？"《後漢書・南蠻西南夷傳》："有牦牛，無角，一名童牛，肉重千斤，毛可爲毦。"清鄭績《夢幻居畫學簡明》："蟹有大、小，有毛、無毛，其類不一。"

牛毛

牛之毛。此稱清代已行用。《皇清職貢圖》卷八："〔平越黔西等處有族〕男藍布纏頭，披牛毛氅衣。"徐珂《清稗類鈔·服飾類》："牛毛織者色黑,羊毛織者色白,即以襪縫衣。"

紅牛毛

牛毛的一種。呈紅色。此稱清代已行用。《皇清職貢圖》卷二："〔倜巴族〕男子披髮,頂覆紅牛毛,毿毿四垂,褐衣,革鞮,肩披黃單。"又卷六："辮髮接紅牛毛盤之,以珊瑚松石爲飾短衣長。"

羊毛

主要指綿羊毛、山羊絨。此稱漢代已行用。漢舍人《爾雅注》："胡人績羊毛作衣。"明王世貞《弇山堂別集·中官考九》："陝西明羊角二百斤,羊毛五百斤。"清汪汲《事物原會》："至女媧氏以羊毛爲繩子,向後繫之,以荊梭及竹爲筭,用貫其髻髮。"

水羊毛

亦稱"水羊毳"。一種水羊的細毛,可用以織布。此稱三國時期已行用。《三國志·魏書·烏丸鮮卑東夷傳》："魏世匈奴遂衰,更有烏丸、鮮卑,爰及東夷,使譯時通,記述隨事,豈常也哉。"南朝宋裴松之注引《魏略·西戎傳》："〔大秦國〕有織成細布,言用水羊毳,名曰海西布。"清厲荃《事物異名錄》卷二五引《孔六帖》："波斯國織水羊毛爲布,曰海西布。"

【水羊毳】[2]

即水羊毛。此稱魏晋時期已行用。見該文。

狗毛

多指家犬之體毛。可用以織布。此稱唐代已行用。《通典·邊防十六》："人皆皮服,又狗毛雜麻爲布而衣之,婦人冬衣豕鹿皮,夏衣魚皮,制與獠同。"清王初桐《奩史》卷四〇引清張湄《瀛壖百咏》："番婦自織布,以狗毛、苧麻爲主。"《清季申報臺灣紀事輯錄》："其番善織罽毯,渲染五色狗毛,雜樹皮爲之;陸離如錯錦,質亦細密。"

駝毛

駱駝之體毛。可製作衣料。此稱唐代已行用。《新唐書·地理志一》："豐州九原郡……土貢:白麥、印鹽、野馬胯革、駝毛褐、氈。"徐珂《清稗類鈔·動物類》："駝毛可製種種厚毛織物,其柔軟精細者,和之以絲,可織美麗之衣料。"

毳毛

鳥獸所生細密之毛。此稱先秦時期已行用。《周禮·天官·掌皮》："共其毳毛爲氈,以待邦事。"漢鄭玄注："毳毛,毛細縟者。"《漢書·晁錯傳》："夫胡貉之地……鳥獸毳毛,其性能寒。"宋曾協《陳晞顏獲玉兔甚奇邀予賦詩》："毳毛玉雪如,整整機上絲。"

氄毳[2]

鳥獸身上的細毛。藉指細軟而精緻的毛皮。此稱漢代已行用。《史記·五帝本紀》："鳥獸氄毛。"裴駰集解引漢孔安國："鳥獸皆生氄毳細毛以自温也。"元楊維楨《鬥雞行》："氄毳鎚毱蛓刺張,怒咽魂礧嗔眼碧。"明夏原吉《蘆花被》詩："蜀錦吳綾慚艷麗,純綿氄毳讓輕柔。"

毛羽

獸毛和鳥羽合稱。此稱先秦時期已行用。《戰國策·秦策》："秦王曰:'寡人聞之,毛羽不豐滿者,不可以高飛。'"《後漢書·單超傳》："金銀罽毦,施於犬馬。"唐李賢注："毦,以毛羽爲飾。"

【羽毛】

即毛羽。此稱先秦時期已行用。《墨子·非

樂上》："今之禽獸麋鹿蜚鳥貞蟲，因其羽毛，以爲衣裘。"唐羅隱《繡》詩："花隨玉指添春色，鳥逐金針長羽毛。"清吳偉業《題二禽圖》詩："欲笑雪衣貪玉粒，羽毛憔悴閉雕籠。"

羽

鳥類的羽毛。可用於編織衣物。此稱先秦時期已行用。《詩·邶風·燕燕》："燕燕于飛，差池其羽。"唐溫庭筠《定西番·海燕欲飛調羽》："海燕欲飛調羽。萱草綠，杏花紅，隔簾櫳。"《康熙字典·毛部》："《博雅》：毦，𨁌也。一曰績羽爲衣。一曰兜鍪上飾。《後漢·單超傳》：金銀罽毦，施於犬馬。注：毦，以羽毛爲飾。"

羽皮

羽毛和獸皮的合稱。此稱先秦時期已行用。《禮記·禮運》："未有麻絲，衣其羽皮。"唐孔穎達疏："但黃帝以前，則以羽皮爲之冠；黃帝以後，乃用布帛。"

羽絨

長在鵝、鴨等禽類腹部和背部的絨毛。特指經過加工處理的鵝、鴨等的羽毛。可製羽絨服、羽絨被、羽絨枕等羽絨製品，具輕柔保暖、吸濕發汗等功效。此稱現代已行用。王安憶《長恨歌》第三章："尤其是冬天，他從不穿羽絨衣，只一件單衣，凍得鼻青臉腫，人也蜷起來了。"

白鷺羽

白鷺的羽毛。可作毛製品的原料。此稱南北朝時期已行用。《南齊書·張融傳》："融年弱冠，道士同郡陸修靜以白鷺羽麈尾扇遺融，曰：'此既異物，以奉異人。'"《遼史·儀衛志》："白毦，音餌，以白鷺羽爲網，又𨁌也。"

翠羽

翠鳥之羽毛。古代多用作飾物，亦用以製背帔、簾帳等。此稱先秦時期已行用。《左傳·昭公十二年》："雨雪，王皮冠，秦復陶，翠被，豹舄，執鞭以出，僕析父從。"杜預注："翠被，以翠羽飾被。"楊伯峻注："被當讀爲帔。蓋以翠毛爲之。"《逸周書·王會》："正南甌鄧、桂國、損子、產里、百濮、九菌，請令以珠璣、玳瑁、象齒、文犀、翠羽、菌鶴、短狗爲獻。"三國魏曹植《七啓》："戴金搖之熠燿，揚翠羽之雙翹。"唐徐堅《初學記·寶器部》："郭子橫《漢武列國洞冥記》曰：元鼎元年，起招仙靈閣於甘泉宮西。編翠羽麟毫爲簾。"唐杜牧《送容州中丞赴鎮》詩："燒香翠羽帳，看舞鬱金裙。"明何景明《元明宮行》："游客潛窺翠羽帳，市子屢竊金香鑪。"

【翠毛】

即翠羽。此稱唐代已行用。唐李華《咏史十一首》："泥沾珠綴履，雨濕翠毛簪。"宋王與之《周禮訂義·總論三射》："王氏曰：'物與獸同義。翠毛，羽翮之屬是也。'"

孔雀毛

孔雀之羽毛。爲毛製品原料之一。此稱南北朝時期已行用。《南齊書·文惠太子傳》："〔太子〕善製珍玩之物，織孔雀毛爲裘，光彩金翠，過於雉頭矣。"《紅樓夢》第五二回："寶玉看時，金翠輝煌，碧彩閃灼，又不似寶琴所披之鳧靨裘。衹聽賈母笑道：'這叫做"雀金呢"，這是哦囉斯國拿孔雀毛拈了綫織的。'"徐珂《清稗類鈔·奢侈類》："孝欽后宴外賓時，衣更華美，衣以孔雀毛織成鳳凰。"

箪竹

竹的一種。葉疏而大，一節相距六七尺。其嫩竹纖維可用以織布。此稱晋代已行用。晋嵇含《南方草木狀·箪竹》：“箪竹，葉疏而大，一節相去六七尺，出九真。彼人取嫩者硾浸紡績爲布，謂之竹疏布。”

竹絲

竹子析成的長條細絲，可編織帽笠、床席等物。此稱明代已行用。明謝肇淛《滇略·夷略》：“男子光頭赤脚黑齒，著白布，戴竹絲帽。”《警世通言》第八回：“正行間。只見一個漢子頭上帶個竹絲笠兒，穿著一領白段子兩上領布衫，青白行纏找著褲子口，著一雙多耳麻鞋。”《皇清職貢圖》卷七：“〔雲南順寧府利米族〕男子戴竹絲帽，著麻布短衣，腰繫綉囊。”徐珂《清稗類鈔·服飾類》：“夏朝冠，織玉草或藤竹絲爲之。”

篾

亦稱“竹皮”。竹子剖成的長條薄片或細長條。亦指藤類、蘆葦等剖下的莖皮。《玉篇·竹部》：“篾，竹皮也。”《正字通·竹部》：“篾，《埤倉》：‘析竹層也。’”此稱先秦時期已行用。《書·顧命》：“牖間南嚮，敷重篾席。”唐孔穎達正義：“篾，析竹之次青者。”《後漢書·輿服志下》：“長冠，一曰齋冠……初，高祖微時，以竹皮爲之，謂之劉氏冠，楚冠制也。”《三國志·吳書·諸葛恪傳》：“先是，童謡曰：‘諸葛恪，蘆葦單衣篾鈎落，於何相求成子閣。’……恪果以葦席裹其身而篾束其腰，投之於此岡。”唐唐彦謙《蟹》詩：“扳罾拖網取賽多，篾簍挑將水邊貨。”元李衎《竹譜詳録·竹品譜·異形品下》：“箪竹生賓象山及浙東諸郡，枝葉如常竹，每節長四五尺，或倍之，圍至一尺許。出博羅縣者，節及二丈，作篾最韌，且色白，人取織笠。”《西游記》第二三回：“四片黄藤篾，長短八條繩。”

【竹皮】

即篾。此稱漢代已行用。見該文。

【篾絲】

竹篾劈的細絲。可用以編織涼席、涼帽及竹籠等。此稱宋代已行用。宋趙希鵠《洞天清録·制琴不當用俗工》：“置琴於卓上，橫厚木於卓下，夾卓以篾絲縛之。”徐珂《清稗類鈔·迷信類》：“於爐下摸索得一物，就燈下諦視，篾絲，上纏紅綫一，腥臭刺鼻。”

細篾絲

篾絲的一種。此稱清代已行用。《紅樓夢》第八八回：“忽見寶玉進來，手中提了兩個細篾絲的小籠子，籠内有幾個蟈蟈兒。”清陳元龍《格致鏡原》卷五一：“酒杯當依沈存中制，用細篾絲編者漆之，又輕不損，不必用金銀瓦缶之物也。”

藤絲

藤條的細絲。可用以編織涼帽、涼席等。此稱宋代已行用。宋宋庠《春野五首》其一：“木引藤絲遠，墻蒸菌帶虚。幽懷聊俯仰，無意事施遽。”徐珂《清稗類鈔·服飾類》：“夏朝冠，織玉草或藤竹絲爲之。”

料絲

絲的一種。製作工藝品的一種絲狀原料。因其係煮料抽絲而成而得名。訛稱“繚綾”。具體作法是先用瑪瑙、紫石英諸藥搗成碎屑，煮腐呈粉狀，再用北方天花菜點凝，而後繅絲用於織絹帛，可作書畫用品。此稱明代已行用。

明郎瑛《七修類稿·料絲》："料絲燈出於滇南，以金齒衛者勝也。用瑪瑙、紫石英諸藥搗爲屑，煮腐如粉，然必市北方天花菜點之方凝，而後繅之爲絲，織如絹狀，上繪人物山水，極晶瑩可愛，價亦珍貴。蓋以煮料成絲，故謂之料絲。閣老李西涯以爲繚絲，書之於册，一時之誤耳，此因地與中國相遠，人不知也。"明俞彥《攤破浣溪沙·咏料絲球燈》："剪彩冰球攢料絲。鬼工人巧兩相資。初出毗陵新樣子，鬥華滋。丁緩侯門呈技日，三郎沉醉未回時。對此傳柑傾一盞，不須辭。"清趙翼《陔餘叢考·料絲》："料絲在元時已有之。今之爲料絲者，不必用瑪瑙等石，但以糯米和藥煮耳，其色亦復不減。"

金縷 [2]

亦稱"金絲"。金製之絲。亦代指金縷衣。此稱漢代已行用。漢桓寬《鹽鐵論·散不足》："今富者㸃貂狐白鳧毳。中者罽衣金縷，燕貉代黃。"馬非百注："金縷，金絲衣。"三國魏曹丕《典論》："喪亂以來，漢氏諸陵無不發掘，至乃燒取玉匣金縷，骸骨並盡。"宋盧炳《少年游·繡羅褪子間金絲》："繡羅褪子間金絲。打扮好容儀。曉雪明肌，秋波入鬢，鞋小步行遲。"

【金絲】 [2]

即金縷 [2]。此稱宋代已行用。見該文。

銀縷

銀製之絲。亦代指銀縷衣。此稱漢代已行用。《後漢書·禮儀志下》："諸侯王、列侯、始封貴人、公主薨，皆令贈印璽、玉柙銀縷。"宋趙佶《宮詞》其三六："掖庭榮慶誕彌初，包子均分盡樂胥。小結金錢銀縷勝，紅羅端匹代衣裾。"

銅縷

銅製之絲。亦代指銅縷衣。此稱漢代已行用。《後漢書·禮儀志下》："大貴人、長公主〔薨〕銅縷。"

玉草

一種可用以編製凉帽、凉席等的草，也指傳説中的仙草。此稱清代已行用。徐珂《清稗類鈔·服飾類》："夏朝冠，織玉草或藤竹絲爲之。"又："夏行冠，織玉草或藤絲爲之，上綴雨纓。"

蓑草

一種可用以編製蓑衣的草。此稱宋代已行用。宋姜夔《凄凉犯》："情懷正惡，更蓑草寒烟淡薄。"《老殘游記》第一〇回："子平又問：'這地毯是什麽做的呢？'答：'俗名叫做"蓑草"。因爲可以做蓑衣用，故名。將這蓑草半枯時，采來晾乾，劈成細絲，和麻織成的。'"

虎鬚草

一種可用以編織席的草，可入藥。性柔韌，似虎鬚而得名。此稱五代時期已行用。清王初桐《奩史》卷七七引五代馬縞《中華古今注》："虎鬚草織爲席，曰西王母席。"明楊慎《升菴集》卷七九："龍鬚草可爲席，出虎丘寺，虎鬚草可爲燈炷，出金華府。

【燈芯草】

即虎鬚草，可入藥。此稱明代已行用。明程頠玠《松崖醫逕·頭痛》："或用燈芯草尋刺腦後，動跳脉，按法隨用。"

黃草心

植物纖維的一種。產於蘇州，所織布似羅縠，色白而細。此稱宋代已行用。宋莊季裕《鷄肋編》卷上："蘇州以黃草心織布，色白而細，幾若羅穀。”

滿花草

古代朝鮮所産的一種草。性柔靭，折屈不損，當地人多用以編織席。此稱元代已行用。清王初桐《奩史》卷七七引《元氏掖庭記》：“英英采芳館内，設唐人滿花之席。唐人，高麗島名，産滿花草，性柔，折屈不損，土人織以爲席。”

蒲

亦稱“蒲草”。草的一種。其葉長而尖，有靭性，可以編席、鞋等。此稱漢代已行用。《禮記·喪大記》：“君以簟席，大夫以蒲席，士以葦席。”《宋史·薛奎傳》：“請蠲南閩時稅鹹魚、蒲草錢。”明文震亨《長物志·坐墩》：“冬月用蒲草爲之，高一尺二寸。”

【蒲草】

即蒲。此稱宋代已行用。見該文。

蒻

亦稱“蒲子”。蒲草的一種。其性柔弱，可以編織席子等物。此稱先秦時期已行用。《楚辭·招魂》：“蒻阿拂壁，羅幬張些。”王逸注：“蒻，蒻席。”漢史游《急就篇》第一三：“蒲蒻藺席帳帷幢。”唐顔師古注：“蒻，謂蒲之柔弱者也。”《説文·艸部》：“蒻，蒲子。可以爲平席。”宋謝翺《青蒻亭》詩：“采蒻無人到，生莎滿徑荒。”漢桓寬《鹽鐵論·散不足》：“古者皮毛草蓐，無茵席之加，旃蒻之美。”漢劉安《淮南子·主術訓》：“匡床蒻席，非不寧也。”漢高誘注：“蒻，細也。”唐韓愈、李正封《晚秋郾城夜會聯句》：“安行庇松篁，高卧枕莞蒻。”

【蒲子】

即蒻。此稱漢代已行用。見該文。

蒲席

用蒲草編織的席。此稱先秦時期已行用。《禮記·喪大記》：“君以簟席，大夫以蒲席，士以葦席。”宋艾可叔《樟鎮夜泊》：“船收蒲席風初定，人卧蘆花月正高。”

蒻笠

用蒲蒻編成的笠帽。可以防暑禦雨。此稱唐代已行用。唐張志和《漁歌子》：“青蒻笠，緑蓑衣，斜風細雨不須歸。”宋蘇軾《又書王晉卿畫·西塞風雨》詩：“仰看雲天真蒻笠，旋收江海入蓑衣。”

蒻篷

亦作“蒻篷”。蒻，同“蒻”。用蒻草編織成的帆篷。此稱宋代已行用。宋楊萬里《小舟晚興》詩之一：“蒻篷舊屋雨聲乾，蘆薕新檐暖日眠。”一本作“蒻篷”。《元史·世祖紀五》：“張弘範自上流繼至，趣焦山之北大戰，自辰至午，呼聲震天地，乘風以火箭射其蒻篷，宋師大敗。”

【蒻篷】

同“蒻篷”。此體宋代已行用。見該文。

茅花

茅草的花絮。可作衣被的填充物。此稱宋代已行用。宋祝穆《方輿勝覽·賓州》：“采木綿茅花。”《皇清職貢圖》卷八：“峒人亦西南夷之一種，散處下游各屬山谷中……冬采茅花裝衣以禦寒。”

簟席

單稱“簟”。竹席。方紋席。亦指用蘆葦編織的席。《説文·竹部》：“簟，竹席也。”《釋名·釋床帳》：“簟，覃也。布之覃覃然平正也。”《詩·齊風·載驅》：“載驅薄薄，簟茀朱鞞。"漢毛亨傳："簟，方文席也。"此稱漢代已行用。《禮記·喪大記》："君以簟席，大夫以蒲席。"漢鄭玄注："簟，細葦席也。"《後漢書·禮儀志下》："二百石黃綬以下至於處士，皆以簟席爲牆蓋。"元王禎《農書》卷一五："摜稻簟……各舉稻把摜之，子粒隨落，積於簟上。"清王夫之《宋論·高宗十六》："不獲已而有機可乘，有威可假，則淫刑以逞，如鋒芒刺於衾簟，以求一夕之安。唯高宗之如是矣。"

【簟】

"簟席"之單稱。此稱先秦時期已行用。見該文。

葦

亦稱"蘆葦"。草的一種，其莖篾可編席等。《廣韻·去霽》："輲，載柩車蓋。大夫以布，士以葦席。"此稱漢代已行用。《禮記·喪大記》："君以簟席。"漢鄭玄注："簟，細葦席也。"《三國志·吳書·諸葛恪傳》："先是，童謠曰：'諸葛恪，蘆葦單衣篾鈎落，於何相求成子閣。'"

【蘆葦】

即葦。此稱三國時期已行用。見該文。

蔍

亦稱"蔍蒯"。一種可用於編織的草。蔍，即蔍草，莎草科。多年生草本。多叢生水邊。全株可用於織席編鞋，亦可供造紙。《玉篇·艸部》："蔍，蒯屬，可爲席。"此稱先秦時期已行用。《儀禮·喪服》："疏屨者，蔍蒯之菲也。"用蔍草編織的席稱蔍席。《新唐書·地理志二》："滑州靈昌郡……土貢：方紋綾、紗、絹、蔍席、酸棗人。"

【蔍蒯】

即蔍。此稱先秦時期已行用。見該文。

蒯

一種可用於編織的草。蒯，即蒯草，莎草科。多年生草本。多叢生水邊。莖可用製索編席。《玉篇·艸部》："蔍，蒯屬，可爲席。"此稱先秦時期已行用。《左傳·成公九年》："《詩》曰：'雖有絲麻，無棄菅蒯。'"《儀禮·喪服》："疏屨者，蔍蒯之菲也。"《史記·孟嘗君列傳》："馮先生甚貧，猶有一劍耳，又蒯緱。"南朝宋裴駰集解："蒯，茅之類，可爲繩。言其劍把無物可裝，以小繩纏之也。"

麥稭

麥子收割脫粒後剩下的莖秆。加工後，可編織提包、筐籃，亦可編織草帽等。此稱清代已行用。《皇清職貢圖》卷七："元江等府窩泥蠻其人居深山中，性樸魯，面黧黑，編麥稭爲帽，以火草布及麻布爲衣。"

木皮

樹木之皮。可以製衣。此稱漢代已行用。《後漢書·南蠻西南夷傳序》："織績木皮，染以草實，好五色衣服，製裁皆有尾形。"《魏書·西域傳》："有白象，並有阿末黎木，皮中織作布。"

樺皮

樺樹之皮。可製作弓套。此稱南北朝時期已行用。《南史·蕭摩訶傳》："樺皮裝弓，兩端骨弭。"《通典·邊防十六》："其所居即以樺皮爲舍。"

穀皮

穀樹之皮。其纖維堅韌，可用以織布。此稱漢代已行用。《後漢書·周黨傳》："復被徵，不得已，乃著短布單衣，穀皮綃頭，待見尚書。"唐李賢注："以穀樹皮爲綃頭也。"明徐光啓《農政全書》卷三八："《農桑通訣》曰：'南方鄉人以穀皮爲衾，甚堅好。'"

棕櫚皮

棕櫚樹之皮。棕櫚，常綠喬木，樹幹高直，呈圓柱形，其上包裹着一層由葉鞘形成的纖維狀物棕衣，可加工成棕絲，製作繩索，亦可用作編結蓑衣、地毯、床墊等的原料。宋梅堯臣《咏宋中道宅棕櫚》詩："青青棕櫚樹，散葉如車輪。擁擭交紫髯，歲剥豈非仁。用以覆雕輿，何憚剋厥身。今植公侯第，愛惜知幾春。完之固不長，只與薺本均。幸當敕園吏，披割見日新。是能去窘束，始得物理親。"清《欽定續通志·器服略三》："逍遥輦，以椶櫚爲屋，赤質，金塗銀裝。"《皇清職貢圖》卷六："〔永寧協右營屬九姓〕苗民椎髻，裹青布帕，著花布衣，披棕櫚皮，跣足，勤於耕，常吹竹筒笙爲樂。"

【棕皮】

即棕櫚皮。亦作"椶皮"。此稱南北朝時期已行用。《南齊書·高帝紀上》："太祖軍容寡闕，乃編棕皮爲馬具裝。"《藝文類聚》卷八九："《晋令》曰：其夷民守護椶皮者，一身不輸。"清陳淏子《花鏡·花木類考·棕櫚》："棕櫚一名㮚葵。木高數丈，直無旁枝，葉如車輪，叢生木杪，有棕皮包於木上。"

【椶皮】

同"棕皮"。此體晋代已行用。見該文。

樹葉

亦稱"木葉"。樹木之葉。古人曾用以遮蔽身體。後世少數民族地區仍有用以製衣穿用者。此稱漢代已行用。漢王逸《章句》："湘水波而樹葉落矣。"屈原《九歌·湘夫人》："嫋嫋兮秋風，洞庭波兮木葉下。"《皇清職貢圖》卷二："男、婦冬衣獸皮，夏衣樹葉，時捕諸毒蟲以充食。"又卷三："男女俱裸，或聯鹿皮、緝木葉爲衣，食生物。"

【木葉】

即樹葉。此稱先秦時期已行用。見該文。

梧桐木華

梧桐樹的花。可以織布，其幅寬五尺，潔白不易垢污。此稱漢代已行用。《後漢書·南蠻西南夷傳》："有梧桐木華，績以爲布，幅廣五尺，絜白不受垢污。先以覆亡人，然後服之。"唐李賢注："《廣志》曰：'梧桐有白者，剽國有桐木，其華有白毳，取其毳淹漬，緝織以爲布也。'"

第六章 刺綉考

第一節 刺綉名類考

刺綉，古代稱爲針綉、黹、針黹，是用綉針引彩綫，在紡織品上運用不同的針法，將彩色絲綫構成花紋圖案的一種工藝。刺綉是中國古老的手工技藝之一，是我國古代婦女"女紅"的一個重要部分。據史料記載，我國的手工刺綉工藝已經有兩千多年的歷史，相傳在夏朝已經出現，《史記·夏本紀》便有"日月星辰，作文綉服色"的記載。到了西周時期，刺綉已經非常普遍，貴族所着衣裳多有綉紋，如《詩·唐風·揚之水》中的君子是"素衣朱綉"；《詩·秦風·終南》中的君子是"黻衣綉裳，佩玉將將"；《詩·豳風·九罭》中則是"袞衣綉裳"；《國語·齊語》中說齊襄公"食必粱肉，衣必文綉"；《左傳·閔公二年》記載："與夫人綉衣。"可見，到了春秋戰國時期，我國的刺綉工藝已經非常的發達，成爲貴族服飾的日常需求。

漢代，刺綉開始展露藝術之美。因爲經濟繁榮，百業興盛，絲織造業尤爲發達；又當社會富豪崛起，形成新消費階層，刺綉供需應運而興，不僅已成民間崇尚廣用的服飾，手工刺綉製作也邁向專業化，技藝尤其突飛猛進。漢代王充《論衡》記有"齊郡世刺綉，恒女無不能"，足以説明當時刺綉技藝和生産的普及。

　　唐代刺綉一般用作服飾用品的裝飾，做工精巧，色彩華美，在唐代的文獻和詩文中都有所反映。如李白《贈裴司馬》詩"翡翠黄金縷，綉成歌舞衣"，白居易《議婚》詩"紅樓富家女，金縷綉羅襦"等，都是對於刺綉的咏頌。唐代的刺綉除了用於服飾用品外，還有一項重要用途，那就是綉佛經和佛像，爲宗教服務。宋代是中國手工刺綉發達臻至高峰的時期，無論産品品質，還是開創純審美的藝術綉方面，均屬空前。《宋史·職官志》載，宮中文綉院掌纂綉。徽宗年間又設綉畫專科，綉畫分爲山水、樓閣、人物、花鳥類，知名綉工相繼輩出，并由實用進而爲藝術欣賞，將書畫帶入手工刺綉之中，形成獨特之觀賞性綉作，綉畫藝術發展至最高境界。

　　明清時期，中國刺綉有了更加廣泛的發展，地方性綉派如雨後春笋般興起，不僅形成了著名的"四大名綉"（蘇綉、粤綉、蜀綉、湘綉），還有京綉、魯綉等，各具特色，形成爭奇鬥妍的局面。

綉 [1]

　　古代指刺綉和繪畫設色，五彩具備。此稱先秦時期已行用。《詩·秦風·終南》："君子至止，黻衣綉裳。"漢毛亨傳："五色備謂之綉。"《周禮·考工記·畫繢》："畫繢之事……青與赤謂之文，赤與白謂之章，白與黑謂之黼，黑與青謂之黻，五采備謂之綉。"《説文·糸部》："綉，五采備也。"清段玉裁注："按，今人以針縷所紩者謂之綉，與畫爲二事，如《考工記》則綉亦繫之畫繢，同爲設色之工也。"清徐灝箋："如《記》文，則凡設色備五采者，皆謂之綉，無論畫繢與刺綉也。後人乃專以針縷所紩者爲綉。"《漢書·賈誼傳》："白縠之表，薄紈之裏，緁以偏諸，美者黼綉，是古天子之服。"唐顏師古注："綉者，刺爲衆文。"唐盧照鄰《長安古意》詩："生憎帳額綉孤鸞，好取門簾帖雙燕。"唐李白《贈裴司馬》詩："翡翠黄金縷，綉成歌舞衣。"宋歐陽修《南歌子》詞："等閑妨了綉功夫，笑問鴛鴦兩字怎生書？"

【刺綉】

　　即綉 [1]。此稱漢代已行用。漢王充《論衡·程材》："刺綉之師，能縫帷裳。納縷之工，不能織錦。"宋志磐《續佛祖統紀》："宮内常造刺綉織成像及畫像。五彩珠幡，不可稱計。"

綉 [2]

　　絲織品的一種。其質有彩色綉花。此稱漢代已行用。《集韻·平蕭》："綉，綺屬。"《史記·匈奴列傳》："服綉袷綺衣、綉袷長襦、錦袷袍各一……綉十匹，錦三十匹，赤綈、綠繒各四十匹，使中大夫意、謁者令肩遺單于。"唐徐夤《翦刀》詩："寶持多用綉爲囊，雙日交加兩鬢霜。"

綉文

泛指綉類絲織品。此稱漢代已行用。《史記·貨殖列傳》：“夫用貧求富，農不如工，工不如商，刺綉文不如倚市門。”《三國志·吳書·華覈傳》：“婦人爲綺靡之飾，不勤麻枲，並綉文黼黻，轉相倣效，恥獨無有。”唐孫樵《乞巧對》：“綉文錦幅，雲綃霧縠。”清劉大櫆《程孺人傳》：“始吾父爲諸生，甚貧，攻苦夜讀，吾母刺綉文佐之。漏四下，猶刀尺與書和答也。”

【文綉】

即綉文。此稱南北朝時期已行用。《魏書·蠕蠕傳》：“〔肅宗〕乃敕有司出御府珍玩、金玉、文綉、器物、御厩文馬、奇禽異獸及人間所宜用者，列之京肆，令其歷觀焉。”宋方聞一《大易粹言》卷三六：“好大喜功者，以攻戰入之；好貨財者，以聚斂入之；好奢侈者，以土木文綉入之。”

納

刺綉方法的一種。此稱漢代已行用。漢王充《論衡·程材》：“刺綉之師，能縫帷裳。納縷之工，不能織錦。”《醒世姻緣傳》第一回：“小阿媽著一領猩血紅袍，細百納明挑坐蟒。”黃肅秋校注：“納，一種精緻的刺綉方法。”

挑

刺綉方法的一種。用針挑起經綫或緯綫，把針上的綫從底下穿過，於是改變了原有組織結構。又細分爲明挑、暗綉兩種手法。

明挑

刺綉方法的一種。相對“暗綉”而言。此稱明代已行用。《醒世姻緣傳》第一回：“小阿媽著一領猩血紅袍，細百納明挑坐蟒。”

暗綉

刺綉方法的一種。相對“明挑”而言。此稱明代已行用。《醒世姻緣傳》第一回：“大官人穿一件鴉翎青襖，淺五色暗綉飛魚。”

蘇綉

以江蘇蘇州爲中心的刺綉產品的總稱，至今已有兩千餘年的歷史。據劉向《說苑》載，早在晉平公（前557—前532在位）時期，吳地人已經有“綉衣而豹裘者”。《太平御覽》載，三國時期，吳王趙夫人便能夠“於方帛之上，綉作五嶽列國地形，宮中號爲針絶”，《三國志·吳書·蔣欽傳》也有“妻妾衣服，悉皆錦綉”的記載。可見，一千七百多年前，蘇綉在數量和品質上均已相當可觀。宋代，蘇綉有了欣賞性的綉品出現，并達到一定水準。張應文《清秘藏》中說：“宋人之綉，針綫細密，用綫僅一二絲，用針如髮細者爲之，設色精妙，光彩射目。山水分遠近之趣，樓閣得深邃之體，人物具瞻眺生動之情，花鳥極綽約喋喋之姿，佳者較畫更勝。”描繪了宋代蘇綉已具有精工細作、形象真實生動的特點。此後經過歷代不斷發展完善，到明代時，蘇綉成爲蘇州地區普遍的群眾性副業產品，形成“家家養蠶，户户刺綉”的局面。清代的蘇綉以“精細雅潔”聞名。到了清代中後期，蘇綉在綉製技術上有了進一步發展，新出現精美的“雙面綉”。中華人民共和國成立後，蘇綉得到進一步的發展，手工藝人發展出了雙面三异綉、雙面异綉等新工藝。蘇綉具有圖案秀麗、構思巧妙、綉工細緻、針法活潑、色彩清雅的獨特風格，地方特色濃郁。綉技具有“平、齊、細、密、和、光、順、匀”的特點。在種類上，蘇綉作品主要可分爲零剪、戲衣、挂屏三大類，裝飾性與實用性兼備，其中以"雙面綉"作品最爲精美。2006 年 5 月 20 日，蘇綉經中華人民共和國國務院批准，列入第一批國家級非物質文化遺産名録。

沈綉

中國優秀的民族傳統工藝之一。在蘇綉基礎上發展起來。由姑蘇吳縣的沈壽女士首創，代表了傳統蘇綉的最高水準。在綉藝上沈壽首用旋針來表現人物的肌理，運用豐富多彩的絲綫調和色調，展示綉綫的自然光澤，使沈綉的作品色調柔和自然，透氣，栩栩如生。

【南通仿真綉】

即沈綉。亦稱"美術綉"。蘇綉的重要分支。刺綉藝術大師沈壽吸收西洋美術精華，在中國傳統蘇綉的基礎上創立"仿真綉"。"仿真綉"往往取材於西洋油畫中的人物肖像和風景等，而以人物綉最爲擅長。其針法變化多端，表現畫中人的五官十分傳神，體現出高超的技藝水準。由此之故，南通仿真綉亦稱"美術綉"，南通地區則譽之爲"沈綉"。仿真綉是傳統刺綉在形式上的創新，它爲中國傳統刺綉的現代發展開闢了一條新路。

【美術綉】

即沈綉。見該文。

無錫精微綉

亦稱"精微綉"。江蘇無錫是蘇綉的重要發源地之一。據漢代劉向的《説苑》記載，早在兩千五百多年前無錫就已出現刺綉服飾。明代中葉，俞氏創製的堆紗綉因巧奪天工而被選爲貢品。清代無錫精微綉得到進一步發展，創造出了"閨閣綉""切馬鬃綉""堆紗綉""填色稀鋪法""亂針綉"等獨特的技法。20 世紀 80 年代初，在繼承傳統的基礎上發展出了"雙面精微綉"，成爲舉世公認的優秀藝術品種。無錫精微綉的藝術特色極爲突出，它卷幅微小，造型精巧，綉技精湛，往往能在很小的畫面内綉製人物、場景、文字、圖案等，呈現出所謂"寸人豆馬，蠅足小字"的奇觀。與一般雙面綉相比，精微綉的技藝要求更高，難度更大，在用料、用色、用綫、用針上更加講究。它要求刺綉藝人不但綉藝高超，而且還要具備較高的藝術素養。藝人綉製精細局部圖案時，要將一根絲綫劈成八十分之一，有時人物頭部衹有緑豆大小，五官無法用筆墨勾勒，藝人須手眼相通方能綉成。在長期的發展過程中，無錫精微綉與書畫緊密結合在一起，焕發出獨特的藝術魅力。

【精微綉】

即無錫精微綉。見該文。

雙面綉

蘇綉的代表工藝之一。據史料記載，雙面綉始於宋代。在刺綉的過程中，通過不同的工藝使得正反兩面刺綉的圖案和效果同樣精美，極具觀賞價值。雙面綉最初多用於日用品，如經帙、手帕等，中華人民共和國成立後經蘇州刺綉藝人的鑽研改進，得到很大發展。現蘇州的雙面綉産品爲珍貴的工藝品，得到中外人士的高度贊揚。現湘綉、廣綉等亦有雙面綉生産。

【兩面綉】

即雙面綉。民國吕韵清《返生香》："與瑶叔曰：'此爲兩面綉，細密無痕，決非傭婢所用，購諸市肆者，是可知彼等先來，遺忘於北耳。'"

雙面三异綉

蘇綉創新工藝之一。蘇州刺綉藝人邱秀英和殷濂君在 1980 年創。在相同的輪廓内，綉面正反都有綉，但兩面的圖案、針法和色調都不同——异稿、异針、异色，如一面綉猫，一面綉狗。"雙面三异綉"比"雙面綉"更增加了刺綉的難度，是非常不可多得的工藝品。

雙面异色綉

蘇綉創新工藝之一。以雙面綉爲基礎，綉面正反都有綉。兩面圖案、針法相同，而色調不一。1966 年爲蘇州刺綉藝人所創，綉品也以蘇州所綉最爲精美。

揚州刺綉

流傳於揚州地區的傳統工藝。與蘇州刺綉的技藝屬同一門類，但由於受揚州歷代文化的影響和揚州八怪畫派的薰陶，追求中國畫的文化内涵和筆墨情趣。作品多取自歷代名家的優秀山水、人物畫作。意境深邃，構圖層次清晰，色彩雅致柔和，逐步形成了"仿古山水綉"和"水墨寫意綉"兩大特色。2014 年 11 月，揚州刺綉被列入國家級非物質文化遺産代表性項目名録擴展項目名録。

湘綉

以湖南長沙爲中心的帶有鮮明湘楚文化特色的刺綉産品的總稱。湘綉起源於民間刺綉，已有兩千多年歷史。現發現最早的實物是 1958 年從長沙楚墓中出土的龍鳳圖。1972 年，馬王堆漢墓又出土了四十件刺綉衣物和一幅鋪絨綉錦。這些綉品圖案多達十餘種，綉綫有十八種色相，并運用了多種針法，達到針脚整齊、綫條灑脱、綉工純熟的境界。至清代，長沙刺綉遍及城鄉。據清同治《長沙縣志》載："省會之區，婦女工刺綉者多，事紡織者少，大家巨族或以錦鈿相尚。"至清末民初（20 世紀初期），湘綉的發展達到鼎盛，甚至超越了蘇綉，在中國刺綉業中獨占鰲頭。中華人民共和國成立後，湘綉工作者在繼承傳統的基礎上致力創新，使湘綉工藝提高到一個嶄新的水準。湘綉主要以純絲、硬緞、軟緞、透明紗和各種顏色的絲綫、絨綫綉製而成。其特點是構圖嚴謹，色彩鮮明，各種針法富有表現力。通過豐富的色綫和千變萬化的針法，綉出的人物、動物、山水、花鳥等具有特殊的藝術效果，曾有"綉花花生香，綉鳥能聽聲，綉虎能奔跑，綉人能傳神"的美譽。傳世文物有故宫博物院藏清道光湘綉《芙蓉鷺鷥屏風心》、清代湘綉《一路榮華圖軸》、清代湘綉《紫綬金章圖軸》、清代湘綉《一品富貴圖軸》，等等。

蜀綉

亦稱"川綉"。以四川成都爲中心的刺綉産品的總稱。此稱宋代已行用。宋葛立方《夜行船·章甥婚席席間作》："百尺雕堂懸蜀綉。珠簾外、玉闌瓊瑤。"蜀綉的生産具有悠久的歷史。早在漢代，蜀綉就已譽滿天下，《東觀漢記》載："蜀地……女工之業，覆衣天下。"漢揚雄《蜀都賦》曰"錦布綉望，芒芒兮無幅"，描述了在成都隨處可見"揮肱織錦""揮錦布綉""展帛刺綉"的情景。東晋以來，蜀綉與蜀錦并稱"蜀中瑰寶"。據唐李吉甫《元和郡縣圖志》記載，在唐代，安靖刺綉作爲貢品進入宫廷，成爲皇帝獎賞功臣的主要物品之一。到了宋代，蜀綉的發展達到鼎盛，綉品在工藝、産銷量和精美程度上都至臻完美。清朝中葉以後，蜀綉生産逐漸形成行業，當時各縣官府均

設“勸工局”以鼓勵蜀綉生産。中華人民共和
國成立後，在四川設立了成都蜀綉廠，使蜀綉
工藝的發展進入了一個新階段，技術上不斷創
新，品種日益增多。蜀綉技藝以針法見長，共
有十二大類、一百二十二種；以本地織造的紅、
綠等色緞和散綫爲原料；各種針法交錯使用，
施針嚴謹，用綫工整穩重，設色典雅；既長於
刺綉花、鳥、蟲、魚等細膩而生動的圖像，又
善於表現山水磅礴的氣勢；其風格嚴謹細膩、
光亮平整、構圖疏朗、渾厚圓潤、色彩明快，
深受喜愛。

【川綉】

即蜀綉。見該文。

粵綉

廣州刺綉（廣綉）和潮州刺綉（潮綉）的
總稱。中國四大名綉之一。流行於廣東省廣州、
潮州、汕頭、中山、番禺、順德一帶。粵綉至
少在唐代已經出現。唐蘇顎《杜陽雜編》中就
記載了南海（今廣州）少女盧眉娘“工巧無
比，能於尺絹綉《法華經》七卷”。明正德九
年（1514），一葡萄牙商人在廣州購得龍袍綉
片回國，并將之獻給國王，得到重賞，粵綉從
此揚名海外。宋元時期，工商業和航海技術的
發達促進了粵綉工藝的飛速發展，粵綉開始大
批量輸出國外。到了明代，廣州的刺綉藝人創
造性地使用動物的尾羽纏絨作綫，使綉品更加
自然生動，受到西方貴族的青睞。萬曆二十八
年（1600），英國女王伊麗莎白一世在英國創建
了英國刺綉同業會，英王查理一世向英倫三島
宣揚粵綉藝術，一時間粵綉被譽爲“中國給西
方的禮物”。英、法、德、美等國博物館均藏有
粵綉。清乾隆年間，我國第一個粵綉行業組織

“粵綉行”在廣州成立，當時從事刺綉的藝人衆
多，粵綉在工藝和針法上都得到不斷發展完善。
1915 年後，粵綉作品在巴拿馬國際博覽會等國
際賽會上多次獲得大獎。粵綉在長期的發展過
程中，受到各民族民間藝術的影響，在兼收并
蓄、融會貫通的基礎上，逐漸形成了自身獨特
的藝術風格。綉品主要取材於龍鳳、花鳥等，
圖案構圖飽滿、均齊對稱，色彩對比强烈、富
麗堂皇。在針法上具有“針步均匀、紋理分明、
處處見針、針針整齊”的特點。在種類上，粵
綉可分爲絨綉、綫綉、金銀綫綉三類，品種包
括戲服、廳堂裝飾、聯帳、彩楣、挂屏和各種
日用綉品等。

廣綉

粵綉之一。流行於廣州、佛山、南海、番
禺、順德、東莞、寶安、香山、臺山等地。即
以廣州爲中心的珠江三角洲民間刺綉工藝的總
稱。相傳與黎族織錦同出一源，以構圖飽滿、
形象傳神、紋理清晰、色澤富麗、針法多樣、
善於變化的藝術特色而聞名宇内。

潮綉

粵綉之一。中國四大名綉之一。始於唐代，
形成風格於明、清，流傳於國内及東南亞一帶。
按刺綉工藝，分爲絨綉、綫綉、金銀綫綉、金
絨混合綉等四大類，有綉、墊、貼、拼、綴五
種二百餘種針法。綉品用於劇服、道具、廟宇
裝飾等。潮綉以其精湛刺綉技藝，在國内外享
有盛譽。清末作品《蘇武牧羊》在南京舉辦的
全國工藝賽會上獲過大獎。潮綉有着有强烈的
地方色彩，構圖飽滿均衡，針法繁多，紋理清
晰，金銀綫鑲，托地墊高，色彩濃艷，裝飾性
强，尤以富有浮雕效果的墊高綉法异於其他綉

法。此外，以金碧、粗獷、雄渾的墊凸浮雕效果爲特色的釘金綉也尤爲人所矚目，宜於廟堂會所裝飾和喜慶之用。

隴綉

漢族傳統刺綉工藝之一。源於甘肅慶陽。製作時照剪紙的圖樣，在絲綢布料上用彩色的綫綉出各種各樣的圖案，然後縫製成不同的造型，内芯填充上絲棉、香料，就做成一種小巧玲瓏、精緻漂亮的刺綉品。這種刺綉品叫作香包，又叫荷包，慶陽民間稱作"耍活子"，是慶陽地區端午節古老的民俗物品，作爲地方勞動人民祛邪、避災、祈福的吉祥物。慶陽香包是立體造型和平面刺綉相結合的手工藝製品，構型簡單質樸。按製作技藝，分有絀絀類、綫盤類、立體刺綉類、平面刺綉類四大類型。

魯綉

山東地區的代表性刺綉工藝。歷史文獻中記載最早的一個綉種。春秋時期齊魯兩國的絲織業已相當發達，產於魯國的"魯縞"和產於齊國的"齊紈"聞名天下。此時的魯綉發展到一定的程度，《國語·齊語》載齊襄公"衣必文綉"。到了漢代，國家在齊地設置"服官"，《史記·貨殖列傳》載"齊三服官作工各數千人，一歲費數巨萬"，當時綉業的昌盛和重要可見一斑。魯綉所用的綉綫大多是較粗的加捻雙股絲綫，俗稱"衣綫"，故亦稱"衣綫綉"，曾流行於山東、河北、河南等地。其綉品不僅有服飾用品，也有觀賞性的書畫藝術品。魯綉風格多以暗花織物作底襯，以彩色強捻雙股衣綫爲綉綫，采用齊針、纏針、打籽、滾針、擻和針、鎖綉（辮子股針）、接針等針法，選取有吉祥寓意的人物、鴛鴦、蝴蝶和芙蓉花等内容爲紋樣。

衣綫綉

山東傳統手綉工藝。多係棉綫雙絲捻合，不加劈細進行刺綉。綉出的花紋淳樸、敦厚粗壯，是形成魯綉濃郁地方特色的重要因素之一。

烟臺絨綫綉

魯綉的一種。亦名"絨綫綉花"。是用不同顏色的優質毛綫，將圖案綉製在堅硬的網眼布（亦名鋼絲布）上而製成的工藝品。

髮綉

以人的頭髮爲原料，結合繪畫與刺綉，在綢緞、絲絹或滌綸布上精心綉製的藝術品。江蘇東臺特有的民間傳統工藝品種之一。髮綉最早起源於唐朝上元年間。古人認爲身體髮膚，受之父母，非常神聖珍貴，爲了表達對於佛祖的虔誠，綉娘在綉製佛教用品時有時會剪少許自己的頭髮加入到綉品之中。此方法慢慢流行，到元明時期題材逐漸擴展，不再限於綉製佛教用品。髮綉以髮代綫，利用頭髮黑、白、灰、黃和棕的自然色澤，以及細、柔、光、滑的特性，用接針、切針、纏針和滾針等不同針法刺綉，以質樸素净取勝，綉品針迹細密，色彩柔和，風格獨特。其高超的技藝水準和不朽的藝術價值，充分體現了勞動人民的卓越才能和藝術創造力。髮綉具有淡雅、不褪色、耐腐蝕、利於收藏等特點。現存最早的髮綉傳世珍品是南宋時期的《東方朔像》，藏於英國倫敦大英博物館。

【墨綉】

即髮綉。此稱明代已行用。朱啓鈐《絲綉筆記》："宋綉《滕王閣景》及《王子安詩序》……髮綉《滕王閣》《黃鶴樓》圖。"明袁宗道《即事》："輕滌硯塵留墨綉，緩添爐火聽瓶笙。"

顧綉

漢族傳統刺綉工藝之一。明嘉靖三十八年（1559），松江府進士顧名世家族眷屬創製。創始人爲顧名世長子顧匯海之妾繆氏。顧名世曾築園名曰"露香園"，故世稱其家刺綉爲"露香園顧綉"或"顧氏露香園綉"，省稱"露香園綉""顧綉"。顧綉最獨特之處是以宋元名畫中的山水、花鳥、人物等杰作爲摹本，畫面均是綉繪結合，以綉代畫。顧綉代表人物爲顧名世孫媳婦韓希孟，其工花鳥花卉，刺綉神韵生動，世稱"韓媛綉"。朱啓鈐《女紅傳徵略》："顧氏刺綉得自内院，其劈絲配色別有秘傳。故能點染成文，作水山人物花鳥，無不精妙。"顧綉基本用於家藏或饋贈。2006 年 5 月 20 日，顧綉經中華人民共和國國務院批准，列入第一批國家級非物質文化遺産名録。

韓媛綉

即韓希孟。明代女工藝家，武林（今浙江杭州）人，顧綉代表人物之一。北宋名相韓琦五世孫，明嘉靖進士顧名世孫媳，顧壽潛妻。居上海。善畫花卉，工刺綉，所繪綉宋元畫家真迹，最爲傳神，多用朱綉名款，傳世作品較多，爲世所珍，稱爲"韓媛綉"。朱啓鈐《女紅傳徵略》："韓希孟工畫花卉，所綉亦爲世所珍，稱爲韓媛綉。"

京綉

以北京爲中心的刺綉産品的總稱。一門古老的中國傳統刺綉工藝。歷史可追溯到唐代。《契丹國志》中記載，當時的燕京"錦綉組綺、精絶天下"，而"宮廷綉"就是因遼在燕京設立綉院而誕生，主要爲供宮廷、帝王、侯爵服飾之用。明代以後，"宮廷綉"的針法、技藝、用工、用料、紋樣圖式等特點更加鮮明，刺綉人員日趨擴大。到了清代光緒年間，更是名揚海内外，被譽爲"宮綉"。清末北京涌現了許多綉坊，傳承"宮廷綉"的一些特點和針法，使得圖案内容更加民俗化，與生活更加貼近，後人皆稱之爲"京綉"。明清時期，京綉開始大興，多用於宮廷裝飾、服飾，用料講究、技術精湛、格調風雅，充分體現了構圖滿而不滯、造型端莊穩重、設色典雅、雍容高貴的皇家氣派和尊嚴。其中最好者爲針工中的"平金打籽"綉。這種綉以真金捻綫盤成圖案，或結籽於其上，十分精緻華貴。京綉作爲"燕京八絶"之一，曾和"蘇、湘、顧"并稱爲"四大綉"。2014 年 11 月 11 日，京綉經國務院批准，列入第四批國家級非物質文化遺産名録。

【宮綉】

即京綉。此稱明代已行用。《金瓶梅詞話》第四三回："生的五短身材，約七旬年紀，戴着叠翠寶珠冠，身穿大紅宮綉袍兒，近面視之，鬢髮皆白。"

【宮廷綉】

即京綉。省稱"宮綉"。亦稱"手綉"。興盛於明清時期，多用於宮廷裝飾及服飾。由於其嚴格而標準的宮廷藝術審美規範，其技術精湛、用料講究，和民間綉品有着本質上的區別。

甌綉

浙江温州的地方傳統藝術，與中國四大名綉（湘綉、蘇綉、蜀綉、粤綉）齊名，是中國出口名綉之一。産於甌江地區，由中國傳統刺綉發展而來。甌綉始於唐代錦衣，興盛於明清。其工藝流程很特別，製作者先將毛竹刮去青皮，通過分層開片，煮熟抽絲，編織成竹簾，然後用顏料或彩綫在上面綉出花鳥、山水、人物等，也稱作"畫簾"。甌綉構圖精練，紋理分明，針脚齊整，針法多變，綉面光亮適目，色澤鮮泡調和，動物毛羽輕鬆活潑，人物、蘭竹都能綉得精巧傳神，具有濃厚的裝飾性和地方風格。

汴綉

源於"宋綉"。中國傳統刺綉工藝之一。歷史悠久，素有"國寶"之稱。汴綉起源於宋代，當時開封作爲北宋的國都，稱作"汴梁""汴京"，因而被稱爲"汴綉"。汴綉與蘇綉、湘綉、粵綉、蜀綉合稱爲中國五大名綉。汴綉的針法是在繼承"宋綉"針法和廣泛吸收民間刺綉針法的基礎上，逐步創新、發展而形成的。它既有蘇綉雅潔活潑的風格，又有湘綉明快豪放的特點，從而形成了綉工精緻細膩、色彩古樸典雅、層次分明、形象逼真的特色。《東京夢華錄》稱其"金碧相射，錦綉交輝"，代表作品爲《清明上河圖》。

宋綉

中國傳統刺綉工藝之一。發源於春秋時期的宋國，即今天的商丘地區。北宋時期，皇宮設有文綉院，聚集三百多名綉女專爲皇帝王妃、達官貴人刺綉服飾和綉畫，所以宋綉亦被譽爲"宮廷綉"或"宮綉"。宋綉針法細密，圖案嚴謹，格調高雅，色彩秀麗，當時皇帝的龍袍、官員的朝服、烏紗帽、朝靴皆爲宋綉精品。據明代屠龍《畫箋》記載："宋之閨秀書，山水人物，樓臺花鳥，針綫細密，不露邊縫，其用絨一二絲，用針如髮細者爲之，故眉目必具，絨彩奪目，而豐神宛然，調色開染，交書更佳，女紅之巧，十指春風，回不可及。"明高濂《遵生八箋》："故宋刻花鳥山水，亦如宋綉，有極工巧者。"

閩綉

以福建福州一帶爲中心的刺綉，後傳入臺灣。由於福州地區刺綉工藝發達，元政府曾設立文綉局，文綉局的産品被列爲貢品。此後一直到清代，閩綉都是國内有代表性的著名刺綉，可與蘇綉、湘綉等并列。民國初年，閩綉還曾在世界博覽會上得過大獎。閩綉成品多用於戲服和祭祀場合。綉綫以金葱綫、銀葱綫爲主，綉法主要是盤金綉。其特點是用鮮艷的色彩、誇張的手法，烘托出華美、熱鬧的視覺效果。與蘇綉的清淡素雅形成了强烈的對比，但其實用性又在江南其他刺綉流派之上。

漢綉

中國傳統刺綉工藝之一。流行於荆沙、武漢、洪湖一帶。以楚綉爲基礎，融會南北諸家綉法之長。春秋中期，楚國絲織業已經相當發達，《楚辭‧招魂》裏描述當時的絲織品"翡翠珠被，爛齊光些""被文服纖，麗而不奇些"。以楚綉爲基礎的漢綉追求充實豐滿、富麗堂皇的熱鬧氣氛，呈現出渾厚、富麗的色彩。漢綉以"平金夾綉"爲主要表現形式，分層破色、層次分明，對比强烈，尤以鋪、壓、織、鎖、扣、盤、套這七種針法的變化運用而著稱。下針果斷，圖案邊緣齊整，名之曰"齊針"。綉品多從周邊啓綉，然後層層向内走針，進而鋪滿綉面，富有很强的立體感，在綉業中獨樹一幟。清末民國時期，漢綉作品曾多次在京展出，還參加了巴黎、華沙等地國際展覽，受到好評。1910 年和 1915 年，漢綉製品在南洋賽會和巴拿馬國際博覽會上獲得金獎。

楚綉

春秋中期流行於楚國地區的一種刺綉工藝，以華美見長。

珠綉

用針穿引珍珠、玻璃珠、寶石珠，在紡織品上組成圖案的刺綉。珠綉具有珠光燦爛、絢麗多彩、層次清晰、立體感强的藝術特色。珠綉主要有珍珠綉、玻璃珠綉等。此稱宋代已行用。《太平御覽》卷六七五：“《太極金書》曰：‘元始天帝，被九色羅帔，丹絳之錦，珠綉霞帔。’”

珍珠綉

中國傳統刺綉工藝。始見於隋唐。據唐杜佑《通典·樂六》記載，隋代京城游樂場裏的藝人“盛飾衣服，皆用珠翠”。唐蘇鶚《杜陽雜編》記載了唐同昌公主有“神絲綉被，綉三千鴛鴦，仍間以奇花異葉，其精巧華麗絶比。其上綴以靈粟之珠，珠如粟粒，五色輝焕”。元代，帝王織金袍上綉以大珍珠，宮廷頒發給西番的詔書上也以珠綉裝飾。清末，直隸總督袁世凱曾獻給慈禧太后一件以珍珠、寶石綉成芍藥等花卉圖案的服裝。

玻璃珠綉

中國傳統刺綉工藝。始於清代光緒年間。當時呂宋（今菲律賓）華僑回中國，帶回玻璃珠綉拖鞋（俗稱“呂宋拖”），在福建流傳。後來，福建漳州匠師用進口玻璃珠製成珠綉拖鞋，流傳至廈門。1920 年左右，廈門活源商行進口小玻璃珠，用於生產珠綉工藝品。中國玻璃珠綉產地有福建、廣東等地。玻璃珠綉有全珠綉、半珠綉兩種。全珠綉是在產品面料上綉滿玻璃珠；半珠綉則是在部分面料上綉製玻璃珠。它和面料的質地、色彩相互輝映，有良好的藝術效果。玻璃珠綉的針法有平綉、凸綉、串綉、粒綉、竪珠綉、叠片綉等多種，尤其以有浮雕效果的凸綉最具特色。品種以日用品爲主，有服裝、拖鞋、帽、提包、首飾盒、腰帶、窗簾等，也有挂屏等欣賞品。

洛綉

流行於洛陽的地方傳統工藝。源於周代，距今已有兩千多年的歷史，以綉工精細、針法活潑、圖案秀麗、形象逼真聞名。洛綉有“圖必有意，意必吉祥”的説法，并常用諧音和象徵性手法。主要圖案包括人物、花卉、飛禽、走獸、山水、園林等。唐宋時期，洛陽地區盛行用刺綉作書畫、飾件、佛像等。明清時期，民間刺綉進一步發展，獨具地方特色的洛陽刺綉愈加成熟。民國以來，洛綉藝術得到更加廣泛的流傳。綉品的用途包括歌舞或戲劇服飾，臺布、枕套等日常生活用品，以及屏風、壁挂等陳設品。

洮綉

流行於洮河兩岸的刺綉工藝。主要分布在臨潭、岷縣、卓尼等地區，當地的漢族和藏族婦女喜愛在日常物件的最顯眼處綉花加以裝飾。洮綉品種繁多，有花枕頭、花荷包、花針插兒、花鞋、花兜兜、花纏腰、花繫腰、花膝褲兒、花襪溜根兒等，富有濃郁的地方民族特色。洮綉針法有平針、參針、挑針、長短針、空心針等；綉法有鎖針綉、錯針綉、網地綉等，樣式繁多，有盤花、剁花、貼花、拼花等。不同的針法、綉法，施以不同的式樣、色彩搭配，形成强烈的對比。淡雅中帶有嬌憨，异彩中顯露莊重，充分體現了洮河兩岸農家婦女的審美意趣。

水族馬尾綉

　　水族婦女世代傳承的以絲綫裹馬尾進行刺綉的特殊工藝。貴州省三都是全國唯一的水族自治縣，位於貴州省黔南布依族苗族自治州東南部。馬尾綉這種水族獨有的民間傳統工藝，分布在三都境内三洞、中和、廷牌、塘州、水龍等鄉鎮的水族村寨。三洞鄉板告村是馬尾綉的發祥地。馬尾綉工藝獨特，刺綉製品十分精美，有"刺綉藝術的活化石"之譽。水族有養馬、賽馬的習俗，馬尾綉具有悠久的歷史，其方法是將絲綫裹在馬尾上，沿襲最古老的亂針、扎針等刺綉技法，在土布上刺綉圖案，用料考究，色彩濃重、明快。這種以絲綫裹馬尾製作圖案的刺綉方法，具有獨特的優勢：一是馬尾質地較硬，能使圖案不易變形；二是馬尾不易腐敗變質，經久耐用；三是馬尾上含有油脂成分，利於保持周邊絲綫光澤。此外，馬尾綉還有一奇特之處，就是綉品上綴有銅飾。水族認爲銅有消災的作用，因而在綉品上用銅做成錢幣的樣子作爲裝飾，很小很薄，衹有黄豆粒大小，以紅綫穿貼於馬尾綉片裏，除了做裝飾外，還可以驅邪避凶。馬尾綉品多爲背帶、胸牌、鞋帽、新娘服飾等，圖案以自然界的花、鳥、魚、蟲爲主，既有象徵吉祥如意的龍鳳，又有滋潤萬物生長的日月星辰，寄托着水族人民對自然的原始崇拜和對美好生活的憧憬。

苗綉

　　苗族傳統的刺綉藝術。苗族歷史文化特有的表現形式之一。流傳在貴州貴陽、雷山、劍河等地。苗族刺綉有着悠久的歷史。據明陶宗儀《説郛》卷三引唐胡璩《譚賓録》，黔東南地區苗人首領謝元琛覲見唐太宗時着"卉服鳥章"，令太宗驚奇，於是命畫師閻立德等當即臨摹，并將此圖取名爲《王會圖》傳於後世。可見此時苗綉已經非常成熟，達到令人驚艷的程度。明代時，貴陽苗族喜用彩綫挑成土錦、織花布條、綉花衣裙。到了清代，黔東清水江苗族刺的"錦衣"和綉的"苗錦"已經非常有名，清《開化府志》《廣南府志》、民國《馬關縣志》《邱北縣志》都記載有苗族婦女"能織苗錦"之句。苗綉以五色彩綫織成，圖形主要由規則的若干基本幾何圖形組成，花草圖案極少。幾何圖案的基本圖形多爲方形、菱形、螺形、十字形、之字形等。苗綉講究對稱美、充實美和艷麗美，因而圖案工整，色彩對比强烈，極具視覺衝擊力。苗綉主要用來鑲嵌服裝的衣領、衣襟、衣袖、帕邊、裙脚、護船邊等部位，亦可用它來縫製挎包、錢包等。苗綉不僅歷史悠久且分布廣泛。關於貴州、雲南、川南、湖南、廣西各地苗族綉花、織錦，各種史書及地方志多有記載。刺綉織錦是苗族人民熱愛生活的一種體現。2006年5月20日，苗綉經國務院批准，列入第一批國家級非物質文化遺産名録。

雷山苗綉

　　苗族傳統刺綉藝術。貴州雷山地處黔東南，是苗族的主要聚集地之一，全縣苗族人口占總人口的83.6%。雷山苗族的服飾至今仍保留着原汁原味的傳統風格，精美絶倫的刺綉技藝和璀璨奪目的銀飾讓人贊嘆不已。雷山苗裝由苗衣、百褶裙和極富富特色的彩帶裙組成，在圖案形制和造型方面，大量運用各種變形和誇張手法，并大膽使用多維立體造型和型中型的複合手段及比喻、暗喻、藉喻、象徵等的表達技巧，體現出別具民族風格的審美情趣。紋飾上多數是各種動植物和吉祥之物。除此之外，還有一種極爲少見的文字衣。這些文字表達了苗族人民對於美好生活的嚮往和祝福。雷山苗族服飾按結構和風格劃分，主要有長裙、中裙、短裙、超短裙四種，也稱西江型、也蒙型、公統型、大塘型。

花溪苗繡

　　貴陽花溪苗族刺繡。以挑花技藝獨特，在貴州苗族刺繡技藝中具有一定的代表性。據史書記載，花溪苗族的祖先爲居住在黃河流域的九黎部落的一支，因在部落戰爭中敗北，逐漸南遷，進入今貴州境內，其中一個自稱爲"謀"（他族稱之爲"花苗"）的支系定居在格洛格桑（今貴陽）。這個苗族支系原先在蠟染圖案底紋上進行挑花，後挑花漸從蠟染脫胎，形成獨特的表現手法和藝術語言。花溪苗族挑花技藝具有追念先祖、記錄歷史、表達愛情和美化自身等功用，同時又有很強的裝飾性。常見的挑花圖案有豬蹄杈、牛蹄杈、牛頭、羊頭、狗頭、冰雪花、刺藜花、浮蘋、荷花、稻穗、蕎子花、銅鼓、燈籠、銀杈、銅錢、太陽、青蛙、水爬蟲、螃蟹、燕子、樓閣、田園、橋梁、河流、苗王印等。由於苗族沒有文字，花溪苗族挑花成了本民族歷史和傳說的載體，獨特的挑花貫首服也成爲這支苗族的識別標記和象徵。挑花在花溪苗族的日常生活、節日慶典及擇偶、婚喪、宗教等儀式中得到廣泛的運用，有着很強的實用價值。

劍河錫繡

　　苗族傳統刺繡藝術。主要分布於貴州劍河境內的南寨、敏洞、觀么等鄉鎮，已流傳了五六百年。錫繡與其他刺繡最大的不同是在刺繡的過程中使用錫絲作爲主要材料。苗族錫繡以藏青色棉織布爲載體，先用棉紡綫在布上按傳統圖案穿綫挑花，然後將金屬錫絲繡綴於圖案中，再用黑、紅、藍、綠四色蠶絲綫在圖案空隙處繡成彩色花朵。銀白色的錫絲繡在藏青色布料上，對比鮮明，明亮耀眼，光澤度好，質感強烈，使布料看上去酷似銀質，與苗族傳統的銀帽、銀耳環、銀項圈、銀鎖鏈、銀手鐲相配，極其華麗高貴。錫繡具有極高的鑒賞和收藏價值。

常州亂針繡

　　一種適宜繡製欣賞品的刺繡工藝，由江蘇常州人楊守玉創製。2007 年 3 月，亂針繡入選江蘇省首批非物質文化遺產名錄。因其繡法自成一格，被謚爲當今"中國第五大名繡"。常州亂針繡藝術突破了傳統刺繡的平面繡法，以立體交叉的油畫式的特色，凸現出勝過油畫的立體明暗和遠近的視覺效果。針法活潑、綫條流暢、色彩豐富、層次感強，擅長繡製油畫、攝影和素描等作品。常州亂針繡作爲極其珍貴的觀賞品與珍藏品，日益博得世界的關注及國內喜愛，曾先後爲多國元首和名流定繡肖像，其多件精品被國內外知名美術館、博物館收藏，并屢次被作爲國禮贈給多國元首，成爲世界瞭解中國、親近中國的媒介物，亦爲中外交流和溝通的紐帶和橋梁。

寧波刺繡

　　中國民間傳統刺繡工藝。具有悠久的歷史，自古以來，寧波民間有"家家織席，戶戶刺繡"的傳統。明清兩代出現了許多著名的刺繡藝人，其刺繡工藝品也逐漸爲國內外所賞識。據《鄞縣通志》記載，早在 1932 年，寧波刺繡品已經遠銷東南亞國家，與蘇綉、湘綉、蜀綉齊名。寧波刺綉多采用黑色、灰色、石青、醬紅、赭黃、灰綠等色彩，以金銀綫盤綉裝飾，構圖概括，色澤鮮艷。主要針法有斜針、扣針、胖針、抽絲、朝紗、夾絲、曬毛針、打子針等。刺綉品的圖案多取材於具有吉祥寓意的龍鳳、如意、牡丹、百鳥等，古色古香，樸實沉着，富有寧波民間地方風格。1989 年寧波刺綉大型屏風《百鶴朝陽》獲中國工藝美術百花獎珍品獎，并爲中國美術館所收藏。

十字綉

傳統刺綉工藝。14 世紀從中國經由土耳其傳到意大利，然後在歐洲傳播開來。最早的十字綉是用從蠶繭中抽出的蠶絲，在動物毛皮上刺綉。一般用作衣物或者是飾品的裝飾。由於各個國家的文化不同，每個國家和地區的十字綉具有不同的風格和特色。15 世紀開始，十字綉進入民間并流行開來，在美洲、非洲、大洋洲和亞洲成爲傳統的刺綉工藝之一。

【挑花】

即十字綉。中國民間傳統手工藝。挑花是一種裝飾性極强的刺綉工藝。其工藝是在棉布或麻布的經緯綫上用彩色的綫挑出許多很小的十字，構成各種圖案。一般挑在枕頭、桌布、服裝等上面，作爲裝飾。挑花在我國歷史悠久，流行地區較廣，尤爲普遍。《明會典》規定："凡民間織造違禁龍鳳文紵絲紗羅貨賣者杖一百，段匹入官，機户及挑花挽花工匠同罪。" 2006 年，挑花被國家文化部批准列入首批國家級非物質文化遺産名録。

黃梅挑花

中國民間傳統刺綉工藝。廣泛流傳於湖北黃梅。其内容豐富，品種繁多，圖案精美，色彩富麗，具有濃郁的地方風格和民族特色。黃梅挑花起源於唐宋時期，成熟於明末清初。據《黃梅縣志》記載，早在宋代，黃梅就有了十分講究的挑花工藝。1958 年，在黃梅蔡山脚下發掘的明朝嘉靖四十一年（1561）墓葬中曾經出土彩綫挑綉的 "福壽雙桃" 方巾，可見，至少五百年前，黃梅挑花已經是比較普遍的刺綉工藝了。黃梅挑花的主要原料是染成青色的家機布，一般以白色棉綫爲紋綫骨架，配以多彩絲綫的十字交叉針法挑製，形成色澤絢麗、立體感强的圖案，其中針脚爲 "×" 字形的稱 "十字綉"，針脚爲 "一" 字形的稱 "平綫綉"。1938 年黃梅挑花獲巴拿馬萬國博覽會金獎；1954 年獲波蘭美展獎牌，并獲波蘭民間工藝美術展覽紀念章。

花瑶挑花

湖南隆回瑶族女子中流傳的一種獨特的手工藝。隆回瑶族因女子筒裙上裝飾有艷麗的挑花而被人稱爲 "花瑶"。花瑶挑花歷史悠久，漢代以前就已興起。據東漢應劭《風俗通義》記載，花瑶人 "積績木皮，染以草實，好五色衣服"。《隋書·地理志》中記載，"長沙郡雜有夷蜒，名曰莫瑶……其女子藍布衫，斑布裙，通無鞋履"，這種描述與今天隆回花瑶女子的服飾十分相似。花瑶挑花工藝非常精緻，挑花時行針的長短、用綫的鬆緊，均須一致。繁密處針針相套，不現底色，簡練處僅一支花幾條綫。在主體圖案兩邊，配以紅、黃、綠等七彩絲綫挑綉的彩色花飾。整件挑花畫面黑白分明，疏密有致，動静相濟，色彩對比鮮明，具有强烈的視覺衝擊力。花瑶挑花取材廣泛，内容豐富，形態多樣。主要圖案分爲四類：一類是動物類，主要是蛇、龍、鳥、鷹、虎、獅等；二是植物類，以花卉樹木爲主；三是對歷史故事敘述和歷史人物描繪，主要是敘述苗族祖先抵禦外族入侵的故事；四是對瑤族人民日常生活和對於美好生活嚮往的描繪，如反映花瑤傳統習俗的"對歌定情""打蹈成婚"等。瑤族没有文字，挑花便成爲記載該民族歷史文化的重要載體，具有深厚的文化内涵。其作品被中國美術館、民族博物館列爲珍品收藏。著名文學家沈從文稱其爲"世界第一流的挑花"。

灑綫綉

刺綉工藝的一種。最早見於《天水冰山録》。用雙股捻成彩色絲綫，在紗底上綉圖案，爲明代刺綉藝人所創。敷彩以原色爲主，間色較少，色調對比强烈，極具視覺衝擊力。代表作品爲明定陵出土的"灑綫綉蹙金龍百子戲女夾衣"。

蹙金

刺綉工藝的一種。其方法爲用金綫綉花而皺縮其綫紋，製成皺紋裝，使其緊密而勻貼，非常美觀。蹙金工藝源遠流長，早在唐代已出現。杜甫《麗人行》："綉羅衣裳照暮春，蹙金孔雀銀麒麟。"五代和凝《山花子》詞有："星靨笑偎霞臉畔，蹙金開襜襯銀泥。"宋楊萬里《中秋月長句》："黄羅團扇暗花紋，蹙金突起雙龍鳳。"可見蹙金織品在當時的日常生活中十分常見。

【拈金】

即蹙金。此稱金代已行用。《金史·輿服志上》："上以朱錦，下以緑錦，紐約用青組，捻金綫織成帶頭。"

畫綉

因圖畫多於刺綉，亦稱"補畫綉"。其成品爲半畫半綉，多數作品爲在畫作上刺綉，以作點睛之筆。如《蓮塘乳鴨圖》綉品，乳鴨爲刺綉而水草則爲筆墨畫，使得整幅作品生動且富有層次感。

神絲綉被

有精美刺綉被面的被子。唐蘇鶚《杜陽雜編》記載了唐同昌公主有"神絲綉被，綉三千鴛鴦，仍間以奇花異葉，其精巧華麗絶比。其上綴以靈粟之珠，珠如粟粒，五色輝焕。"《太平廣記·同昌公主》："神絲綉被，三千鴛鴦，仍間以奇花異葉，精巧華麗。"

鴛鴦被

綉着鴛鴦圖案的錦被。此物漢代已見。《古詩十九首》："文彩雙鴛鴦，裁爲合歡被。"此稱唐代已行用。唐韓偓《生查子·侍女動妝奩》詞："懶卸鳳凰釵，羞入鴛鴦被。"宋柳永《浪淘沙慢·夢覺透窗風一綫》詞："幾度飲散歌闌，香暖鴛鴦被。"

【鴛被】

即鴛鴦被。此稱唐代已行用。唐韋莊《歸國遥·金翡翠》詞："羅幕綉帷鴛被，舊歡如夢。"清王韜《海陬冶游録》："寄語嫦娥，得染蘭芬否？卿其暖鴨爐，熏鴛被以待。"

【鴛衾】

即鴛鴦被。此稱唐代已行用。唐司空圖《白菊雜書四首》："却笑誰家局綉户，正薰龍麝暖鴛衾。"《金瓶梅詞話》第八回："喬才心邪，不來一月，奴綉鴛衾曠了三十夜。"

綉棚

刺綉時用於固定底布的工具。當針通過底布將綫拉出時會發出"嘣"的一聲，因此而得名。小的綉棚也稱"手棚"。綉棚有方形和圓形兩種，都由内圈和外圈組成。使用時將綉布先罩在内圈上，然後把外圈箍緊，使得底布伸展平整，便於刺綉。現在的綉棚外圈一般分無縫彈性膠圈和開口螺絲調隙兩種。

綉床

刺綉時綳緊織物用的架子。此稱明代已行用。明湯顯祖《牡丹亭·閨喜》："今日小姐分付安排綉床，温習針指。"清孔尚任《桃花扇題畫》："美人香冷綉床閑，一院桃開獨閉關。"

綉架

用於綉製大型刺綉作品的支架。可長達數米。現在衹能在專業的綉坊中見到，多爲木製。

絲縷

蠶絲、綫縷之類的統稱。後爲蘇綉術語。亦稱"絲理"或"絲路"。指刺綉綫條排列的方嚮。

劈綫

刺綉術語。將一根刺綉所用花綫分成若干份。

一絨

蘇綉術語。蘇綉用真絲綉綫。一根綫由兩股組成，俗稱"兩絨"。一根綫的一半稱爲"一絨"。

一絲

蘇綉術語。一根真絲綉綫的十六分之一。

第二節　刺綉歷史考

雖然我國刺綉工藝的歷史可以追溯到夏朝，但最早的相關出土文物却出現在商代。1976 年河南安陽殷墟發現的婦好墓中就留有刺綉的殘迹。婦好是商王武丁的王后，也是一位杰出的軍事家，爲商代的開疆拓土立下功勞，在其衆多陪葬品中，有一尊銅觶上黏附着菱形的刺綉殘迹。儘管年代久遠，却仍能够看出其鎖綉工藝的痕迹。同時出土的還有一尊玉人，身穿刺綉花紋的袍服，領圈飾雲雷紋，後背飾黻紋，前胸飾龍頭紋，兩臂飾降龍紋，兩腿飾升龍紋，似爲目前可見最早的"黼衣綉裳"。商周時期，服制用來區分階層，這可以説明，早在商王武丁時期，我國的刺綉工藝已經成熟，爲王公貴族廣泛使用。到了周朝，刺綉工藝進一步發展。《詩·大雅·緜》："乃召司空，乃召司徒，俾立室家。"可見周建國之初已有了司空、司徒的官職，掌管工役等事務。據《周禮》記載，周代王宫内設"百工"中的"典絲""典枲"負責紡織品的儲存、檢驗以及分配等，"畫繢"則掌管在衣裳之上繪畫和刺綉之事。1976 年發現的陝西寶鷄茹家莊西周強伯妾倪墓中尸體下葬時穿着華美的絲綢衣服。出土的衣服殘片有明顯的刺綉痕迹，應爲先刺綉後染色，綉法爲辮子股針法。現存於新疆文物考古研究院的西周紅地刺綉黄藍色三角紋褐是目前所見最早的刺綉實物。在紅色平紋毛織物上用白、黃、藍、粉綠四色合股的毛綫，分別以緝針綉出小三角堆砌的幾何圖案，色澤鮮麗，不僅是最早的刺綉，還有可能是最早的毛織物。

到了戰國時期，我國的刺綉工藝達到了一個新的水準。此時期的刺綉不僅限於簡單抽象的幾何圖案，而加之以龍、鳳、虎、麒麟，甚至舞蹈人物；色彩也不再單一，有朱紅、暗紅、黃、深棕、淺棕、褐等色。1982 年湖北江陵馬山一號墓出土了一批珍貴的絲織品，有襌衣四件（包括冥衣一件）、袷衣一件、綿衣八件、單裙兩件、綿袴一雙、錦帽一頂、漆履一雙、麻履三雙、衾三領。此外還有綉花枕套、綉鏡衣等生活日用品共計五十餘件，是我國出土時代最早的古代錦綉被實物。這些絲織品多以絹爲綉地，用鎖針綉法將花紋主體部分的綉地完全覆蓋，綉綫色彩斑斕，有棕、紅棕、深棕、深紅、朱紅、橘紅、淺黃、黃綠、藍等色。刺綉的主體花紋爲龍鳳紋，主要圖案有蟠龍飛鳳紋、對鳳對龍紋、龍鳳相蟠紋、鳳鳥花卉紋、龍鳳虎紋等多種紋樣。由此可以看出，公元前 4—前 3 世紀，楚人的刺綉工藝已達到了相當高的水準，最具有代表性的出土文物是龍鳳虎紋綉羅襌衣和對龍對鳳紋絹面綿袍，其刺綉針法整齊、布局均匀，綫條流暢，更加靈活地運用綫條的疏密、排列方式以及走嚮來表現各種禽鳥圖案的細節，使得圖案生動形象，加之構思巧妙，色彩艷麗，想象豐富，充分表現了楚人的浪漫主義色彩。

秦漢時期的大一統格局促進了農業和手工業生產的日益繁榮，由此也帶來了絲織業的興盛。漢代開始出現了專業的刺綉藝人，漢王充《論衡·程材》有“齊部世刺綉，恒女無不能；襄邑俗織錦，鈍婦無不巧”的記載，足以說明當時刺綉技藝的高超和生產的普及。此一時期的綉品除了絲綉，在西北地區出土文物中也常見毛織物上的綉品，足見漢代刺綉工藝分布之廣。漢代的刺綉圖案較戰國更爲豐富，各種飛動迴旋、捲曲迴轉的雲氣，與瑞獸、茱萸、蔓草等植物紋相結合，形成漢式圖案的特點。同時，人物綉也開始出現。針法除了最常見的鎖綉外，出現了短促的直針綉法，被稱爲“納綉”。由於染色原料的不斷發掘，刺綉的色彩也更加斑斕多樣。漢代的刺綉品仍舊以日常實物爲主，從服飾開始擴展到香囊、手套、枕巾、針黹篋、花邊包袱、錦袍、護膝、襪帶、粉袋、鏡袋、靴面、織帶、綉褲等日常應用品。從出土實物看，此一時期的綉品工藝精巧，圖案絢麗多樣，呈現繁美縟麗的景象，最具代表性的是湖南長沙馬王堆漢墓出土的刺綉殘片。1972 年湖南長沙馬王堆一號漢墓出土了數以百計的絲綢織物，其中刺綉品和殘片共三十三件，爲衣服和衣衾的殘片，大都以單色的絹、紗、綺、羅等絲綢爲地，用多色絲綫運用鎖綉的針法綉製而成。

按紋樣的不同，出土的綉品有信期綉、長壽綉、乘雲綉、茱萸紋綉、樹紋鋪絨綉、桃花紋綉、方棋紋綉、雲紋綉、貼羽綉等品種。其中羅地信期綉十二件，絹地信期綉七件；絹地乘雲綉四件，綺地乘雲綉三件，絹地長壽紋綉七件。信期綉圖案爲寫意的燕子。因燕子冬去春來，從不失信，這種圖文被稱爲信期綉。信期綉圖案較小，綫條靈動，運綫細密，做工精巧，刺綉工藝爲鎖綉。長壽綉和乘雲綉的刺綉紋樣大於信期綉，一般爲信期綉的三倍。不同於信期綉的精巧，長壽綉和乘雲綉綫條粗獷，給人以氣勢磅礴之感。這些出土的綉品精細工整，色彩豐富飽滿，花紋構思巧妙，寓意吉祥，展現了西漢初年刺綉的精湛工藝。上等的刺綉品在漢代具有極高的價值，堪比黃金。《太平御覽·布帛部二》引《范子計然書》曰：“能綉細文出齊，上價匹二萬，中萬，下五千也。”當時出產於齊地的刺綉名爲“綉細文”，此種綉品上品一匹價值高達兩萬錢，而當時的黃金也纔價值萬錢。上等綉品價值高於黃金，也祇有達官貴人纔能享用。馬王堆漢墓出土了大量類似“綉細文”的上等綉品，其價值可見一斑，也代表了西漢初期的刺綉工藝水準。

魏晋南北朝時期佛教開始傳入中國，并且很快流行，刺綉佛教用品也成爲信徒表達虔誠的一種方式，因而出現了大量與佛教有關的刺綉品，作爲繪製供養佛像的方式，謂“綉佛”。南朝梁釋慧皎《高僧傳》卷五記載：“苻堅遣使送外國金箔像高七尺，又金坐像、結珠彌勒像、金縷綉像、織成像，各一張。每講會法聚，輒羅列尊像，布置幢幡，珠佩迭暉，烟華亂髮。使夫升階履閾者，莫不肅焉盡敬矣。”梁沈約《綉像題贊·序言》云：“造綉無量壽尊像一軀。”可見當時綉佛之普遍。1965年甘肅敦煌莫高窟出土的北魏刺綉佛像供養人殘片是此一時期的代表作品。該綉品爲滿綉，基本針法爲鎖綉，所綉人物衆多，配色典雅，殘存有“廣陽王慧安〔元嘉〕造”等字樣，可知該綉製年代爲487年，是現存最早的一幅滿地施綉綉品，代表了魏晋時期的刺綉水準。此時期的綉品就流行的針法而言，仍然以鎖綉爲主，兼以平直針法，而刺綉的範圍則從衣裳和實物日用品的裝飾開始向工藝欣賞品發展。

唐代國力昌盛，刺綉也有了長足的發展。據《舊唐書·后妃傳》載，玄宗時期宮中爲楊貴妃一人織錦刺綉的工匠就多達七百人。上有所好，下必甚焉，各官僚大賈紛紛效仿，極大地推動了唐代織綉的發展。與此同時，綉佛也盛極一時。唐釋道世所撰《法苑珠林》載：“康顯慶之際，於西京造二十餘寺，爰敕內宮，式模遺形，造綉像一格，高舉十有二丈，驚目駭聽，絶後光前，……此爲綉像之最巨者。”杜甫《飲中八仙歌》中也説“蘇晋長齋繡佛前，醉後往往愛逃禪"，反映了唐朝繡佛之普遍。此一時期最爲典型的代表是出土於敦煌藏經洞的《釋迦牟尼靈鷲山說法圖刺繡》（現存大英博物館）。該繡品使用了當時流行的劈針法，按照人物肌理、服飾走嚮施針，比鎖繡針法更加生動形象，富有感染力。此繡品不僅篇幅巨大（高 241 厘米，寬 159 厘米），且繡工嚴整精緻，配色富麗典雅，令人嘆爲觀止。與繡佛同時流行的還有經文刺繡。據唐蘇鶚編撰的《杜陽雜編》記載："永貞元年，南海貢奇女盧眉娘，年十四，……幼而慧悟，工巧無比。能於一尺絹上綉《法華經》七卷，字之大小不逾粟粒，而點畫分明，細於毛髮。其品題章句，無有遺闕。"在一尺長的絹上綉七萬八千餘字的《法華經》，可見盧眉娘綉藝之高超。這是史籍記載的最早的純經文刺綉作品。唐代刺綉不僅在題材範圍上有所擴展，在繡法工藝上也推陳出新，用通行至今的"平針綉"替代唐以前唯一流行的辮子綉即鎖綉。平針綉針法多樣，發展出齊針、纏針、接針、釘綫、平金、圈金、圈銀、拉金鎖、鋪絨、堆綾、貼絹等刺綉工藝，極大地拓展了刺綉匠人的表達空間和表現題材。同時，套針、切針、滾針也爲此時期所創。可以說，唐代開啓了我國刺綉史上的新時代，爲宋代刺綉的發展打下了基礎。

宋代是我國刺綉發展的鼎盛時期。宋人的藝術審美達到了很高的程度，刺綉工藝鑒賞亦是如此。此時期，無論是綉品的工藝水準，還是審美情趣，都空前絕後，臻至完美。自宋代開始，刺綉明確分爲兩個用途：一是作爲服飾日用品的裝飾，一是向着純粹的藝術觀賞發展。宋人上至天子下至百官，按照身份等級，皆穿綉有一定圖案的衣服。據宋代孟元老《東京夢華錄》記載，北宋開封皇宮內設有文綉院，綉工數百人，專爲帝王嬪妃、達官貴人綉製服飾。後民間刺綉也日漸興盛，十里都城到處珠簾綉額，當時的汴綉盛極一時。徽宗崇寧年間設置綉畫專科，將綉畫分類爲山水、樓閣、人物、花鳥等各科，選擇繪畫名作，模仿刺綉，有些作品竟然超越原畫的風韻，當時著名的綉工有思白、墨林、啓美等。明文震亨《長物志》載："宋綉針綫細密，設色精妙，光彩射目。山水分遠近之趣，樓閣得深邃之體，人物具瞻眺生動之情，花鳥極綽約嚬唉之態，不可不蓄一二幅，以備畫中一種。"明代戲曲家高濂也在《遵生八箋‧燕閑清賞箋》中説："宋人綉畫，山水、人物、樓臺、花鳥，針綫細密，不露邊縫，其用絨止一二絲，用針如髮細者爲之，故多精妙。設色開染，較畫更佳，以其絨色光彩奪目，豐神生意，望之宛然，生趣悉備。女紅之巧，十指春風，迴不可及！"此一時期杰作紛呈，現存世的有臺北故宮博物院收藏的觀音大士像、長生佛會圖、老子像、老子騎牛圖、秋葵蛺蝶、梅竹山禽圖、芝仙祝壽圖、鹹池浴圖、黃筌（五代工筆畫家）花鳥畫，現存遼寧省博物館的瑤池跨鶴圖、梅竹鸚鵡圖，都是宋代繡畫精品。宋代刺繡能夠取得如此之高的藝術成就，除却政府的推廣之外，與刺繡工藝的不斷創新有着很大的關係。到了宋代，唐代流行的平針繡法已經被鑽研發明出許多改良的新針法，多達十五六種，能夠更加豐富多變地表現出繪畫的靈動。隨着手工藝的發展，作爲刺繡主要工具的繡針也成了髮絲粗細的精緻鋼針，繡綫也分爲絲綫、金綫以及彩紙，絲綫又分爲劈絲細綫和捻綫。這些技術方面的革新，使得宋繡能夠更加逼真地將原畫作中的形象、色彩以及神韵表現出來。

元代刺繡在宋代基礎上繼續發展，雖有精品存世，但從整體上來說，元代刺繡的精細較之宋代有所不同。張應文《清秘藏》一書中載："元人用絨綫稍粗，落針不密，間用墨描眉目，不復宋人精工矣！"宋元時期繡品的種類從針法上分平繡和釘綫繡兩大類，從原料是否用金又分爲蹙金繡和彩絲繡。值得一提的是，元代出現了一種新的刺繡方法——貼綾繡法，即根據需求，將不同顏色的綾剪成不同的圖案，然後再一層層粘在準備好的繡地之上，最後用同顏色的細綫沿着邊緣用點針釘住。貼綾繡較之普通刺繡，更富有立體感和生活情趣。

明代刺繡在宋元基礎之上繼續發展，流行於社會生活的各個層面。與宋元時期不同，明代的刺繡工藝鑒賞開始由宮廷走向民間，出現了以刺繡聞名於世的家族和個人，最爲有名的便是上海的"露香園"刺繡，亦稱"顧繡"。顧繡發揚宋元繡畫技法，以古今名人書畫作品爲底稿，畫繡結合，以畫補繡，刻意追求繪畫效果，針不及處則以筆接色，以畫代繡。其構思講究，用材精妙天成，繡工善美，風格得以聞名傳世、名噪一時。顧繡問世之初便爲時人欣賞，成爲公卿大賈争相收藏的對象。據明崇禎年間所修《松江府志》記載："顧繡斗方作花鳥，香囊作人物，刻畫精巧，爲他郡所未有而價亦最貴。尺幅之素，精者值銀幾兩，全幅高大者，不啻數金。"顧繡自明代起自成流派，經歷清代和民國，名家輩出，至今在刺繡行業仍舊有着重要的地位。明代刺繡的素材也有所拓展，從絲綫發展到了透繡、髮繡、紙繡、貼繡、戳紗繡、平金繡等，大大擴展了刺繡藝術的範疇。

清代的刺繡仍分爲官營和民間兩種形式。清政府設立江寧織造、蘇州織造與杭州織造，并稱"江南三織造"，專辦宮廷御用和官用各類紡織品，不僅用料和工藝水準極高，且產量驚人，從現存於北京故宮博物院的宮廷衣服可以窺見一斑。民間刺繡發展迅速，地方性繡派如雨後春笋般興起，争奇鬥艷，各有特色，著名的有蘇繡、粵繡、蜀繡、湘繡、京繡、魯繡等。刺繡商品開始出口到日本、南洋及歐美等地。到了清晚期，沈壽融會西方美術作品寫實手法，創製"仿真綉"，針法多變且富立體感；江蘇楊守玉發明"亂針綉"，采用長短交叉綫條、分層加色手法來表現畫面，擅長綉製油畫、攝影和素描等作品，爲傳統刺綉注入新的血液。

婦好墓出土鎖綉殘迹

商代刺綉遺迹。河南安陽殷墟婦好墓出土的銅觶上黏附着菱形的刺綉殘迹，綉綫細而柔軟，并有深淺不一的暈色，其綉紋應該爲平綉。

强伯妾倪墓出土西周刺綉殘迹

周代刺綉遺迹。刺綉在周代已經發展到了一定的水準，周的統治者設置與紡織品有關的官職，掌管紡織品的生産和徵收事宜。1976年陝西寶雞茹家莊西周强伯妾倪墓中尸體下葬時穿着華美的絲綢衣服。出土的衣服有明顯的刺綉痕迹，是先用黃色絲綫在染過色的絲綢上綉了紋樣的輪廓綫條，再以筆在花紋部位圖繪大塊顏色。色有紅、黃、褐、棕四種，其中紅色爲天硃砂（硫化汞），黃色爲石黃（三硫化二砷和硫化砷），用這兩種礦物顏料加入黏着劑以後塗染織物，有一定牢度，色相也非常鮮明。其他顏色是植物染料所染。刺綉的顏色應爲後染色，綉法爲辮子股針法。其花紋主要以單綫條爲主，即一條辮子股，需要突出圖案的地方則使用了兩條辮子股，形成了主次分明、錯落有致的圖案效果。

西周紅地刺綉黃藍色三角紋褐

周代刺綉實物。新疆文物考古研究院藏。爲紅色平紋毛織物，以相同的經緯度織成，縱嚮加捻。在紅色褐地上用白、黃、藍、粉綠四色合股的毛綫，分別以緝針綉出小三角堆砌的幾何圖案。這可能是中國最早的毛織品。出土時色澤鮮麗，是目前發現最早的刺綉實物。

春秋竊曲紋綉

竊曲紋爲周代的一種重要裝飾紋樣，亦稱"竊則曲"。其圖案爲簡化和抽象化的動物圖案，根據裝飾的物件和部位而變化，主要用於青銅器的裝飾，在周代的衣物刺綉中十分常見。河南信陽黃國貴族墓出土的刺綉殘片是春秋早期的刺綉作品，爲鎖鏈綉成的竊取紋，使用的是雙根鎖鏈中留白的針法，竊取紋用空心勾邊形成圖案。

曾侯乙墓出土戰國刺綉

出土於湖北隨縣戰國早期曾國國君曾侯乙墓葬，爲綉片殘留。長14厘米、寬18厘米。綉地爲質地緊密的深棕色絹片，綉綫已經全部脫落，但針眼仍舊清晰，爲辮子股綉製的捲曲花卉紋理。

龍鳳虎紋綉羅襌衣

戰國中晚時期的刺綉珍品。現存唯一完整的先秦時期的羅織物。現藏於湖北荊州博物館。1982年湖北江陵馬山一號墓出土了21件刺綉珍品，祇有一件羅地衣。羅是中國傳統絲織品，最大的特點就是輕薄、光滑而且透氣，夏天穿在身上涼爽宜人，當時受達官貴人的追捧，和現在的蕾絲很相似。龍鳳虎紋綉羅衣綉地爲灰白色素羅，由兩個對稱的花紋單位組成菱形圖案，菱花長約 38 厘米。四邊則是用褐色和金黄色彩綫各綉了一龍和一鳳，衣服中間則綉了對嚮雙龍和背嚮雙虎。羅衫上的圖案用鎖綉的方法，龍、鳳、虎用七種不同顔色的絲綫精綉而成。龍、鳳、虎三位一體，構思新奇，形象生動，表現了楚人活潑大膽的想象力和獨具一格的創造力。龍鳳虎紋綉羅衣構圖匀稱，色澤華麗，綉工也十分精細，表現了楚綉的高水準。

對龍對鳳紋絹面綿袍

亦稱“龍鳳舞華裳”。與龍鳳虎紋綉羅襌衣一同出土於湖北荆州馬山一號楚墓，現存湖北荆州博物館。該綿袍交領右衽、直裾，袍長 169 厘米，袖展 182 厘米，面料爲淺黄絹地，對龍對鳳紋刺綉，灰白絹裏，内絮絲綿。領緣和袖緣均鑲有動物紋複合組織縧帶，襟和下擺緣均用大菱形紋錦。刺綉以鎖綉爲主，間以平綉。構圖浪漫，龍、鳳形象大都作變形處理，是楚人神奇浪漫藝術風格的典範之作。

【龍鳳舞華裳】

即對龍對鳳紋絹面綿袍。見該文。

鳳鳥花卉紋面衾

戰國中晚期刺綉珍品。1982 年湖北江陵馬山一號墓出土，現藏於湖北荆州博物館。綉地爲黄棕色絹面，圖案呈長條形，由鳳鳥和花卉組成，對角布置，高約 60 厘米，寬 25 厘米，綉綫有深紅、土黄、深棕、黄緑、深藍五色，具有典型的戰國楚風特點。鳳冠、鳳翅以單行鎖針綉鋪列，其餘則用綉綫填滿。鳳鳥頭戴華麗冠飾，左右各有三束下垂流蘇狀羽毛，張開雙翅，呈舞步；雙翅最上端生出一個鳳頭，側面正對中間的鳳頭；雙側鳳頭與周圍花枝相連，花枝向上蔓捲，在上一個鳳圖案旁邊形成三支倒挂下垂的花卉流蘇；畫面詭异，構圖大膽，被學者稱爲“三頭鳳”。鳳鳥花卉紋面衾刺綉紋樣流暢活潑，設計極具浪漫氣息，具有典型的戰國楚風色彩。

馬王堆一號漢墓出土刺綉

漢代刺綉珍品。1972 年湖南長沙馬王堆一號漢墓出土了數以百計的絲綢織物，其中刺綉品和殘留物共 33 件，多爲衣服殘片，大都以單色的絹、紗、綺、羅等絲綢爲地，用多色的絲綫，運用鎖綉的針法綉製而成。按紋樣的不同，有信期綉、長壽綉、乘雲綉、茱萸紋綉、樹紋鋪絨綉、桃花紋綉、方棋紋綉、雲紋綉、貼羽綉等品種。其中羅地信期綉 12 件，絹地信期綉 7 件；絹地乘雲綉 4 件，綺地乘雲綉 3 件；絹地長壽紋綉 7 件。信期綉圖案爲寫意的燕子，因燕子冬去春來從不失信，因而這種圖文被稱爲信期綉。信期綉圖案單元較小，綫條靈動，運綫細密，做工精巧，刺綉工藝爲鎖綉。長壽綉和乘雲綉的刺綉紋樣單元大於信期綉，一般爲信期綉的三倍。不同於信期綉的精巧，長壽綉和乘雲綉綫條粗獷，給人以氣勢磅礴之感。長壽綉用朱紅、絳紅、金黄、土黄、紫、橄欖緑、深藍等色絲綫，綉成翻捲的流雲，雲彩間露出側面像的龍。龍在漢代傳説中能引導人們成仙，使人長生不老，寓意“長壽”，長壽綉因此而得名。馬王堆漢墓出土的綉品精細工整，色彩豐富飽滿，花紋構思巧妙，寓意吉祥，展現了西漢初年刺綉的精湛工藝。

西漢菱紋羅地信期綉

漢代刺綉珍品。出土於馬王堆一號漢墓。綉地爲帶有菱形花紋的羅，羅紋明顯，與刺綉圖案相得益彰。信期綉得名於馬王堆漢墓出土遺策中的有關記載，其主題花紋爲寫意的燕子，同時以捲枝花草和穗狀流雲點綴其間。由於燕子冬季南遷，春季按期歸來，符合古人對於這種美好德操的追求和贊美，因而這種寫意鳥狀紋繡名爲"信期繡"。信期繡圖案紋樣單元較小，綫條靈動，運綫細密，做工精巧。刺繡工藝爲鎖繡。

對鳥菱紋綺地乘雲繡

漢代刺繡珍品。出土於馬王堆一號漢墓。繡地爲帶有菱形花紋的綺。綺是平紋地起斜紋或浮長花的素色提花絲織品。圖案爲縱嚮的連續菱紋，再在菱紋內填以橫嚮的花紋，每組三層。以朱紅、絳紅、金黃、土黃、紫、藏青等多彩繡綫，繡出漫天飛捲的如意頭流雲，在雲捲雲舒中有鳳鳥的側臉，并用誇張的手法將鳳鳥的眼睛繡爲菱形，尤其突出眼球，似有點睛之效，使得整幅繡品富有生氣，并富有神秘浪漫主義的氣息。織紋和繡紋交相輝映，更顯華貴。乘雲紋布局勻稱，流轉生韵，華麗精美，是漢代典型的圖案。同時出土的隨葬清單遺策中稱之爲"乘雲繡"，寓意"鳳鳥乘雲"。其繡法主要是鎖繡。

西漢黃絹地長壽繡殘片

湖南長沙馬王堆一號墓出土刺繡殘片。此件繡品在黃色絹地上以鎖繡針法繡成穗狀變體雲紋和花枝紋，絹面上十餘朵花穗狀的流雲分別用淺棕紅、紫灰和橄欖綠絲綫繡成，流雲間穿插着深綠的雲紋。雲紋的頭部似如意，尾部似飄動的穗鬚。隨葬的清單遺策中記載這類圖案代表"長壽"之寓意，因此稱其爲"長壽繡"。這件長壽繡紋樣的單元較大，每個圖案單元的穗狀流雲紋花頭較多，氣勢磅礴、粗獷，

針法綫條流暢、繡工細密、針脚整齊，爲當時流行的一種高級繡品。

西漢絹地茱萸紋繡

湖南長沙馬王堆一號墓出土刺繡殘片。以棕黃色菱紋羅爲地，用深絳色、淺絳色繡綫在棕黃菱紋羅地上繡出茱萸紋和捲草紋等花紋。茱萸紋成行成列排布在菱紋羅上的菱形中間，其上附着捲草紋和雲紋等纖細的連理繡迹。針法是鎖繡法。茱萸紋捲渦用多列鎖繡，而捲草、雲紋均是單列鎖繡。古人認爲茱萸有治病驅邪的功能，因而在生活中多有應用，同時賦予其吉祥和長壽的寓意，如重陽節戴茱萸等習俗。從西漢出土的絲織品來看，茱萸紋和運氣紋是較爲盛行的服飾裝飾紋樣，充分表現了我國古代勞動人民對幸福生活的追求和對於未來的美好期許。

烟色絹地樹紋鋪絨繡片

湖南長沙馬王堆一號墓出土刺繡殘片。紋樣長寬各4厘米，現藏湖南博物院。爲棺外裝飾，用朱紅、黑、烟三色絲綫繡成。平直針鋪就整個地料，排列均勻，針脚整齊。以形變的幾何菱紋爲主體，內填紅地烟色花紋，形成四方連續的裝飾圖案。是迄今所見我國最早的平繡作品。

西漢刺繡散點折枝花紋殘片

湖北荆州鳳凰山出土刺繡殘片。在深黃色絹地上繡出散點折枝花。針法有打籽繡和斜平針，風格明快，設色典雅。以打籽針法爲主要針法繡花紋的一件作品。

東漢淺黃絹刺繡人物圖

東漢時期刺繡作品。1959年甘肅武威磨咀子出土。主要的圖案是兩個正在對話的人物，一人着深褐色的衣物，戴褐色尖頂帽子，另一人着淺色衣袍。人物形象憨態可掬，周圍繡有圖案。

整幅作品長 7.5 厘米，寬 7.5 厘米，以紅色絹爲地，殘留着墨綫畫稿的痕迹，尚未完成全部，似爲少女初學之作，是當今發現的最早的人物刺綉作品。

東漢刺綉織錦菥篋

東漢刺綉珍品。1959 年甘肅武威磨咀子第 22 號墓出土。篋蓋長 34 厘米、寬 20 厘米、高 17 厘米，篋底長 33 厘米、寬 18 厘米、高 16.5 厘米。篋面中心有一幅絹地刺綉裝飾，在絳紅色絹地上用藍色、石綠色等絲綫綉成捲雲紋四方連續圖案。綉法爲鎖針綉。

東漢刺綉花草紋鏡袋

1959 年新疆民豐北大沙漠精絕遺址 1 號墓出土刺綉器物。爲裝銅鏡所用，出土時與粉袋、木梳等合裝於藤編的奩盒内，放置於女墓主的頭部左側。形狀類似現在的雙肩包，包面直徑爲 12 厘米，帶長 20 厘米，袋面爲圓形，在淺綠色絹地上綉有黃、紫和湖藍色寫意花葉紋，紅絹鑲邊，邊上裝兩個三角形帶紐，與兩根帶子相接。與鏡袋一同出土的粉袋則用白絹作袋身，上用紅、黃、棕等絲綫綉出單綫雲紋。袋口則用紅色菱紋綺鑲邊，作四葉狀，應爲放置化妝品所用。

東漢藍色縑刺綉雲紋護膝

新疆尉黎出土刺綉器物。新疆文物考古研究藏。此件護膝用兩塊精細的藍色縑拼縫而成。以淺黃色、棕色絲綫用單行鎖針法勾勒蔓草紋，以雙行針法用土黃、中黃、深綠等色絲綫作爲填充，與藏藍色絲綢綉地形成強烈的視覺對比，四周以淡黃色絹鑲邊。風格簡潔明快，使人耳目一新。

東漢深黃絹刺綉殘片

漢代刺綉殘片。新疆尉黎出土，新疆文物考古研究藏。爲毛織物上的裝飾，以深黃色絹爲綉地，用黃、紅、白、綠等色絲綫以單行鎖針綉法綉出四瓣花草和捲草紋，葉面以鎖針法填充，紅絹鑲邊，以黃、綠色串珠爲裝飾。紋樣簡單大方，頗有西域風格。

北魏刺綉佛像供養人

北魏刺綉珍品。1965 年甘肅敦煌莫高窟 125—126 窟間縫出土。現藏於敦煌研究院。長 49.4 厘米，寬 29.5 厘米。爲北魏廣陽王元嘉供奉的刺綉佛像殘片，雖殘損嚴重，但仍可見一佛、一菩薩、五位供養人以及各式紋飾。綉品以綢爲底滿地施綉，佛坐於正中蓮臺之上，右側菩薩侍立（大部分已殘毀）。蓮臺下左右分列四女一男（現祇存圖左側的供養人），身穿胡服，衣服上綉忍冬和捲草紋，身旁一側還綉有名款。從名款得知，幾位供養人是鮮卑王族廣陽王母、妻和兩個女兒，前有一女尼導引，廣陽王母、妻和兩個女兒，均戴合歡氈帽，顱後垂髮辮，着過膝的窄袖左衽長衫，衣上爲朱紅桃形忍冬紋，内着曳地長裙，是典型的鮮卑貴族婦女服飾。女尼袒右肩，披紅袈裟，着藍綠色偏衫，穿烏皮靴。人物衣服配色富麗，栩栩如生。合歡帽曾流行於兩晉時期，是用織金錦屬製成的暖帽。因綉品内容爲宗教題材，因此，綉工一絲不苟，所綉佛祖、菩薩和供養人皆面目端正，威嚴有加。圖案最下方爲發願文，殘存有“廣陽王慧安〔元嘉〕造”等字樣，由此可知該綉品年代爲 487 年。此綉品以黃褐色絲綢爲綉地，部分綉地幾不可見，針法采用鎖針綉，針針相接，十分緊密，配色富麗堂皇，體現了皇家的奢華。人物袍服邊緣、花卉、枝幹、葉框、魏碑字框用單行鎖綉針法綉，桃形忍冬紋和魏字、帽翅等使用雙行鎖繡針法，葉面用多行鎖繡繡滿。針腳距離小且均勻，正面形成人字形鎖鏈紋，背面爲首尾銜接的順針；花邊部分所用絲綫較粗，針腳距離稍大。花邊部分個別地方反用鎖繡針法，形成正面爲首尾銜接的順針，背面爲人字形的鎖紋。這種鎖繡正反變化的針法，是在漢代鎖繡針法基礎上的創新發展。繡品色彩斑斕，不同於北朝敦煌壁畫中人物服飾單色，極少見圖案。此繡品採用了紅、黃、綠、紫和藍等繡綫進行巧妙搭配，淺黃色爲底色，朱紅色主要用於服飾和表現人物鼻、耳、手、腳等肌肉部分的綫條，藍色、綠色用於表現花紋，紫褐色用於表現冠、靴等深色部位，配色諧調，運色鮮明，鎖繡針法多變，是現存最早的一幅滿地施繡繡品，十分珍貴。

淺黃絹葡萄瑞獸紋殘片

北涼繡品。1972 年新疆吐魯番阿斯塔那 177 號墓出土，殘高 23 厘米，殘寬 17 厘米，現藏新疆博物館。在暗黃色的絹地上用紅色和紫色的繡綫繡出成串的葡萄，其間用朱紅和藏青色等色繡綫繡出瑞獸、祥禽、茱萸紋，綫條均爲鎖繡工藝，填充則以平繡爲主，表達出新疆人對葡萄熟了的喜悅之情。

南北朝紅絹刺繡神鳥紋殘片

刺繡殘片。1972 年新疆吐魯番阿斯塔那 382 號墓出土，殘高 22.5 厘米，殘寬 28.5 厘米。現藏新疆博物館。地有雙層，原白色爲裏，大紅色爲面。此繡件在深紅色絹地上用藍、綠、黃、黑、紅、褐等色繡出，針法爲鎖繡。圖案中心以誇張變形的共命鳥爲主體，尾部羽毛呈流蘇狀下垂，四周圍繞四隻展翅飛翔的小鳥，每隻小鳥形態不一，十分生動，鳥身以藍、黃、

綠、褐等色推暈，周邊環繞螭龍、花草、星辰，上方有山紋，布局合理，配色明麗，綫條流暢，繡法精湛。

敦煌釋迦牟尼靈鷲山説法圖刺繡

唐代刺繡珍品。現藏於大英博物館。高 241 厘米，寬 159 厘米，被認定製作於唐代，約 8 世紀，是敦煌藏經洞出土的最優秀的作品之一。這件巨幅刺繡由五尊佛像構成，畫面正中是佛陀赤腳站在蓮花寶座上，身着紅色袈裟，扁桃形的佛光環繞着身體。佛陀袒露右肩，右手垂直放下，左手執衣襟——這是所有靈鷲山釋迦牟尼説法圖共有的姿勢。蓮花寶座的兩側各有一隻白色的獅子，形態各不相同，目光却看往同一方嚮。佛陀的頭頂上是一藍色華蓋，飾以珠寶和流蘇，十分華美，華蓋兩側各有一飛天舞於雲端，衣袂飄飄。佛陀兩側各有一佛弟子和菩薩，赤腳立於蓮座之上，頭部均有光環繞，側身面向佛陀，菩薩基本上完整地保留了下來，但佛弟子除了頭部之外，身體的其餘部分均已缺失。繡品的右下方跪着三個男性供養人，前方有一跪着的和尚，身穿淺褐色僧衣，另外三人則均頭戴黑色襆頭，身穿藍色圓領袍；最前面的男人面部有鬍鬚，似是年長於後面兩人，應是家中長輩，身後是一個站立的男性侍者。左下方是則跪有四個女性供養人，頭梳髮髻，身穿窄繡襦，外罩半臂，分別身繫淺褐色、深黃色、淺綠色、深綠色長裙，有的披有披帛。一婦女身旁還跪有一身材小巧的男童，他們身後站立着一個身穿袍服的侍女。供養人身旁的題記上繡有“義明供養”“一心供養”等字，但多已湮滅不可辨認。整幅圖案是將底樣直接描繪在絹底上，再照樣刺繡

的。主綫基本使用了深藏青色絲綫，如同水墨畫中的勾勒一般，但人物的面部，如佛陀和菩薩的鼻子和嘴巴則用比膚色更爲深一些的絲綫勾勒，更爲逼真。爲使刺綉牢固，使用了本色絹背襯以本色麻布兩層綉地。綉品中主要使用了自北朝至盛唐間十分流行的劈針針法，但大多數針脚較長，約在 0.8—1.0 厘米，應該是介於劈針和平針之間的過渡期作品。作品中的針綫朝着不同的方嚮，還有一些地方帶着旋轉的針綫綉法，使得綫條與人物的肌膚和衣服走嚮相同，更顯生動。從供養人的髮髻及服飾來看，應屬於武周至開元時期的作品。

釋迦如來説法圖刺綉

　　刺綉珍品。現存於日本奈良國立博物館。綉品高 208 厘米，寬 58 厘米，爲 8 世紀唐或者奈良時期作品，因其曾收藏於京都勸修寺，又有"勸修寺綉帳"之稱。圖案的中心爲身着紅袈裟，端坐於寶樹華蓋下獅子座上的釋迦牟尼佛。佛祖露右肩，赤脚踩於蓮花座上，頭部有三圈光環環繞，面色祥和，華蓋上有寶珠穿成的流蘇作爲裝飾，華美異常。寶樹和華蓋兩側各有六位乘雲演奏的飛天，飛天上方有數位騎乘飛鳥的神仙，人物和飛鳥的形態各不相同，飄逸自然，十分生動。佛的左右各排列站立着七位菩薩，神色莊重，側身對着佛，似在認真聽法，十四位菩薩皆頭部有光環。佛的對面是一位身着華服的女子，女子兩側有十位僧侶和十一位供養人，人物服飾形態各有特色。整幅作品構圖莊嚴、富麗華貴，表達了刺綉人對佛陀世界的嚮往。作品主題衆説紛紜，一説認爲釋迦對面的女子是釋迦生母摩耶夫人，這是夫人在往生後居住的利天對釋迦説法的場面。綉

品以白色的平織絹布爲綉地，刺綉技法以鎖綉爲主，在釋迦的螺髮和菩薩寶冠等部分采用了用絲綫達成團子結的相良綉技法。諸尊及人物以外的空間也都以鎖綉的菱形紋樣填滿，綉地幾不可見，祇有從綉綫脱落的極少部分才能窺見底布。因刺綉部位的不同，相良綉的結球顆粒大小、鎖綉用綫的粗細或運針方嚮也隨着改變，透過這些技法表現出了一般繪畫中所不易達到的立體感。由此，我們可以看到當時刺綉工藝之精湛。這幅作品的製做時期，跟中國敦煌壁畫、龍門浮雕，及日本法隆寺金堂壁畫做比較後可知，應不會晚於 8 世紀初。關於製作地的説法有中國及日本兩説，目前尚無結論。但是，從利用鎖綉去填滿整個空間，及日本奈良時代文物中并無相良綉的例子等來推斷，本作更有可能是出自中國的頂級唐代刺綉。

敦煌刺綉佛像殘片

　　唐代刺綉。現藏於印度國立博物館。綉品長 81.3 厘米，寬 63.5 厘米。上面殘存七十多尊姿勢相同的佛像，每尊高約 10 厘米，頭部有光環環繞，身披紅色、橙色或者褐色袈裟，結跏跌坐於蓮座之上。右端殘存兩排供養人，上方是三位身着長袍的男供養人及撐傘隨從，下方則是四位身着長裙的女供養人及撐傘侍女。整幅綉品由二十多塊大小不一的刺綉拼接而成，拼接處明顯，是先刺綉完成再拼接在一起的。主要刺綉工藝爲鎖綉，綉地幾不可見。

敦煌百衲袈裟刺綉殘片

　　唐代刺綉。收藏於大英博物館。長 150.5 厘米，寬 111 厘米。主體由絹、綾、綺、錦、夾纈絹、絹地刺綉品縫合而成，在製作時按照圖案對稱來拼合，四周以藍地對鳥衛枝紋夾纈

絹爲邊緣。位於中間的是紅絹地的刺繡花卉，殘損較嚴重，祇有兩塊保存完好。在白色絹地上用紅、藍、綠、黃、白等彩色絲綫以平針推暈法綉成，用深淺不同的色彩表現出花瓣的暈繝效果，十分精美。這種長短針相接的綉法開啓了後代畫綉之先河。

絹本藍地金銀絲綫綉佛説齋法清净經

唐代刺繡佛經。收藏於法國國家圖書館。長90.5厘米，寬27.8厘米，是敦煌藏經洞出土的唯一一件刺繡佛經。綉品以藍灰色的平紋絹爲綉地，先用黑綫打框，再墨書經文，最後運用淺黃褐色無捻絲綫，用劈針刺繡。綉字共四十八列，每列十七字，共八百一十六字。如此多的漢字，在祇有27.8厘米的綉面上刺綉出來，説明了唐代刺繡技藝的高超，同時也反映出當時人們對佛教信仰的虔誠。

敦煌深黃綾刺繡鴛鴦牡丹紋香囊

唐代刺繡。現藏大英博物館。綉地爲暗花素地，滿綉折枝牡丹花，花葉間綴以鴛鴦。這幅綉品對於以往的刺繡工藝有所創新，鴛鴦和花葉輪廓綫以金色綉綫用釘綫法綉成。用深綠、淺綠、淺赫、深藍、淺藍、土黃、紅色等多種色綫綉花葉，以平針綉花葉，表現了花葉轉折生動之感。平銀針法綉鴛鴦，即用銀綫按紋樣輪廓平鋪由外向内盤旋，再用釘針綉法釘在底料上，使綉面平服。從整幅刺繡來看，形象生動活潑，漸趨寫實的藝術表現效果，是典型的唐代花鳥綉。

唐代花樹孔雀圖刺繡

唐代刺繡。日本正倉院藏。在紫色綉地上綉有一隻孔雀。孔雀羽毛、尾巴和花草均用平針推暈法，用白、黃、紅、紫、綠、海藍等色絲綫綉成。孔雀上面是一株花草，下面是一棵開滿花的樹，以孔雀和樹爲主體，整幅畫面安逸寧静。綉法以平針和鎖綉相結合。值得一提的是，這幅刺繡已采用雙面綉的方法。

唐代弘忍像刺繡

唐代刺繡。新疆伊犁出土，大英博物館藏。綉品由兩片紅色菱紋綺和褐色絹縫接而成。以黃色絲綫用鎖綉法綉出忍冬紋，將珍珠串連并盤綴在圖案上，周邊用金珠盤成聯珠紋，華麗富貴，爲典型的釘珠綉綉品。

唐代緑綾地刺繡蝶戀花紋幡頭

唐代刺繡。敦煌出土，日本正倉院藏。在綠色絹地上綉有兩株牡丹和一隻蝴蝶，牡丹和蝴蝶的紋樣以平針二色推暈或三色推暈綉出。在以黃色綉綫爲主要色彩，與綠、紅、褐等相結合，圖案工整，色彩對比强烈，富麗堂皇。

唐代深緑絹刺繡飛鳥、奔鹿、牡丹紋殘片

唐代刺繡。敦煌千佛洞出土，大英博物館藏。在深綠色絹地上用紅、黃、綠等色綉出花卉、鹿、鳥、蜂等紋樣。刺繡工藝爲推暈法，色彩對比强烈，動物活潑奔放，色彩搭配和刺繡針法嫻熟，是唐代刺繡進入畫綉時代的先聲。

唐代黑綾刺繡花卉紋殘片

唐代刺繡。敦煌千佛洞出土，大英博物館藏。在黑色的綾地上綉出花卉，每個花卉由三個花瓣組成，用白綫釘金黃色綉綫勾勒花瓣輪廓，花瓣用紅、橘紅、黃、藍、淺藍、白等色綫推暈綉出。以平針綉和釘綫綉綉成，平針推暈法和釘綫勾邊結合工藝嫻熟。

紫絳絹刺繡寶相睡蓮經帙殘片

五代時期綉品。1957年蘇州虎丘雲巖寺發

現。現藏蘇州博物館。殘長 34.7 厘米，寬 15 厘米。中心主題部分用金黃色的繡綫在絳紫絹地上繡出睡蓮，和諧淡雅。睡蓮花瓣用散套，蓮葉用集套，針綫走嚮以花蕊爲中心向外發散，莖蔓和大葉緣用接針勾勒。

五代繡三星圖

五代時期繡品。臺北故宮博物院藏。絹地，高 194.3 厘米，寬 111.2 厘米。存世五代畫繡中唯一有人物刺繡的作品。繡有十九人，依照尊卑，人物尺寸有大小差别。福、禄、壽三星尺寸最大，坐於樹下岩石之上。位居中央的是身穿藍衣寬袍服，手持玉柄塵尾，冠纓結成葫蘆形的福星；左側是穿綠色衣袍手拿羽扇的禄星，禄星身旁一隻鹿銜花跪伏；右側的壽星手持玉版，上繡有“福壽齊全”四字，前方丹頂鶴銜“壽”字來朝，象徵壽比南山。三星的左上方有兩位身着華服的仙女站立雲端，似在觀看歌舞。三星之下是伎樂仙五人分别演奏腰鼓、笛子、琵琶、大鼓和拍板，外加一名舞者。伎樂仙之下圖案的中央有一位焚香祭拜的華服仙女。仙女梳着高高的雲髻，插滿金鳳簪釵，圓領寬袖衣，繫着精緻小佩囊，是晚唐、五代婦女的裝扮，貴氣逼人。最下面有五名赤足女仙，身旁有代表吉祥的動物伴隨，如鹿、鶴、龜、猴、白虎和青羊等。繡品以褐色絹爲繡地，用深淺藍色、石綠、深淺赭石色、白色和金色等色絲綫精繡而成，工整精緻。

北宋刺繡大士像

宋代繡品。臺北故宮博物院藏。高 97 厘米，寬 58.5 厘米。繡像中間千手觀音跌坐法壇，手持法器，身挂瓔珞，面色慈祥安寧，頂上的華蓋莊重華麗，四周空中飄浮香花。繡綫

以褐色、白色爲主，配以深淺不同的藍、綠、橙等色。尤爲重要的是，繡綫以雙絲綫絞合而成，即後來一針孔中同時穿入兩根以上絲綫的合綫法。針法以長短參差的套針、鋪針、游針爲主，針脚不露。針綫排列方嚮依物象形體的不同變化，注重針法與綫色搭配，充分表現出畫稿的形色變化。整幅繡品細膩傳神，完全忠實於宋代繪畫精勾細畫的風格，順應了宋代繪畫寫實的藝術追求與審美趣嚮。繡作出於清宮，鈐有“乾隆御覽之寶”“宣統御覽之寶”“秘殿珠林”“秘殿新編”“珠林重定”“太上皇帝”“乾隆鑒賞”“乾清宮鑒藏寶”“三希堂精鑒璽”“宜子孫”“嘉慶御覽之寶”等印璽。

北宋刺繡梅竹山禽圖

宋代繡品現藏臺北故宮博物院。高 130.5 厘米，寬 54 厘米。宋代是畫繡的典型代表，刺繡多采用名家畫稿爲本。針法也在平繡的基礎上創出了單套針、雙套針、施針、刻鱗針、游針、扣針、扎針等，豐富了刺繡的技法及藝術表現力，同時也造就了宋繡發展中的高品位。繡品中的梅樹枝幹和竹葉用了漸次推暈的單套針、雙套針、戧針、旋針，表現了樹幹蒼勁盤曲和明暗變化。樹幹嫩枝則用由淺及深的施針。繡禽鳥時背部用鋪針加施針，腹部用雙套針加施針，翅膀用雙套針加施針或刻鱗針，眼睛和足部的針法也不一樣。總之，禽鳥蓬鬆的毛茸感表現得十分逼真，樹木的蒼勁盤結、梅花的冰骨清新、竹子的挺拔俊秀，都繡製得惟妙惟肖，使這幅經典的繡作達到了極高的藝術境界。繡面鈐有“御書房鑒藏寶”“三希堂精鑒璽”“宜子孫”“乾隆鑒賞”“宣統御覽之寶”“乾隆御覽之寶”“嘉慶御覽之寶”“石渠寶笈”“御書房鑒

藏寶""宣統鑒賞""無逸齋精鑒璽"等。

宋代刺繡開泰圖

宋代繡品。現藏臺北故宮博物院。繡品中有三童子和九隻羊，一童子騎羊，二童子侍立，九隻羊寓意九陽啓泰。這件繡品的特色是戳紗繡，即以素紗爲地，以色綫用"一絲串"（即戳紗繡，依紗地經緯，每隔兩根經綫一根緯綫的交織點戳納一針的針法）針法戳納花紋而成。繡面厚重緊密，這種繡法產生的斜紋肌理十分奇特。孩童、羊、梅花、茶花、松針等均留白不戳紗，用平針繡成。

宋代刺繡菊花簾圖

宋代繡品。現藏臺北故宮博物院。高 147.4 厘米，寬 64.04 厘米。秋季應景懸挂的對屏之一。繡品以藏青色織品爲繡地，圖中瓷盆中盛開的菊花植株高大，菊花以黃色系絲綫爲主繡成，色彩對比鮮明，富有視覺衝擊力，錦繡富麗，花端十餘隻蝴蝶、蜻蜓、蜜蜂縈繞飛舞，十分生動。菊花主幹與蝴蝶、蜻蜓、蜜蜂的翅膀均用釘金繡出輪廓，花盆泥土用齊套針繡就，根脉扎於其中更顯遒勁；菊葉、花瓣用黃色或橘黃色綉綫以游針綉成外部輪廓，輪廓內緣又以紅、黃、綠多色綫鋪以齊套針，增加了花葉的裝飾效果；爲突出層次，花葉或露藏青底色，或以黃、綠絲綫繡滿，使整棵菊株生趣蓬勃。繡品下半部分以藍色絲綫平繡鋪滿，花盆放置在木胎剔紅漆器座案上，座案以釘金繡爲輪廓，與紅色相搭配，富麗典雅。花盆以白色爲底，用紅、黃、藍、綠等顏色繡出裝飾畫，活潑俏麗。花盆左右兩邊荷葉上分置兩隻蟾蜍，用平針繡出蟾蜍的豐滿體態、背生銅錢，寓意"多子多福""招財進寶"；蟾蜍背上小花盆中植有

蘭花，用游針勾勒繡出輪廓，蘭花花瓣與蘭葉繡得顧盼生姿，絲理順畫理，極富生氣。作品周圍鈐有乾隆、嘉慶皇帝諸璽。

宋代刺繡秋葵蛺蝶圖

宋代繡品。現藏臺北故宮博物院。此刺繡紈扇高 23.5 厘米，寬 25.2 厘米。繡品以宋院體畫爲藍本，體現了高度的寫實性。繡面以折枝秋葵爲主體，盛開的黃色秋葵花和含苞的花蕊各吸引一隻翩翩飛舞的彩蝶，枝葉舒展，花影婆娑，動態十足。盛開的黃色秋葵花瓣、花蕊皆以齊套針加施針表現；花葉用摻針從中間向葉尖運針，再於其中勾出葉脉，繡技嫻熟，秋葵花上再輔以少量的畫色，令欣賞者難辨是繡還是畫；兩隻蛺蝶作爲點睛之筆，在繡作時以散套繡成蝶翼，又用細膩的平針將翼翅上的點點斑紋繡成，生動自然，色調柔和，將繪畫筆意表現得淋漓盡致。

宋刺繡黃筌畫翠鳥芙蓉圖

宋代繡品。現藏臺北故宮博物院。依黃筌畫冊原尺寸大小繡製，高 23.1 厘米，寬 21.1 厘米。黃筌，蜀畫家，字要叔，四川成都人，作品多描繪宮廷中的异卉珍禽，有富麗感；後人將他與江南徐熙并稱"黃徐"，素有"黃家富貴""徐熙野逸"之評，形成五代、宋初花鳥畫的兩大流派。繡面色彩明麗，翠鳥栖於莠草上，體態輕盈，以散套針、摻針、施針、游針、纏針等繡芙蓉、蘆草、羽翅等，鳥冠幘用套針加長短施針繡成，鳥睛盤繡而成，極有精神。莠草葉、花葉、花朵均用長短針鋪陳，暈色自然，造型準確，繡技精湛。繡圖右側繡有"五代黃筌真迹"六字，鈐"宣統御覽之寶"璽。

宋刺綉梅竹鸚鵡圖

宋代綉品。現藏遼寧省博物館。綉品高27.3厘米，寬28.3厘米。以暗黃色絹爲地，一支梅花於竹葉中探出，上立一隻轉頸俯首的藍色虎皮鸚鵡，運用刻鱗針、套針、切針、施針等綉出虎皮鸚鵡的羽毛和梅花、竹葉，典雅華麗，凸顯出宋綉極佳的藝術表現力。刺綉周圍有"姜氏二酉家藏""儀周珍藏"等印與乾隆、嘉慶皇帝諸璽，又有"繼澤堂珍藏"印，乃爲恭親王奕訢藏後所鈐。亦有朱氏"朱啓鈐印""蠖公"兩方印記。

宋刺綉瑤池跨鶴圖

宋代綉品。現藏遼寧省博物館。高25.4厘米，寬27.4厘米。絹地，綉有人物、樓臺、山雲、松竹，一仙人駕鶴前來，兩童子於瑤臺之上持幢相迎。針法以齊針爲主，舞臺樓閣均用釘金勾勒，山石用平套推暈，竹葉、松針作單綫散針，房屋廊脊、斗拱、闌額皆剪金箔作底，再用金色絲綫運游針釘住邊緣輪廓。捲簾、窗扇、花格都先用白綫鋪就，後以網針綉出紋樣。室內墻上壁畫用墨筆描繪。綉作中共用十餘種針法，人物衣袂飄飄，寶幢搖搖，山臺樓閣氣派精緻，蒸騰的雲霞氣象萬千，一派仙家勝景。針法極盡刺綉之能事，把界畫圖中的人物及其他諸多物象綉得氣象萬千，令人嘆爲觀止。

宋刺綉老子騎牛像

宋代綉品。臺北故宮博物院藏。以米色綾爲綉地，多用捻綫短針交錯綉成。老子五官用填充綉法，凸出綉面，面容具立體感，用白絲綫接針綉成鬍鬚；衣紋則用彩綫勾勒，紋理自然；牛鼻用打籽點針法以棕色綉綫綉成，用棕黃色細捻絲綫表現出牛毛渦旋狀，十分逼真；

牛尾用深棕色綉綫雙股粗綫盤綉，更具質感。整幅畫面生動形象，飄逸自然。

南宋刺綉佛說圖袈裟

宋代綉品。南京博物院藏。此綉品爲畫綉結合。以淺褐色絹爲地，江水蘆葦爲筆繪，江上的達摩爲絲綫綉製。用黃色絲綫以齊針手法綉達摩外衣，用藍色絲綫綉製達摩內衣，針綫細密。畫綉結合的技法對後世顧綉有很大影響。

南宋蝶戀芍藥刺綉花邊

南宋刺綉珍品。1975年福建福州黃昇墓出土，福建博物館藏。四朵芍藥花花瓣繁複，枝葉茂密，綉法以鋪針和齊針爲主，綉面豐滿，少有間隙。四隻蝴蝶形態各異，蝶翅爲鋪針綉或搶針綉，用齊針綉出圓形斑紋，蝶鬚爲接針綉，栩栩如生。花邊爲褐色羅地，花頭用貼綉金色彩紙，葉用暗綠色綢貼綉，色彩對比強烈。

髮綉東方朔像

宋代綉品。現藏大英博物館。長約33.3厘米，寬約27厘米，是存世最早的髮綉作品。南宋皇帝趙構之妃劉安所綉，在18世紀中葉被英軍掠去。

南宋絳色羅貼綉牡丹紋褡褳

宋代綉品。江蘇金壇出土，鎮江博物館藏。此褡褳爲絳色綉地，先將同色薄絹剪成牡丹花葉的形狀，再用貼綉法將花葉綉到綉地之上。花葉輪廓和花莖均用鎖綉鞭子股針法綉成，綉綫均爲同色系。圖案布局勻稱，做工精美。

大窠捲草雙雁綉

遼代刺綉。現藏內蒙古博物院。1992年內蒙古赤峰阿魯科爾沁旗耶律羽墓出土。相同紋飾的綉品共兩件，一爲球路紋絹地，大窠捲草環，以黃、綠、藍等多種絲綫綉出，團窠中心爲雙立雁，以盤金弱綉綉出；另一件以黑色羅作底，以純金綫盤金綉綉出圖案，捲草環，中心爲雙立雁。

秋山雙鹿紋綉

遼代刺綉。1992 年内蒙古赤峰阿魯科爾沁旗耶律羽墓出土，現藏内蒙古博物院。以紅色羅爲綉地，用金色和黑色絲綫綉出鹿和秋山。山石樹木中的兩隻奔鹿，身長翅膀，頭戴靈芝狀花冠，一鹿向前，一鹿回頭，仿佛邊跑邊交談，靈動自然。

雙天鹿纏枝花紋綉高翅帽

遼代刺綉。1974 年遼寧法庫葉茂臺遼墓出土，現藏遼寧博物館。以緙絲包邊，綉面和緙絲拼接縫製成。綉地爲棕色花羅地，以金色綉綫綉出口銜寶仙花騰躍的雙鹿，鹿展兩翅於花叢中快樂奔跑。纏枝寶仙花婉轉穿插，四周有捲草、覆盆子花、枝蔓等環繞。針法主要是齊針（直平和斜平）和鋪紋等。

粟鳥綉香囊

遼代刺綉。1974 年遼寧法庫葉茂臺遼墓出土，現藏遼寧博物館。以深棕色紗爲綉地，用棕色綉綫和金銀綫綉出一衘粟一串的鳥頭。鳥頭和粟穀用齊針、旋針、鋪紋針法，用金綫釘針綉鳥嘴、眼、耳，用銀綫釘針綉鳥和粟的輪廓。圓環用接針綉，再用兩根銀綫并列釘綫框邊。香囊周部用鎖綉綉成鏈狀邊飾。色彩對比強烈。

簪花羽人綉錦袍

遼代刺綉。1974 年遼寧法庫葉茂臺遼墓出土，現藏遼寧博物館。錦袍爲棕黃色羅紗面料，通體平綉花紋。在錦袍的領口上，綉有雙龍，在肩、腹、腰等部位，綉有簪花羽人騎鳳、桃花、水鳥、蝴蝶等紋樣。

褐色羅地刺綉團花裙

遼代刺綉。内蒙古科爾沁左中旗出土，内蒙古博物院藏。此綉件是裙下擺裝飾圖案，以褐色羅爲綉地，用金銀綫鎖綉綉雙鹿、捲草紋，其餘用深藍、淺藍、白色等推暈。色彩對比鮮明，紋樣華麗。

紅羅刺綉聯珠騎士駕鷹紋經袱

遼代刺綉。内蒙古赤峰出土，内蒙古博物院藏。此綉品爲包裹經摺的經袱。以紅色羅爲綉地，中間爲團窠聯珠環，内綉一人雙手擎鷹騎在馬上，人物穿褐色馬靴，衣服和馬匹皆以白色和黃色絲綫用平針法綉成，表現了蒙古貴族馴鷹的場景。聯珠環上下各有條藍色橫紋作爲裝飾，橫紋中各兩排白色圓珠上下排列。刺綉色彩對比强烈，絲理平順，應爲蒙古貴族的日常用品。

綾錦緣刺綉皮囊

遼代物品。中國絲綢博物館館藏。高約 19 厘米，寬 10 厘米，抽拉式綉囊，可佩於腰帶上。綉囊由三部分組成，上部爲綾緣，中部爲小窠對獅妝金妝銀錦，下部是袋子的主體，以皮質爲綉地，采用滿地的鎖綉針法綉成。袋子兩面的綉紋圖案不同，一面綉的是蝴蝶牡丹對鳥花紋，以四朵大牡丹爲中心，一對鳥兒在嬉戲，一對蝴蝶在花中蹁躚；另一面則是海東青狩獵的場景，四隻展翅的大鳥分布於四角，中間是兩隻海東青正在追逐逃竄的野兔與野鹿。風格粗獷，具有濃郁的遼代特色。

先春四喜圖

元代刺綉。臺北故宮博物院藏。高 86 厘米，寬 48.2 厘米。以梅花、茶花、水仙花三種花朵象徵初春，以兩對歡叫於枝頭的喜鵲象徵"四喜"，故名。綉品左下方是嶙峋的山石和幾株盛開的水仙，上方一支梅花探出，彎曲向上，枝頭上立有四隻喜鵲，與梅枝重合而生的是盛開的茶花，雖寥寥數朵，却平添了熱鬧的氣氛，構圖緊凑、布局合理。在深藍色絹地上用深淺藍、深淺緑、正紅、橙紅、赭石色、白色絲綫綉出。雅致穩重，畫面對比十分强烈。針法以深淺色彩推暈的戧針爲主，花蕊用鎖綉的打籽針，喜鵲的身體羽毛用單套針和刻鱗針，喜鵲脚用扎針。綉法特色是用了"水路"，如相叠的花瓣、交叉的葉片、葉脉的紋理等輪廓均留以白綫勾出，開啓後世刺綉留白技法的先河。通幅設色清雅，用針平整，可略窺元綉品之風格，爲元代欣賞類刺綉的典型。鈐有"寶笈三編"等印。

元代刺綉觀音像

元代綉品。現藏南京博物院。爲元代書畫家趙孟頫夫人管仲姬自繪自綉。管仲姬，名道昇，字仲姬，浙江吴興人，延祐四年（1317）封魏國夫人。綉品以暗黄色綾爲地，上有一尊手持佛珠、赤足而立的觀音像。觀音衣服用平針、套針綉滿，髮絲、眉毛、眼睛等部位以真人頭髮用套針、滚針等技法綉出，在綾地上右下角篆款"至元乙酉六月八日吴興趙管仲姬拜畫"，款下鈐有"魏國夫人趙管"朱文印。此綉品集髮綉、絲綉、畫綉爲一體，顯示了文人獨特的審美，在藝術上也獨樹一幟。

元代十八尊者刺綉

元代綉畫册。高25.5厘米，寬22厘米，是迄今存世的元代保存最完好、圖案最豐富、綉幅最多的名家孤品。製作者爲元代書畫家趙孟頫夫人管仲姬。此綉畫構圖精妙，分別綉有十八尊者和四大天王。十八尊者即十八羅漢，爲佛祖釋迦牟尼的十六弟子與彌勒和摩耶（或降龍和伏虎）。綉品中共26人，這26人或坐或立，或笑或嗔，或相伴或獨行，人物表情生動傳神，衣袂紋路自然飄逸，似欲從畫中走出。綉技更是臻於神化，綉綫衹用一二絲來表現人物，似工筆畫之精細；針法多爲齊針鋪紋平綉，間以戧針法的短直針脚，按紋理起戧構綉，或以旋針法依綉紋放射狀順勢刺綴，將絲光的亮艷與和順運用得妙到毫顛。此册共有十六方收藏章，分別爲"賞心""暫得樓""潘園軒藏""曾藏濱南舊圃""亭亭穩穩落落莫""培之何修天得此""濱南舊圃""淺水長流""少筠""解韜盦主""潘翁過眼""海陽王稚筠所藏書畫""翰墨軒主人""潘園審藏書畫""潤州胡氏惠春珍藏印"。册尾有元僧中峰禪師、明人金文鼎、王謙題跋。金文鼎，名鉉，明初以詩書畫三絶享名，其題曰："凡綉像工夫，以細密爲上乘，然細密畫人物所能而精氣貫注，毫髮欲動，鼻孔皆靈，非具宿根慧業不及。此管魏國皈依中峰師，其常住所藏楷書經文數卷，備極工致，此綉像册尤其經營恬澹而成者洵，稀世之珍也。"王謙跋道："〔趙魏國〕兹以金針采絲綉阿羅漢，爲中峰禪師供奉山寮，足以傳諸不朽矣。"此珍品曾爲上海收藏家暫得樓主胡惠春舊藏。

元代黄緞地刺綉妙法蓮華經

元代綉品。北京市雕塑廠出土，共七卷，首都博物館藏第五卷。1355—1361年由信女李德廉、姚惠真綉製而成，爲一件完整刺綉品，非常珍貴。綉品爲卷軸式，長2326厘米，寬53厘米，刺綉内容包括"釋迦牟尼佛説法圖"、經文、經文後題跋和護法韋馱像四個部分。"釋迦牟尼佛説法圖"位於卷首，是這件繡品最精華的部分，畫面長 83 厘米，寬 53 厘米，惜軸杆已失，靠近軸杆的繡邊略有殘損。圖案右側爲卍形字紋金磚鋪成的法臺，法臺的彩繪護欄和臺階裝飾華美，色彩典雅。法臺之上五色祥雲繚繞，佛祖端坐於蓮臺之上，身着褐色袈裟，身後和頭部均有光圈。他的右側是身着彩衣的獻花菩薩，前面左右站立着迦葉和阿難尊者兩位弟子，左側下方和右外側是四大天王。他們身着鎧甲，手持法器，衣袂飄飄，器宇軒昂，十分形象。佛祖的前方，有一位正在禮佛的女供養人，雖然有些殘破，但仍能够看出供養人身穿藍色和淺褐色的衣裙，頭戴發飾，神色莊重虔誠。在釋迦佛下方有一位女供養人，雖畫面有些殘破，但仍可看出她禮拜佛陀的姿勢。在圖案的左上方，十位菩薩脚踏祥雲，身着彩衣，雙手合十，正在爲聽佛祖講法而來，每一位菩薩頭後都有光圈。菩薩的下方則有一棵彎曲遒勁的松樹，樹下站着兩位婦女，一位着白衣，一位着藍黑色衣服，左手邊繡"徐氏幼生丘氏芯丘秀二娘"的榜題，應是此繡品的兩位繡娘。整幅圖案表現的應當是佛祖當年在印度七閣崛（即靈普山）宣説《妙法蓮華經》的場景。畫面色彩搭配和布局合理，人物各有特色、生動形象，體現了較高的水準。在刺繡工藝上，使用了平繡、網繡、打籽、俄針、印金、釘金箔等多種繡法，用色也達到十餘種之多。繡品的主體部分是經文，此爲《妙法蓮華經》第五卷内容，前有"妙法蓮華經卷五"和"妙秦三藏法師鳩摩羅什奉詔譯"標題。經文爲楷體，竪格書寫，自右向左誦讀，每行 17 字，整卷經文共 10752 個字。先在黄絹上以墨打底稿，再在墨書上用藍色絨綫平針刺繡，遇有"佛"字則用黄色釘金繡，而"我佛"中的"佛"字則爲釘金繡繡出的佛的形象。整部經文中釘金繡的"佛"字有 153 個，這充分表達了刺繡者對佛祖的虔誠之心。經文後有兩段"題跋"，皆爲墨書。第一段的内容爲宣揚佛法，第二段記載了李德廉、姚惠真潛心理佛。繡成此品的過程。卷尾爲韋馱菩薩像，韋陀菩薩身穿鎧甲，脚踏祥雲，雙手合掌於胸前，有一根金剛杵横於兩臂之上，生動形象。這幅繡像也采用了多種繡法和色彩，與卷首的説法圖應是同工所繡。元刺繡《妙法蓮華經》第一卷藏於上海博物館。繡經全長 195.33 厘米，寬 41.1 厘米，卷首圖畫、繡成時間（1356 年）、書法者等都與這一件相異，而刺繡者也是李德廉、姚惠真二人。

棕色羅刺繡花鳥紋夾衫

元代夾衫。出土於内蒙古集寧路故城遺址，内蒙古博物院藏。此夾衫爲對襟直領、直筒寬袖。面料是細膩的棕褐色四經絞素羅。全衫兩肩和胸部遍布九十九組刺繡，最大的一組位於兩肩，爲一對水中尋食的鷺鷥：一鷺鷥佇立，一鷺鷥飛翔。兩鷺鷥中間是一片荷葉和一朵帶蓮蓬的荷花，周圍襯以水波、荷花、野菊、水草、石頭、雲朵等。其他圖案有鳳凰、牡丹、野兔、鹿、魚等，風格流暢、繡法自然。針法以平針爲主，另有戧針、魚鱗針、打籽針等。這些富於生活情趣的細膩刺繡，源自宋人繡畫的審美和針巧技法，是實用品中具有觀賞性的佳品。

元刺繡密集金剛像

元代繡品。現藏西藏拉薩布達拉宫。高 75

厘米，寬 61 厘米。密集金剛身藏藍色，三面，正中藏藍色，右面白色，左面紅色。六臂，胸前兩手交叉持金剛鈴、杵，右二手持法輪、蓮花，左二手持摩尼寶、短劍。頭戴金色裝飾，着紅裳，身上裝飾皆以金色和黃色爲主。下面繡三位小金剛皆坐蓮座，中間爲白色，兩邊爲黃色，色彩對比強烈，具有濃郁的藏傳佛教特色。繡品多用金銀綫繡盤金圖案，用棕紅、大紅、寶藍色及金銀綫模擬繪製唐卡的礦物質顏料，配合套針、戧針、平金等針法，將藏傳佛教造像的寶相莊嚴、輝煌富麗表現得精緻到位，藝術水準極高。

元刺繡西方廣目天王像

元代繡品。現藏中國國家博物館。高 250.8 厘米，寬 247.7 厘米。以棕紅色緞爲繡地。圖案中央西方廣目天王氣勢威猛，頭戴鳳翅盔，身披鎖甲，脚蹬雲紋靴，左手執弓，右手拿一隻羽箭。身後以金色雲紋爲襯托，衣帶當風，突出了天王的高大威猛。繡品雖幅面巨大，但精緻工整，色彩艷麗，針迹循釋道畫筆意，頗爲傳神。

網繡金翅鳥屏幅

元代刺繡。爲紐約私人收藏。長 32 厘米，寬 24.5 厘米。金翅鳥，亦稱“迦樓羅”，古代印度神話傳說中佛教天龍八部之一，形象多爲人面、鳥嘴、羽冠，腰部以上爲人身，以下爲鳥身。繡品在淺綠色繡地上以網繡繡成，迦樓羅怒目圓睜，頭戴羽冠，左手持劍，右手持索，站立雲端，頭上祥雲縹緲，後背有深藍色翅膀。繡品基本是滿繡，有殘破。

絳色綾刺繡花卉紋粉撲

元代刺繡。現藏無錫市博物館。直徑 7.5 厘米，圓形，絳色繡地，上有數朵盛開的牡丹花。牡丹的花朵、枝葉均用黃色絲綫繡成，較大的花瓣、花葉用長平針繡成，其餘則用元代特有的網格刺繡工藝。富麗典雅，爲刺繡閨閣日用品。

韓希孟宋元名迹册

明代顧繡代表作品。藏故宮博物院。摹仿宋元名人畫稿，共 8 幅，分別爲洗馬圖、百鹿圖、女后圖、鵪鶉圖、米畫圖、葡萄松鼠圖、扁豆蜻蜓圖、花溪漁隱圖。繡畫册上有董其昌題贊、韓希孟丈夫顧壽潛的題跋。本册具鑒藏印記“五峰珍賞”“净良室秘玩”“秘晋齋印”等，并朱啓鈐《絲綉筆記》、徐蔚南《顧綉考》中皆有著録。原爲梧州關伯珩先生收藏，1960 年 12 月由其女關瑞梧捐獻。

明顧綉洗馬圖

明代繡品。現藏故宮博物院。明崇禎七年（1634）繡製，高 33.4 厘米，寬 24.5 厘米，《韓希孟宋元名迹册》之一。模仿元趙孟頫《洗馬圖》，以白色素緞爲繡地。一個馬夫正在河裏爲一匹白色黑斑馬洗澡。馬夫面帶微笑，白馬興奮地在水波中昂首嘶鳴，水中波紋蕩蕩，岸上有棵垂柳枝條摇曳，畫面形象逼真。繡品以細於髮的絲綫、纖於毫的繡針，選用多種色絲，以顧綉擅長的“攙和針”爲主，采用長短綫條參差排列、針針相嵌、整齊平鋪的多種針法，按照白馬和人物的肌肉、服裝紋理走嚮來繡製，體現出了原作的筆墨情趣和豐富的物像質感。在局部山坡上還巧妙地施加了淡彩暈染，以畫補繡，使之更具神韵。這種“半繪半繡”，以繡爲主、輔之以畫的手法是顧繡最基本的特徵。對頁有董其昌題贊曰：“一鑒涵空，毛龍是浴。鑒逸九方，風橫玉。屹然權奇，莫可覊束。逐電追雲，成裏在目。"

明顧綉十六應真册

明代綉品。現藏故宮博物院。綉頁共16開，每開長28厘米，寬28厘米。十六應真，即十六羅漢。綉品以米色綾爲綉地，用白描手法，以墨色絲綫和滚針技法爲基礎綉物象輪廓，又用接針、松針、釘針、刻鱗針、鷄毛針等綉人物形象，山石樹木則施筆墨皴染，綉、畫合璧，風雅别致。册頁每開下方均綉有"皇明顧綉"朱印。

明顧綉相國逍遥圖軸

明末清初綉品。現藏故宮博物院。長143厘米，寬40厘米。以本色綢爲綉地，相國一人獨酌，旁有一男童持酒壺，另有兩位男童正在端着飯菜趕來；相國前的案几上清清楚楚地綉製了六道菜、一雙箸和一個玉如意，惟妙惟肖，展現了顧綉的精細。圖案中還綉出了山坡、石頭、廊橋、竹子、河水、垂柳等以表現環境之優雅，突出了相國逍遥自在的生活場景。作品采取二色間暈的裝飾方法，施以平針、套針、網針、滚針、纏針等針法。畫中綫條多以綉綫勾勒，然後用石青、石緑、赭石等色渲染點苔，充分顯示出顧綉之綉繪點染相結合的表現手法。畫上墨書"相國閑來何所樂，竹林深處獨逍遥"，朱綉"露香園"和"虎頭"款。

明顧綉枯木竹石

明代唯一綉有繆氏印章的顧綉。現藏上海博物館。長28.7厘米，寬26.8厘米。綉面以白色綉地上用墨色、灰色絲綫綉枯樹二棵，遒勁蒼健；一大一小兩處山石，石後一叢茂密的竹子。整幅作品用墨色、灰色絲綫綉製而成，綉

法也靈活多樣，運用了套針、施針、摻針、撇和針以及切針、鑲針、纏針變換配合，加少量墨筆添繪土坡淺皴，極好地表現出雲林畫風的筆墨神韵。綉品綉有"繆氏瑞雲"朱文方印，墨綉"仿倪迂先墨戲"字迹，可惜綉綫已完全脱落。

明顧綉彌勒佛像

明代顧綉代表作品之一。遼寧博物館藏。長54.5厘米，寬26.7厘米。彌勒佛身着百衲衣，坦露胸腹，左手持布袋，右手執念珠，面帶笑容，坐於蒲團之上，右上方爲刺綉董其昌題款。彌勒佛的皮膚和臉部用極細的肉色絲綫按照肌膚紋理走嚮綉成，在肌肉比較厚實的部分加密綉製，使其富有立體感，眼眶和眉毛使用劈細的髮絲按生長方嚮綉成，再用髮絲釘綉。彌勒佛身上的百衲袈裟，則用雙股捻綫綉隔成各種形狀塊面，再在不同幾何面上加以網綉花紋、錦紋綉和鋪針，并加綉龍紋和蓮花紋等。蒲團也用雙股捻綫，一絲不苟、密密實實地綉出方格狀，邊緣的蒲穗是摻入軟毛綉成的。刺綉針法有扣針、網針、釘針、平針、游針、鋪針等；在綉綫材質上，不僅使用了彩色絲綫，還使用了髮絲。材料多樣，技法精工，爲明晚期的精品。

明顧綉東山圖卷

明代顧綉代表作之一。現藏上海博物館。畫面橫79.5厘米，縱27.1厘米，題款橫127.6厘米，縱27.1厘米。描繪的是東晉名士謝安在淝水之戰中運籌帷幄的故事。以原色綾爲綉地，山勢巍峨，河水泛泛，古樹蒼鬱，河邊亭中謝安正與友人對弈，神態悠閑，兩位侍女望着遠處一騎快馬飛奔而來，上面的人雙手舉捷報。此綉品畫綉結合，以畫爲主，僅以綉綫勾

勒輪廓和一些重點部位。用斜纏、接針、滾針和釘綾繡出山水、亭閣、小橋、樹木、人物等的輪廓；石紋、鞍毯、松葉則以冰紋針、錦紋繡、松針等繡出質感和紋理。繡卷後有崇禎五年（1632）董其昌題跋。

明顧繡羅漢朝觀音圖軸

明末顧繡代表作品。現藏故宮博物院。繡品直徑39厘米，圖軸長120厘米，寬45厘米。此繡品以本色綾爲繡地，描繪了十八羅漢朝拜觀音菩薩的故事。觀音菩薩端坐於岩石之上，十八羅漢神態各異，還有一位身着紅衣雙手合十的童子，和一條在雲間飛舞的龍，人物在雲霧間，綾條流暢，衣袂飄飄，靈動异常。整幅繡品采取單量色的裝飾方法，人物、山石、雲霧、樹木、陂陀和花草等紋樣以纏針、滾針、平金和釘綾等針法繡製，然後用石綠、赭石和大紅等色渲染。作品未作大面積鋪繡，祇綾條上運針勾描。畫上朱繡"虎頭"和"仲子籃生家女紅"字樣。

明金淑芳繡觀音大士像

明代蘇繡傳世珍品。現存故宮博物院。大士是佛教稱謂，梵文音譯"摩訶薩"，是菩薩之通稱。此繡品中的"大士"即觀世音菩薩。圖中觀音菩薩身着白衣，右手托着腮，右臂支撐，斜倚在一塊大石之上，頭部藍色蓮花髮飾，正中間嵌以阿彌陀佛像，眉目清秀，面部祥和，衣袂和頭髮似有飄飄之感。韋陀身穿甲冑，手持金剛杵，站立在石旁，眼望觀音，面帶微笑。觀音下方有一出水行龍。右上方有題跋，款署"華嚴弟子盛可繼敬書"，左下方有繡款"萬曆己未孟春金氏淑芳恭刺"，朱繡"可繼""淑芳"印。整幅畫面配色典雅，祥和安寧。看似簡潔的圖案却針法繁複，使用了十餘種刺繡工藝，

如人物髮絲、山石用套針，念珠用齊針，韋馱盔甲用網針，龍身用刻鱗針，雲和地坡小草用游針，山石皴染則用筆墨所繪。針腳細密平齊，以絲綾色度變化形成暈色效果，極具畫意。

灑綫繡綠地彩整枝菊花經書面

明代刺繡。現藏故宮博物院。縱30厘米，寬27厘米。經書面以菱形錦紋爲繡地，紅色二經絞直經紗爲底襯，上繡五彩雲，下繡海水江涯紋，中繡一棵盛開的菊花。經書面用綠、紅、黃、藍等色衣綫和絨綫爲繡綫，有取正串、散套針、網繡、釘綾、接針、斜纏針及反戧針等針技，運用三至四退暈法繡製花瓣。其獨特之處在於繡製菊花時采用反戧針技法，在邊緣起針處皆壓一根較粗的强捻綫，使花瓣邊緣既齊整又凸出，富有層次感和立體效果。此經書面構圖簡練，用綫巧妙，設色明快，濃艷自然，針腳齊整均匀，繡工嫻熟精細，是明代京繡作品中的精品。

灑綫繡武松打虎經皮面

明代作品。現藏故宮博物院。刺繡與緙絲相結合，長35厘米，寬15.5厘米。此經皮面以黃色二經絞直經紗爲底襯，上緙絲出一隻騰雲的黑龍正在戲珠和一隻紅色葫蘆，再以黃、紅、藍、綠、白等顏色衣綫和絨綫爲繡綫，采取二至三種配色法，以反戧針、齊針、散套針、緝綫、高繡、松針、滾針、刻鱗針、正戧等針法繡製龍的眼睛、嘴巴、龍角、寶珠以及七彩虹。葫蘆內則在緙絲的基礎之上繡製武松打虎的場面。武松頭上的帽子在緙絲的基礎之上使用釘綾繡作爲輪廓，面部、手部、衣袍、脚上的靴子以及伏地的老虎都是通過多種工藝和多色彩綫刺繡上去的。繡品色彩艷麗，構圖巧妙，場景熱

鬧，是明代京繡中的佳品。

灑綫繡蜀葵荷花五毒紋經皮面

明代作品。現藏故宮博物院。刺繡與緙絲相結合，縱30厘米，橫27厘米。此經書皮以黃色二經絞直經紗爲底襯，在紅色底色上用緙絲工藝繡製祥雲、荷花、蜀葵以及花的莖葉等，然後用黃色絲綫繡製蜀葵，用白色絲綫繡製荷花，在大的花葉分別繡製蜈蚣、蠍子等昆蟲。繡品使用了紅、藍、黃、綠、棕、白等色衣綫和蜀絨綫爲繡綫，采取二至三色潤色法，用散套、正戧、平針、緝綫、反戧針等針法繡製花紋。刺繡的花紋與緙絲的紋理圖案相得益彰，突出了爭奇鬥艷的鮮花和花葉之上的昆蟲，使花紋更富層次感，更具立體效果，富有生活情趣，是明代京繡之精品。

明魯繡瑤池集慶圖

明代作品。現藏故宮博物院。長137厘米，寬136厘米。繡品以白緞爲繡地，用雙股捻綫，繡出了一幅王母慶壽圖。王母端坐中間的山石之上，周圍山坡之上，七仙女正手持禮物緩緩走來，人物衣着神態各异，形象生動。山石、祥雲、地坡使用釘針繡法，人物使用平針繡法，打籽平金繡勾邊，突出了效果，風車針繡出松針的蒼勁。整幅繡品工筆設色和單色綫描結合，主次分明，虛實配比，主題突出，別具一格。

明魯繡荷花鴛鴦

明代作品。現藏故宮博物院。長136厘米，寬54厘米。以湖色暗花綾爲地，一隻鴛鴦在湖中戲水，一隻則站立岸邊，旁有一大束盛開的荷花和兩片碩大的荷葉，荷葉自然捲曲，十分生動，左上探出一朵盛開的紅石榴花，兩隻蝴蝶纏繞花朵翩翩飛舞。石榴花枝用紅、赭、粉、草綠等衣綫繡成，一對蝴蝶用朱、黃、黑、白色綫繡成，用藍、黑、暗綠、黃、橙等色絲綫繡成蓮蓬、鴛鴦、水草等。采用多種針法繡製。色彩鮮麗，構圖生動。古人以石榴暗喻多子多福，用鴛鴦比喻夫妻和美，這幅繡品體現了對於美好愛情和幸福生活的追求，是典型的魯繡作品。

明魯繡芙蓉雙鴨圖軸

明代作品。清宮舊藏，現藏故宮博物院。縱140厘米，寬57厘米。繡品以暗花緞爲繡地，用雙絲捻五彩絲綫繡製。圖案上半部爲數枝盛開的芙蓉花，下部分爲山石、花草、蘆葦和兩隻鴨子。針綫細密，繡工整齊均勻，絲理疏朗有致，綫條流暢優美，山石和芙蓉花瓣采用二色間暈法，層層染暈，形象逼真，展現了芙蓉花的艷麗多彩。整幅畫面使用了二十餘種顏色的繡綫，繡綫直徑按照圖案主次爲0.02~0.05厘米，加之套針、打籽、接針、斜纏針、活毛針、撒和針、辮子股針、平針等針法，將魯繡紋飾蒼勁、豪放、優美的特點發揮得淋漓盡致，不愧爲魯繡的杰出代表作品。

衣綫繡文昌出行圖軸

明晚期作品。現藏故宮博物院。長145厘米，寬57厘米。繡的是主宰功名的文昌神出行小憩的情形。圖中文昌坐於毯上，面帶微笑，一童子抱着靠枕站於身後，一童子牽馬在前，馬兒正在低頭吃草。作品采取二色間暈的裝飾方法，施以平針、套針、平金、釘綫、網繡等針法繡製，還將衣綫放捻，把蘇繡中常見的劈絲繡綫融於作品之中；不僅將人物的髮絲走嚮表現出來，連人物的指甲都繡得細緻入微，堪稱衣綫繡的代表作品。

明刺繡竹林七賢圖軸

明代作品。現藏南京博物院。縱 125.9 厘米，橫 55.4 厘米。以米色緞爲繡地，描繪的是魏晉間阮籍、嵇康、山濤、王戎、向秀、劉伶、阮咸七位文人名士竹林聚會的故事。圖案下方爲小橋流水，兩人自橋上走來，邊走邊談，十分愜意，往上河岸邊，一人撫琴，一人坐地聆聽，十分專注，上面竹林之中，兩人正在對弈，一人扶竹觀棋，旁有一童子正在煮水，富有生活情趣。竹林之上遠山雲霧繚繞，若隱若現。圖案上方有題繡 19 字，并有橢圓形朱印"青碧齋"，後有圓形朱印"露香園"、方形朱印"永順圖書"各一方。圖中山峰、坡石、欄杆、橋梁均以綠拓輪廓，内用筆染色，地坡上點苔不繡，水爲網巾水紋繡，人物衣服用纏針繡法，極爲平正緊密，其餘則使用了套針、旋針、網針等針法。山石、橋梁各得其法。繡品構圖疏密得當，配色淡雅，有宋畫之風。

顧繡五十三圖册

清初作品。現藏故宫博物院。共 53 開，每開長 27 厘米，寬 24 厘米。此圖册描繪的是佛經《華嚴經》中所述善財童子參拜五十三位名師、終得正果的故事。每一册頁講述一個故事，人物衣着、神態各异，配色豐富；運用了平套、散套、集套、横纏、直纏、斜纏、滚針、接針、釘針、盤金、平金、搶針、編針、網針、鷄毛針、打籽、刻鱗針等十餘種針法繡製，輔以石青、石綠和赭石等顔料皴擦點染。每開均墨書"佛弟子趙埔拜供"，繡"埔"印一方。末開墨書《般若波羅蜜多心經》，繡"露香園"和"麋公"印各一方。

顧繡花鳥草蟲圖册

清代繡品。現藏故宫博物院。共六幀，每開長 26 厘米，寬 22 厘米。繡册每幀右側爲繡畫，左側爲董其昌的詩跋。分別爲海棠蚱蜢、杏林春燕、石竹蜻蜓、麗春蝴蝶、桃花黃鸝、梅花翠鳥。此圖册繡工精緻，惟妙惟肖，運用套針、斜纏針、搶針、平針、冰紋針、滚針等繡製工藝，以極細的繡絲繡製而成。鳥的羽毛按照紋理走嚮施毛針繡成，用染暈法和絲繡色彩表現光澤度；蜻蜓的翅膀用冰紋針繡成，高度寫實；花瓣也用不同色澤的絲綫來表現不同的光澤。每幀作品都富麗工整，靈動自然。左側仿董其昌詩跋用墨絲繡成，與繡畫合璧，風雅別致，相得益彰。每開均繡有"露香園""虎頭"朱印。

廣繡山水漁讀圖

清代作品。現藏故宫博物院。縱 44 厘米，橫 35 厘米。此圖分爲上下兩層，下半部分爲近景。岸邊蒼勁的葱鬱的樹木之中有房屋，河水之上有一茅草亭，中有一書生正在埋頭讀書，房屋的磚塊和書生桌上的古籍都清晰可見。前方水中泊着一艘烏篷船，岸邊漁翁正在施網捕魚。上半部分是遠景，遠山如黛，山水雲氣之中有古刹、高塔、樹木、房舍、小橋以及江上遠遠漂過的兩隻帆船，一派寧静安閑、典雅風流的意境。此繡品繡工精細繁複，纖毫入微，頗具工筆畫之風，具有典型的廣繡特點。在工藝上除了鋪針、直針、灑插針等廣繡傳統針法外，以施毛針、網針繡烏篷船的篷以及墙體的磚塊，雲紋和水紋則以扭針繡製，山石和樹幹采用多色染暈法，纖細入微，自然寫實，充分體現了廣繡針法繁複、窮其巧變的特點。全圖以褐色系列為主色調，配以暗綠、深藍、淺藍、淺綠、白色等顏色，典雅古樸中帶有鮮麗明快，體現了廣繡的配色特點。圖上方題有唐人詩句"飛泉挂碧峰"和繡工王田的題字，并繡"王田"朱文印。

廣繡丹鳳朝陽圖裱片

清代作品。現藏故宮博物院。縱 67 厘米，橫 52 厘米。在白色繡地上，梧桐樹下的石頭上栖息着兩隻鳳凰，一隻單腿站立，一隻匍匐在石上；其後一株碩大的白牡丹盛開，有白玉蘭花枝探出其中，數隻蝴蝶流連花叢，繁華熱鬧；梧桐樹上各種鳥兒或栖息枝頭，或繞樹飛行。左上一輪旭日東升，兩隻仙鶴向梧桐樹飛來。牡丹、玉蘭、荷花、菊花、紅蓼等百花齊放，鳳凰、仙鶴、黃鸝、翠鳥、鴛鴦、喜鵲等百鳥爭鳴，繡工精細，栩栩如生，一派繁華熱鬧的景象。為了表現花鳥的多樣性，繡品采用綠色系、紫色系以及大紅、金黃、駝黃、湖藍、深棕、葡灰和淺褐色等近 20 種色綫，運用直針、咬針、編織針、勒針、扭針等多種針法，樹幹、石頭、荷葉、花瓣及部分鳥的羽毛采用暈染法，用絲綫的色彩表現光綫的明暗。繡工工麗，形象生動，是技藝精湛的廣繡杰作。

廣繡鶴鹿同春圖

清代作品。現藏故宮博物院。縱 68 厘米，橫 52 厘米。鶴鹿同春是廣繡中常見的題材。此繡品在白色繡地上繡兩棵蒼勁的松樹和樹枝探出的梅花，兩隻覓食的梅花鹿，兩隻公雞在一塊山石上休憩，以及草地、鮮花、仙鶴、飛鳥、靈芝、蝙蝠等，布局繁而不亂，配色艷而不俗，刺繡工整，有工筆畫的痕迹。在刺繡工藝上，用套針和施毛針針法按照鹿的肌肉皮毛紋路來

表現；用絲綫的明暗來表現梅花鹿皮毛和禽鳥羽毛的光澤感，手法寫實，形象生動。用施毛針、套針、撕針、釘針、刻鱗針表現禽鳥羽毛的絲理；用染暈法表現松樹枝幹和山石的蒼勁感；以灑插針、風車針、套針、齊針、扭針等多種針法繡山石、樹木、花草。此繡品構圖飽滿，層次豐富，針腳細膩工整，配色鮮艷華麗，是廣繡中的精品。

汪奎納紗桃源圖卷

清代作品。現藏故宮博物院。縱 33 厘米，橫 185 厘米。在米色素紗地上，用納沙技法表現《桃花源記》故事題材。畫面為長景圖卷：右側是庭院屋舍，前後有籬笆、樹木環繞；室內桌子上擺放着花瓶，屋前有一老婦人和一年輕女子正帶着一個小孩子嬉戲；往左是一位老翁和一位孩童正在迎接從溪橋上歸來的人；他們的左邊是小橋流水，橋上一人手拿船槳，他的左邊是一隻捲尾黑狗，似乎是在迎接主人的到來。過了小橋便是河岸，河邊停着一隻小船。遠處山巒迤邐，亭臺樓閣掩映於蒼鬱的樹叢中。天空浮雲流逸，群鳥輕翔。一派碧水青山、恬淡閑適的世外田園景致。卷尾納繡署款："桃源圖，擬新羅山人筆意。吳中汪奎。"納繡"汪奎之印"和"硯香"二朱印。新羅山人，即清代著名畫家、揚州八怪之一華喦，他於花鳥、人物和山水畫均造詣精深，對後世畫壇影響深遠。繡品運用斜一絲串繡製，按紗格經緯點斜嚮繡，每點一針，集聚繡成。繡面細密平服，人物和動物的神態刻畫精細入微，準確生動，是納紗中的精品。

廣繡百鳥爭鳴圖

清代作品。現藏故宮博物院。縱 52 厘米，

橫 47 厘米。以米色素綾爲地，滿綉山石、花草、樹木以及孔雀、鴛鴦、鵪鶉、蜂鳥、八哥、鸚鵡、鷺鷥、公雞等十七種禽鳥和三隻捲毛羊，每隻動物都形態各異，栩栩如生。構圖以山石上站立的兩隻孔雀爲主要部分，一隻孔雀正在開屏，華麗异常，另一隻則栖息在一旁；左上方的山石上站立着一雌一雄兩隻錦雞，雄雞色彩艷麗，十分醒目；左下角則是三隻五彩斑斕的大公雞正在草地上覓食，一黑兩白三隻捲毛羊正在吃草；其餘部分則布滿了鳥兒、樹枝、荷花、牡丹、雞冠花等。在技法上采用了套針、齊針、頂針、滾針、施毛針、雞毛針、扎針、打籽針、刻鱗針、松針、網針、接針等十餘種針法，交錯變幻；禽類羽毛用極細的絲綫於紋理一根根綉出，運用染暈法層層遞進，表現了禽鳥羽毛色彩和花瓣光綫明暗的變化，自然生動，逼真寫實。整幅綉品細膩繁麗，留白極少，構圖布局合理，主次分明，配色華美富麗而不失雅致，是廣綉的杰出代表作品。

顧綉圍獵圖軸

清康熙年間作品。現藏故宫博物院。長 97 厘米，寬 46 厘米。圖案描繪了滿族貴族冬季圍獵的場景。圖案中四人，一人騎馬正在彎弓搭箭射一隻奔跑的鹿，一人在馬上持長矛刺向一隻倒地的狼，一人舉弓射天上飛鳥，還有一人肩扛獵槍，正回頭看自己的獵物。人物神態、形象、衣着各不相同，鹿逃命奔跑的驚恐也表現得淋漓盡致，充分表現了緊張刺激的圍獵場景。該刺綉品是畫綉結合，山巒背景皆以筆墨畫出，人物、馬匹、獵物則使用不同顏色的絲綫通過撒和針、套針等工藝綉製而成，配色淡雅不失熱鬧，富有層次感。上有墨書“爲文博老年臺”，并鈐“虎頭”“露香園”朱印。

顧綉獵鷹圖軸

清康熙年間作品。現藏故宫博物院。縱 96 厘米，橫 44 厘米。圖案按照遠近分爲三層：第一層是最下部的松樹，松樹蒼勁的枝幹向右彎曲傾斜生長，緊挨着樹根有一塊山石；遠處有一位勇士騎在馬上正仰頭挽弓對着天上的一行鴻雁，騎士的專注和駿馬的神態刻畫得細緻入微，形象生動；再遠處是群山，群山之上天空中數行鴻雁飛過。綉品爲綉畫結合，松針以接針綉製，遠山用滾針勾邊，其餘均用繪染完成。人和駿馬却用極其繁瑣的工藝綉製，顏色用了金色、黑色、藍色、橙色、棕色系列等近十種，工藝運用了運用平套、打籽、盤金等針法，馬具飾件用盤金綉製，以表現出金屬的光澤和質感。畫面正上方墨書唐代王維《觀獵》詩中的兩句：“草枯鷹眼疾，雪盡馬蹄輕。”詩末朱綫綉“青碧齋”印。此爲顧綉佳品之一。

刺綉慶壽通景屏

清乾隆時期作品。現藏故宫博物院。由八幅組成，每幅縱 220 厘米，橫 50 厘米。以米色綾爲綉地，工筆重彩，全景場面宏大，人物衆多。庭院建築、亭臺閣樓、樹木山石，以及院落角門層次分明、錯落有致，綉有多位身着官服的官員及其夫人、藝人、僕役、婢女、武士、看門人共 60 人，人物服裝各异，神態不同，形象生動。院落種植垂柳、松樹、芭蕉等樹木，各處的梅花鹿、錦雞、仙鶴、鴛鴦等動物悠閑自在，與人物相映成趣。第四、五屏是中心屏，過壽的官員和夫人身着華服，面帶笑容，身邊分別站着兩位婢女。綉品采用綉畫結合的工藝，采用套針、斜纏針、網綉、施毛針、滾針、鷄毛針、打籽針、扎針、釘綫、撒和針、合色綫等針法；人物完全用絲綫綉成，樹木山石、亭臺樓閣則使用綉綫勾勒，然後用不同色彩加以填充。工整秀美，富麗堂皇，是不可多得的珍品。

刺綉御製題松下聽琴圖挂屏

清乾隆時期作品。清宮舊藏，現藏故宮博物院。縱 70 厘米，橫 38 厘米。在米色綉地上綉製山巒溪水，山坡上兩棵松樹，樹下二人，一人撫琴，一人側身傾聽，人物五官清晰，衣服綫條柔美，配色以藍色系和綠色系爲主，兼之以月白、淡黃，清新雅致。畫面左上角題"御製題松下聽琴圖"，并有詩曰："松下班荆翟與趙，何來周子結同心。静濤幽操相問答，一例聽爲塵外音。"下綉二方印章"臣墉""敬書"。主要使用了套針、斜纏針、車輪針、施毛針、滾針等刺綉工藝，圖中的小草、苔點等則用筆渲染。此圖應是由乾隆皇帝御題詩，謝墉書寫，再命匠人綉製而成的。

刺綉牡丹錦鷄圖軸

清乾隆時期作品。現藏故宮博物院。縱 108 厘米，橫 64 厘米。米色綾地，山石溪水之上數枝盛開的牡丹，一對色彩斑斕的錦鷄正在山石之上嬉戲。畫面以藍、淡藍、淡綠、月白、橙色、淡橙色爲主，配色淡雅富麗，使用了套針、滾針、齊針、刻鱗針、施毛針、迭搶針分別綉製枝葉、波紋、羽毛，以及盛開的牡丹花，形象生動，富有層次感和立體感。綉工精細、構圖疏密有致，布局合理，具有典型的清代宮廷風格。

顧綉覓藥圖軸

清乾隆時期作品。現藏故宮博物院。長 123 厘米，寬 45 厘米。以本色綾爲綉地。山中雲霧繚繞，蒼松翠柏，兩位高士正在談話，前有一隻正在奔跑的梅花鹿，左邊山石之上有一位童子正在采摘靈芝，上面松枝之上有隻仙鶴正俯身望向兩人。遠處雲霧繚繞，身邊溪水潺潺，好一幅悠閑愜意的采藥圖。最上方墨書："授得長生訣，迢遥入翠微。采芝雲染袖，覓藥霧沾衣。"并綉有朱印三方"聚寶齋""露香園""虎頭"。刺綉品爲綉畫結合，爲典型的顧綉作品。人物、動物和松柏的枝幹、樹葉以套針、網針、施毛針、打籽針、鷄毛針、斜纏針等多種針法綉成；山石均使用綫條勾勒輪廓，然後以石青、石綠、赭石和墨平塗渲染；樹葉則是先以綠色染色，然後綉上松枝和柏葉。此作是清代有代表性的顧綉精品之一。

顧綉金剛經塔軸

清乾隆時期作品。現藏故宮博物院。長 213 厘米，寬 69 厘米。以橙色緞爲綉地，在八枚緞地上刺綉《金剛經》塔。塔共七層，除塔底座之外，其餘建築部分皆綉以《金剛經》文。最下層綉菩提向佛祖提問的情景。佛祖結跏趺坐於蓮臺之上，左右兩位護法，經文即從佛祖頭上方開始，按回紋從右向左刺綉。除却第四層塔中間綉一小塔作爲裝飾，其餘皆綉製佛祖不同的説法圖。《金剛經》文用藏藍色絲綫，以滾針、斜纏針、套針、平針等針法刺綉而成，人物則用套針、網綉、施毛針、斜纏針和滾針等綉製，《金剛經》塔用金綫勾勒輪廓，熠熠生輝。此圖軸構思新穎獨特，綉工精緻，爲顧綉作品中別致而罕見的佛教題材綉品。

本色納紗加綉春牛圖卷

清乾隆時期作品。現藏故宮博物院。縱 35 厘米，橫 92 厘米。以本色方孔紗爲綉地，綉製小橋流水、院落迴廊、籬笆垂柳、遠山飛鳥。近處人物的頭和手以平針綉製，其餘則用"打點綉""直紋綉"等納紗工藝，山石河岸多采用多色間暈法。近處人物或臨窗斜倚，或走過小橋，或眺望遠山，遠處牧童放牛的同時，也不忘自娛自樂地放起了風箏，垂柳倒映，遠山如黛，一幅輕鬆愜意的田園景象。綉品以暗藍和淡綠爲主色調，清新淡雅，突出了田園詩生活的悠閑自在。

滿綉彌勒佛像軸

清乾隆時期作品。清宮舊藏，現藏故宮博物院。縱 60 厘米，橫 34 厘米。圖綉佛教大乘菩薩之彌勒佛在兜率天説法的情景。圖案分爲上下兩部分。上爲結迦趺坐於蓮臺之上的彌勒佛，底座和椅背均用黃金作爲裝飾，富麗堂皇；上面圍繞着飛天，左右爲大成就者和尊者。下部分爲彌勒佛依坐的形象，彌勒佛雙脚下垂，脚下繁花盛開，樹木碩果纍纍，椅背上除却黃金裝飾，還有樹木果實。綉品滿綉，幾乎不露地。圖案繁複華麗，多用緝綫或金綫勾勒輪廓，運用套針、齊針、釘針、平金、編針、平針等針法綉製，使用了金黃、明黃、駝黃、朱紅、橘紅、寶藍、深藍、月白、草綠、果綠、淺灰等十餘種色綫，共綉有人物八十餘位。背面白綾簽有墨書漢、滿、蒙古、藏四種文字，其中漢文："乾隆四十一年八月二十日欽命阿旺班珠爾胡土克圖認看綉像彌勒佛，番稱嘉穆巴，清稱郭升拂齊希，蒙古稱邁達理。"佛像軸色彩富麗堂皇，綉工極精細，堪稱清乾隆時期刺綉技藝之精品。

刺綉海棠雙禽圖軸

清嘉慶時期作品。現藏故宮博物院。縱 77 厘米，橫 38 厘米。圖綉一隻盛開的海棠花自右側探出，一隻淡藍色的鳥兒栖息枝頭，上有另一隻鳥兒翩翩飛來，天空中艷陽高照，祥雲繞日。主要使用了套針、齊針、滾針、拉尾子針、施毛針等刺綉工藝，以淡藍、淡綠、白色爲主。構圖簡潔，綫條明快，用色淡雅，寓意吉祥。

刺綉牡丹綬帶圖軸

清道光時期作品。現藏故宮博物院。縱 119 厘米，橫 54 厘米。以米色素緞爲綉地，上綉山石、牡丹、蒼松和綬帶鳥，寓意長壽富貴。左上方墨綉"延年益壽"四字。山石、牡丹花、葉使用多色推暈法，用顏色深淺來表示光綫的明暗；松枝以粗綫條勾勒輪廓，蒼勁有力；綬帶鳥則使用施毛針和扎針綉製，生動形象地表現出羽毛的絲理和色澤。此綉品將江南織綉的細膩和北方刺綉的粗獷融爲一體，令人耳目一新。

廣綉花鳥博古插屏

清晚期作品。現藏故宮博物院。縱 40 厘米，橫 51 厘米。此插屏紫檀木座，嵌五彩螺鈿邊框。屏心爲白素緞，圖案分内外兩層，以中間的花鳥草蟲爲主題，外層的博古紋爲襯。主題畫面以山石爲主，下襯花草和蘆葦，上面帶花苞的花枝探出，一隻螳螂伏在石頭之上。石頭的右側是兩隻正在覓食的鶴鶉。花枝上面則是兩隻飛舞的燕子。構圖簡潔、配色典雅、綉工精緻，頗有宋畫之風。周邊綉花瓶、果盤、笛子等，細巧繁密，寫實逼真。綉品以褐、棕、駝、米色爲主色調，配以紅、綠、黑、白、金等色，既柔和雅致，又明快富麗。針法除直針、扭針、鋪針外，還有灑插針等複雜的針法，擘絲極細，針脚平齊細薄。插屏背面附有一份"廣東彩元"字型的單子，夾在背板内。彩元繡莊主人何竹齋介紹了彩元號的地址、所經營的繡品的品種、質地，繡品的去饗及其經營理念。這份"廣告"是研究晚清廣繡的珍貴史料。

刺繡柏菊八哥圖軸

清同治年間作品。現藏故宫博物院。縱159厘米，橫50厘米。以藍色素緞爲繡地，山坡上有山石，一束菊花從山石中探出，上面是蒼勁的柏樹，一隻八哥栖息枝頭，另一隻正展翅飛來。這幅繡品獨特之處是柏樹的葉子都是用打籽繡，層層繡製，使用推量法，由深入淺，針法匀齊，籽粒飽滿、圓潤。樹幹、山石、菊花、八哥則使用套針、纏針、齊針、滚針、施毛針、扎針、搶針等針法繡製，頗有晚清花鳥畫的風格。

繡綫慈禧印松鶴圖軸

清光緒年間作品。清宫舊藏，現藏故宫博物院。縱133厘米，橫65厘米。以白色緞爲繡地，灰色系和白色爲主。波濤洶涌之中有一山石突兀而出，上有兩棵蒼松以及兩隻仙鶴，還有奇花异草生長此間。上面正中用紅色絲綫繡有"慈禧皇太后之寶"印。右上角題"光緒戊戌仲夏下澣御筆"，并繡"大雅齋""鏡榮燭""大紅雙龍"印和"承明受光"白文印。中間左側松樹下用墨繡："高柯百尺欲參天，嚴壑風霜不計年。招得仙禽來作伴，羽衣對舞自蹁躚。陸潤庠敬題。"上有"樂民之樂"朱文印。繡工極爲精緻，針法簡潔細膩，使用斜纏針、套針、餞針、盤針、施毛針等針法刺繡，是清代晚期難得的刺繡精品。

廣綉竹石雙鳳圖軸

清光緒年間作品。現藏故宫博物院。縱50厘米，橫88厘米。以本色綾爲繡地，繡山石、鳳凰、竹林、靈芝、紅日。山石以多色退暈法，用黑、灰、褐、淺褐、暗黄、原白色，施以平針、套針、纏針、滚針、釘綫等多種針法繡製，以多變的色彩表現山石的嶙峋之形態；鳳凰用紅、藏藍、淺藍、淡綠、藍綠、紫、淡紫、橙、灰、淺黄等色彩繡製，富貴華麗，尤其是鳳凰的羽脈使用馬尾纏絲作勒綫，運用艷麗的色彩，表現鳳凰尾羽的色彩斑斕。刺繡品繡工精緻、配色繁華富麗，寓意吉祥，是典型的清末廣綉佳品。

金静芬彩綉榴花白頭圖軸

民國時期作品。現藏故宫博物院。縱102厘米，橫43厘米。金静芬（1885—1970），原名彩仙，蘇州人，刺繡名家，沈壽之徒。九歲習刺繡，十三歲爲"宫貨局"繡製宫廷所需繡品。此圖軸以本色緞爲繡地，繡山石、石榴樹、石榴花果、白頭翁、菊花、小草，繡工精緻，構圖簡潔、色彩淡雅。整幅繡品均采用二至三色間暈與退暈相結合的裝飾方法，用黑、褐、灰、白、紅、橙色系，施以平針、叠繡、平套針、散套針、纏針、打籽、釘綫等針法，色彩過渡自然逼真，有中國水墨畫之風韵。左上方墨繡"榴花開到三千歲，青鳥飛來也白頭。燦選女士金静芬寫"，朱繡"金静芬印""燦選女士"印章。是金静芬女士代表作品之一。

索 引

索引凡例

一、本索引爲詞條索引，凡正文詞條欄目出現的主詞條均用"*"標示，副詞條則無特殊標識。

二、本索引諸詞條收錄順序以漢語拼音音序爲基礎，兼顧古音、方言等差异，然爲方便檢索，又與音序排列法則有異，原則如下：

首先，以詞條首字所對應的拼音字母爲序排列，詞條首字相同（讀音亦同）者爲同一單元；詞條首字不同但讀音相同的各個單元，一般按照各單元詞條首字的筆畫，由簡至繁依次排列。例如以huáng爲首字的詞條，則按首字筆畫依次分作"皇""黃"等不同單元；又如以diāo爲首字的詞條，則按首字筆畫依次分作"虭""蛁""貂"等不同單元。此外，爲方便查閱和比較，在對幾個同音且各衹有一個詞條的單元排序時，一般將兩個或幾個含義相同或相近的單元鄰近排列。如"埋頭蛇""貍蟲""薶頭蛇"都屬於mái爲首字的單元，且"埋頭蛇"與"薶頭蛇"含義相同，因此這三個單元的排列順序是"貍蟲""埋頭蛇""薶頭蛇"。

其次，同一單元内按各詞條第二字讀音之音序排列，第二字讀音相同者則按第三字讀音之音序排列，以此類推。例如以"皇"爲首字的單元各詞條的排列依次爲"皇戚、皇帝鹵簿金節……皇貴妃儀仗金節……皇史宬……皇太后儀駕卧瓜……皇庭"。

三、本索引中詞條右側的數字爲該詞條在正文位置的起始頁碼。

四、本索引所收詞條僅限於正文、附錄中明確按主、副詞條格式撰寫的詞條，而在其他行文中涉及的詞條不收錄。

五、多音字、古音字或方言字詞條按其讀音分屬相應的序列或單元，如"大常"古音爲tàicháng，因此歸入音序T序列；又如"葛上亭長"，"葛"是多音字，此處讀gé，因此歸入音序G序列之ge的二聲單元；互爲通假的詞條，字雖異然而讀音同者，如"解食""解倉"皆爲芍藥別稱，因"食"與"倉"通，故"解食"讀音與"解倉"同；等等。

六、某些詞條多次出現，在正文中以詞條右上標記數字爲標志，如"朝¹""朝²""百足¹""百足²"等，索引中亦按照其右上標記數字的順序排列。詞條相同但讀音不同的則按照其讀音分屬相應的音序序列和單元。如"蟒¹"（měng）、"蟒²"（mǎng），"蟒¹"歸入音序M序列之meng的三聲單元，"蟒²"則歸入音序M序列之mang的三聲單元。

七、某些特殊詞條，如數字詞條、外文字母詞條等，則收入《索引附錄》。

A

B

C

D

E

F

J

L

Q

R

X